SHIGERU MIZUKI 13
KITARO

Aus dem Japanischen von **Gandalf Bartholomäus**
Lettering: **diceindustries**

KITARO 13

INHALT

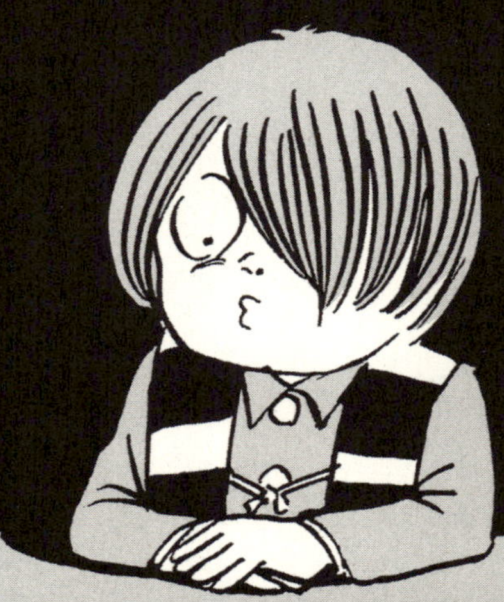

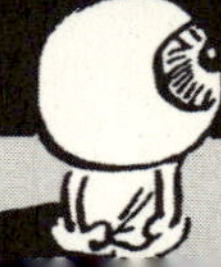

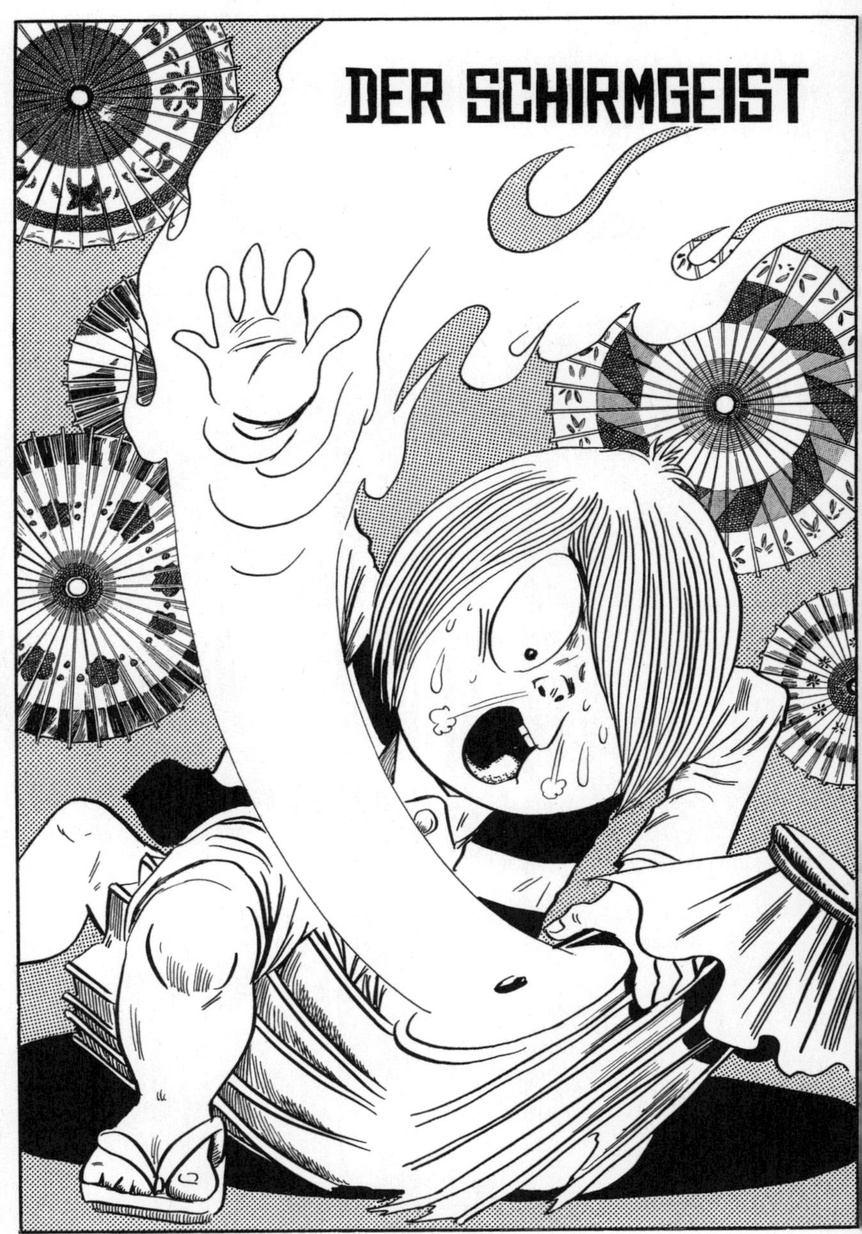

DER SCHIRMGEIST

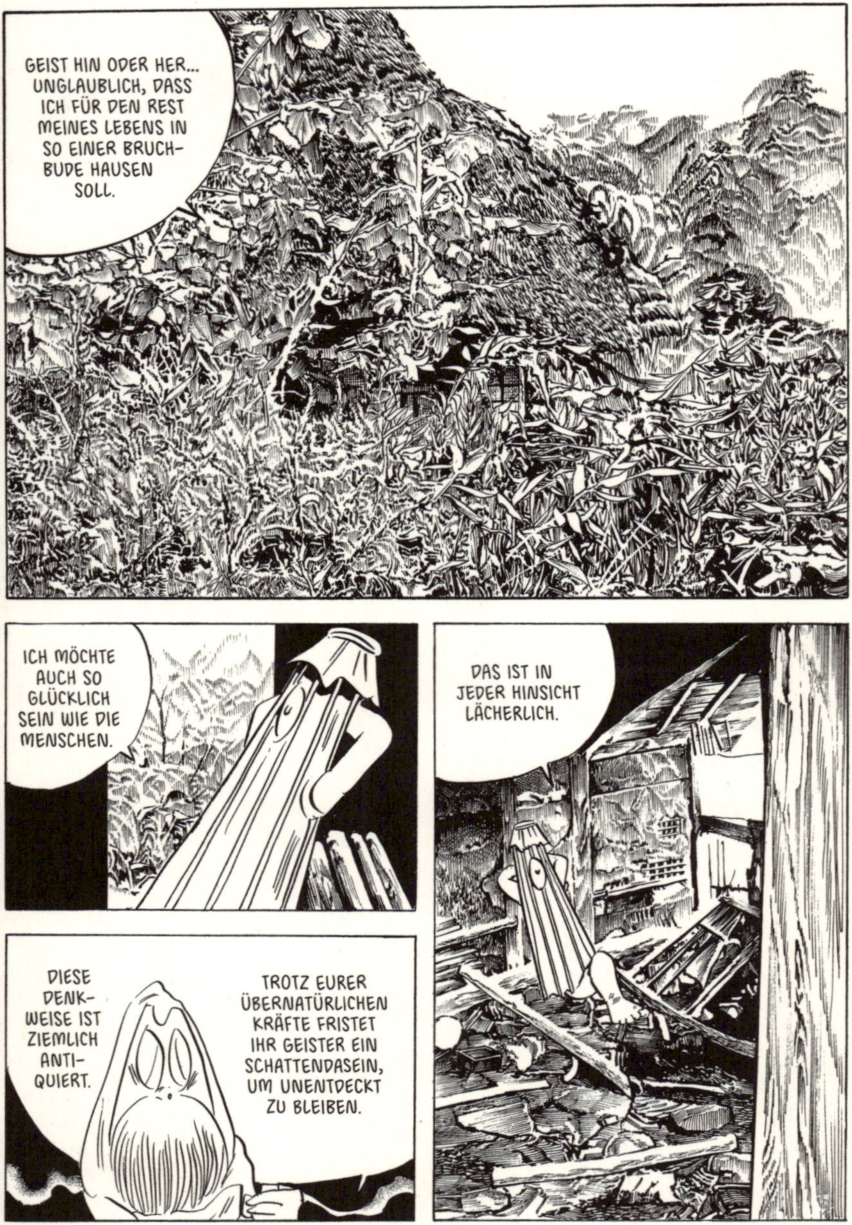

GEIST HIN ODER HER... UNGLAUBLICH, DASS ICH FÜR DEN REST MEINES LEBENS IN SO EINER BRUCHBUDE HAUSEN SOLL.

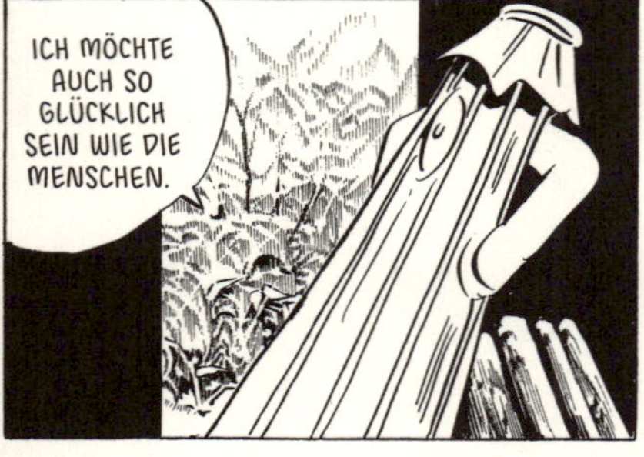

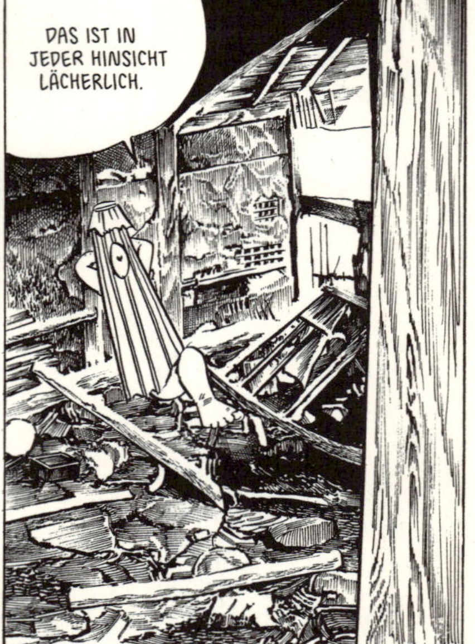

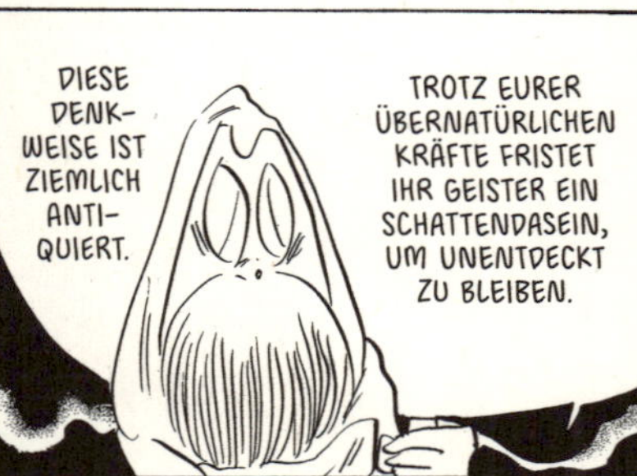

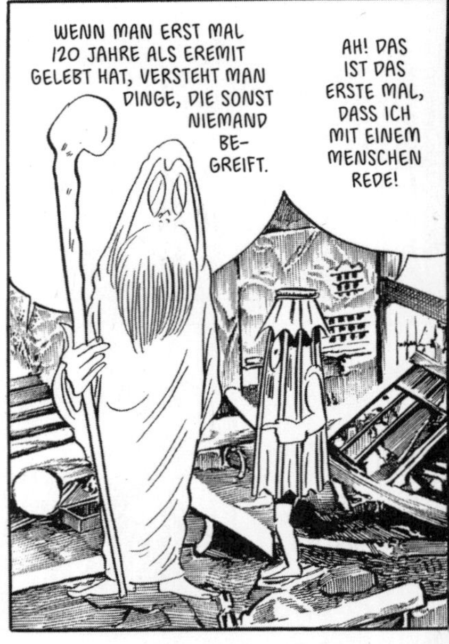
AH! DAS IST DAS ERSTE MAL, DASS ICH MIT EINEM MENSCHEN REDE!
WENN MAN ERST MAL 120 JAHRE ALS EREMIT GELEBT HAT, VERSTEHT MAN DINGE, DIE SONST NIEMAND BE-GREIFT.

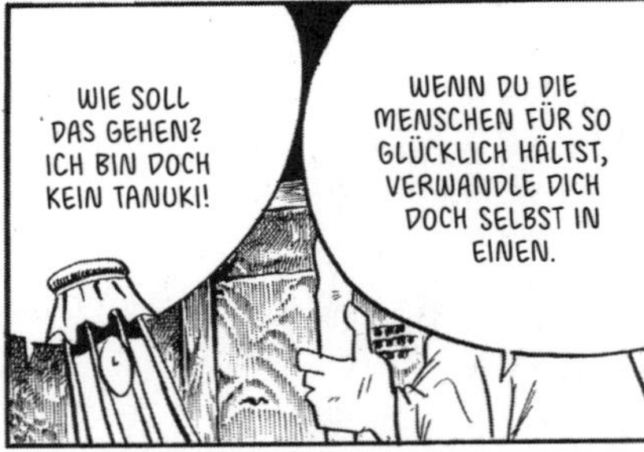
WENN DU DIE MENSCHEN FÜR SO GLÜCKLICH HÄLTST, VERWANDLE DICH DOCH SELBST IN EINEN.
WIE SOLL DAS GEHEN? ICH BIN DOCH KEIN TANUKI!

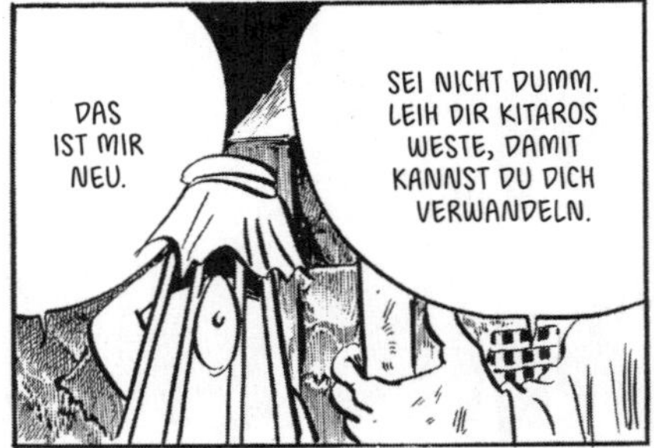
SEI NICHT DUMM. LEIH DIR KITAROS WESTE, DAMIT KANNST DU DICH VERWANDELN.
DAS IST MIR NEU.

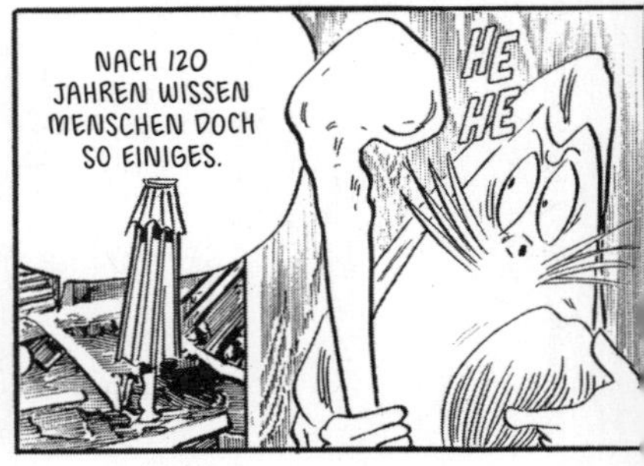
HE HE
NACH 120 JAHREN WISSEN MENSCHEN DOCH SO EINIGES.

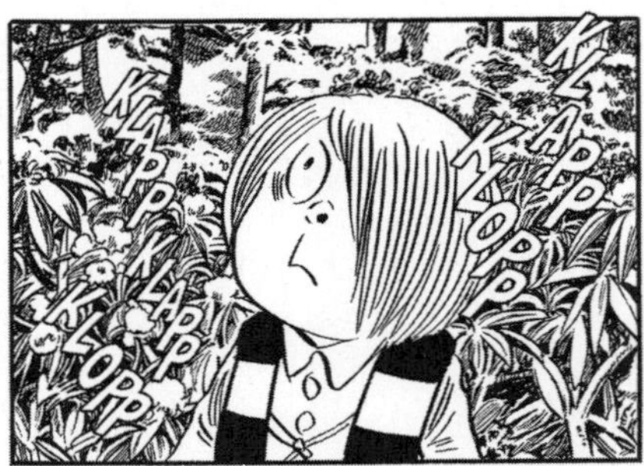
KLAPP KLOPP
KLAPP KLAPP KLOPP

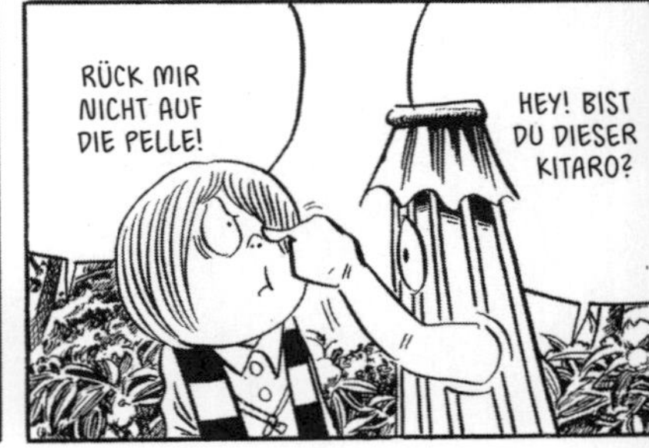
HEY! BIST DU DIESER KITARO?
RÜCK MIR NICHT AUF DIE PELLE!

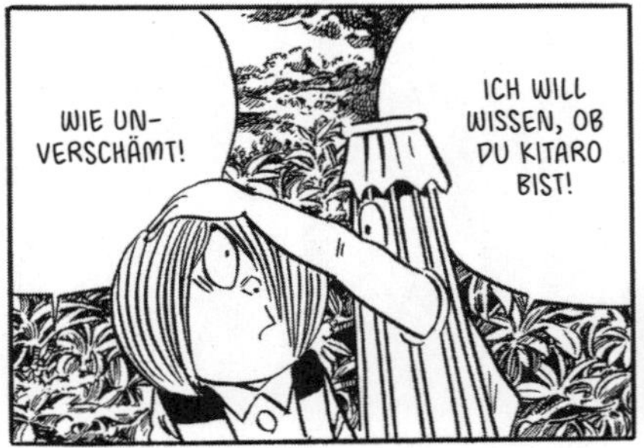
ICH WILL WISSEN, OB DU KITARO BIST!
WIE UN-VERSCHÄMT!

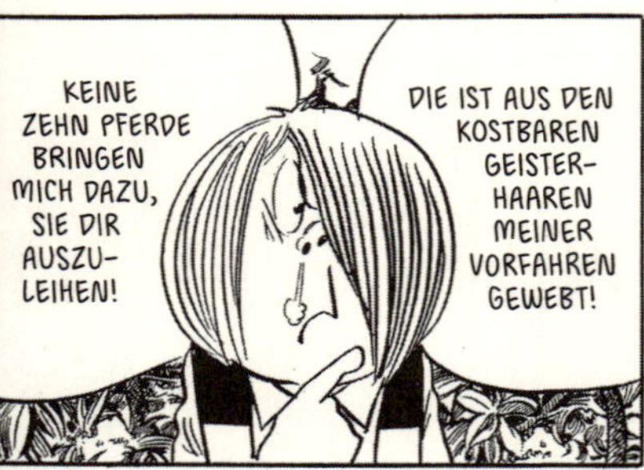
DIE IST AUS DEN KOSTBAREN GEISTERHAAREN MEINER VORFAHREN GEWEBT!
KEINE ZEHN PFERDE BRINGEN MICH DAZU, SIE DIR AUSZULEIHEN!

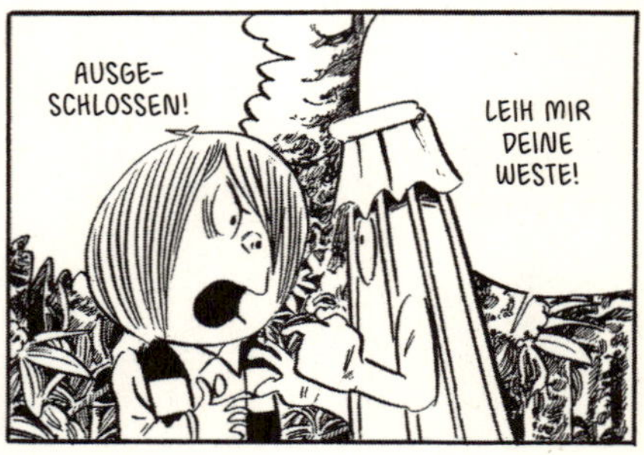
LEIH MIR DEINE WESTE!
AUSGESCHLOSSEN!

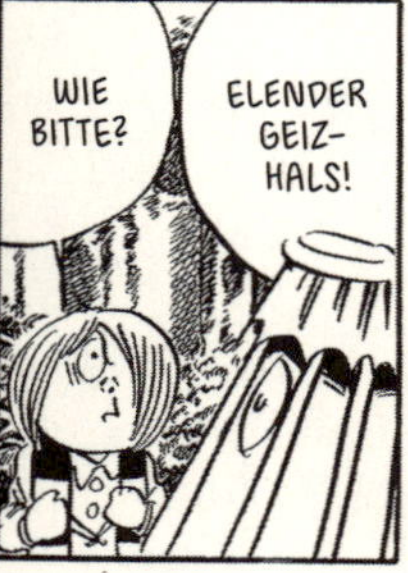
ELENDER GEIZHALS!
WIE BITTE?

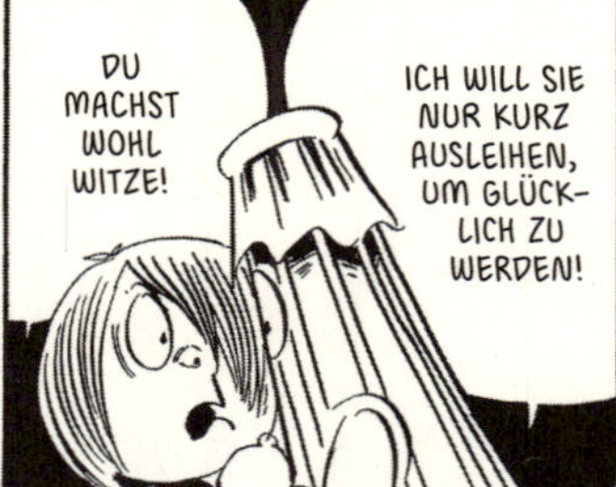
ICH WILL SIE NUR KURZ AUSLEIHEN, UM GLÜCKLICH ZU WERDEN!
DU MACHST WOHL WITZE!

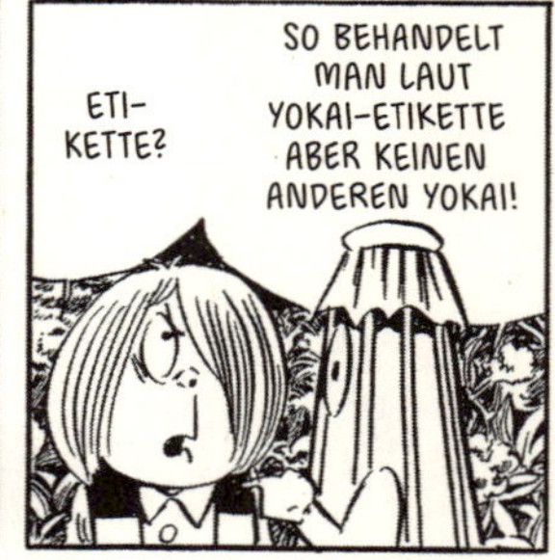
SO BEHANDELT MAN LAUT YOKAI-ETIKETTE ABER KEINEN ANDEREN YOKAI!
ETIKETTE?

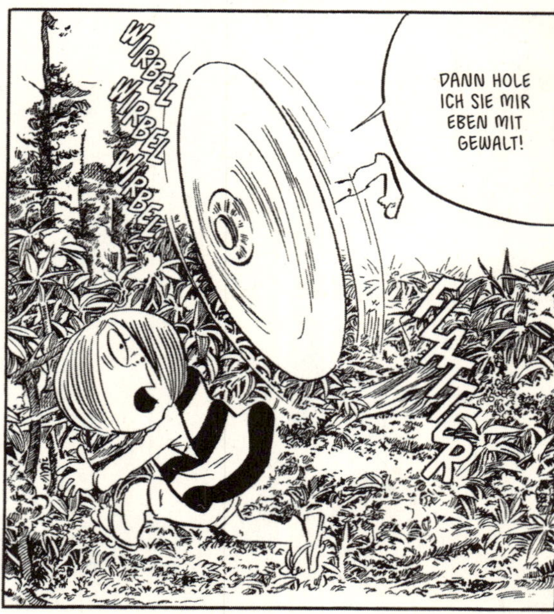
DANN HOLE ICH SIE MIR EBEN MIT GEWALT!
WIRBEL WIRBEL WIRBEL
FLATTER

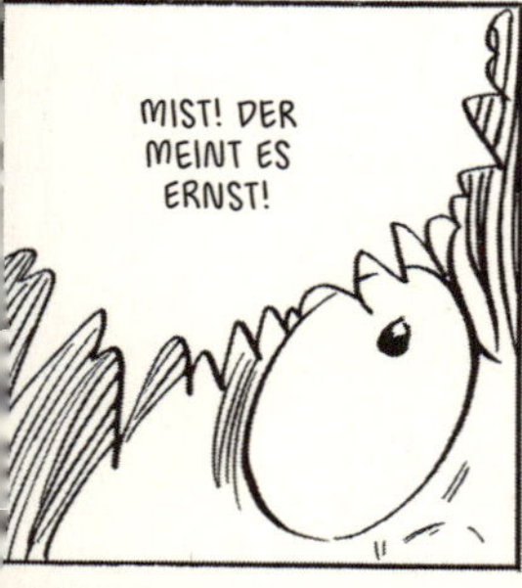
MIST! DER MEINT ES ERNST!

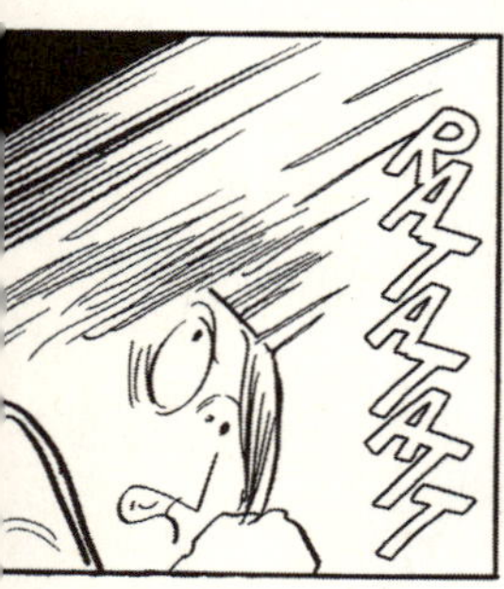
RATATATT

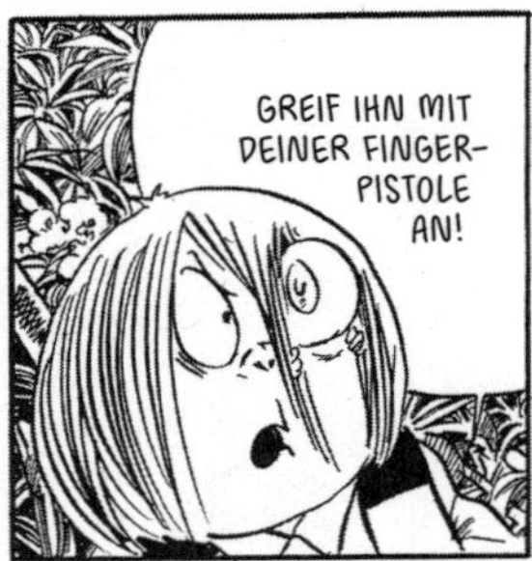
GREIF IHN MIT DEINER FINGER-PISTOLE AN!

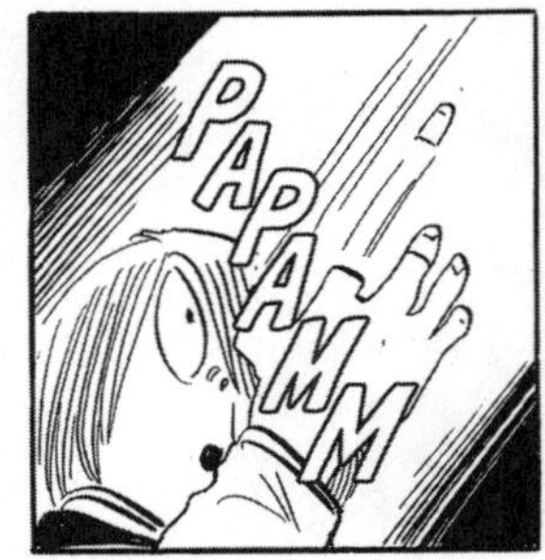
PAPAMM

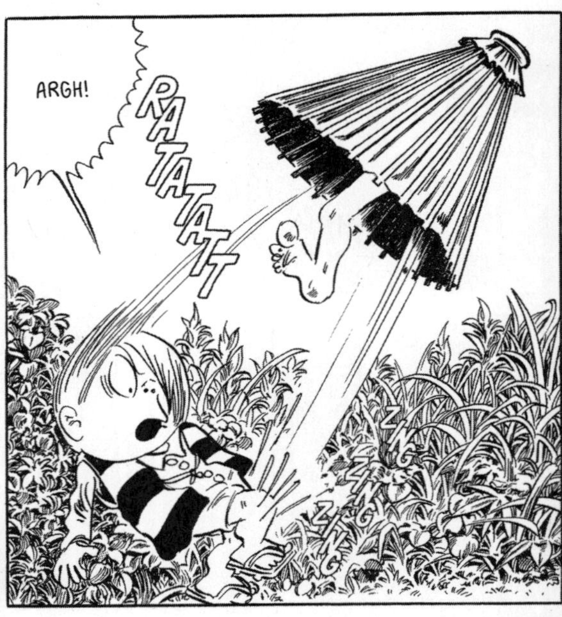
ARGH!
RATATATT
ZING
ZING
ZING

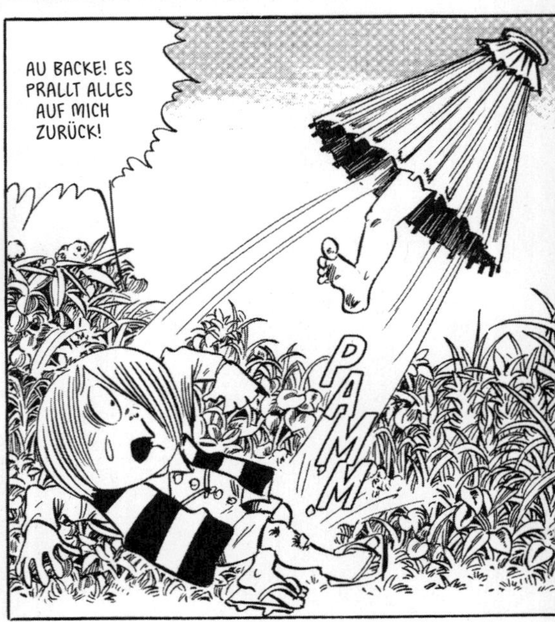
AU BACKE! ES PRALLT ALLES AUF MICH ZURÜCK!
PAMM

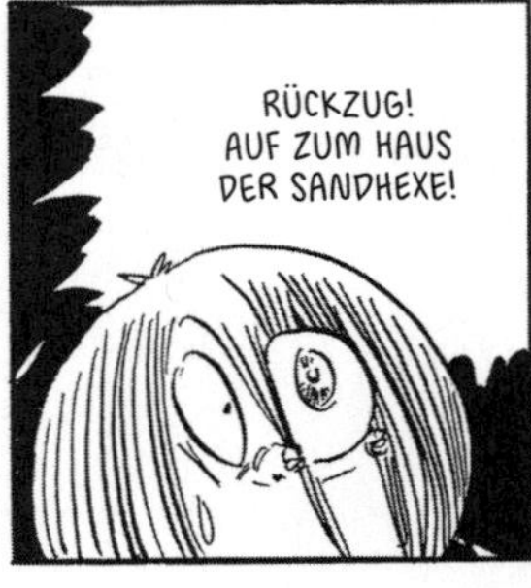
RÜCKZUG! AUF ZUM HAUS DER SANDHEXE!

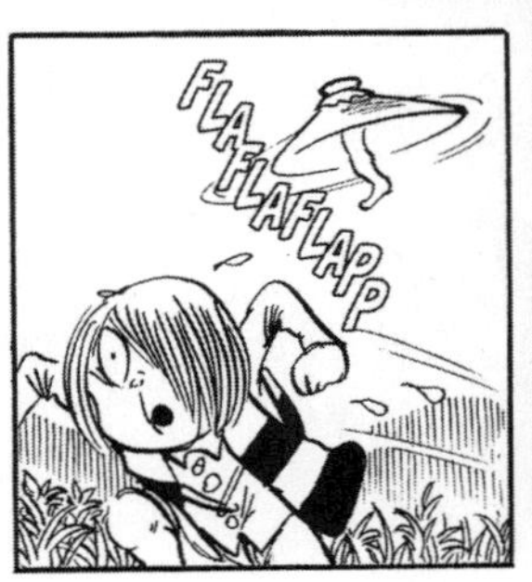
FLAFLAFLAFLAPP

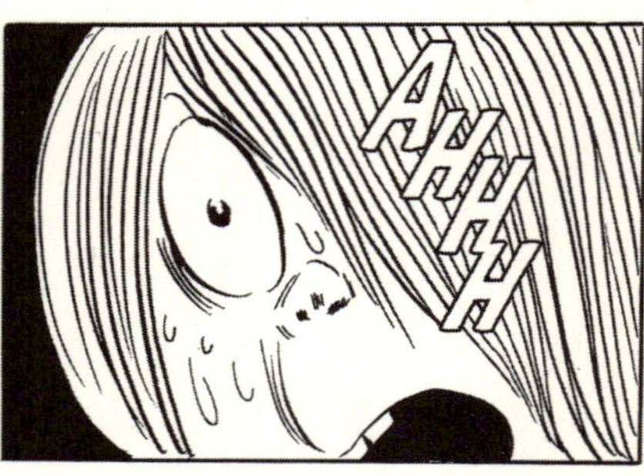
AHHHH

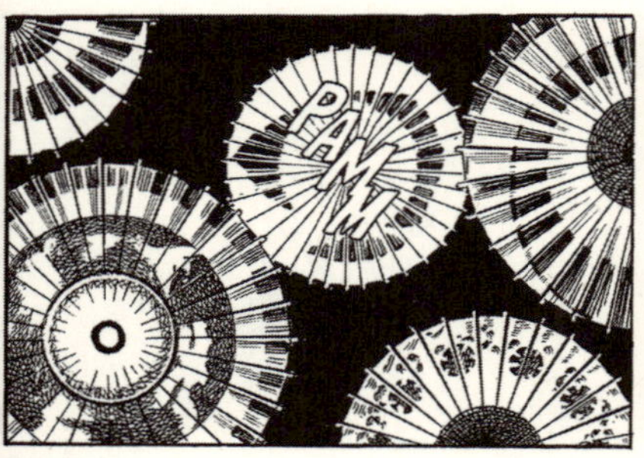
PAMM

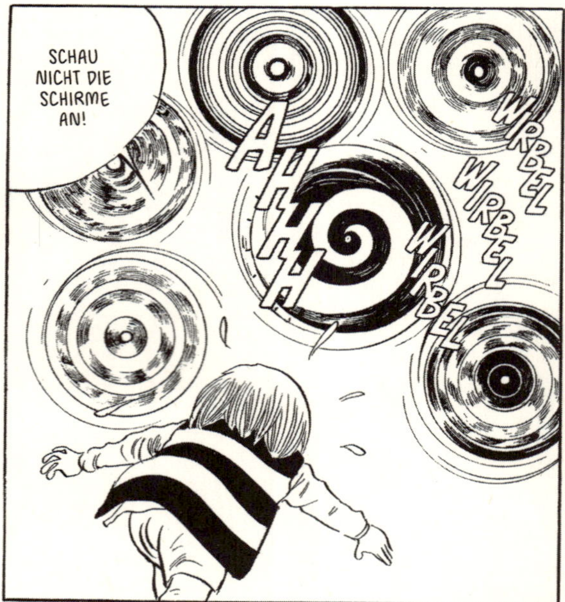
SCHAU NICHT DIE SCHIRME AN!
AHHHH
WIRBEL
WIRBEL
WIRBEL

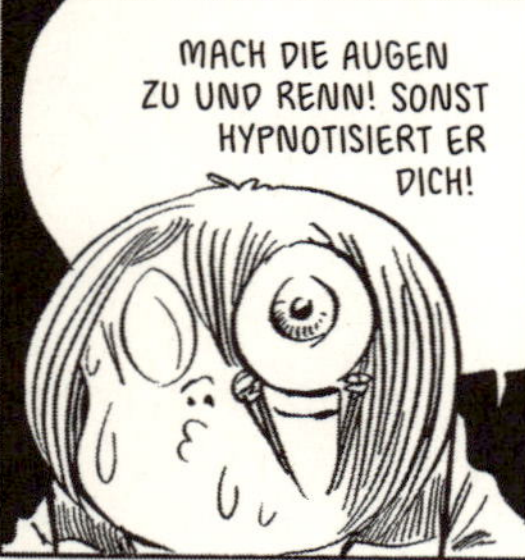
MACH DIE AUGEN ZU UND RENN! SONST HYPNOTISIERT ER DICH!

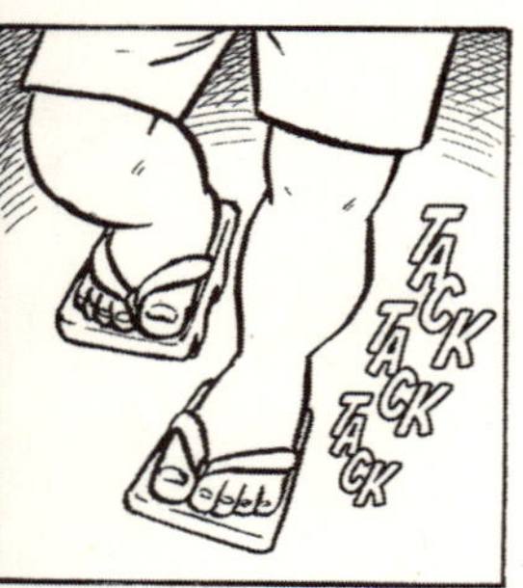
TACK
TACK
TACK

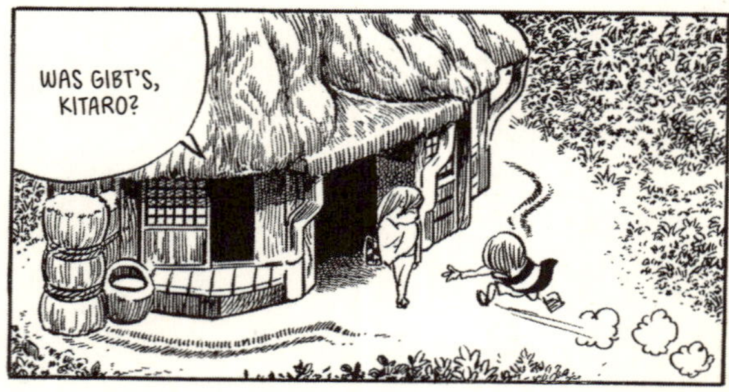
WAS GIBT'S, KITARO?

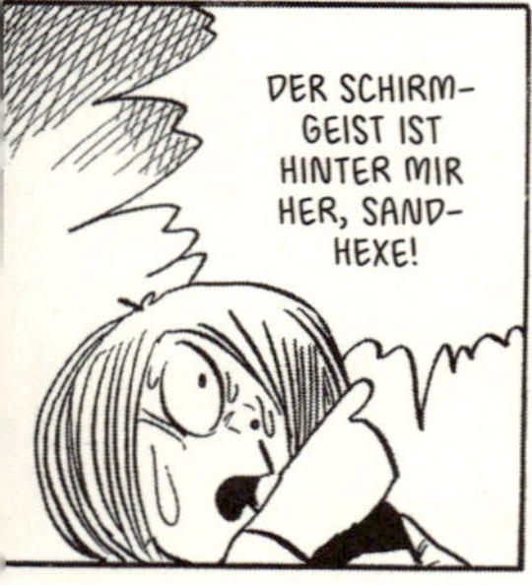
DER SCHIRM-GEIST IST HINTER MIR HER, SAND-HEXE!

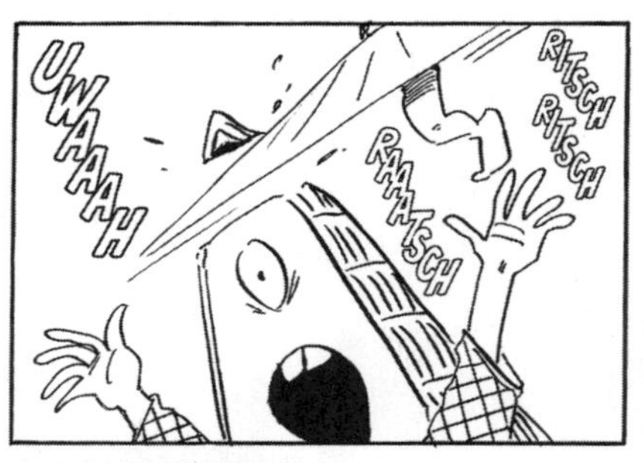
UWAAAAH
RITSCH RITSCH
RAAATSCH

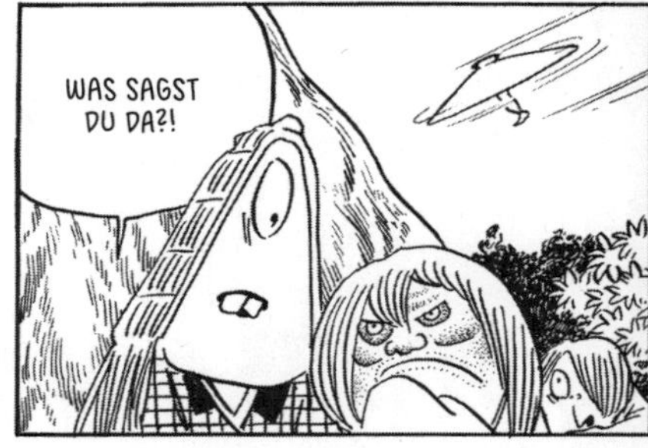
WAS SAGST DU DA?!

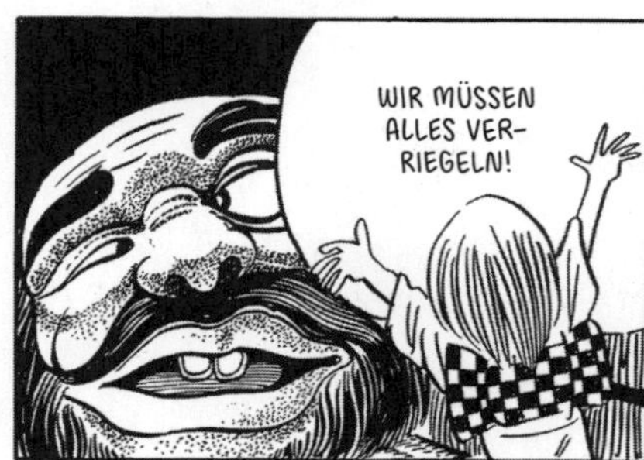
WIR MÜSSEN ALLES VER-RIEGELN!

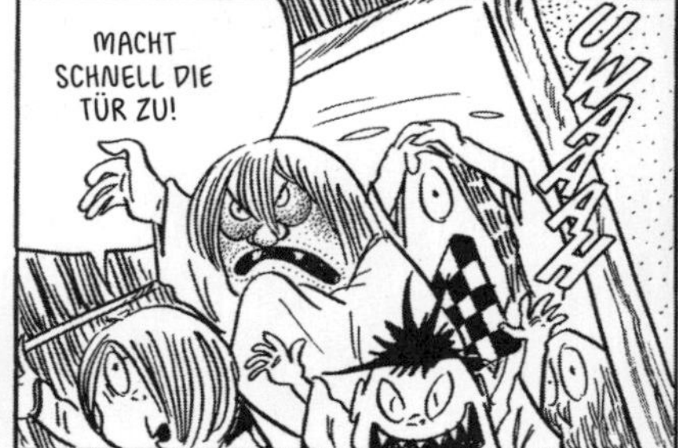
MACHT SCHNELL DIE TÜR ZU!
UWAAAAH

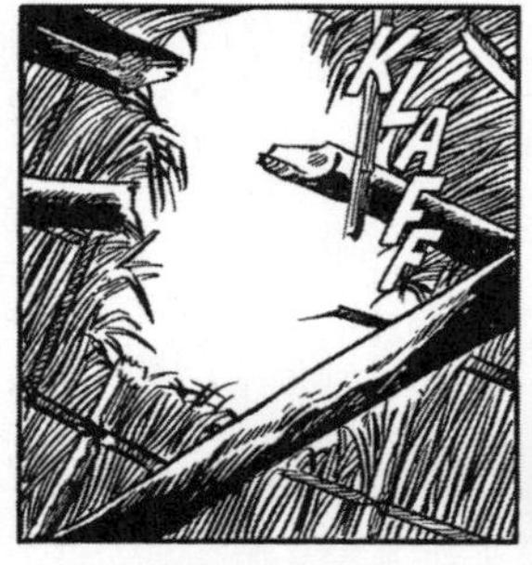
KLAFF

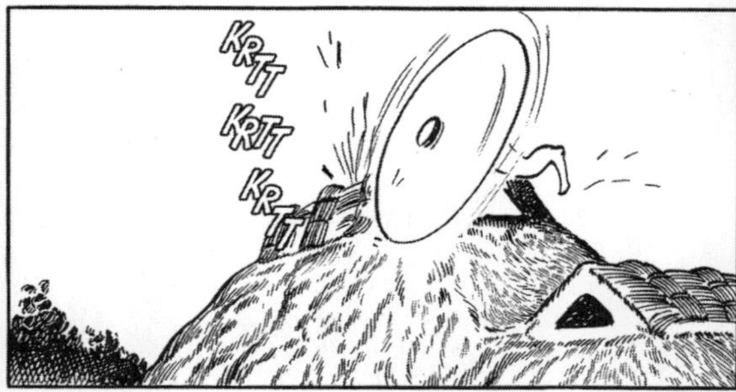
KRTT KRTT KRTT

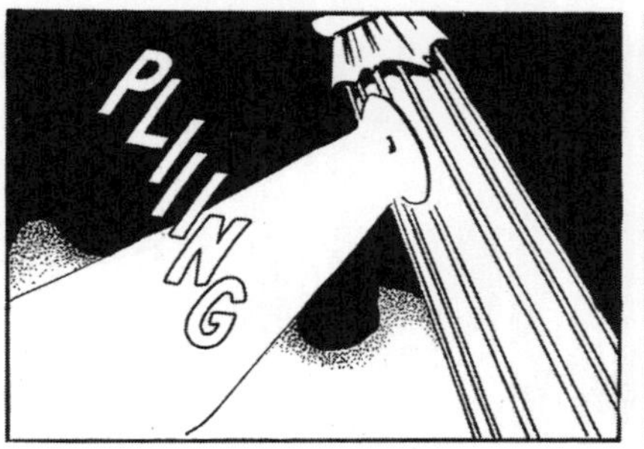
PLIIING

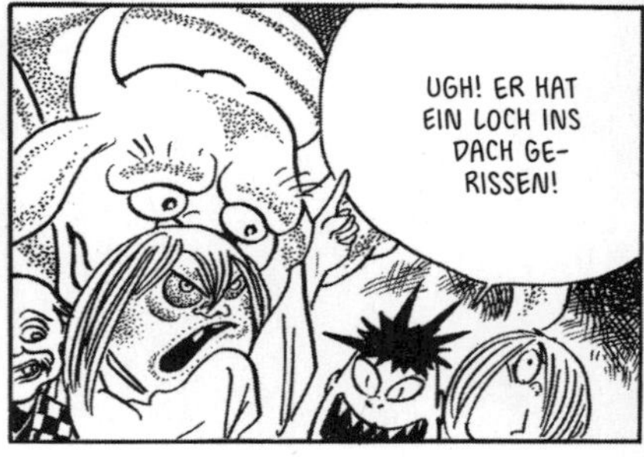
UGH! ER HAT EIN LOCH INS DACH GE-RISSEN!

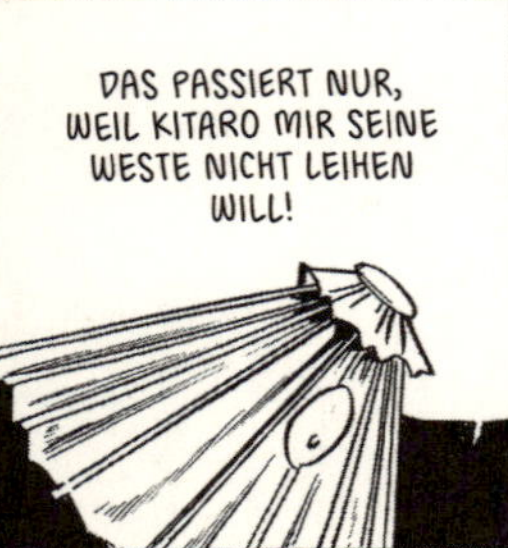
DAS PASSIERT NUR, WEIL KITARO MIR SEINE WESTE NICHT LEIHEN WILL!

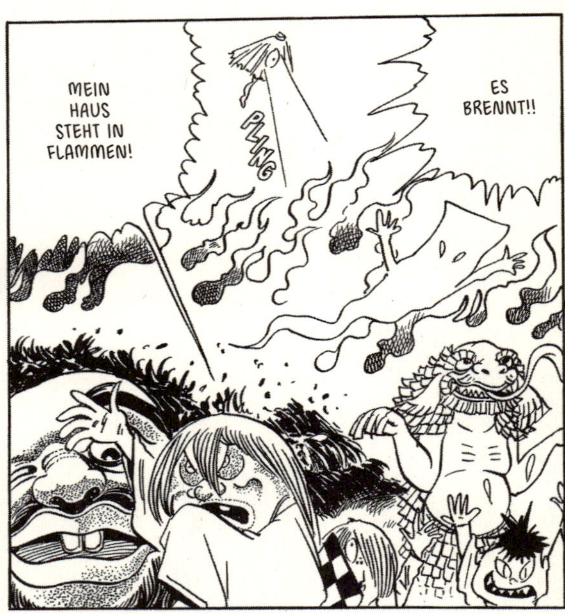
ES BRENNT!!
PLING
MEIN HAUS STEHT IN FLAMMEN!

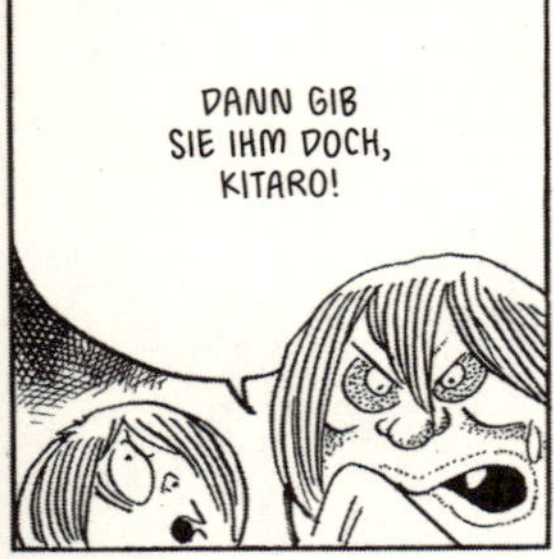
DANN GIB SIE IHM DOCH, KITARO!

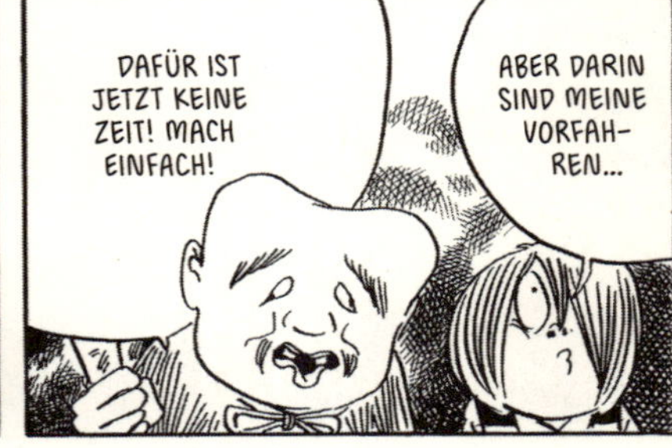
ABER DARIN SIND MEINE VORFAHREN...
DAFÜR IST JETZT KEINE ZEIT! MACH EINFACH!

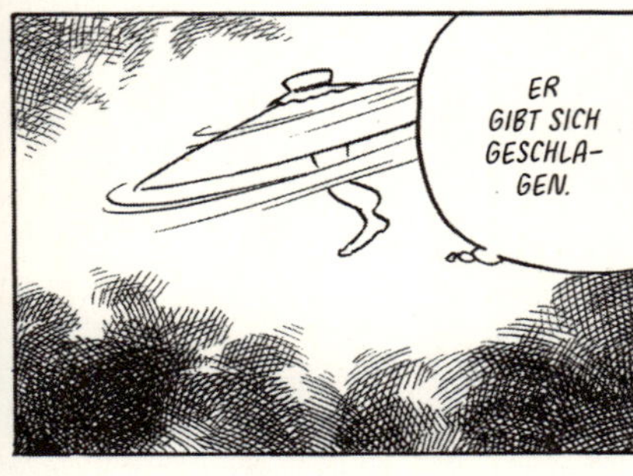
ER GIBT SICH GESCHLAGEN.

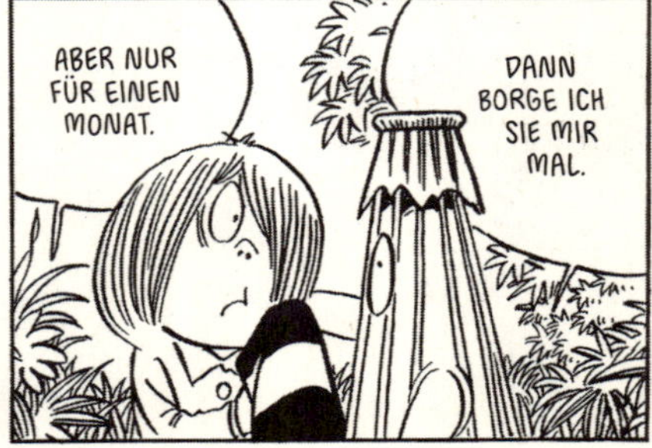
DANN BORGE ICH SIE MIR MAL.
ABER NUR FÜR EINEN MONAT.

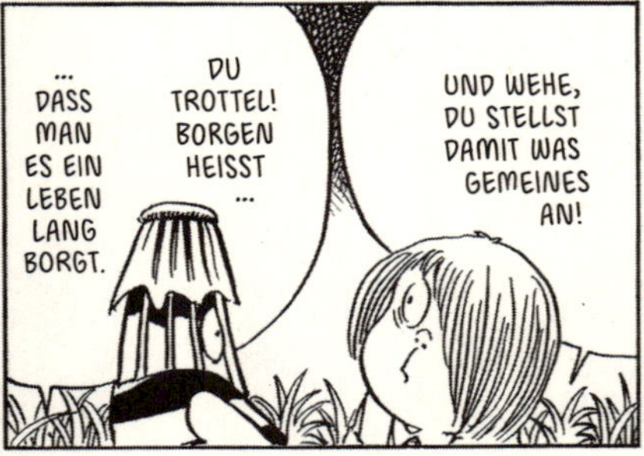
UND WEHE, DU STELLST DAMIT WAS GEMEINES AN!
DU TROTTEL! BORGEN HEISST ...
... DASS MAN ES EIN LEBEN LANG BORGT.

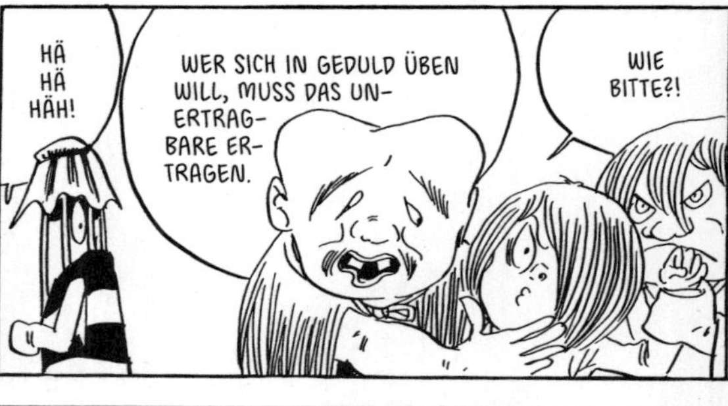

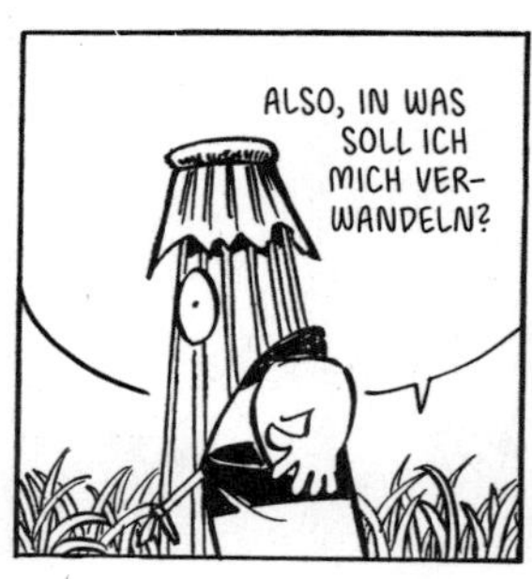

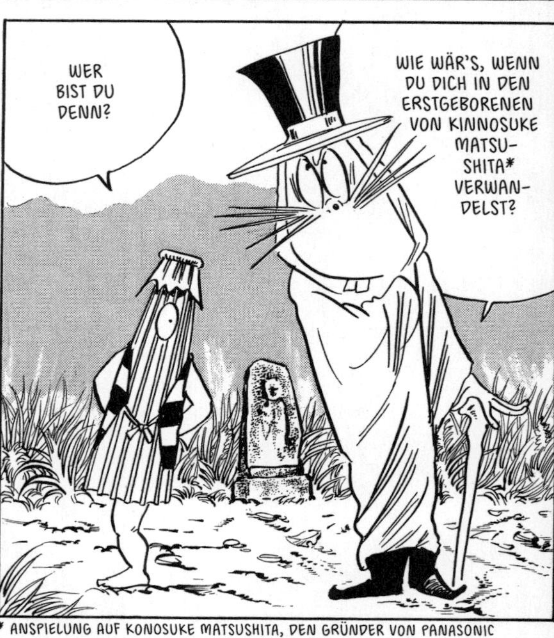

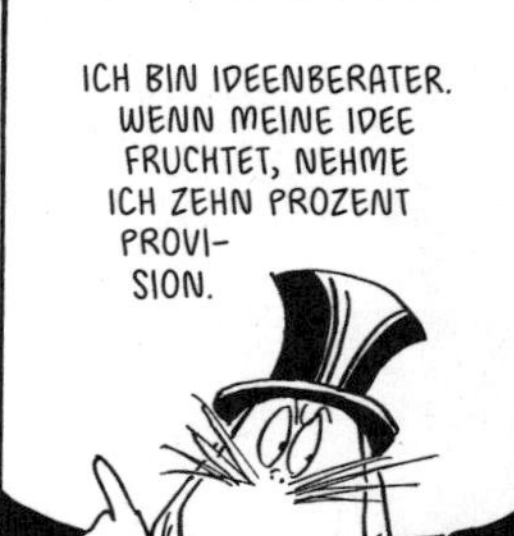

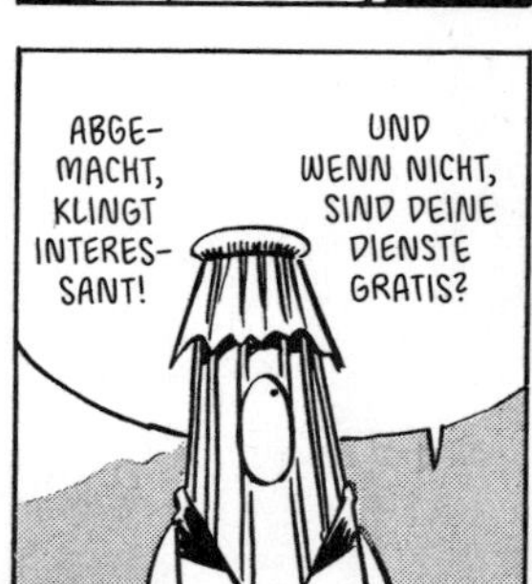

* ANSPIELUNG AUF KONOSUKE MATSUSHITA, DEN GRÜNDER VON PANASONIC

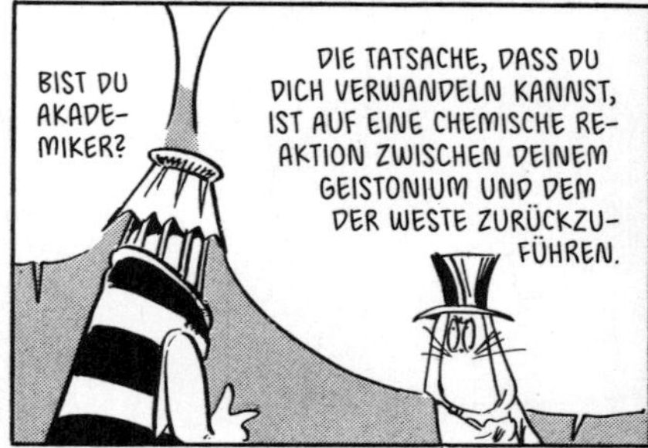

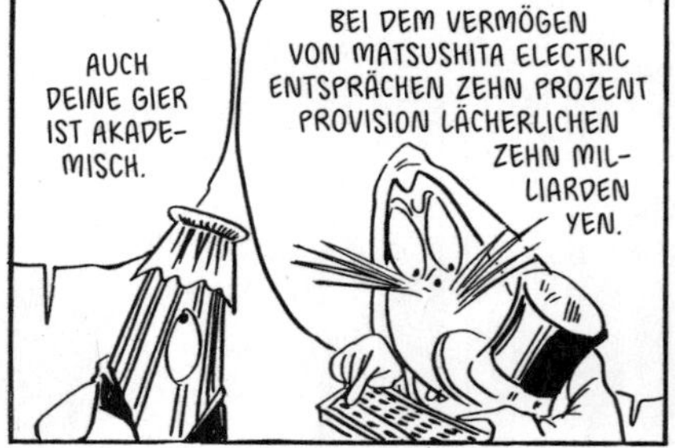

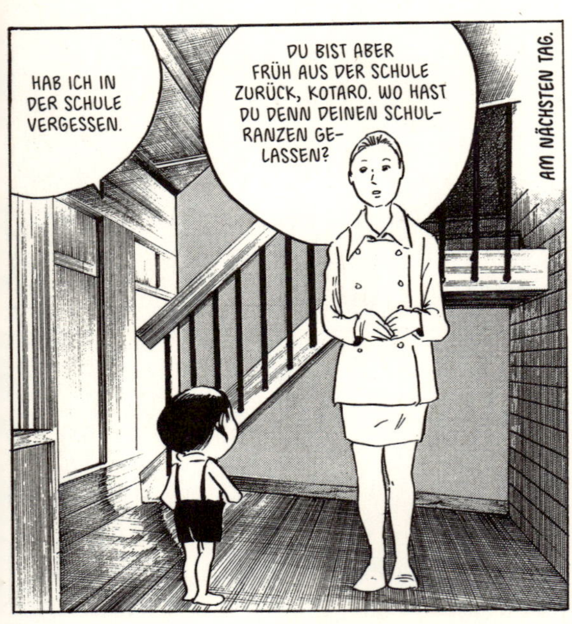
AM NÄCHSTEN TAG.
DU BIST ABER FRÜH AUS DER SCHULE ZURÜCK, KOTARO. WO HAST DU DENN DEINEN SCHUL-RANZEN GELASSEN?
HAB ICH IN DER SCHULE VERGESSEN.
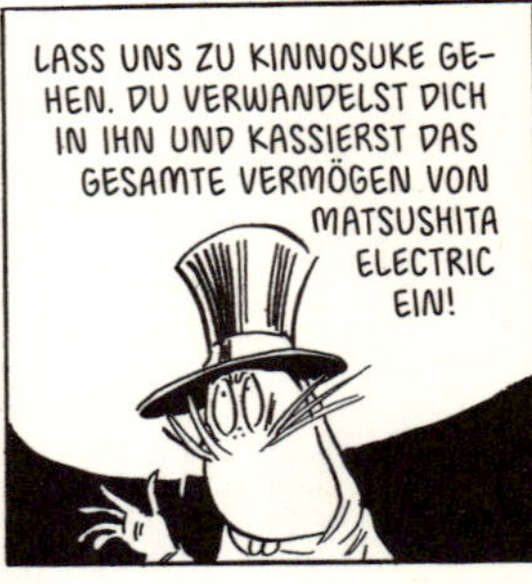
LASS UNS ZU KINNOSUKE GEHEN. DU VERWANDELST DICH IN IHN UND KASSIERST DAS GESAMTE VERMÖGEN VON MATSUSHITA ELECTRIC EIN!
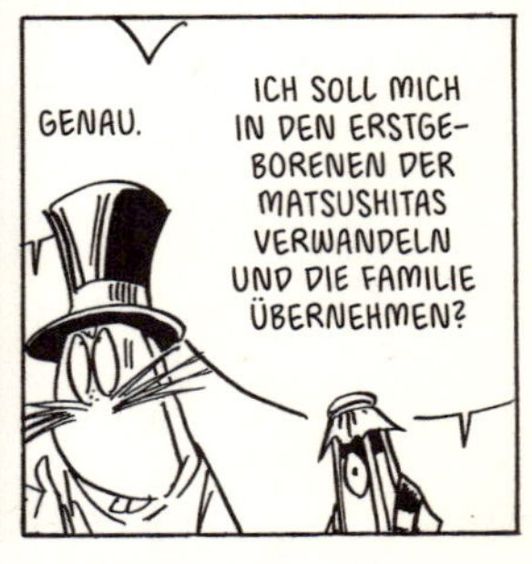
ICH SOLL MICH IN DEN ERSTGEBORENEN DER MATSUSHITAS VERWANDELN UND DIE FAMILIE ÜBERNEHMEN?
GENAU.
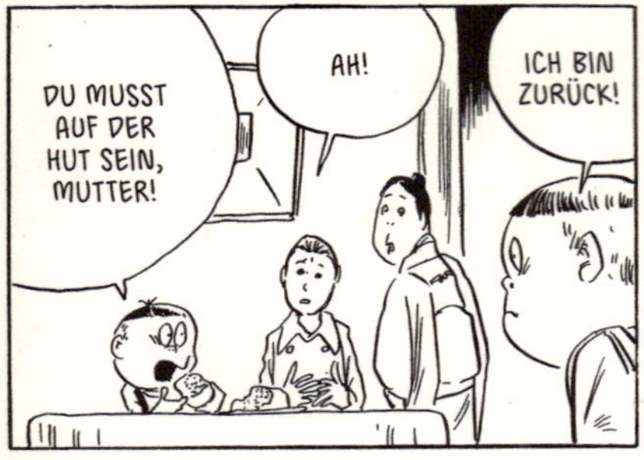
ICH BIN ZURÜCK!
AH!
DU MUSST AUF DER HUT SEIN, MUTTER!
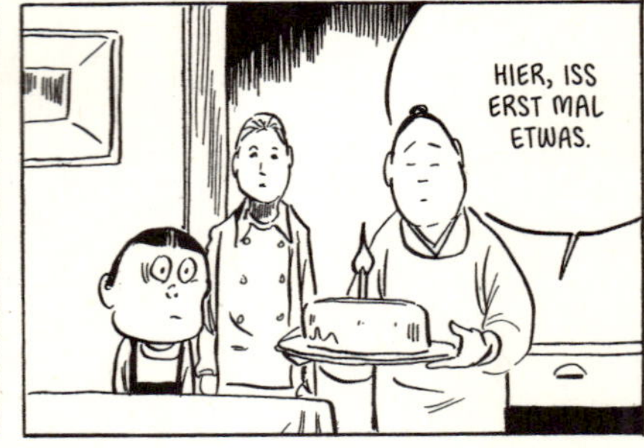
HIER, ISS ERST MAL ETWAS.
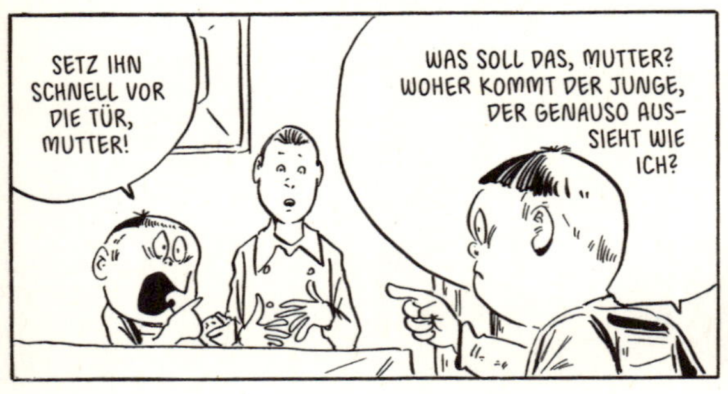
WAS SOLL DAS, MUTTER? WOHER KOMMT DER JUNGE, DER GENAUSO AUSSIEHT WIE ICH?
SETZ IHN SCHNELL VOR DIE TÜR, MUTTER!
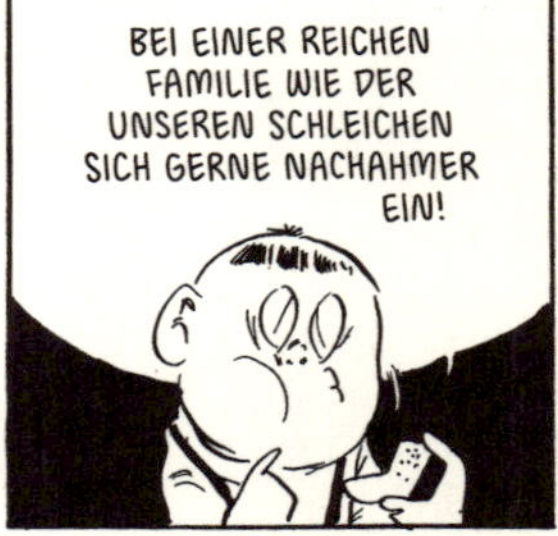
BEI EINER REICHEN FAMILIE WIE DER UNSEREN SCHLEICHEN SICH GERNE NACHAHMER EIN!

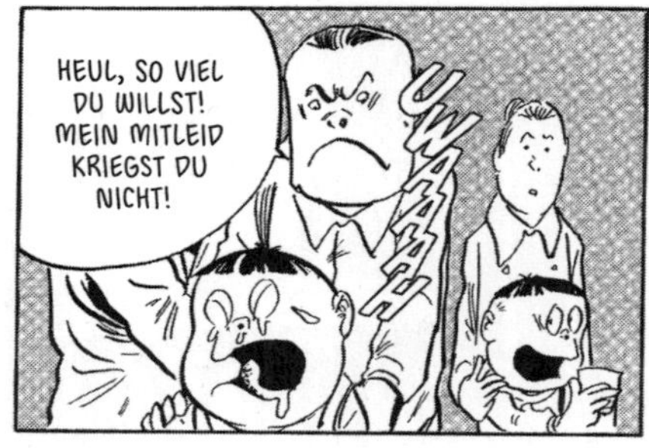
HEUL, SO VIEL DU WILLST! MEIN MITLEID KRIEGST DU NICHT!
UWAAAAH

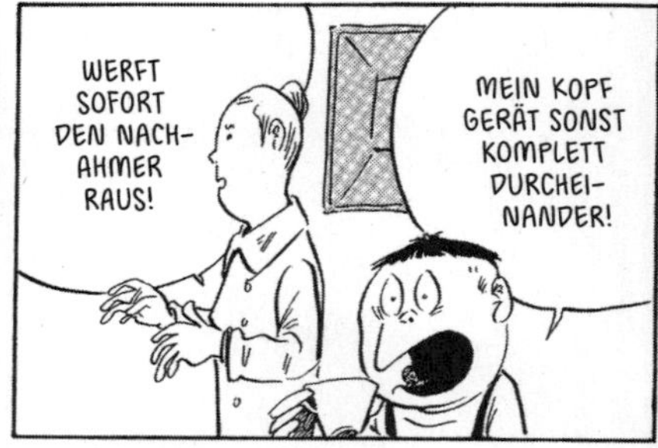
WERFT SOFORT DEN NACH-AHMER RAUS!
MEIN KOPF GERÄT SONST KOMPLETT DURCHEI-NANDER!

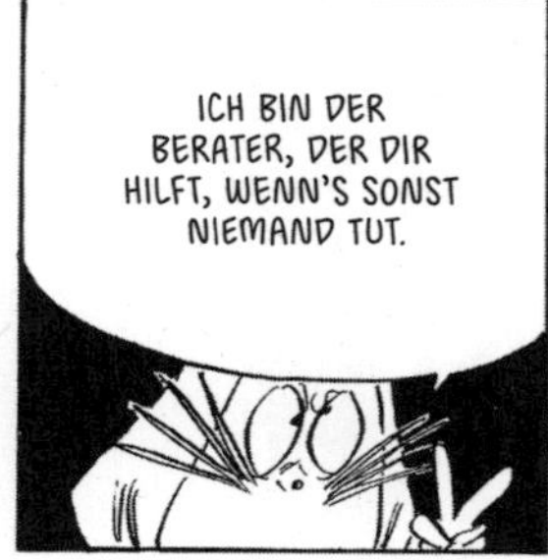
ICH BIN DER BERATER, DER DIR HILFT, WENN'S SONST NIEMAND TUT.

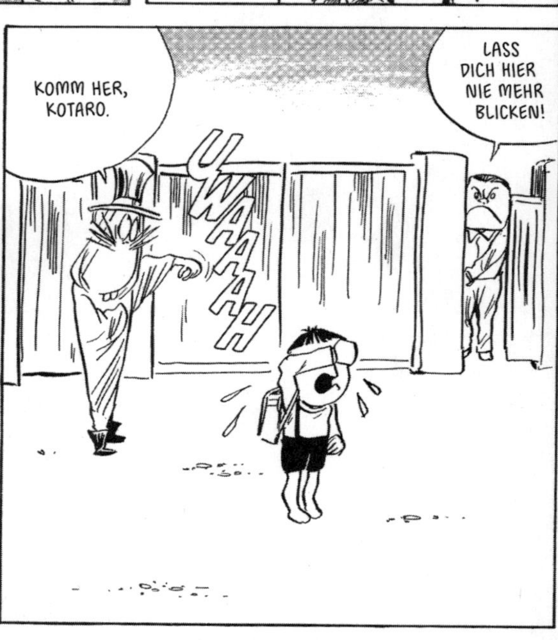
LASS DICH HIER NIE MEHR BLICKEN!
KOMM HER, KOTARO.
UWAAAAH

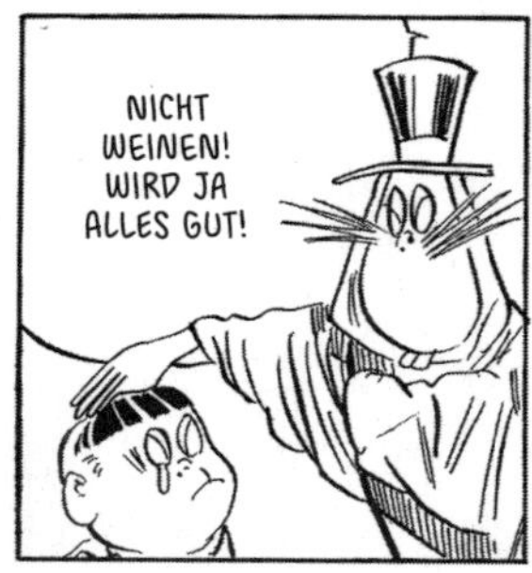
NICHT WEINEN! WIRD JA ALLES GUT!

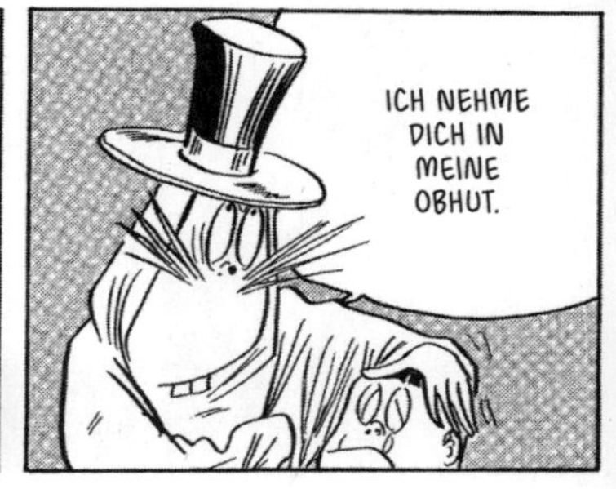
ICH NEHME DICH IN MEINE OBHUT.

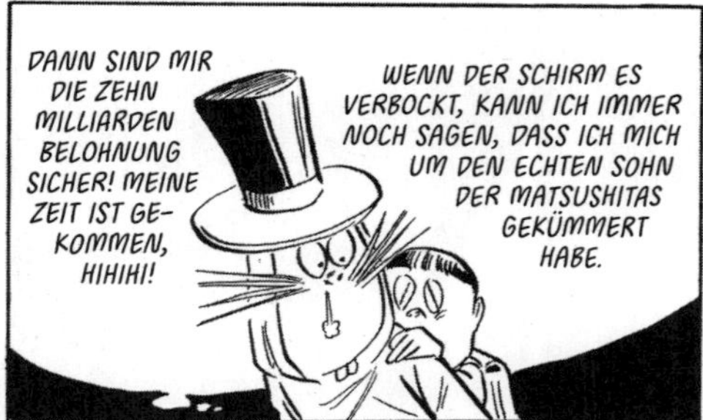
WENN DER SCHIRM ES VERBOCKT, KANN ICH IMMER NOCH SAGEN, DASS ICH MICH UM DEN ECHTEN SOHN DER MATSUSHITAS GEKÜMMERT HABE.
DANN SIND MIR DIE ZEHN MILLIARDEN BELOHNUNG SICHER! MEINE ZEIT IST GE-KOMMEN, HIHIHI!

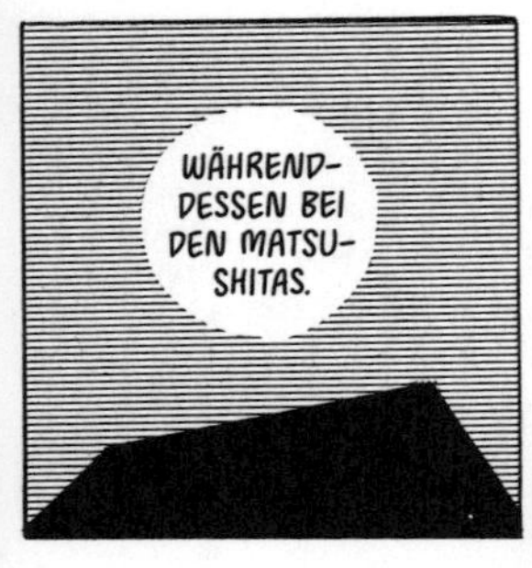
WÄHREND-DESSEN BEI DEN MATSU-SHITAS.

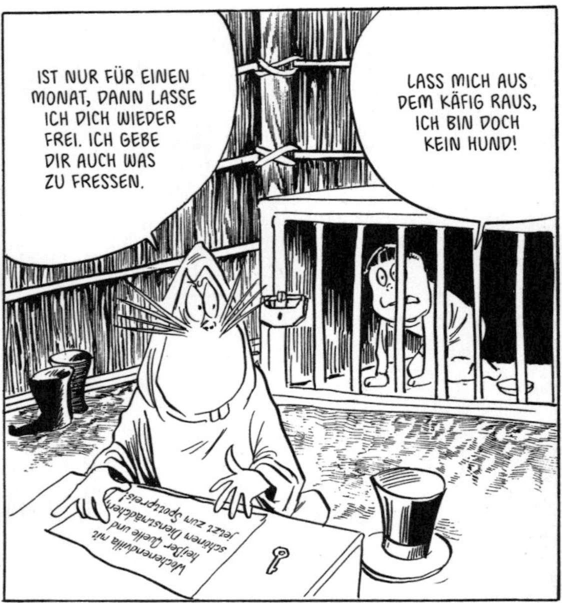
LASS MICH AUS DEM KÄFIG RAUS, ICH BIN DOCH KEIN HUND!
IST NUR FÜR EINEN MONAT, DANN LASSE ICH DICH WIEDER FREI. ICH GEBE DIR AUCH WAS ZU FRESSEN.
Wochenendvilla mit heißer Quelle und schönem Dienstmädchen jetzt zum Spottpreis!

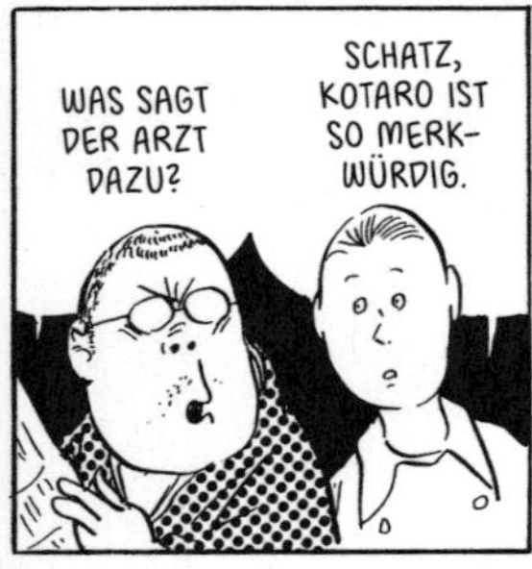
SCHATZ, KOTARO IST SO MERK-WÜRDIG.
WAS SAGT DER ARZT DAZU?

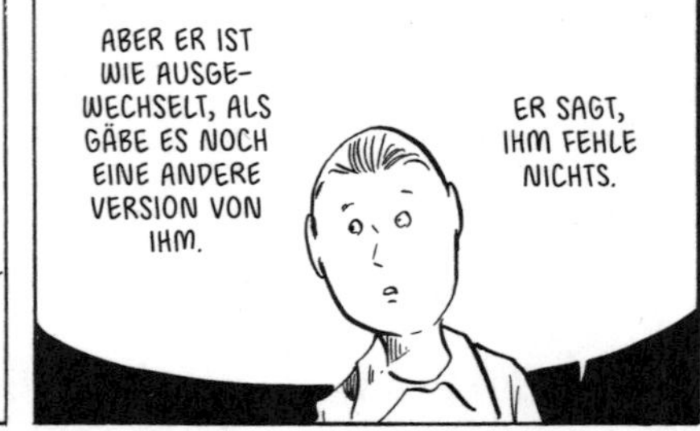
ER SAGT, IHM FEHLE NICHTS.
ABER ER IST WIE AUSGE-WECHSELT, ALS GÄBE ES NOCH EINE ANDERE VERSION VON IHM.

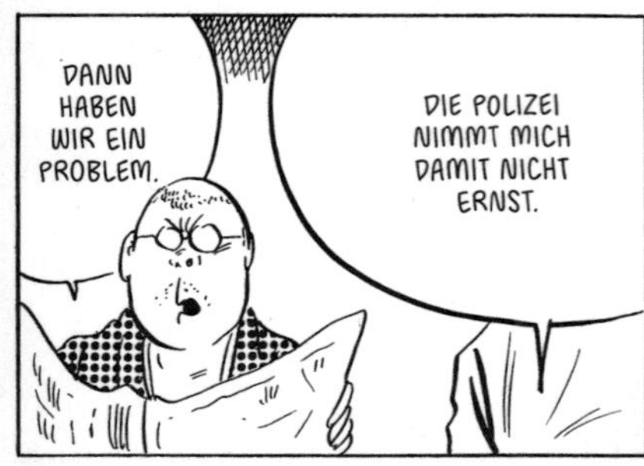
DIE POLIZEI NIMMT MICH DAMIT NICHT ERNST.
DANN HABEN WIR EIN PROBLEM.

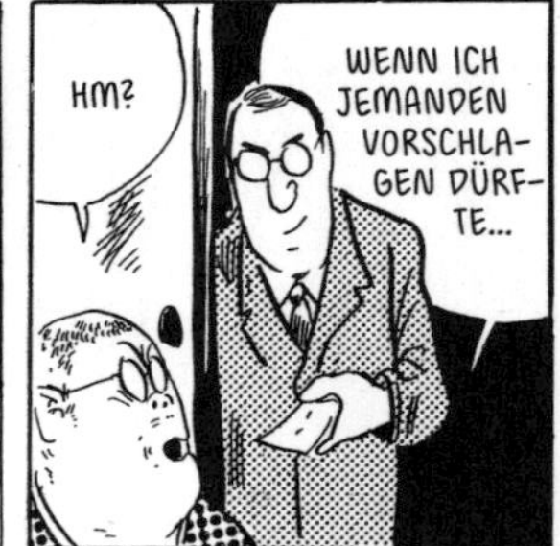
WENN ICH JEMANDEN VORSCHLA-GEN DÜRF-TE...
HM?

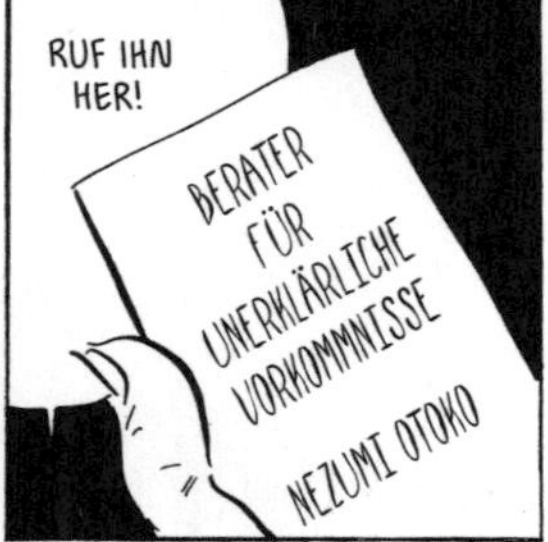
RUF IHN HER!
BERATER FÜR UNERKLÄRLICHE VORKOMMNISSE
NEZUMI OTOKO

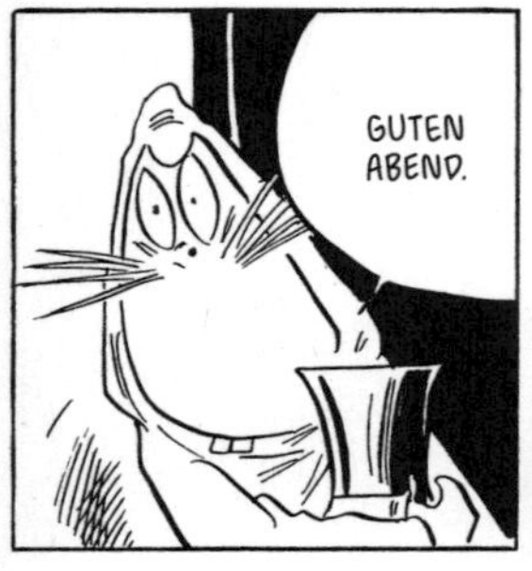
GUTEN ABEND.

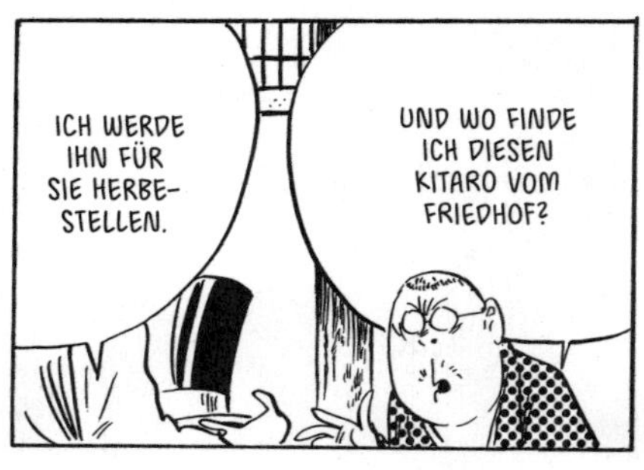
UND WO FINDE ICH DIESEN KITARO VOM FRIEDHOF?
ICH WERDE IHN FÜR SIE HERBESTELLEN.

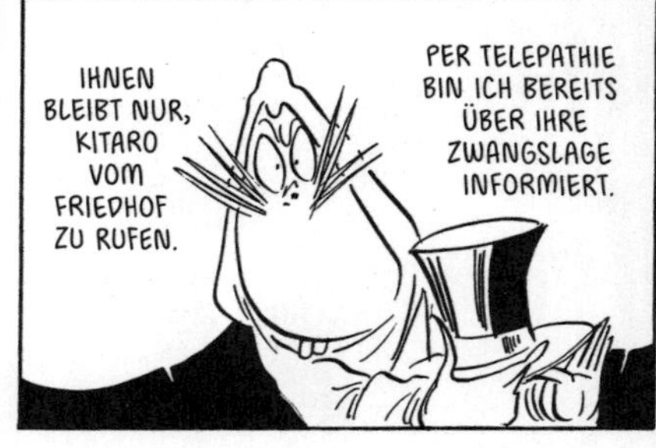
PER TELEPATHIE BIN ICH BEREITS ÜBER IHRE ZWANGSLAGE INFORMIERT.
IHNEN BLEIBT NUR, KITARO VOM FRIEDHOF ZU RUFEN.

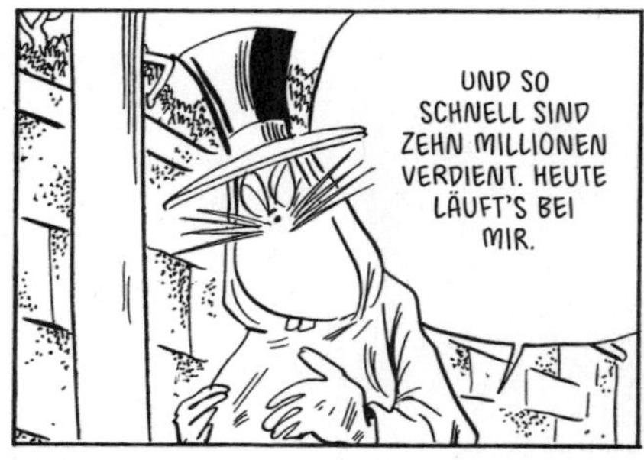
UND SO SCHNELL SIND ZEHN MILLIONEN VERDIENT. HEUTE LÄUFT'S BEI MIR.

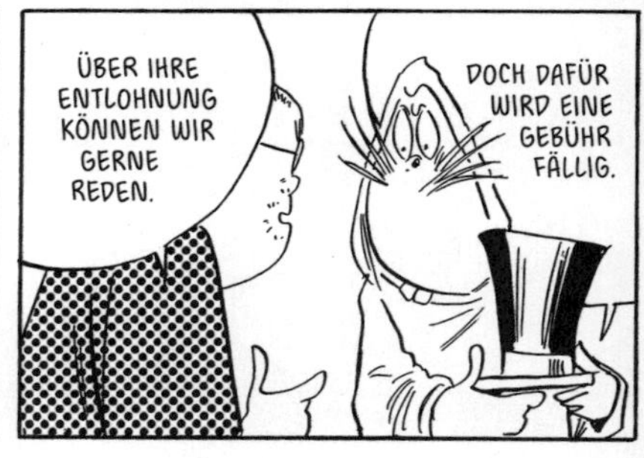
DOCH DAFÜR WIRD EINE GEBÜHR FÄLLIG.
ÜBER IHRE ENTLOHNUNG KÖNNEN WIR GERNE REDEN.

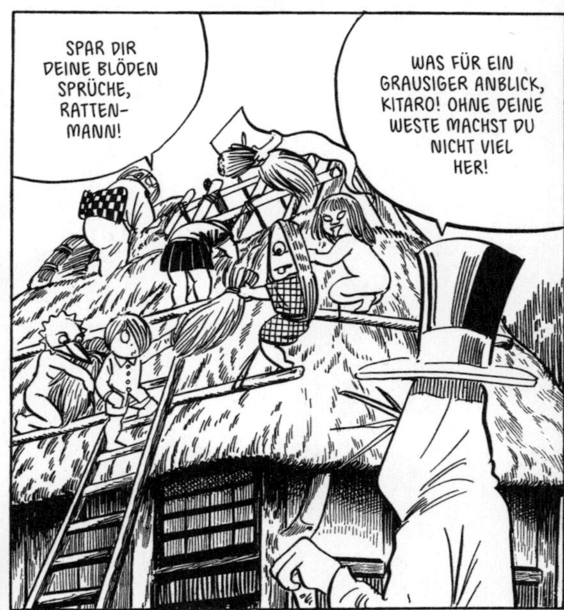
WAS FÜR EIN GRAUSIGER ANBLICK, KITARO! OHNE DEINE WESTE MACHST DU NICHT VIEL HER!
SPAR DIR DEINE BLÖDEN SPRÜCHE, RATTENMANN!

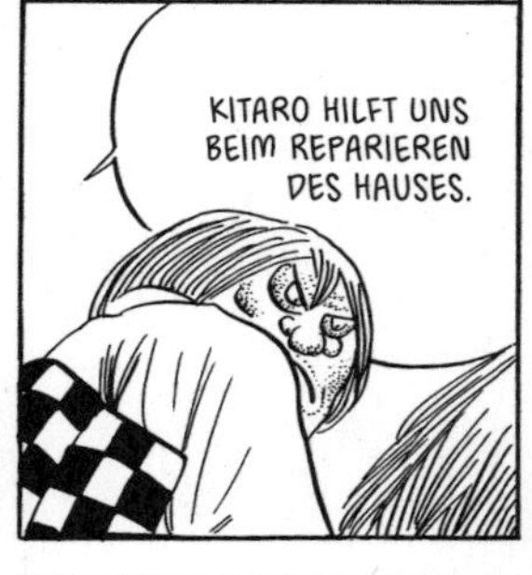
KITARO HILFT UNS BEIM REPARIEREN DES HAUSES.

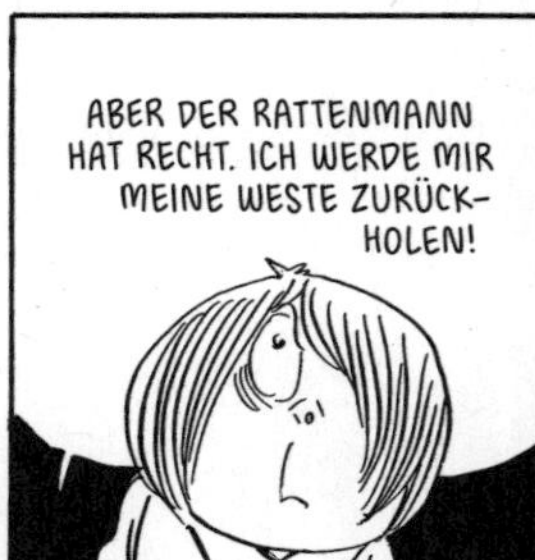
ABER DER RATTENMANN HAT RECHT. ICH WERDE MIR MEINE WESTE ZURÜCKHOLEN!

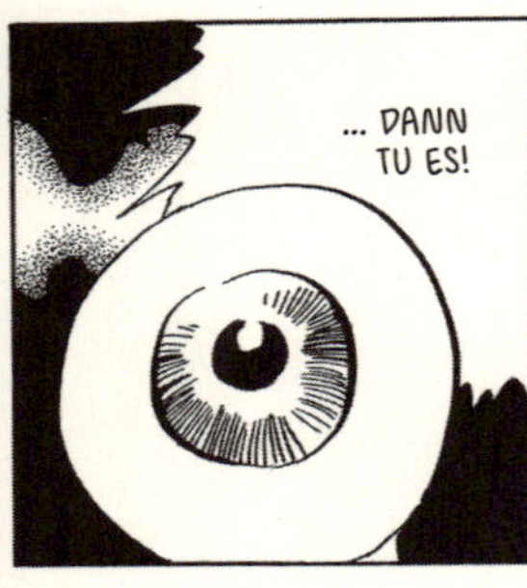
... DANN
TU ES!
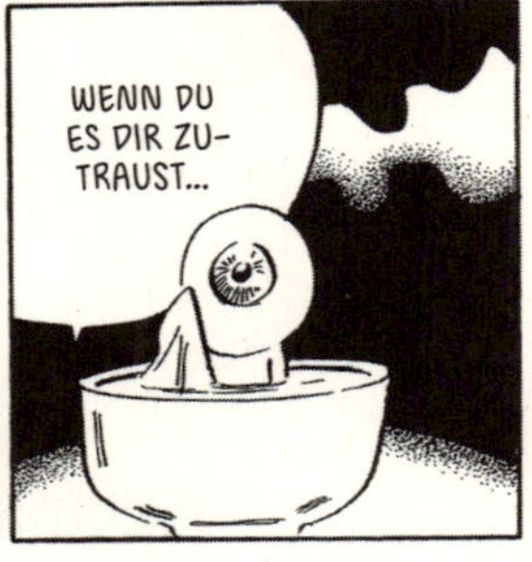
WENN DU
ES DIR ZU-
TRAUST...
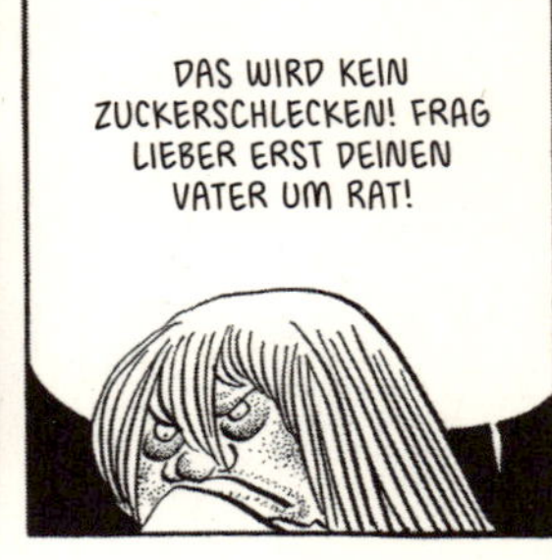
DAS WIRD KEIN
ZUCKERSCHLECKEN! FRAG
LIEBER ERST DEINEN
VATER UM RAT!
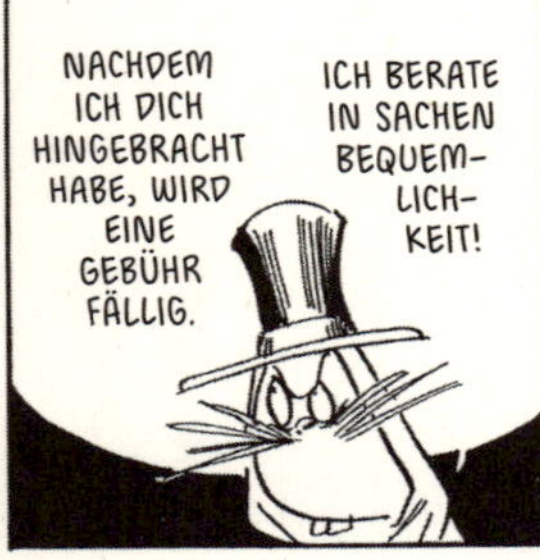
ICH BERATE
IN SACHEN
BEQUEM-
LICH-
KEIT!
NACHDEM
ICH DICH
HINGEBRACHT
HABE, WIRD
EINE
GEBÜHR
FÄLLIG.
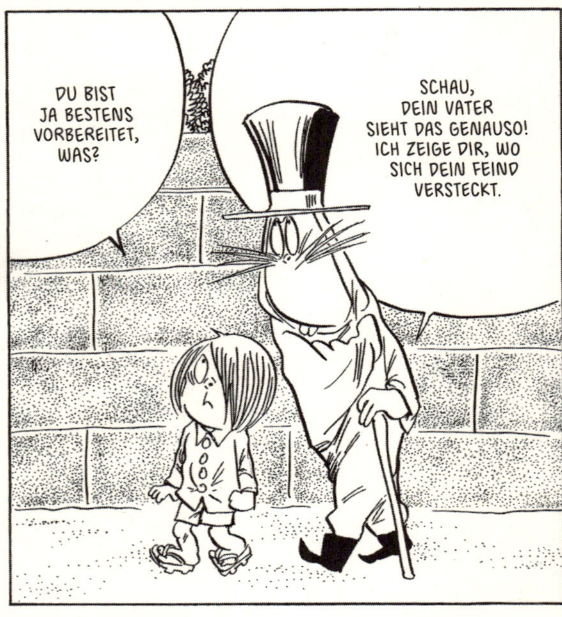
SCHAU,
DEIN VATER
SIEHT DAS GENAUSO!
ICH ZEIGE DIR, WO
SICH DEIN FEIND
VERSTECKT.
DU BIST
JA BESTENS
VORBEREITET,
WAS?
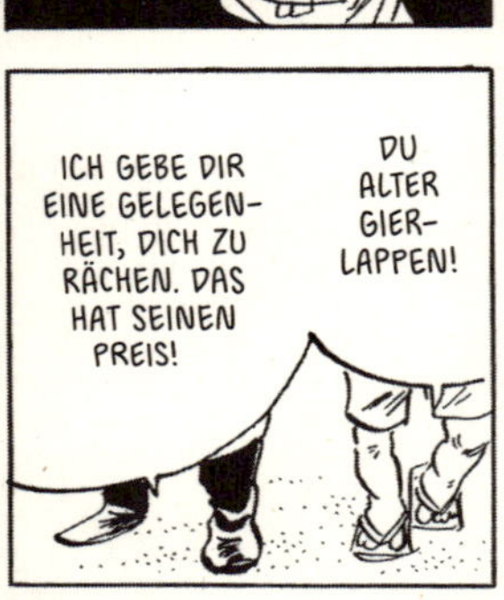
DU
ALTER
GIER-
LAPPEN!
ICH GEBE DIR
EINE GELEGEN-
HEIT, DICH ZU
RÄCHEN. DAS
HAT SEINEN
PREIS!
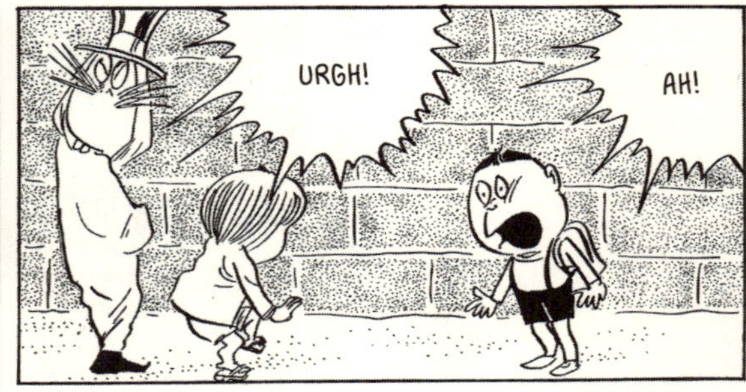
AH!
URGH!
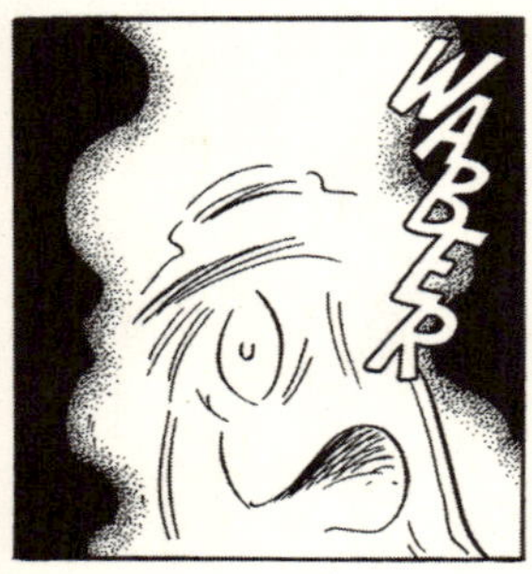
WABER

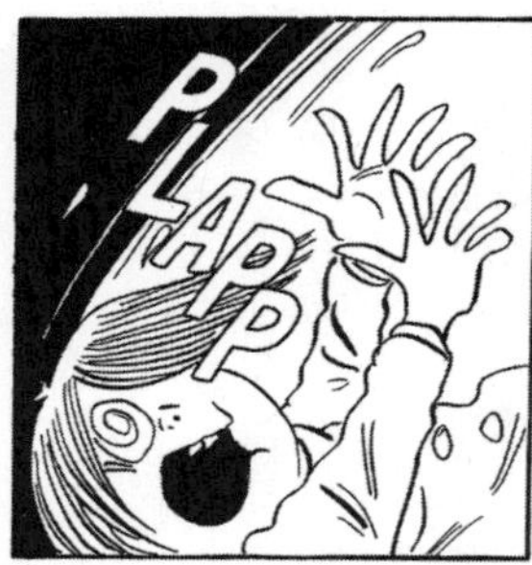
PLAPP

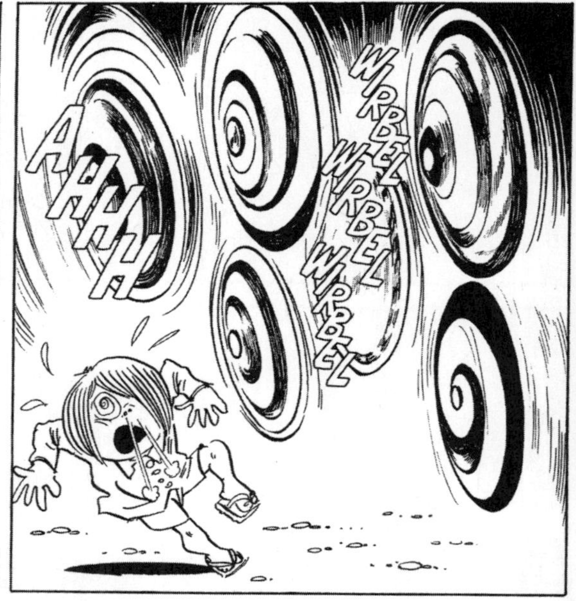
AHHHH
WIRBEL WIRBEL WIRBEL WIRBEL

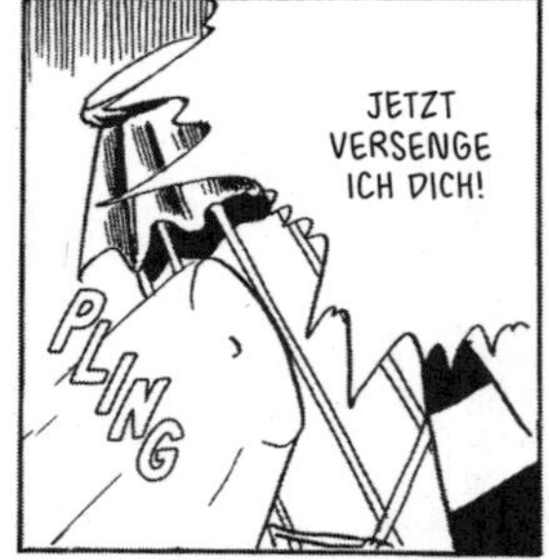
JETZT VERSENGE ICH DICH!
PLING

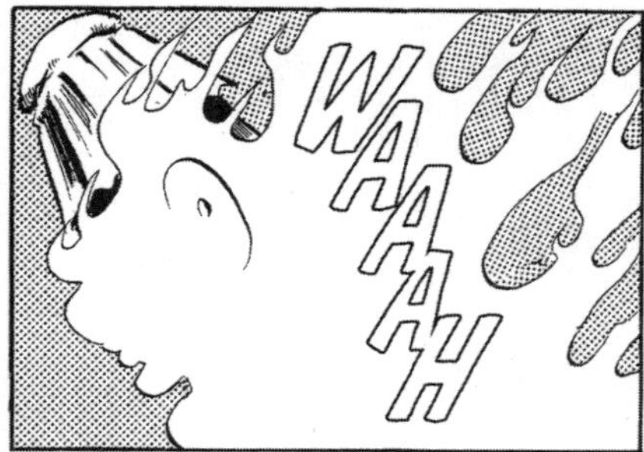
WAAAAH

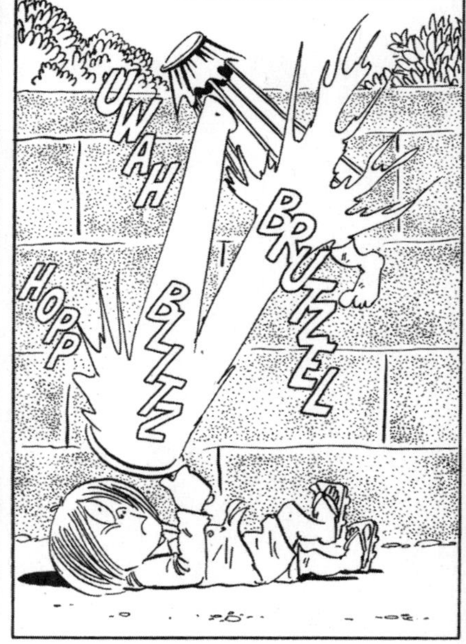
UWAH
BRUTZEL
BLITZ
HOPP

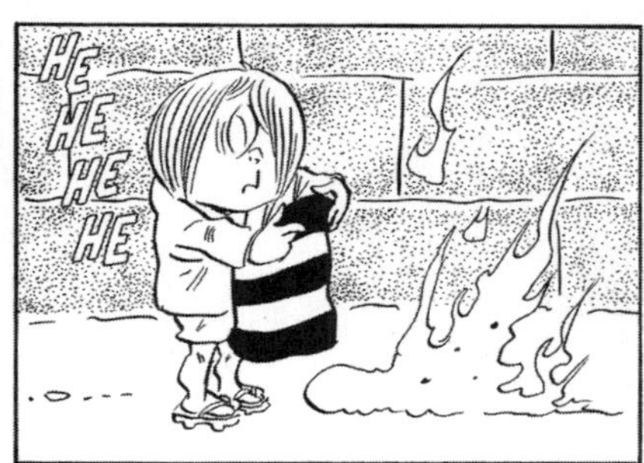
HE HE HE HE

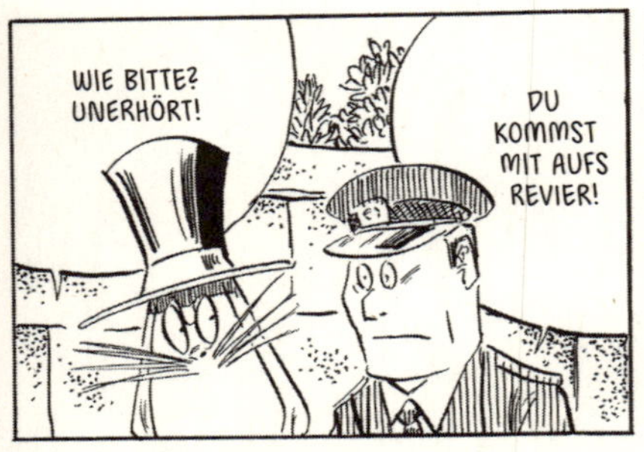

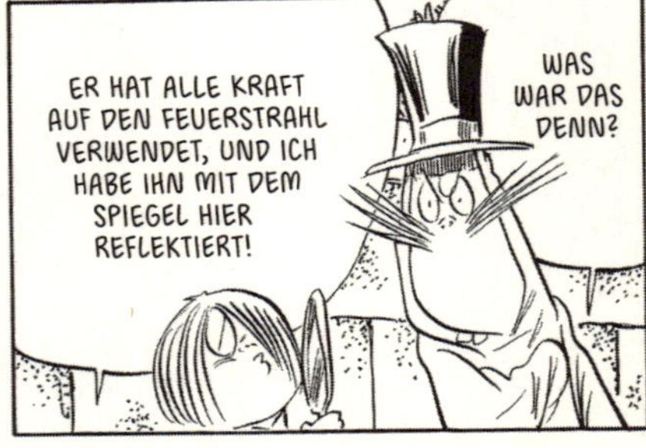

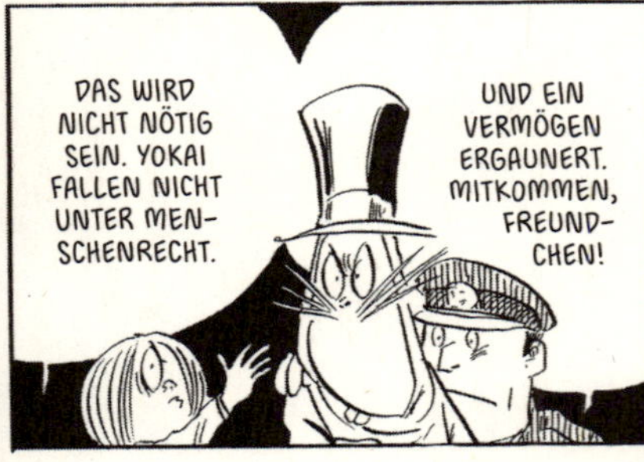

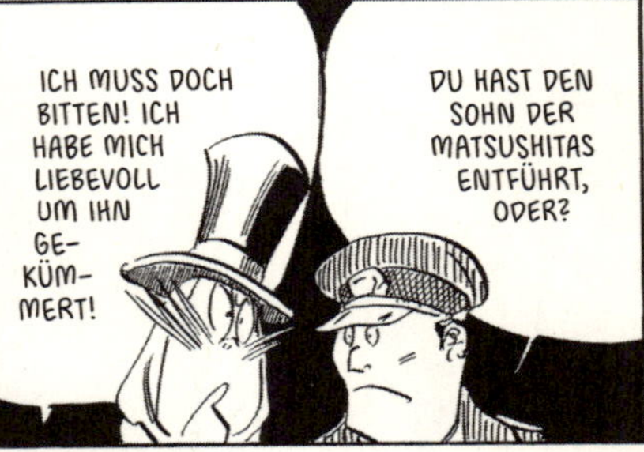

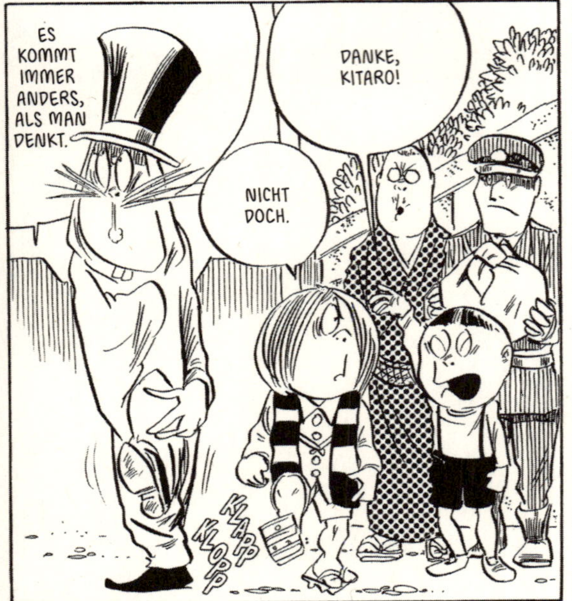

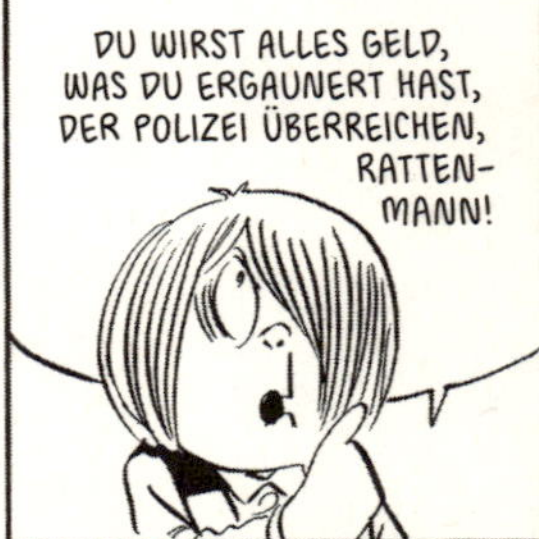

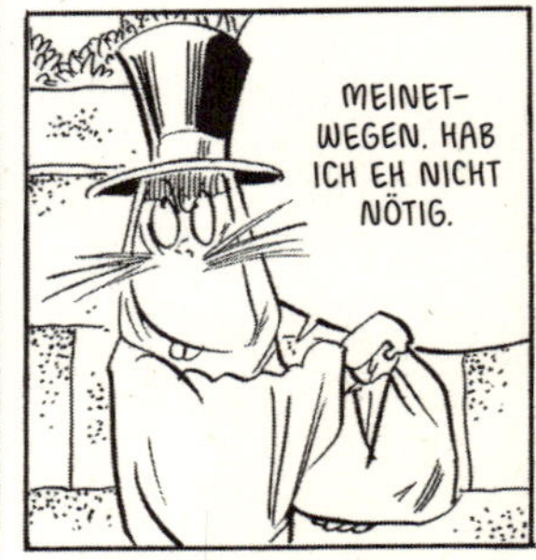

Der Schirmgeist – Ende

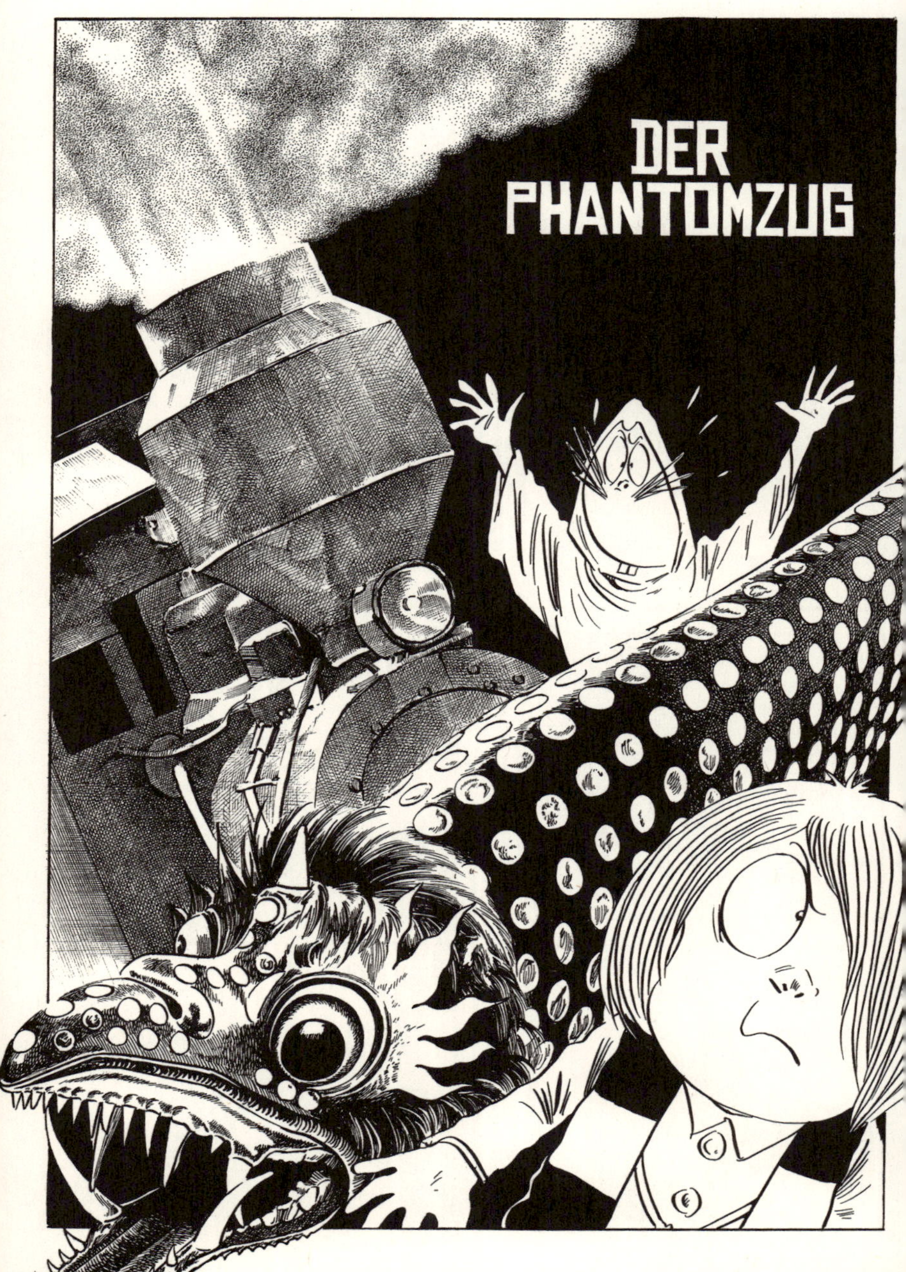
DER PHANTOMZUG

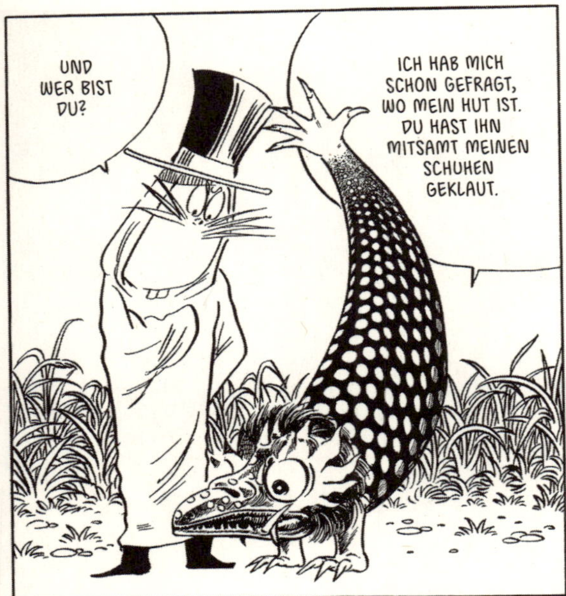
UND
WER BIST
DU?
ICH HAB MICH
SCHON GEFRAGT,
WO MEIN HUT IST.
DU HAST IHN
MITSAMT MEINEN
SCHUHEN
GEKLAUT.

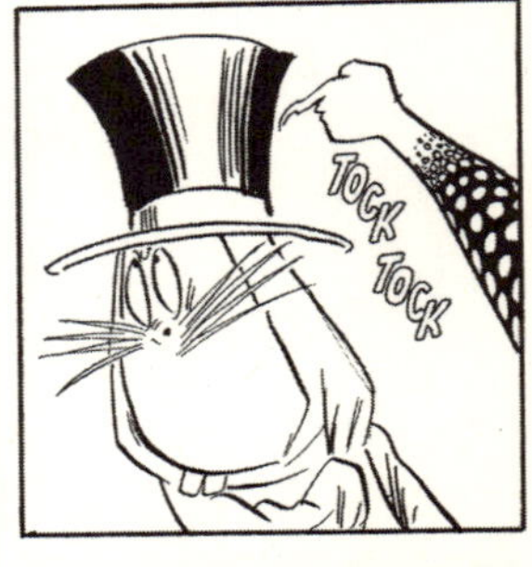
TOCK TOCK

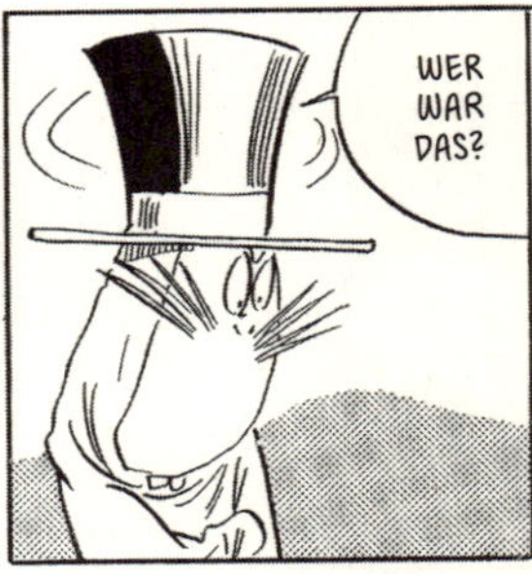
WER
WAR
DAS?

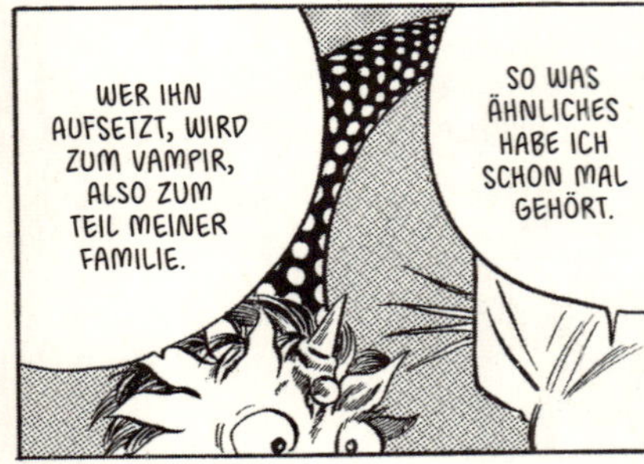
SO WAS
ÄHNLICHES
HABE ICH
SCHON MAL
GEHÖRT.
WER IHN
AUFSETZT, WIRD
ZUM VAMPIR,
ALSO ZUM
TEIL MEINER
FAMILIE.

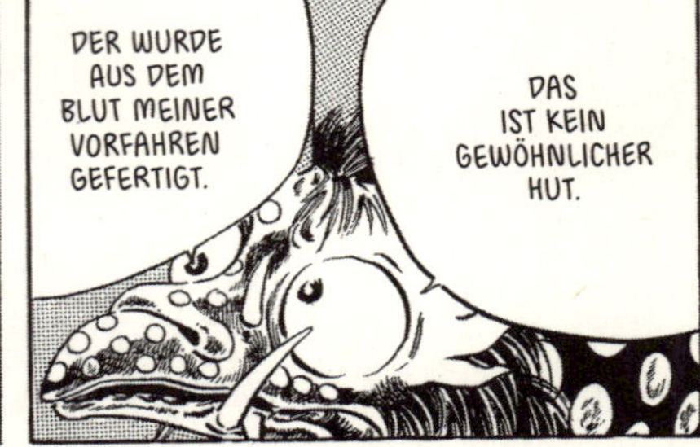
DAS
IST KEIN
GEWÖHNLICHER
HUT.
DER WURDE
AUS DEM
BLUT MEINER
VORFAHREN
GEFERTIGT.

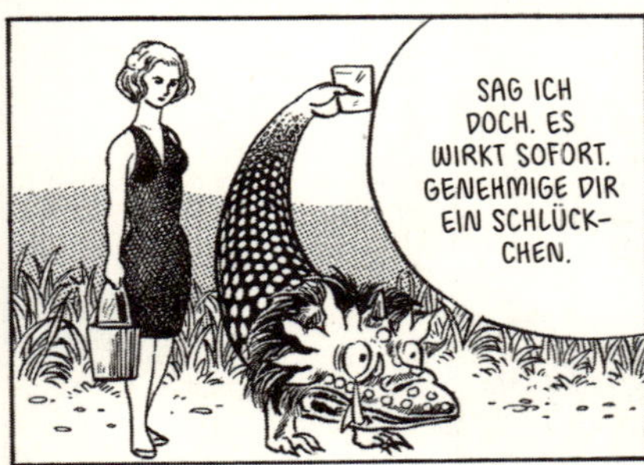
SAG ICH
DOCH. ES
WIRKT SOFORT.
GENEHMIGE DIR
EIN SCHLÜCK-
CHEN.

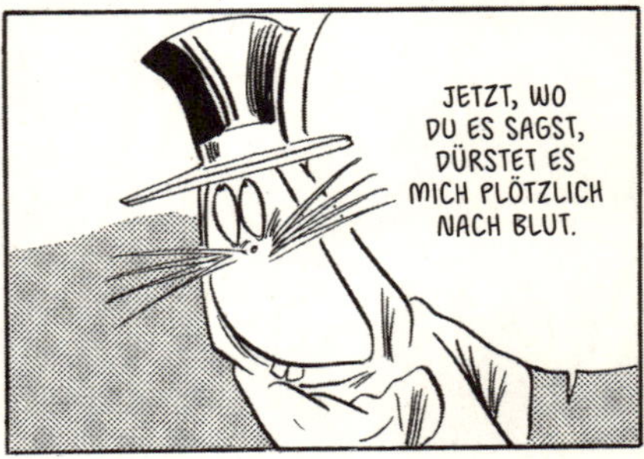
JETZT, WO
DU ES SAGST,
DÜRSTET ES
MICH PLÖTZLICH
NACH BLUT.

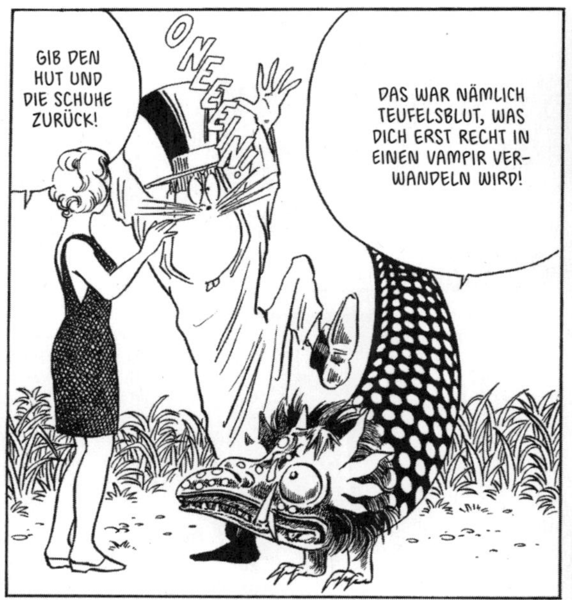
GIB DEN HUT UND DIE SCHUHE ZURÜCK!
ONEEEIN!
DAS WAR NÄMLICH TEUFELSBLUT, WAS DICH ERST RECHT IN EINEN VAMPIR VERWANDELN WIRD!

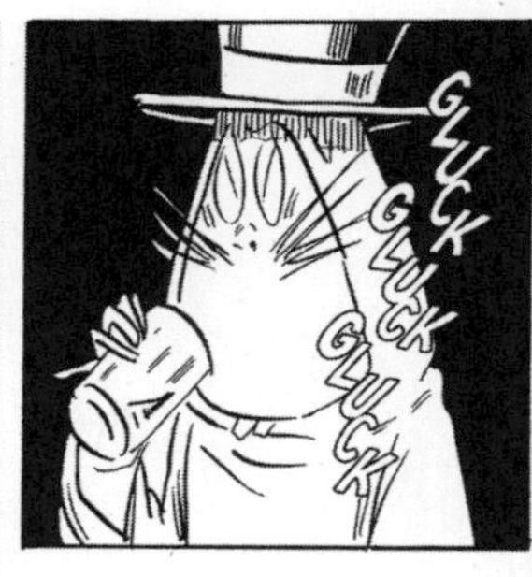
GLUCK GLUCK GLUCK GLUCK

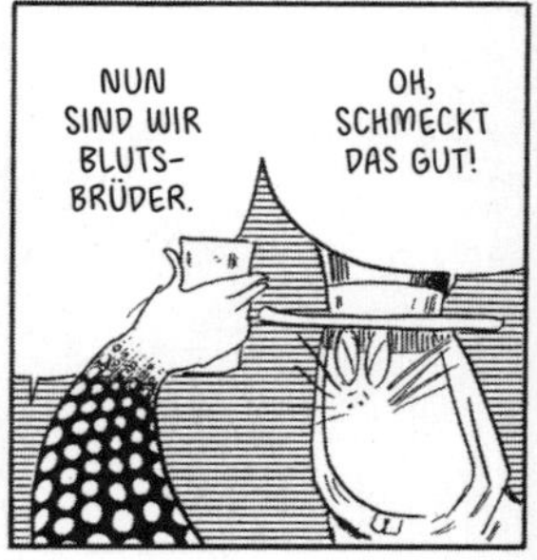
OH, SCHMECKT DAS GUT!
NUN SIND WIR BLUTS-BRÜDER.

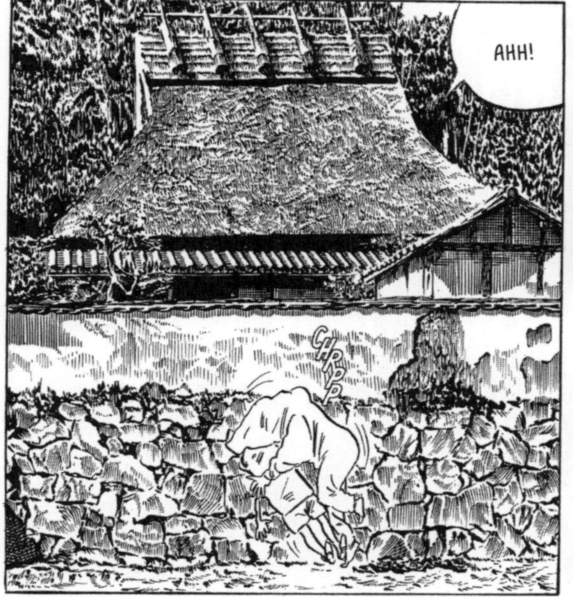
AHH!
CHRPP

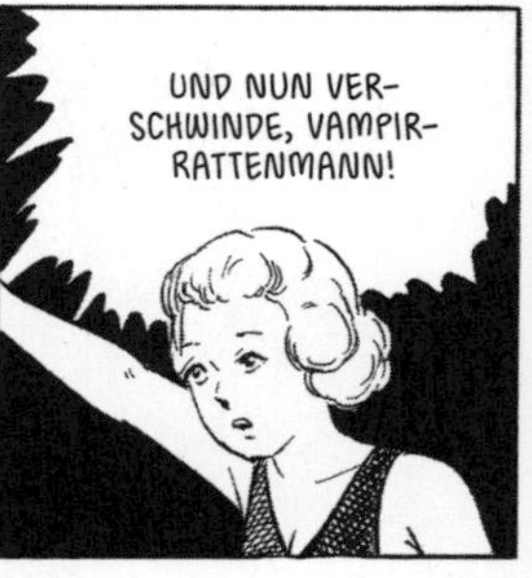
UND NUN VERSCHWINDE, VAMPIR-RATTENMANN!

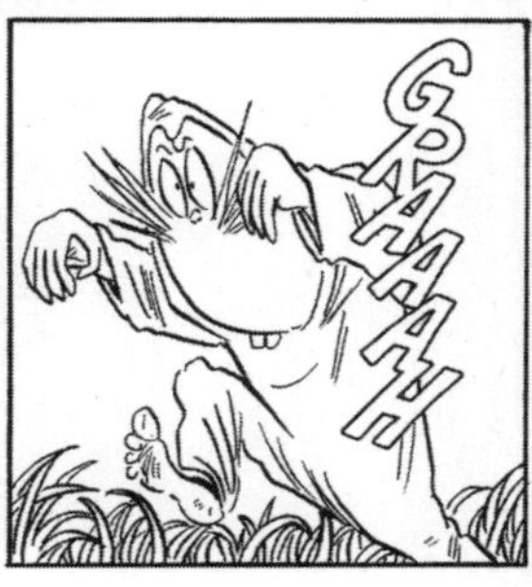
GRAAAAAH

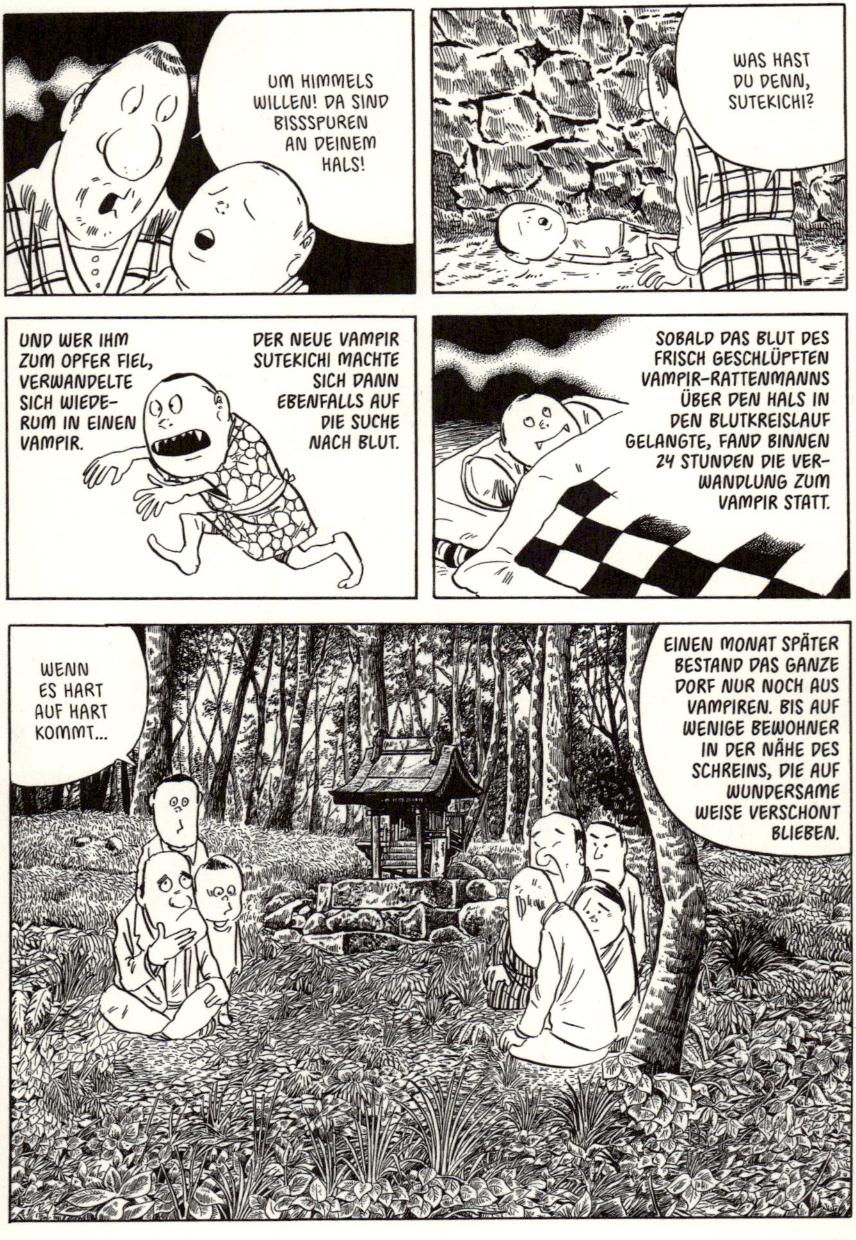

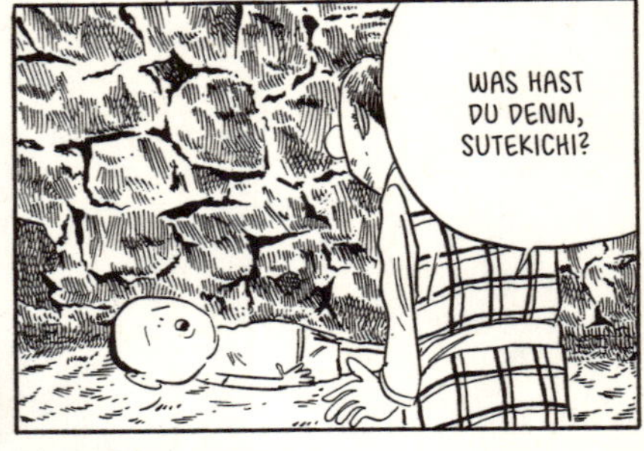

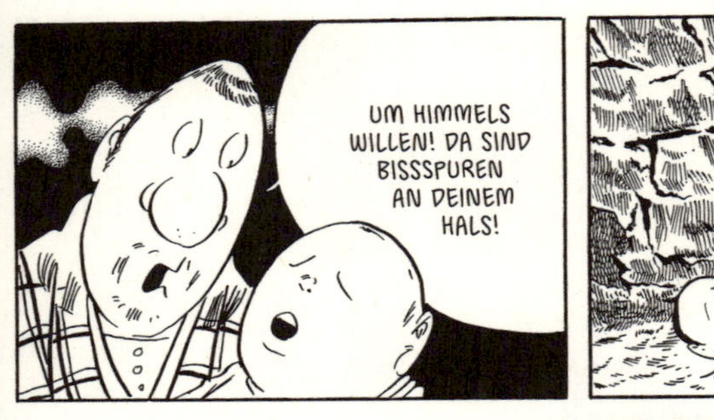

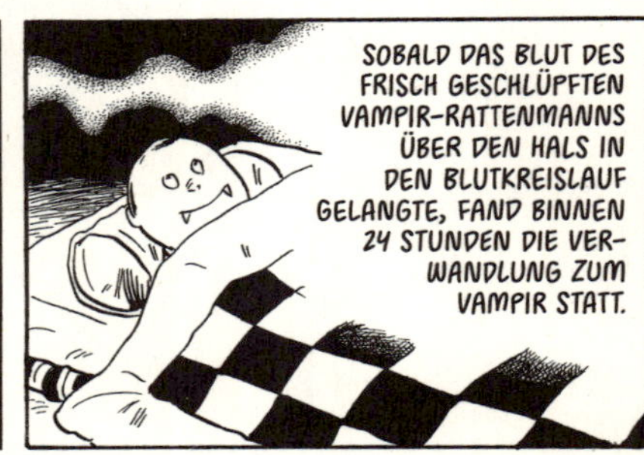

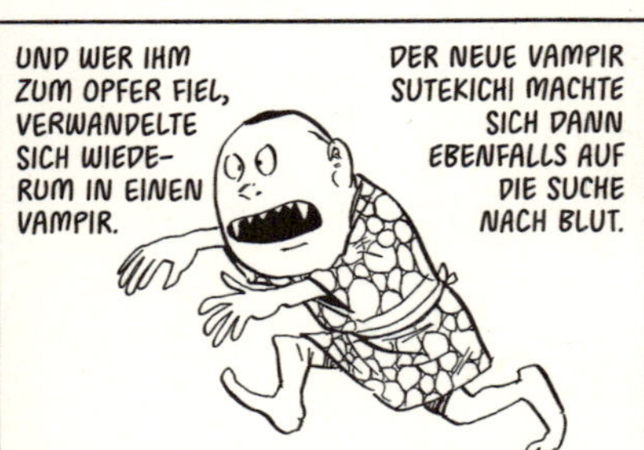

EINEN MONAT SPÄTER BESTAND DAS GANZE DORF NUR NOCH AUS VAMPIREN. BIS AUF WENIGE BEWOHNER IN DER NÄHE DES SCHREINS, DIE AUF WUNDERSAME WEISE VERSCHONT BLIEBEN.

WENN ES HART AUF HART KOMMT...

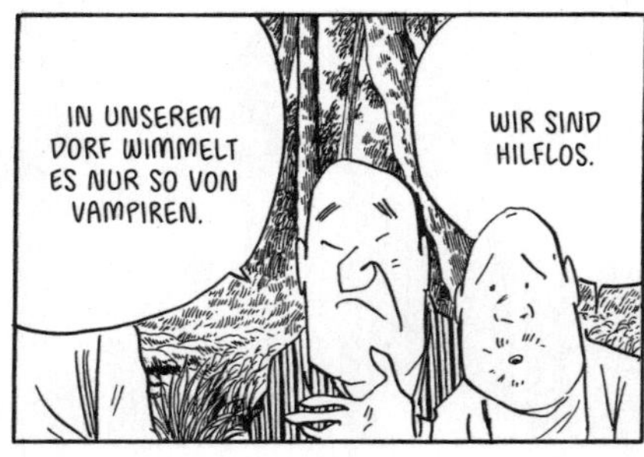
WIR SIND HILFLOS.
IN UNSEREM DORF WIMMELT ES NUR SO VON VAMPIREN.

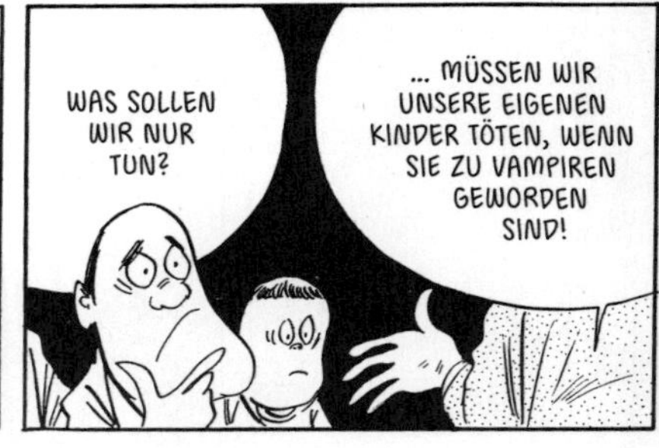
... MÜSSEN WIR UNSERE EIGENEN KINDER TÖTEN, WENN SIE ZU VAMPIREN GEWORDEN SIND!
WAS SOLLEN WIR NUR TUN?

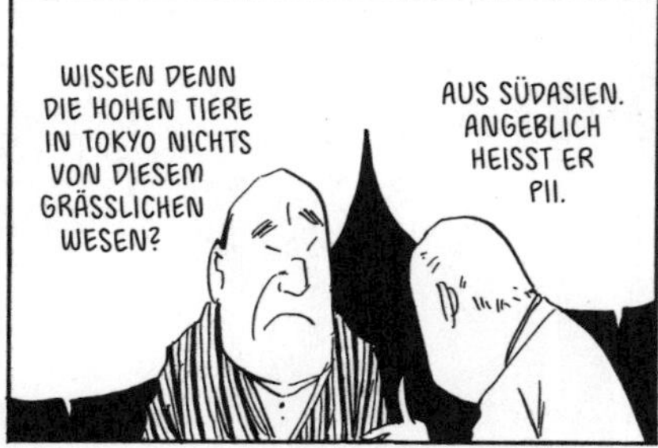
AUS SÜDASIEN. ANGEBLICH HEISST ER PII.
WISSEN DENN DIE HOHEN TIERE IN TOKYO NICHTS VON DIESEM GRÄSSLICHEN WESEN?

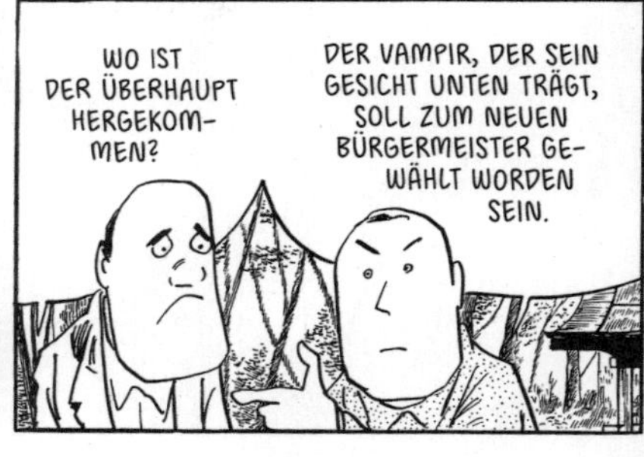
DER VAMPIR, DER SEIN GESICHT UNTEN TRÄGT, SOLL ZUM NEUEN BÜRGERMEISTER GE-WÄHLT WORDEN SEIN.
WO IST DER ÜBERHAUPT HERGEKOM-MEN?

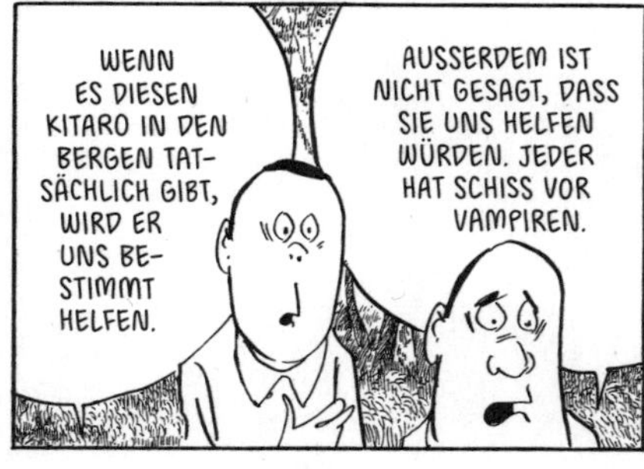
AUSSERDEM IST NICHT GESAGT, DASS SIE UNS HELFEN WÜRDEN. JEDER HAT SCHISS VOR VAMPIREN.
WENN ES DIESEN KITARO IN DEN BERGEN TAT-SÄCHLICH GIBT, WIRD ER UNS BE-STIMMT HELFEN.

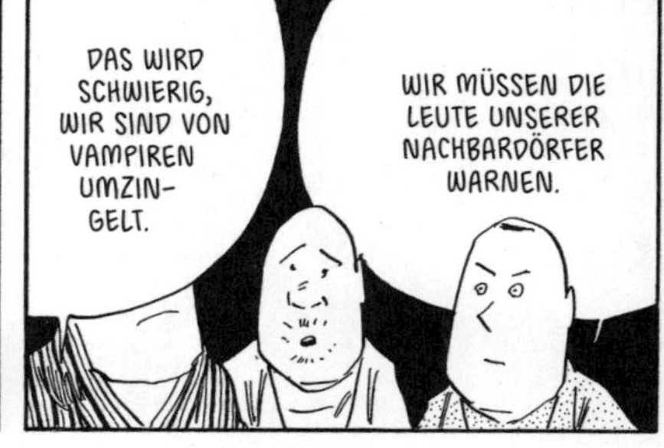
WIR MÜSSEN DIE LEUTE UNSERER NACHBARDÖRFER WARNEN.
DAS WIRD SCHWIERIG, WIR SIND VON VAMPIREN UMZIN-GELT.

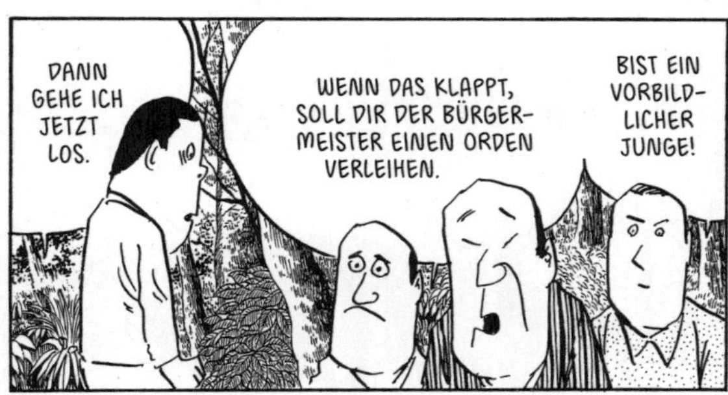
BIST EIN VORBILD-LICHER JUNGE!
WENN DAS KLAPPT, SOLL DIR DER BÜRGER-MEISTER EINEN ORDEN VERLEIHEN.
DANN GEHE ICH JETZT LOS.

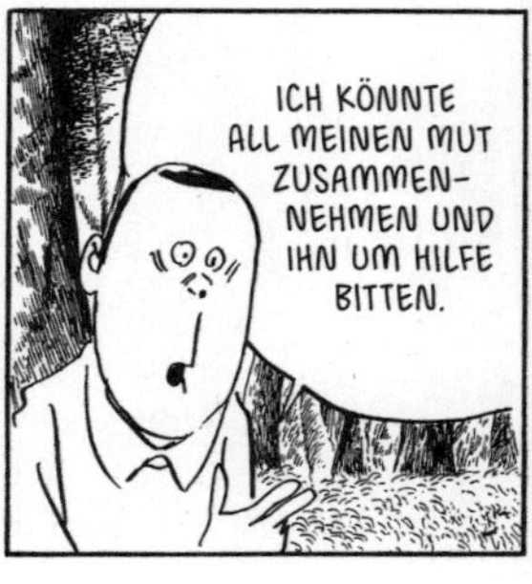
ICH KÖNNTE ALL MEINEN MUT ZUSAMMEN-NEHMEN UND IHN UM HILFE BITTEN.

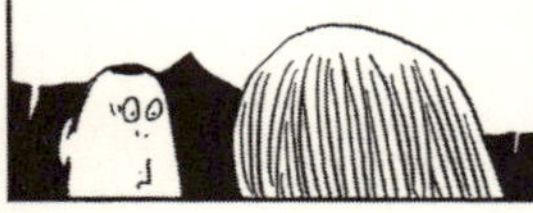
NUR DIE LEUTE UM DEN SCHREIN HERUM WURDEN VERSCHONT.
WAS? IM DORF UNTEN SIND ALLE ZU VAMPIREN MUTIERT?

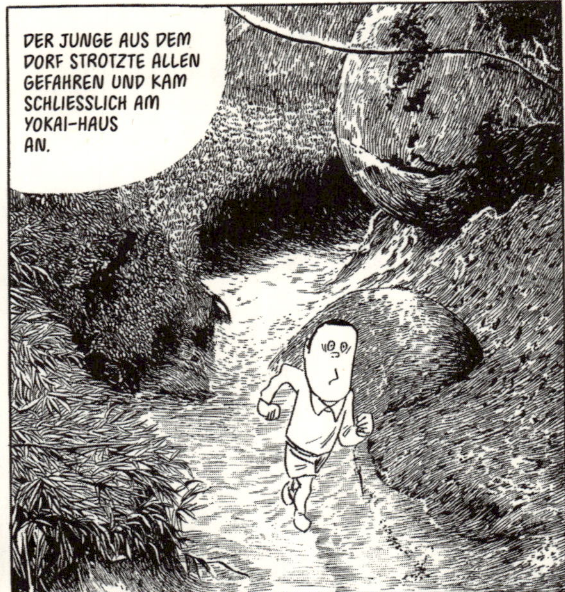
DER JUNGE AUS DEM DORF STROTZTE ALLEN GEFAHREN UND KAM SCHLIESSLICH AM YOKAI-HAUS AN.

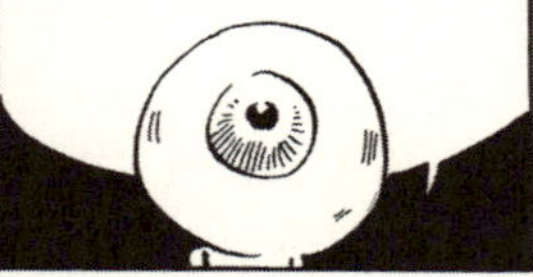
SIE HABEN DIE GEGEND ZUM VAMPIRGEBIET AUSGERUFEN. BALD WERDEN SIE AUCH HIER EINFALLEN.

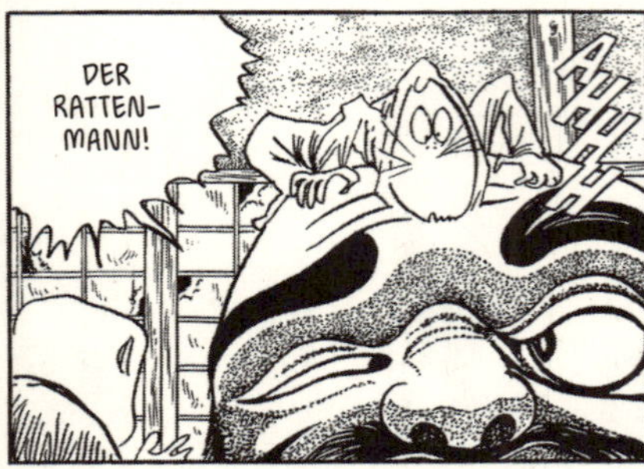
DER RATTEN-MANN!
AHHH

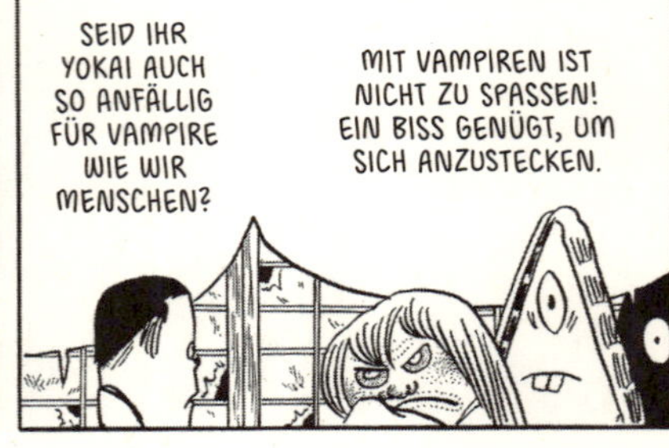
SEID IHR YOKAI AUCH SO ANFÄLLIG FÜR VAMPIRE WIE WIR MENSCHEN?
MIT VAMPIREN IST NICHT ZU SPASSEN! EIN BISS GENÜGT, UM SICH ANZUSTECKEN.

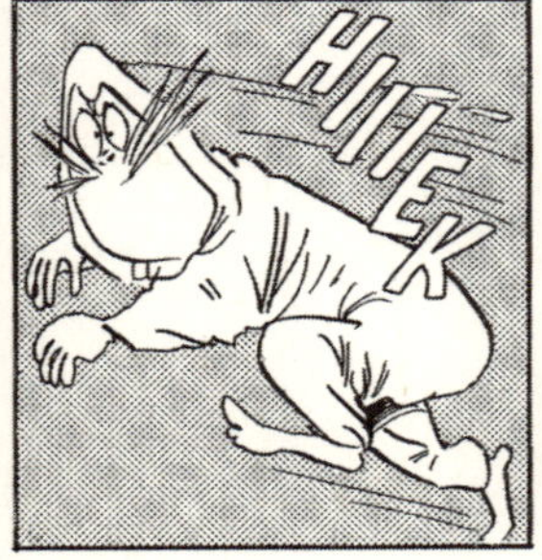
HIIEK

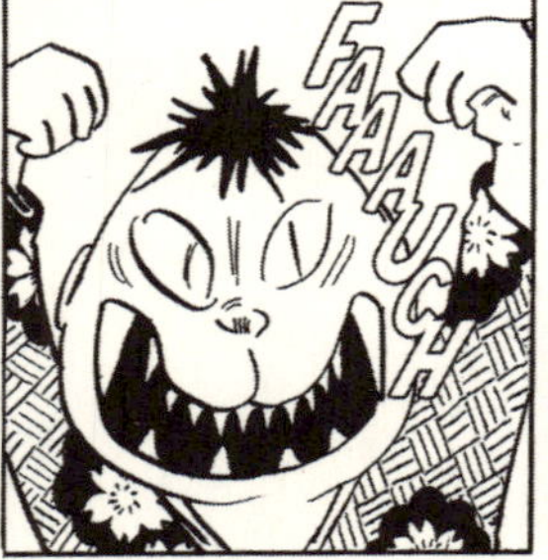
FAAAUCH

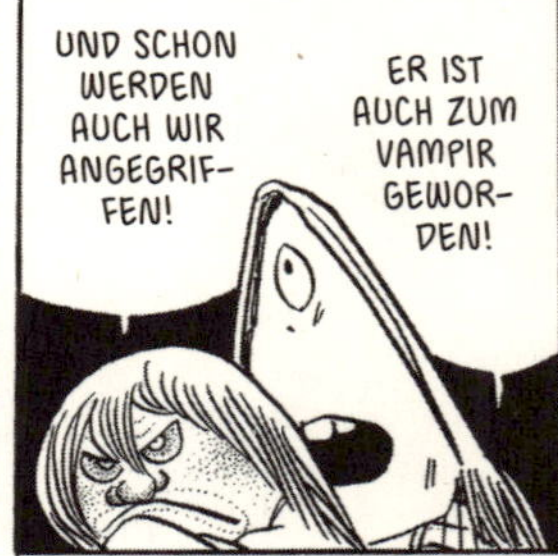
UND SCHON WERDEN AUCH WIR ANGEGRIF-FEN!
ER IST AUCH ZUM VAMPIR GEWOR-DEN!

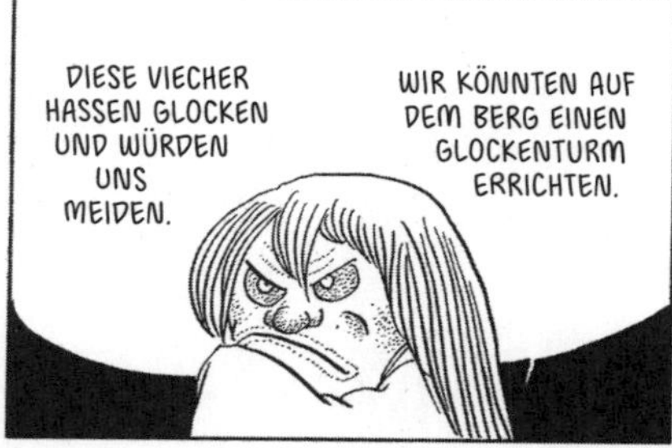
DIESE VIECHER HASSEN GLOCKEN UND WÜRDEN UNS MEIDEN.
WIR KÖNNTEN AUF DEM BERG EINEN GLOCKENTURM ERRICHTEN.

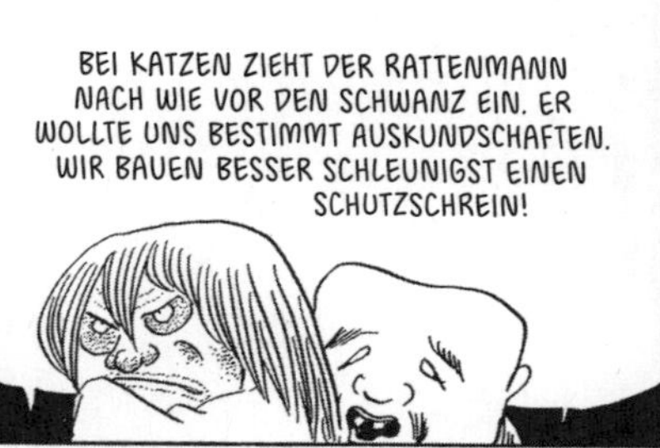
BEI KATZEN ZIEHT DER RATTENMANN NACH WIE VOR DEN SCHWANZ EIN. ER WOLLTE UNS BESTIMMT AUSKUNDSCHAFTEN. WIR BAUEN BESSER SCHLEUNIGST EINEN SCHUTZSCHREIN!

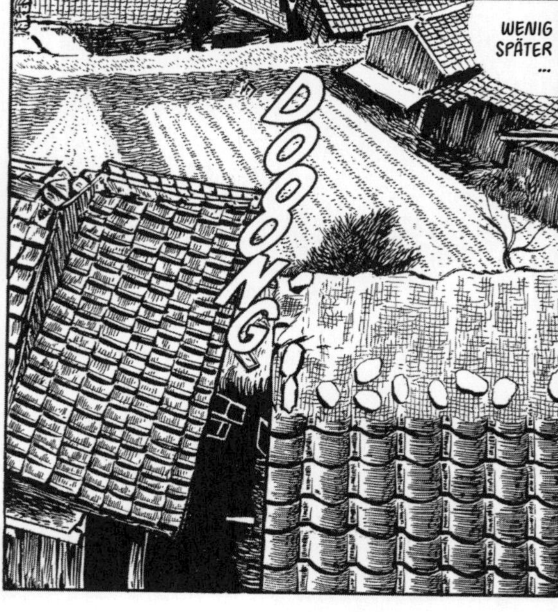
WENIG SPÄTER ...
DOOOONG

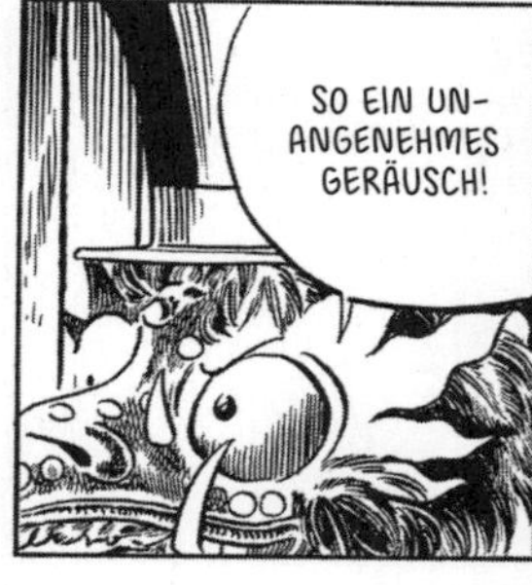
SO EIN UN-ANGENEHMES GERÄUSCH!

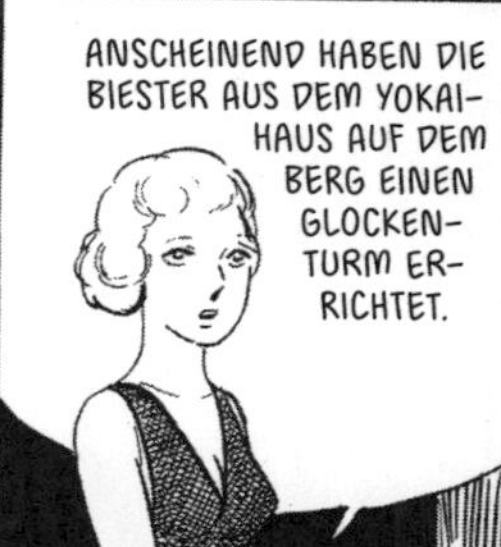
ANSCHEINEND HABEN DIE BIESTER AUS DEM YOKAI-HAUS AUF DEM BERG EINEN GLOCKEN-TURM ER-RICHTET.

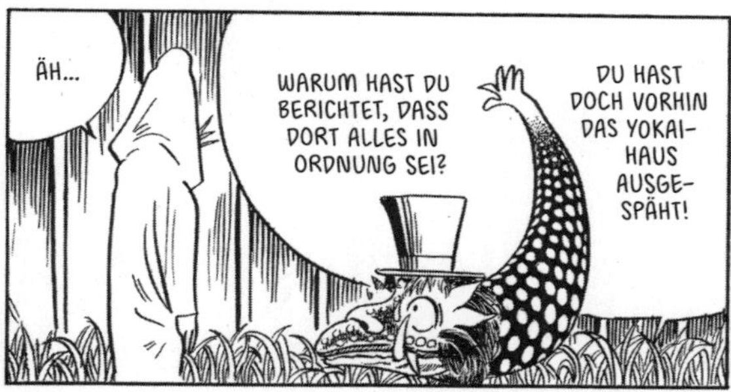
DU HAST DOCH VORHIN DAS YOKAI-HAUS AUSGE-SPÄHT!
WARUM HAST DU BERICHTET, DASS DORT ALLES IN ORDNUNG SEI?
ÄH...

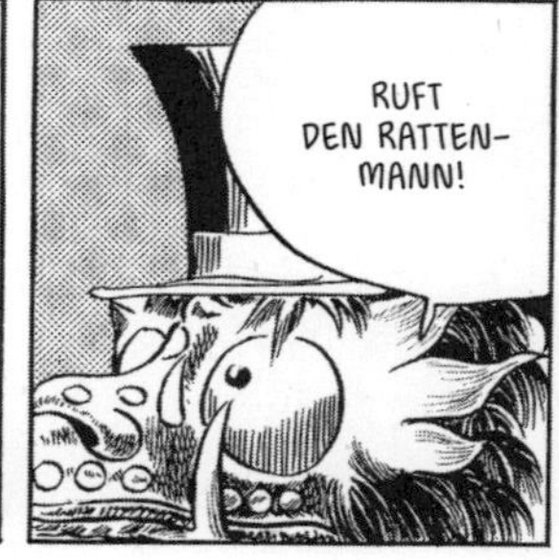
RUFT DEN RATTEN-MANN!

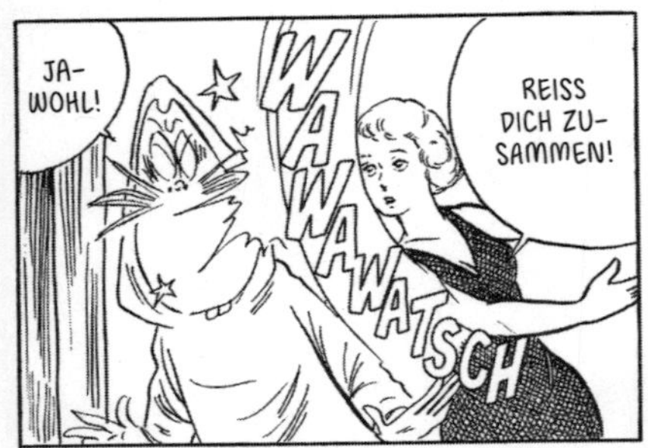
REISS DICH ZUSAMMEN!
JA-WOHL!
WAWAWAWATSCH

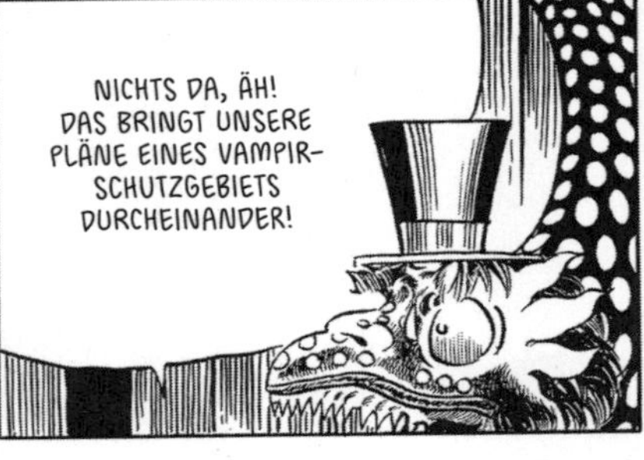
NICHTS DA, ÄH! DAS BRINGT UNSERE PLÄNE EINES VAMPIRSCHUTZGEBIETS DURCHEINANDER!

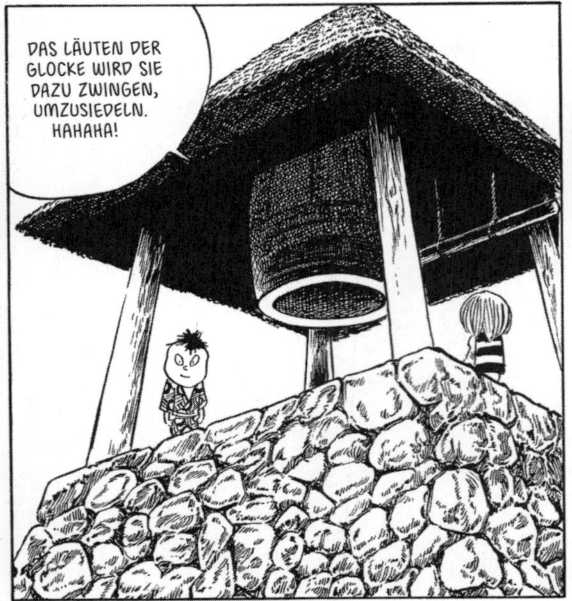
DAS LÄUTEN DER GLOCKE WIRD SIE DAZU ZWINGEN, UMZUSIEDELN. HAHAHA!

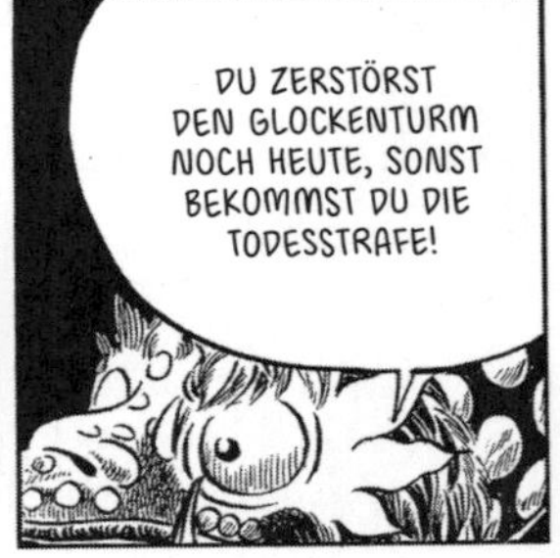
DU ZERSTÖRST DEN GLOCKENTURM NOCH HEUTE, SONST BEKOMMST DU DIE TODESSTRAFE!

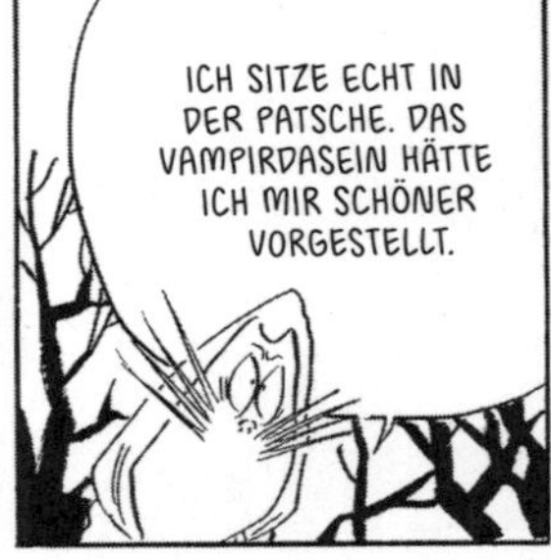
ICH SITZE ECHT IN DER PATSCHE. DAS VAMPIRDASEIN HÄTTE ICH MIR SCHÖNER VORGESTELLT.

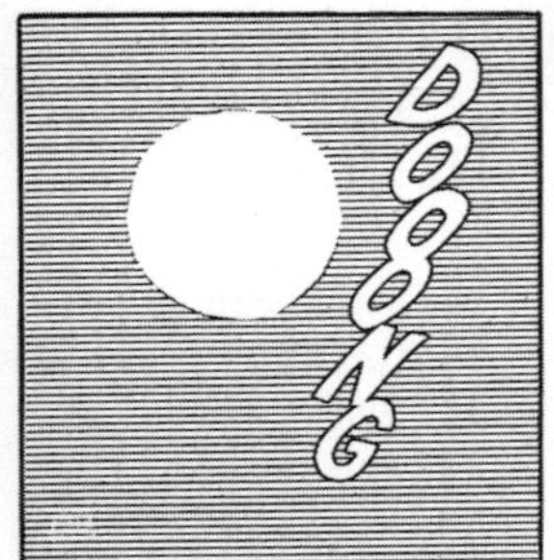
DOOONG

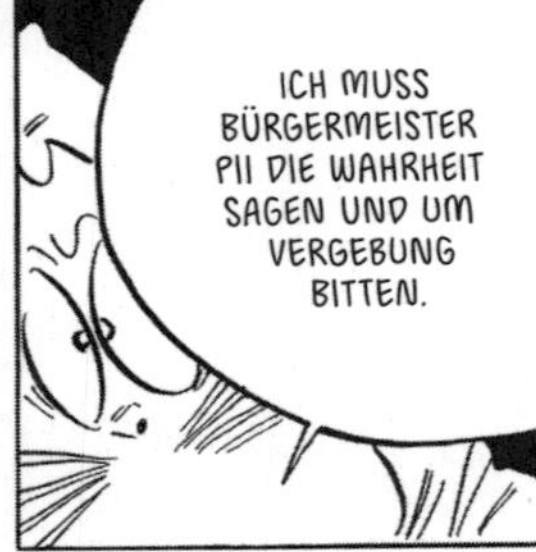
ICH MUSS BÜRGERMEISTER PII DIE WAHRHEIT SAGEN UND UM VERGEBUNG BITTEN.

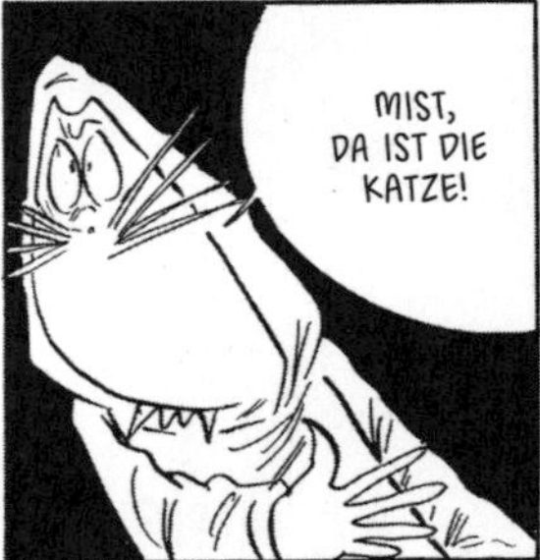
MIST, DA IST DIE KATZE!

WIE BITTE?! DU TRAUST DICH NICHT HIN WEGEN EINER KATZE? WILLST DU MICH VERSCHAUKELN?

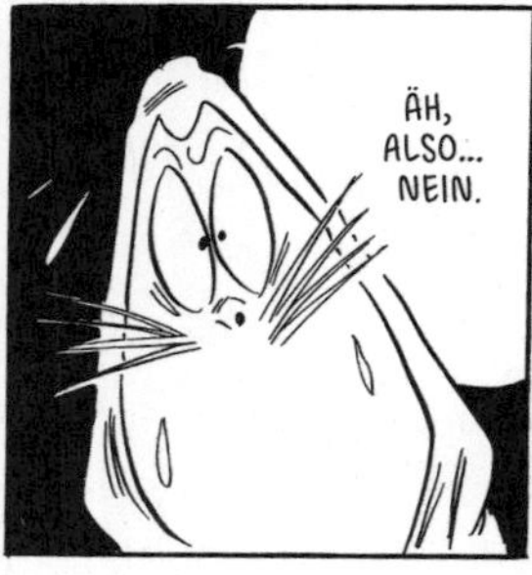

WEISST DU NICHT, WOZU ICH, VAMPIR MONROE, FÄHIG BIN?

SEIT SIE MARILYN MONROES BLUT GESAUGT HATTE, SAH SIE IHR IMMER ÄHNLICHER.

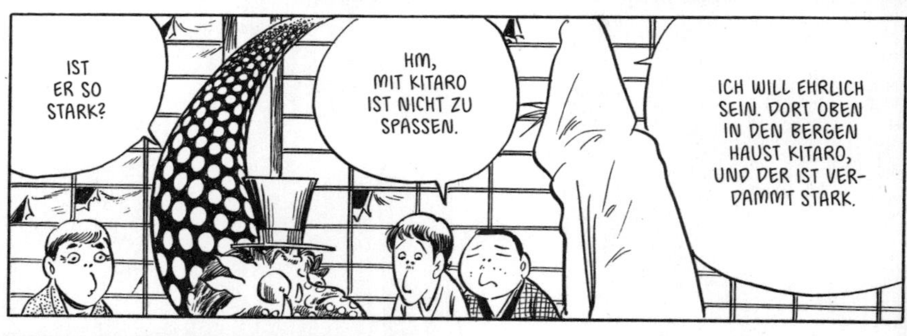

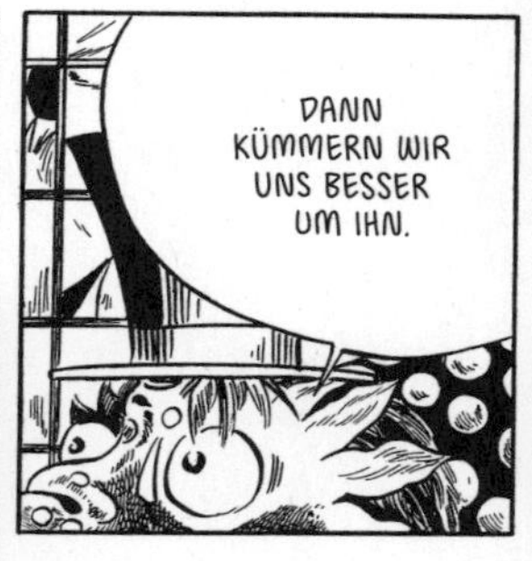

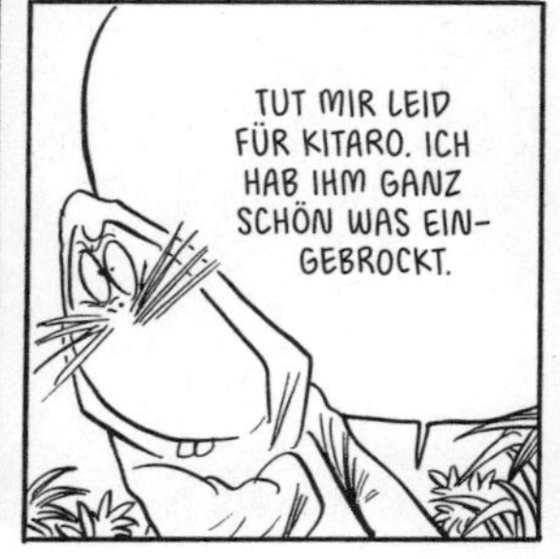

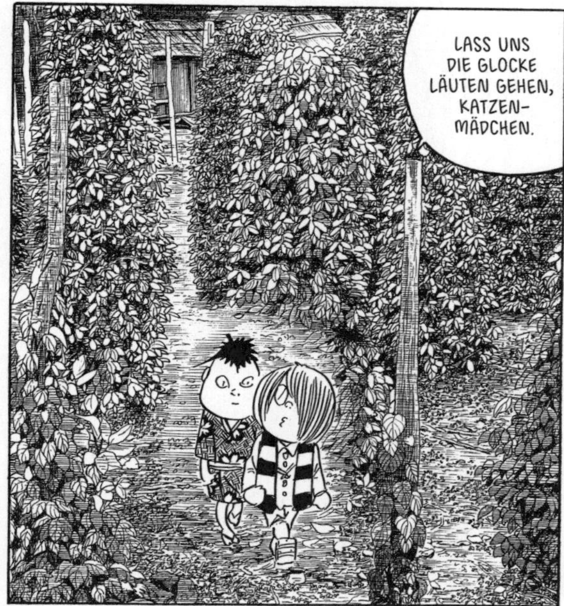

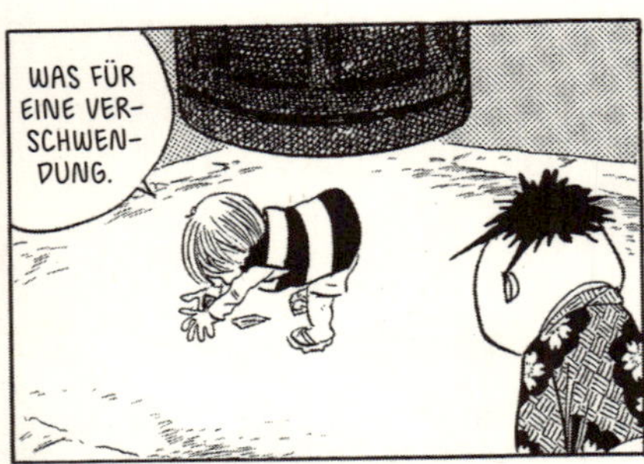
WAS FÜR EINE VER-SCHWEN-DUNG.

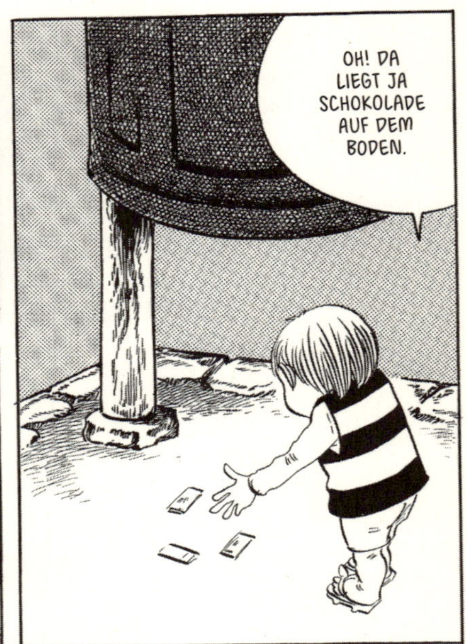
OH! DA LIEGT JA SCHOKOLADE AUF DEM BODEN.

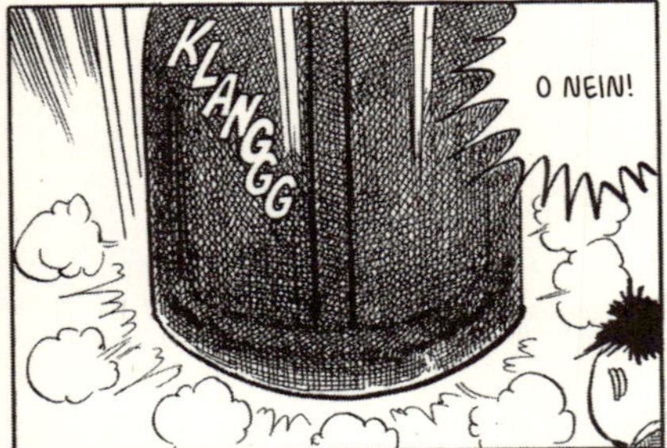
KLANGGG
O NEIN!

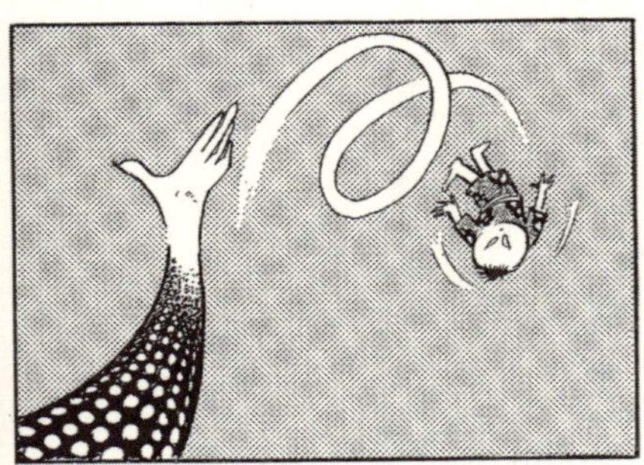

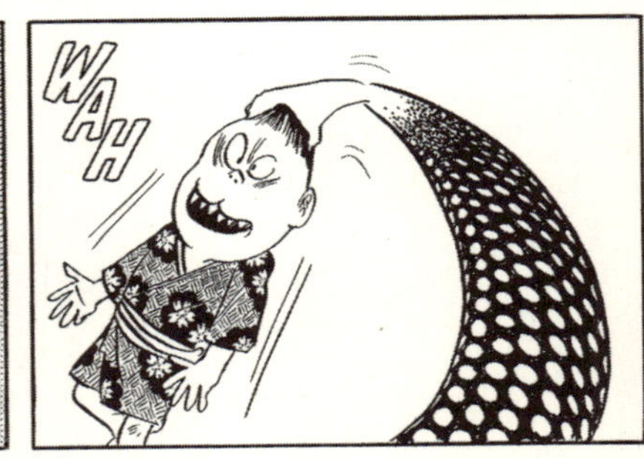
WAH

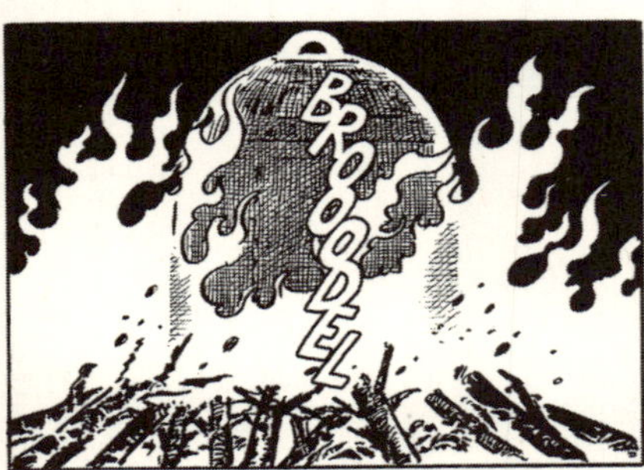
BROOODEL

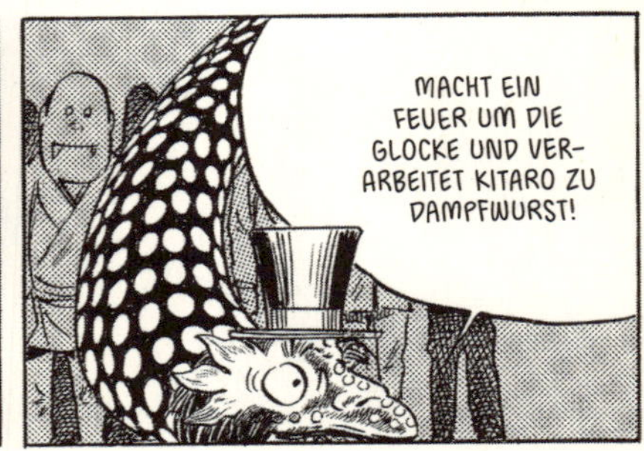
MACHT EIN FEUER UM DIE GLOCKE UND VER-ARBEITET KITARO ZU DAMPFWURST!

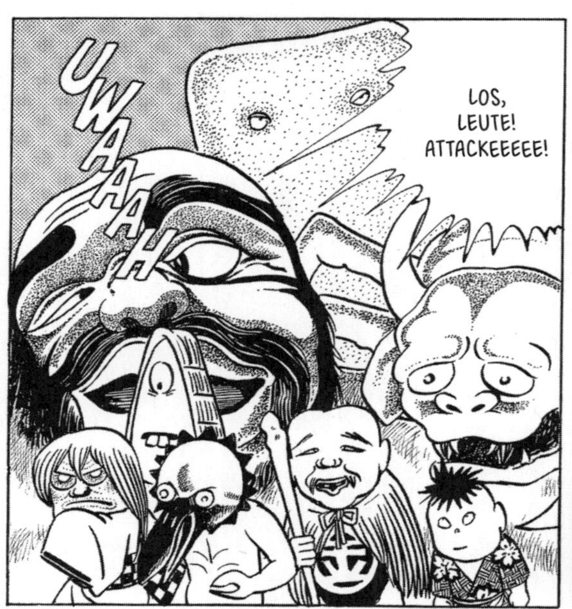
UWAAAH
LOS, LEUTE! ATTACKEEEEE!

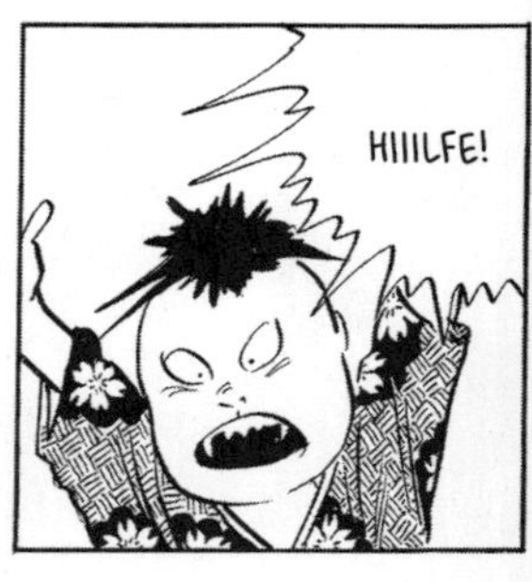
HIIILFE!

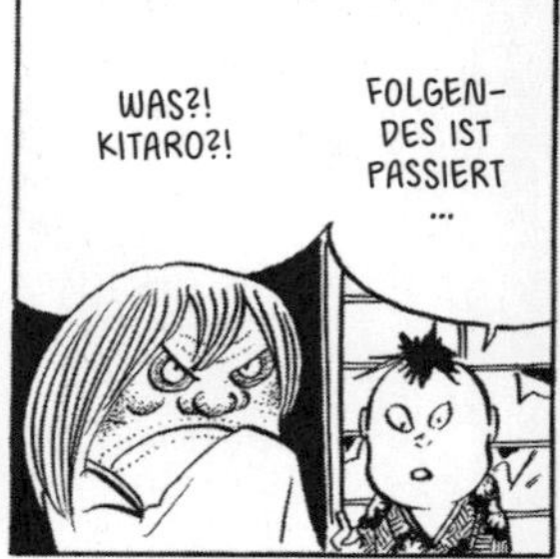
FOLGEN-DES IST PASSIERT ...
WAS?! KITARO?!

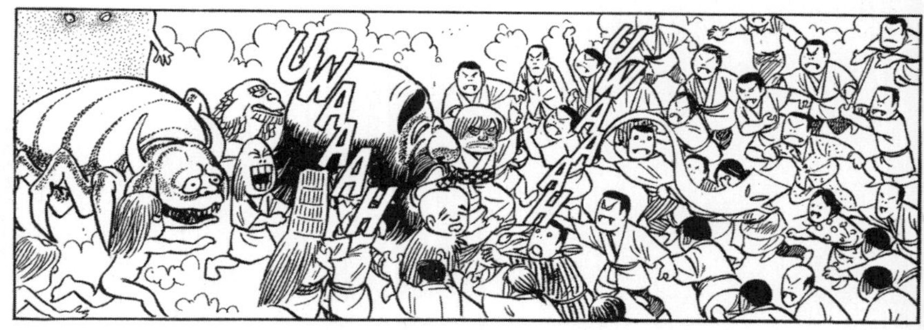
UWAAAAH
UWAAAAAH

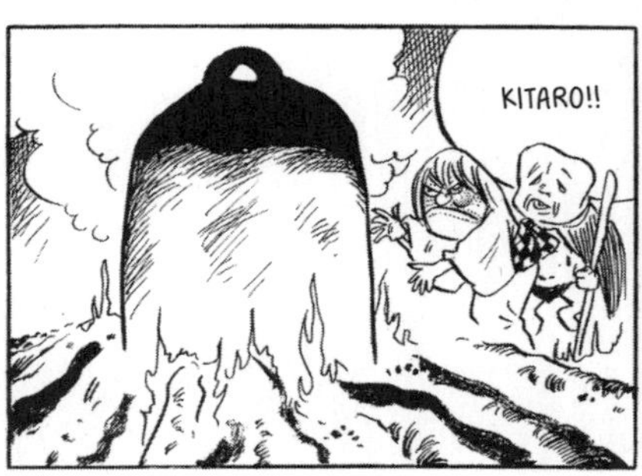
KITARO!!

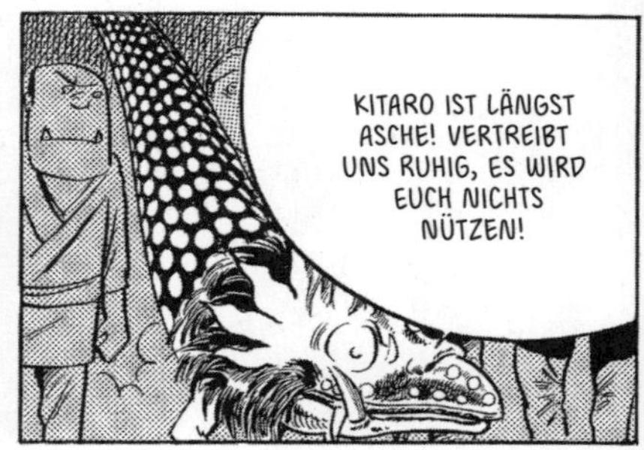
KITARO IST LÄNGST ASCHE! VERTREIBT UNS RUHIG, ES WIRD EUCH NICHTS NÜTZEN!

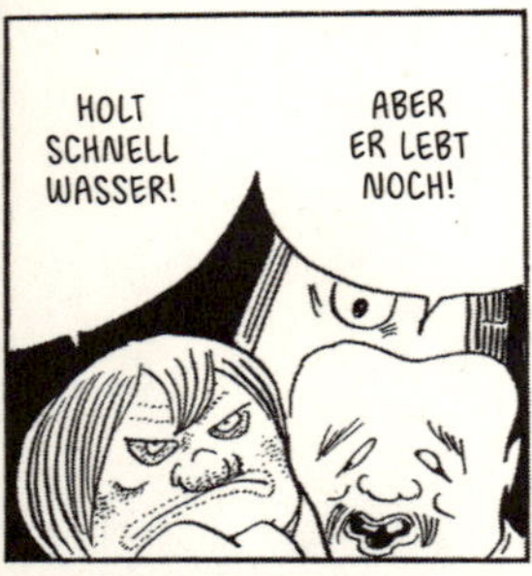
ABER ER LEBT NOCH!
HOLT SCHNELL WASSER!

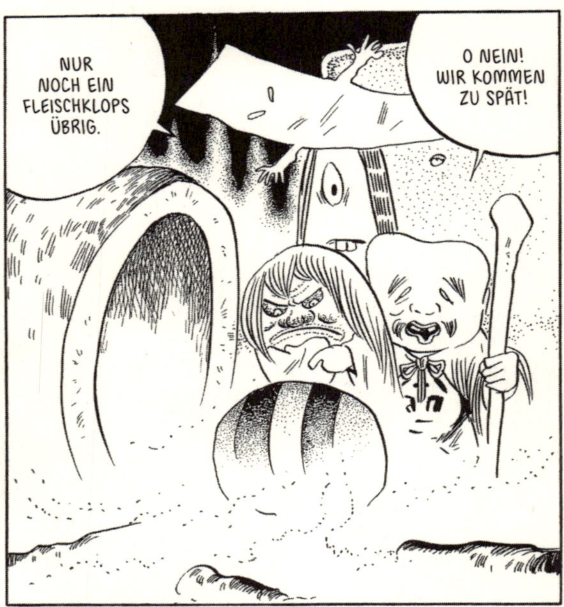
O NEIN! WIR KOMMEN ZU SPÄT!
NUR NOCH EIN FLEISCHKLOPS ÜBRIG.

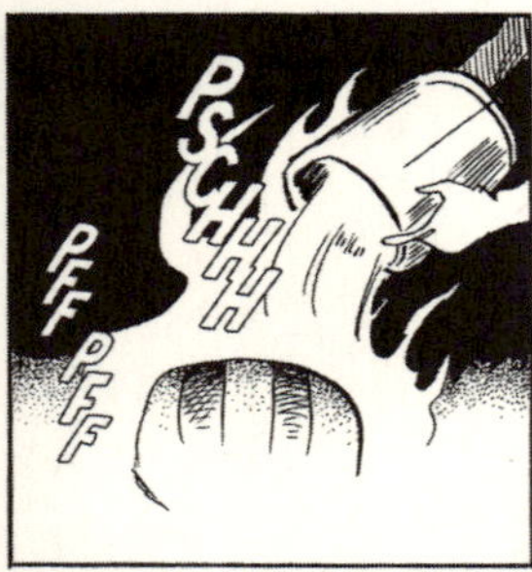
PSCHHHH
PFFPFF

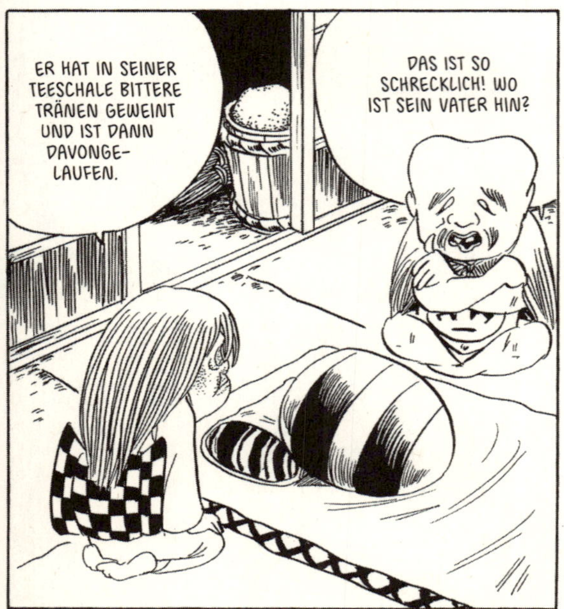
DAS IST SO SCHRECKLICH! WO IST SEIN VATER HIN?
ER HAT IN SEINER TEESCHALE BITTERE TRÄNEN GEWEINT UND IST DANN DAVONGE-LAUFEN.

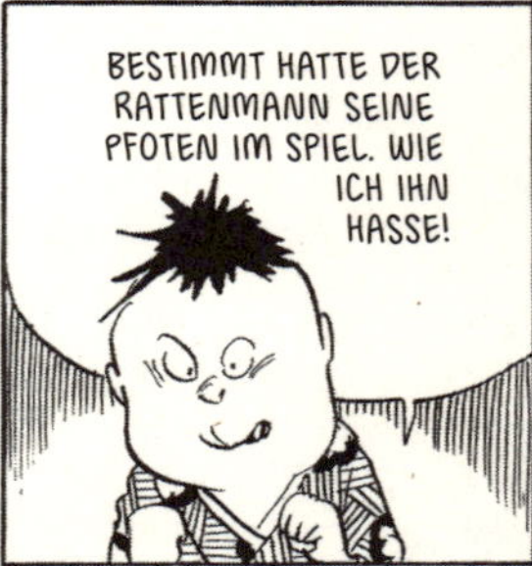
BESTIMMT HATTE DER RATTENMANN SEINE PFOTEN IM SPIEL. WIE ICH IHN HASSE!

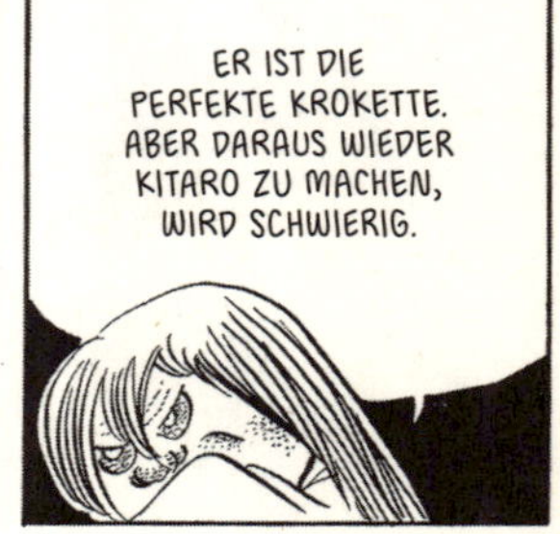
ER IST DIE PERFEKTE KROKETTE. ABER DARAUS WIEDER KITARO ZU MACHEN, WIRD SCHWIERIG.

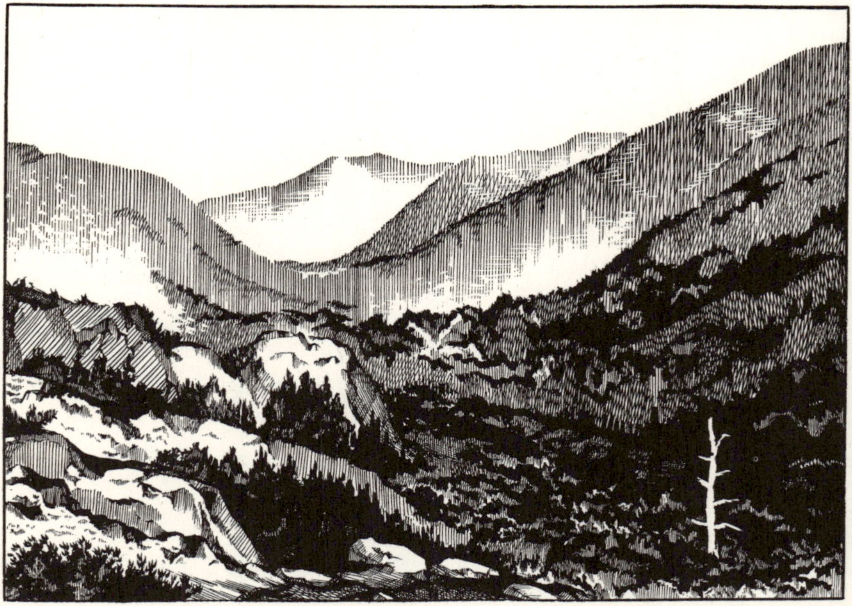

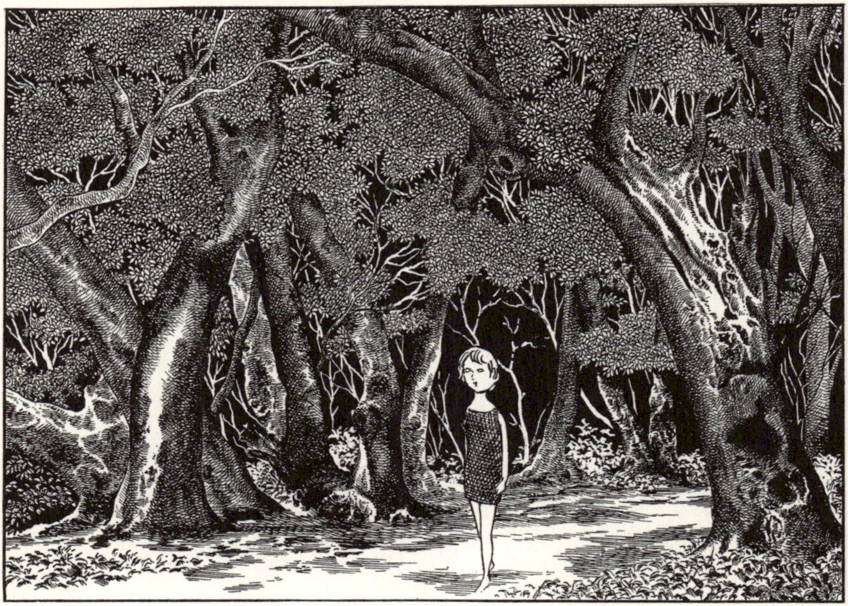

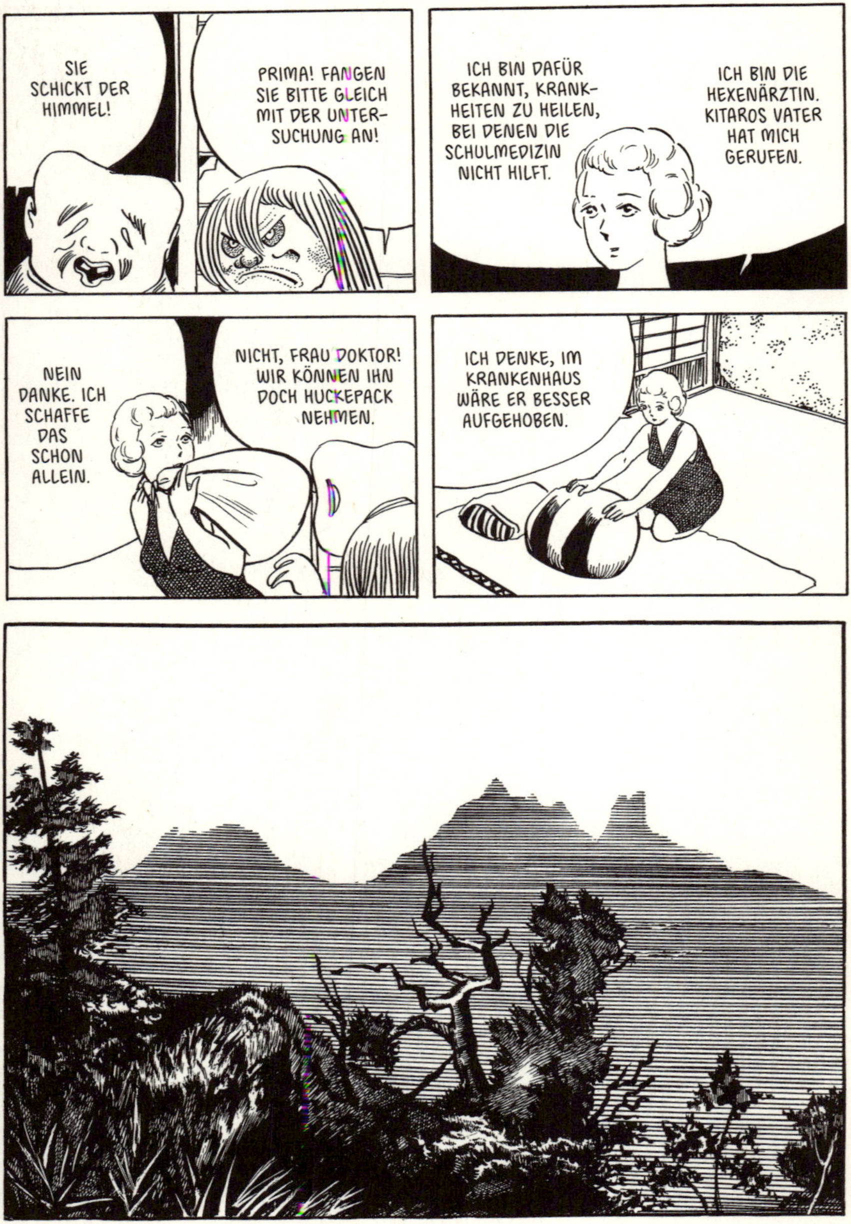

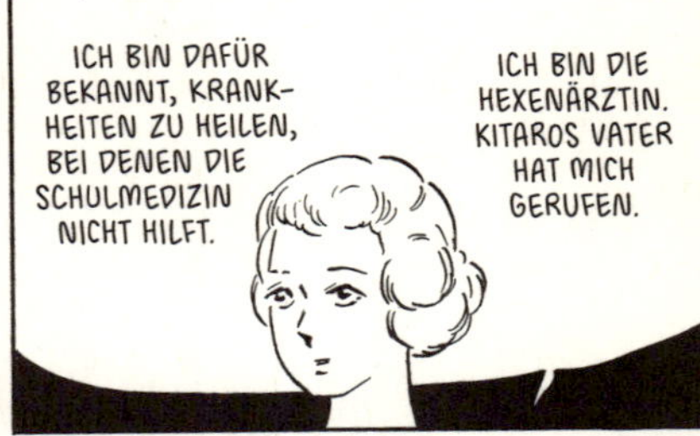
ICH BIN DIE HEXENÄRZTIN. KITAROS VATER HAT MICH GERUFEN.
ICH BIN DAFÜR BEKANNT, KRANKHEITEN ZU HEILEN, BEI DENEN DIE SCHULMEDIZIN NICHT HILFT.

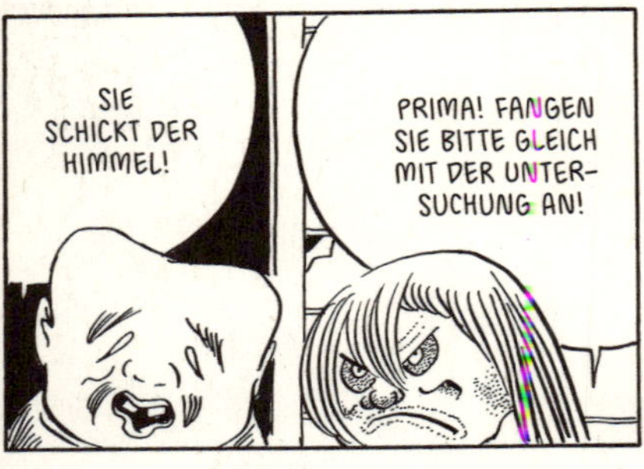
PRIMA! FANGEN SIE BITTE GLEICH MIT DER UNTERSUCHUNG AN!
SIE SCHICKT DER HIMMEL!

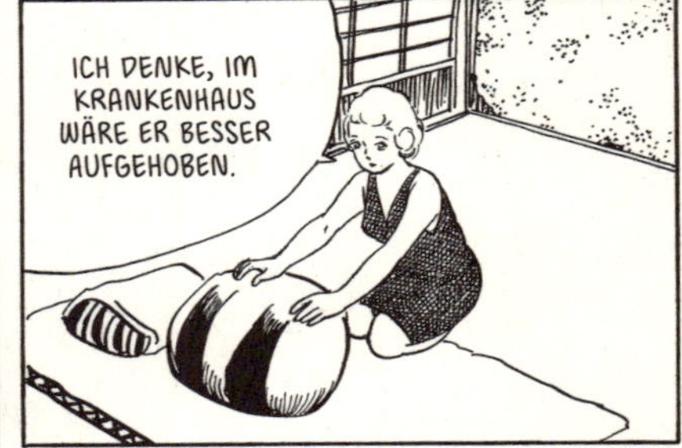
ICH DENKE, IM KRANKENHAUS WÄRE ER BESSER AUFGEHOBEN.

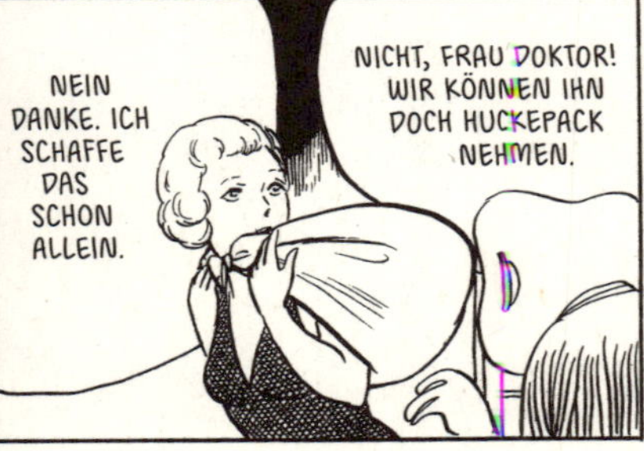
NICHT, FRAU DOKTOR! WIR KÖNNEN IHN DOCH HUCKEPACK NEHMEN.
NEIN DANKE. ICH SCHAFFE DAS SCHON ALLEIN.

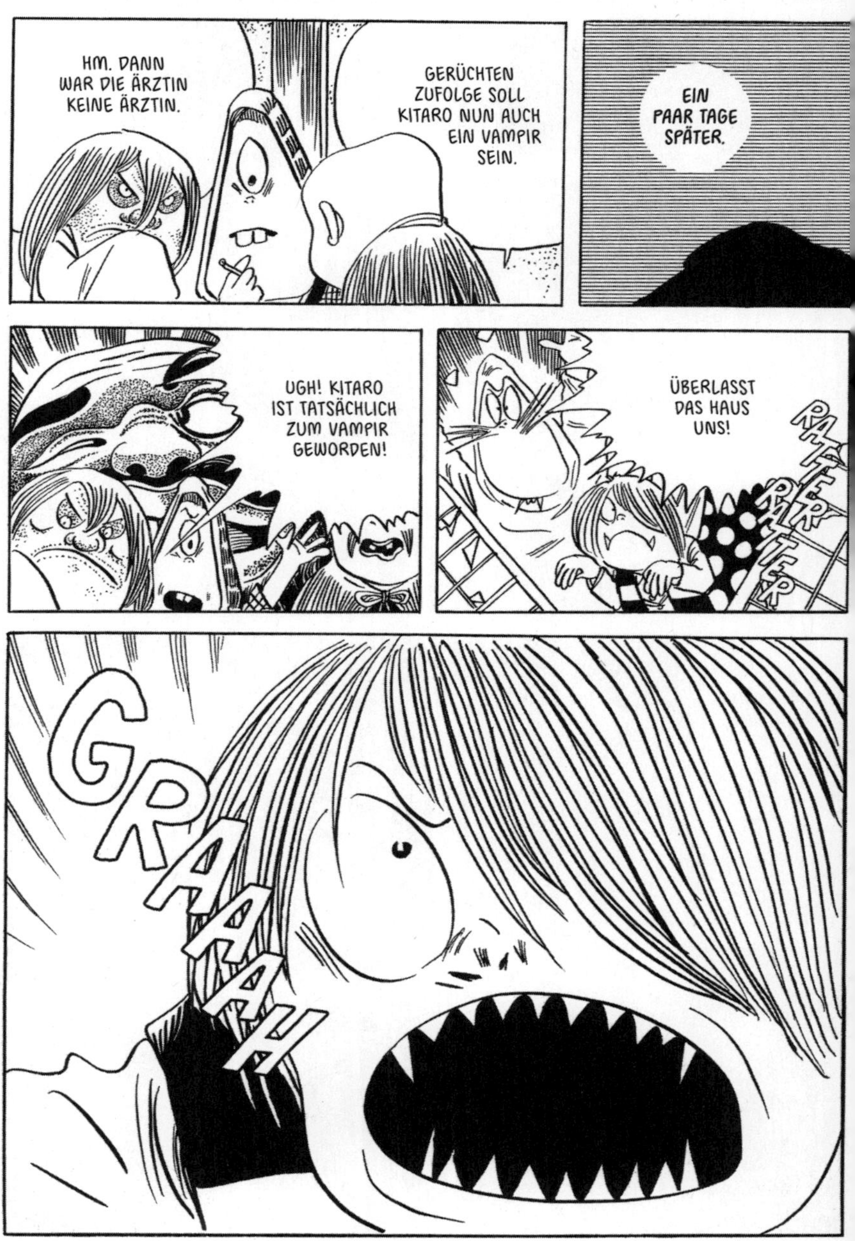

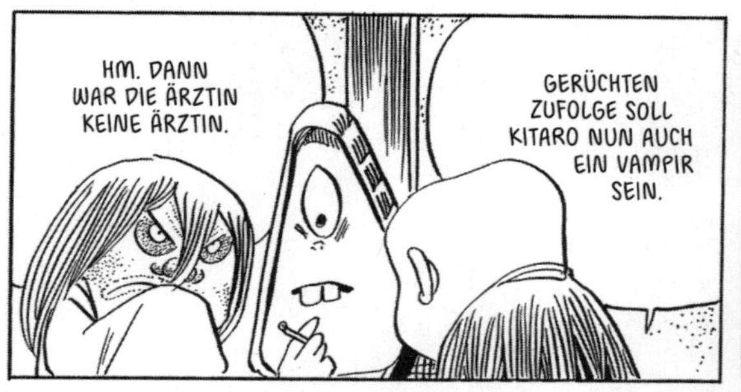
HM. DANN WAR DIE ÄRZTIN KEINE ÄRZTIN.
GERÜCHTEN ZUFOLGE SOLL KITARO NUN AUCH EIN VAMPIR SEIN.

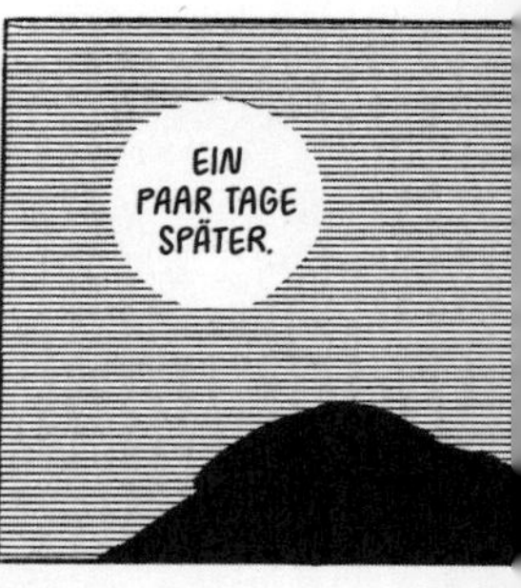
EIN PAAR TAGE SPÄTER.

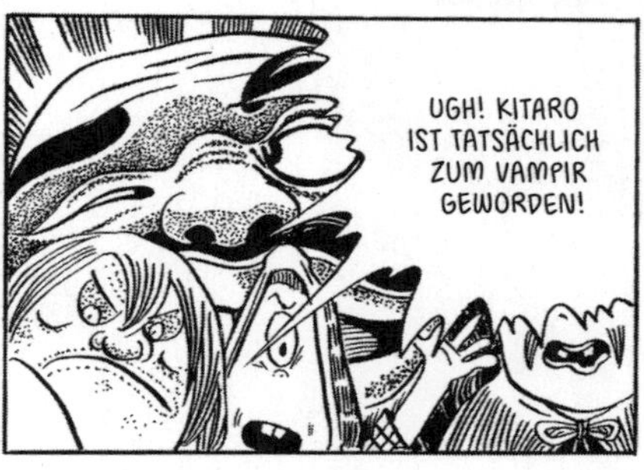
UGH! KITARO IST TATSÄCHLICH ZUM VAMPIR GEWORDEN!

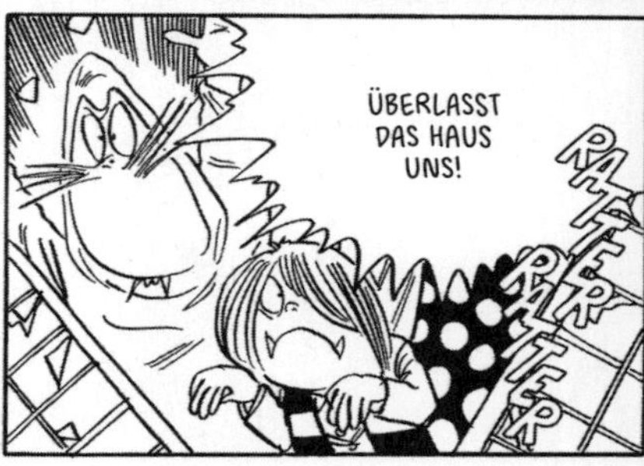
ÜBERLASST DAS HAUS UNS!
RATTER RATTER

GRAAAH

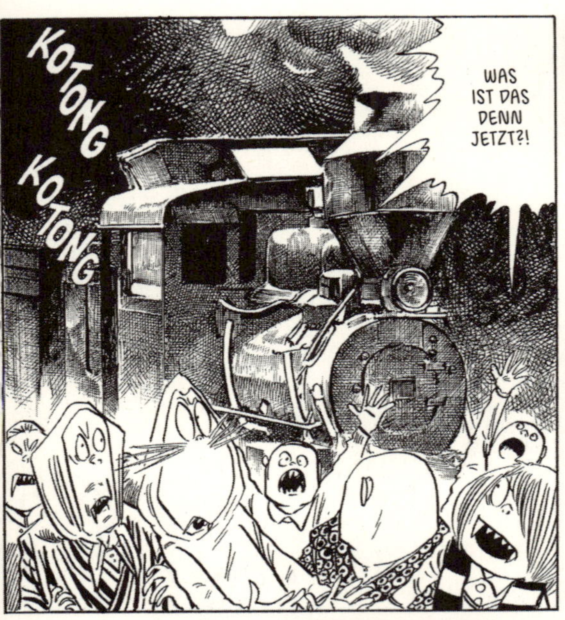
KOTONG
KOTONG
KOTONG
WAS IST DAS DENN JETZT?!

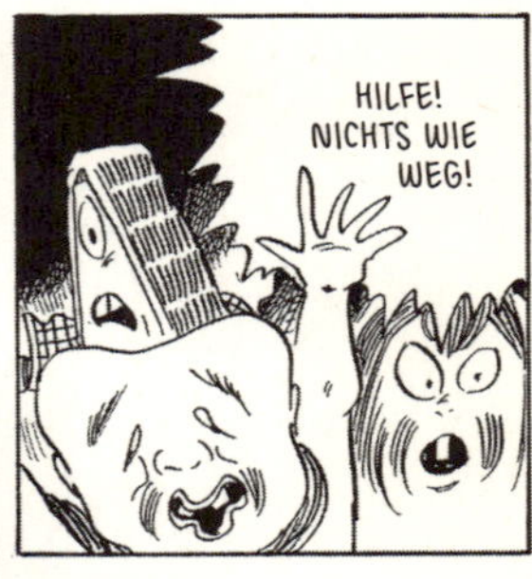
HILFE! NICHTS WIE WEG!

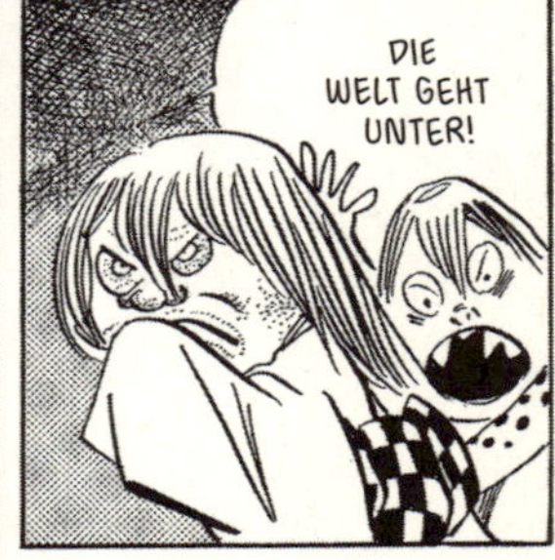
DIE WELT GEHT UNTER!

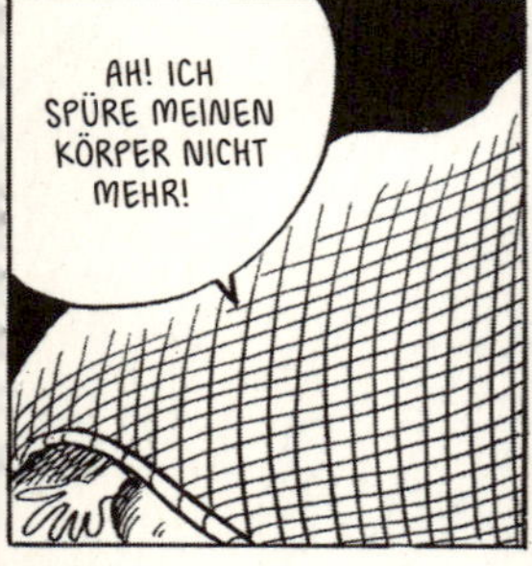
AH! ICH SPÜRE MEINEN KÖRPER NICHT MEHR!

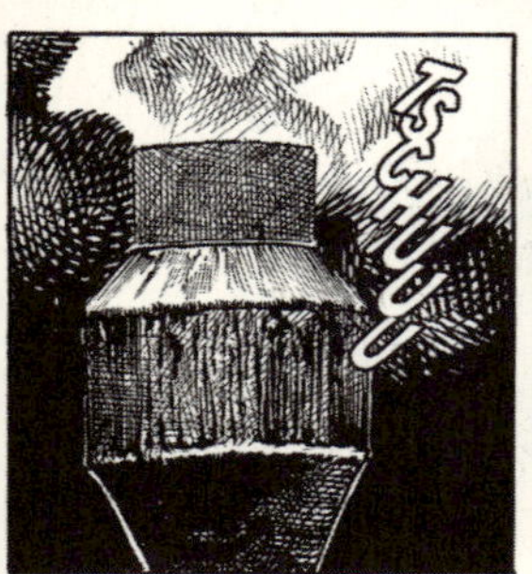
TSCHUUU

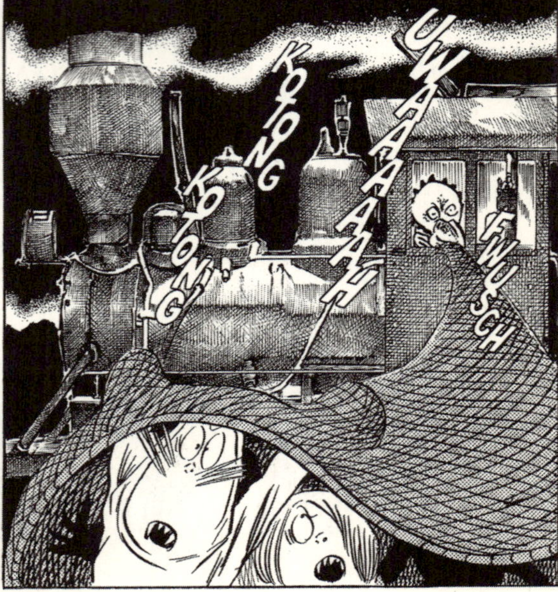
UWAAAAAAAH
KOTONG
KOTONG
FWUSCH

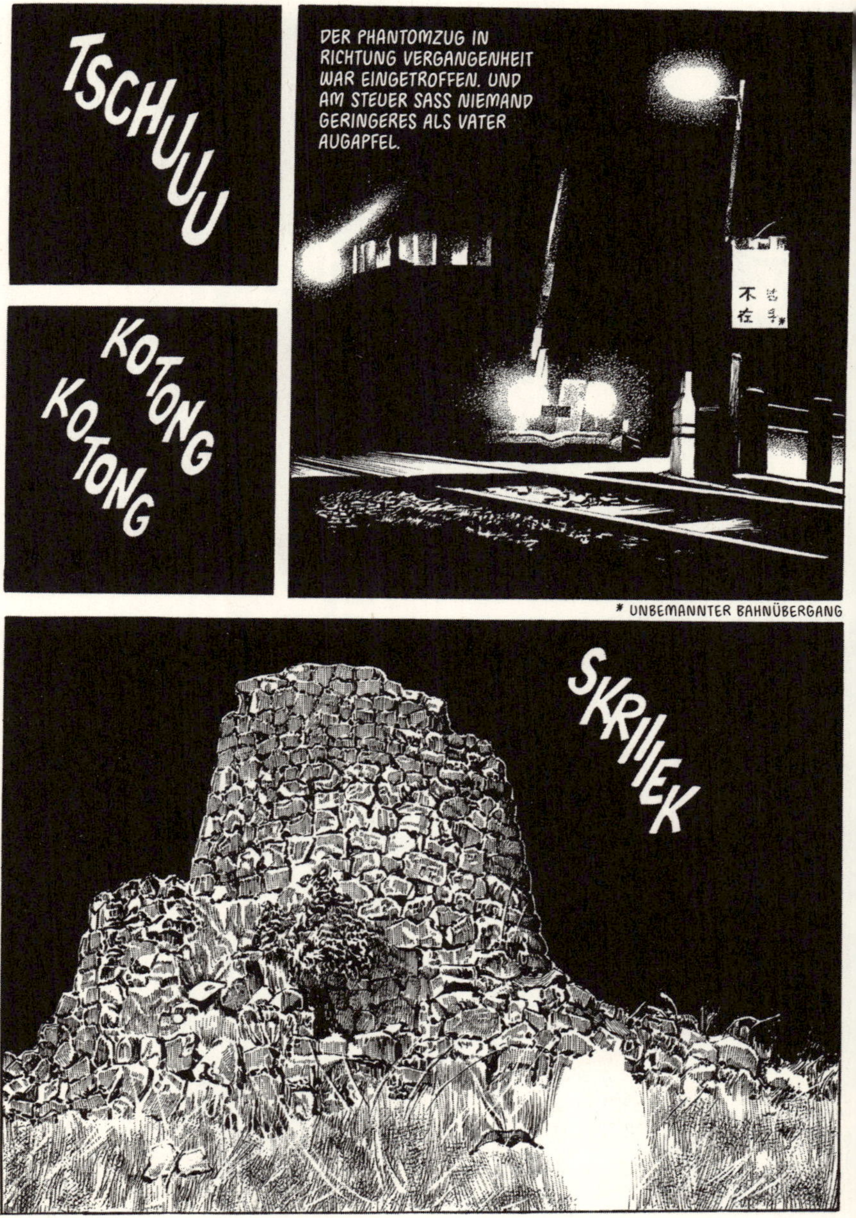

TSCHUUU

KOTONG
KOTONG

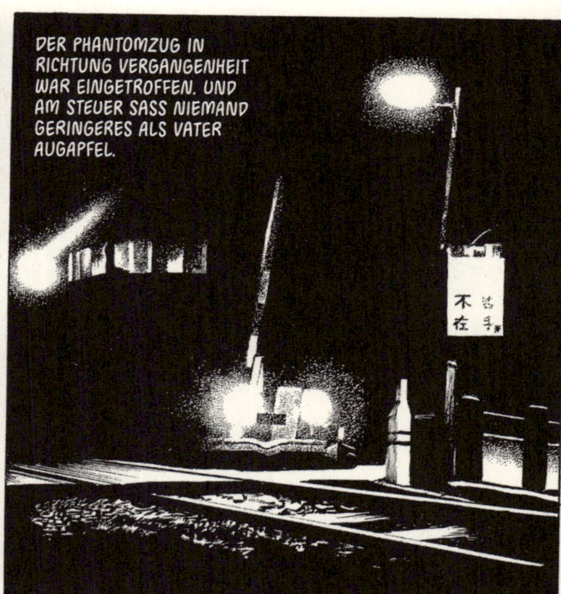

* UNBEMANNTER BAHNÜBERGANG

SKRIIIEK

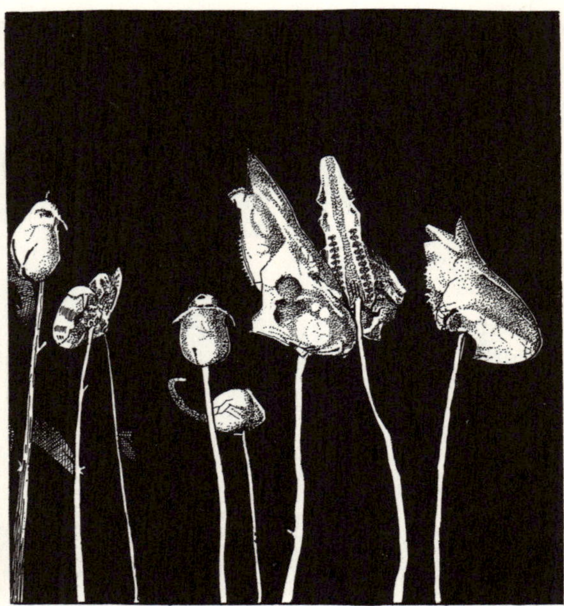

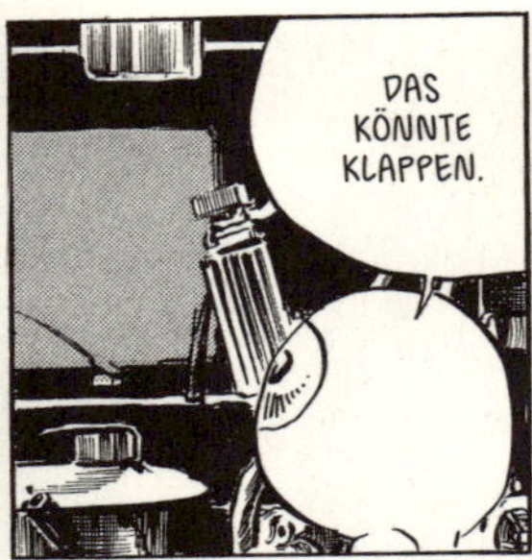

DAS KÖNNTE KLAPPEN.

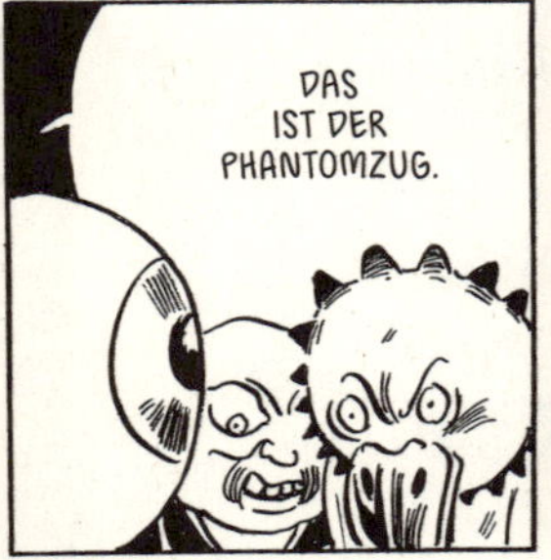

DAS IST DER PHANTOMZUG.

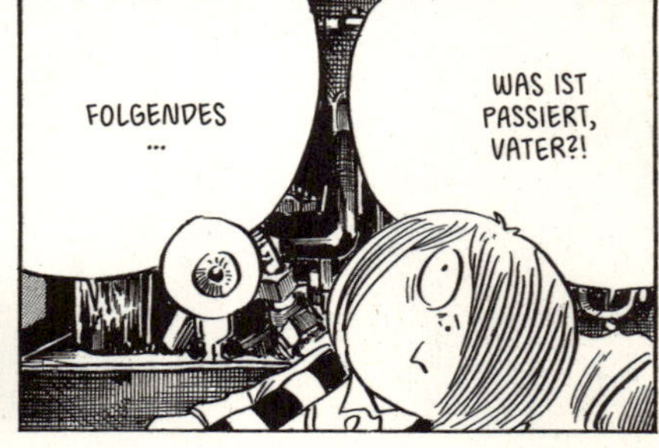

WAS IST PASSIERT, VATER?!
FOLGENDES ...

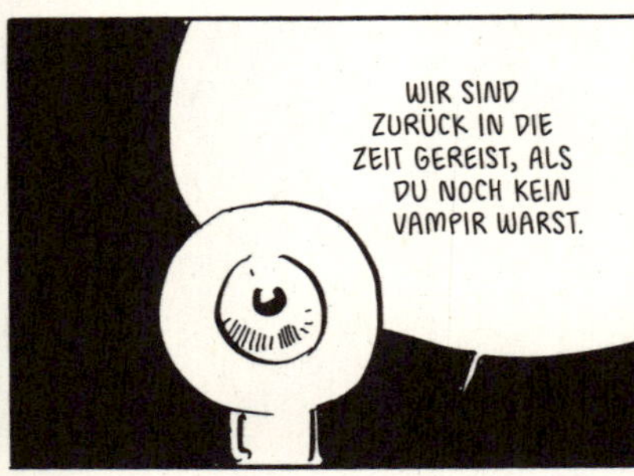

WIR SIND ZURÜCK IN DIE ZEIT GEREIST, ALS DU NOCH KEIN VAMPIR WARST.

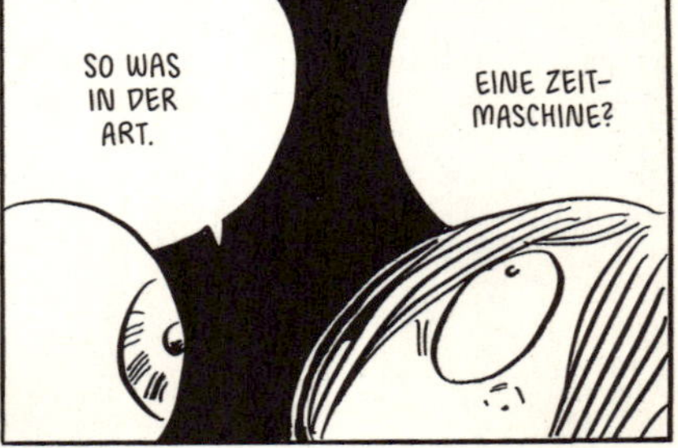

EINE ZEIT-MASCHINE?
SO WAS IN DER ART.

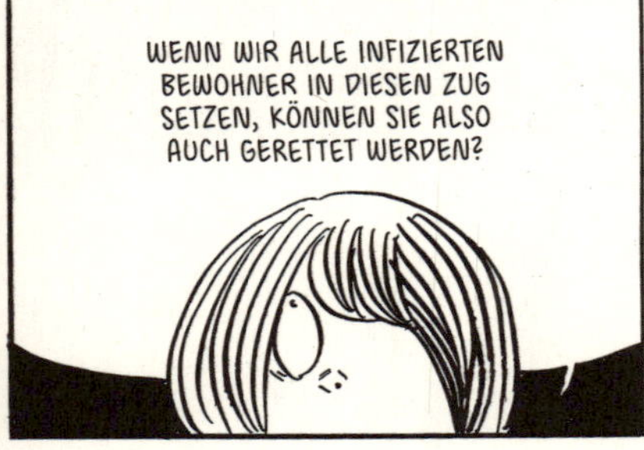

WENN WIR ALLE INFIZIERTEN BEWOHNER IN DIESEN ZUG SETZEN, KÖNNEN SIE ALSO AUCH GERETTET WERDEN?

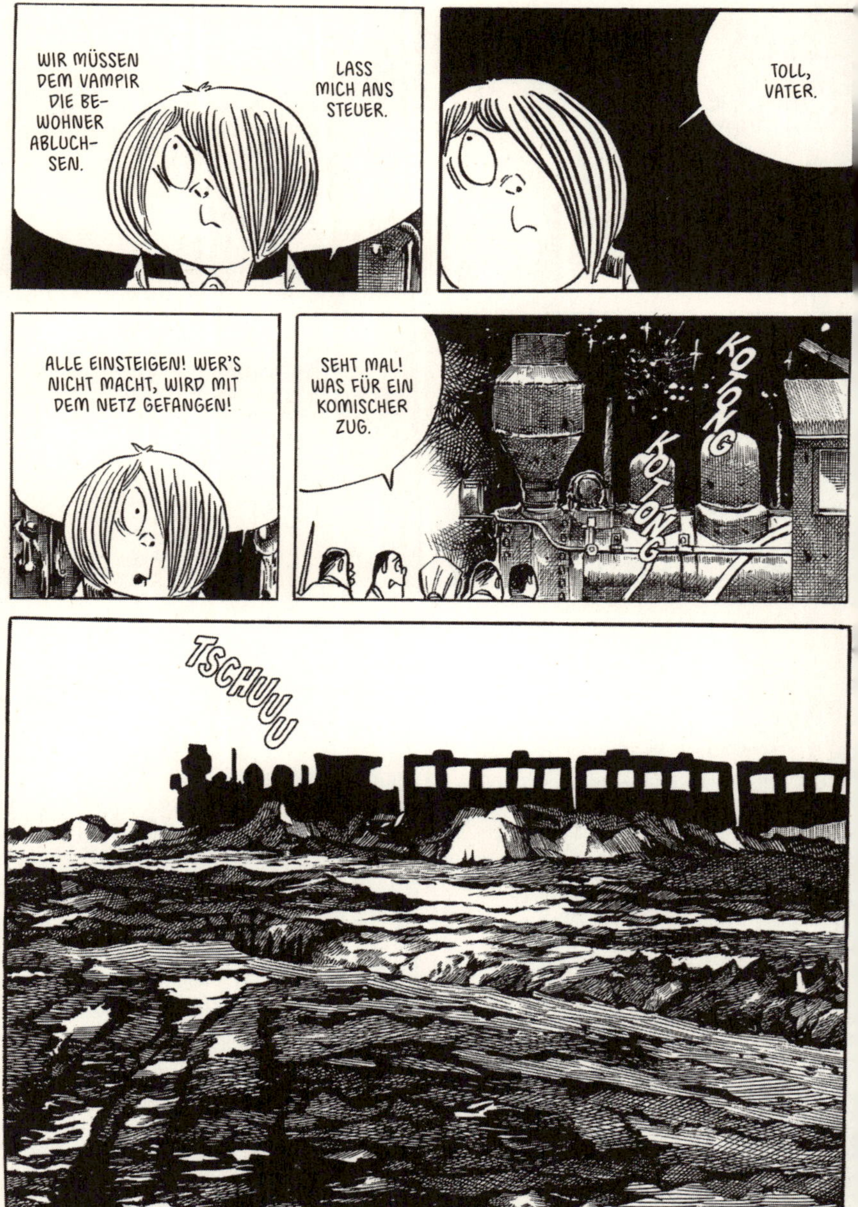

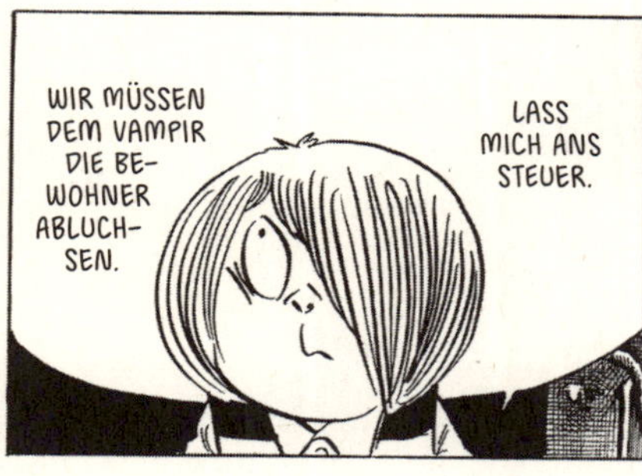
WIR MÜSSEN DEM VAMPIR DIE BE-WOHNER ABLUCH-SEN.
LASS MICH ANS STEUER.

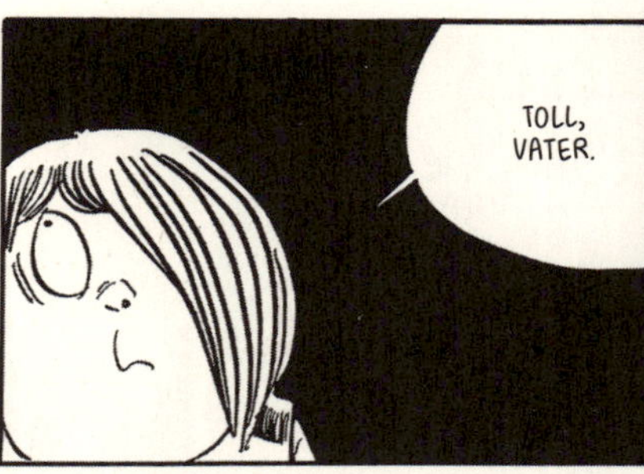
TOLL, VATER.

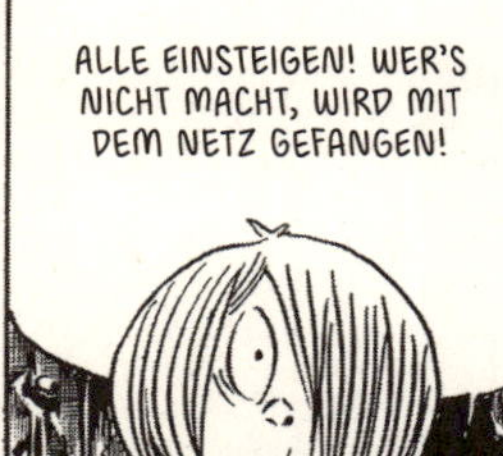
ALLE EINSTEIGEN! WER'S NICHT MACHT, WIRD MIT DEM NETZ GEFANGEN!

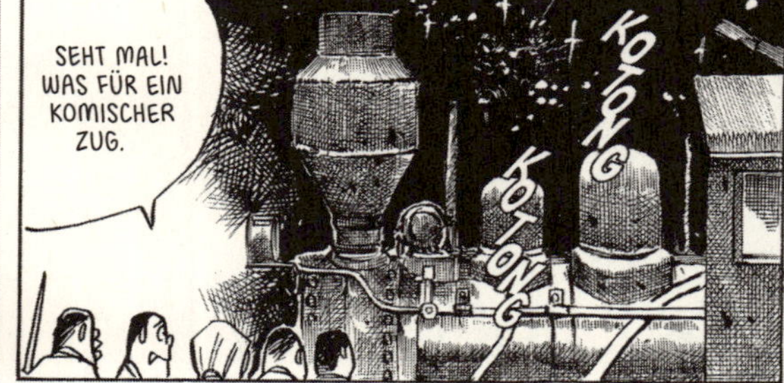
SEHT MAL! WAS FÜR EIN KOMISCHER ZUG.
KOTONG
KOTONG

TSCHUUU

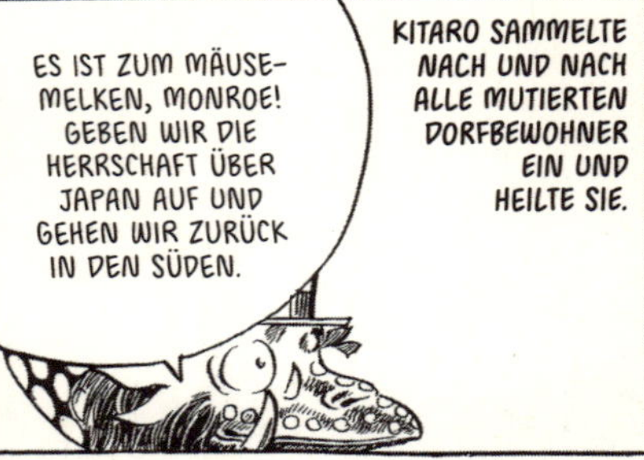
KITARO SAMMELTE NACH UND NACH ALLE MUTIERTEN DORFBEWOHNER EIN UND HEILTE SIE.
ES IST ZUM MÄUSEMELKEN, MONROE! GEBEN WIR DIE HERRSCHAFT ÜBER JAPAN AUF UND GEHEN WIR ZURÜCK IN DEN SÜDEN.

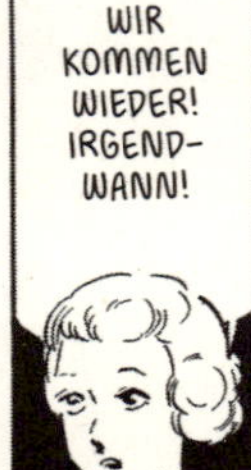
WIR KOMMEN WIEDER! IRGENDWANN!

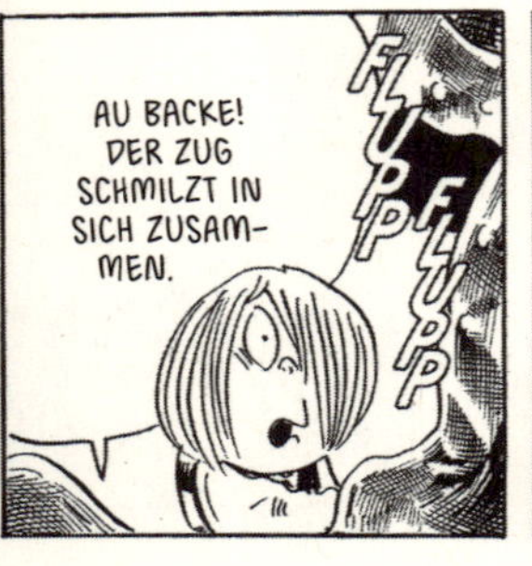
FLUPP
FLUPP
AU BACKE! DER ZUG SCHMILZT IN SICH ZUSAMMEN.

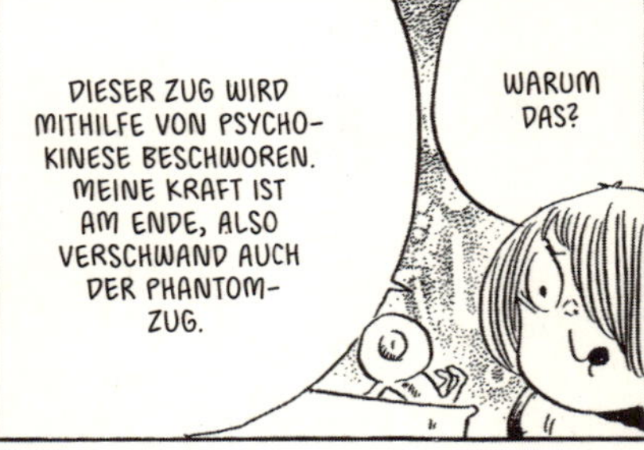
WARUM DAS?
DIESER ZUG WIRD MITHILFE VON PSYCHOKINESE BESCHWOREN. MEINE KRAFT IST AM ENDE, ALSO VERSCHWAND AUCH DER PHANTOMZUG.

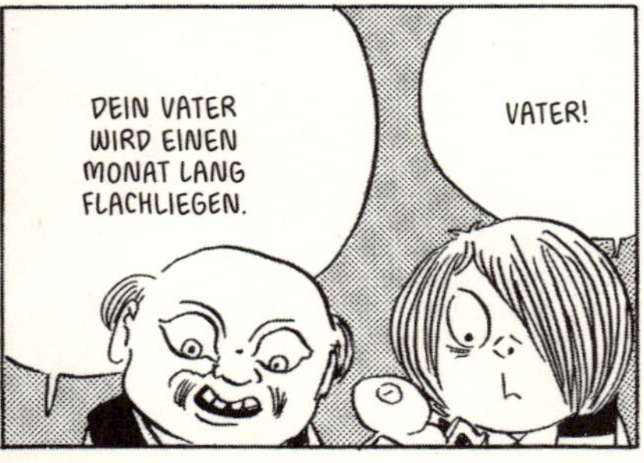
VATER!
DEIN VATER WIRD EINEN MONAT LANG FLACHLIEGEN.

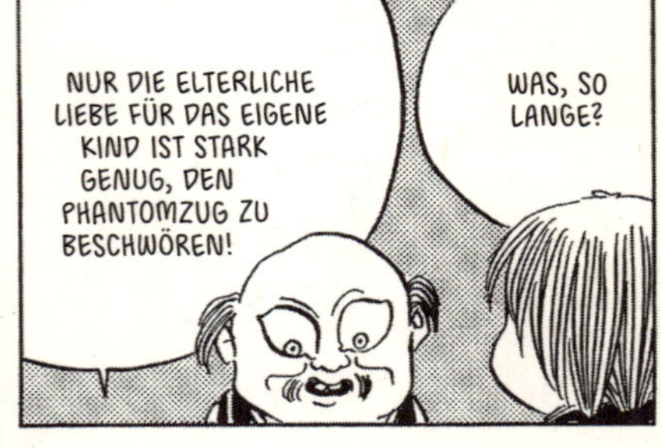
WAS, SO LANGE?
NUR DIE ELTERLICHE LIEBE FÜR DAS EIGENE KIND IST STARK GENUG, DEN PHANTOMZUG ZU BESCHWÖREN!

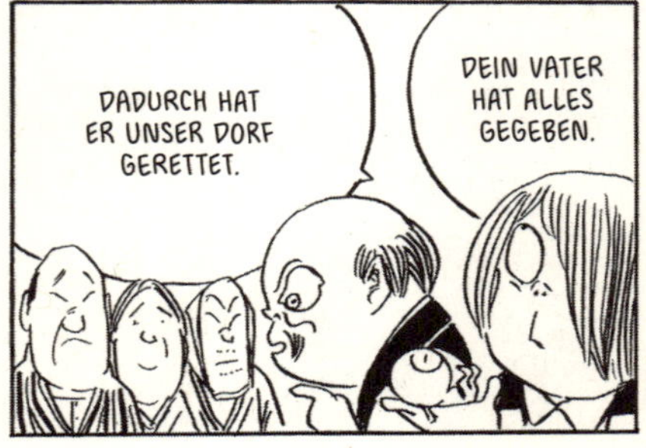
DEIN VATER HAT ALLES GEGEBEN.
DADURCH HAT ER UNSER DORF GERETTET.

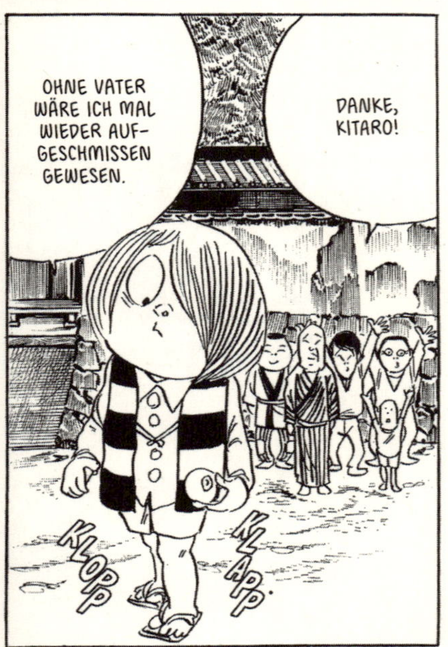
DANKE, KITARO!
OHNE VATER WÄRE ICH MAL WIEDER AUFGESCHMISSEN GEWESEN.
KLAPP.
KLOPP

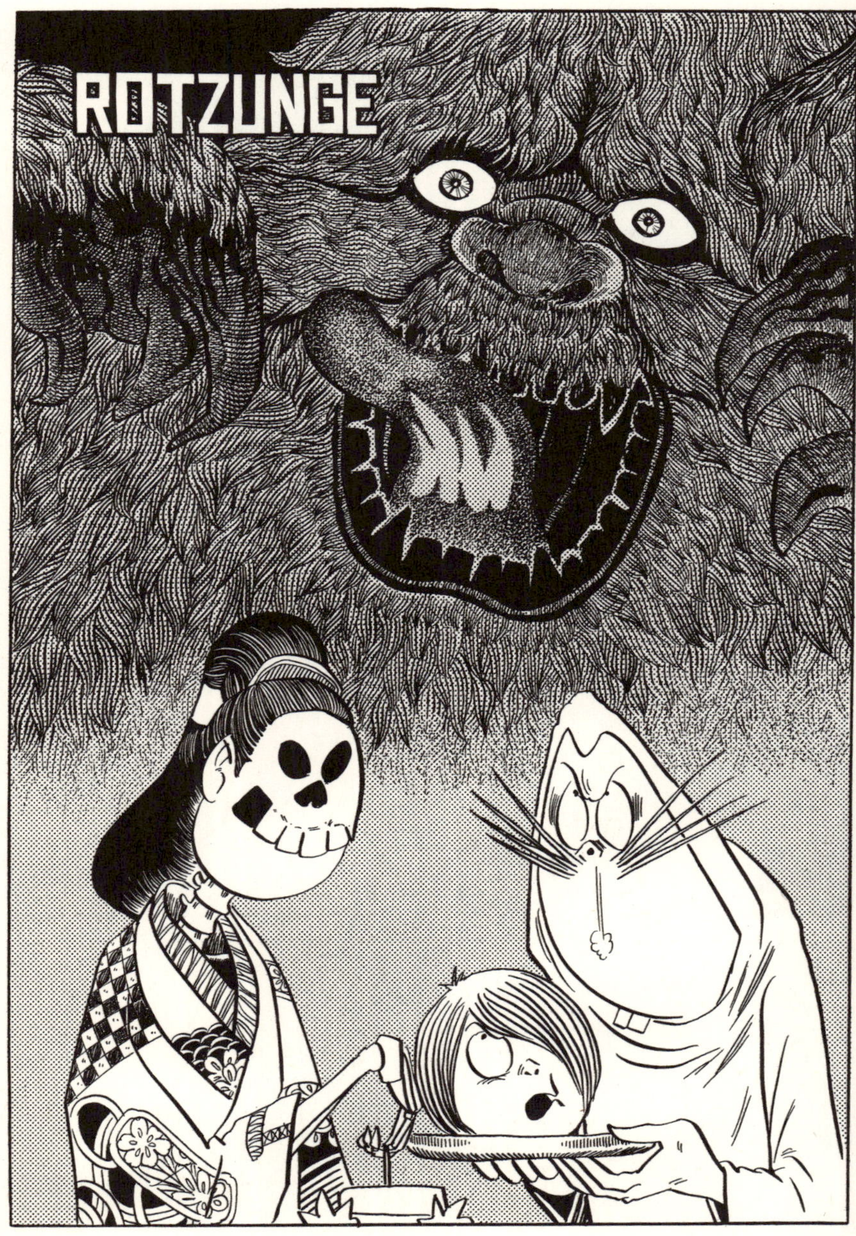
ROTZUNGE

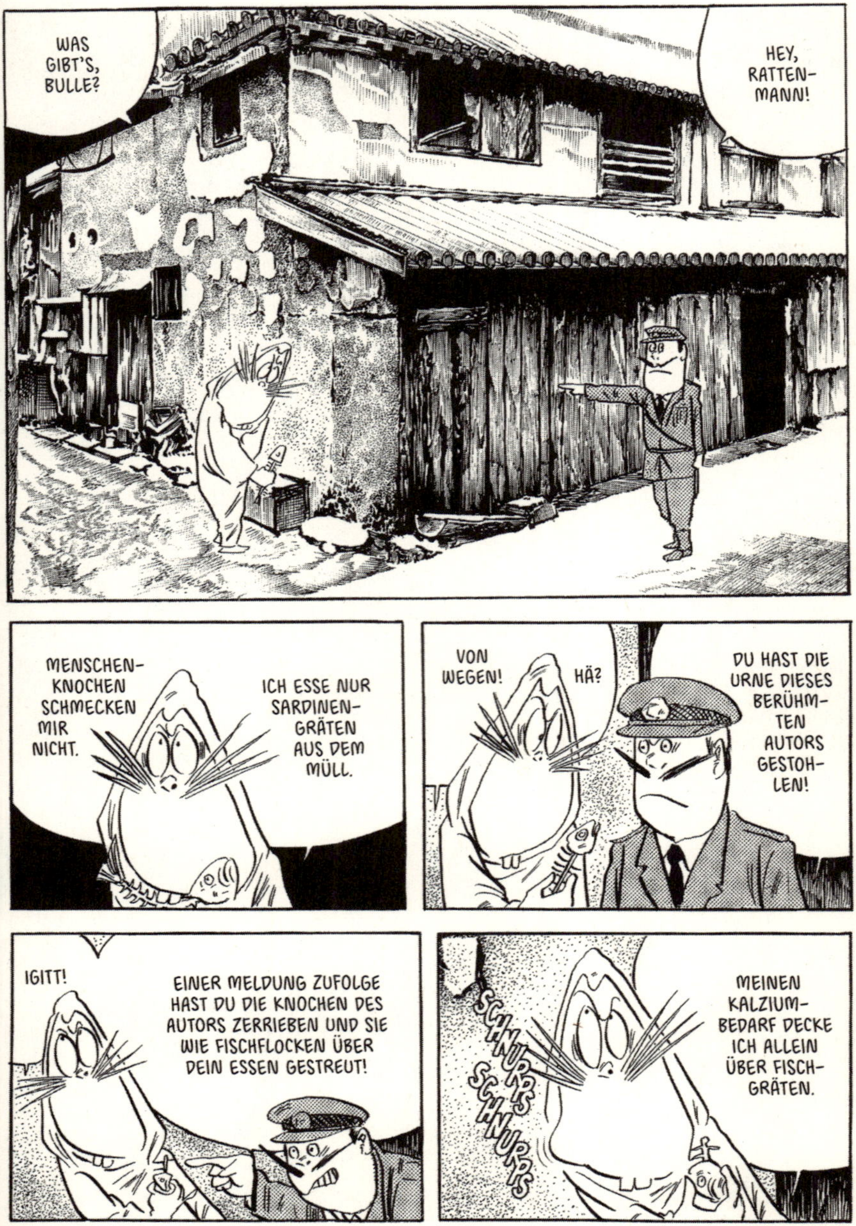

HEY, RATTEN-MANN!

WAS GIBT'S, BULLE?

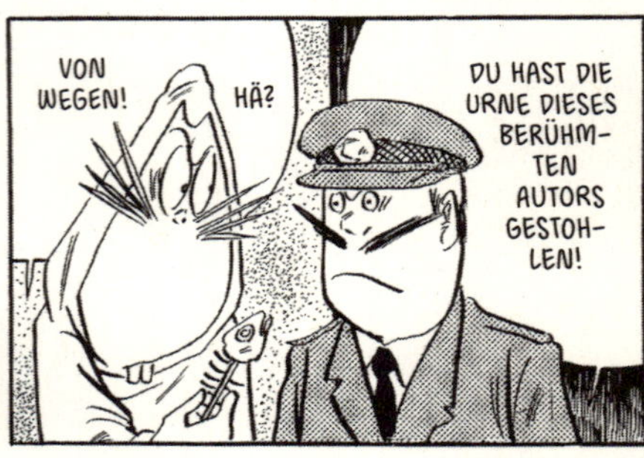

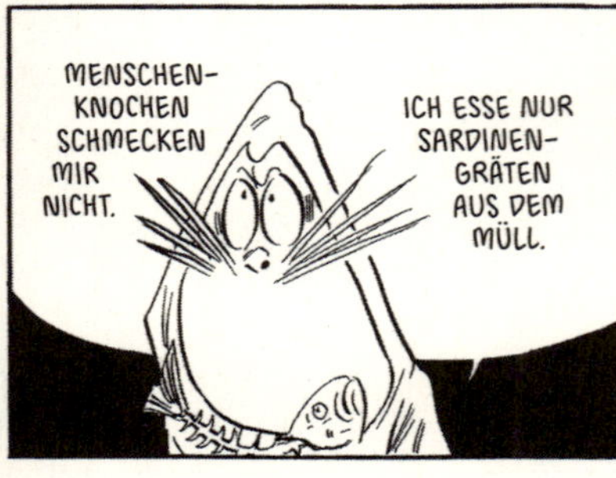

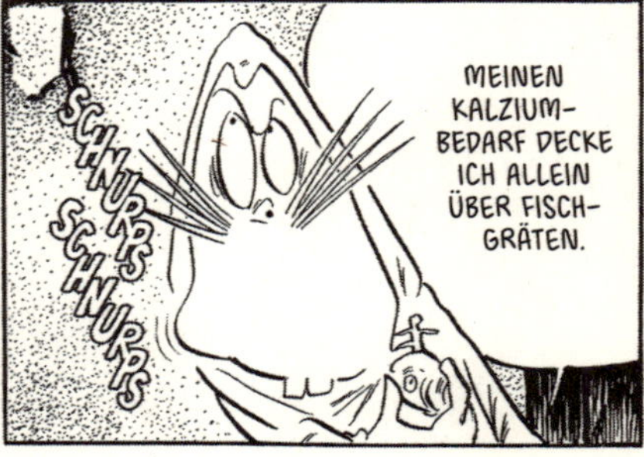

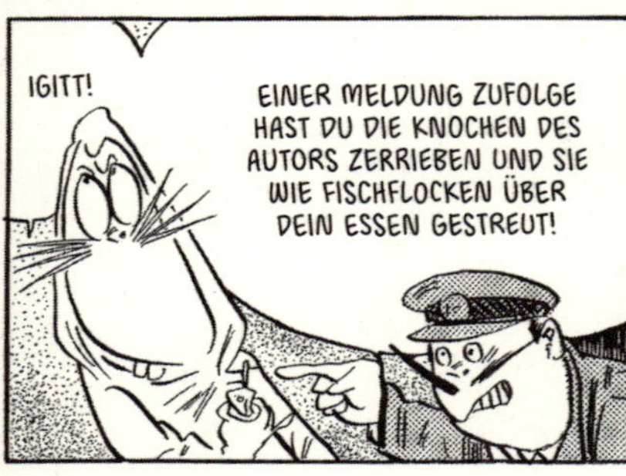

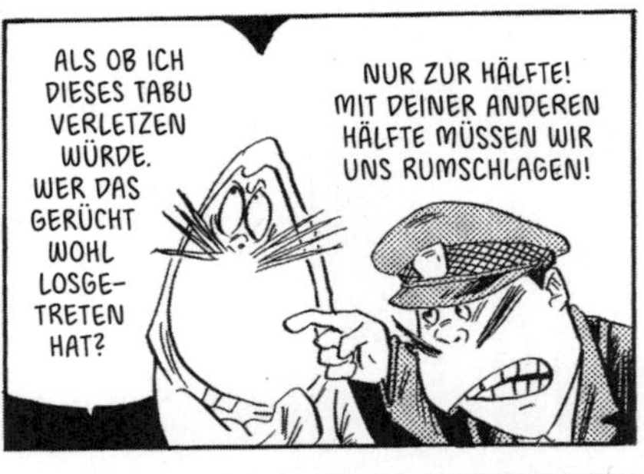
ALS OB ICH DIESES TABU VERLETZEN WÜRDE. WER DAS GERÜCHT WOHL LOSGETRETEN HAT?
NUR ZUR HÄLFTE! MIT DEINER ANDEREN HÄLFTE MÜSSEN WIR UNS RUMSCHLAGEN!

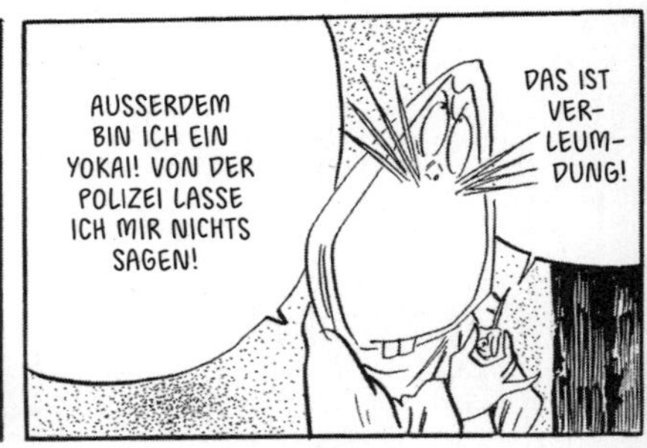
AUSSERDEM BIN ICH EIN YOKAI! VON DER POLIZEI LASSE ICH MIR NICHTS SAGEN!
DAS IST VERLEUMDUNG!

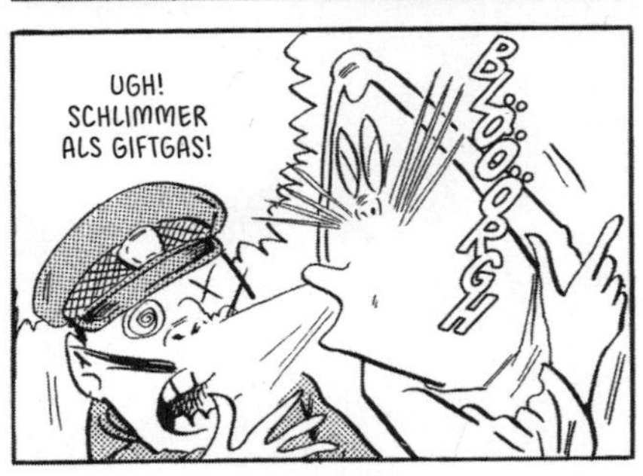
UGH! SCHLIMMER ALS GIFTGAS!
BLÖÖÖRGH

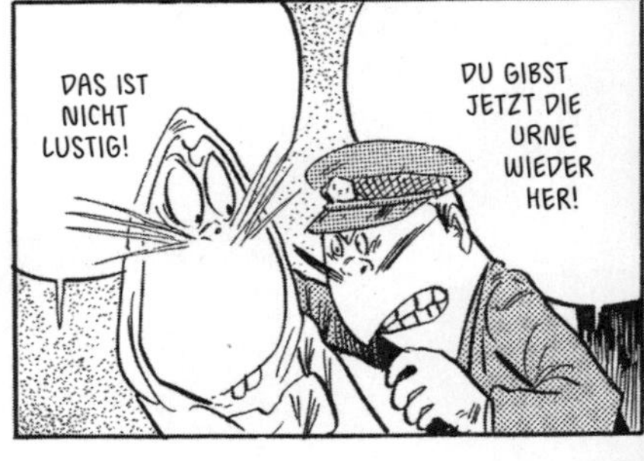
DAS IST NICHT LUSTIG!
DU GIBST JETZT DIE URNE WIEDER HER!

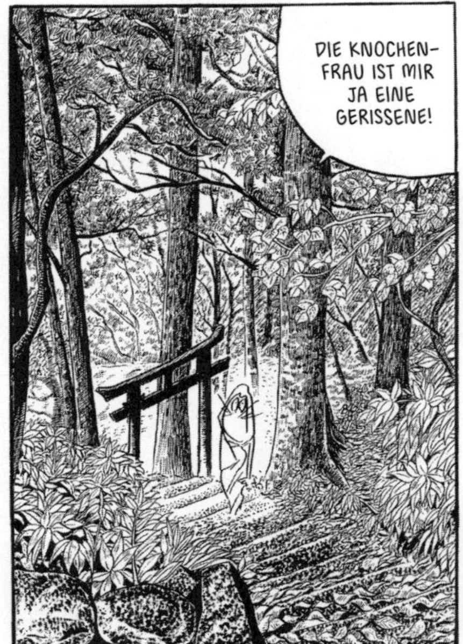
DIE KNOCHENFRAU IST MIR JA EINE GERISSENE!

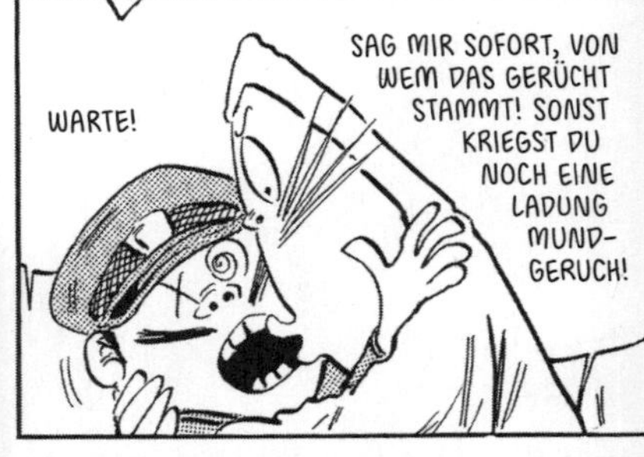
WARTE!
SAG MIR SOFORT, VON WEM DAS GERÜCHT STAMMT! SONST KRIEGST DU NOCH EINE LADUNG MUNDGERUCH!

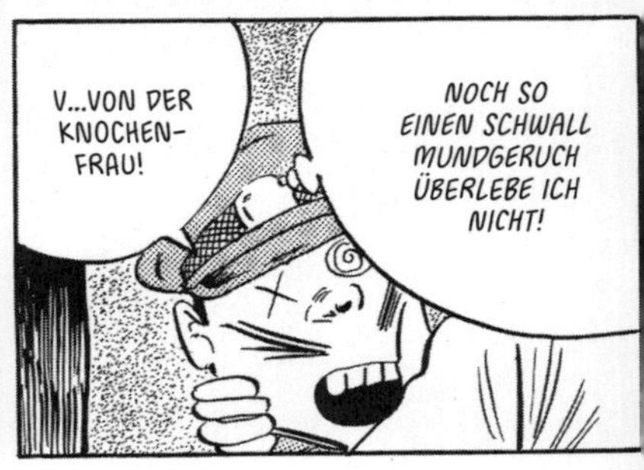
V...VON DER KNOCHENFRAU!
NOCH SO EINEN SCHWALL MUNDGERUCH ÜBERLEBE ICH NICHT!

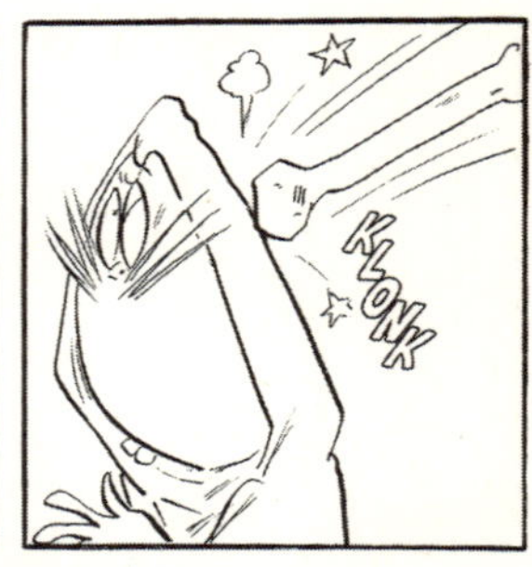
KLONK

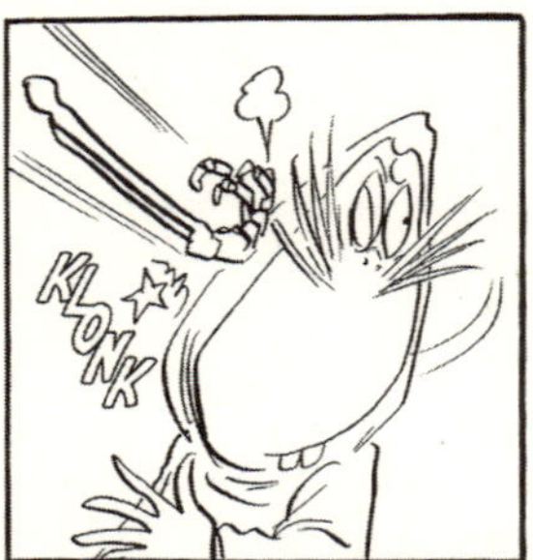
KLONK

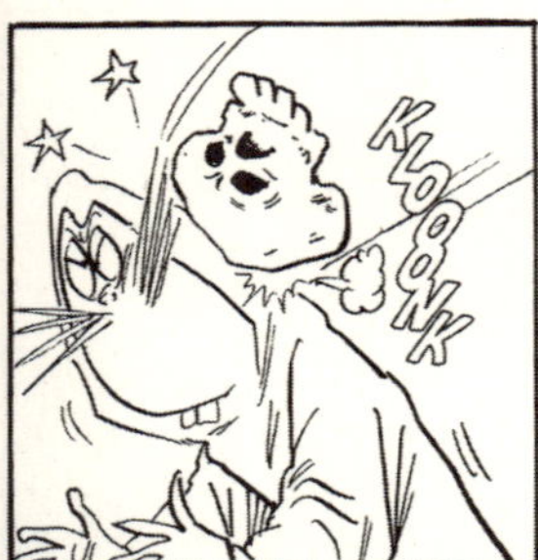
KLOOONK

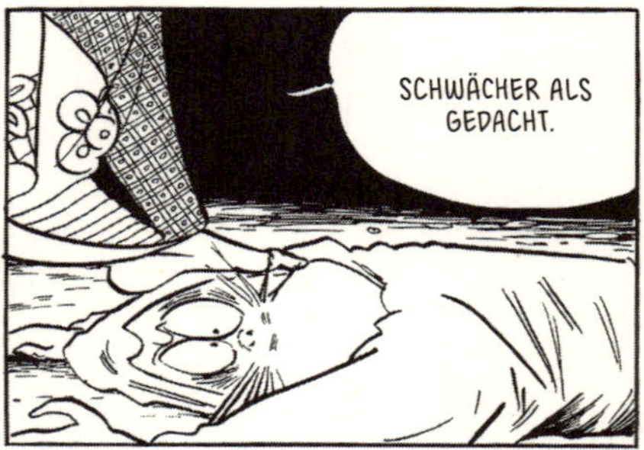
SCHWÄCHER ALS GEDACHT.

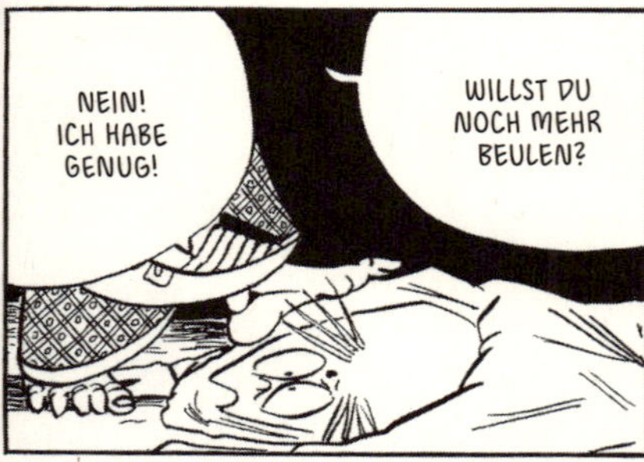
WILLST DU NOCH MEHR BEULEN?
NEIN! ICH HABE GENUG!

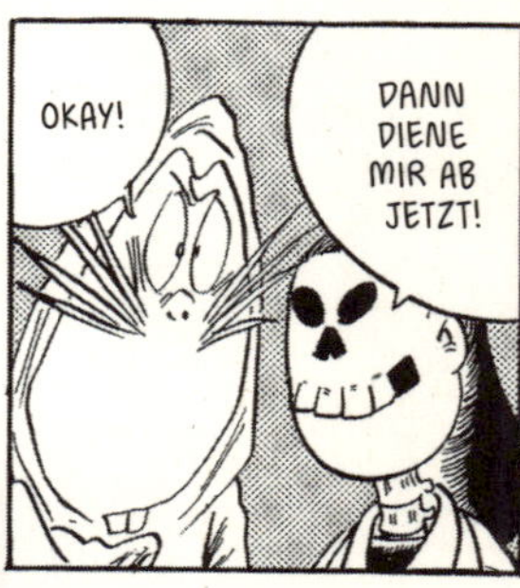
DANN DIENE MIR AB JETZT!
OKAY!

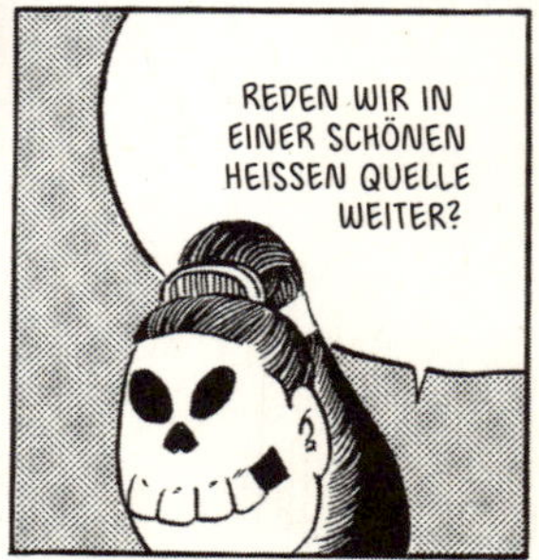
REDEN WIR IN EINER SCHÖNEN HEISSEN QUELLE WEITER?

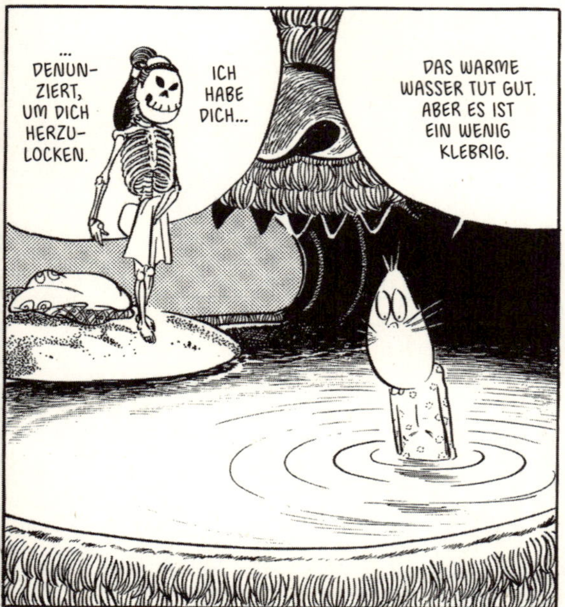
DAS WARME WASSER TUT GUT. ABER ES IST EIN WENIG KLEBRIG.
ICH HABE DICH...
... DENUN-ZIERT, UM DICH HERZU-LOCKEN.

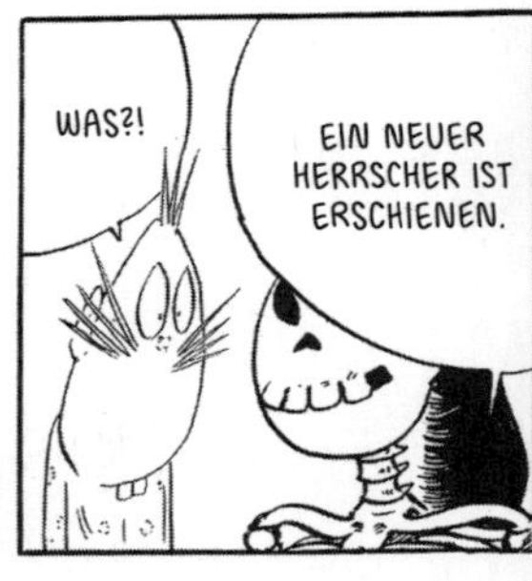
EIN NEUER HERRSCHER IST ERSCHIENEN.
WAS?!

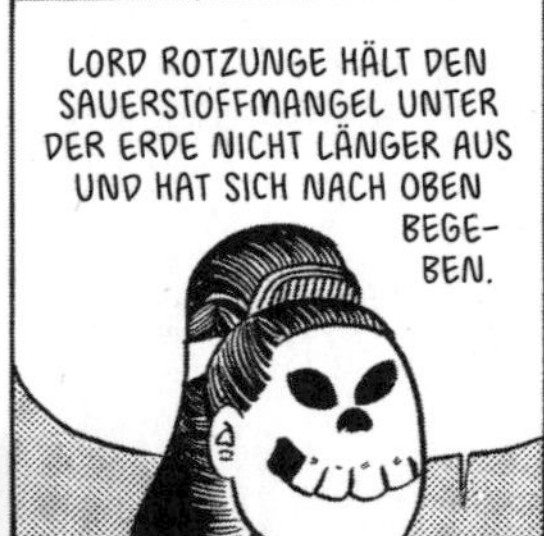
LORD ROTZUNGE HÄLT DEN SAUERSTOFFMANGEL UNTER DER ERDE NICHT LÄNGER AUS UND HAT SICH NACH OBEN BEGEBEN.

HILF UNS, LORD ROTZUNGE ZUM HERRSCHER DER YOKAI ZU MACHEN. EIN MINISTERPOSTEN WÄRE DIR SICHER.

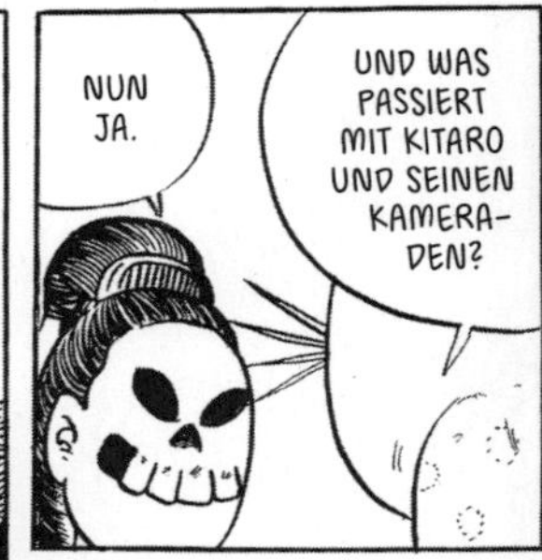
UND WAS PASSIERT MIT KITARO UND SEINEN KAMERADEN?
NUN JA.

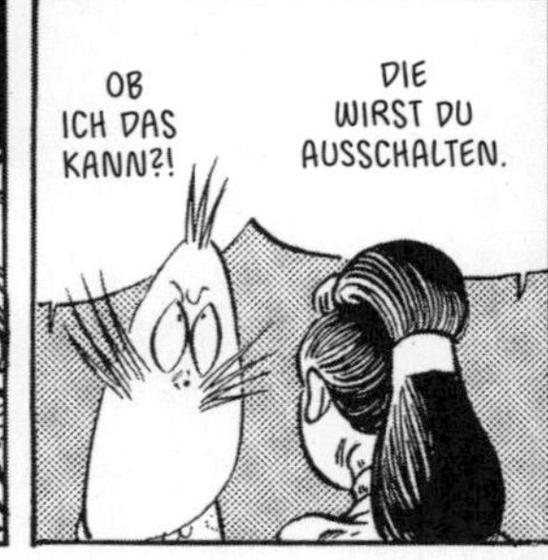
DIE WIRST DU AUSSCHALTEN.
OB ICH DAS KANN?!

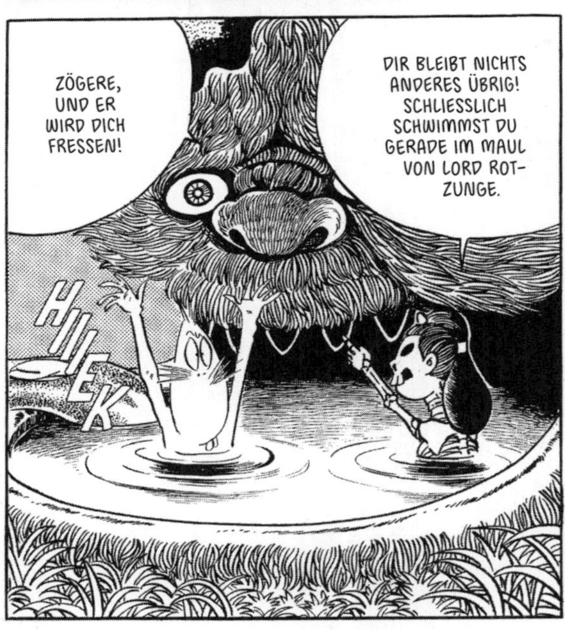
DIR BLEIBT NICHTS ANDERES ÜBRIG! SCHLIESSLICH SCHWIMMST DU GERADE IM MAUL VON LORD ROTZUNGE.
ZÖGERE, UND ER WIRD DICH FRESSEN!
HIIEK

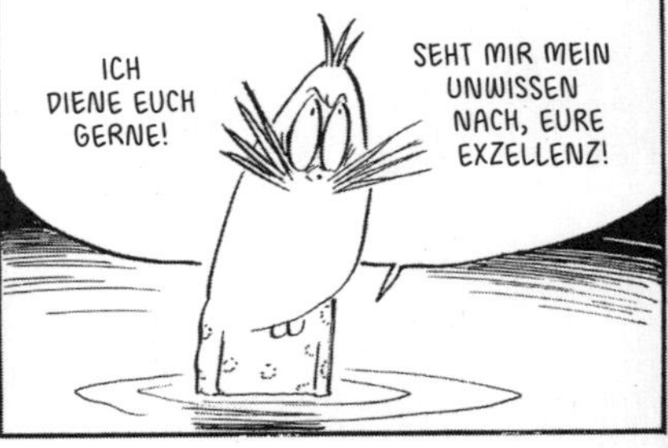
SEHT MIR MEIN UNWISSEN NACH, EURE EXZELLENZ!
ICH DIENE EUCH GERNE!

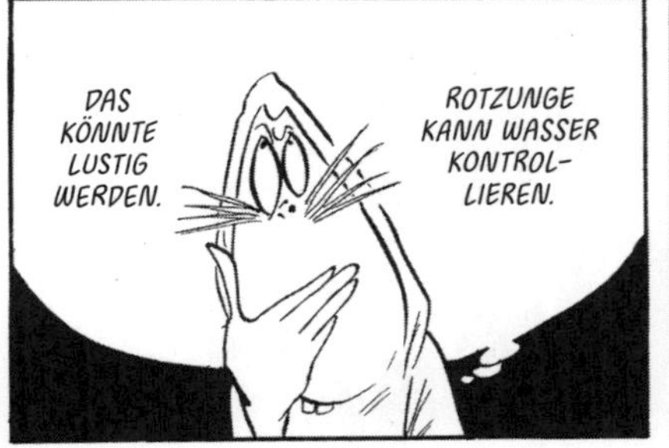
ROTZUNGE KANN WASSER KONTROLLIEREN.
DAS KÖNNTE LUSTIG WERDEN.

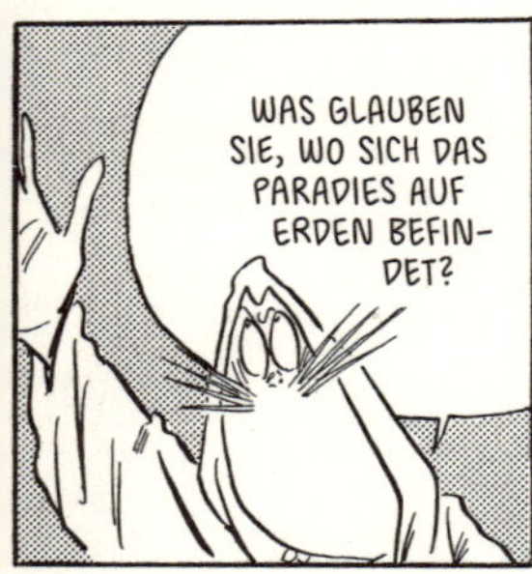

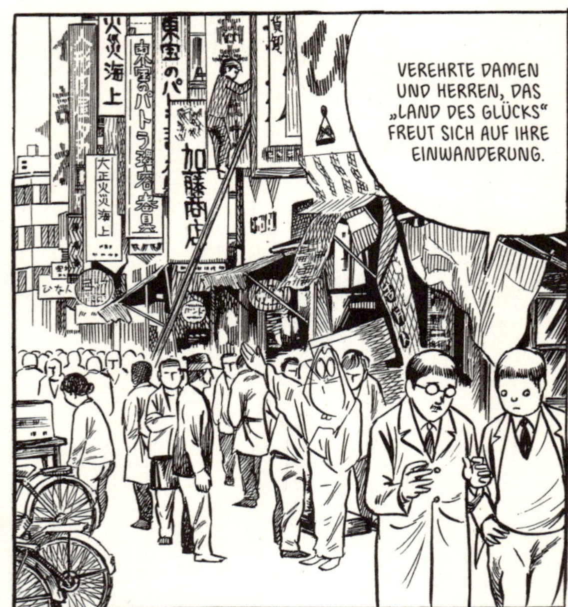

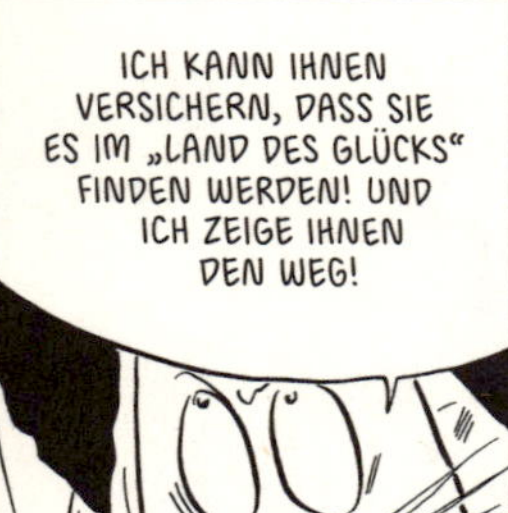

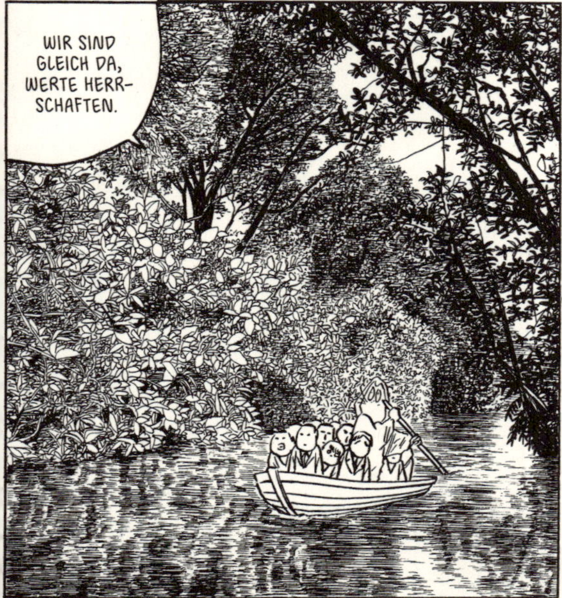

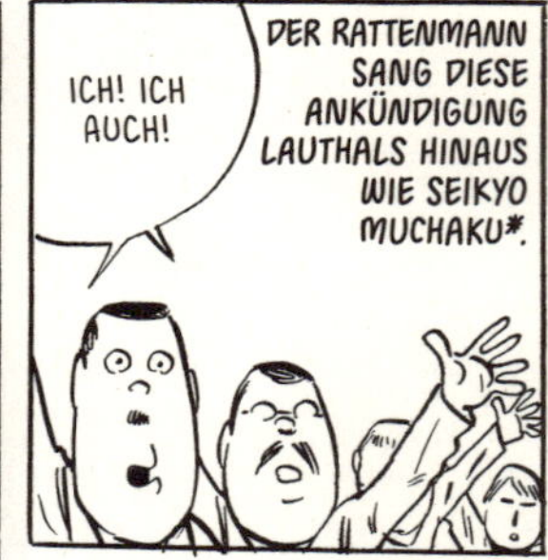

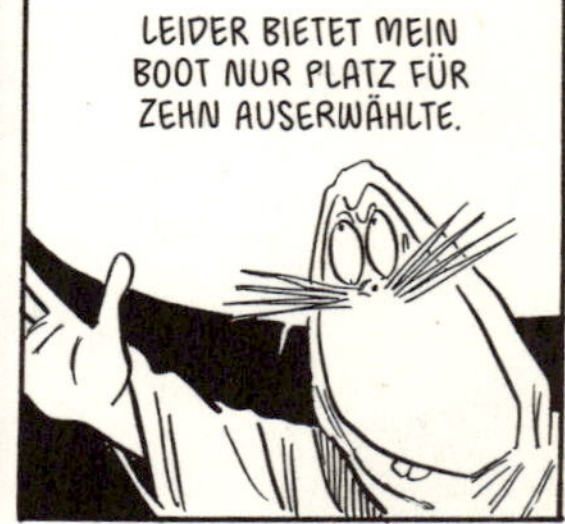

* JAPANISCHER ZEN-MÖNCH UND PÄDAGOGE, GEBOREN IM JAHR 1927

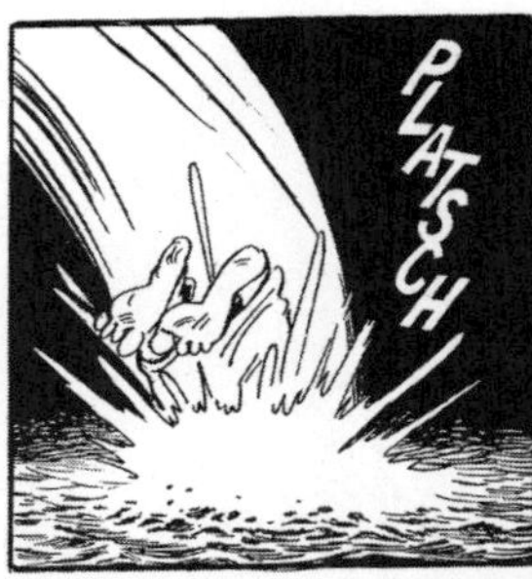
PLATSCH

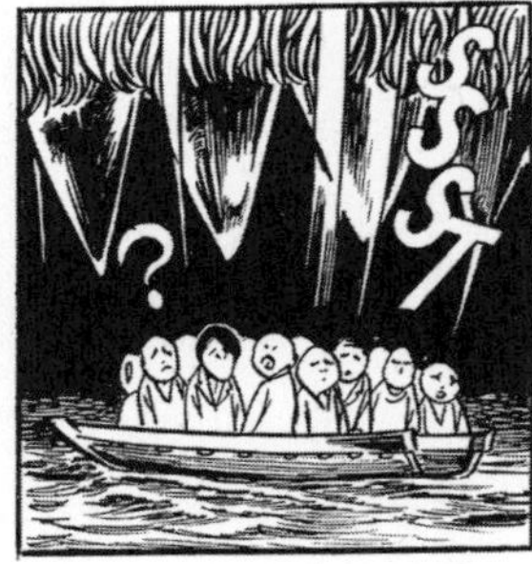
SSST
?

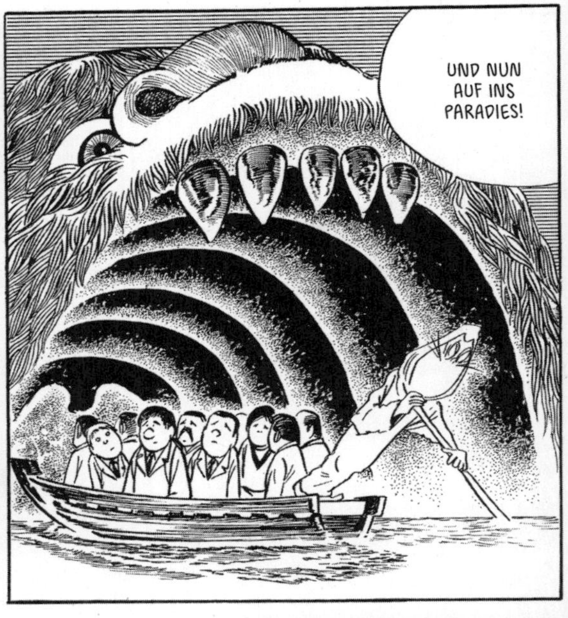
UND NUN AUF INS PARADIES!

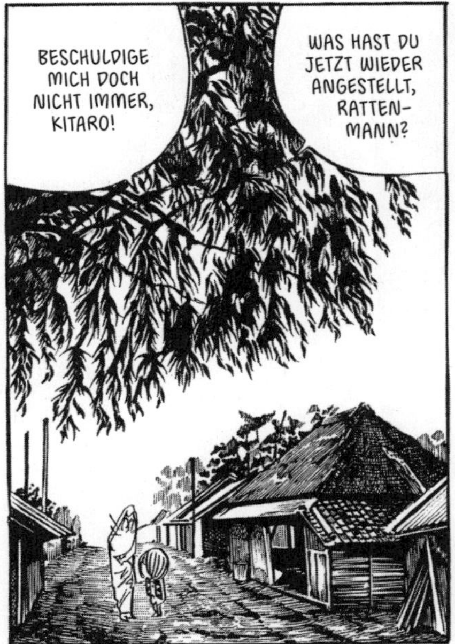
WAS HAST DU JETZT WIEDER ANGESTELLT, RATTEN-MANN?
BESCHULDIGE MICH DOCH NICHT IMMER, KITARO!

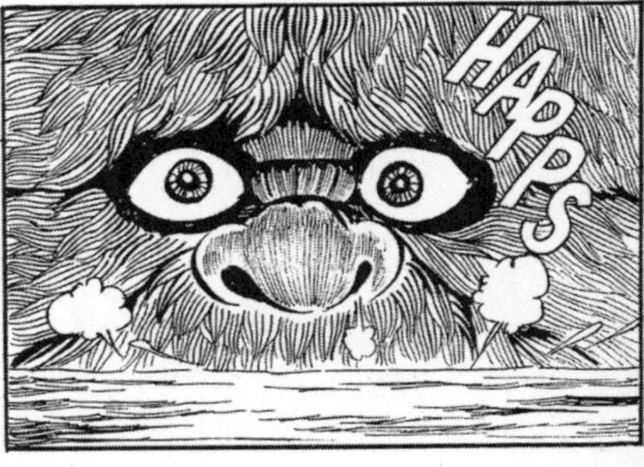
HAPPS

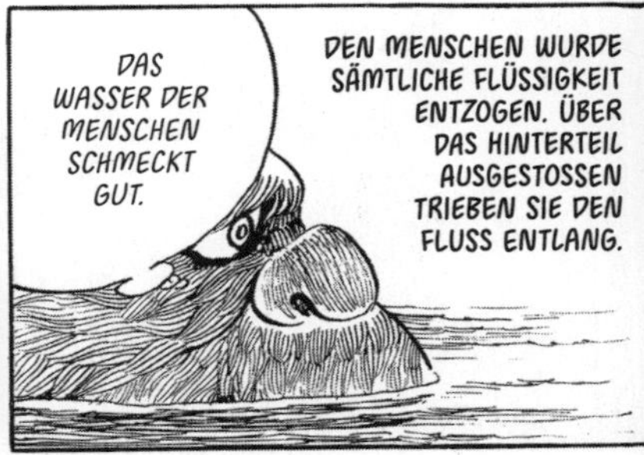
DAS WASSER DER MENSCHEN SCHMECKT GUT.
DEN MENSCHEN WURDE SÄMTLICHE FLÜSSIGKEIT ENTZOGEN. ÜBER DAS HINTERTEIL AUSGESTOSSEN TRIEBEN SIE DEN FLUSS ENTLANG.

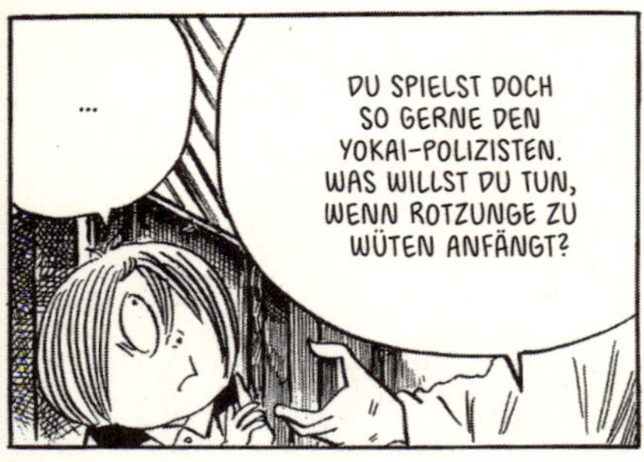
...
DU SPIELST DOCH SO GERNE DEN YOKAI-POLIZISTEN. WAS WILLST DU TUN, WENN ROTZUNGE ZU WÜTEN ANFÄNGT?
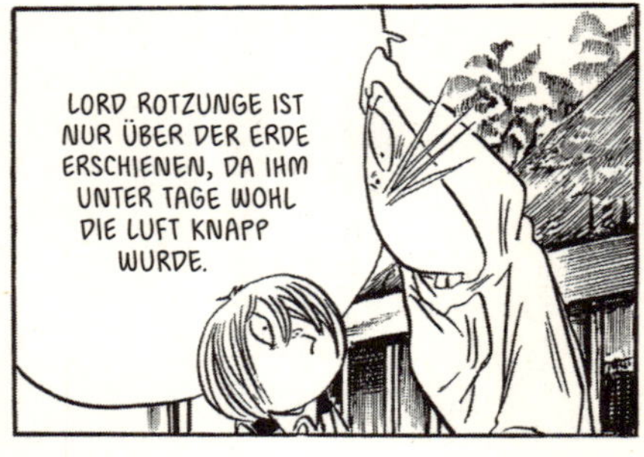
LORD ROTZUNGE IST NUR ÜBER DER ERDE ERSCHIENEN, DA IHM UNTER TAGE WOHL DIE LUFT KNAPP WURDE.
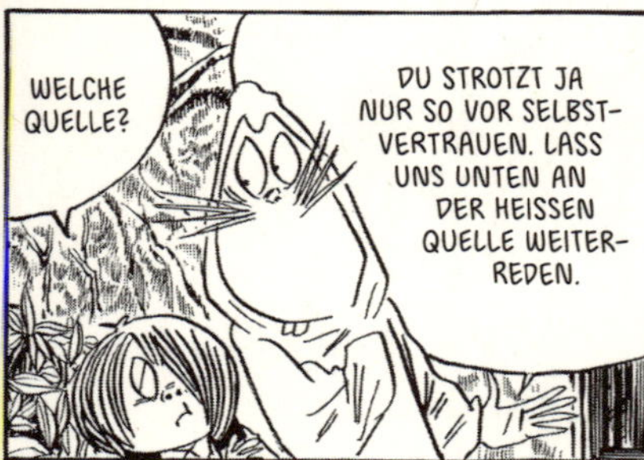
WELCHE QUELLE?
DU STROTZT JA NUR SO VOR SELBST-VERTRAUEN. LASS UNS UNTEN AN DER HEISSEN QUELLE WEITER-REDEN.
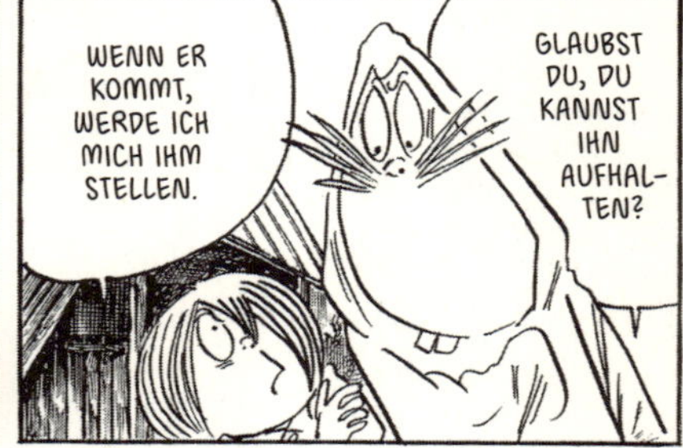
WENN ER KOMMT, WERDE ICH MICH IHM STELLEN.
GLAUBST DU, DU KANNST IHN AUFHAL-TEN?
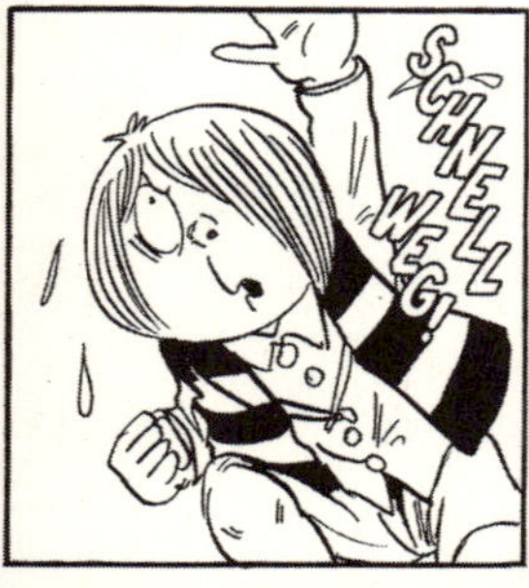
SCHNELL WEG!
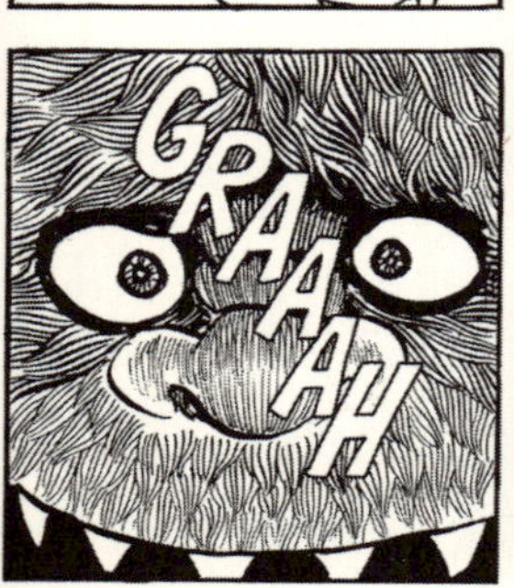
GRAAAAH
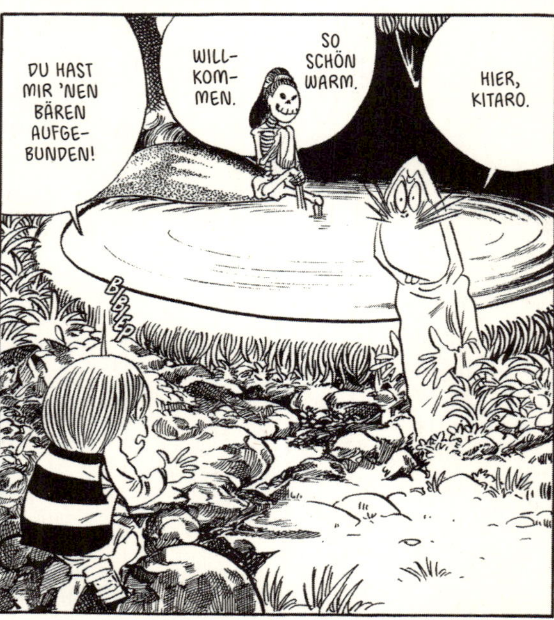
HIER, KITARO.
SO SCHÖN WARM.
WILL-KOM-MEN.
DU HAST MIR 'NEN BÄREN AUFGE-BUNDEN!
BIBIEP

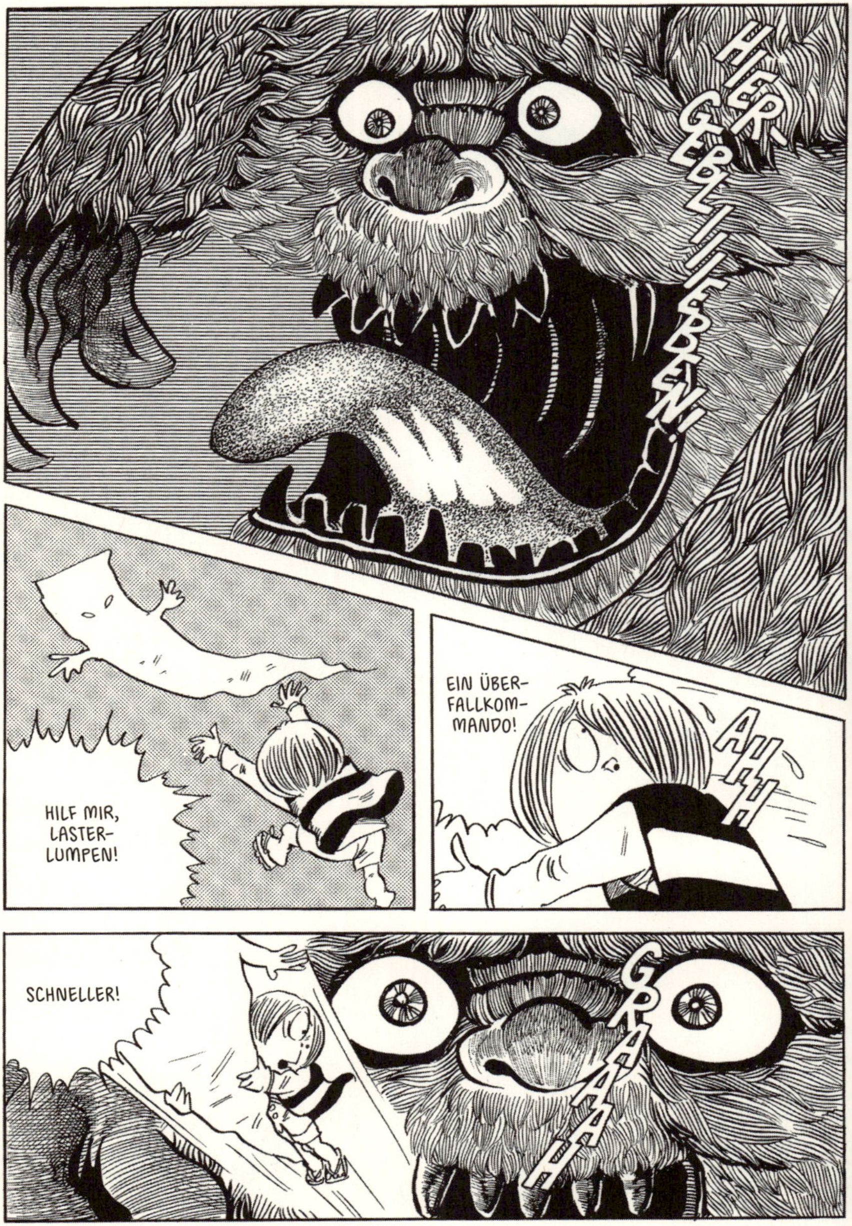

HIER GEBLIIIEBEN!
AHHH
EIN ÜBERFALLKOMMANDO!
HILF MIR, LASTERLUMPEN!

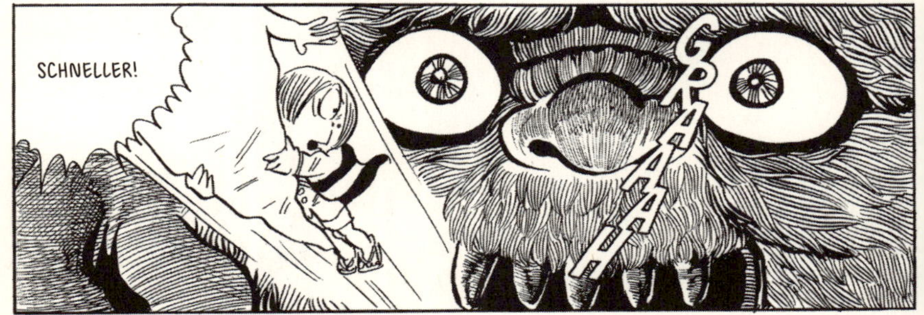
GRAAAAAH
SCHNELLER!

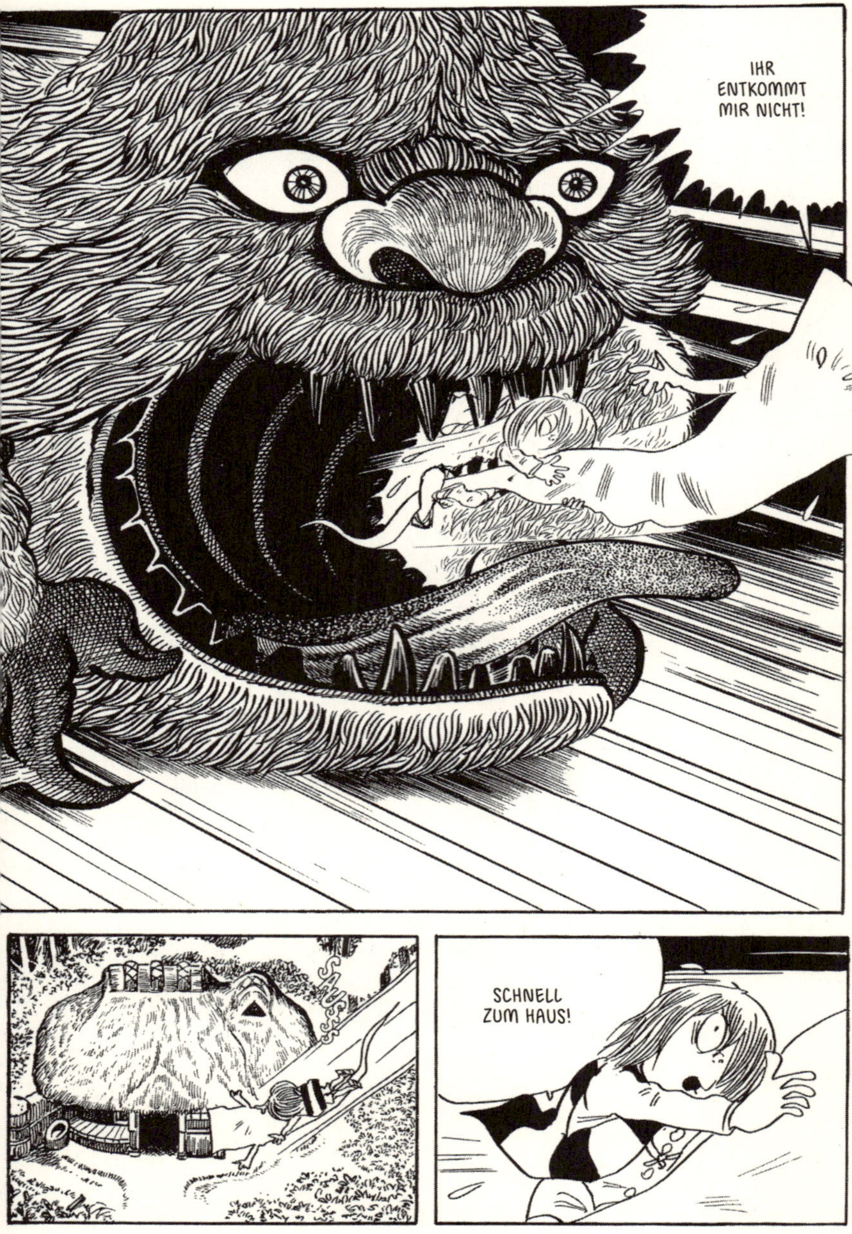

IHR ENTKOMMT MIR NICHT!

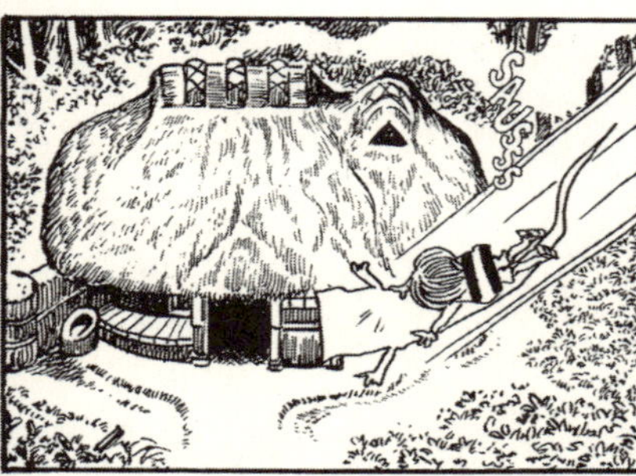

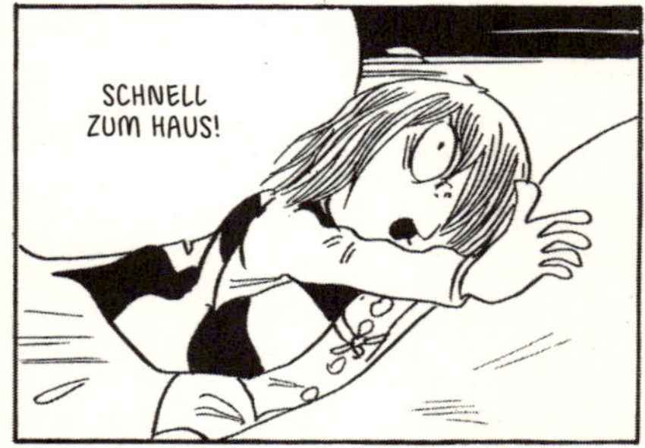

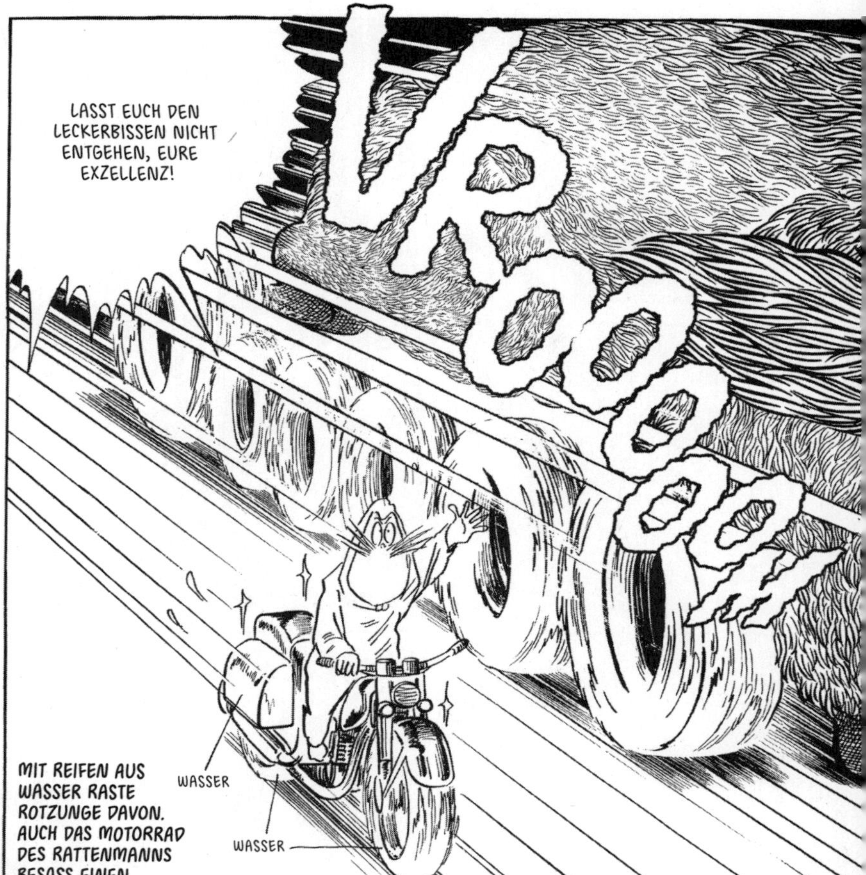

LASST EUCH DEN LECKERBISSEN NICHT ENTGEHEN, EURE EXZELLENZ!

VROOOOOM

MIT REIFEN AUS WASSER RASTE ROTZUNGE DAVON. AUCH DAS MOTORRAD DES RATTENMANNS BESASS EINEN WASSERANTRIEB.

WASSER

WASSER

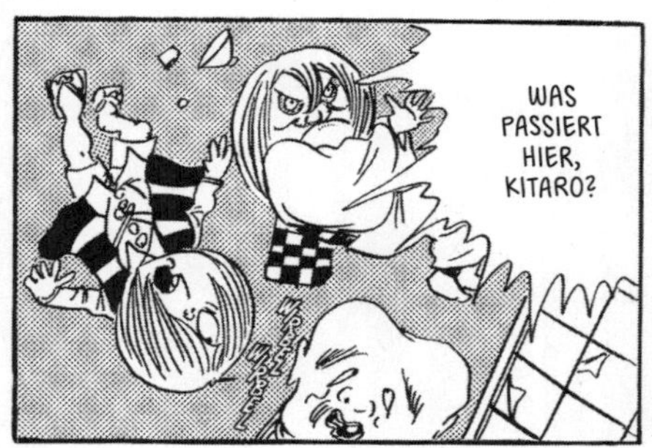

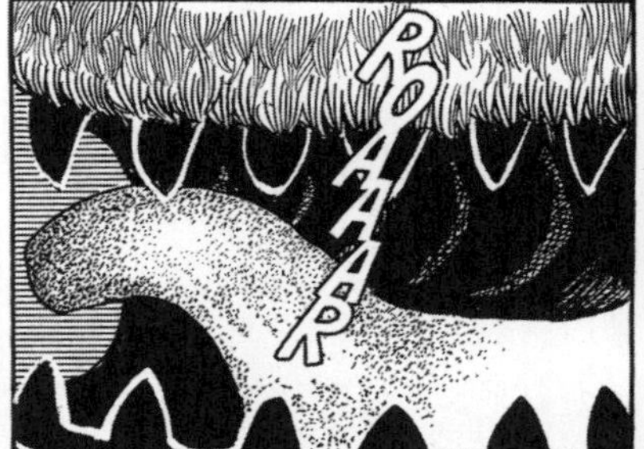

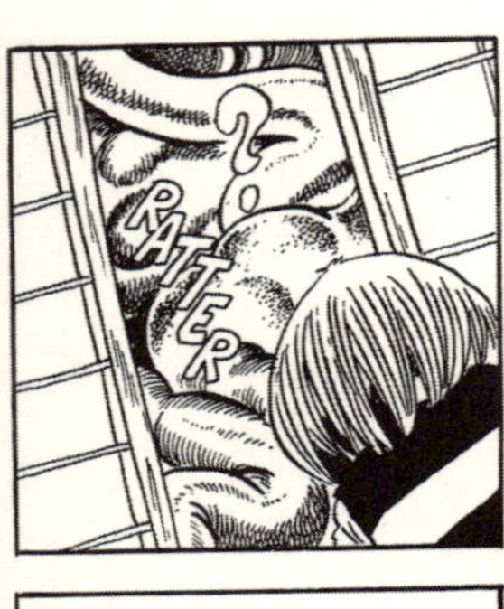
RATTER

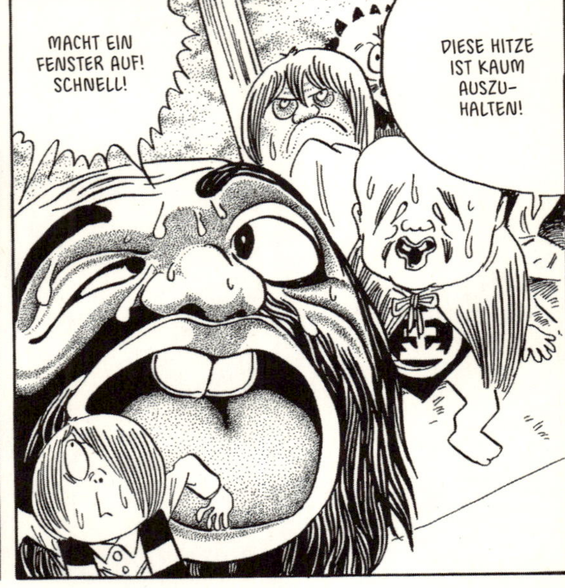
DIESE HITZE IST KAUM AUSZU-HALTEN!
MACHT EIN FENSTER AUF! SCHNELL!

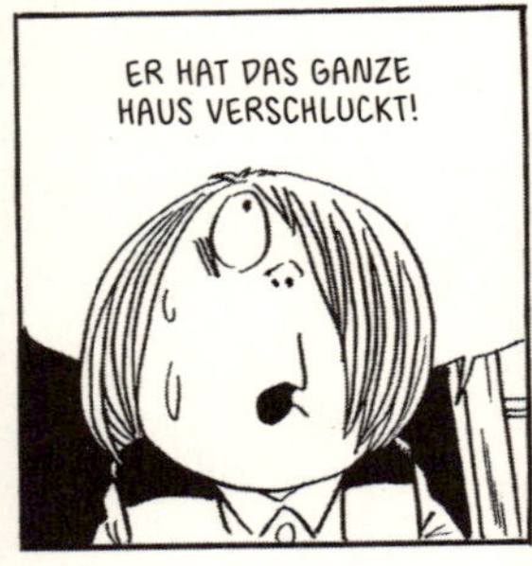
ER HAT DAS GANZE HAUS VERSCHLUCKT!

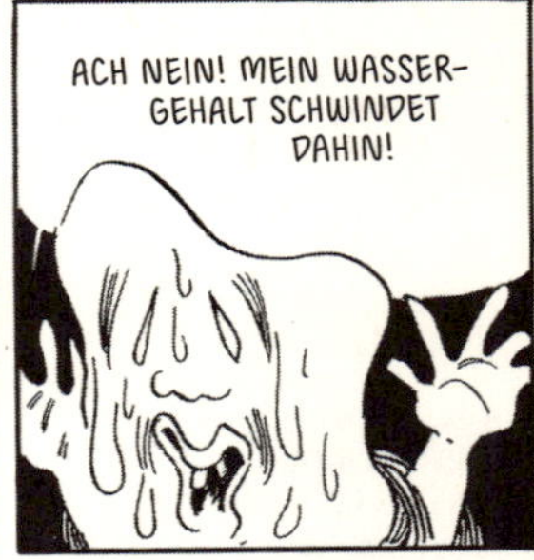
ACH NEIN! MEIN WASSER-GEHALT SCHWINDET DAHIN!

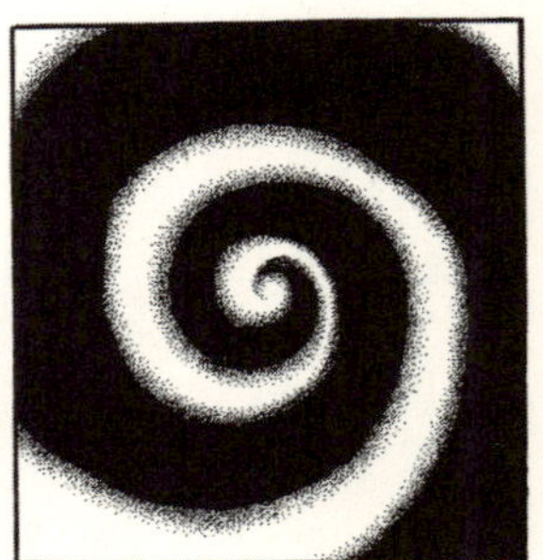

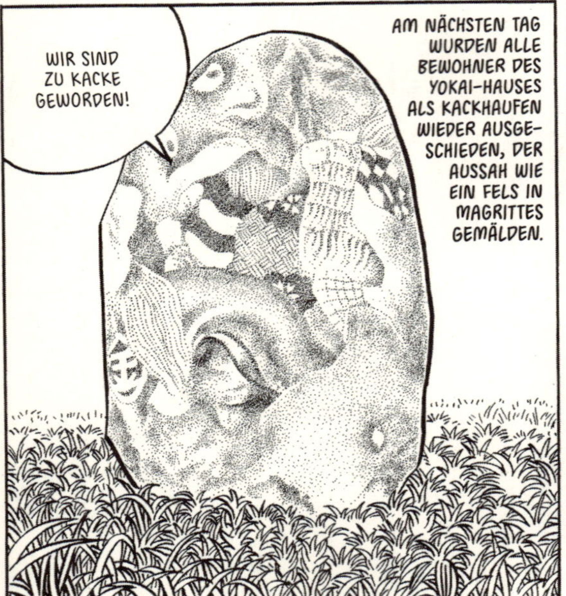
AM NÄCHSTEN TAG WURDEN ALLE BEWOHNER DES YOKAI-HAUSES ALS KACKHAUFEN WIEDER AUSGE-SCHIEDEN, DER AUSSAH WIE EIN FELS IN MAGRITTES GEMÄLDEN.
WIR SIND ZU KACKE GEWORDEN!

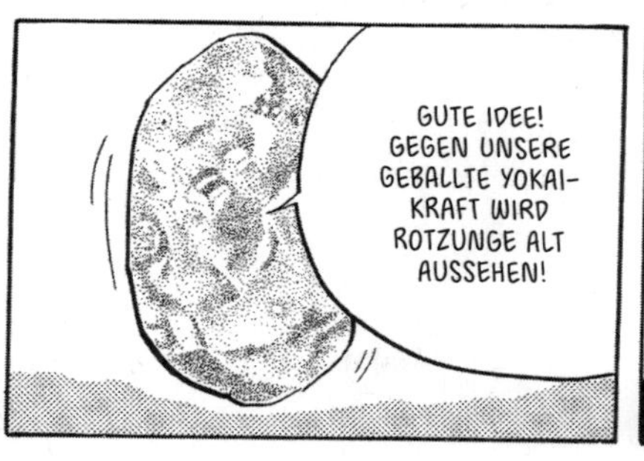
GUTE IDEE! GEGEN UNSERE GEBALLTE YOKAI-KRAFT WIRD ROTZUNGE ALT AUSSEHEN!

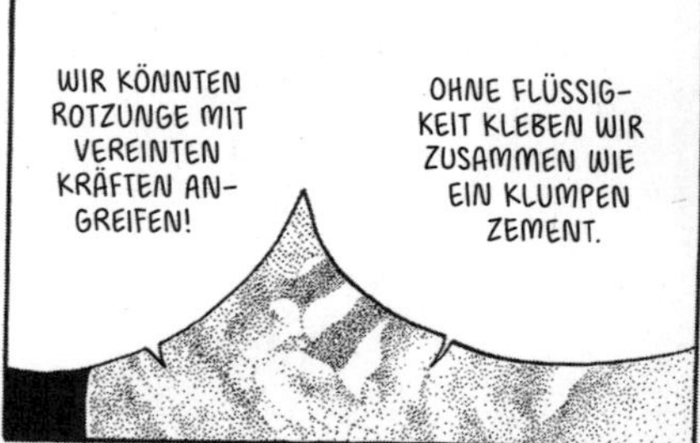
OHNE FLÜSSIG-KEIT KLEBEN WIR ZUSAMMEN WIE EIN KLUMPEN ZEMENT.
WIR KÖNNTEN ROTZUNGE MIT VEREINTEN KRÄFTEN AN-GREIFEN!

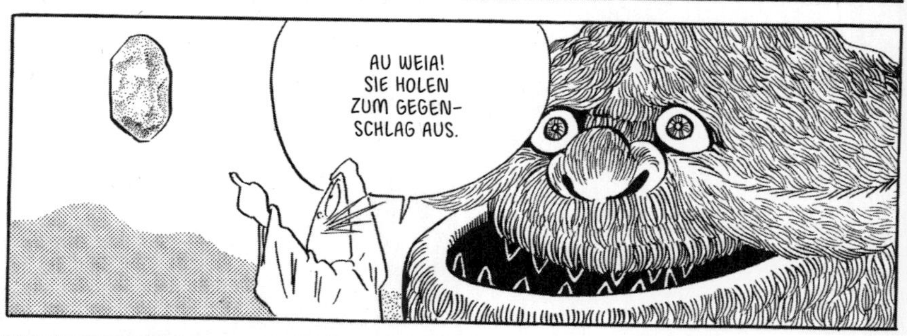
AU WEIA! SIE HOLEN ZUM GEGEN-SCHLAG AUS.

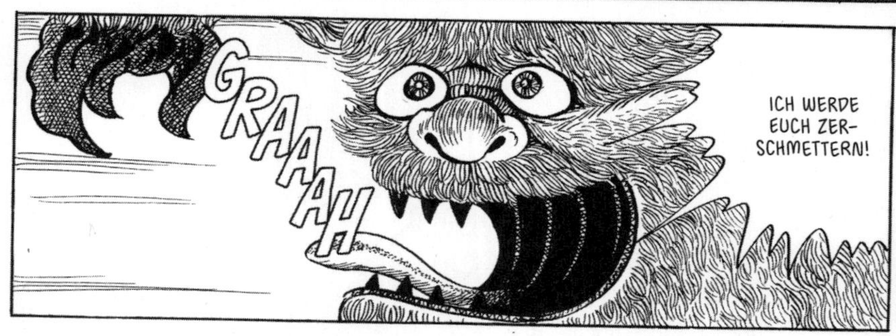
ICH WERDE EUCH ZER-SCHMETTERN!
GRAAAAH

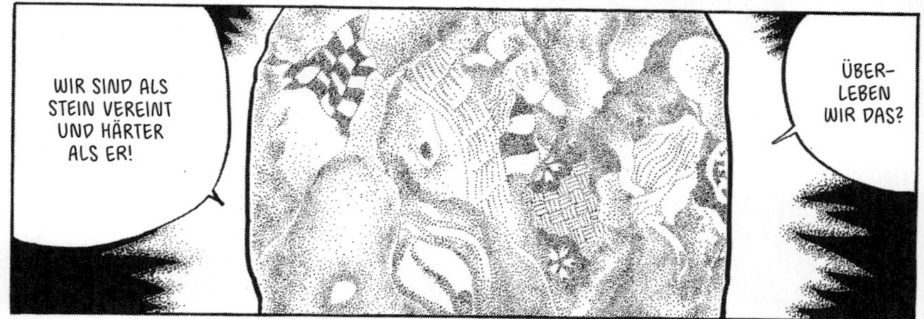
ÜBER-LEBEN WIR DAS?
WIR SIND ALS STEIN VEREINT UND HÄRTER ALS ER!

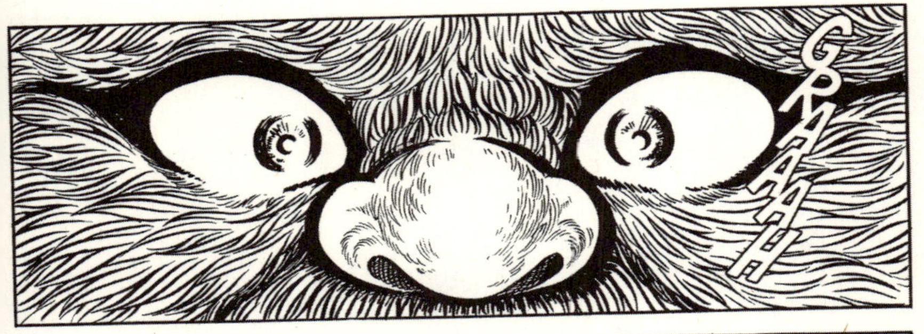
GRAAAAHH

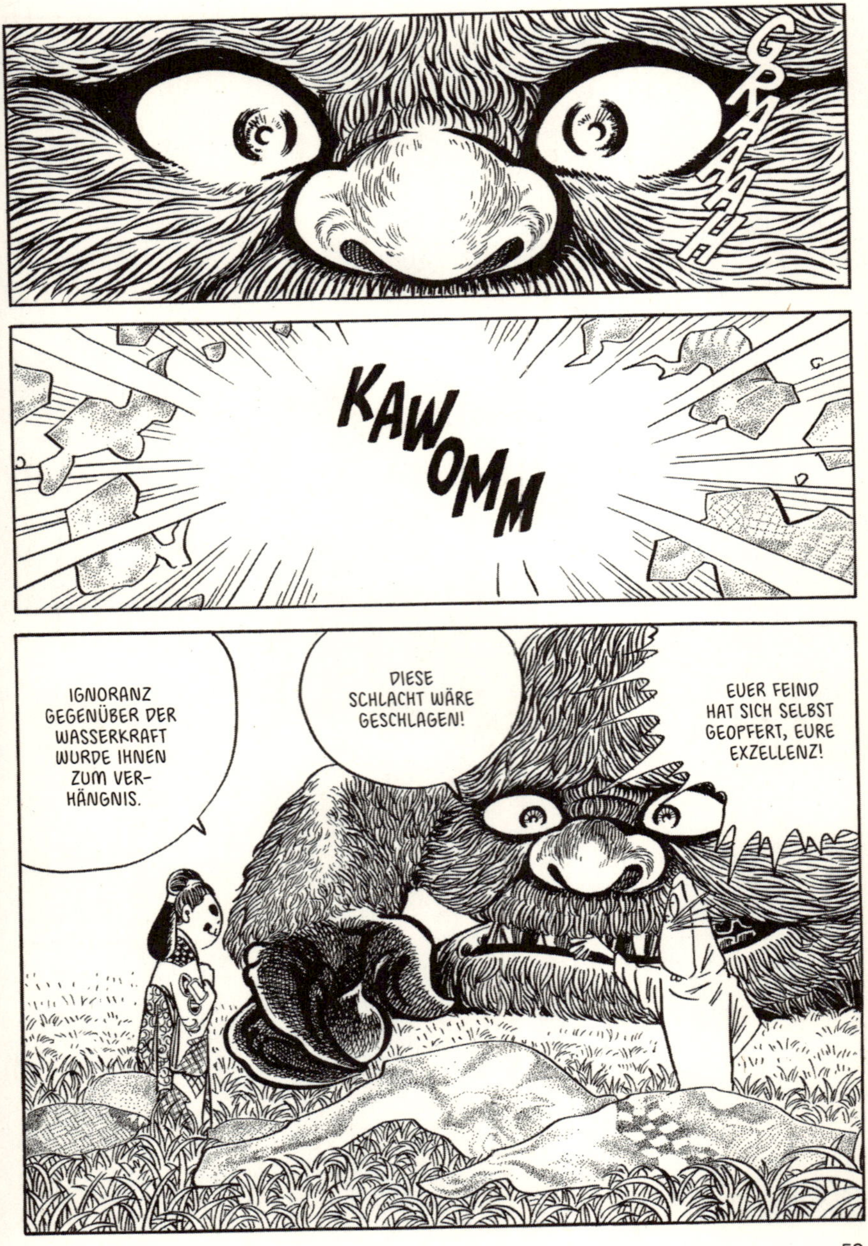

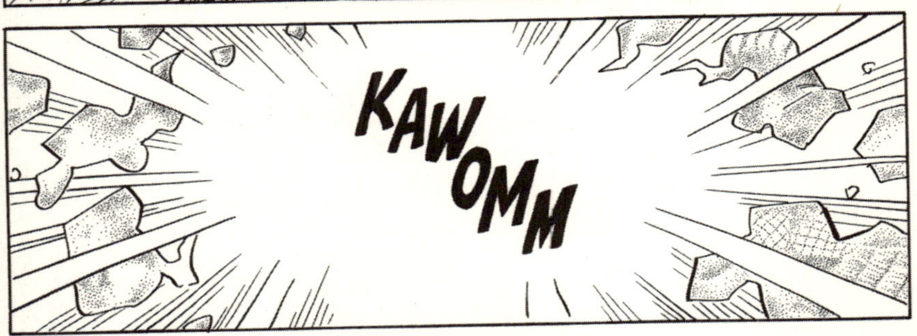
KAWOMM

EUER FEIND HAT SICH SELBST GEOPFERT, EURE EXZELLENZ!
DIESE SCHLACHT WÄRE GESCHLAGEN!
IGNORANZ GEGENÜBER DER WASSERKRAFT WURDE IHNEN ZUM VERHÄNGNIS.

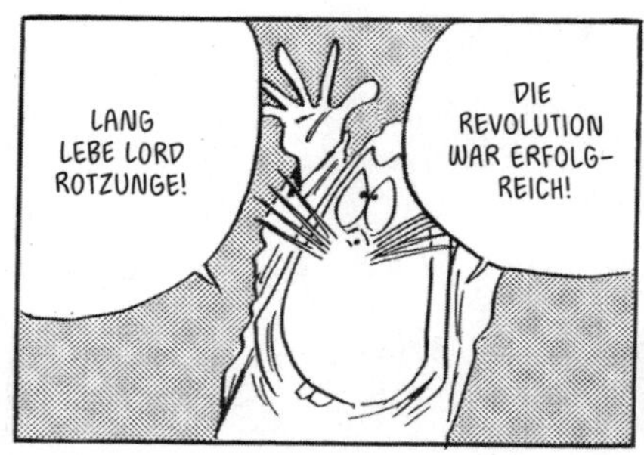
LANG LEBE LORD ROTZUNGE!
DIE REVOLUTION WAR ERFOLGREICH!

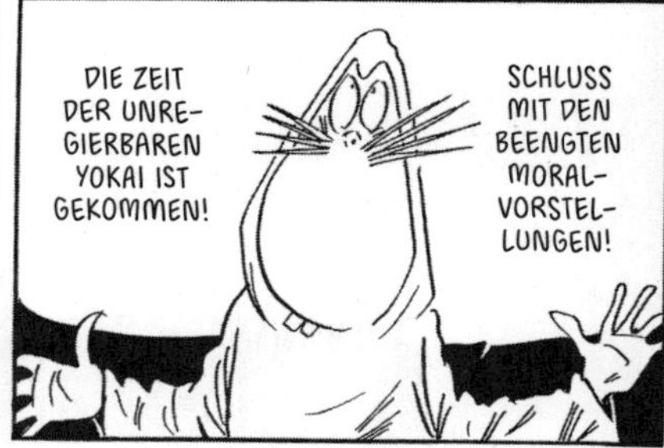
DIE ZEIT DER UNREGIERBAREN YOKAI IST GEKOMMEN!
SCHLUSS MIT DEN BEENGTEN MORALVORSTELLUNGEN!

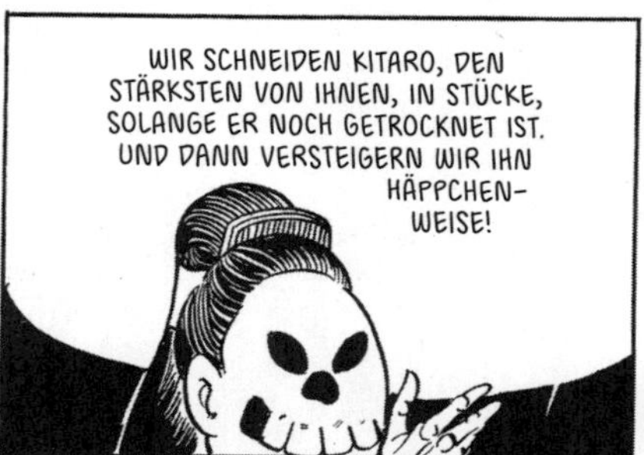
WIR SCHNEIDEN KITARO, DEN STÄRKSTEN VON IHNEN, IN STÜCKE, SOLANGE ER NOCH GETROCKNET IST. UND DANN VERSTEIGERN WIR IHN HÄPPCHENWEISE!

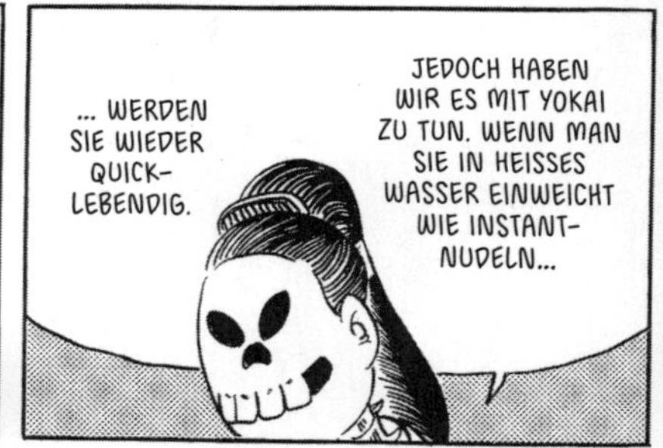
JEDOCH HABEN WIR ES MIT YOKAI ZU TUN. WENN MAN SIE IN HEISSES WASSER EINWEICHT WIE INSTANT-NUDELN...
... WERDEN SIE WIEDER QUICKLEBENDIG.

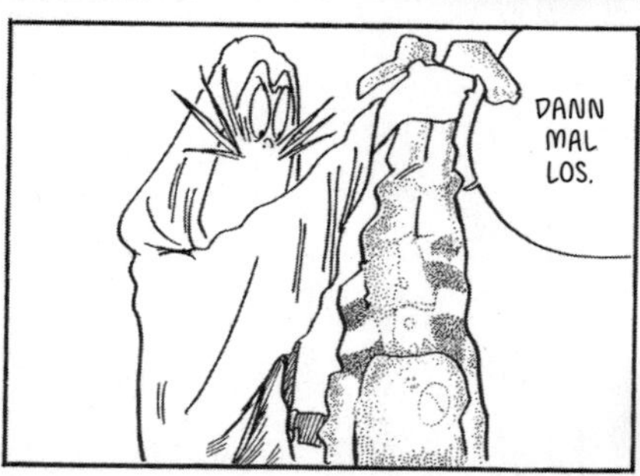
DANN MAL LOS.

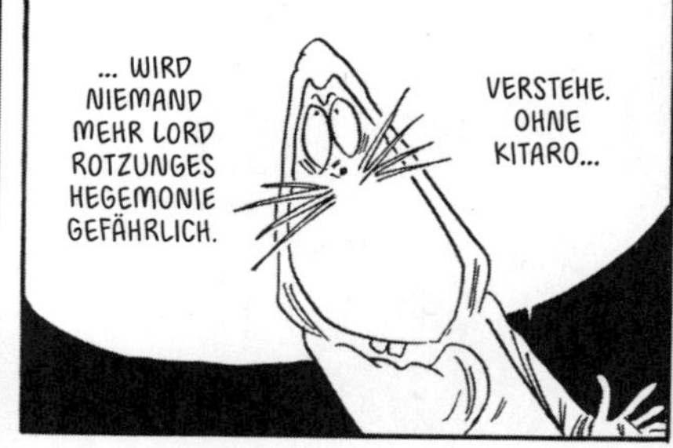
VERSTEHE. OHNE KITARO...
... WIRD NIEMAND MEHR LORD ROTZUNGES HEGEMONIE GEFÄHRLICH.

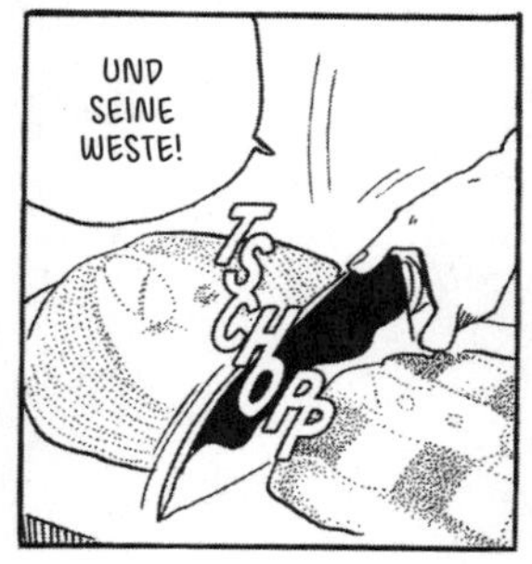
UND SEINE WESTE!
TSCHOPP

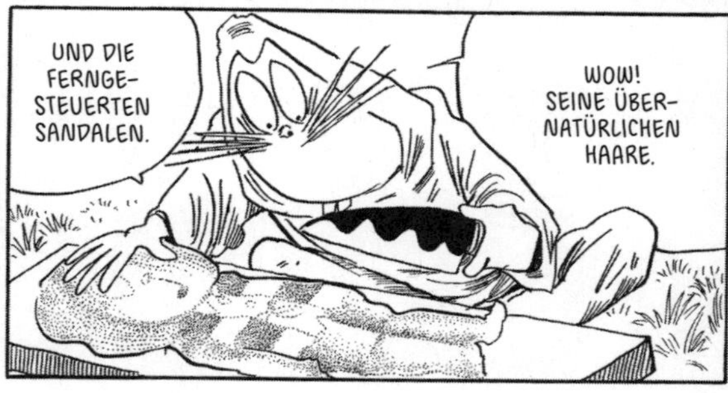
WOW! SEINE ÜBERNATÜRLICHEN HAARE.
UND DIE FERNGESTEUERTEN SANDALEN.

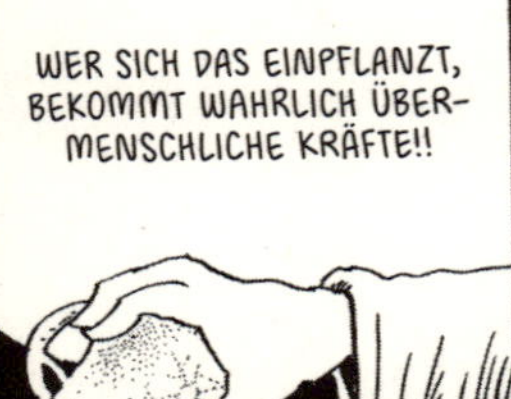
WER SICH DAS EINPFLANZT, BEKOMMT WAHRLICH ÜBERMENSCHLICHE KRÄFTE!!

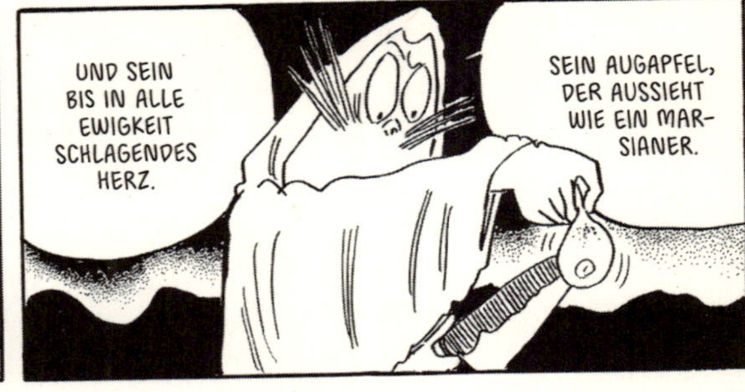
SEIN AUGAPFEL, DER AUSSIEHT WIE EIN MARSIANER.
UND SEIN BIS IN ALLE EWIGKEIT SCHLAGENDES HERZ.

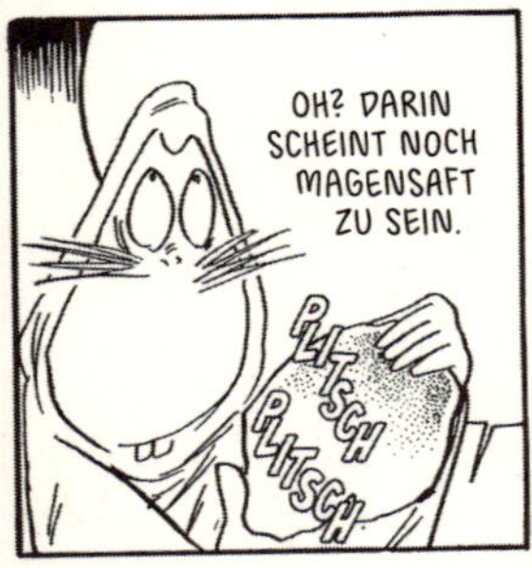
OH? DARIN SCHEINT NOCH MAGENSAFT ZU SEIN.
PLITSCH
PLITSCH

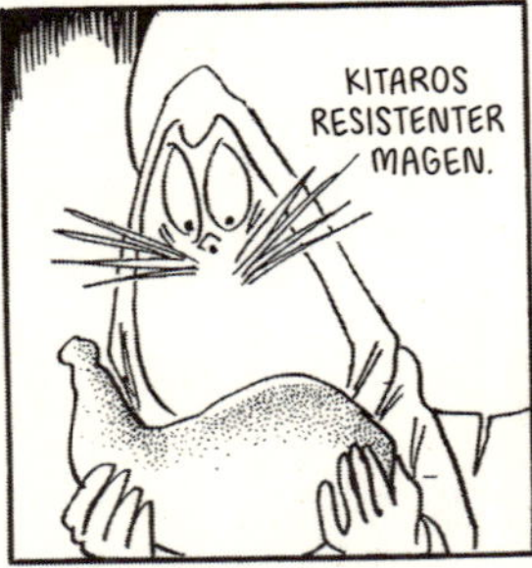
KITAROS RESISTENTER MAGEN.

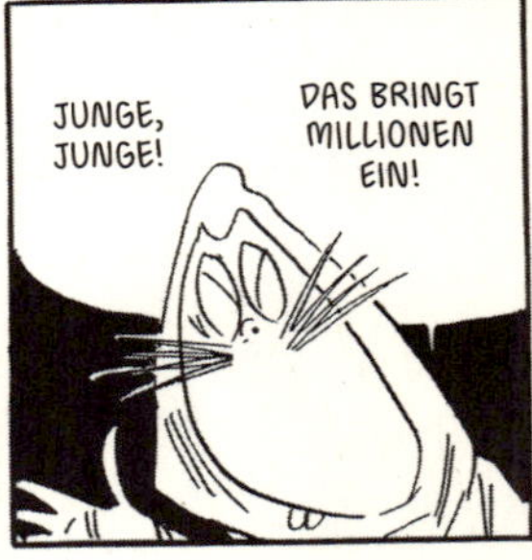
DAS BRINGT MILLIONEN EIN!
JUNGE, JUNGE!

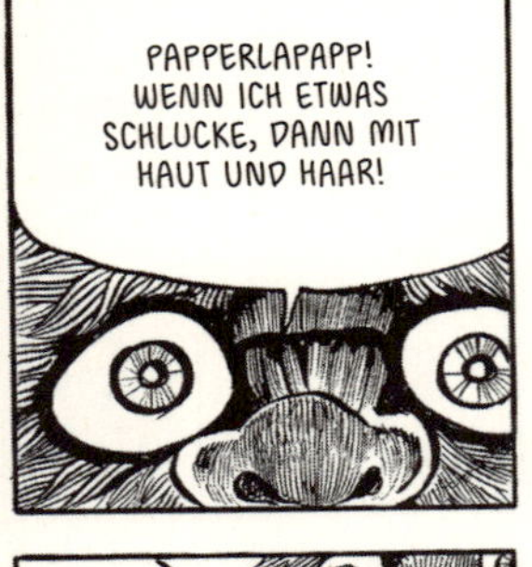
PAPPERLAPAPP! WENN ICH ETWAS SCHLUCKE, DANN MIT HAUT UND HAAR!

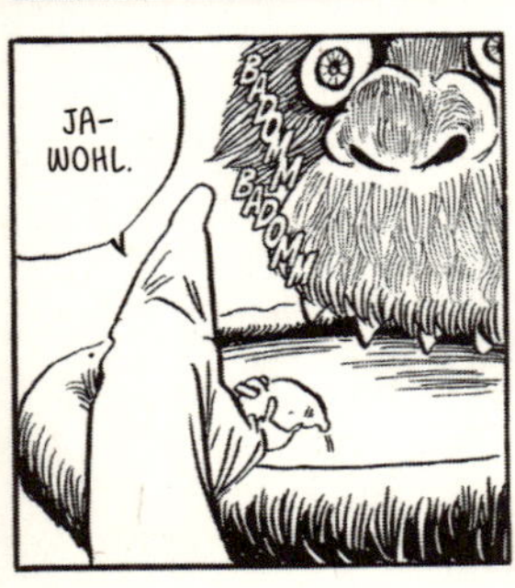
BADONM
BADONM
BADONM
JA-WOHL.

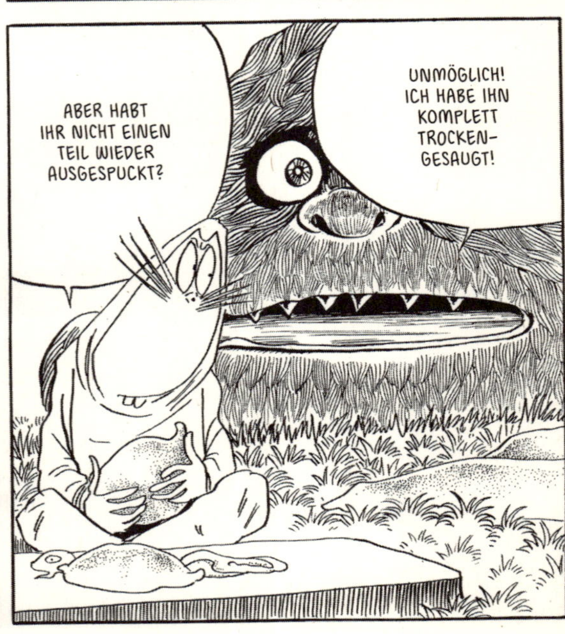
UNMÖGLICH! ICH HABE IHN KOMPLETT TROCKENGESAUGT!
ABER HABT IHR NICHT EINEN TEIL WIEDER AUSGESPUCKT?

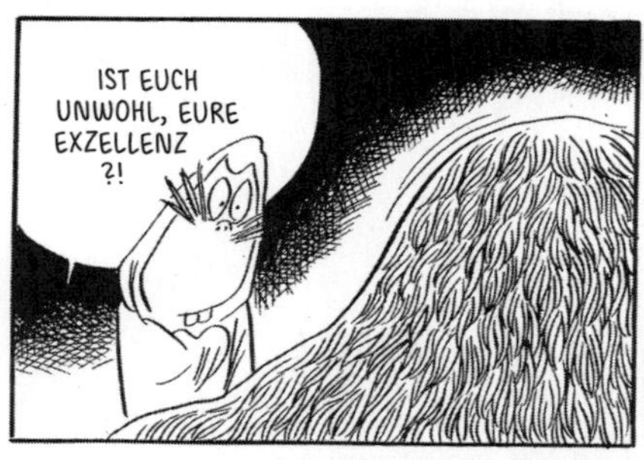
IST EUCH UNWOHL, EURE EXZELLENZ ?!

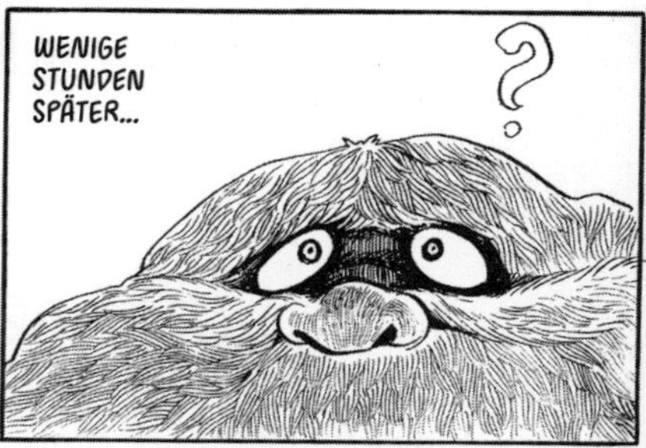
WENIGE STUNDEN SPÄTER...
?

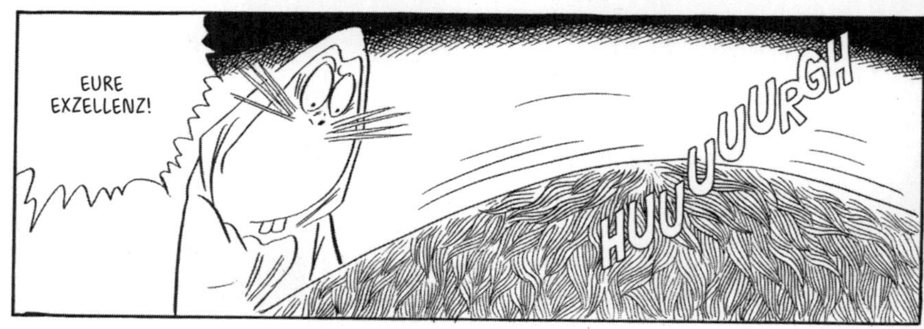
EURE EXZELLENZ!
HUUUUURGH

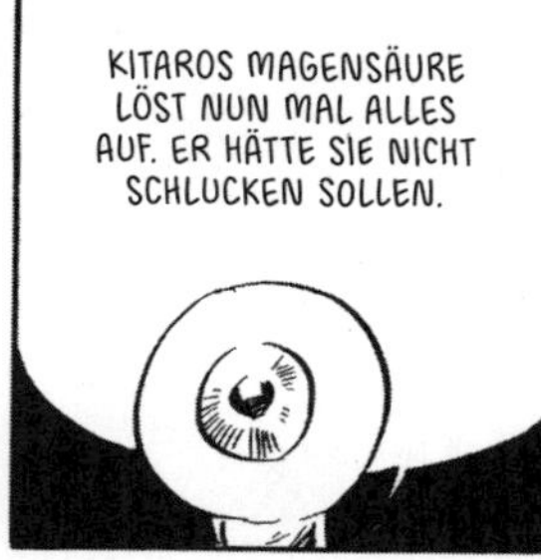
KITAROS MAGENSÄURE LÖST NUN MAL ALLES AUF. ER HÄTTE SIE NICHT SCHLUCKEN SOLLEN.

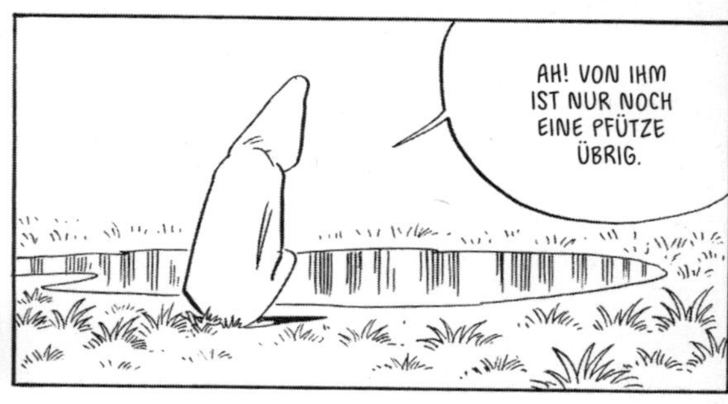
AH! VON IHM IST NUR NOCH EINE PFÜTZE ÜBRIG.

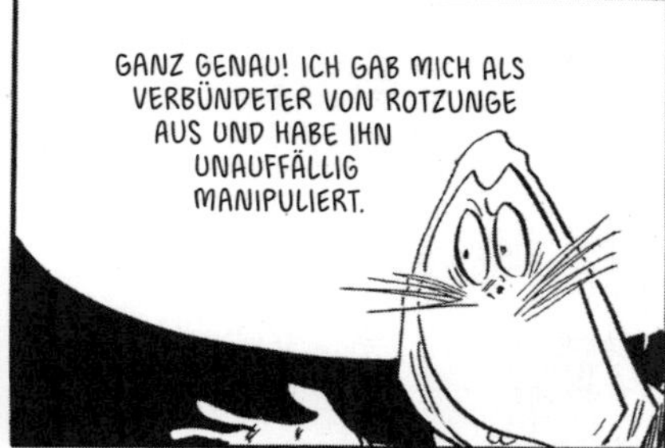
GANZ GENAU! ICH GAB MICH ALS VERBÜNDETER VON ROTZUNGE AUS UND HABE IHN UNAUFFÄLLIG MANIPULIERT.

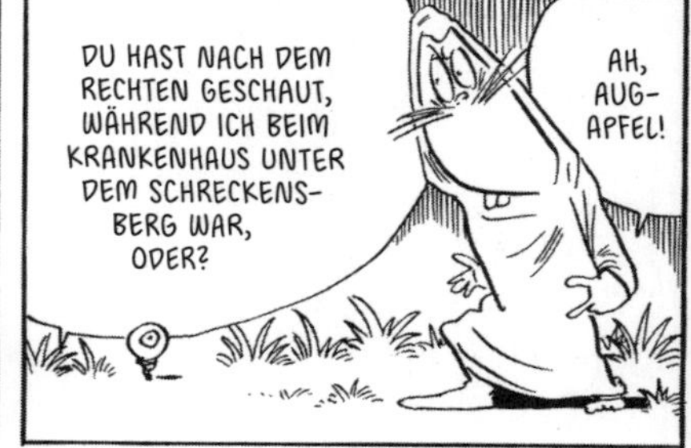
AH, AUG-APFEL!
DU HAST NACH DEM RECHTEN GESCHAUT, WÄHREND ICH BEIM KRANKENHAUS UNTER DEM SCHRECKENS-BERG WAR, ODER?

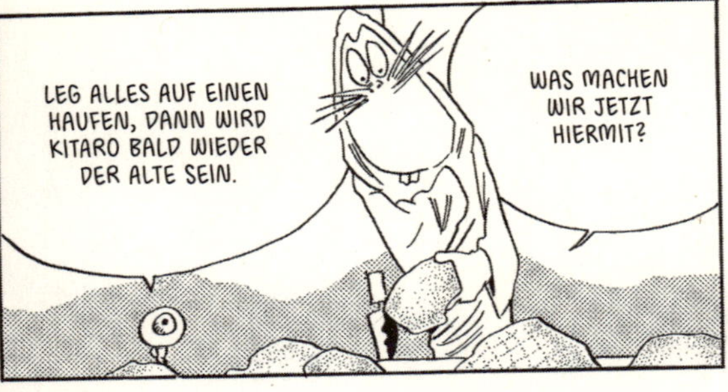

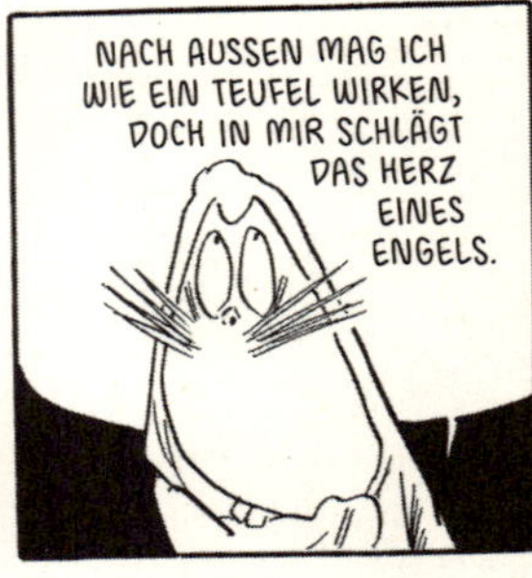

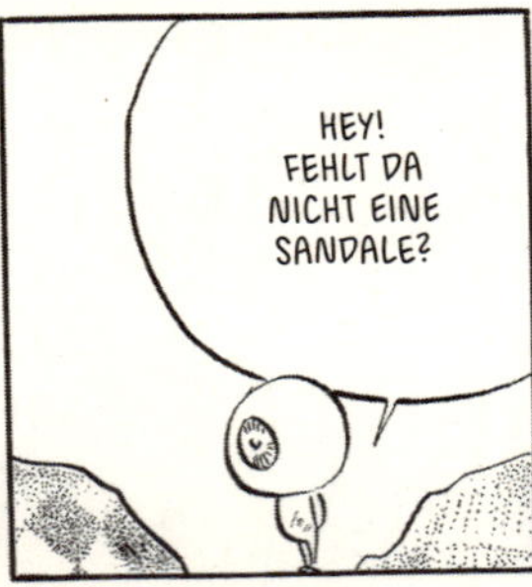

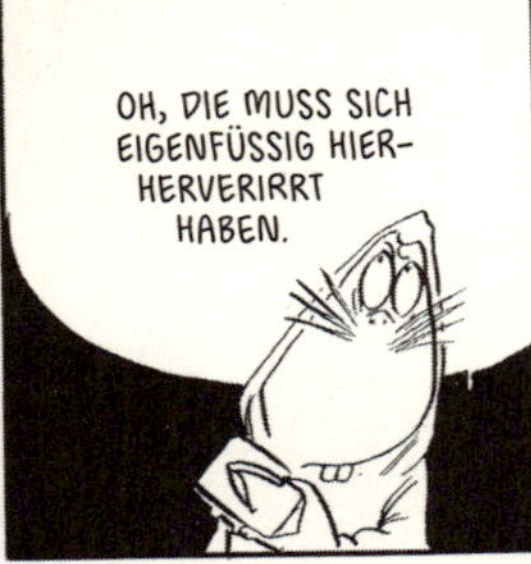

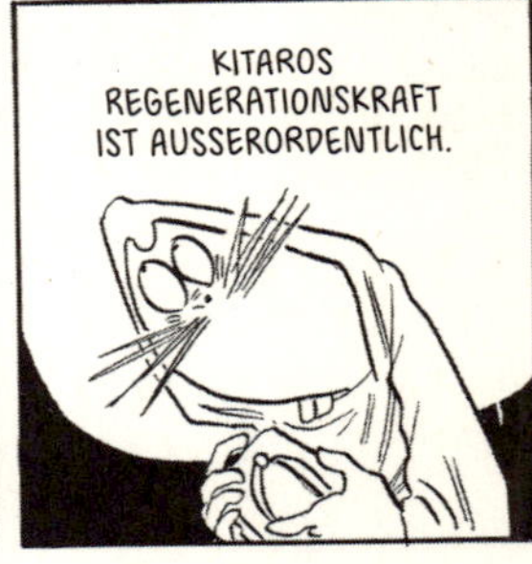

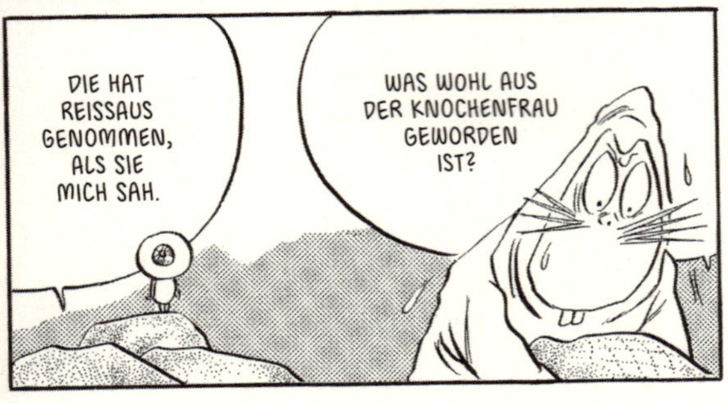

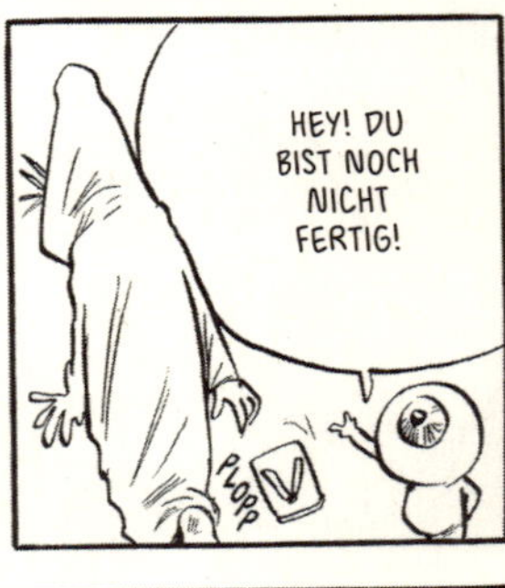

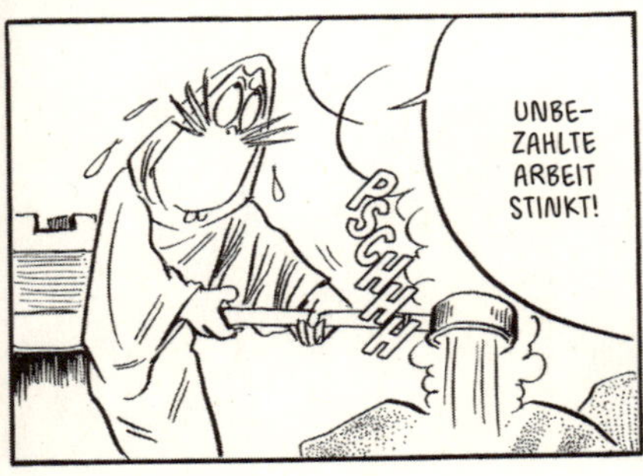

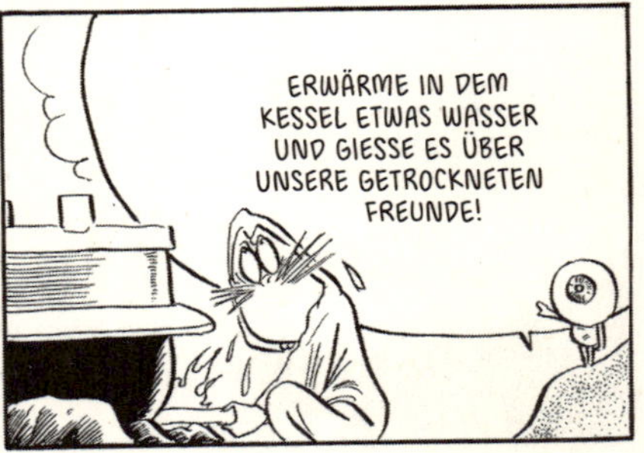

Rotzunge – Ende

RIESENHAUPT

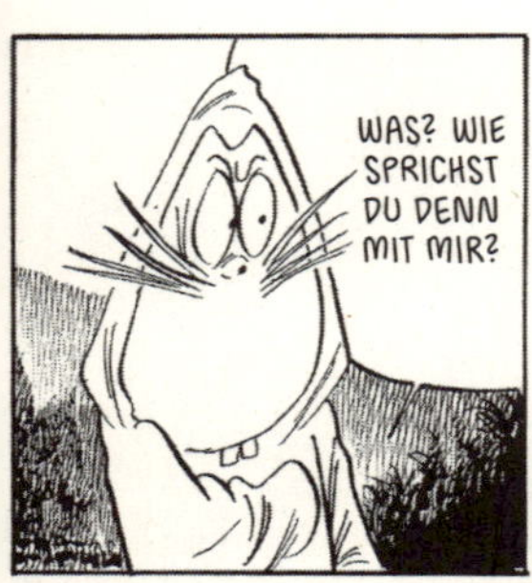
WAS? WIE SPRICHST DU DENN MIT MIR?

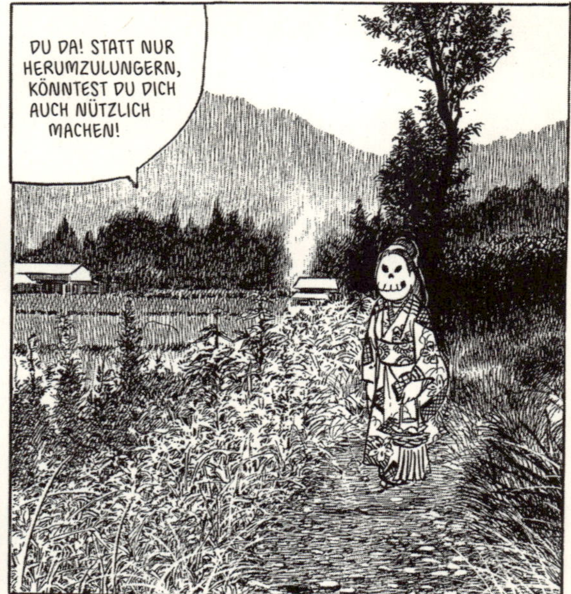
DU DA! STATT NUR HERUMZULUNGERN, KÖNNTEST DU DICH AUCH NÜTZLICH MACHEN!

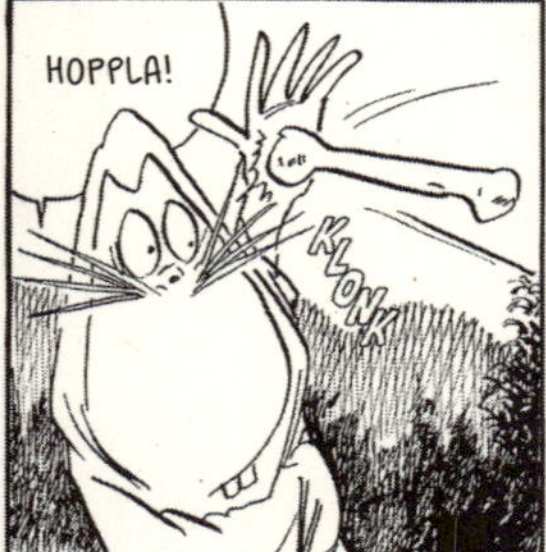
HOPPLA!
KLONK

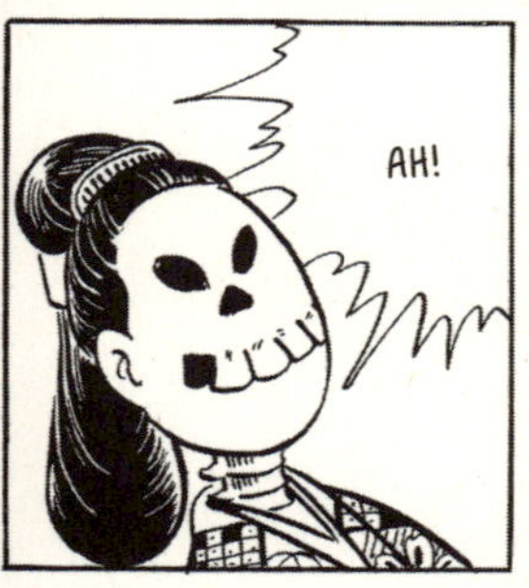
AH!

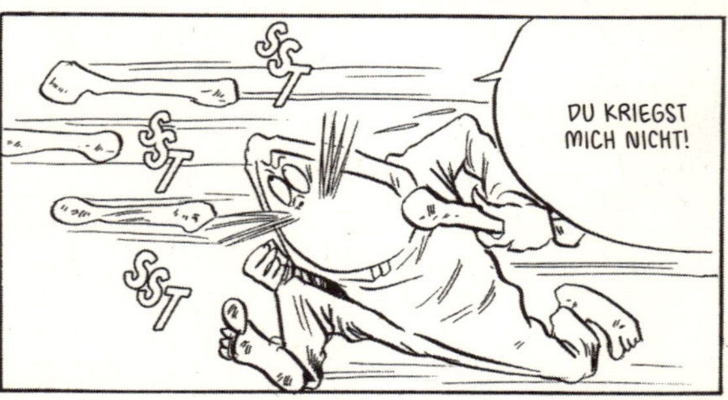
SST
SST
SST
DU KRIEGST MICH NICHT!

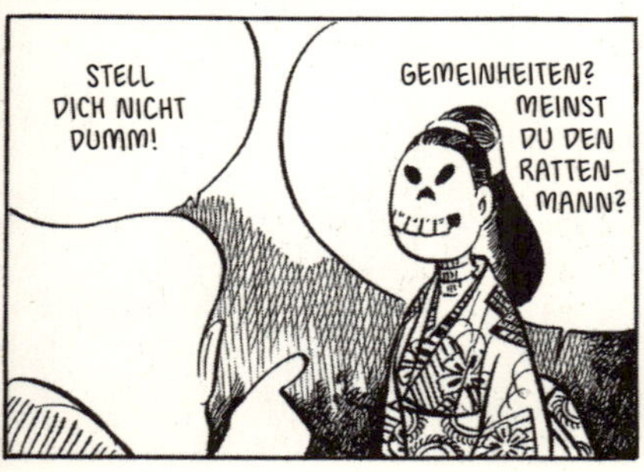
STELL DICH NICHT DUMM!
GEMEINHEITEN? MEINST DU DEN RATTEN-MANN?

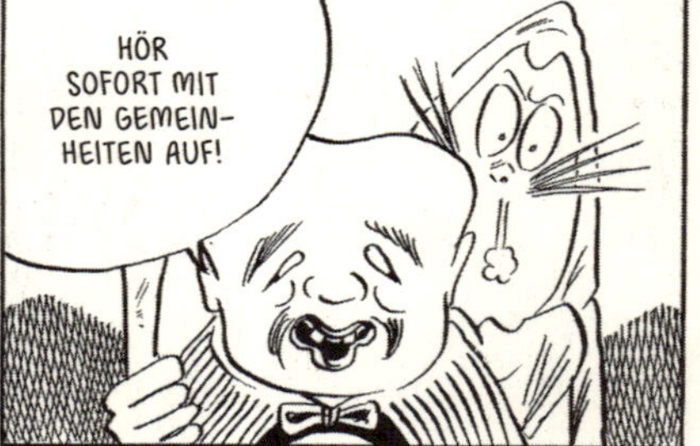
HÖR SOFORT MIT DEN GEMEIN-HEITEN AUF!

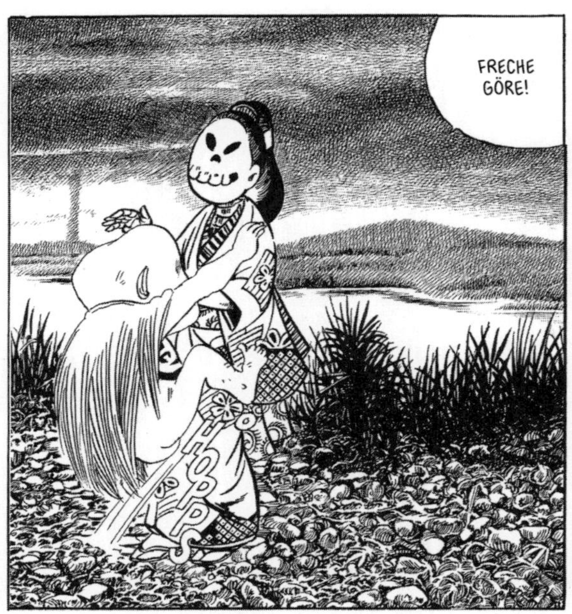
FRECHE GÖRE!
HOPPS

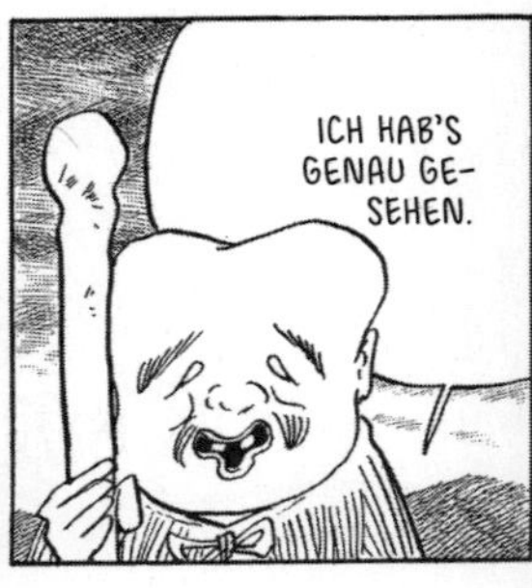
ICH HAB'S GENAU GE-SEHEN.

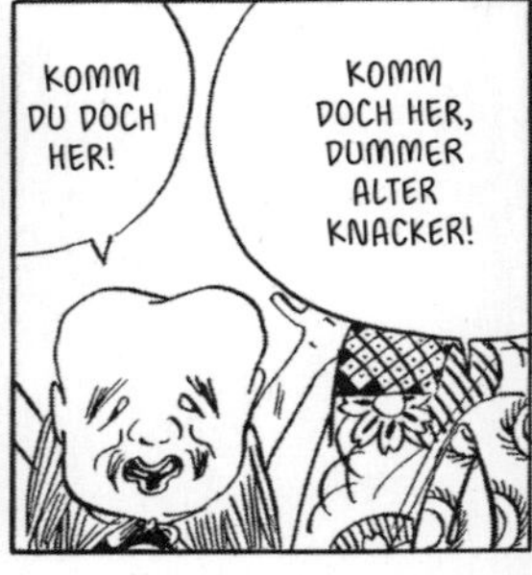
KOMM DOCH HER, DUMMER ALTER KNACKER!
KOMM DU DOCH HER!

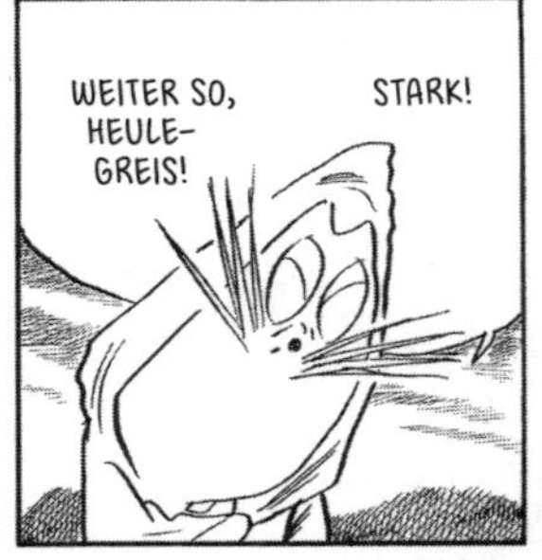
STARK!
WEITER SO, HEULE-GREIS!

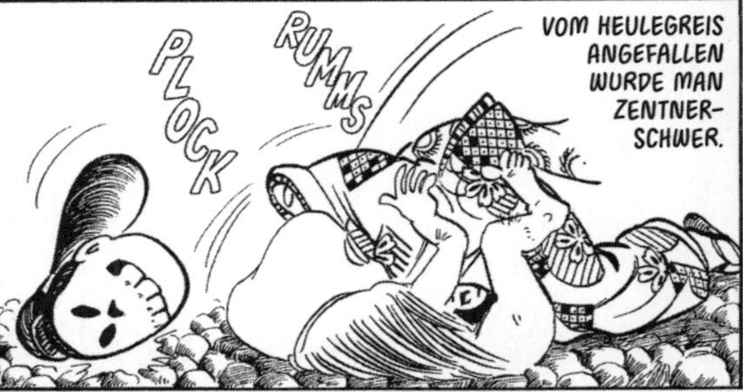
VOM HEULEGREIS ANGEFALLEN WURDE MAN ZENTNER-SCHWER.
RUMMS
PLOCK

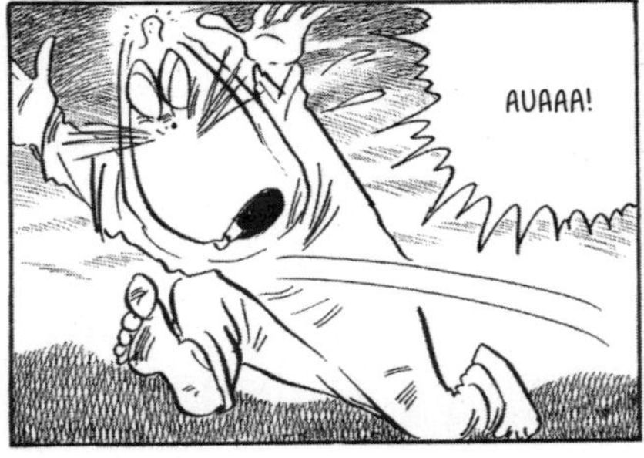
AUAAA!

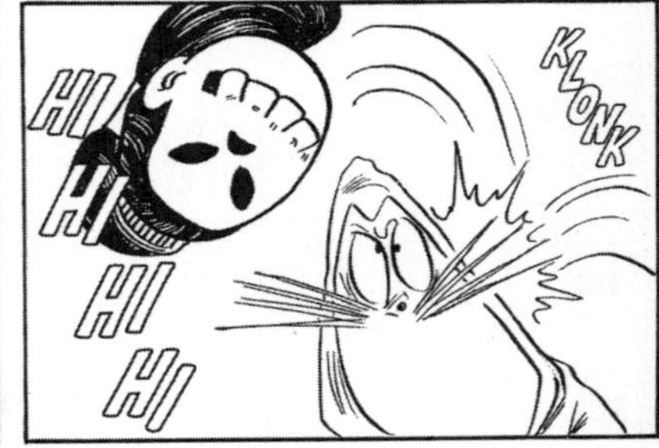
KLONK
HI HI HI HI HI

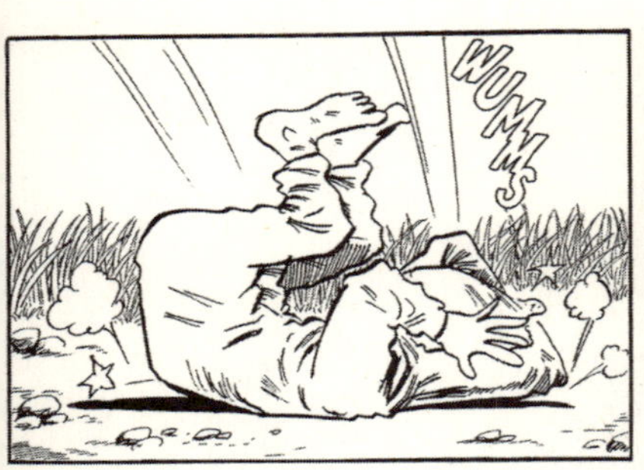

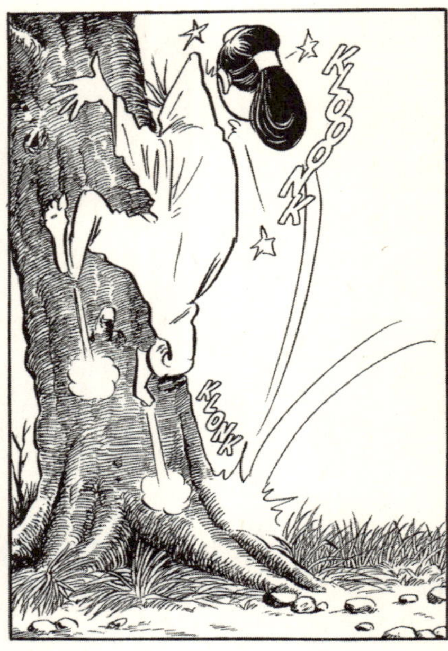

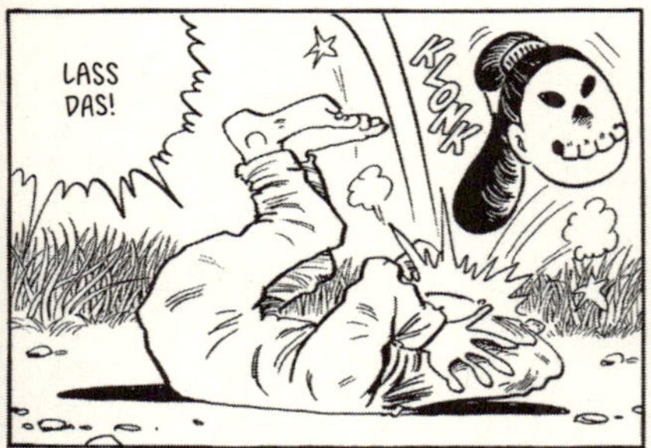

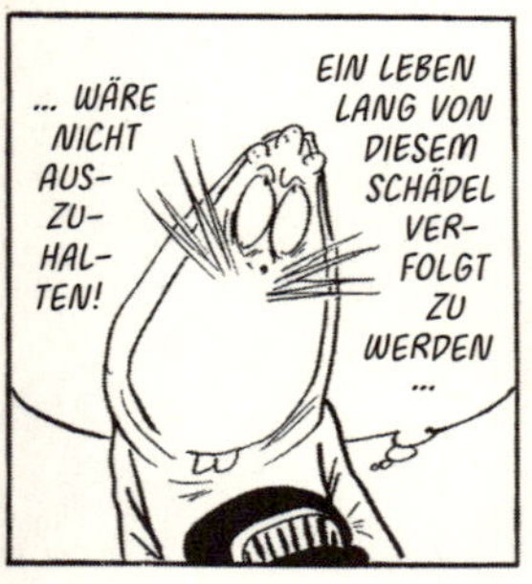

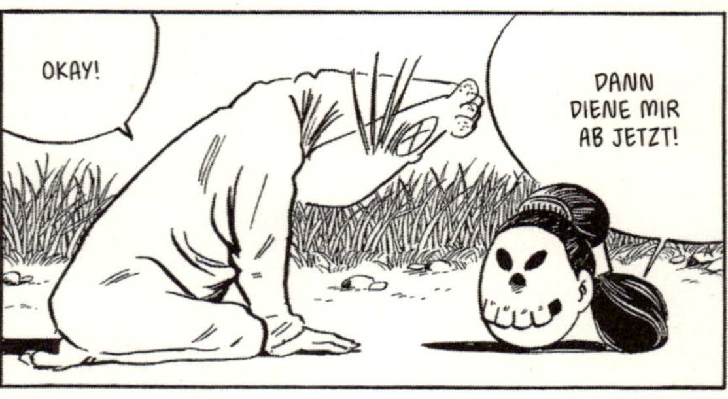

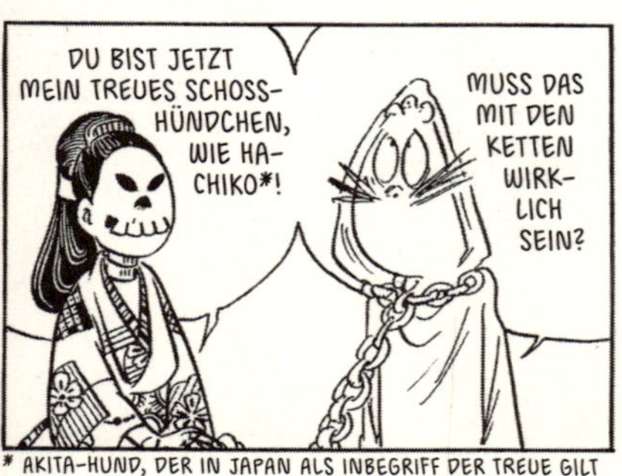

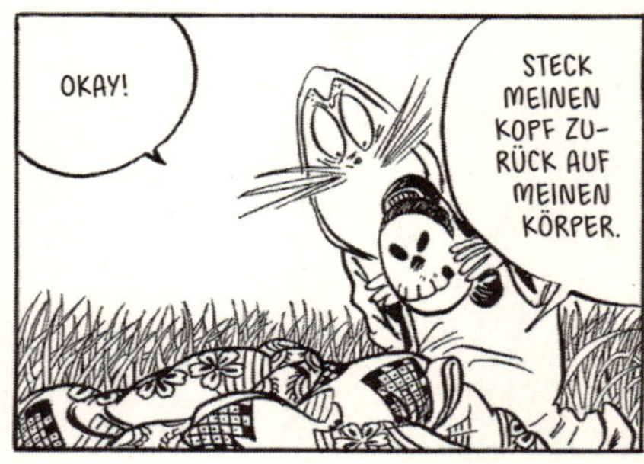

* AKITA-HUND, DER IN JAPAN ALS INBEGRIFF DER TREUE GILT

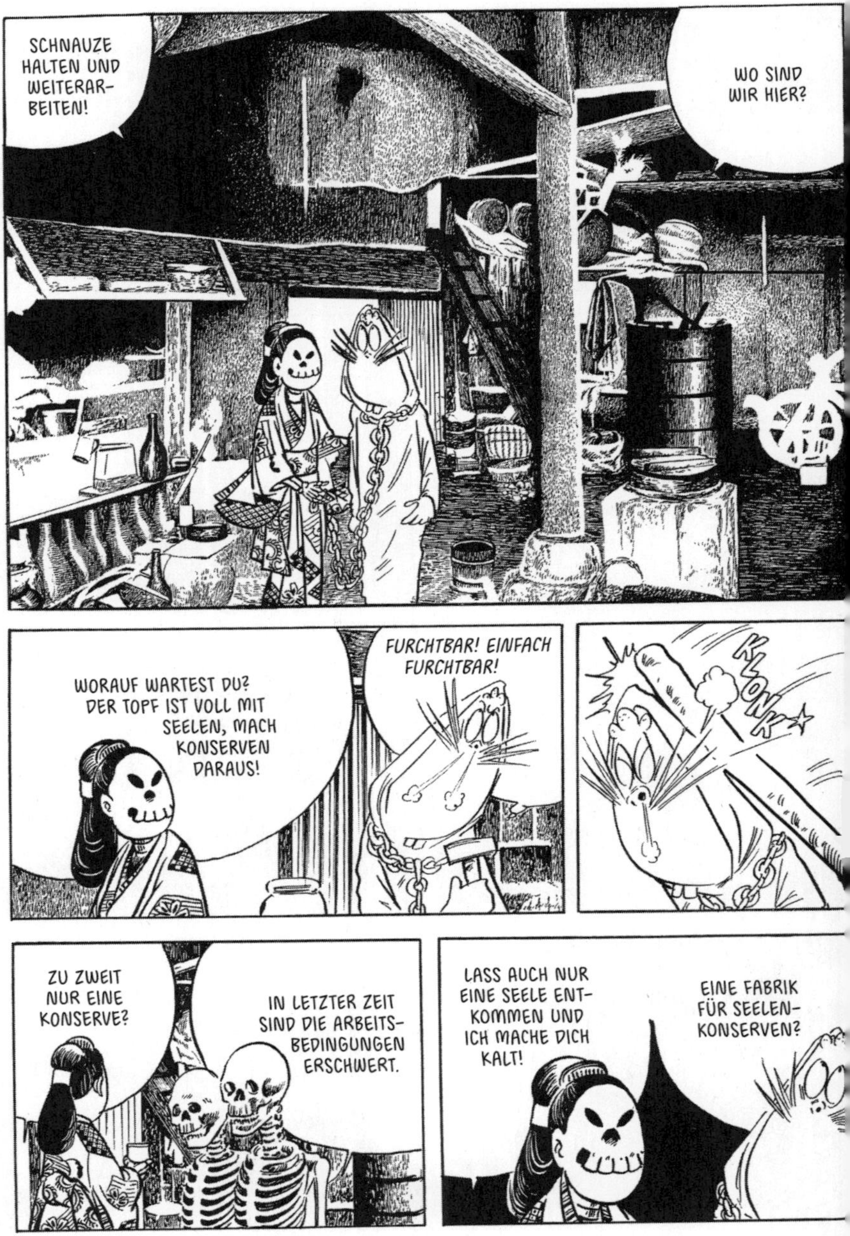

SCHNAUZE HALTEN UND WEITERARBEITEN!
WO SIND WIR HIER?

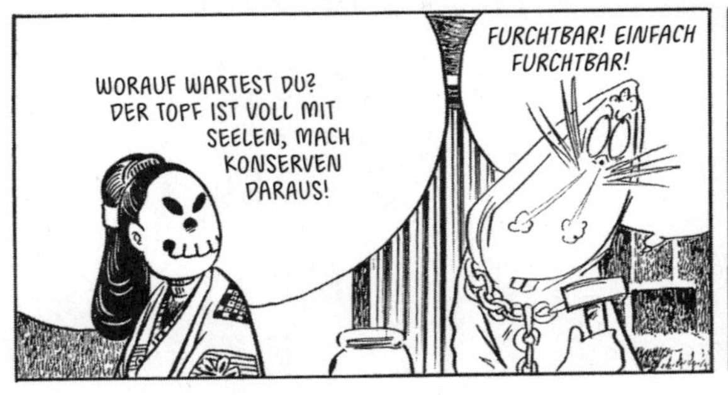
WORAUF WARTEST DU? DER TOPF IST VOLL MIT SEELEN, MACH KONSERVEN DARAUS!
FURCHTBAR! EINFACH FURCHTBAR!

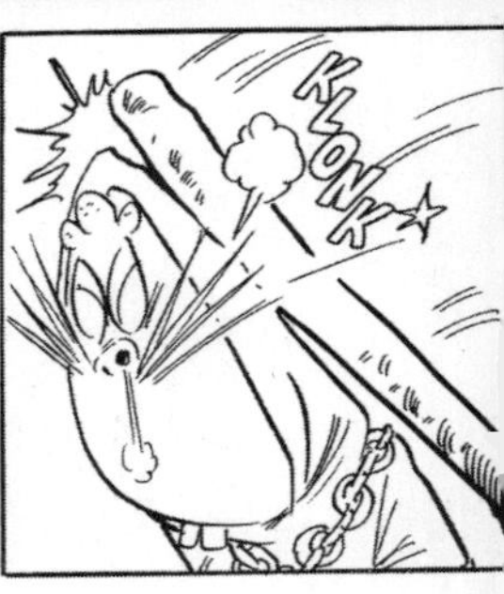
KLONK

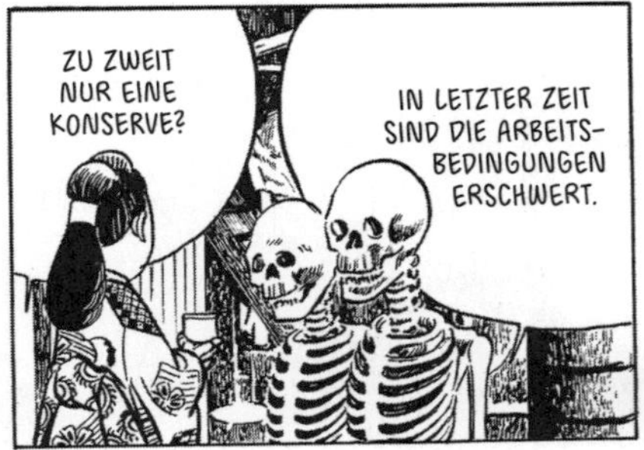
ZU ZWEIT NUR EINE KONSERVE?
IN LETZTER ZEIT SIND DIE ARBEITSBEDINGUNGEN ERSCHWERT.

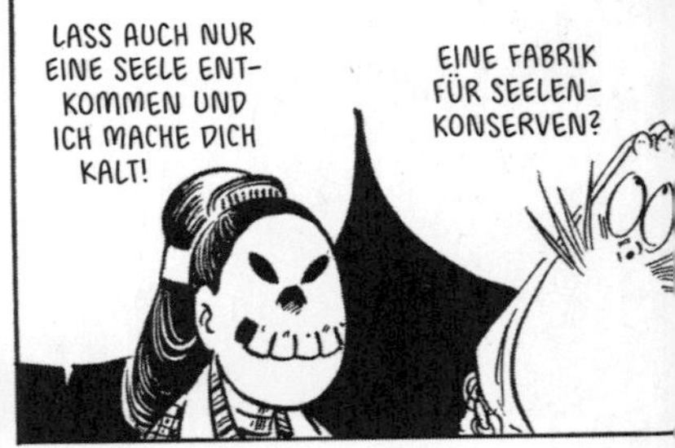
LASS AUCH NUR EINE SEELE ENTKOMMEN UND ICH MACHE DICH KALT!
EINE FABRIK FÜR SEELENKONSERVEN?

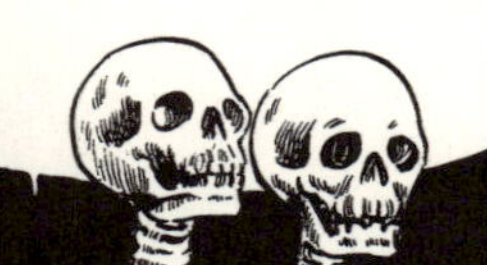

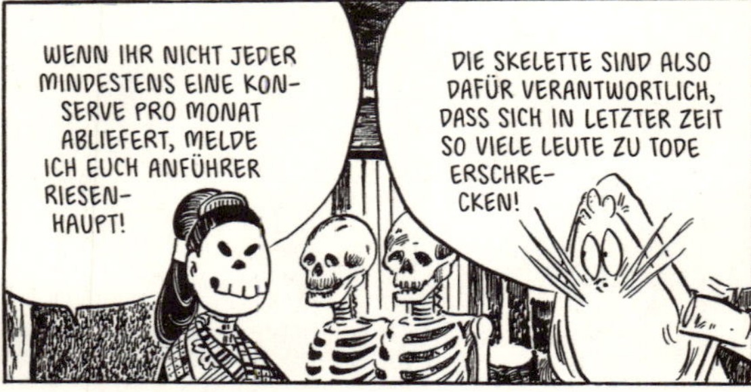

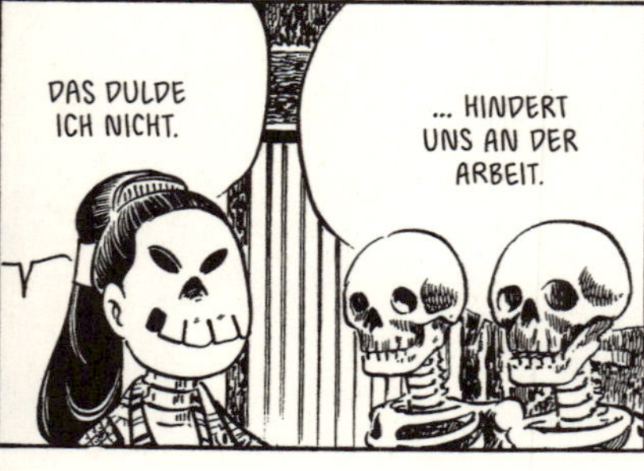

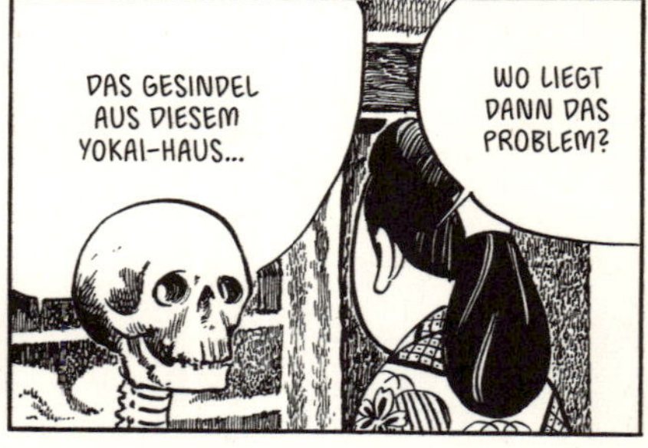

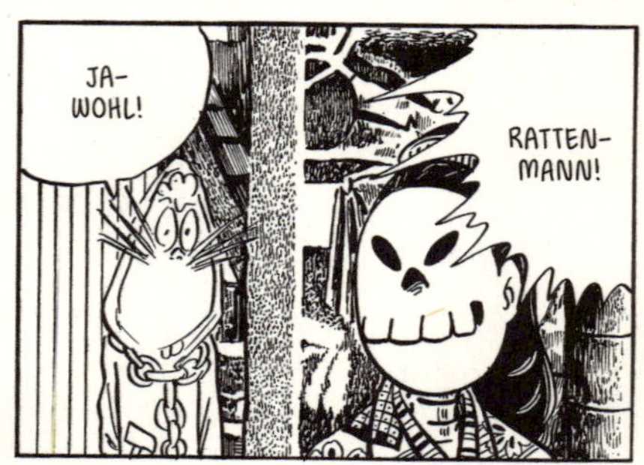

DEINE FÜRZE SIND BERÜCHTIGT! STOPFE EIN PAAR IN EINE KONSERVENDOSE UND BRINGE SIE ZUM YOKAI-HAUS. DAS WIRD SIE ZUM UMDENKEN BEWEGEN.

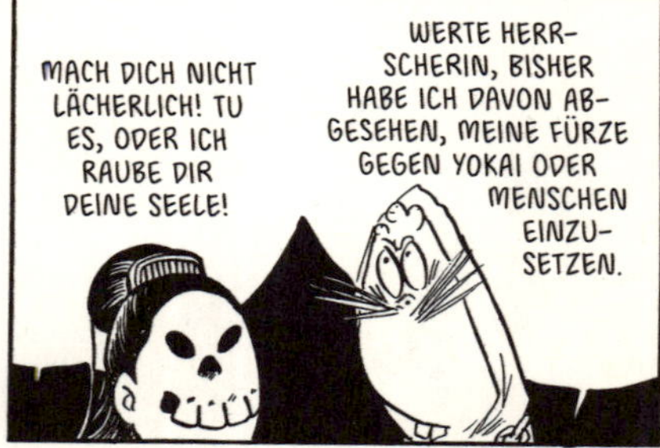

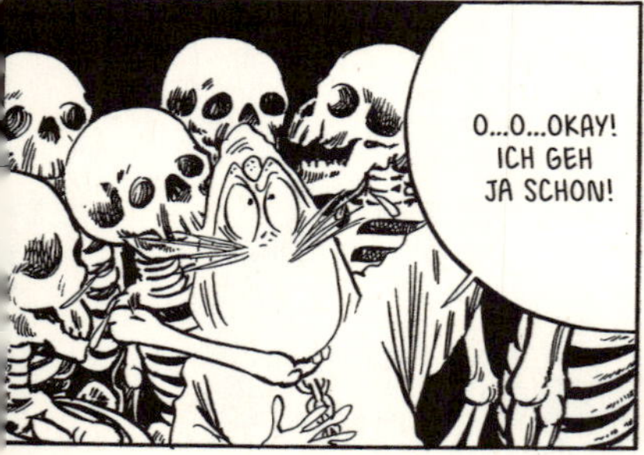

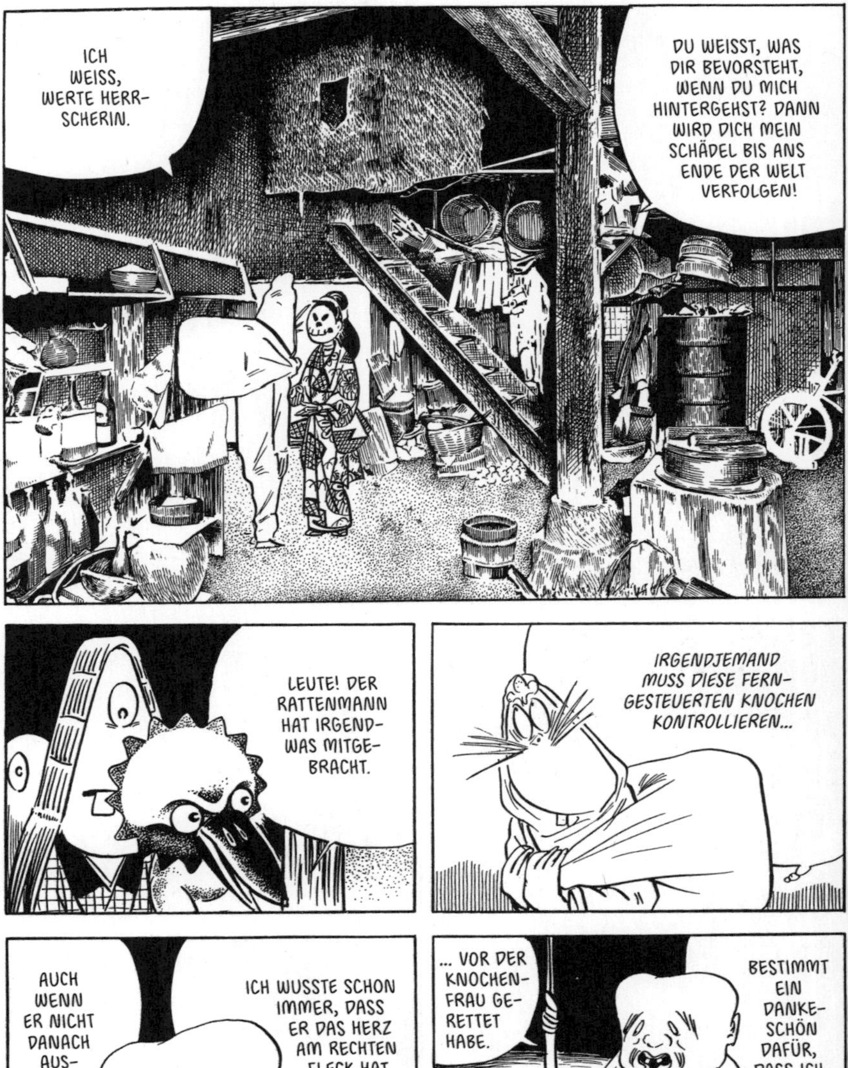

ICH WEISS, WERTE HERRSCHERIN.

DU WEISST, WAS DIR BEVORSTEHT, WENN DU MICH HINTERGEHST? DANN WIRD DICH MEIN SCHÄDEL BIS ANS ENDE DER WELT VERFOLGEN!

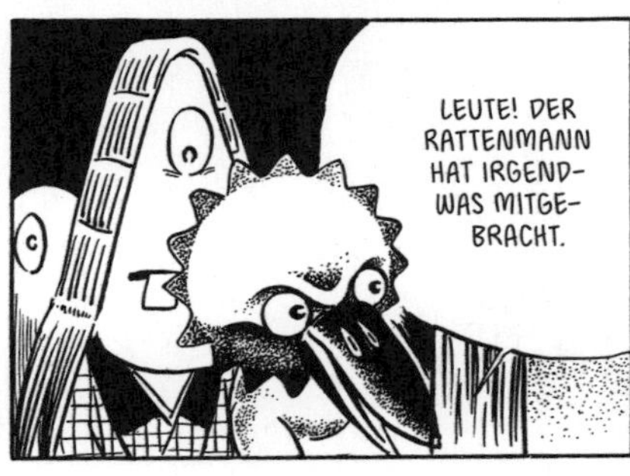

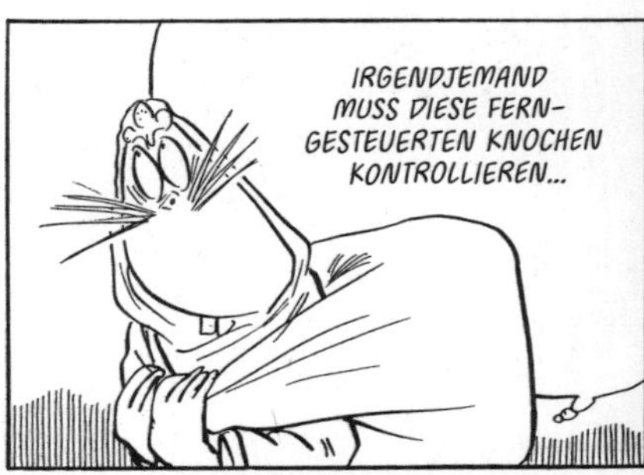

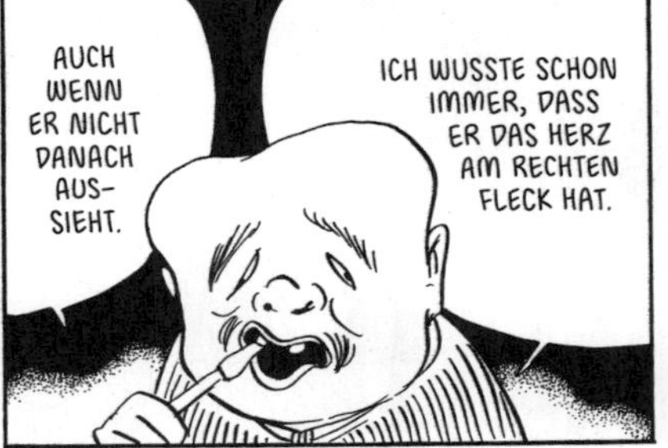

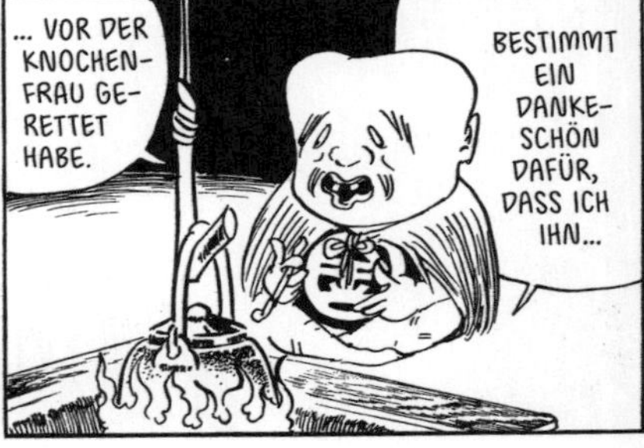

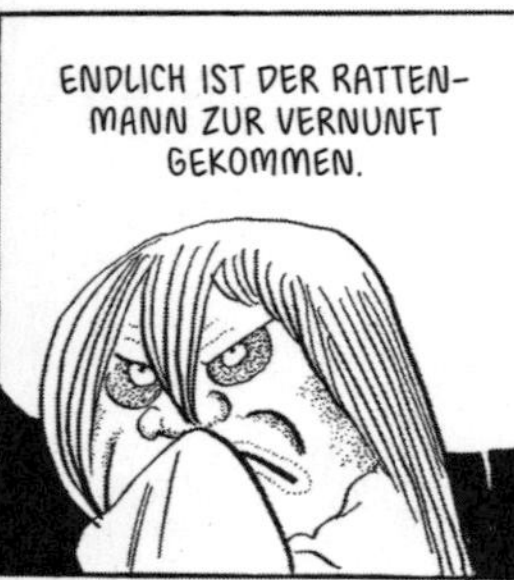
ENDLICH IST DER RATTEN-MANN ZUR VERNUNFT GEKOMMEN.

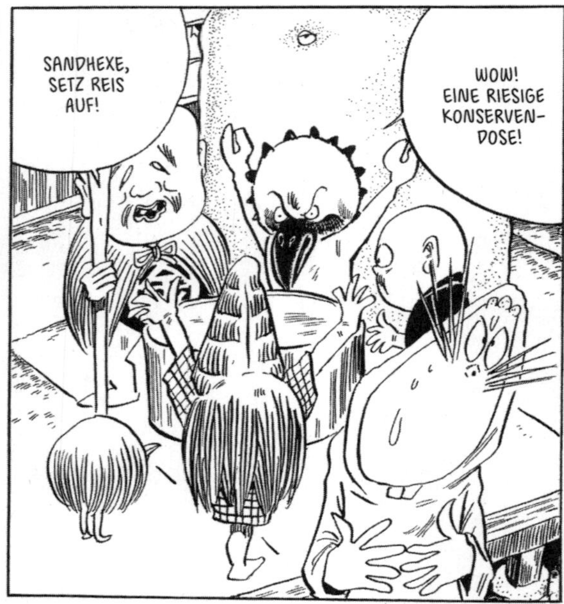
WOW! EINE RIESIGE KONSERVEN-DOSE!
SANDHEXE, SETZ REIS AUF!

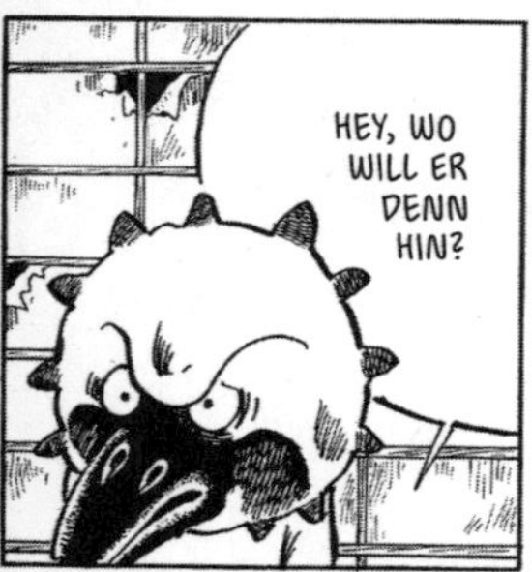
HEY, WO WILL ER DENN HIN?

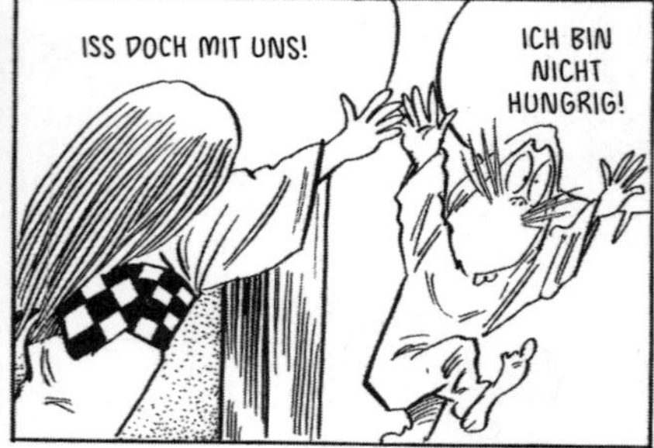
ICH BIN NICHT HUNGRIG!
ISS DOCH MIT UNS!

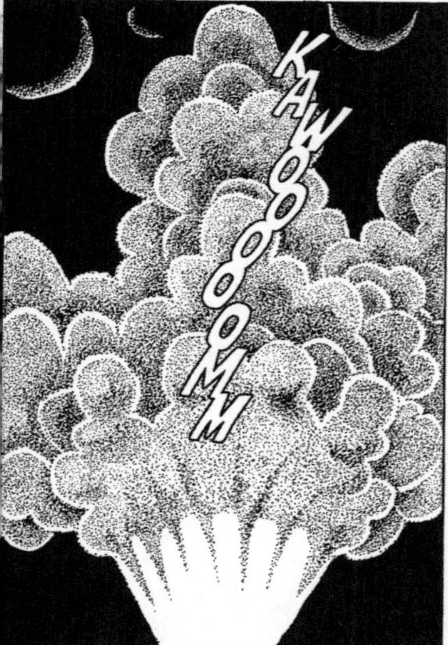
KAWOOOOOOMM

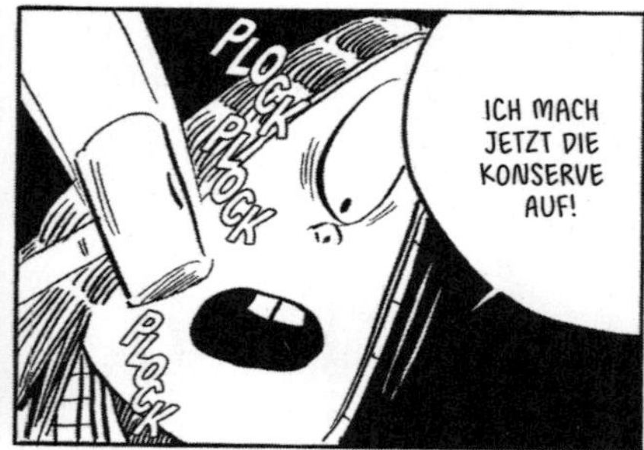
ICH MACH JETZT DIE KONSERVE AUF!
PLOCK
PLOCK
PLOCK

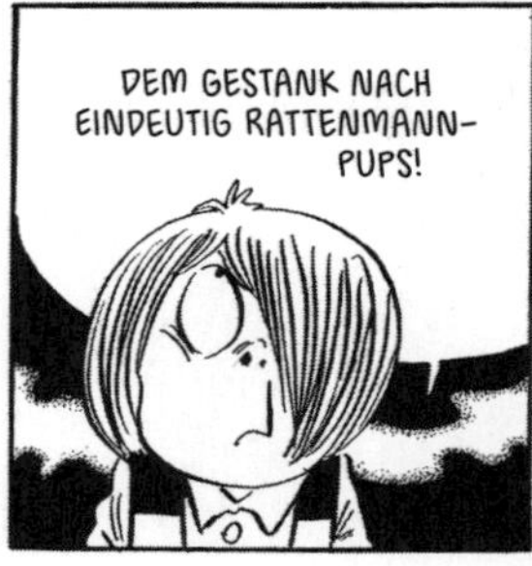
DEM GESTANK NACH EINDEUTIG RATTENMANN-PUPS!

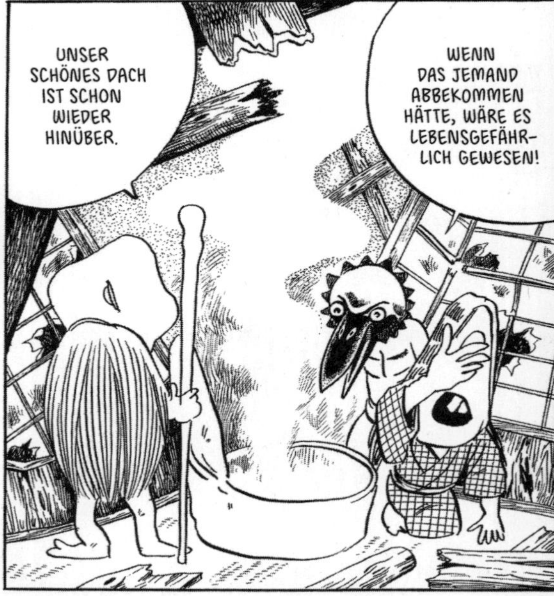
UNSER SCHÖNES DACH IST SCHON WIEDER HINÜBER.
WENN DAS JEMAND ABBEKOMMEN HÄTTE, WÄRE ES LEBENSGEFÄHR-LICH GEWESEN!

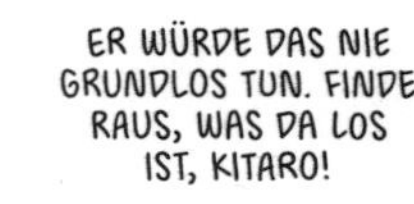
ER WÜRDE DAS NIE GRUNDLOS TUN. FINDE RAUS, WAS DA LOS IST, KITARO!

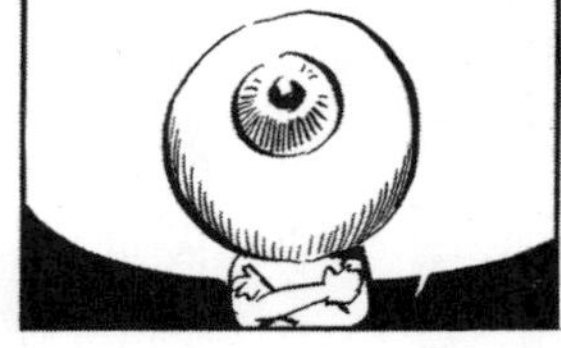

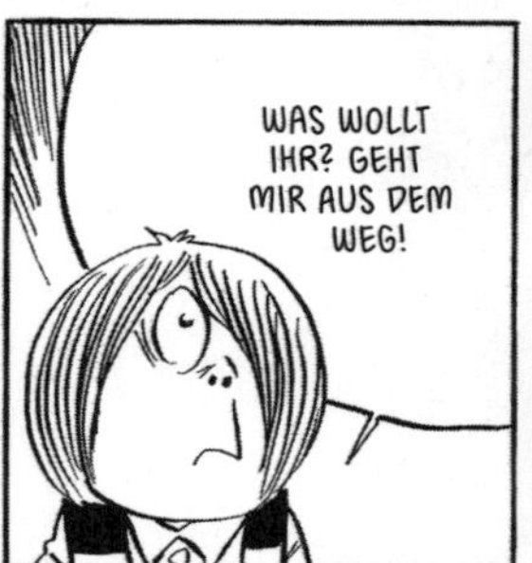
WAS WOLLT IHR? GEHT MIR AUS DEM WEG!

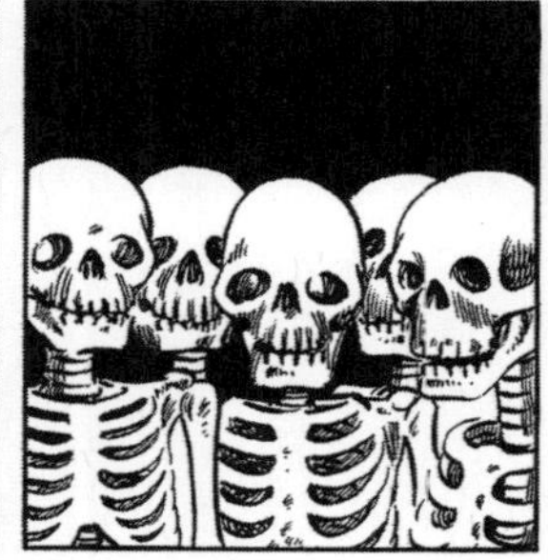

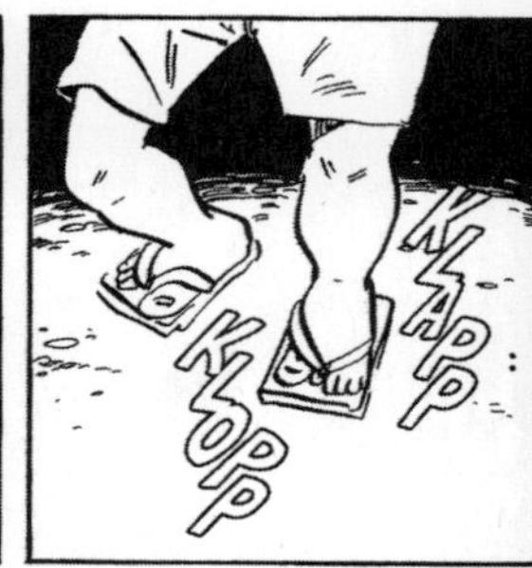
KLAPP
KLOPP

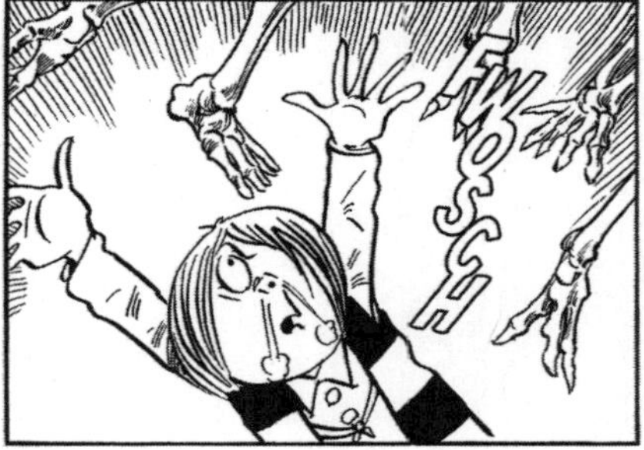
FWOSCH

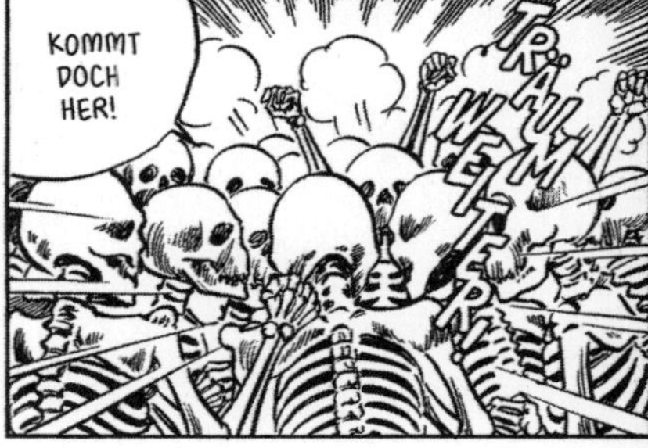
KOMMT DOCH HER!
TRÄUM WEITER!

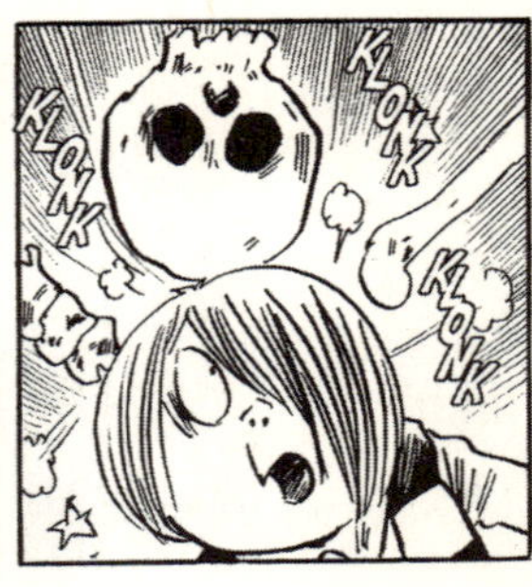
KLONK
KLONK
KLONK

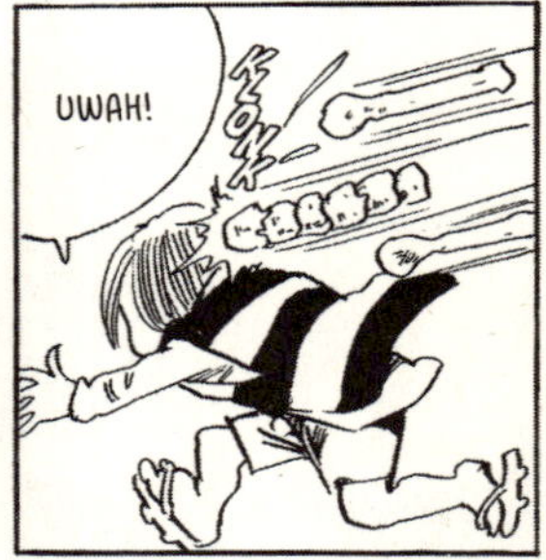
KLONK
UWAH!

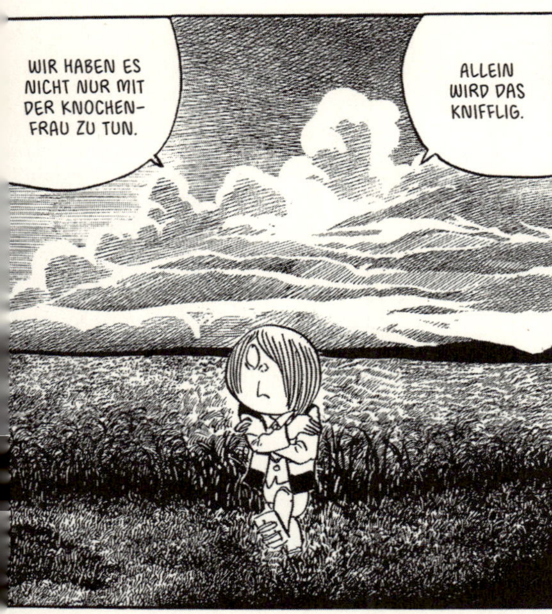
ALLEIN WIRD DAS KNIFFLIG.
WIR HABEN ES NICHT NUR MIT DER KNOCHENFRAU ZU TUN.

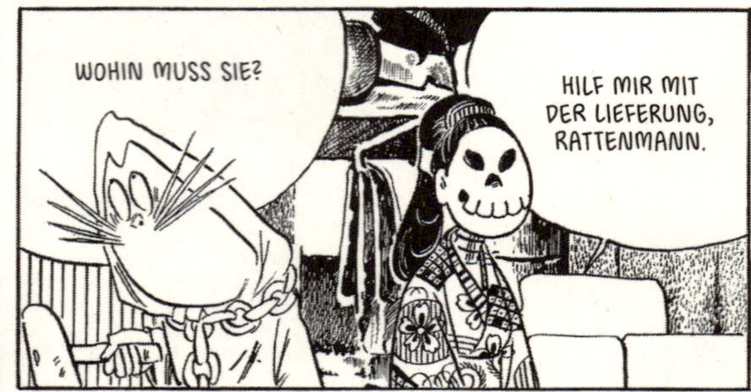
HILF MIR MIT DER LIEFERUNG, RATTENMANN.
WOHIN MUSS SIE?

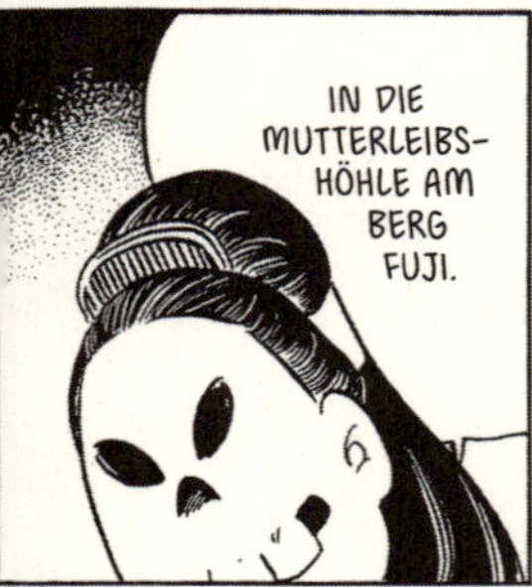
IN DIE MUTTERLEIBSHÖHLE AM BERG FUJI.

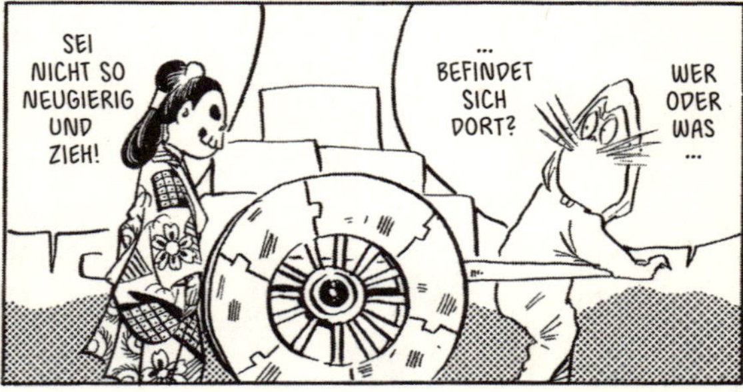
WER ODER WAS ...
... BEFINDET SICH DORT?
SEI NICHT SO NEUGIERIG UND ZIEH!

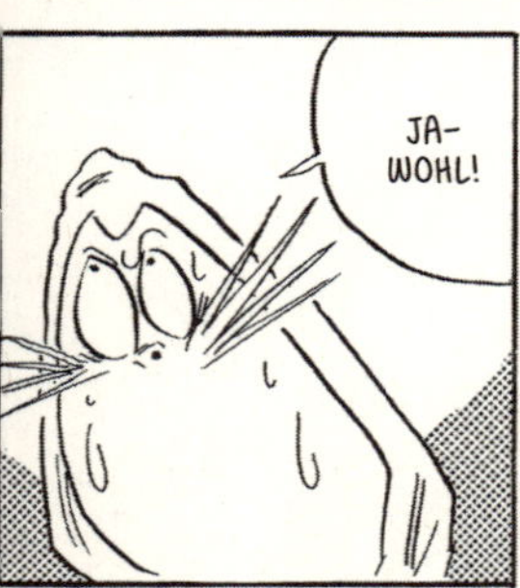
JAWOHL!

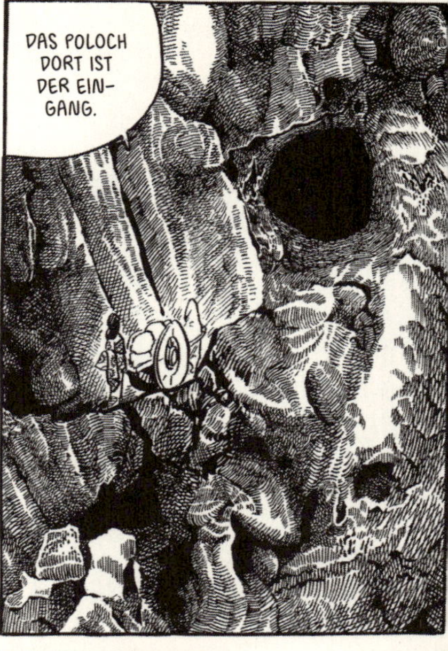

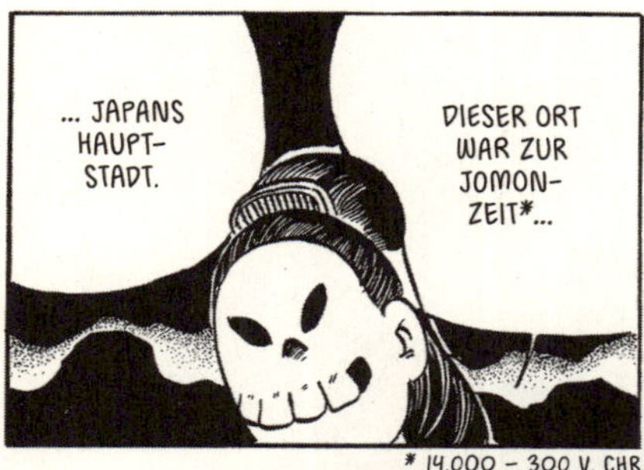

* 14.000 – 300 V. CHR.

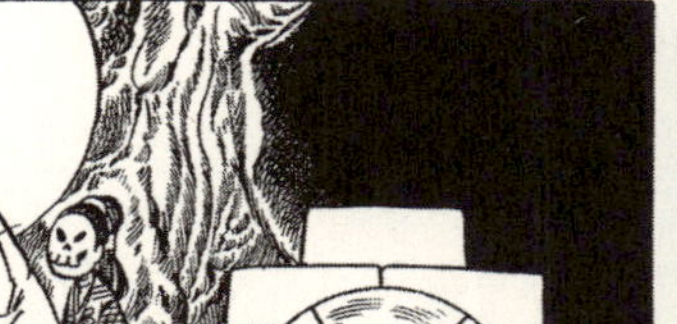

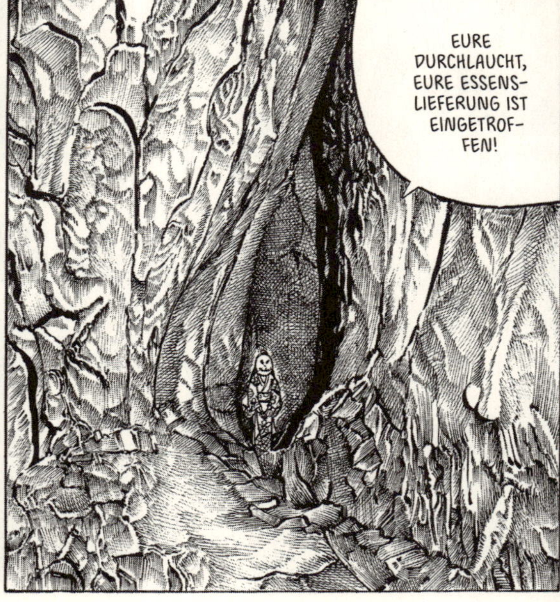

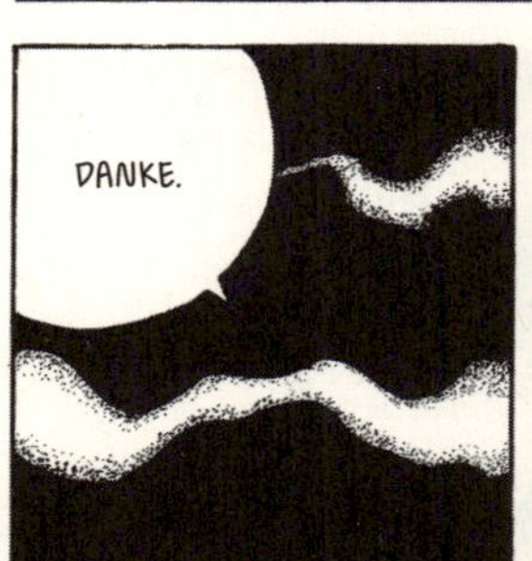

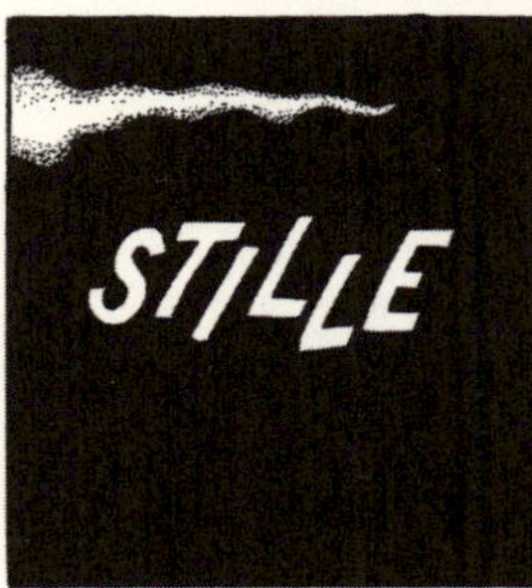

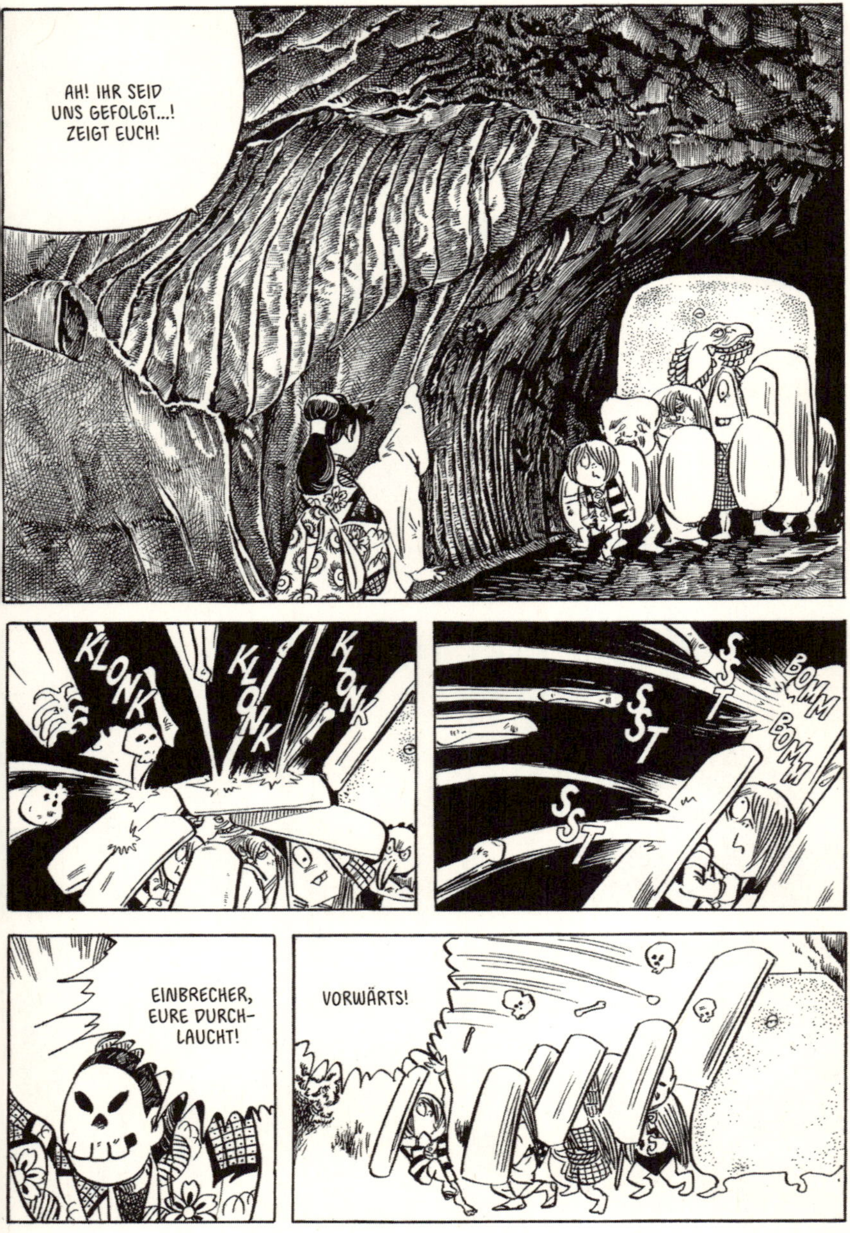

AH! IHR SEID
UNS GEFOLGT...!
ZEIGT EUCH!

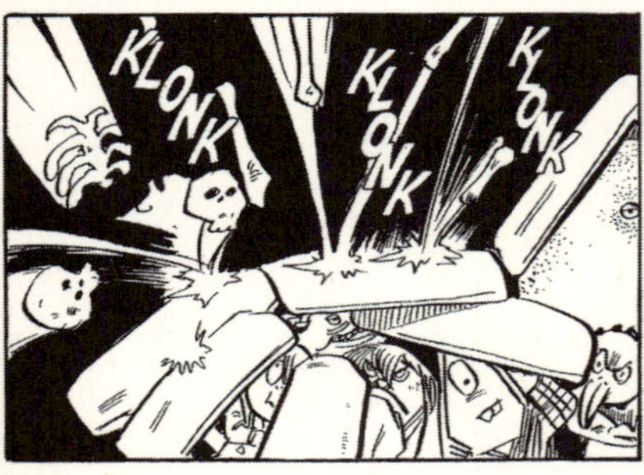

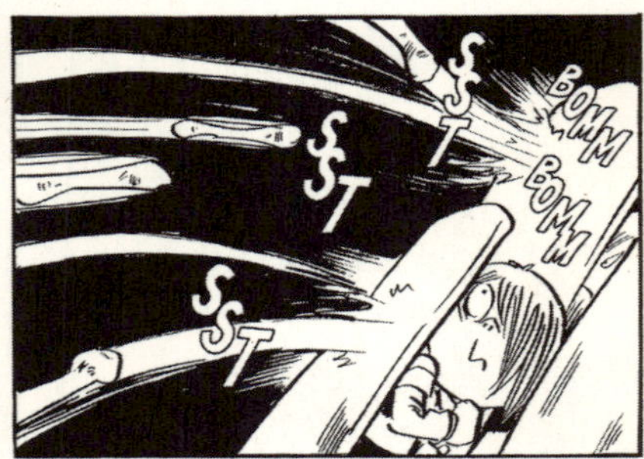

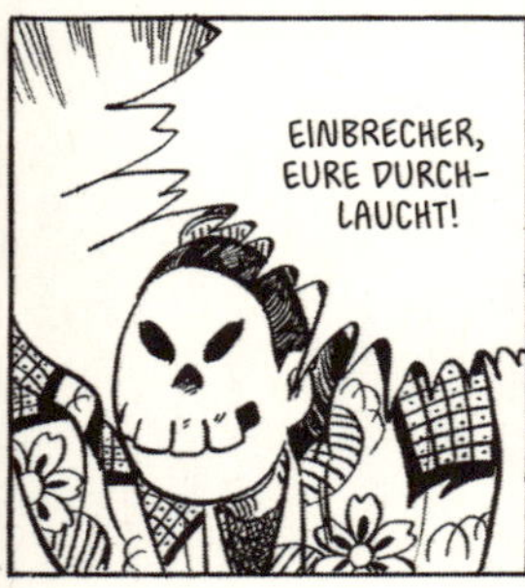

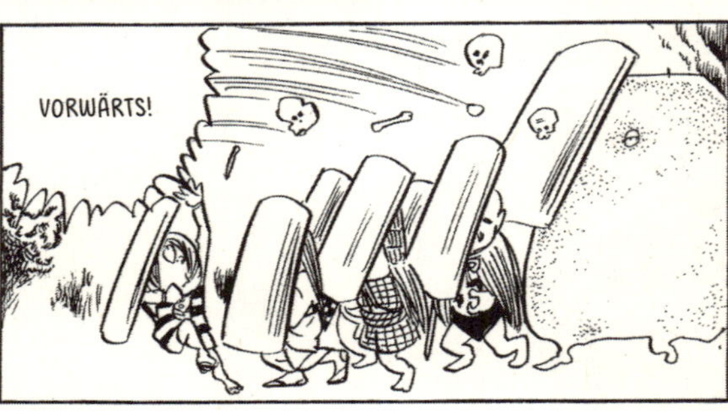

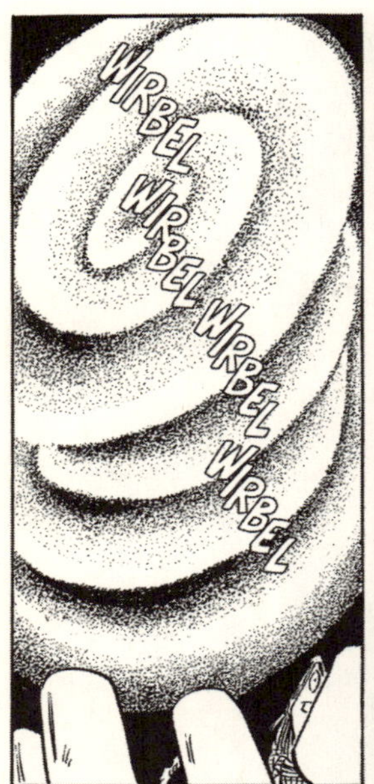
WIRBEL WIRBEL WIRBEL WIRBEL WIRBEL

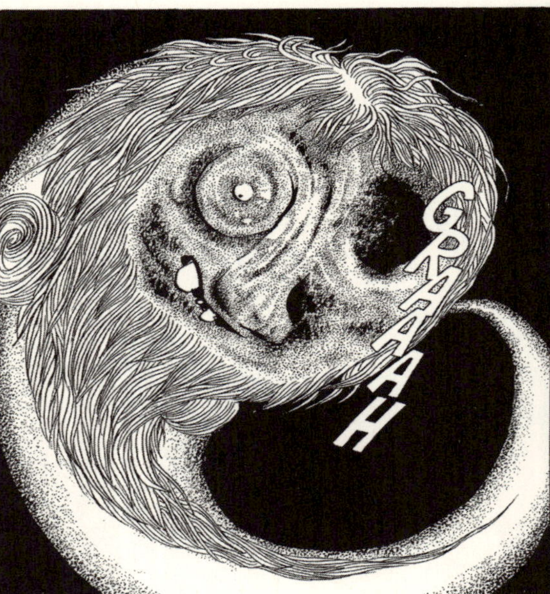
GRAAAAAH

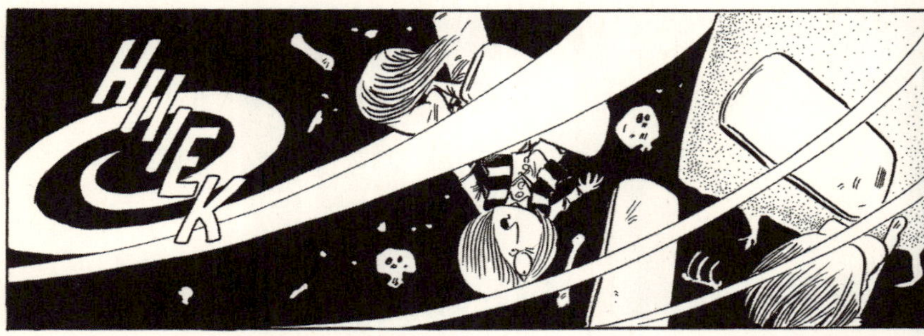
HIIIEK

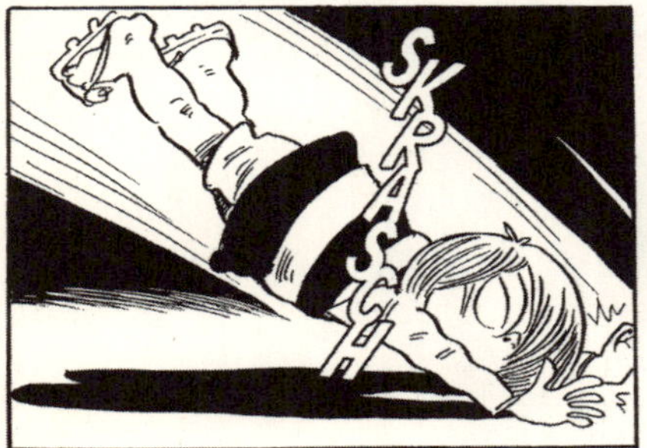
SKRASCH

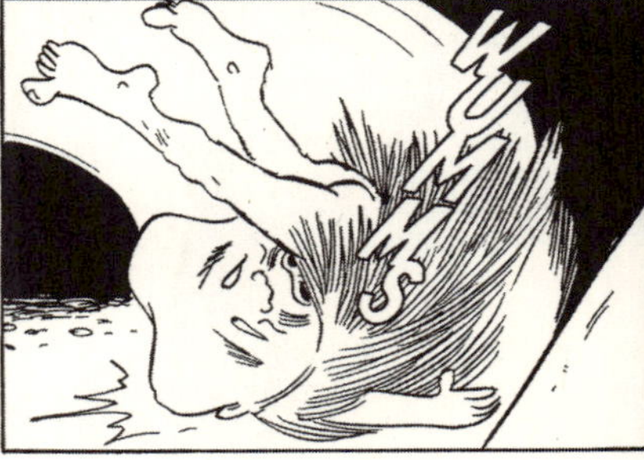
WUMMMS

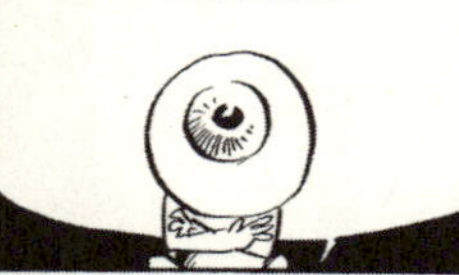
ES GIBT NUR EINEN WEG. WIR MÜSSEN IHM DEN SEELENFRESSENDEN PILZ AUF SEINEN KOPF PFLANZEN!

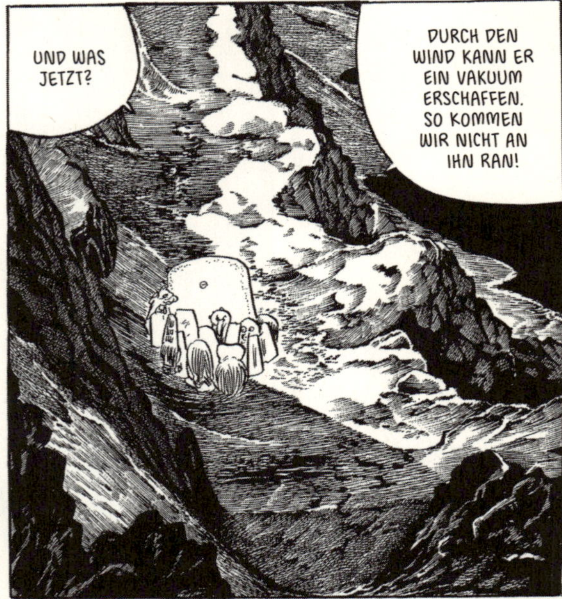
DURCH DEN WIND KANN ER EIN VAKUUM ERSCHAFFEN. SO KOMMEN WIR NICHT AN IHN RAN!
UND WAS JETZT?

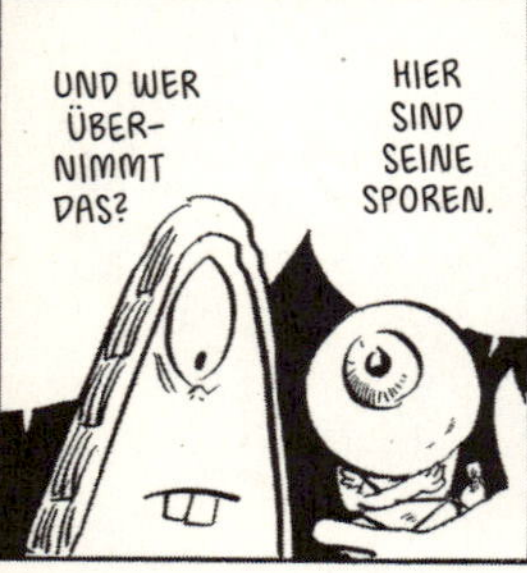
HIER SIND SEINE SPOREN.
UND WER ÜBER-NIMMT DAS?

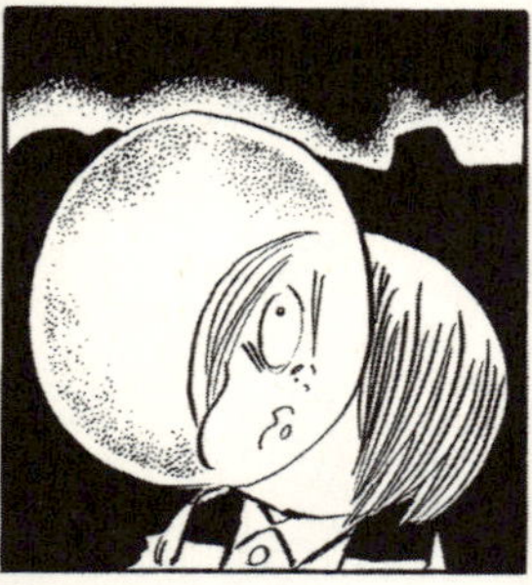

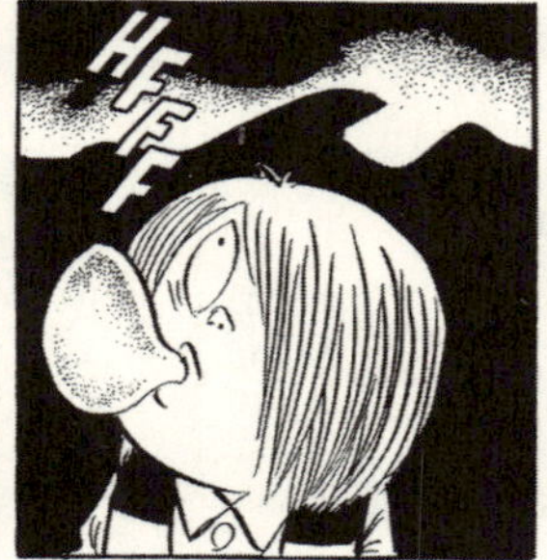
HFFFF

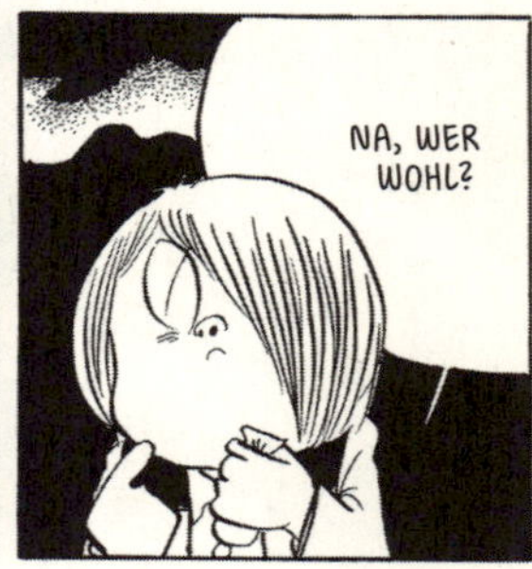
NA, WER WOHL?

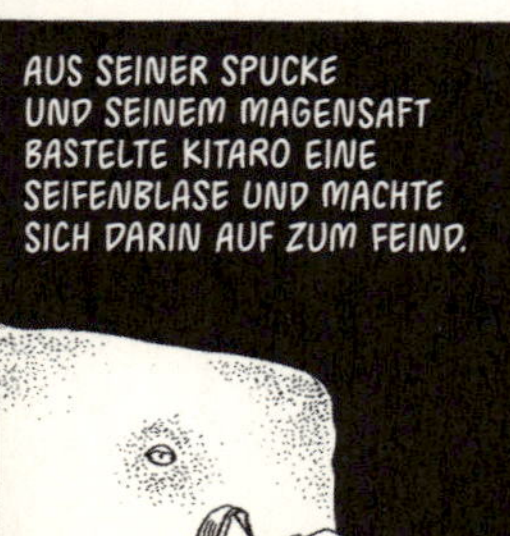
AUS SEINER SPUCKE UND SEINEM MAGENSAFT BASTELTE KITARO EINE SEIFENBLASE UND MACHTE SICH DARIN AUF ZUM FEIND.

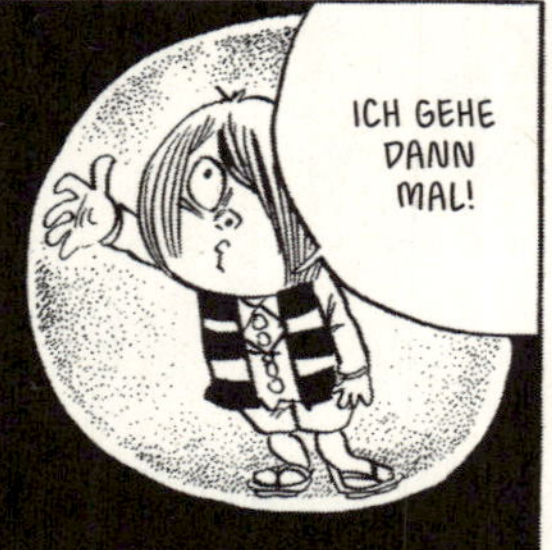
ICH GEHE DANN MAL!

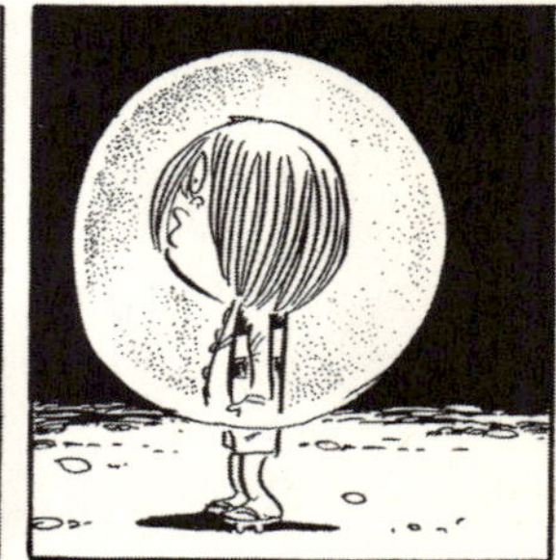

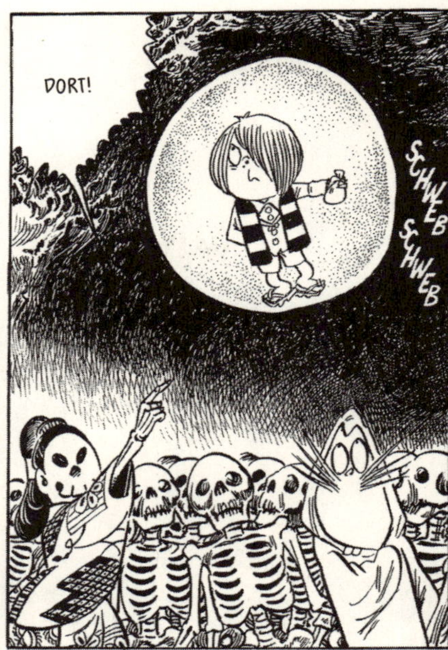
DORT!
SCHWEB
SCHWEB

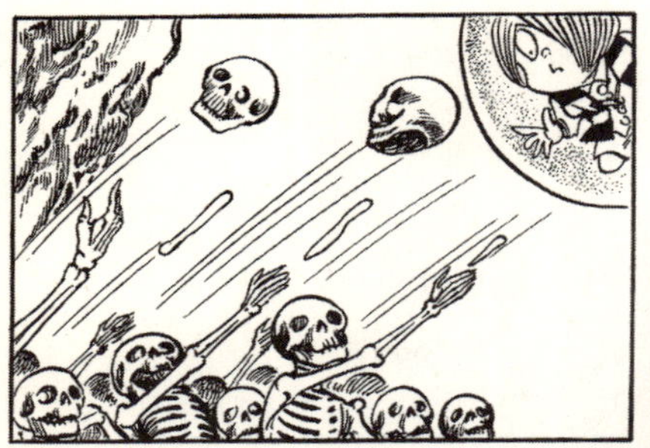

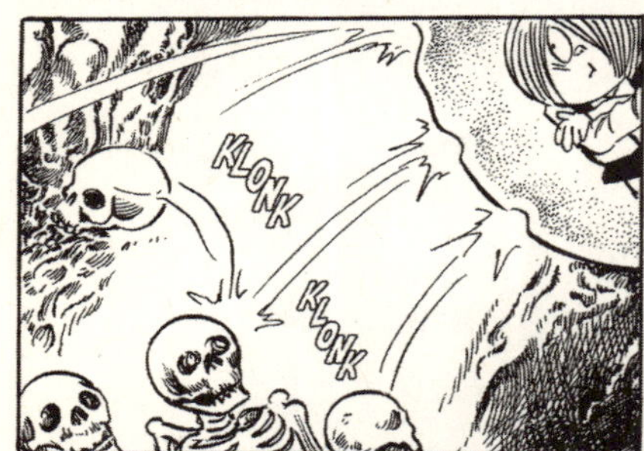
KLONK
KLONK

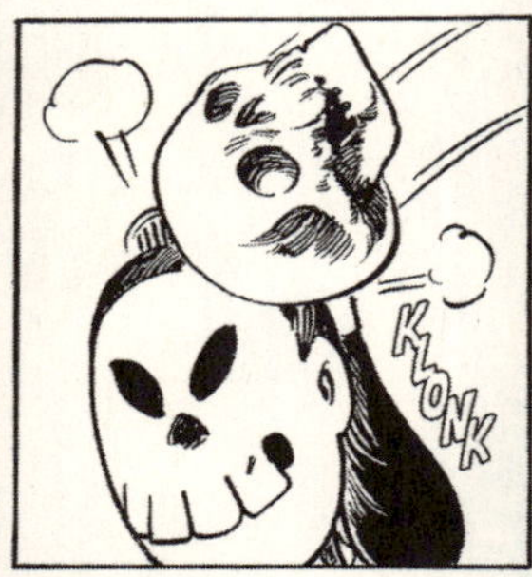
KLONK

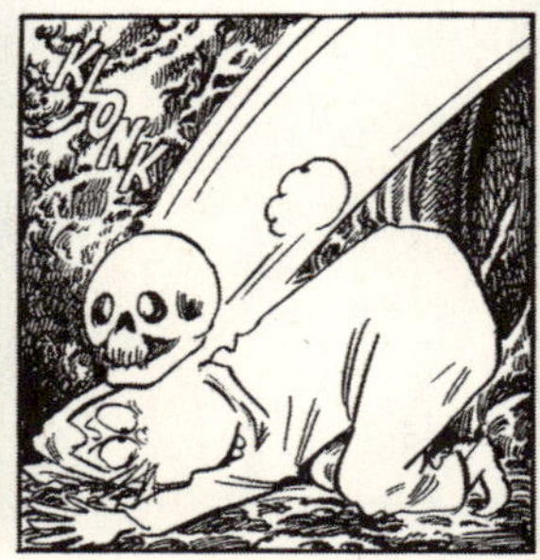
KLONK

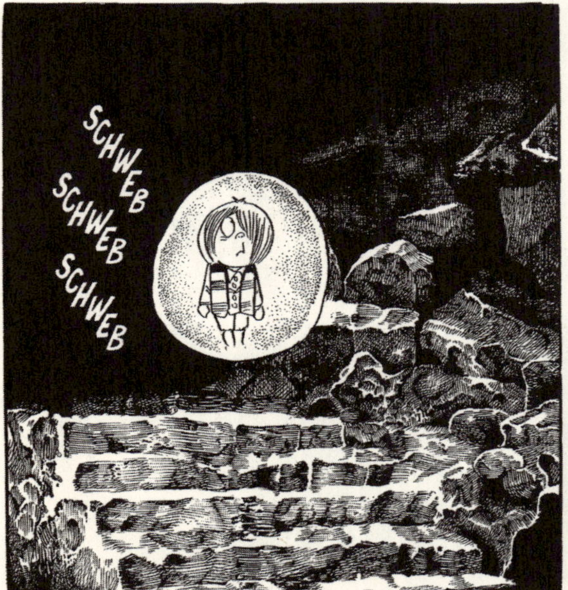
SCHWEB
SCHWEB
SCHWEB

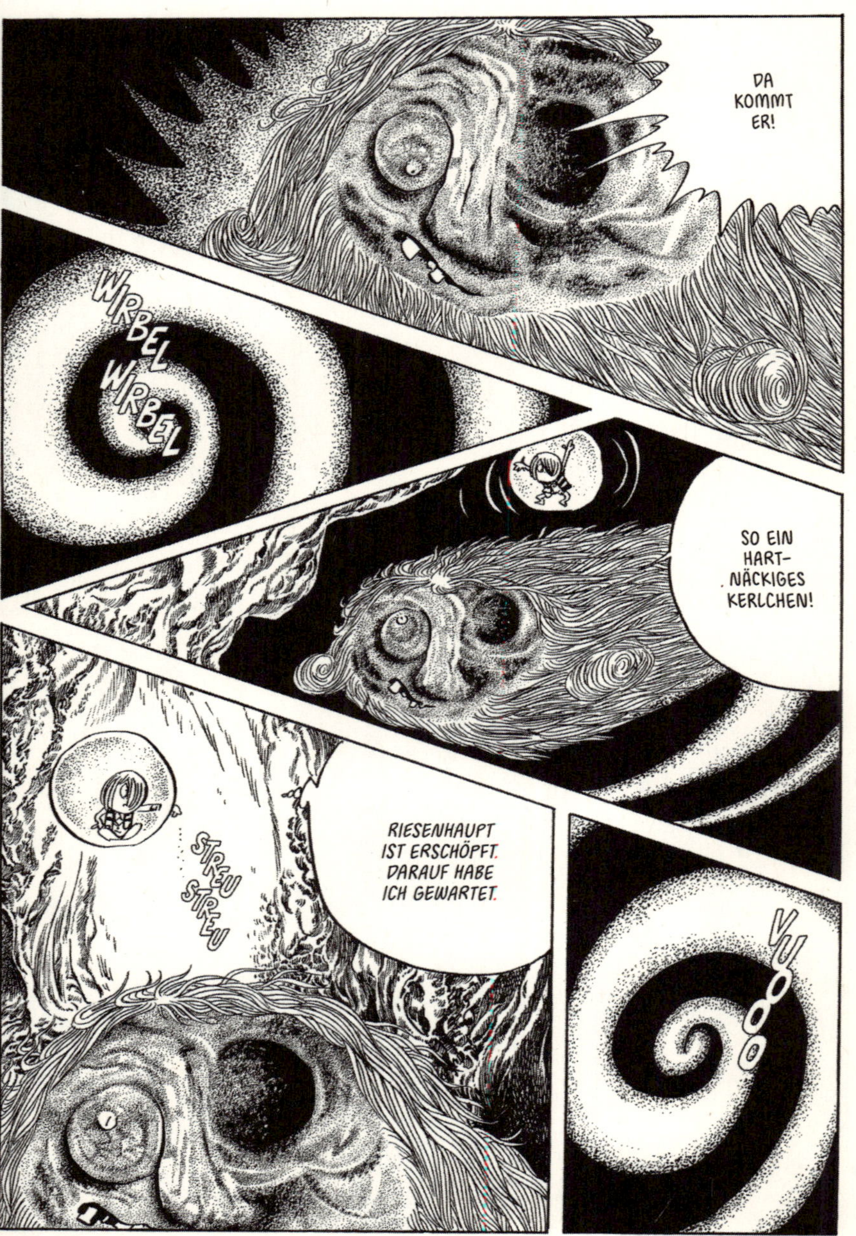
DA KOMMT ER!
WIRBEL WIRBEL
SO EIN HART-NÄCKIGES KERLCHEN!
RIESENHAUPT IST ERSCHÖPFT. DARAUF HABE ICH GEWARTET.
STREU STREU
VUOOO

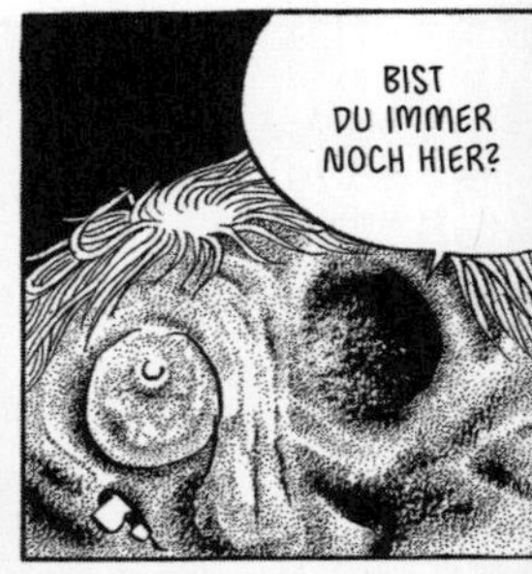
BIST DU IMMER NOCH HIER?

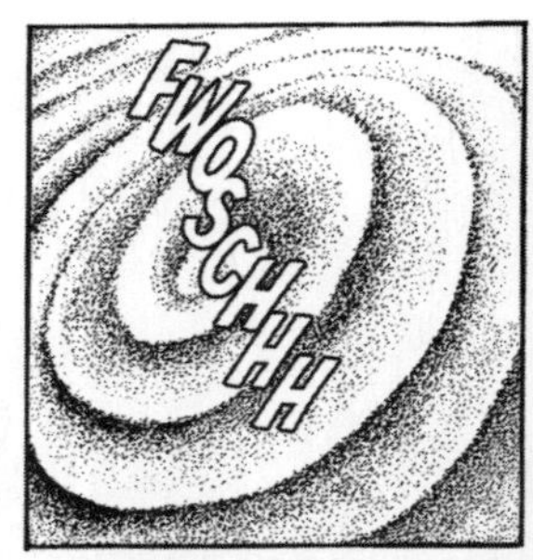
FWOSCHHH

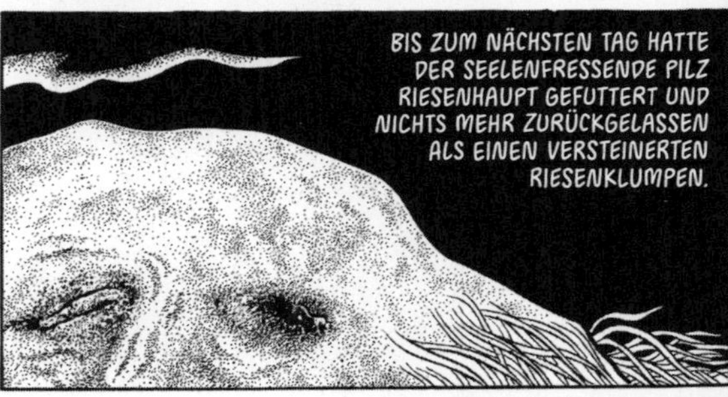
BIS ZUM NÄCHSTEN TAG HATTE DER SEELENFRESSENDE PILZ RIESENHAUPT GEFUTTERT UND NICHTS MEHR ZURÜCKGELASSEN ALS EINEN VERSTEINERTEN RIESENKLUMPEN.

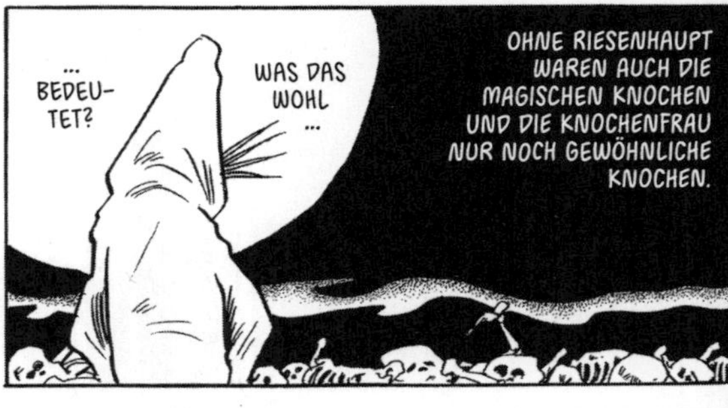
OHNE RIESENHAUPT WAREN AUCH DIE MAGISCHEN KNOCHEN UND DIE KNOCHENFRAU NUR NOCH GEWÖHNLICHE KNOCHEN.
WAS DAS WOHL ...
... BEDEU-TET?

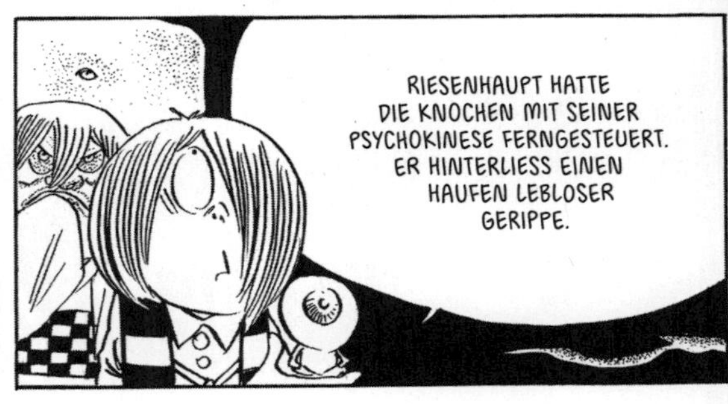
RIESENHAUPT HATTE DIE KNOCHEN MIT SEINER PSYCHOKINESE FERNGESTEUERT. ER HINTERLIESS EINEN HAUFEN LEBLOSER GERIPPE.

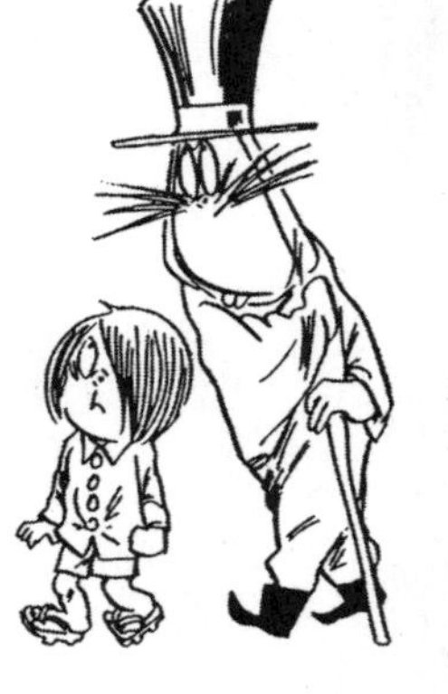

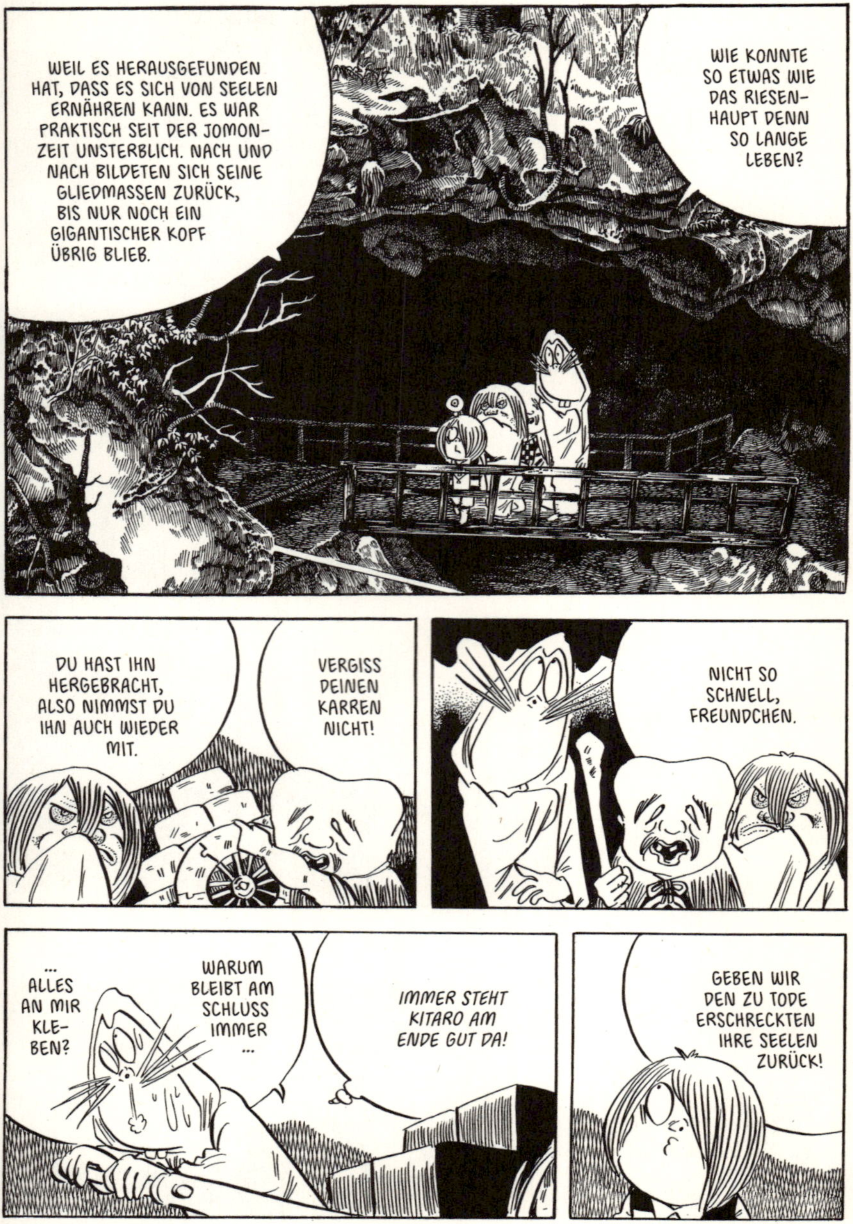

WIE KONNTE SO ETWAS WIE DAS RIESEN-HAUPT DENN SO LANGE LEBEN?

WEIL ES HERAUSGEFUNDEN HAT, DASS ES SICH VON SEELEN ERNÄHREN KANN. ES WAR PRAKTISCH SEIT DER JOMON-ZEIT UNSTERBLICH. NACH UND NACH BILDETEN SICH SEINE GLIEDMASSEN ZURÜCK, BIS NUR NOCH EIN GIGANTISCHER KOPF ÜBRIG BLIEB.

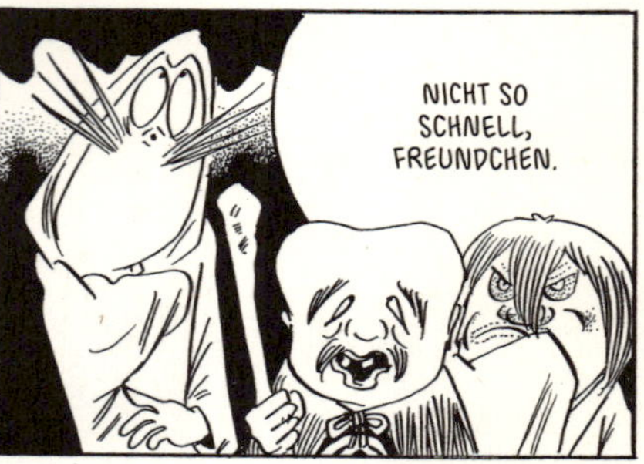

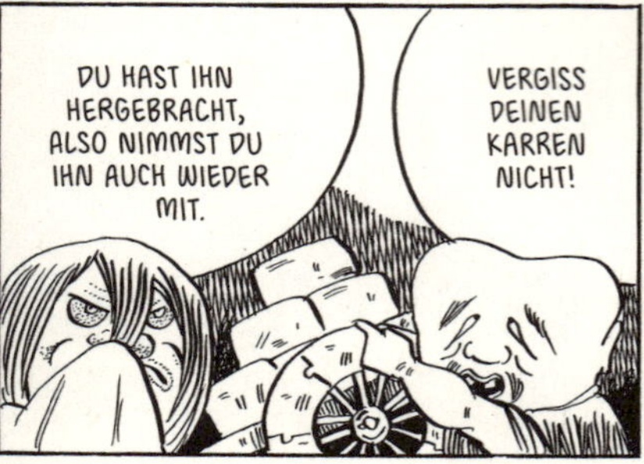

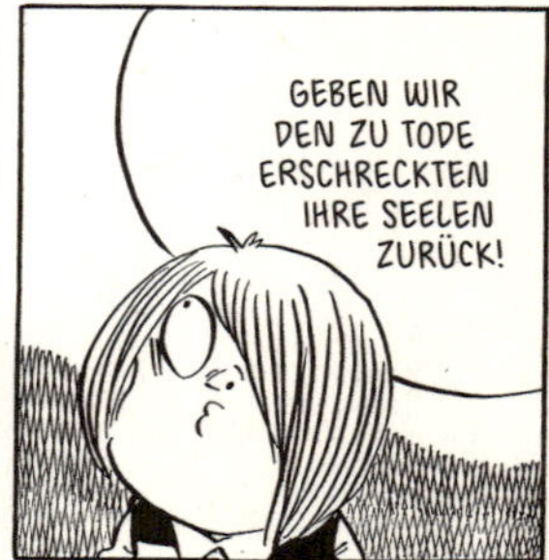

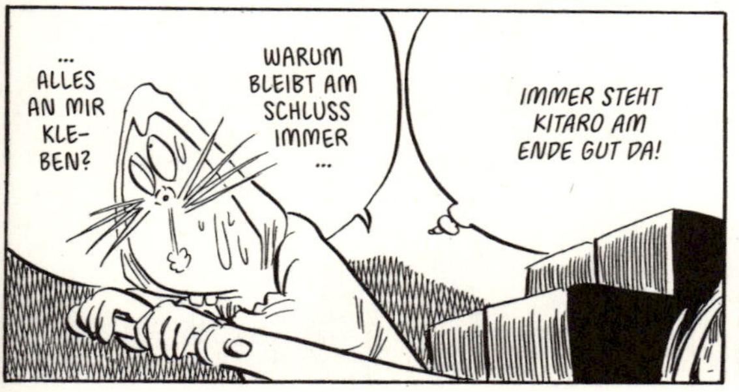

Riesenhaupt – Ende

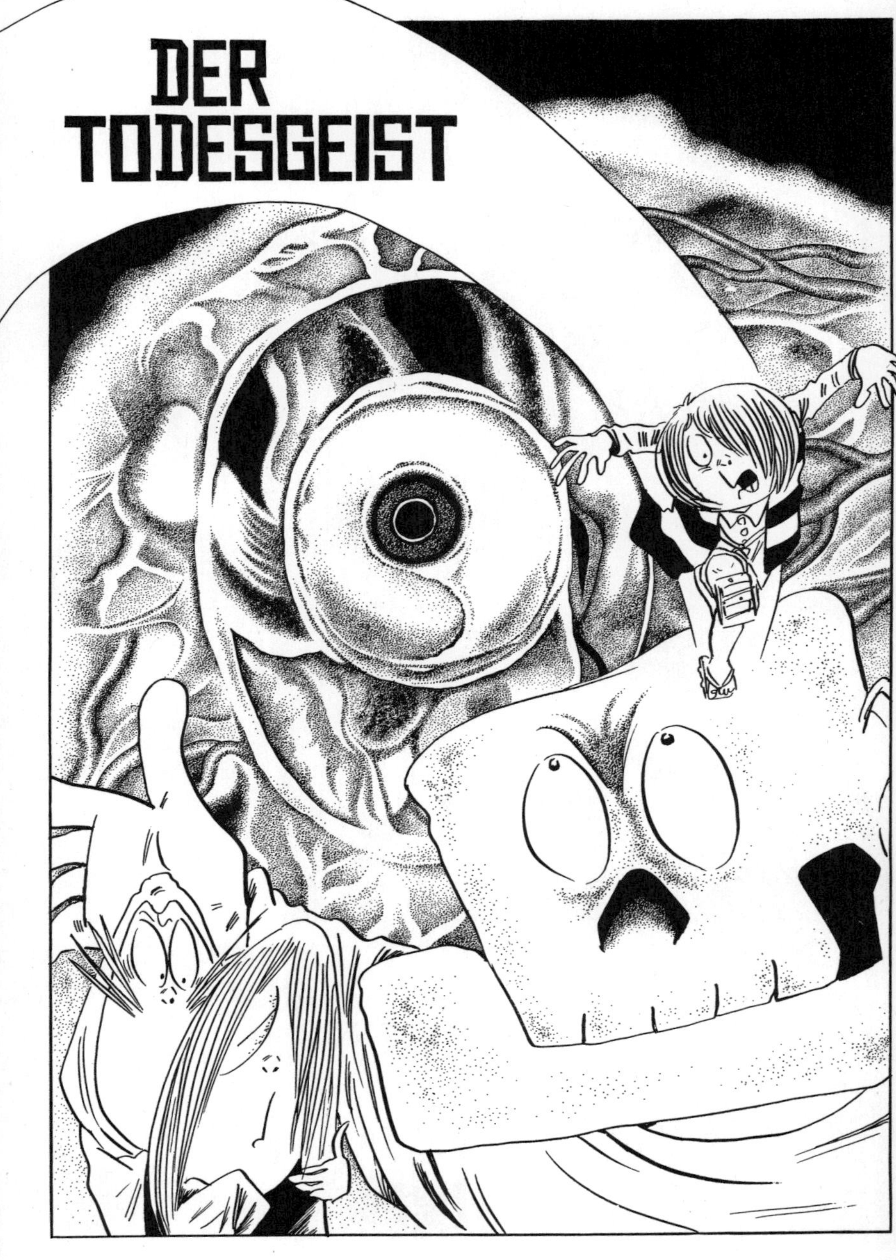
DER
TODESGEIST

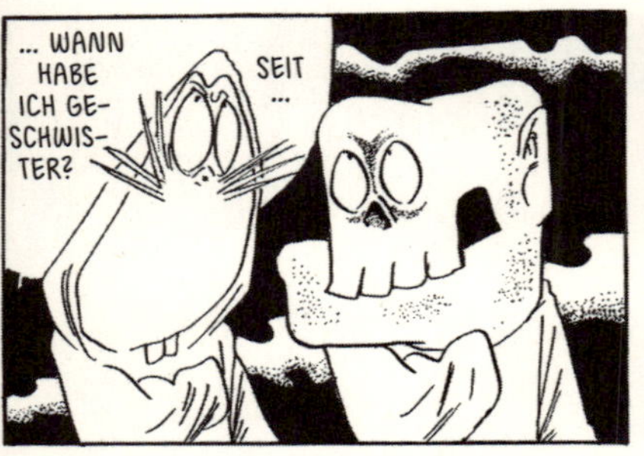
... WANN HABE ICH GE-SCHWIS-TER?
SEIT ...

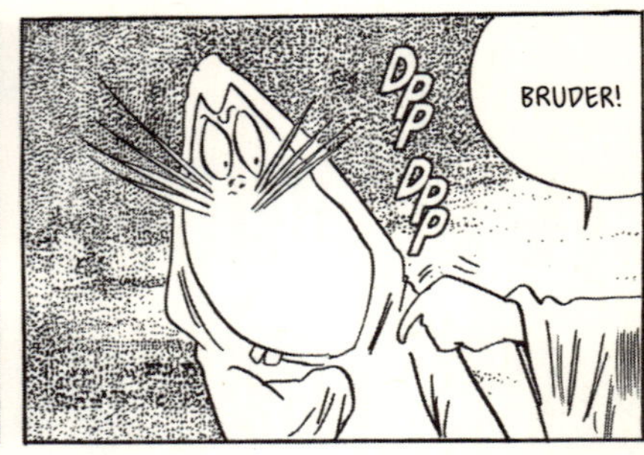
DPP DPP
BRUDER!

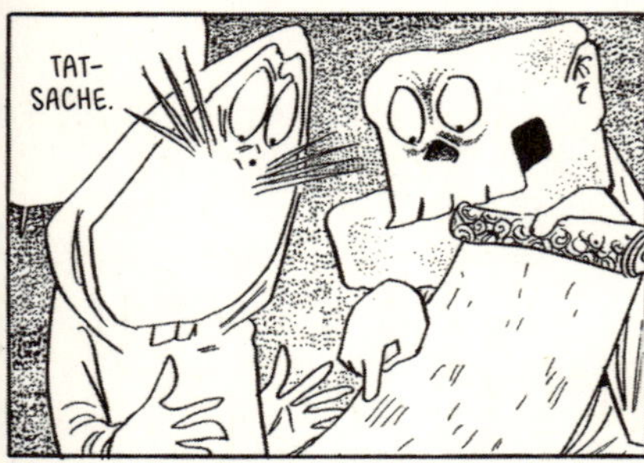
TAT-SACHE.

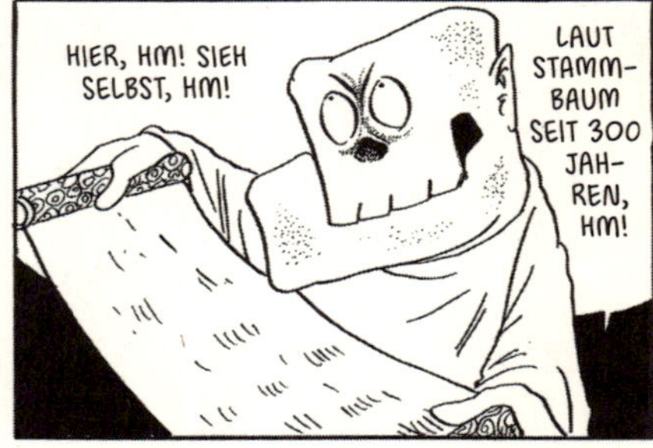
HIER, HM! SIEH SELBST, HM!
LAUT STAMM-BAUM SEIT 300 JAH-REN, HM!

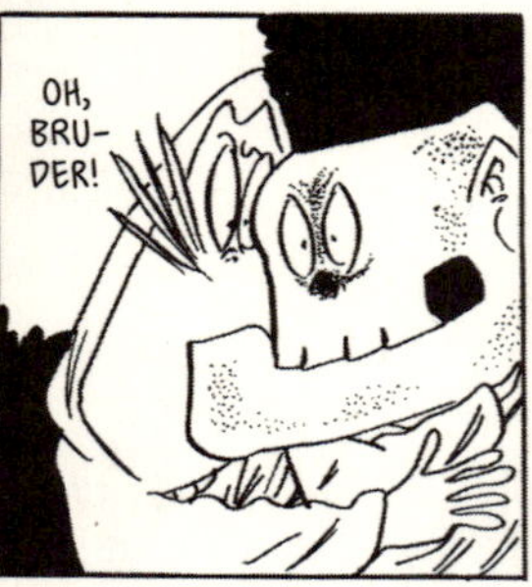
OH, BRU-DER!

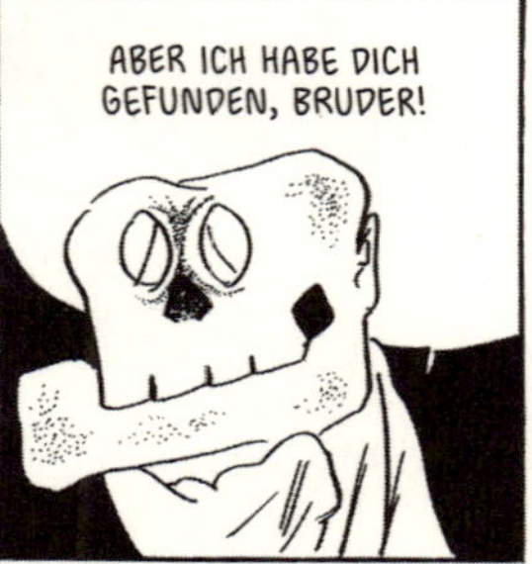
ABER ICH HABE DICH GEFUNDEN, BRUDER!

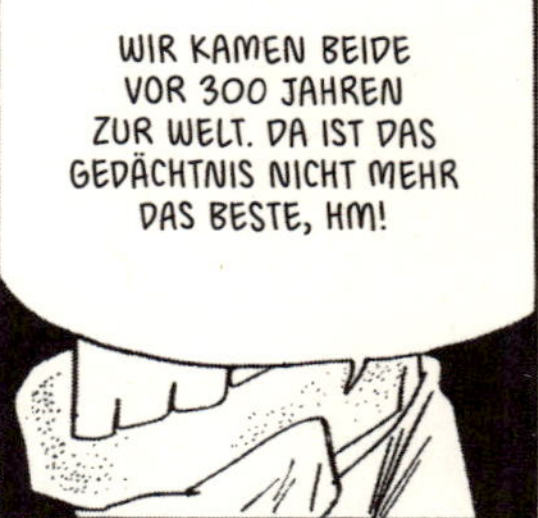
WIR KAMEN BEIDE VOR 300 JAHREN ZUR WELT. DA IST DAS GEDÄCHTNIS NICHT MEHR DAS BESTE, HM!

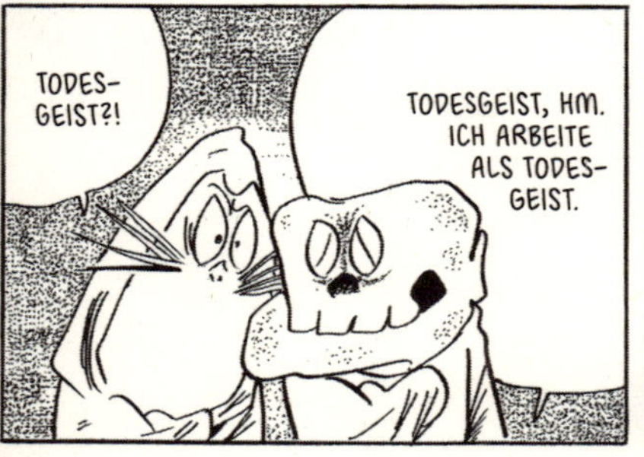
TODES-GEIST?!
TODESGEIST, HM. ICH ARBEITE ALS TODES-GEIST.

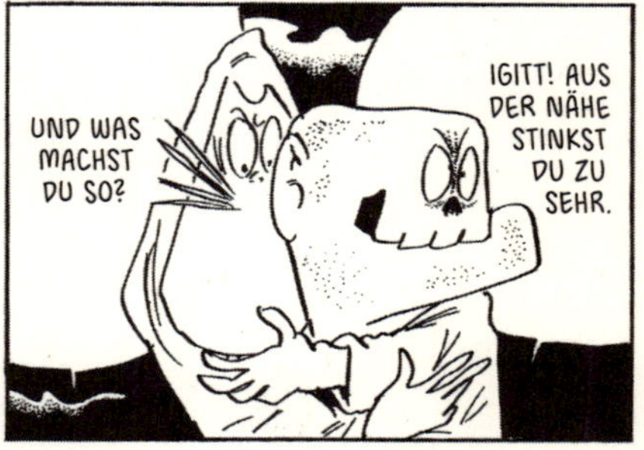
UND WAS MACHST DU SO?
IGITT! AUS DER NÄHE STINKST DU ZU SEHR.

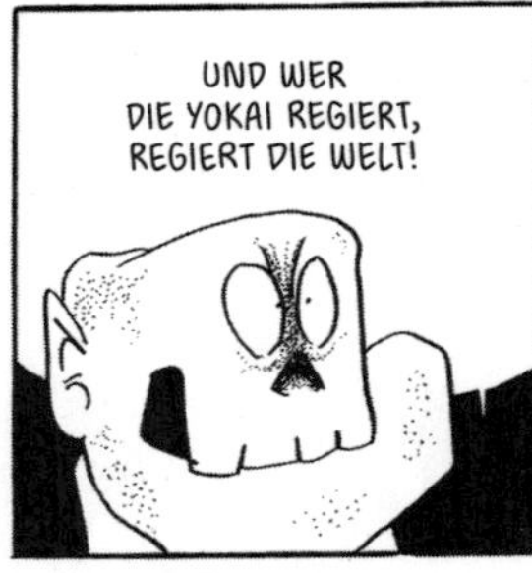
UND WER DIE YOKAI REGIERT, REGIERT DIE WELT!

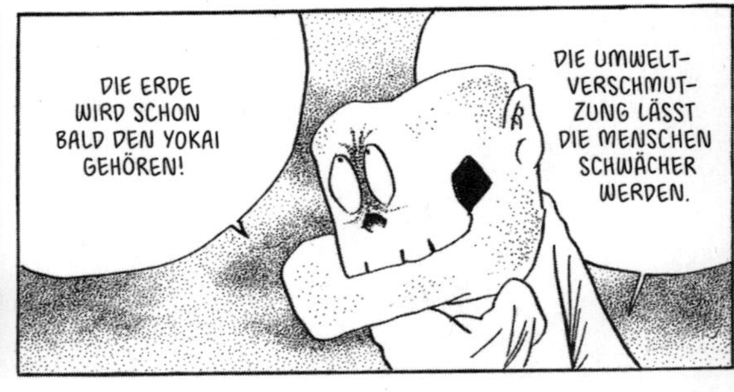
DIE ERDE WIRD SCHON BALD DEN YOKAI GEHÖREN!
DIE UMWELT-VERSCHMUT-ZUNG LÄSST DIE MENSCHEN SCHWÄCHER WERDEN.

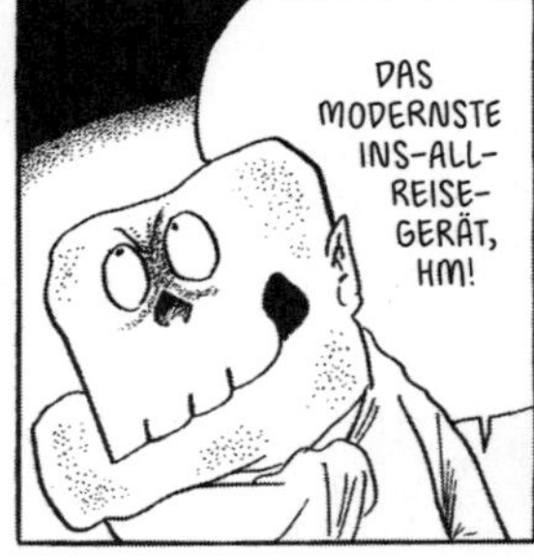
DAS MODERNSTE INS-ALL-REISE-GERÄT, HM!

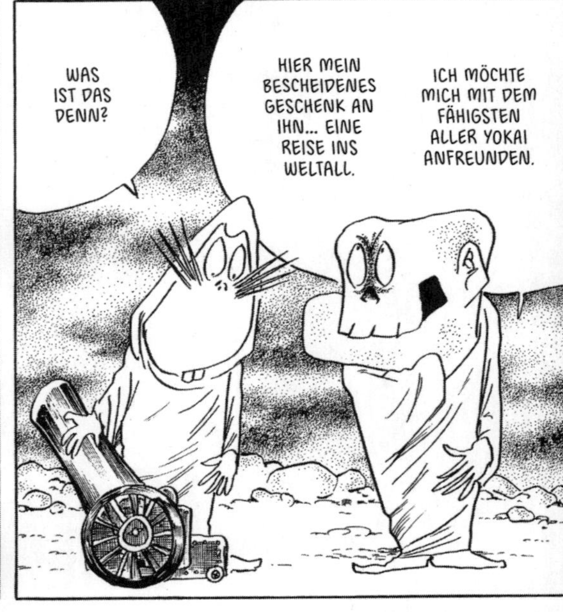
WAS IST DAS DENN?
HIER MEIN BESCHEIDENES GESCHENK AN IHN... EINE REISE INS WELTALL.
ICH MÖCHTE MICH MIT DEM FÄHIGSTEN ALLER YOKAI ANFREUNDEN.

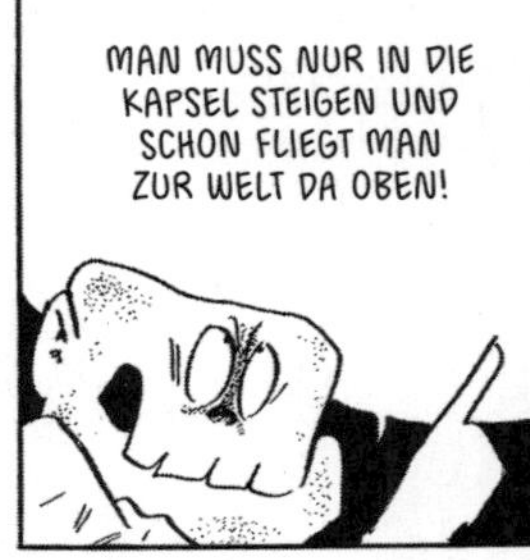
MAN MUSS NUR IN DIE KAPSEL STEIGEN UND SCHON FLIEGT MAN ZUR WELT DA OBEN!

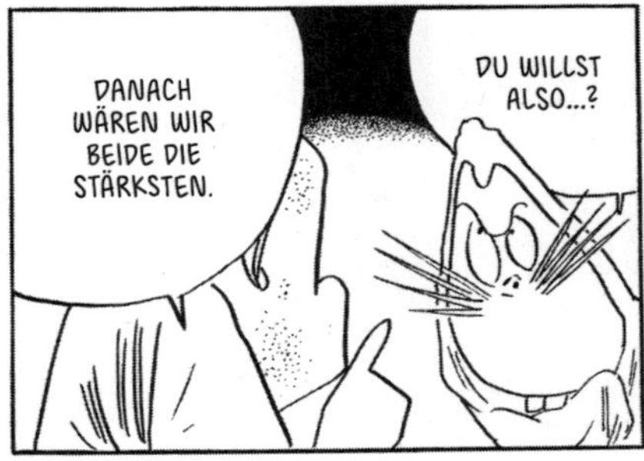
DANACH WÄREN WIR BEIDE DIE STÄRKSTEN.
DU WILLST ALSO...?

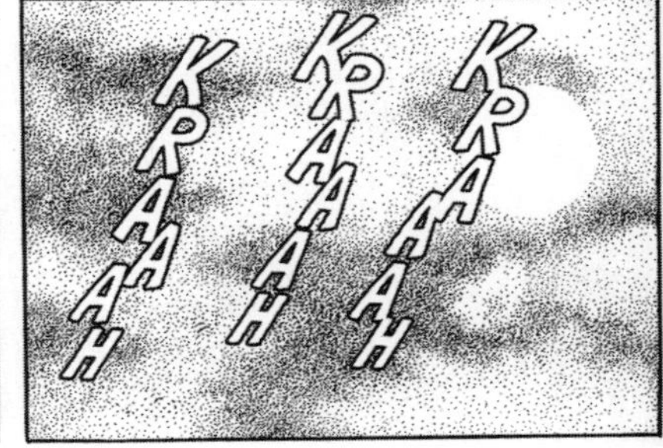
KRAAAAH
KRAAAAH
KRAAAAH

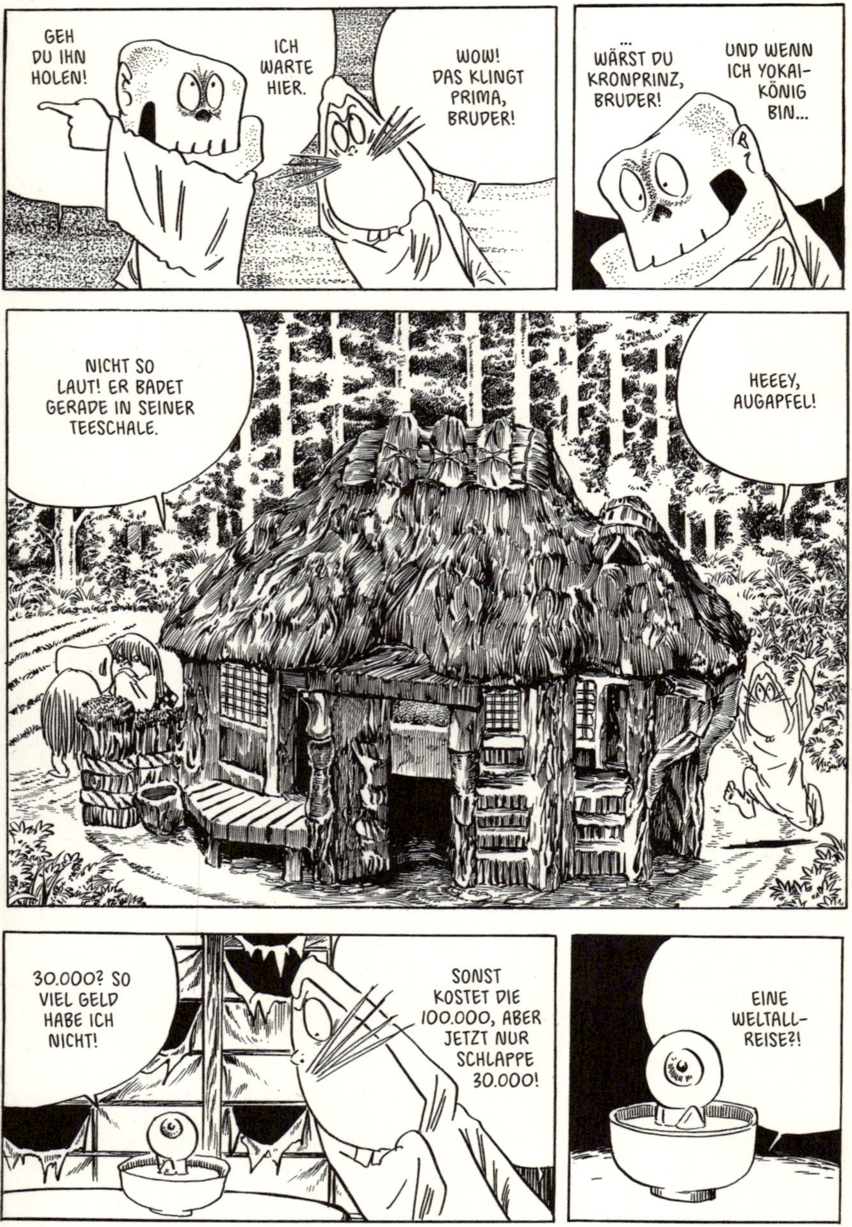

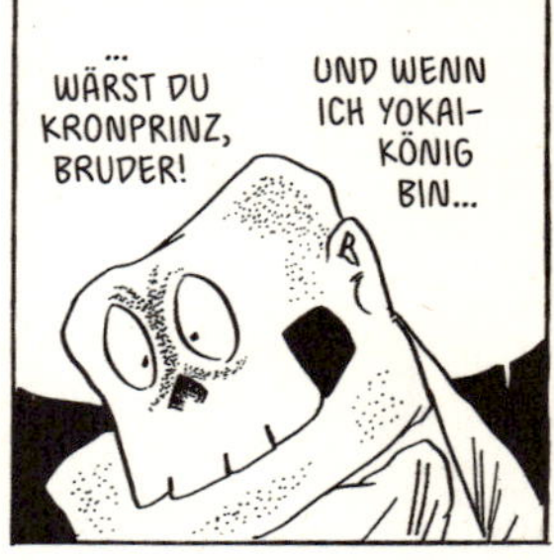

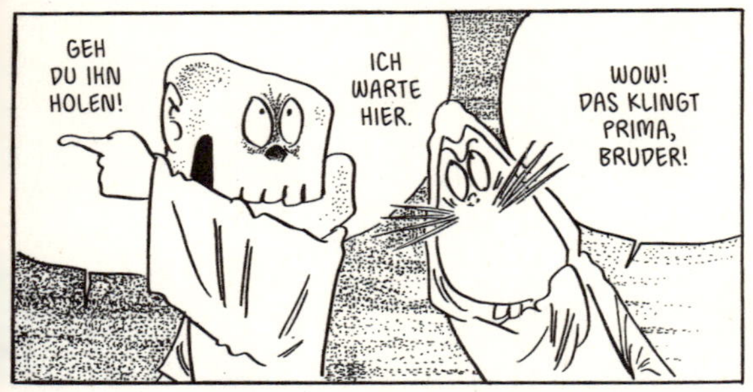

HEEEY, AUGAPFEL!

NICHT SO LAUT! ER BADET GERADE IN SEINER TEESCHALE.

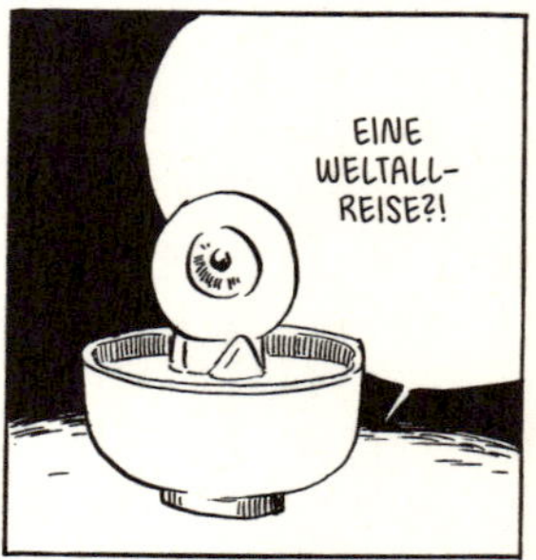

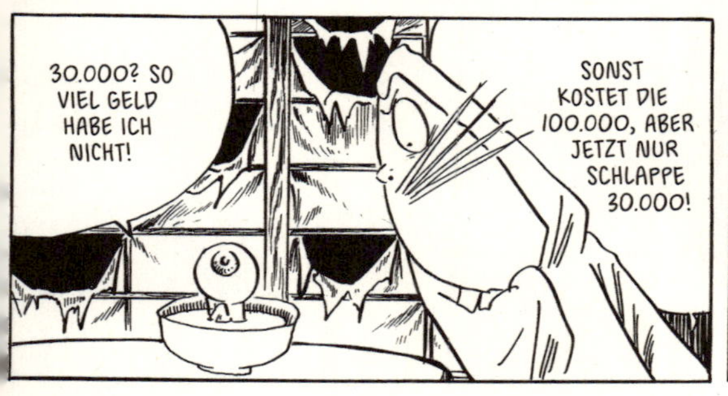

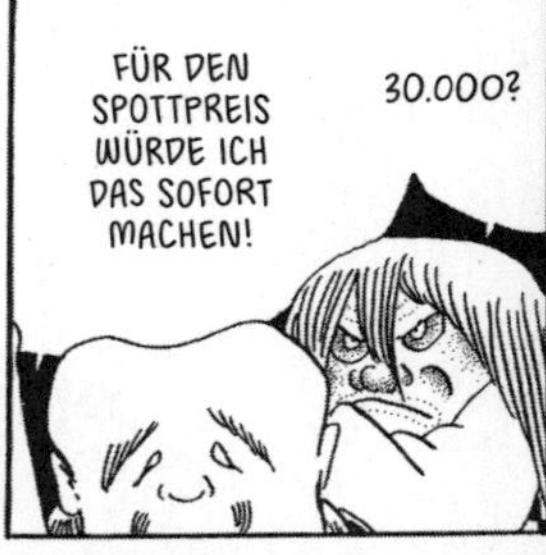
30.000?
FÜR DEN SPOTTPREIS WÜRDE ICH DAS SOFORT MACHEN!

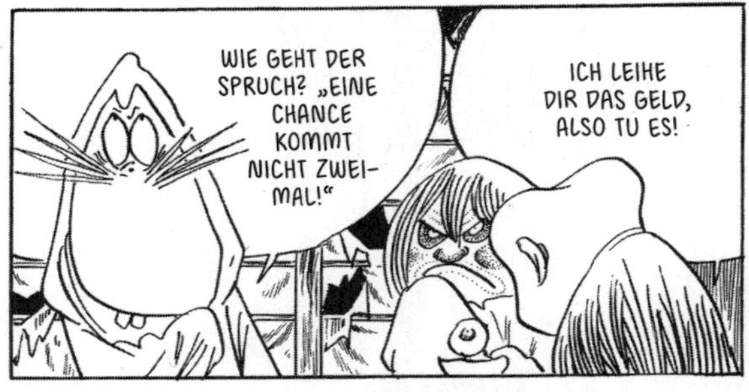
ICH LEIHE DIR DAS GELD, ALSO TU ES!
WIE GEHT DER SPRUCH? „EINE CHANCE KOMMT NICHT ZWEI-MAL!“

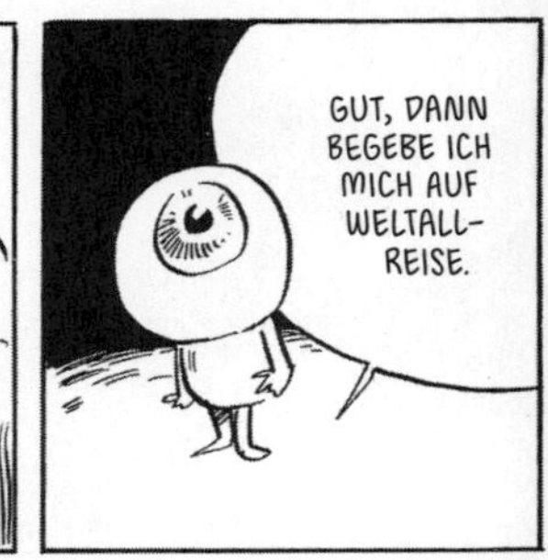
GUT, DANN BEGEBE ICH MICH AUF WELTALL-REISE.

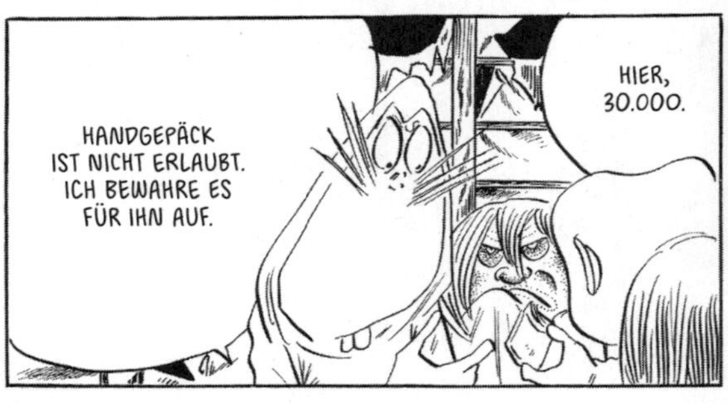
HIER, 30.000.
HANDGEPÄCK IST NICHT ERLAUBT. ICH BEWAHRE ES FÜR IHN AUF.

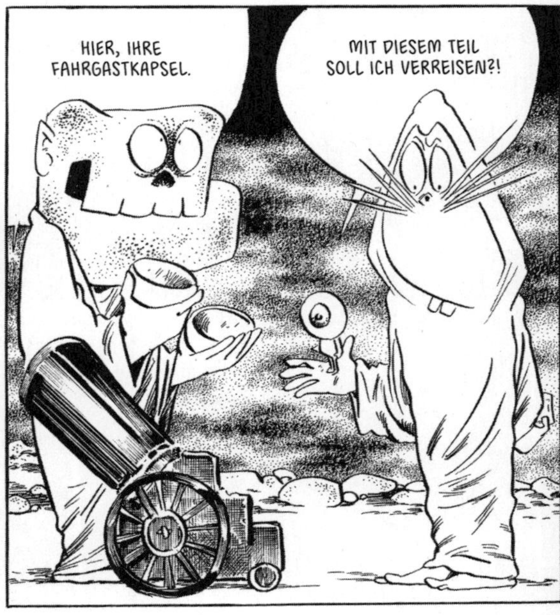
MIT DIESEM TEIL SOLL ICH VERREISEN?!
HIER, IHRE FAHRGASTKAPSEL.

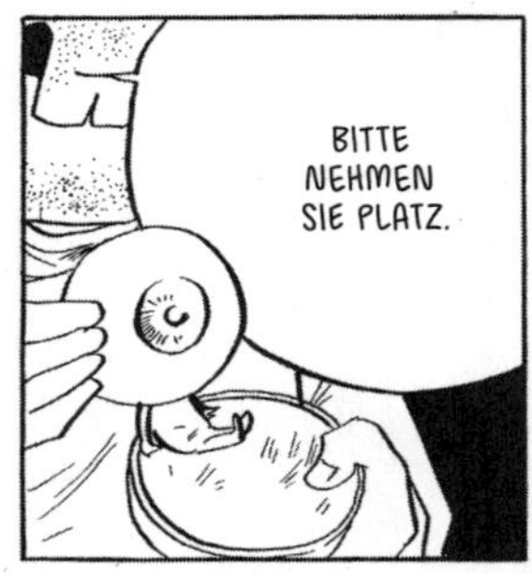
BITTE NEHMEN SIE PLATZ.

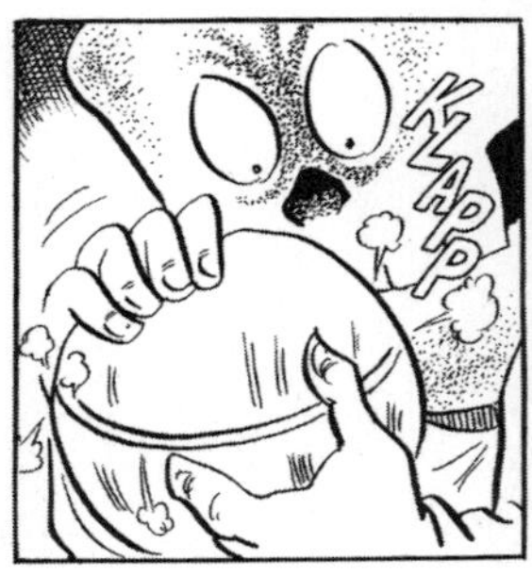
KLAPP

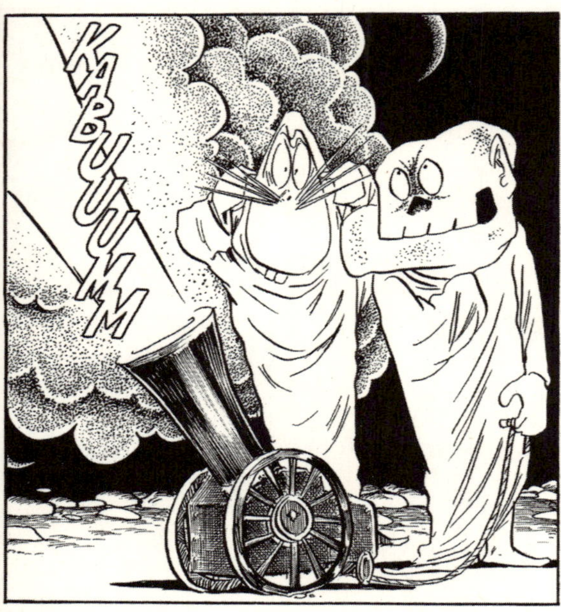
KABUUUMM

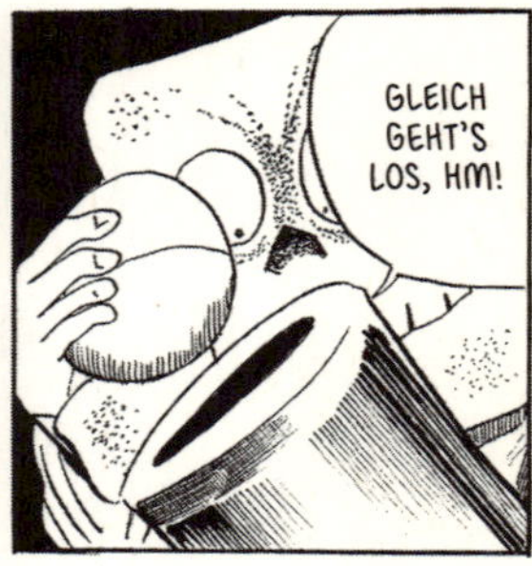
GLEICH GEHT'S LOS, HM!

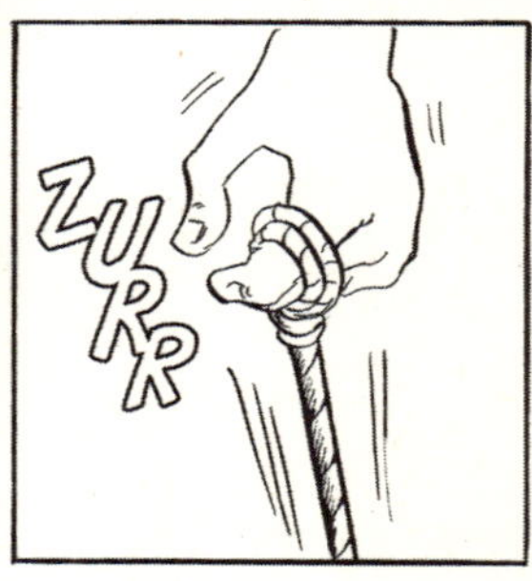
ZURR

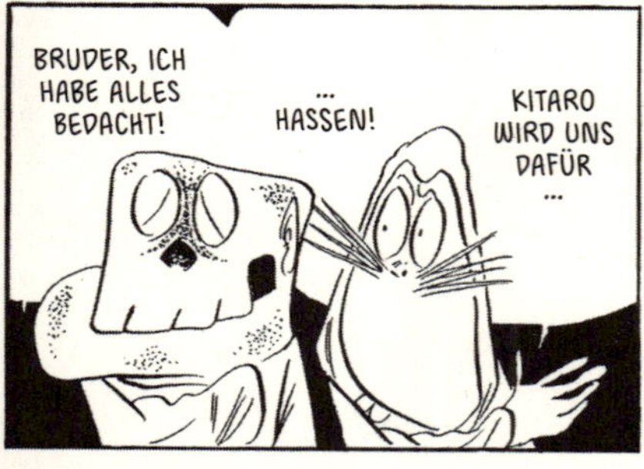
KITARO WIRD UNS DAFÜR ...
... HASSEN!
BRUDER, ICH HABE ALLES BEDACHT!

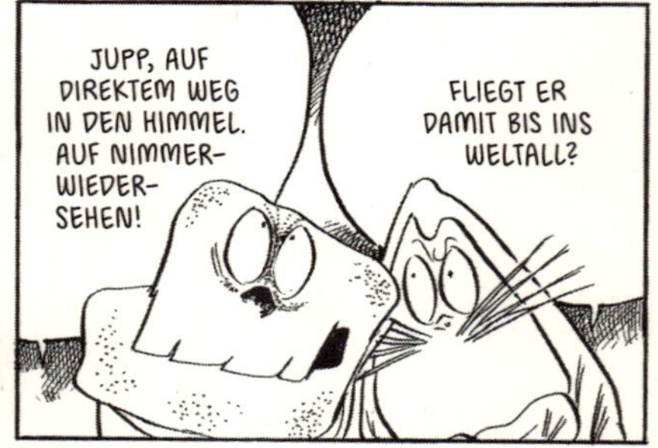
FLIEGT ER DAMIT BIS INS WELTALL?
JUPP, AUF DIREKTEM WEG IN DEN HIMMEL. AUF NIMMER-WIEDER-SEHEN!

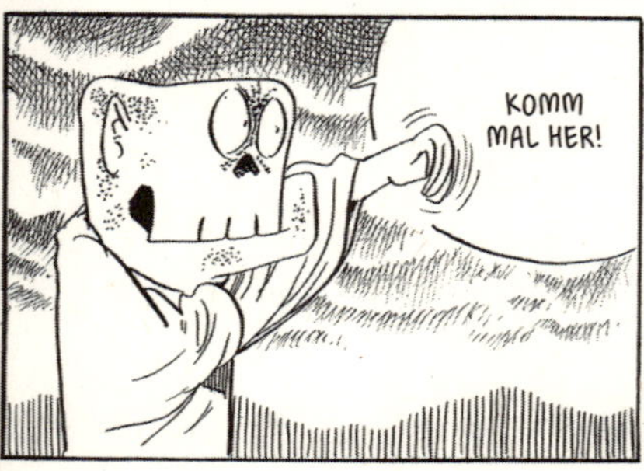
KOMM MAL HER!

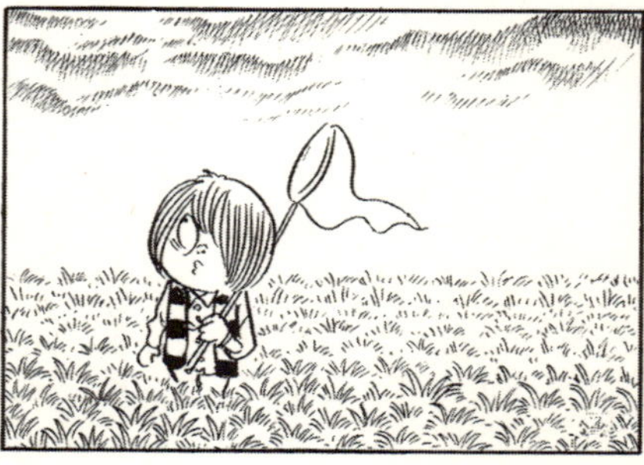

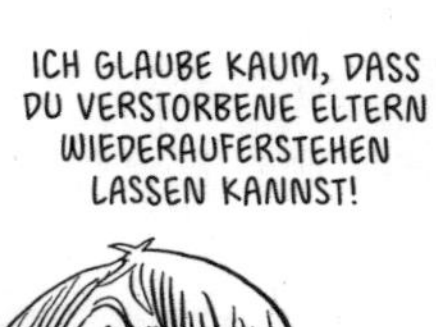

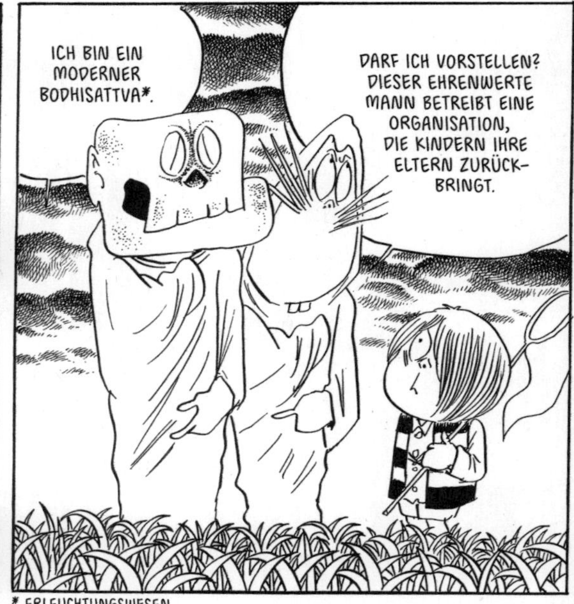

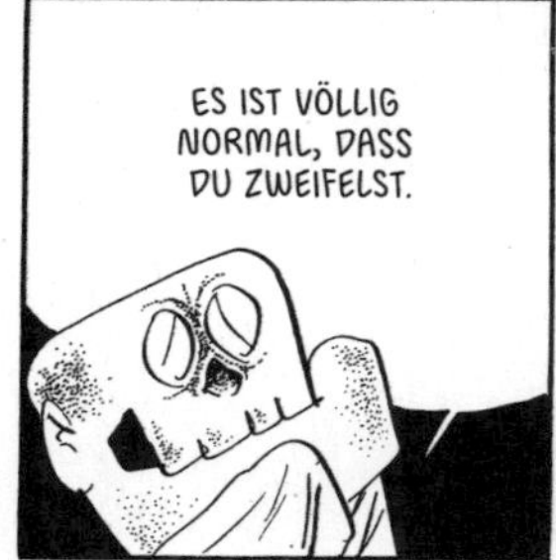

* ERLEUCHTUNGSWESEN

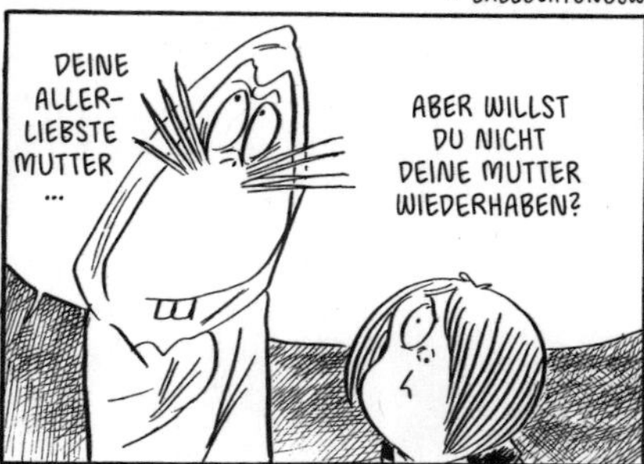

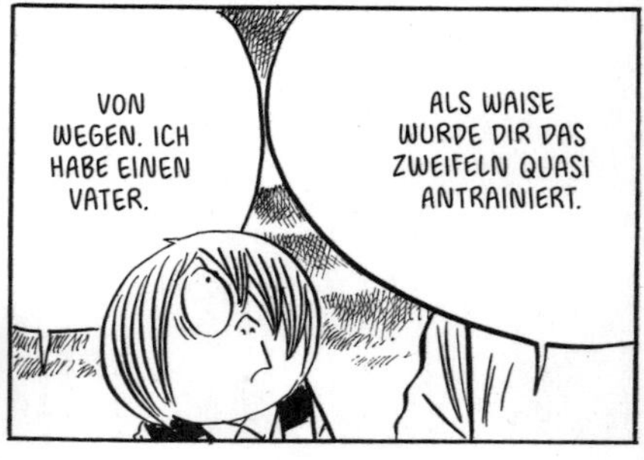

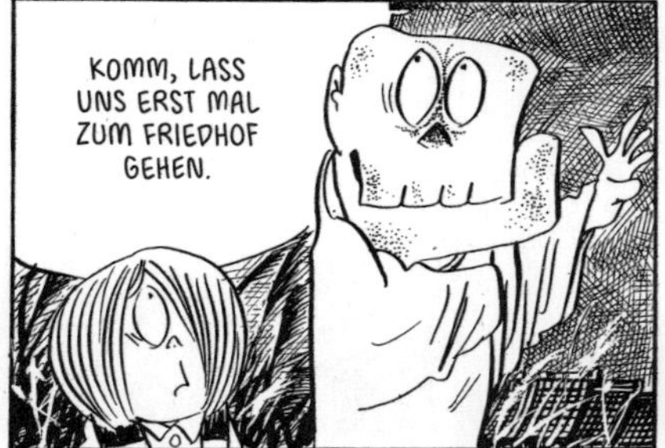

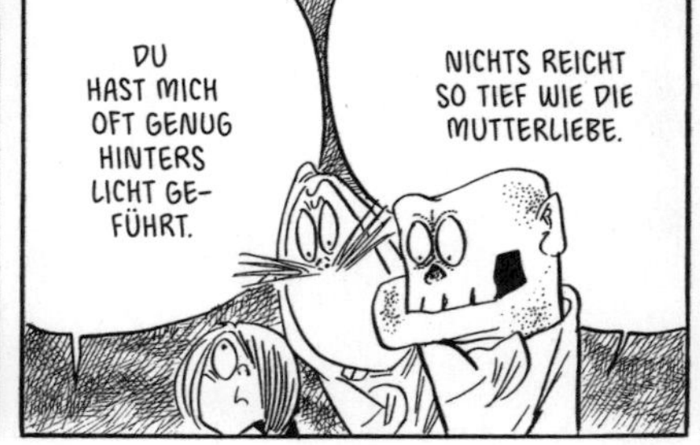

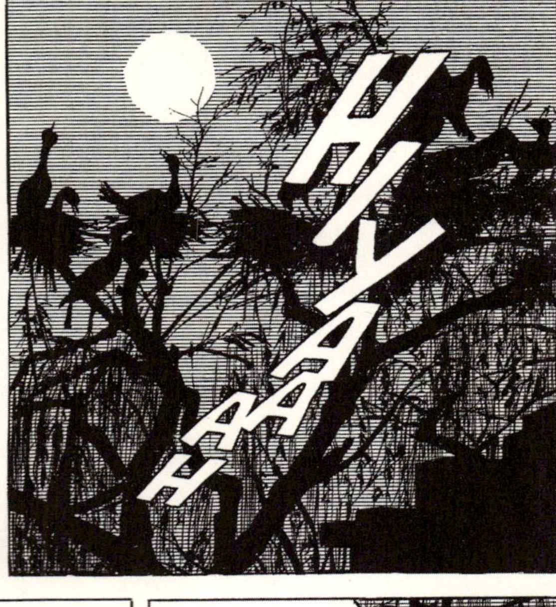

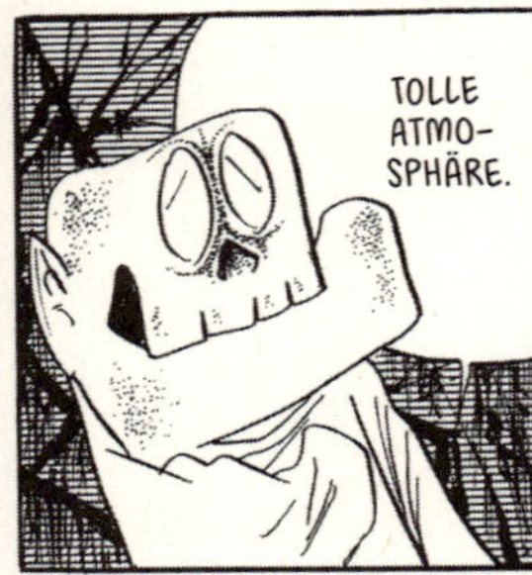

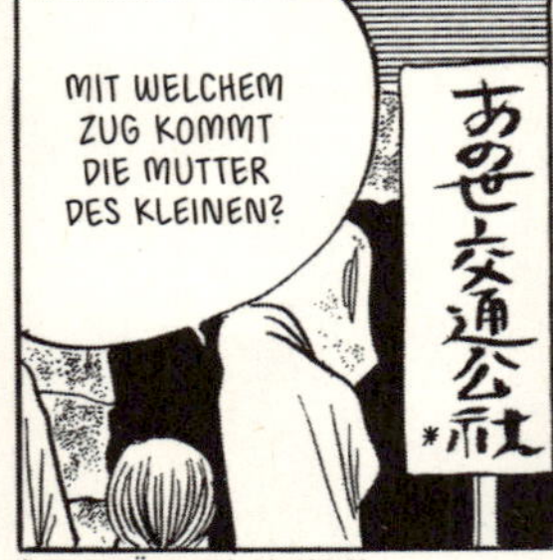

* REISEBÜRO INS-JENSEITS

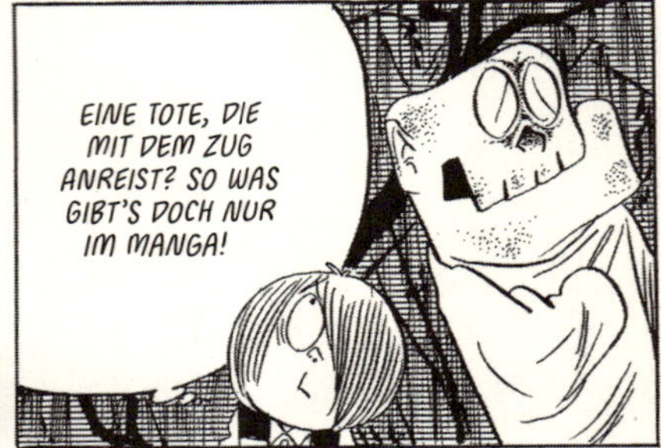

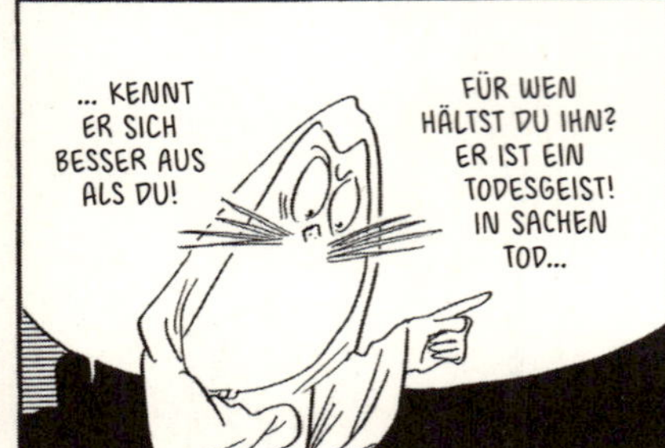

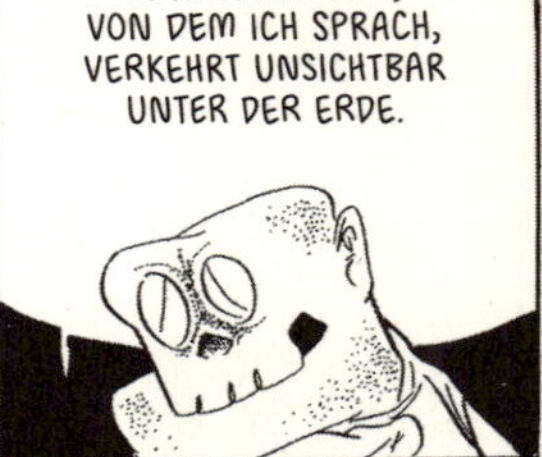

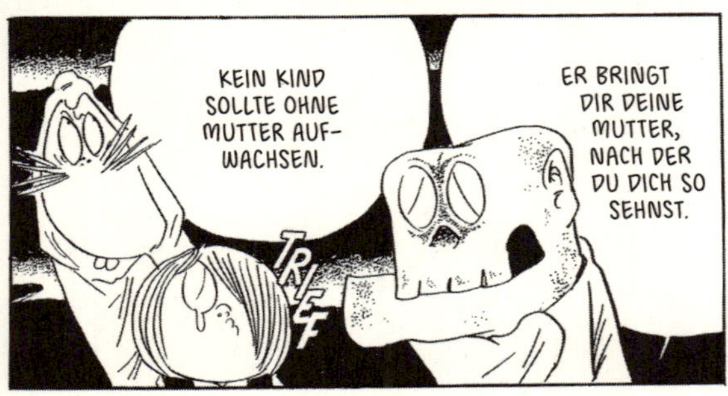

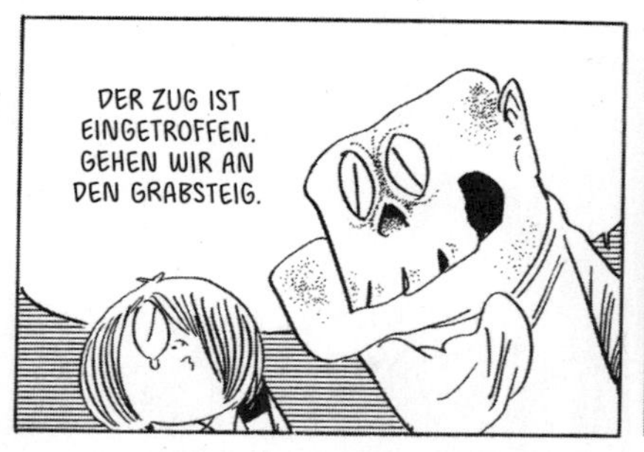
DER ZUG IST EINGETROFFEN. GEHEN WIR AN DEN GRABSTEIG.

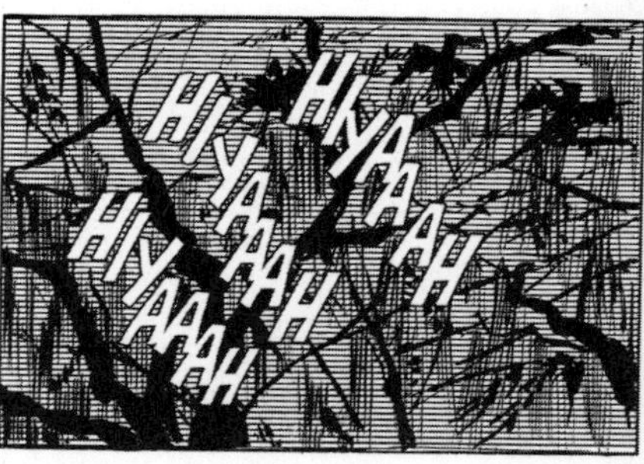
HIYAAAAH
HIYAAAH
HIYAAAAH
HIYAAAAH

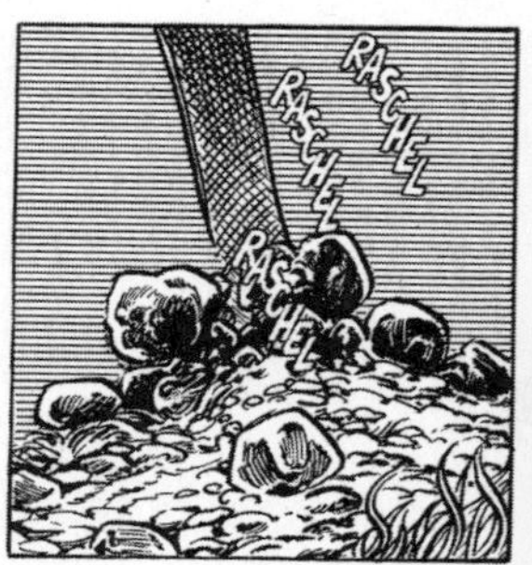
RASCHEL
RASCHEL
RASCHEL

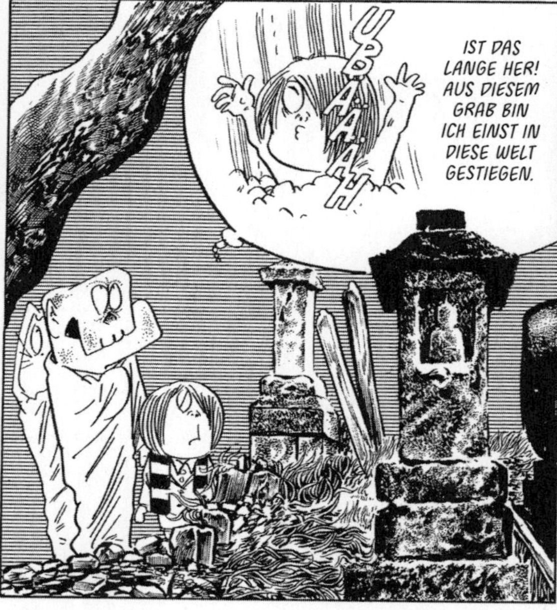
UBAAAAAH
IST DAS LANGE HER! AUS DIESEM GRAB BIN ICH EINST IN DIESE WELT GESTIEGEN.

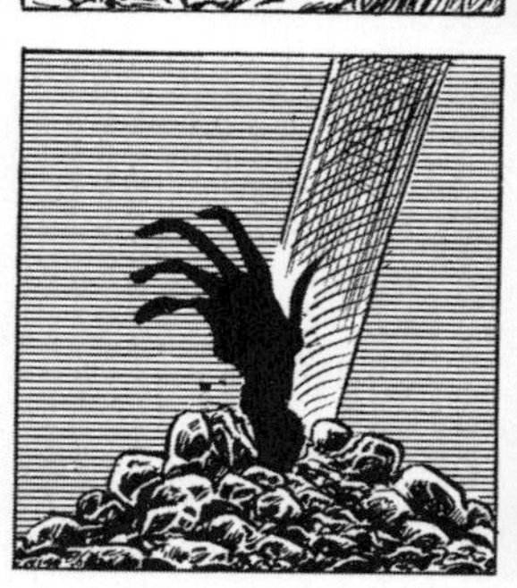

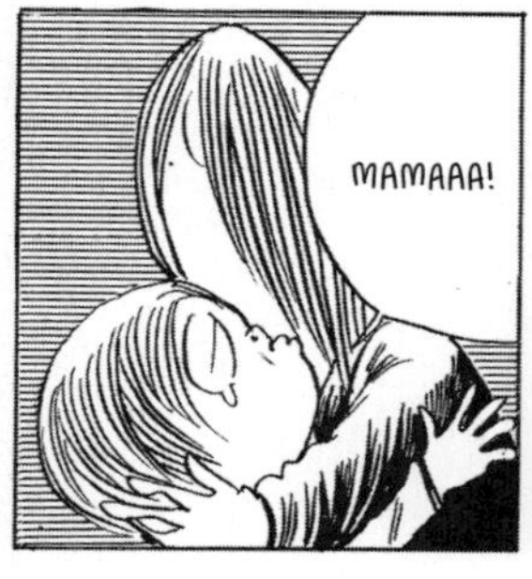
MAMAAA!

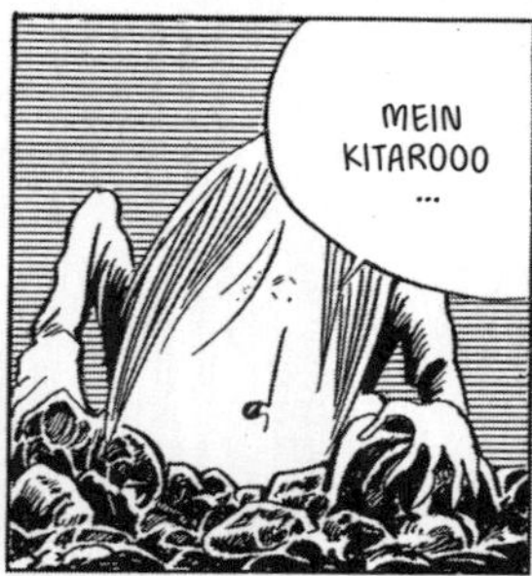
MEIN KITAROOO ...

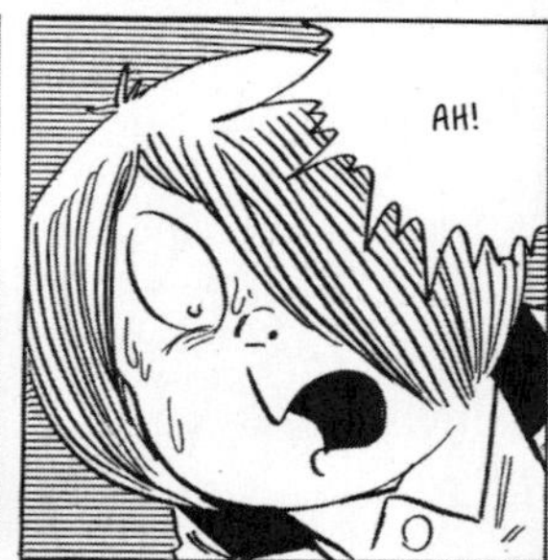
AH!

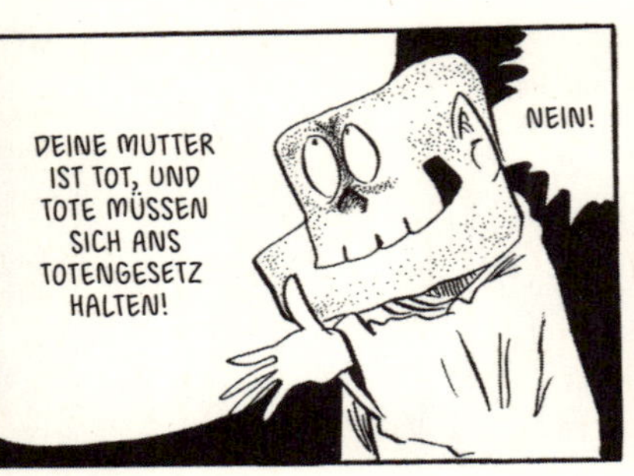
NEIN!
DEINE MUTTER IST TOT, UND TOTE MÜSSEN SICH ANS TOTENGESETZ HALTEN!

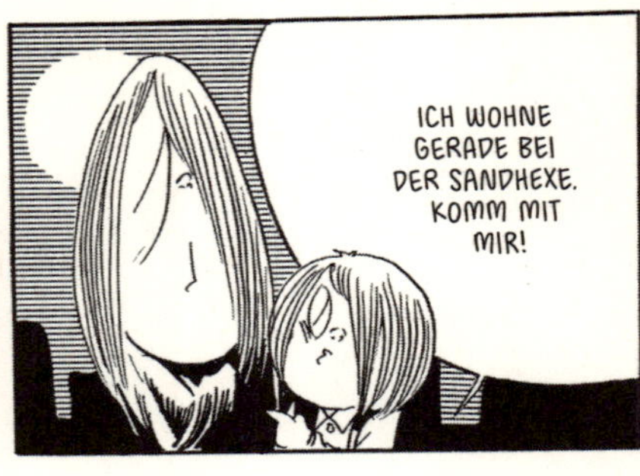
ICH WOHNE GERADE BEI DER SANDHEXE. KOMM MIT MIR!

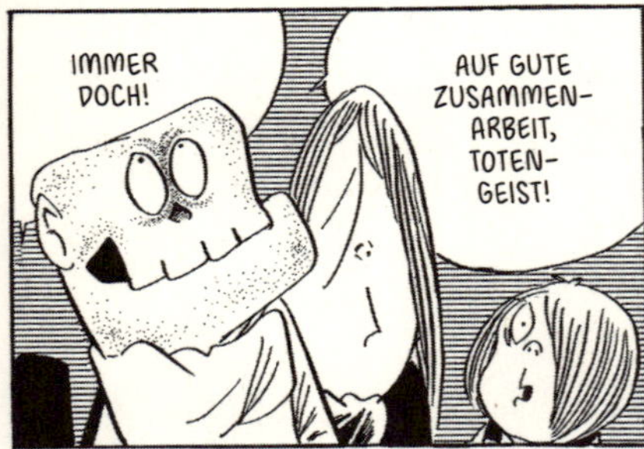
AUF GUTE ZUSAMMEN-ARBEIT, TOTEN-GEIST!
IMMER DOCH!

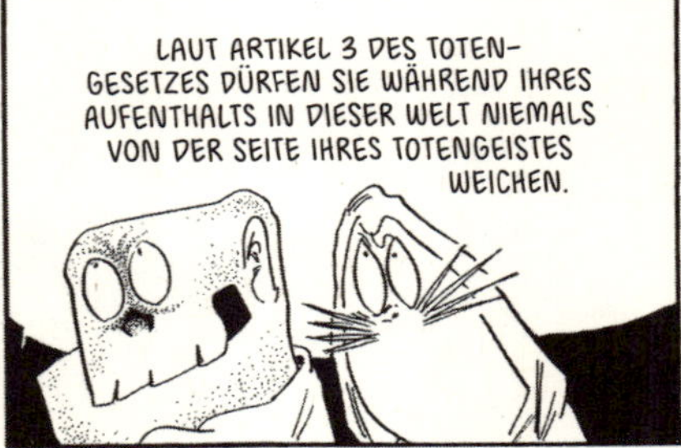
LAUT ARTIKEL 3 DES TOTEN-GESETZES DÜRFEN SIE WÄHREND IHRES AUFENTHALTS IN DIESER WELT NIEMALS VON DER SEITE IHRES TOTENGEISTES WEICHEN.

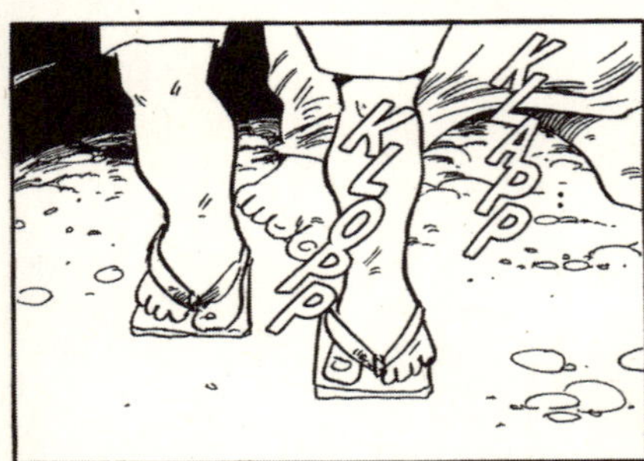
KLAPP
KLOPP

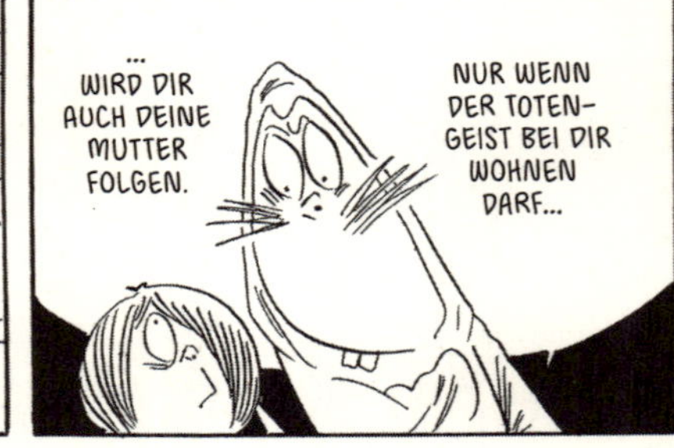
NUR WENN DER TOTEN-GEIST BEI DIR WOHNEN DARF...
... WIRD DIR AUCH DEINE MUTTER FOLGEN.

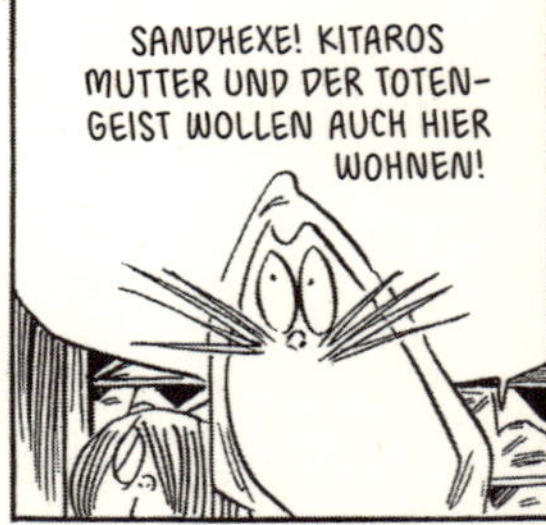
SANDHEXE! KITAROS MUTTER UND DER TOTEN-GEIST WOLLEN AUCH HIER WOHNEN!

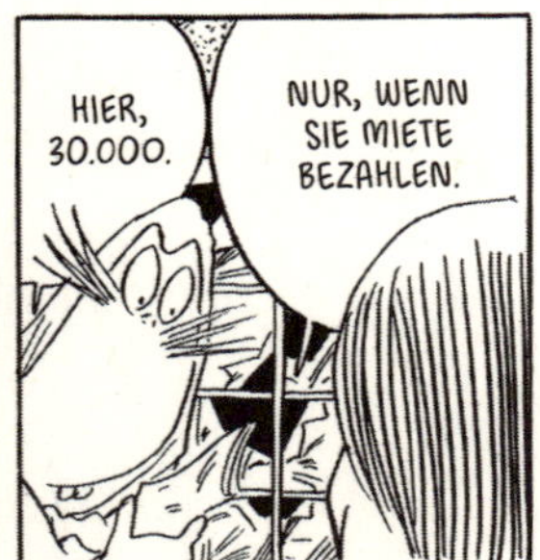
NUR, WENN SIE MIETE BEZAHLEN.
HIER, 30.000.

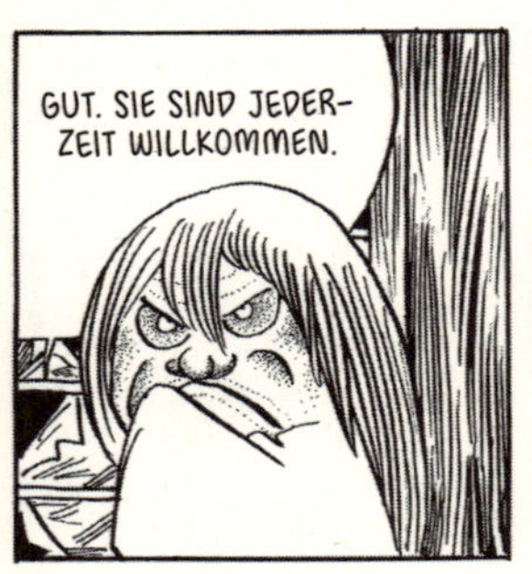
GUT. SIE SIND JEDER-ZEIT WILLKOMMEN.

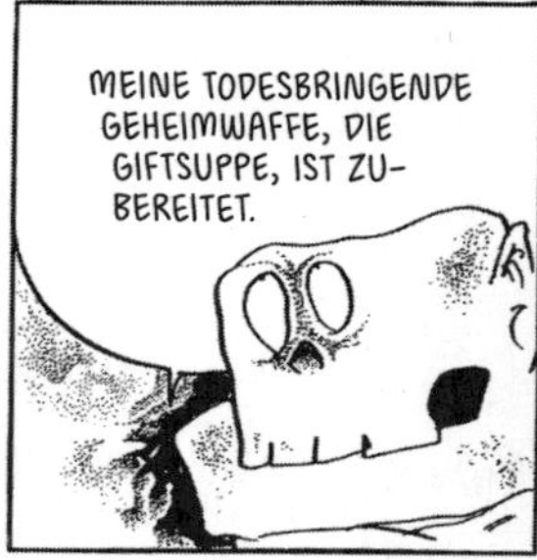
MEINE TODESBRINGENDE GEHEIMWAFFE, DIE GIFTSUPPE, IST ZUBEREITET.

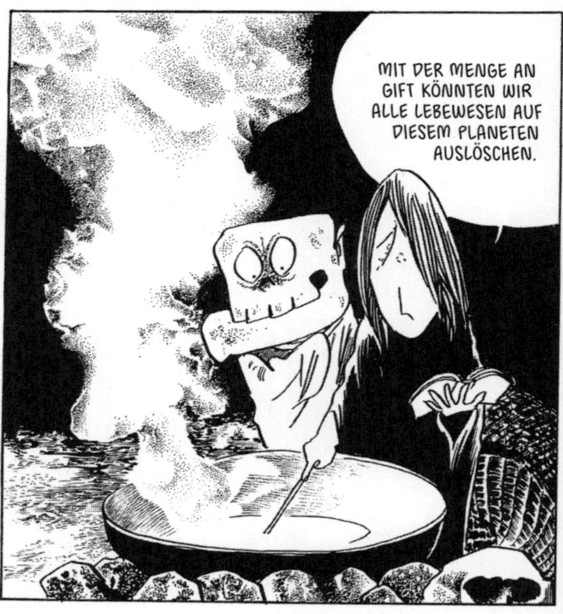
MIT DER MENGE AN GIFT KÖNNTEN WIR ALLE LEBEWESEN AUF DIESEM PLANETEN AUSLÖSCHEN.

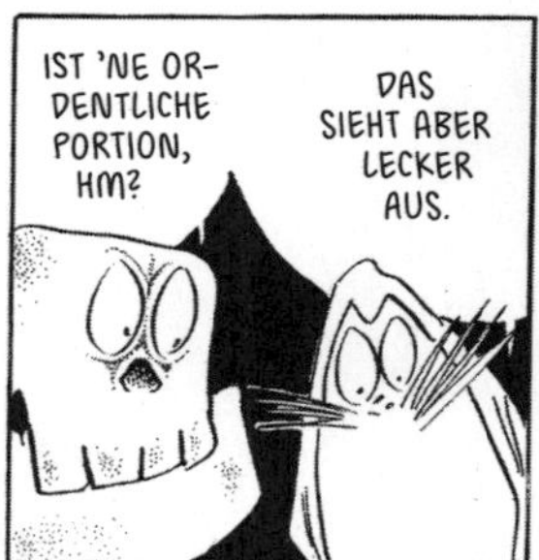
IST 'NE ORDENTLICHE PORTION, HM?
DAS SIEHT ABER LECKER AUS.

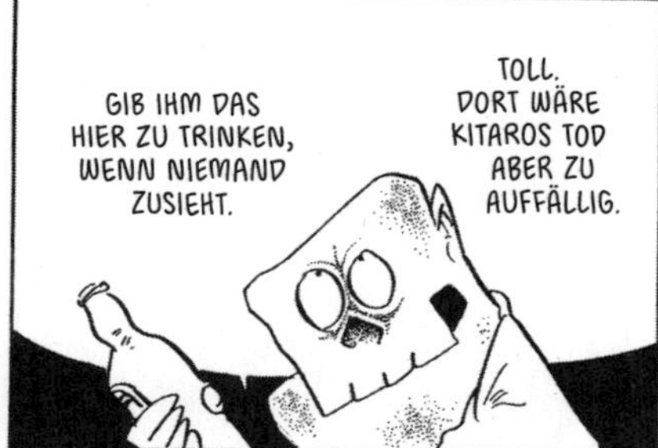
GIB IHM DAS HIER ZU TRINKEN, WENN NIEMAND ZUSIEHT.
TOLL. DORT WÄRE KITAROS TOD ABER ZU AUFFÄLLIG.

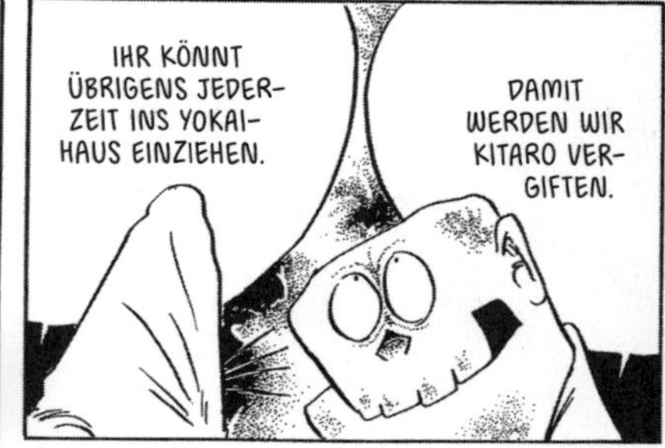
IHR KÖNNT ÜBRIGENS JEDERZEIT INS YOKAI-HAUS EINZIEHEN.
DAMIT WERDEN WIR KITARO VERGIFTEN.

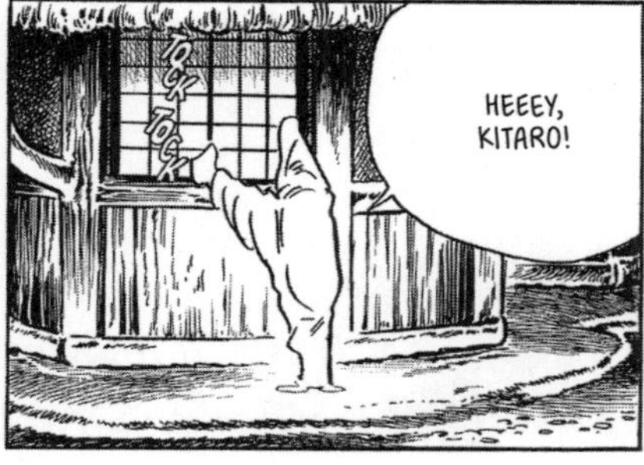
TOCK TOCK
HEEEY, KITARO!

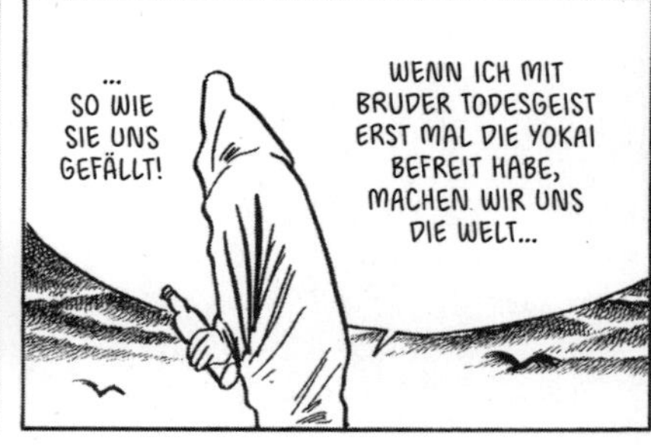
... SO WIE SIE UNS GEFÄLLT!
WENN ICH MIT BRUDER TODESGEIST ERST MAL DIE YOKAI BEFREIT HABE, MACHEN WIR UNS DIE WELT...

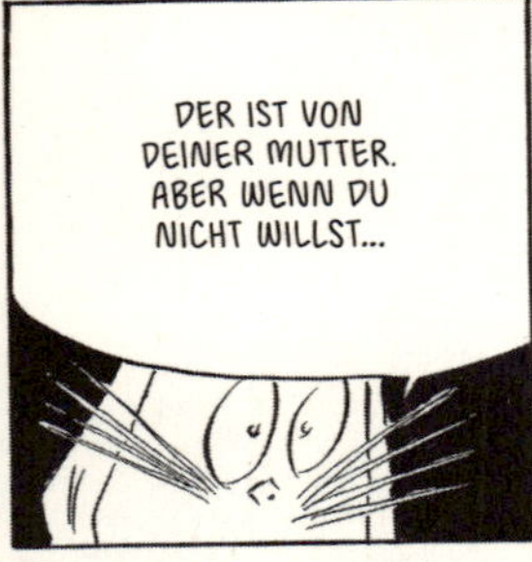
DER IST VON DEINER MUTTER. ABER WENN DU NICHT WILLST...

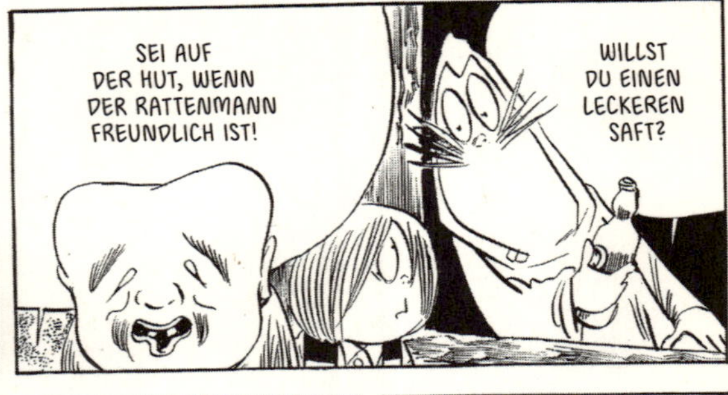
SEI AUF DER HUT, WENN DER RATTENMANN FREUNDLICH IST!
WILLST DU EINEN LECKEREN SAFT?

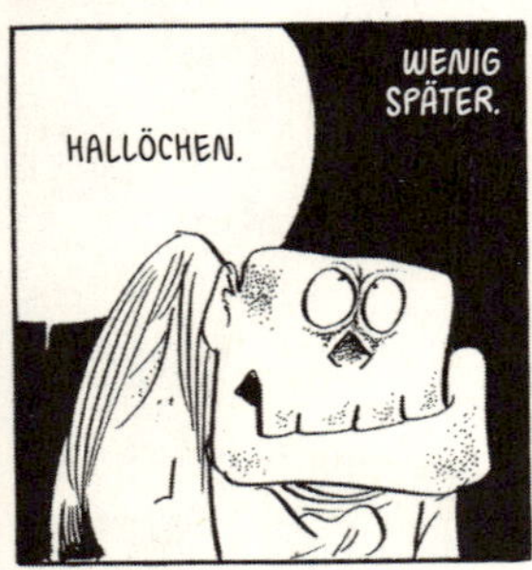
WENIG SPÄTER.
HALLÖCHEN.

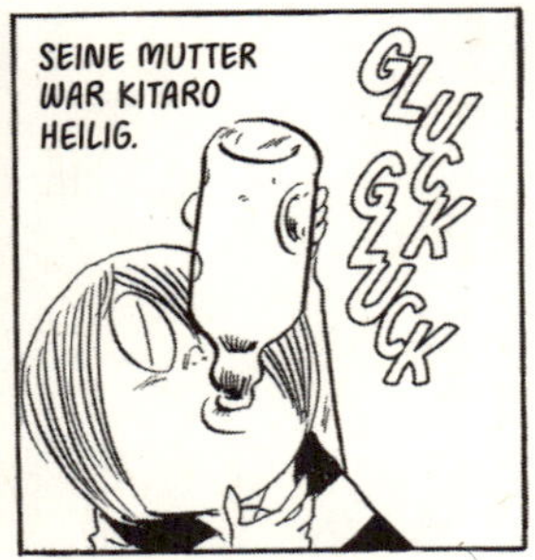
SEINE MUTTER WAR KITARO HEILIG.
GLUCK GLUCK

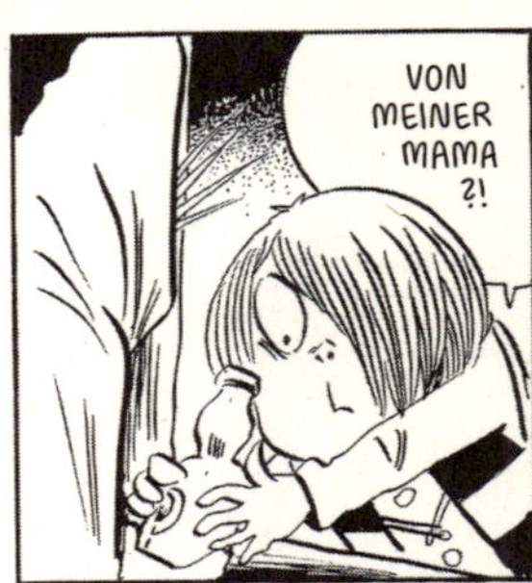
VON MEINER MAMA ?!

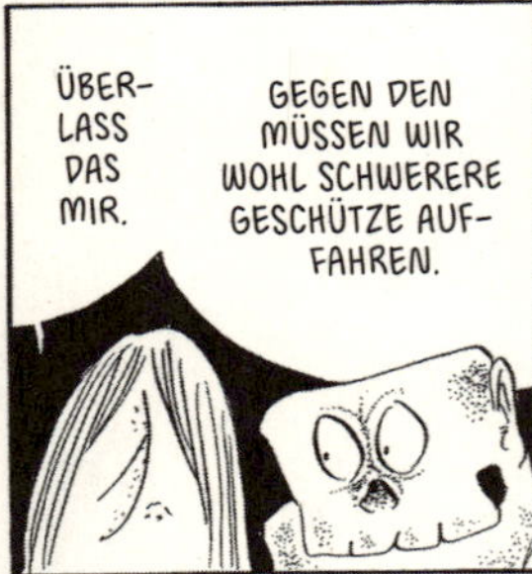
ÜBER-LASS DAS MIR.
GEGEN DEN MÜSSEN WIR WOHL SCHWERERE GESCHÜTZE AUF-FAHREN.

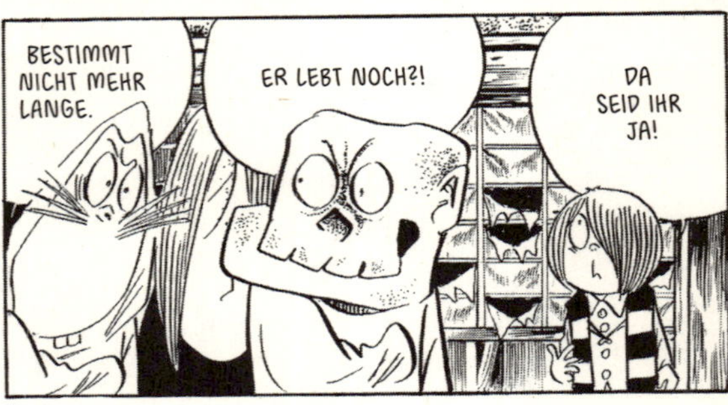
BESTIMMT NICHT MEHR LANGE.
ER LEBT NOCH?!
DA SEID IHR JA!

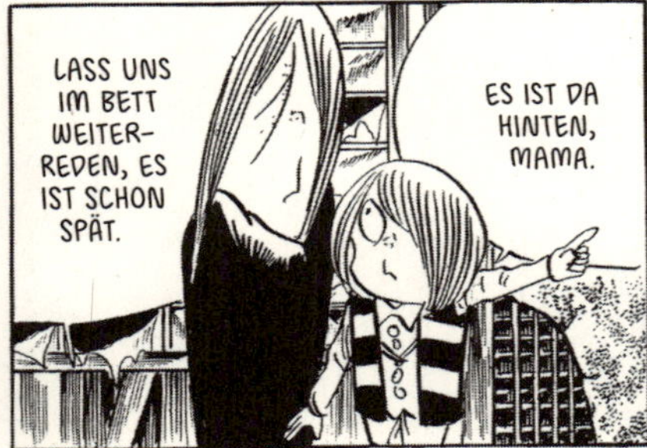
LASS UNS IM BETT WEITER-REDEN, ES IST SCHON SPÄT.
ES IST DA HINTEN, MAMA.

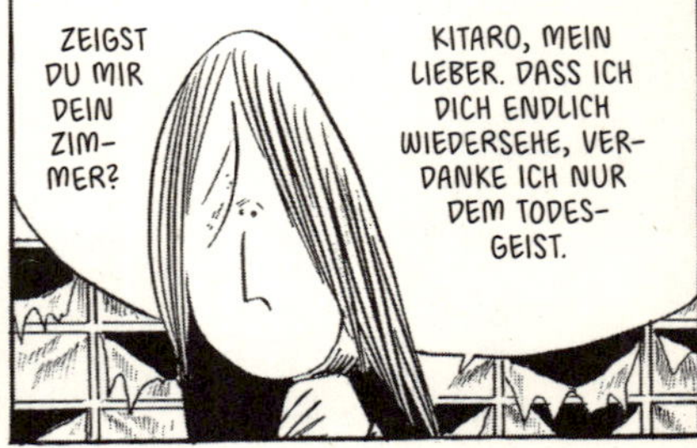
ZEIGST DU MIR DEIN ZIM-MER?
KITARO, MEIN LIEBER. DASS ICH DICH ENDLICH WIEDERSEHE, VER-DANKE ICH NUR DEM TODES-GEIST.

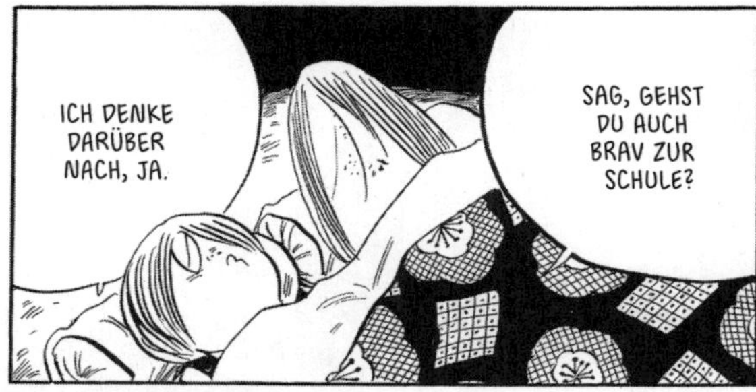

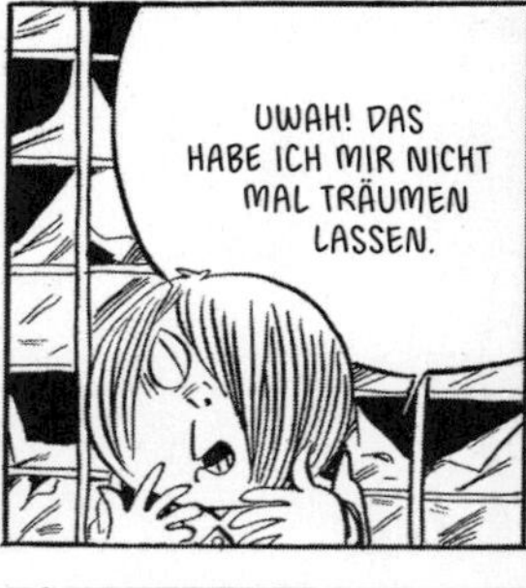

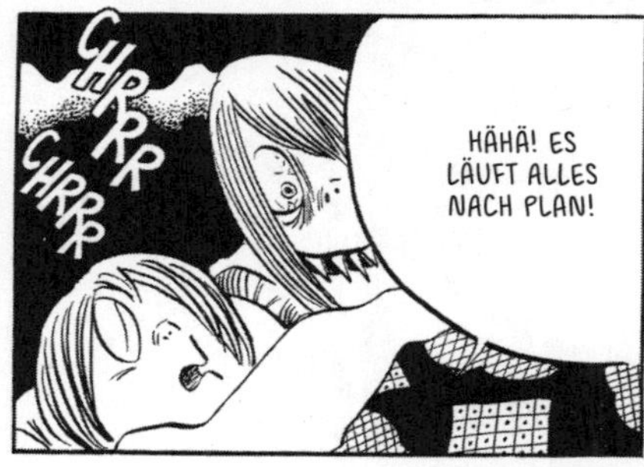

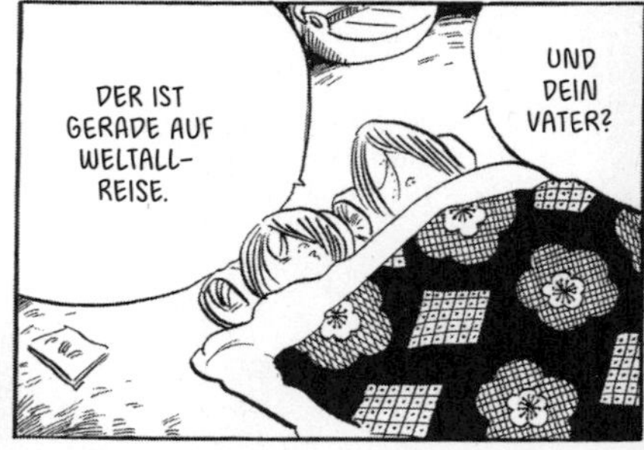

WAS WAR GESCHEHEN? DIE HAARE VON KITAROS MUTTER HATTEN SICH IN VAMPIRWÜRMER VERWANDELT UND BEGANNEN KITAROS BLUT ZU SAUGEN.

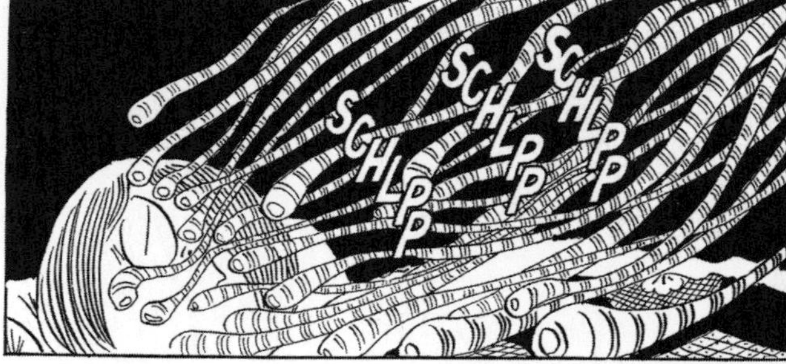

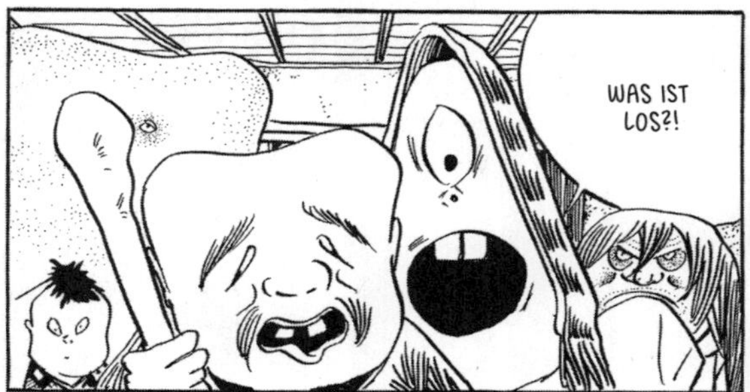

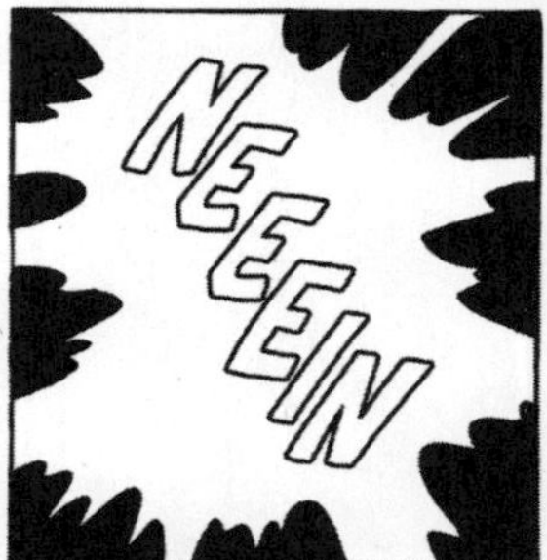

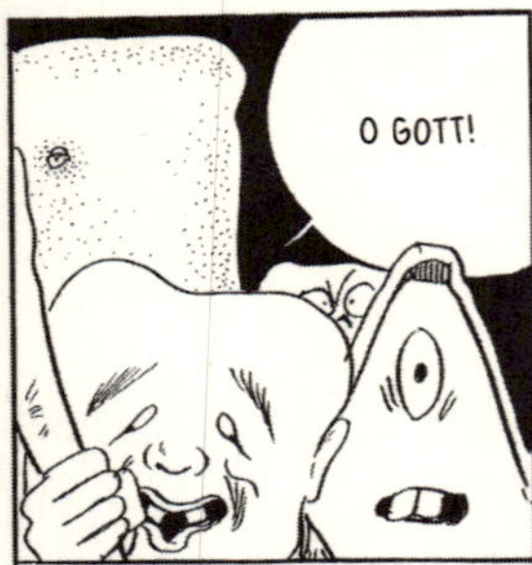

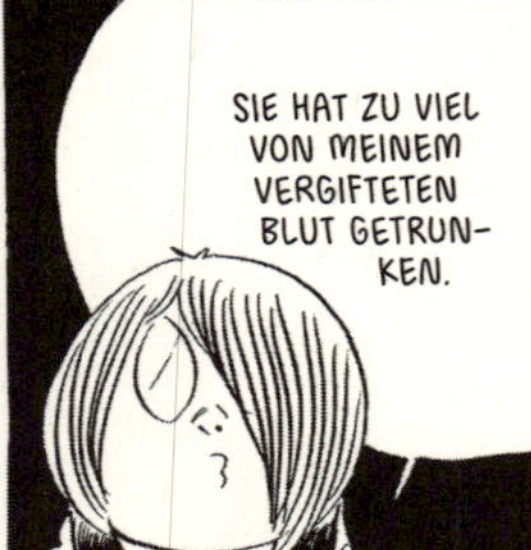

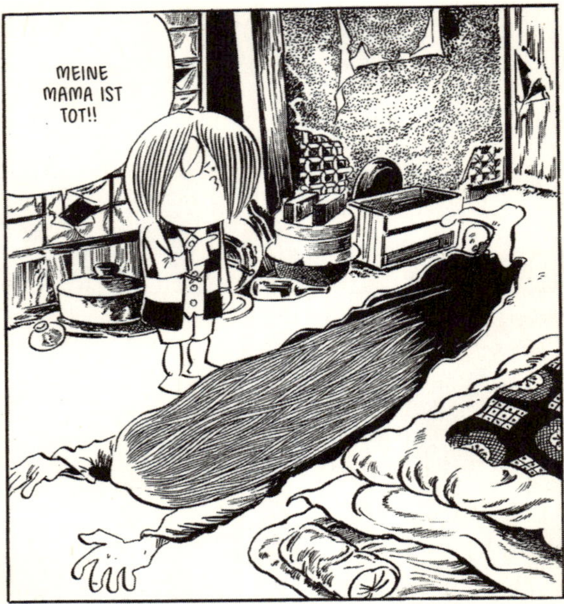

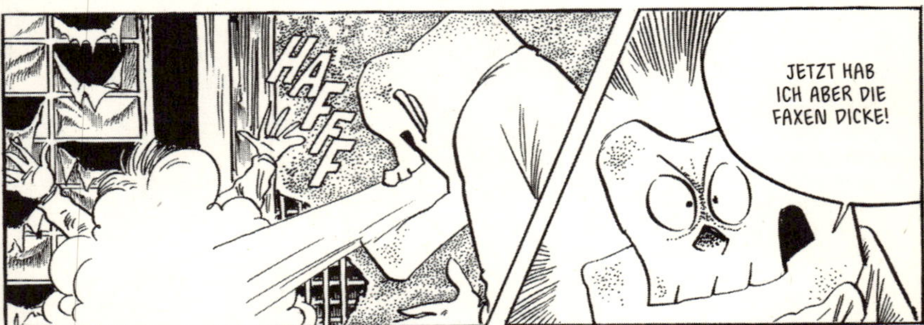

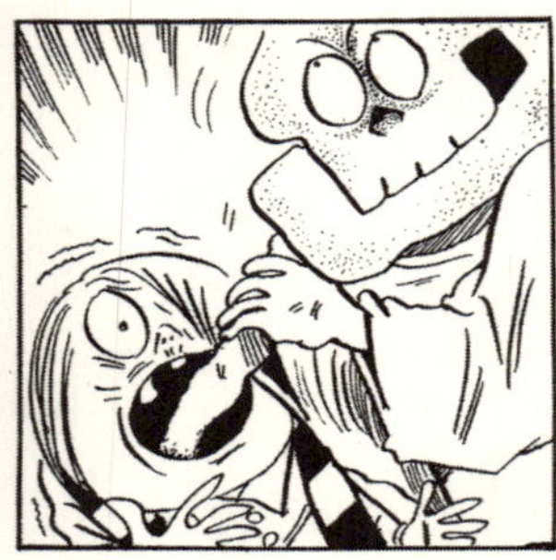

EIN ATEMZUG DES TODESGEISTES GENÜGTE, UM KITARO ALTERN ZU LASSEN. DER GEIST STECKTE SEINEN ARM IN KITAROS RACHEN...

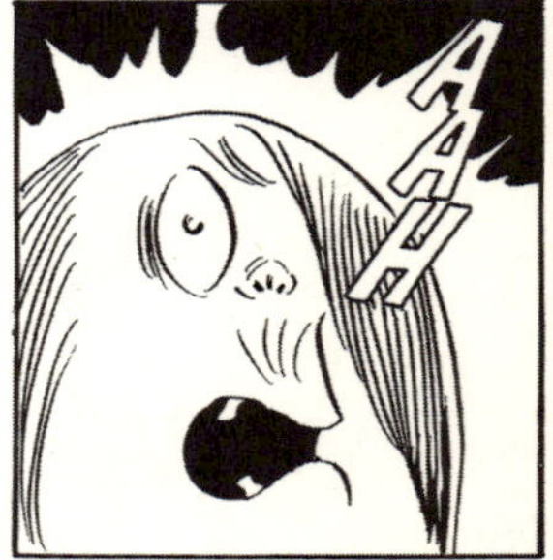

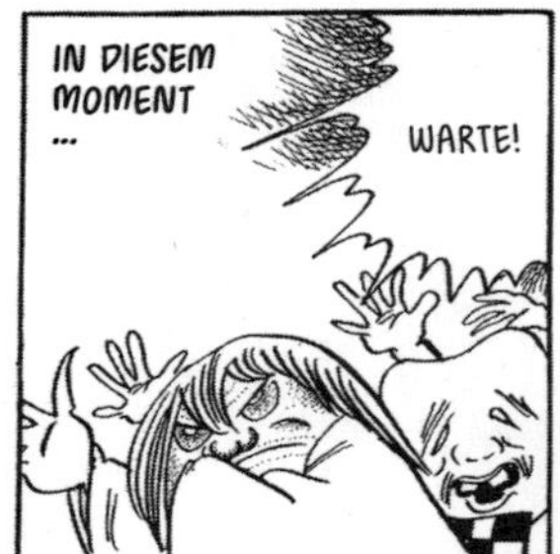

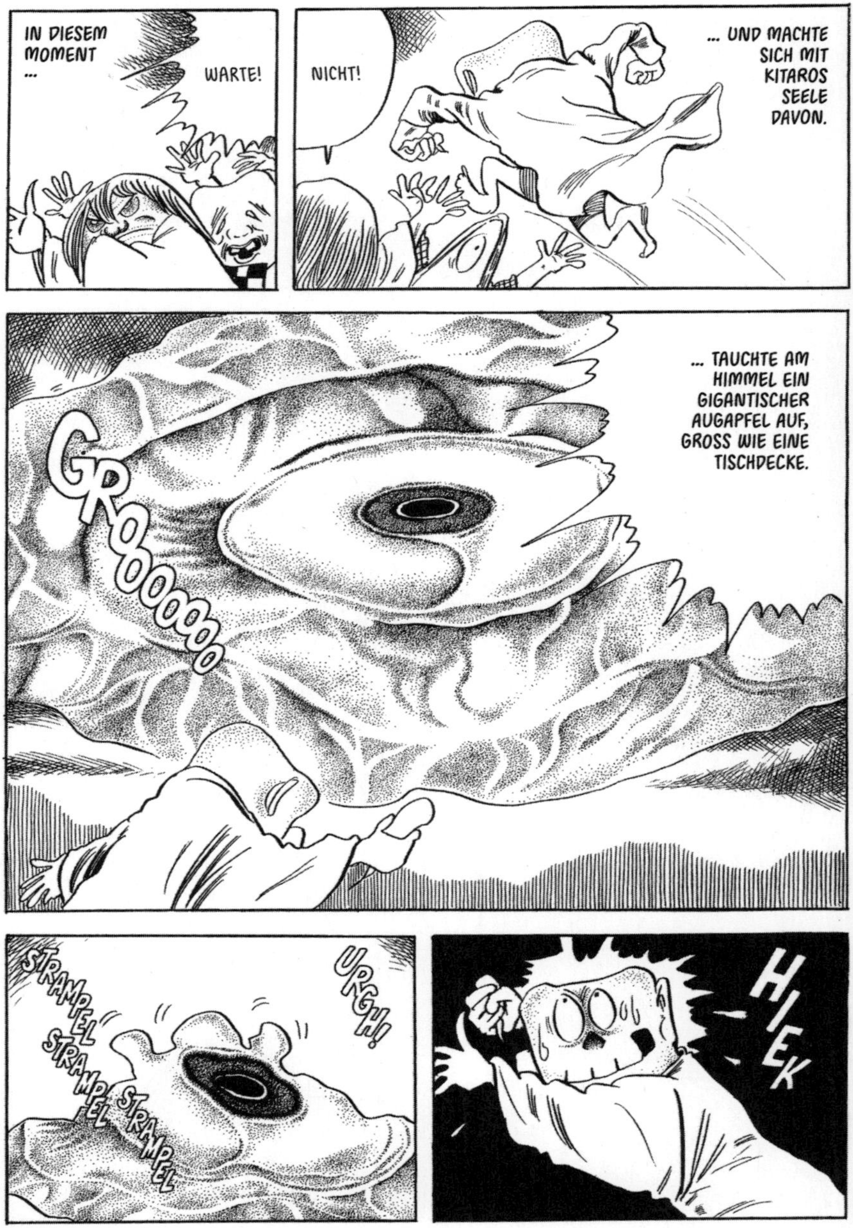

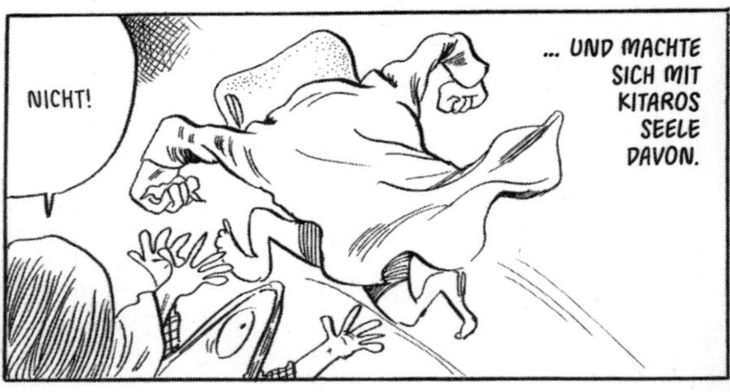

... TAUCHTE AM HIMMEL EIN GIGANTISCHER AUGAPFEL AUF, GROSS WIE EINE TISCHDECKE.

GROOOOOOO

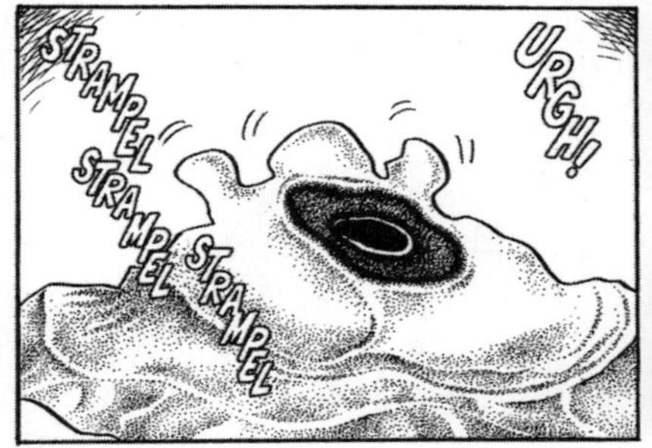

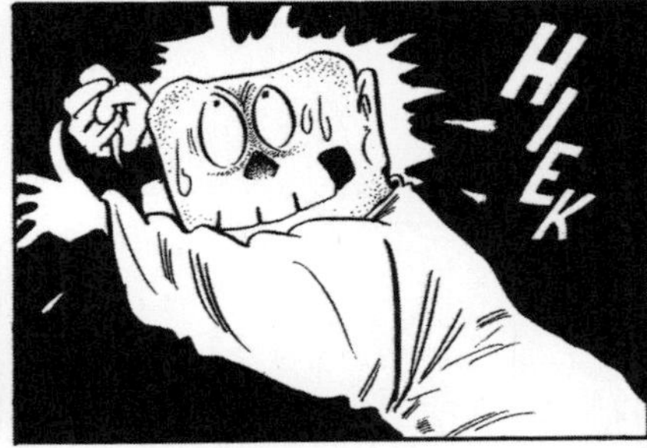

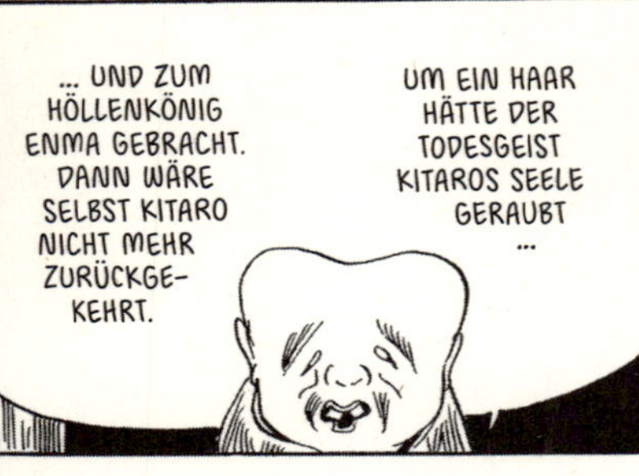

ES HANDELTE SICH UM KITAROS VATER, DER ZUVOR INS ALL GESCHOSSEN WORDEN WAR. JEDES NORMALE LEBEWESEN WÄRE IN TAUSEND STÜCKE ZERSPRUNGEN, DOCH VATER AUGAPFEL HATTE SICH MASSIV AUSGEDEHNT UND WAR SEITDEM DURCH DEN HIMMEL GEFLOGEN. SCHLIESSLICH BEGRUB ER DEN TODESGEIST UNTER SICH UND MACHTE IHM DEN GARAUS.

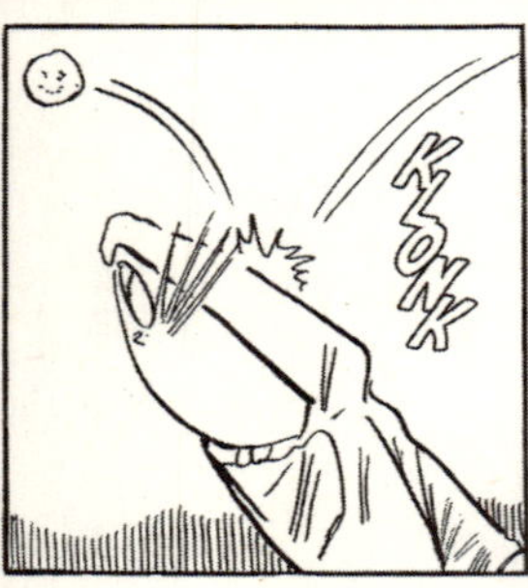

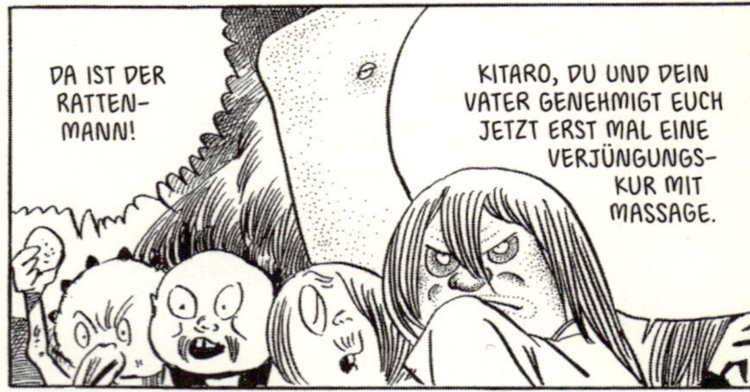

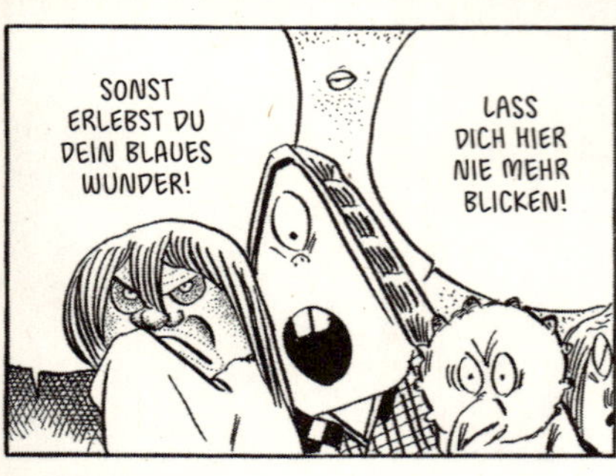

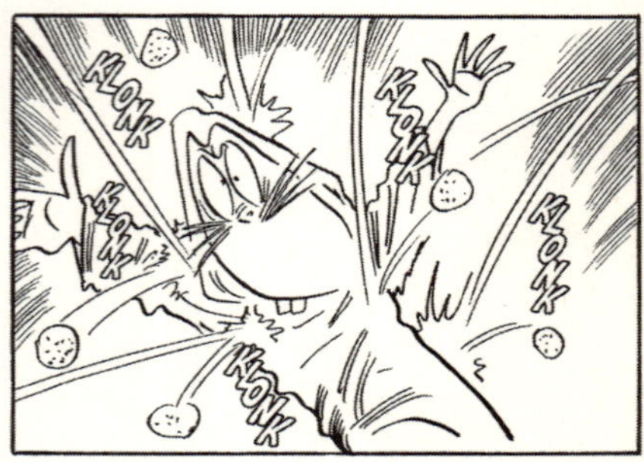

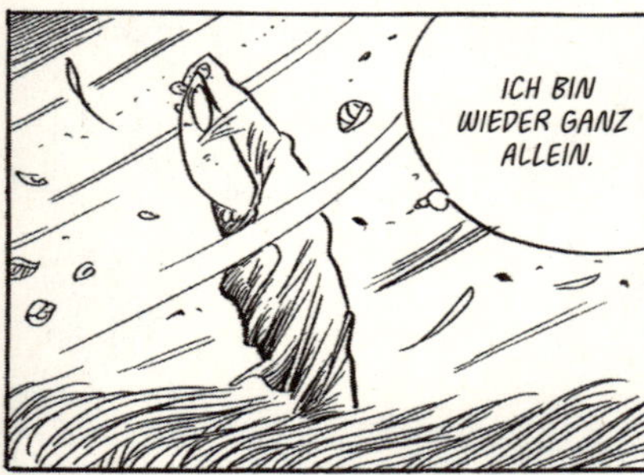

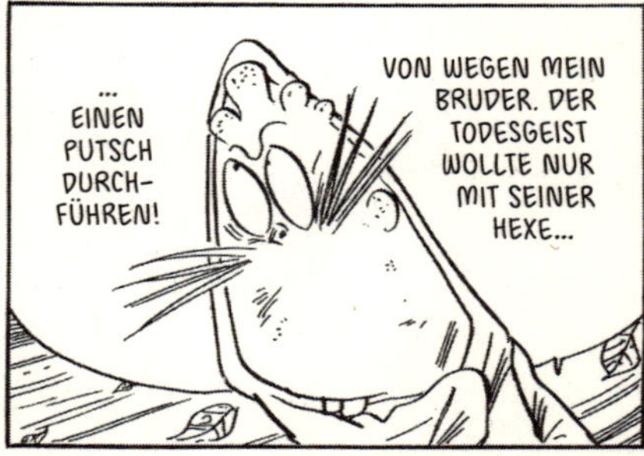

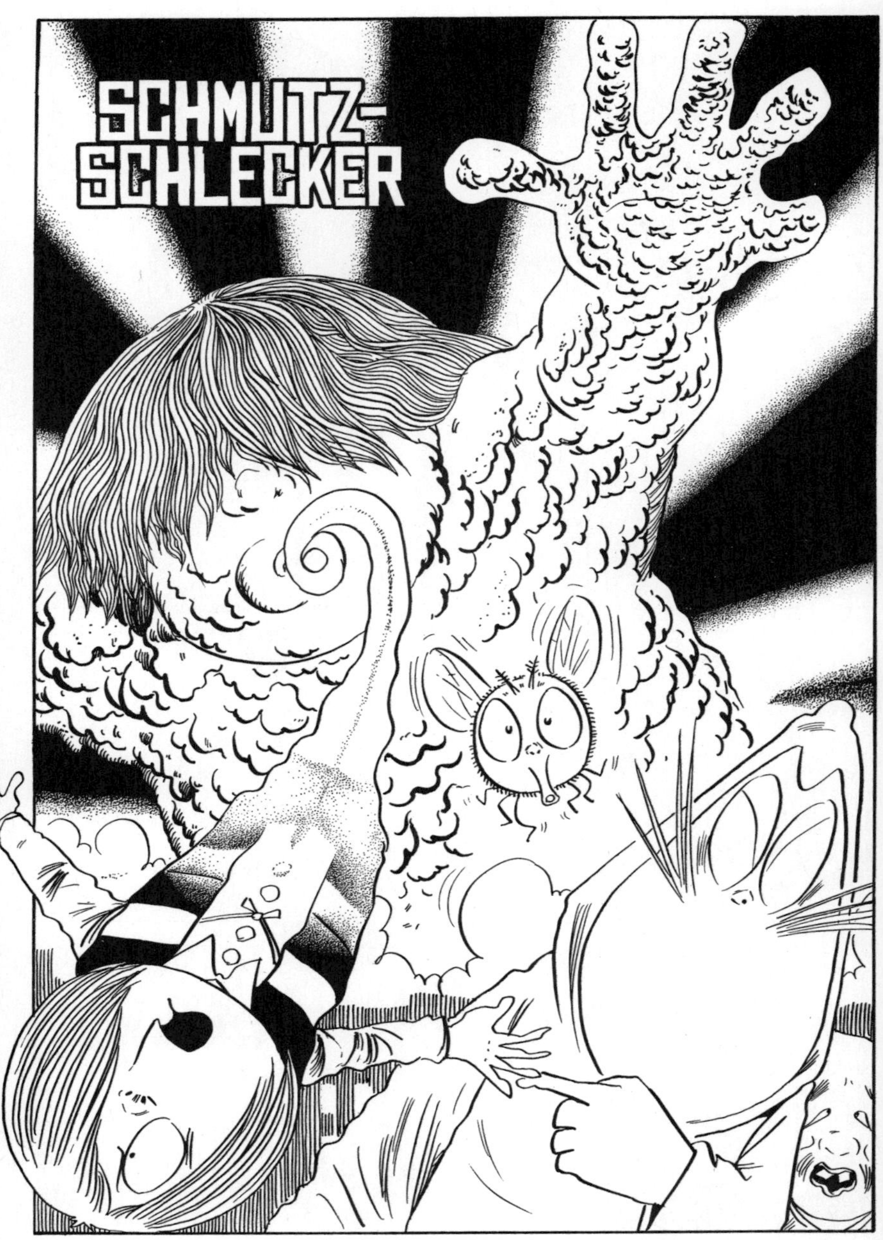
SCHMUTZ-
SCHLECKER

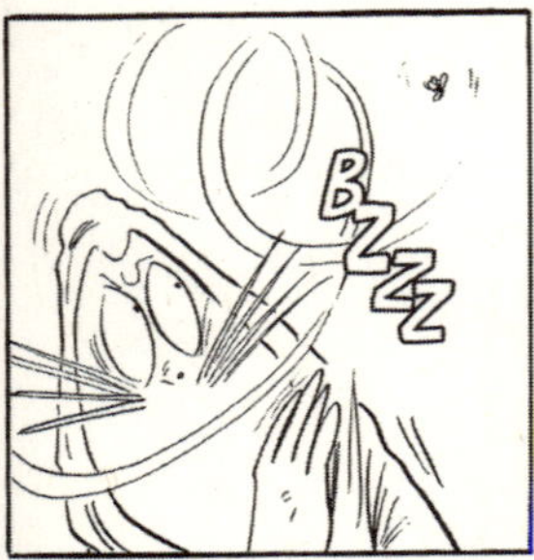
BZZZ

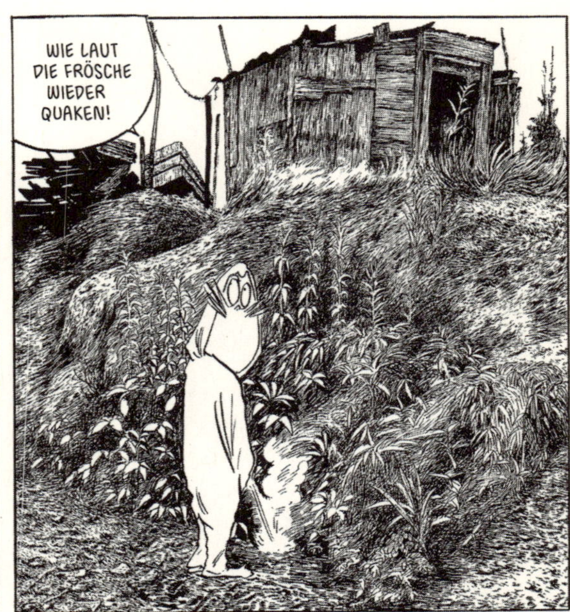
WIE LAUT DIE FRÖSCHE WIEDER QUAKEN!

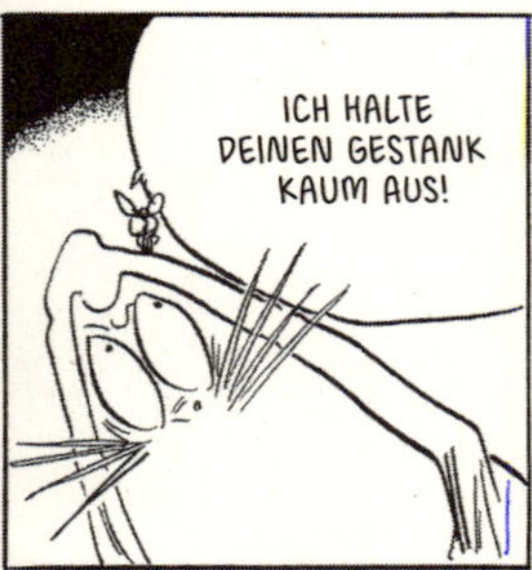
ICH HALTE DEINEN GESTANK KAUM AUS!

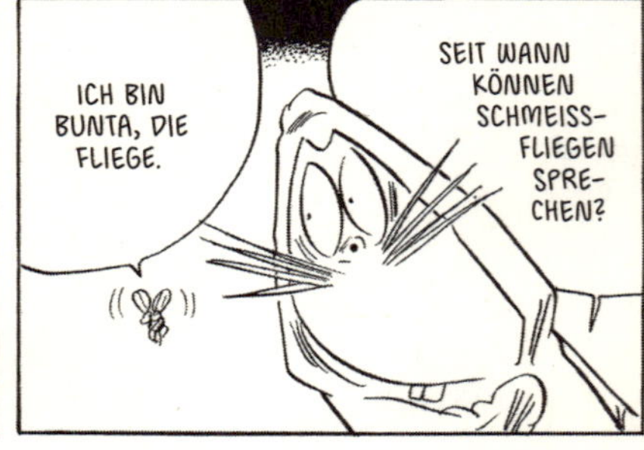
SEIT WANN KÖNNEN SCHMEISS-FLIEGEN SPRE-CHEN?
ICH BIN BUNTA, DIE FLIEGE.

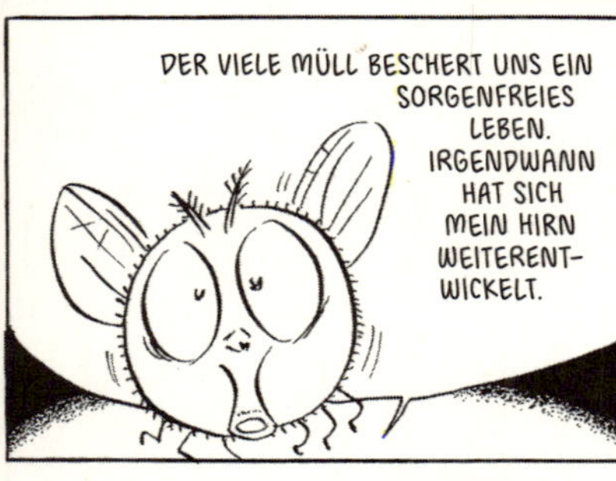
DER VIELE MÜLL BESCHERT UNS EIN SORGENFREIES LEBEN. IRGENDWANN HAT SICH MEIN HIRN WEITERENT-WICKELT.

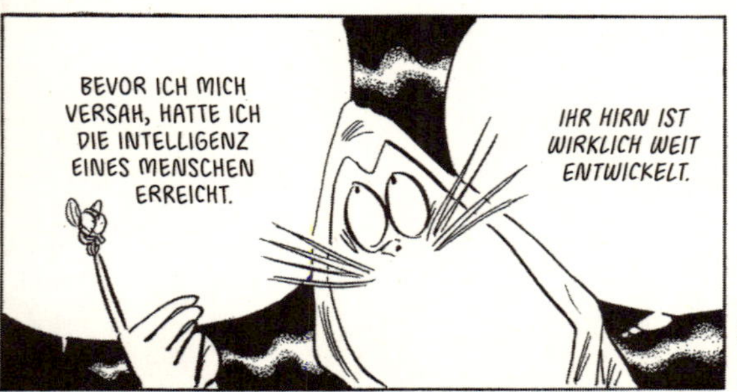
IHR HIRN IST WIRKLICH WEIT ENTWICKELT.
BEVOR ICH MICH VERSAH, HATTE ICH DIE INTELLIGENZ EINES MENSCHEN ERREICHT.

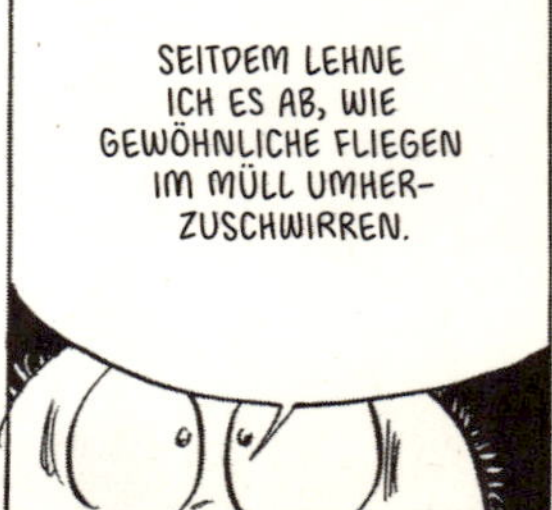
SEITDEM LEHNE ICH ES AB, WIE GEWÖHNLICHE FLIEGEN IM MÜLL UMHER-ZUSCHWIRREN.

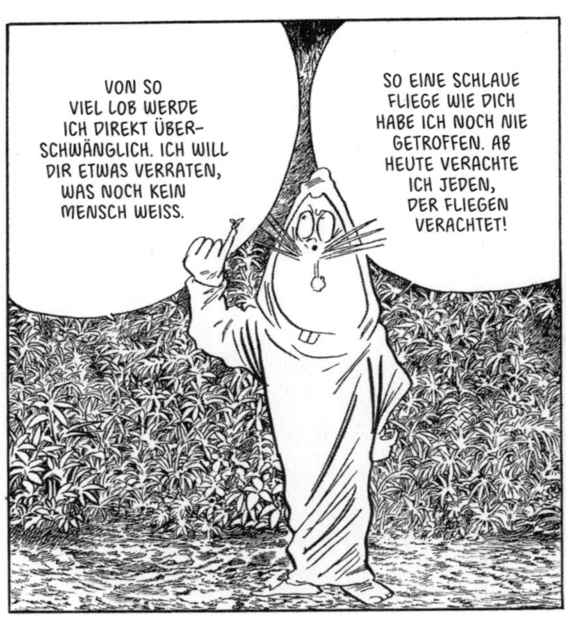
SO EINE SCHLAUE FLIEGE WIE DICH HABE ICH NOCH NIE GETROFFEN. AB HEUTE VERACHTE ICH JEDEN, DER FLIEGEN VERACHTET!
VON SO VIEL LOB WERDE ICH DIREKT ÜBERSCHWÄNGLICH. ICH WILL DIR ETWAS VERRATEN, WAS NOCH KEIN MENSCH WEISS.

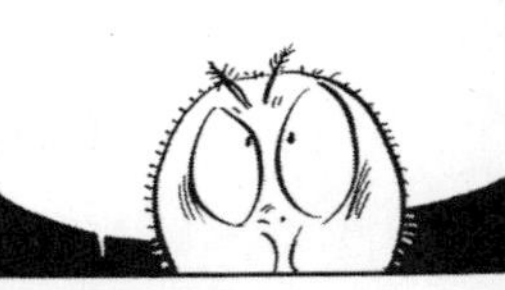
VERSTAND UND WISSEN SIND NICHT MEHR DAS MONOPOL DER MENSCHEN! SIE SOLLTEN GUT AUFPASSEN!

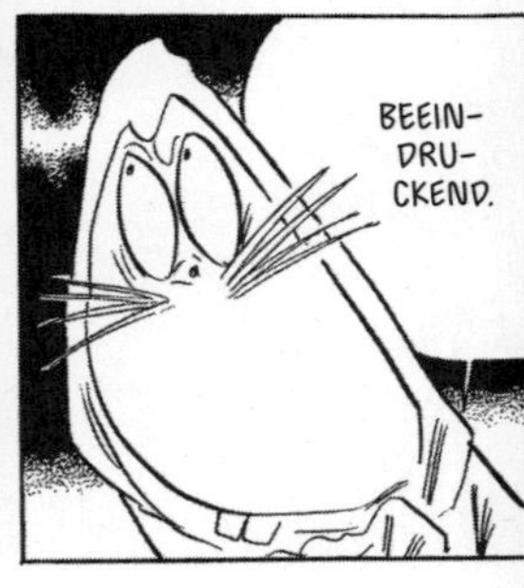
BEEINDRUCKEND.

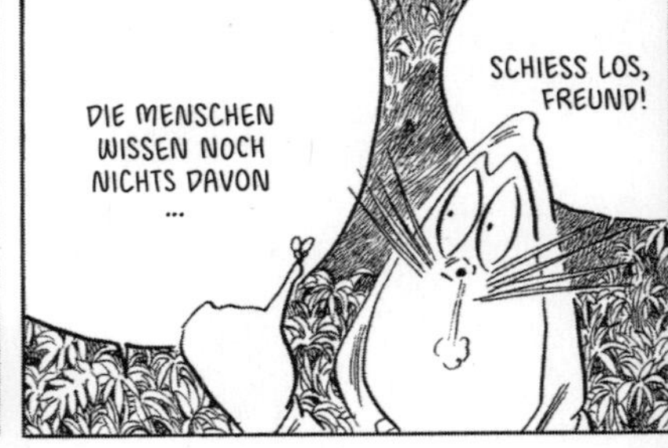
SCHIESS LOS, FREUND!
DIE MENSCHEN WISSEN NOCH NICHTS DAVON …

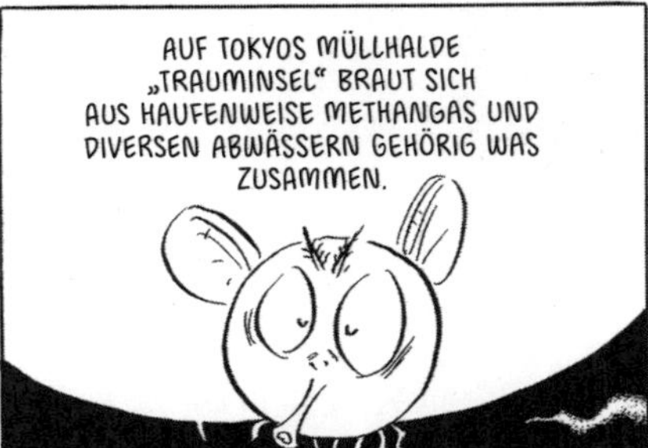
AUF TOKYOS MÜLLHALDE „TRAUMINSEL“ BRAUT SICH AUS HAUFENWEISE METHANGAS UND DIVERSEN ABWÄSSERN GEHÖRIG WAS ZUSAMMEN.

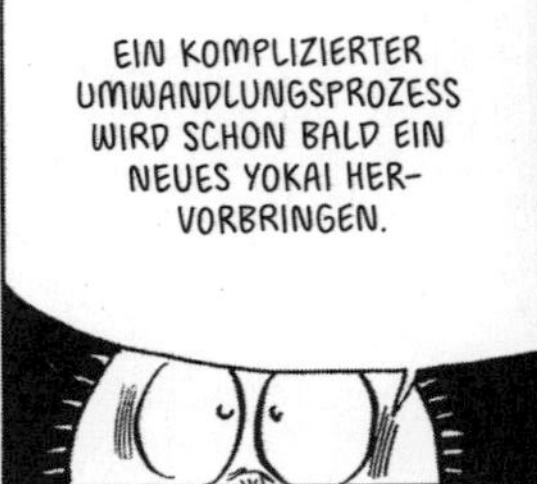
EIN KOMPLIZIERTER UMWANDLUNGSPROZESS WIRD SCHON BALD EIN NEUES YOKAI HERVORBRINGEN.

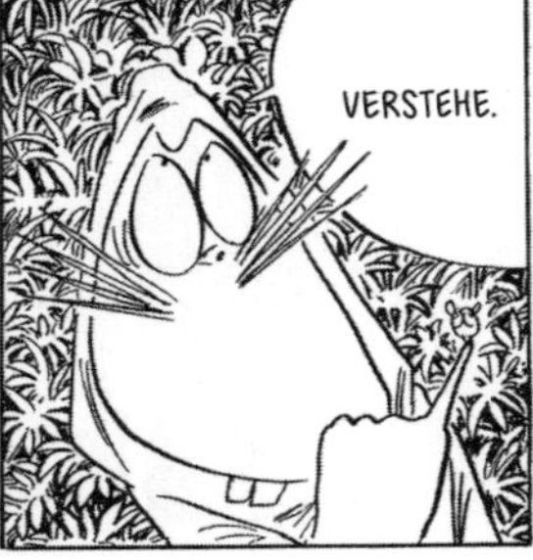
VERSTEHE.

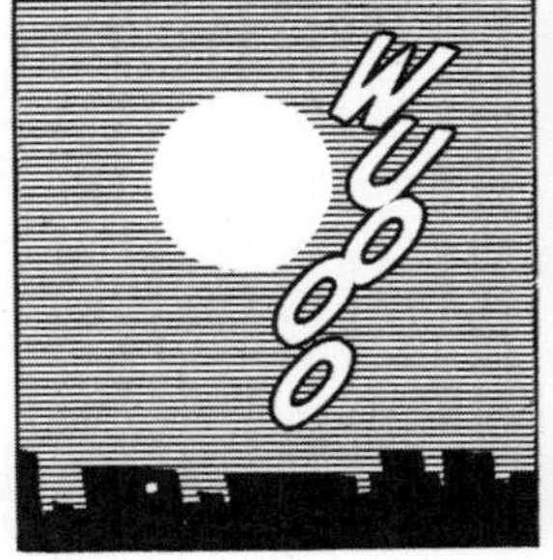
WUOOO

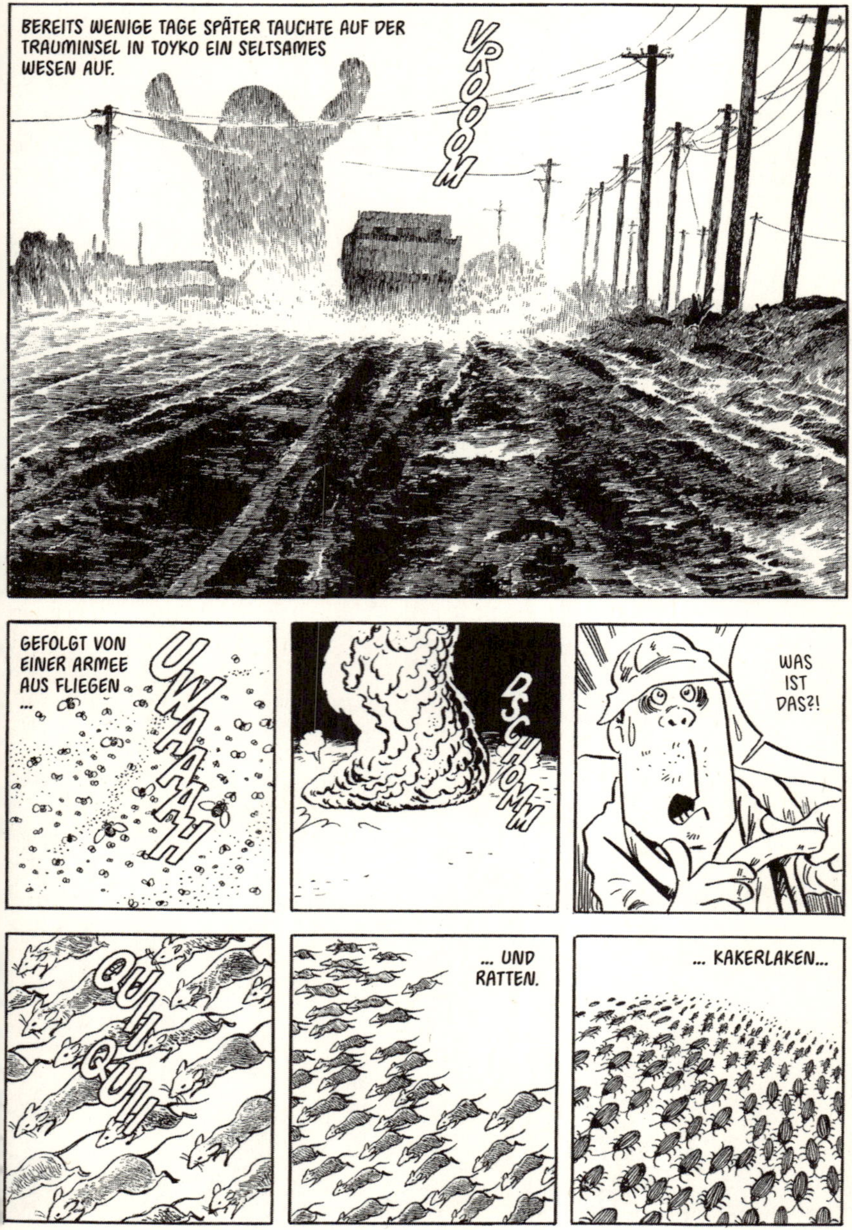

BEREITS WENIGE TAGE SPÄTER TAUCHTE AUF DER TRAUMINSEL IN TOYKO EIN SELTSAMES WESEN AUF.

VROOOOM

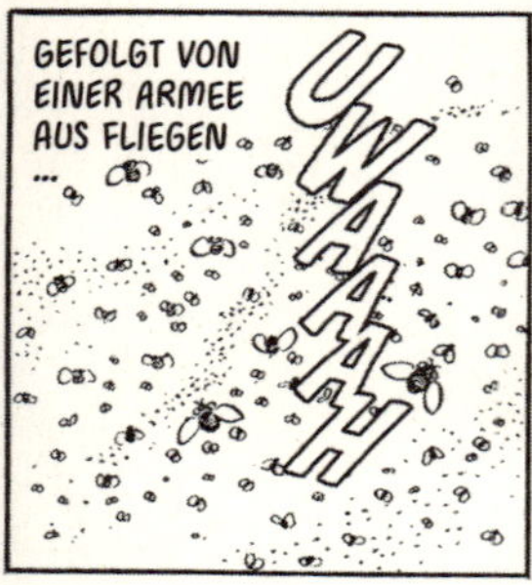

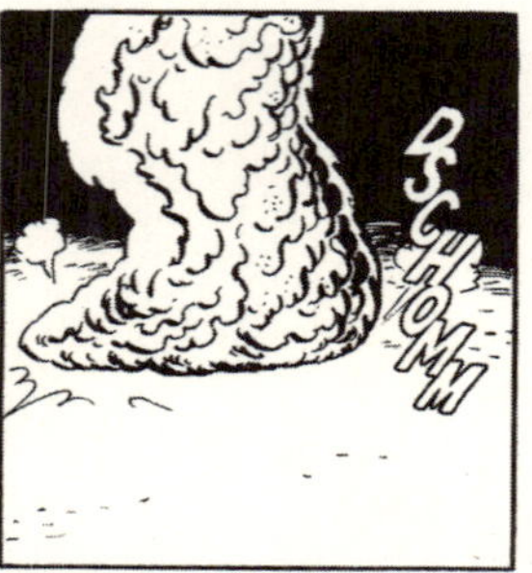

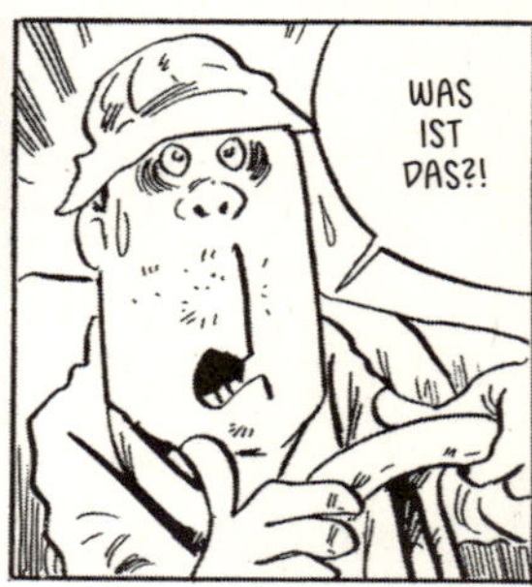

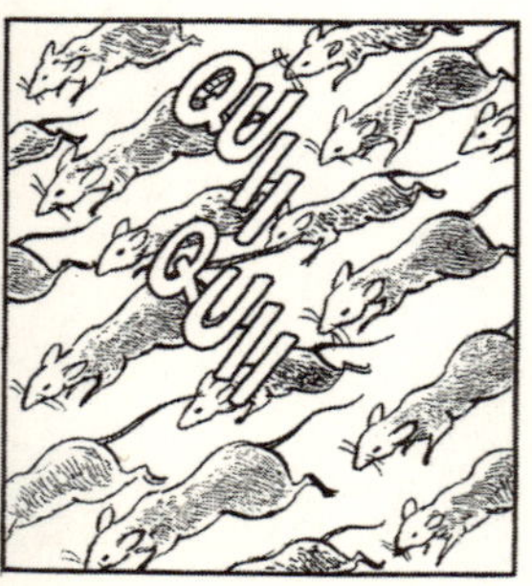

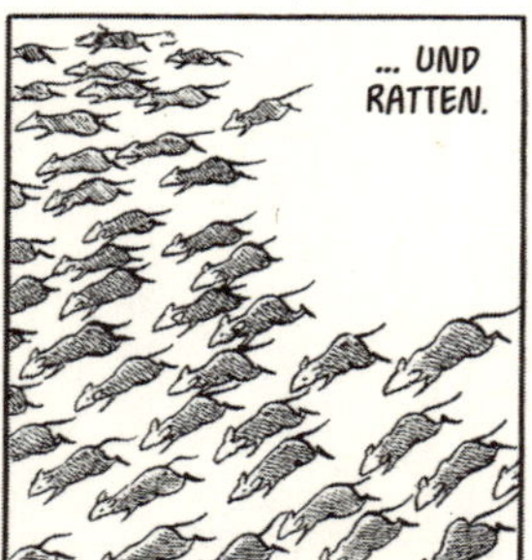

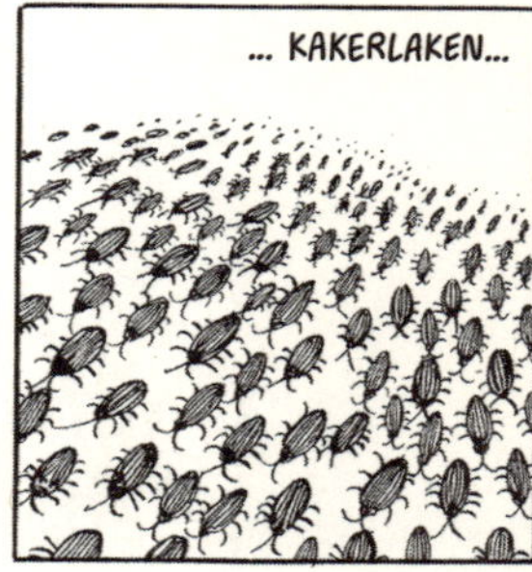

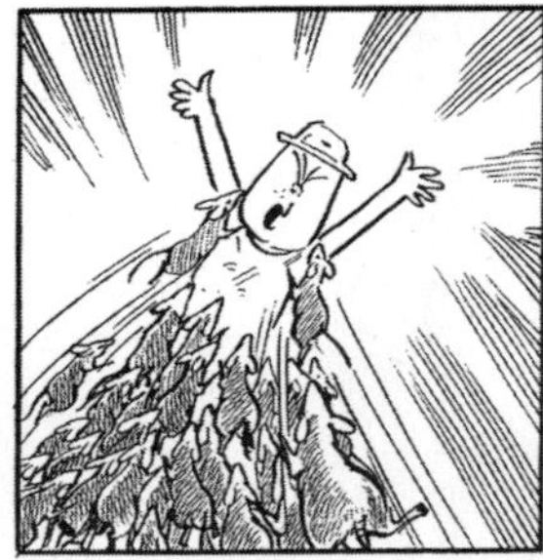

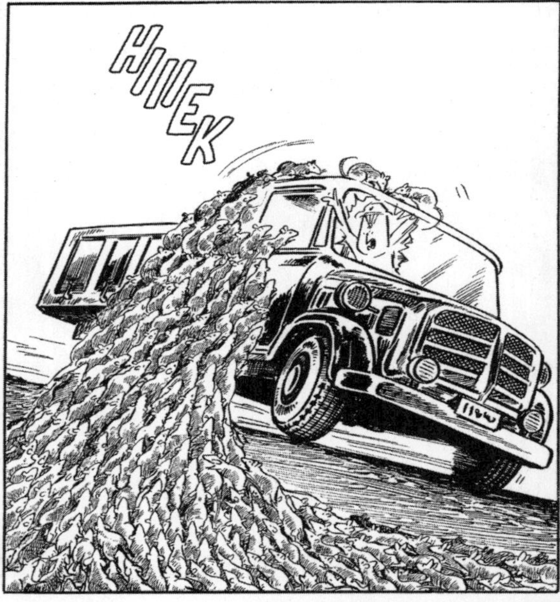
HIIEK

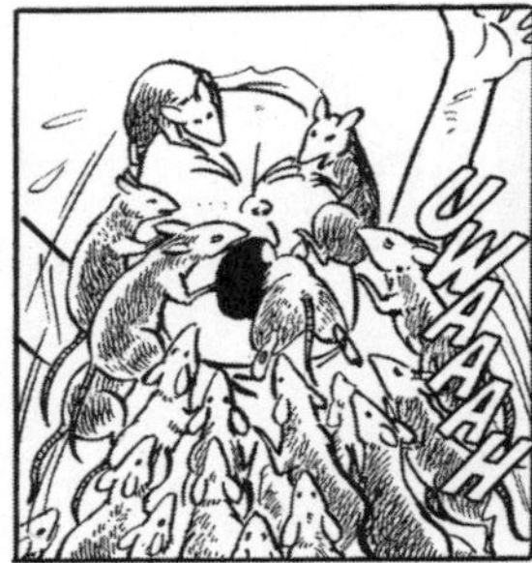
UWAAAAH

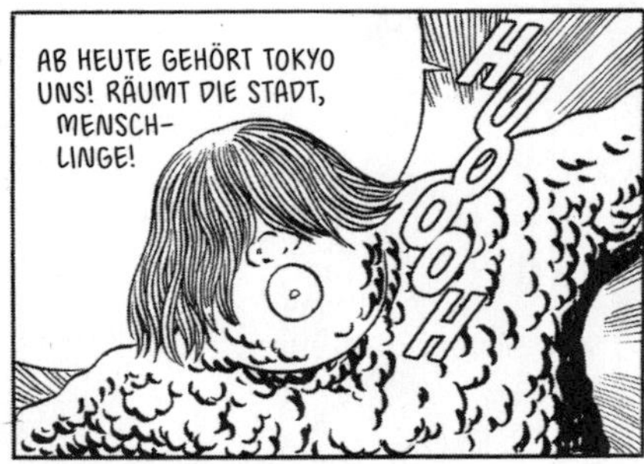
AB HEUTE GEHÖRT TOKYO UNS! RÄUMT DIE STADT, MENSCH-LINGE!
HUOOOOH

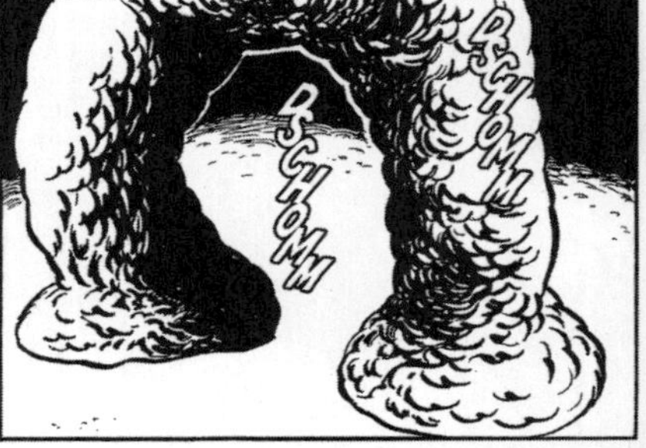
DSCHOMM
DSCHOMM

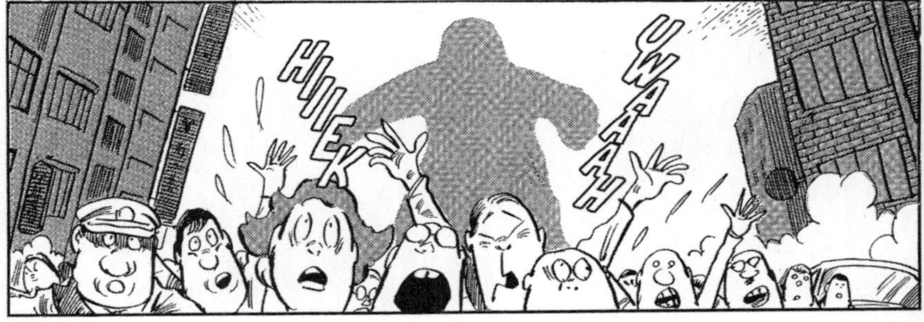
UWAAAAH
HIIEK

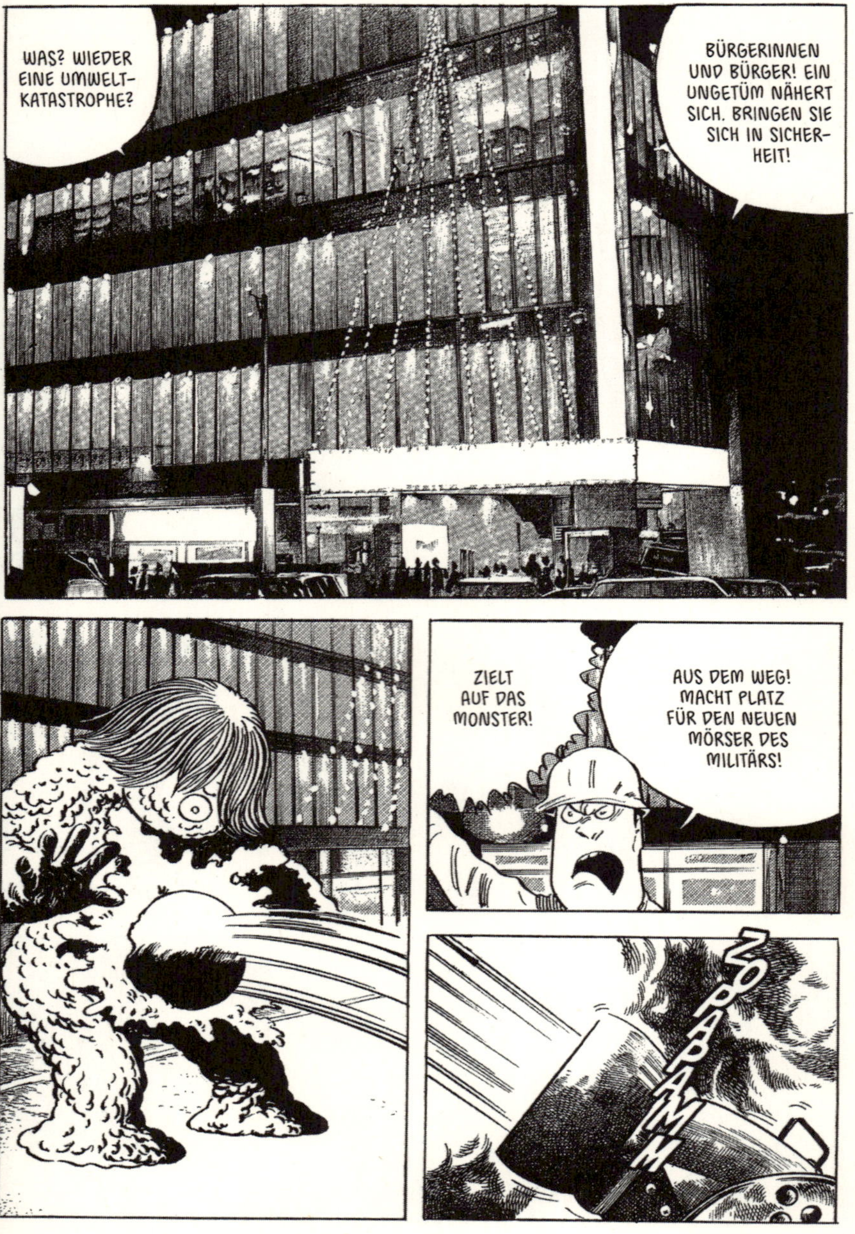

WAS? WIEDER EINE UMWELT-KATASTROPHE?
BÜRGERINNEN UND BÜRGER! EIN UNGETÜM NÄHERT SICH. BRINGEN SIE SICH IN SICHERHEIT!

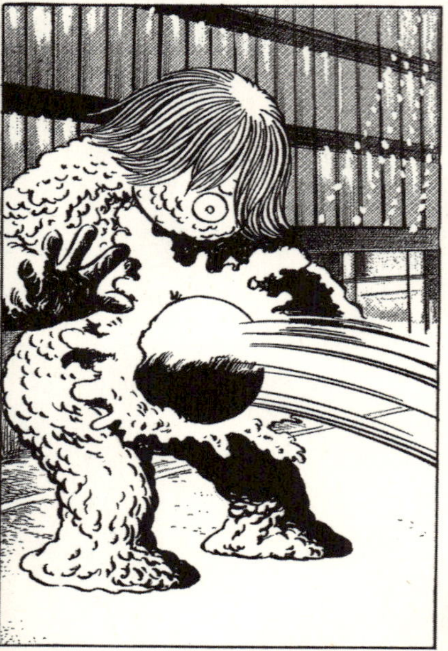

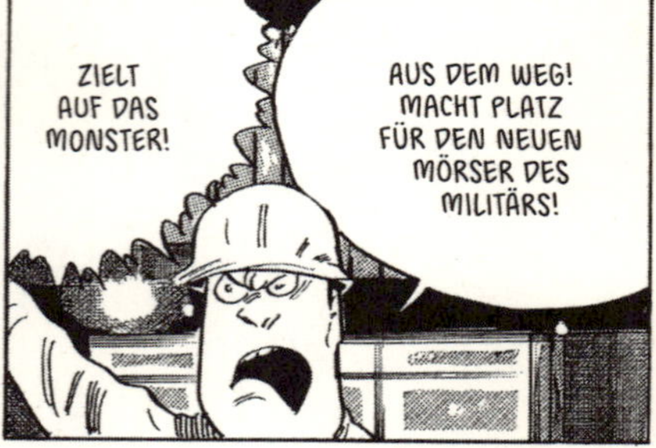

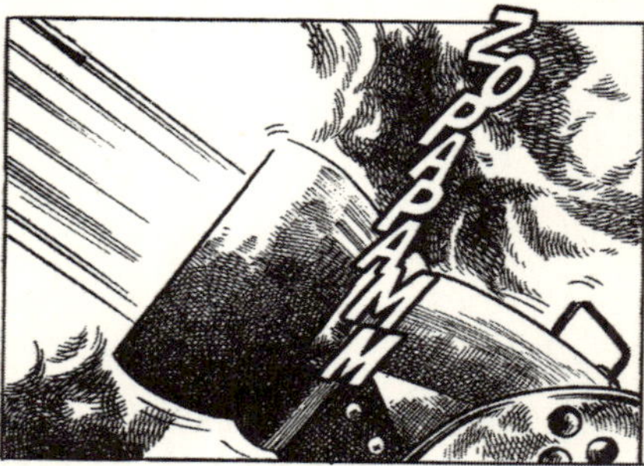

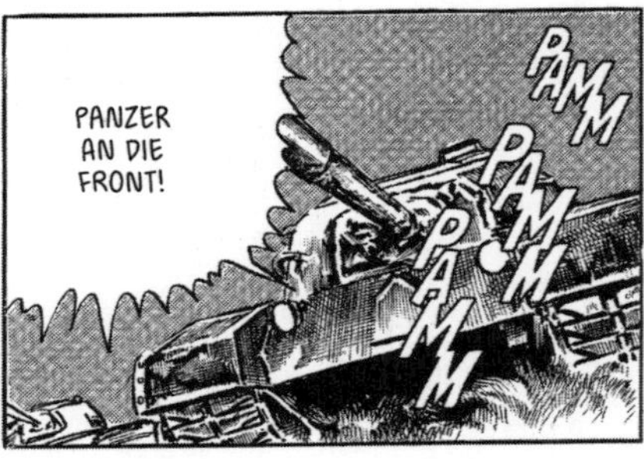
PANZER AN DIE FRONT!
PAMM
PAMM
PAMM

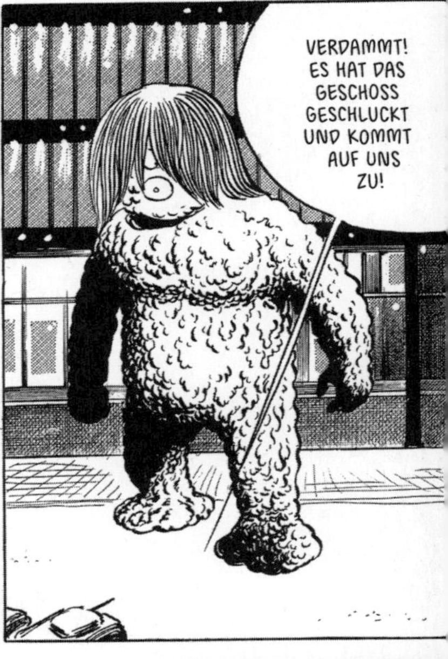
VERDAMMT! ES HAT DAS GESCHOSS GESCHLUCKT UND KOMMT AUF UNS ZU!

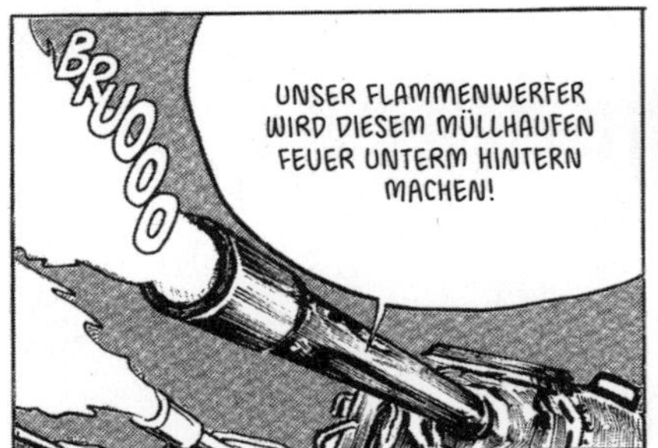
BRUOOO
UNSER FLAMMENWERFER WIRD DIESEM MÜLLHAUFEN FEUER UNTERM HINTERN MACHEN!

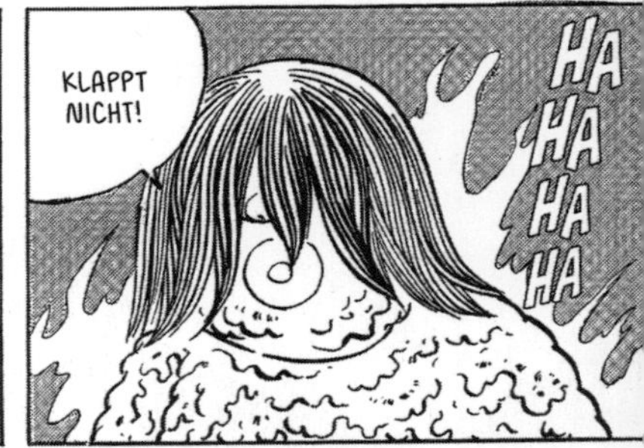
KLAPPT NICHT!
HA HA HA HA HA

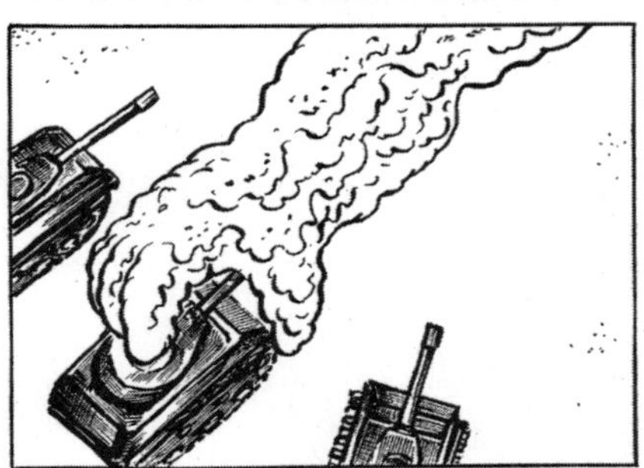

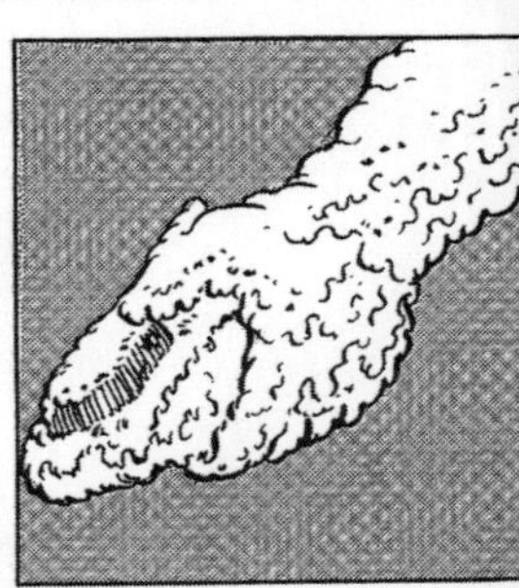

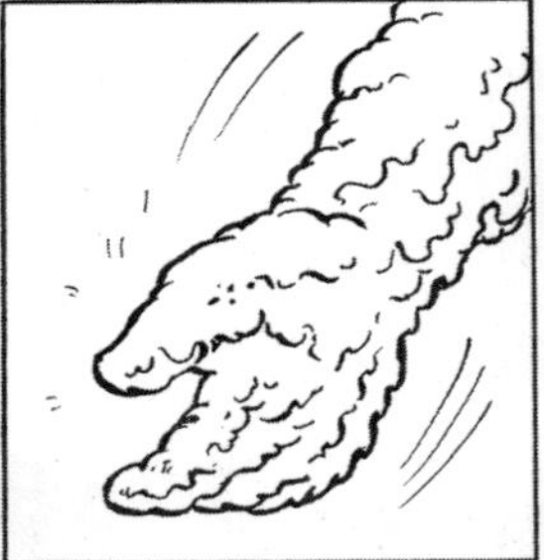

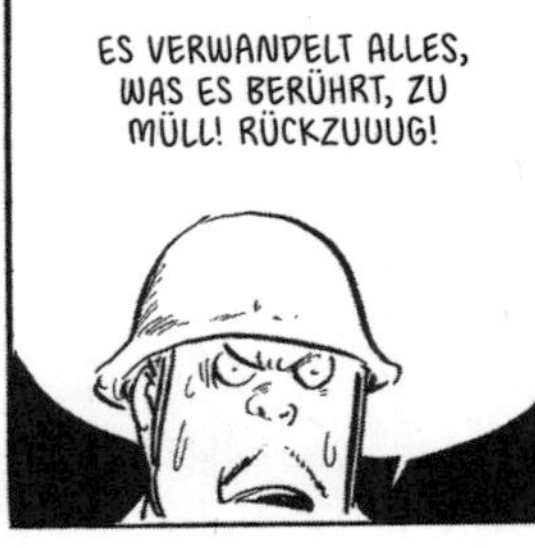
ES VERWANDELT ALLES, WAS ES BERÜHRT, ZU MÜLL! RÜCKZUUUG!

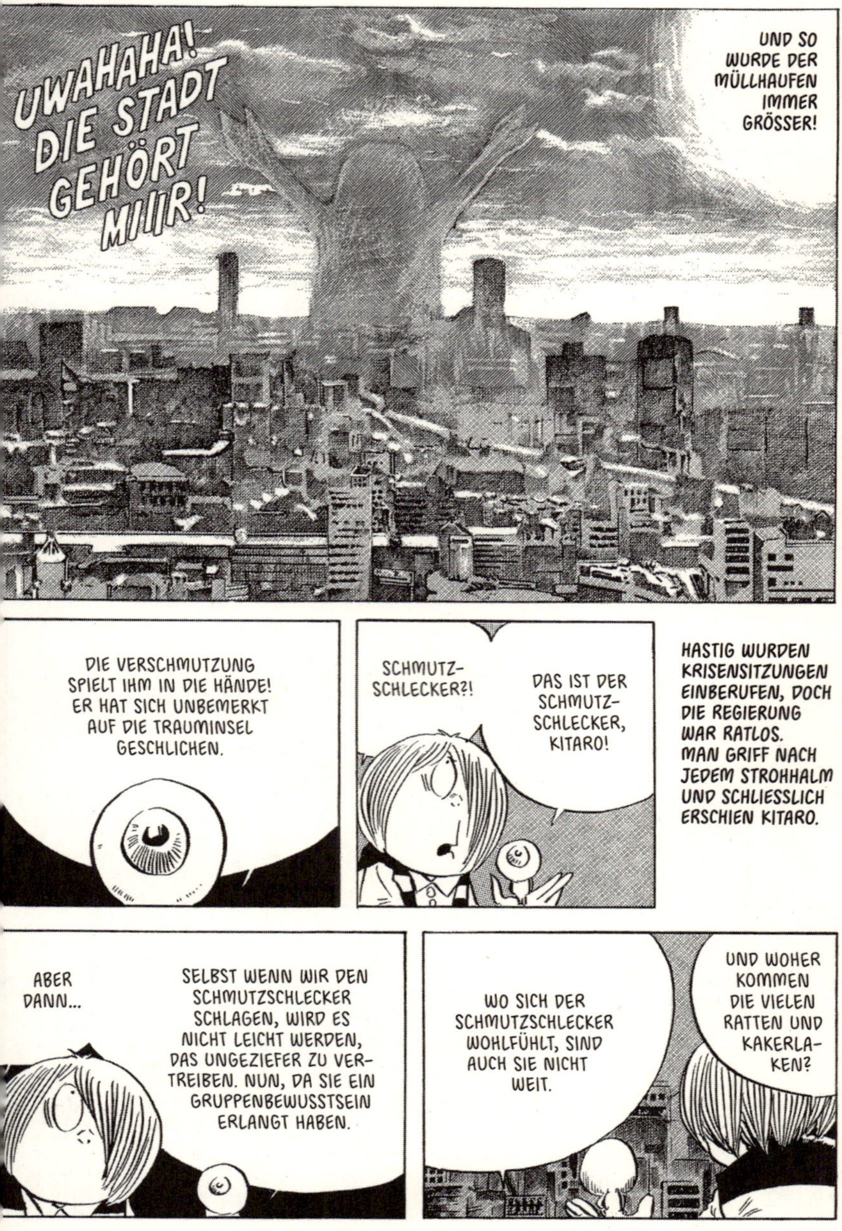

UND SO WURDE DER MÜLLHAUFEN IMMER GRÖSSER!

UWAHAHA! DIE STADT GEHÖRT MIIIR!

HASTIG WURDEN KRISENSITZUNGEN EINBERUFEN, DOCH DIE REGIERUNG WAR RATLOS. MAN GRIFF NACH JEDEM STROHHALM UND SCHLIESSLICH ERSCHIEN KITARO.

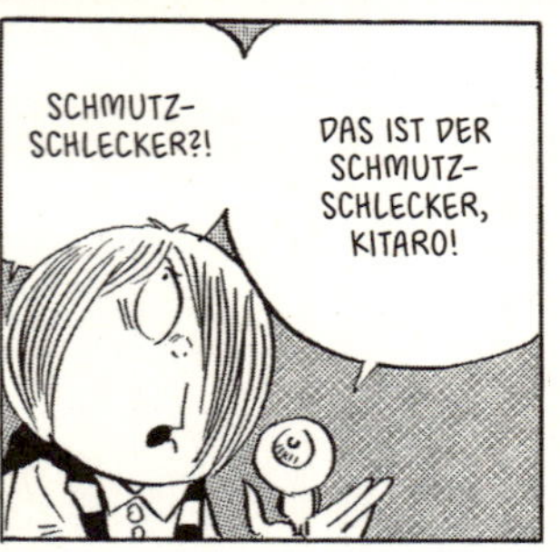

DIE VERSCHMUTZUNG SPIELT IHM IN DIE HÄNDE! ER HAT SICH UNBEMERKT AUF DIE TRAUMINSEL GESCHLICHEN.

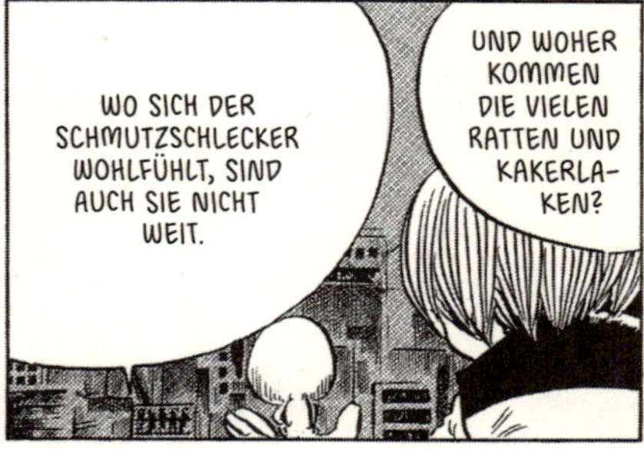

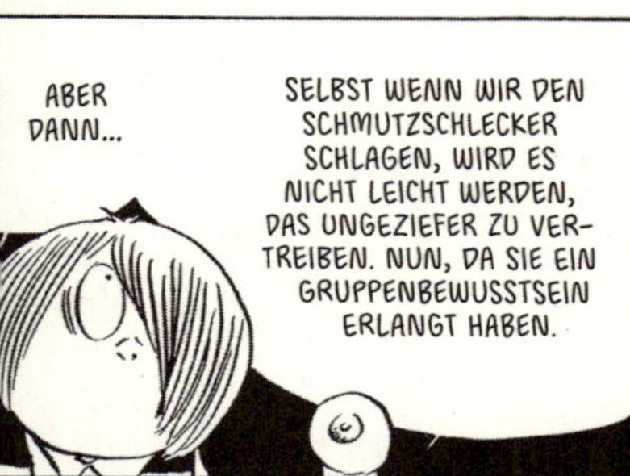

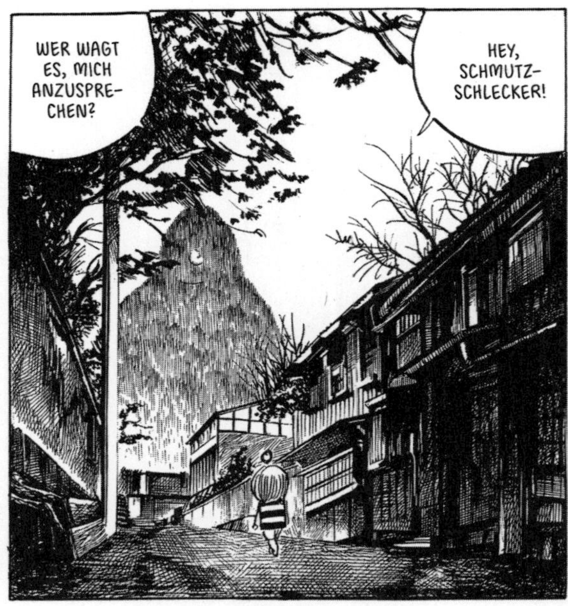
WER WAGT ES, MICH ANZUSPRECHEN?
HEY, SCHMUTZ-SCHLECKER!

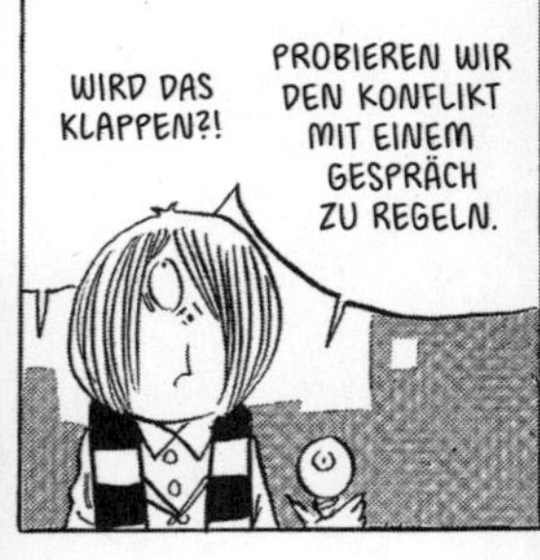
PROBIEREN WIR DEN KONFLIKT MIT EINEM GESPRÄCH ZU REGELN.
WIRD DAS KLAPPEN?!

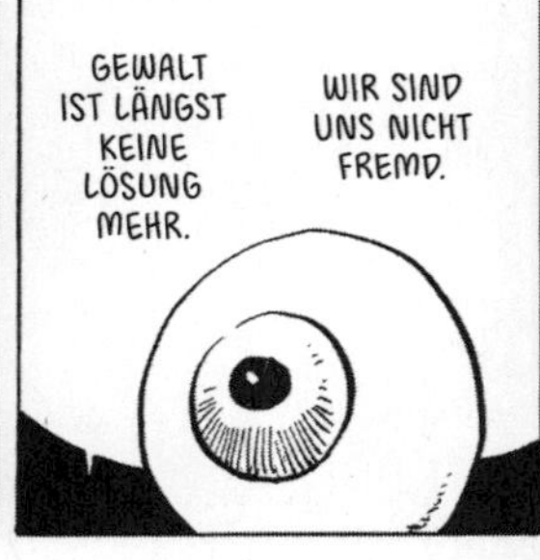
WIR SIND UNS NICHT FREMD.
GEWALT IST LÄNGST KEINE LÖSUNG MEHR.

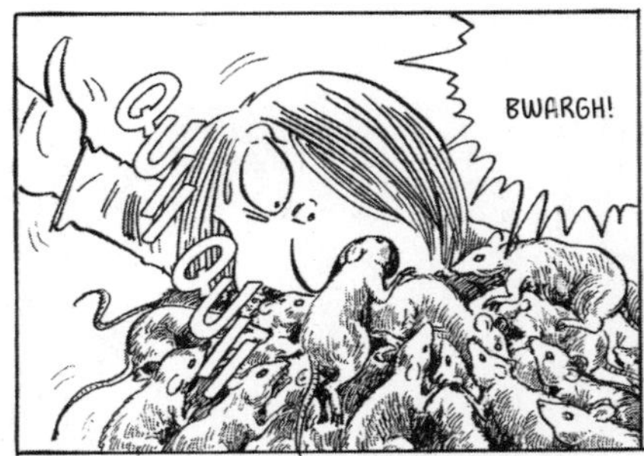
BWARGH!
QUI
QUI

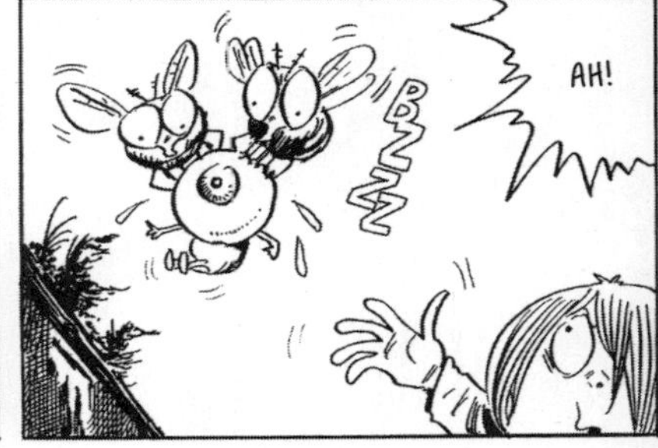
AH!
BZZZ

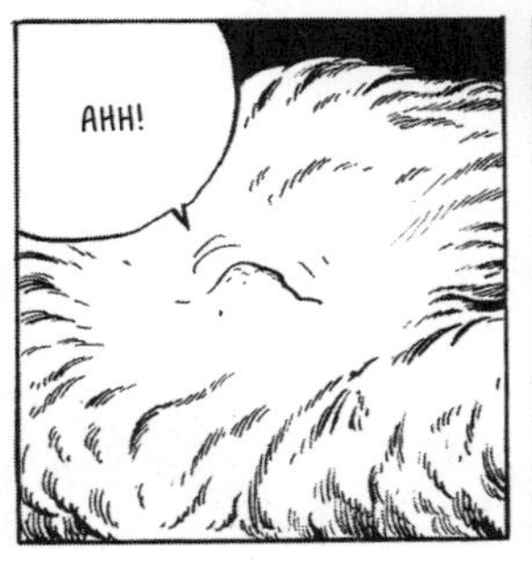
AHH!

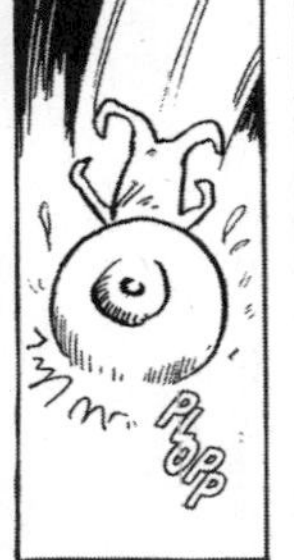
PLOPP

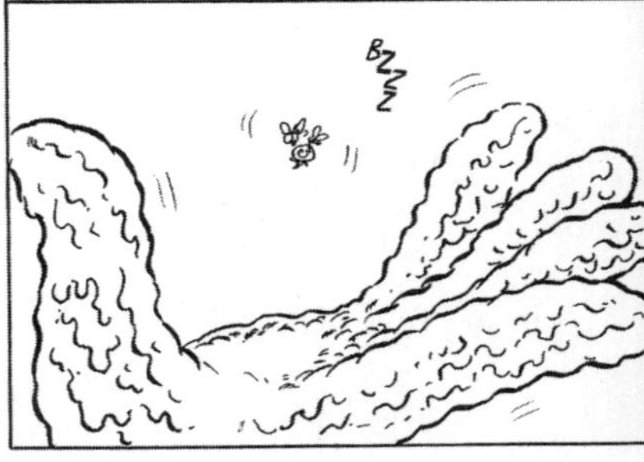
BZZ

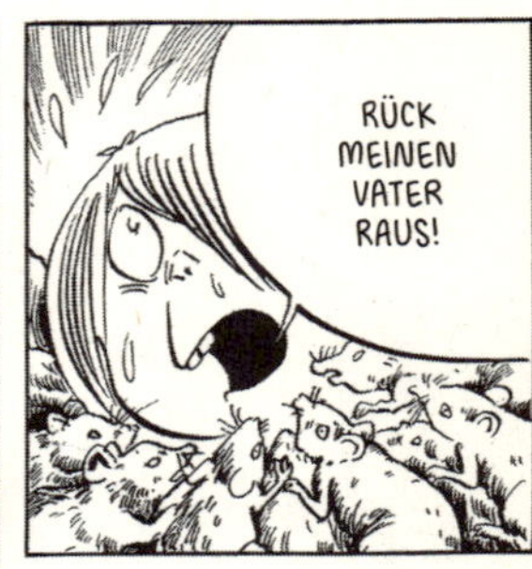

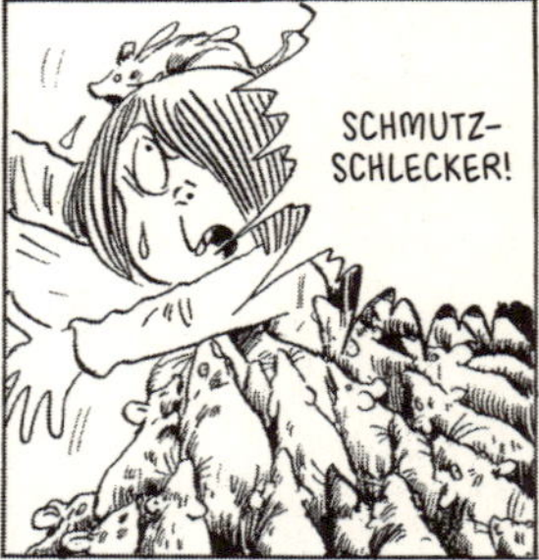

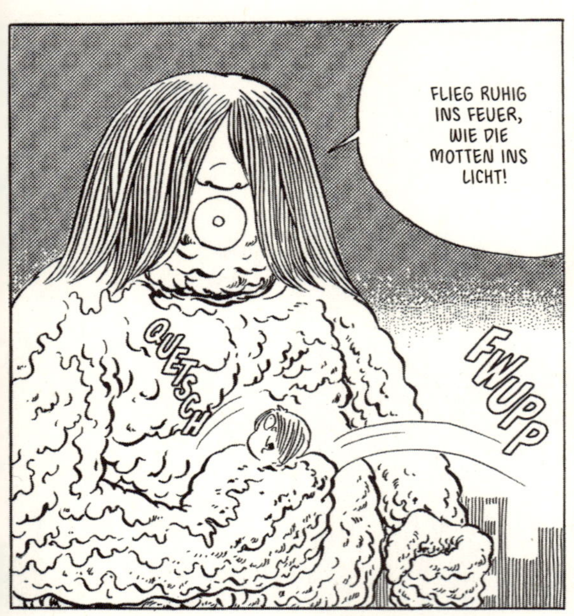

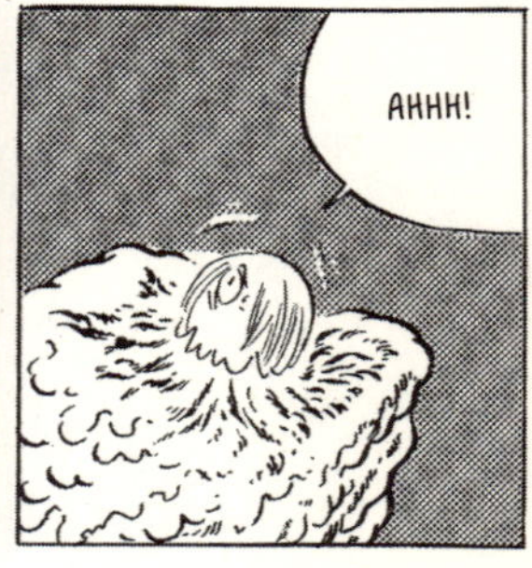

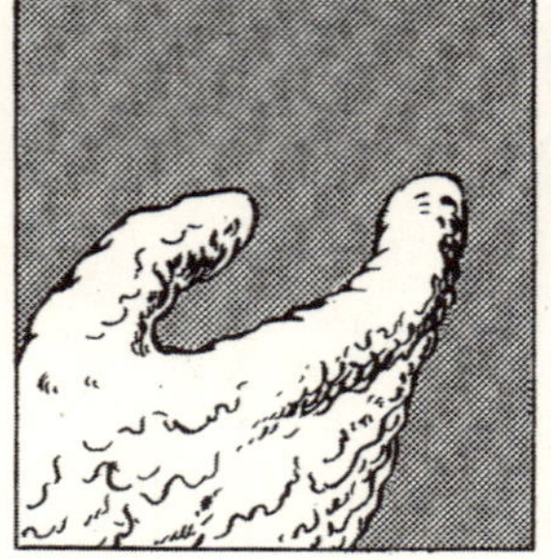

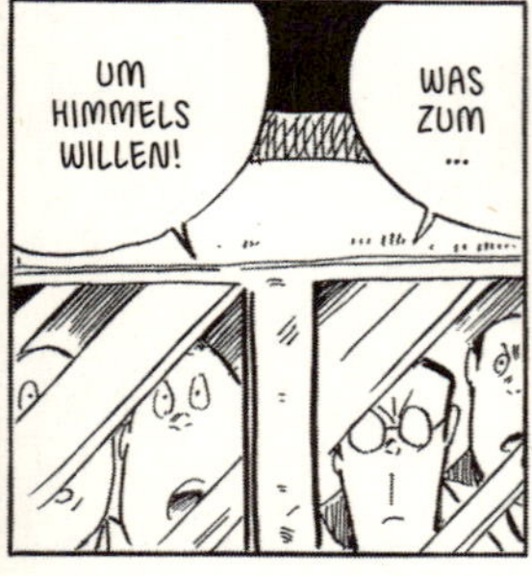

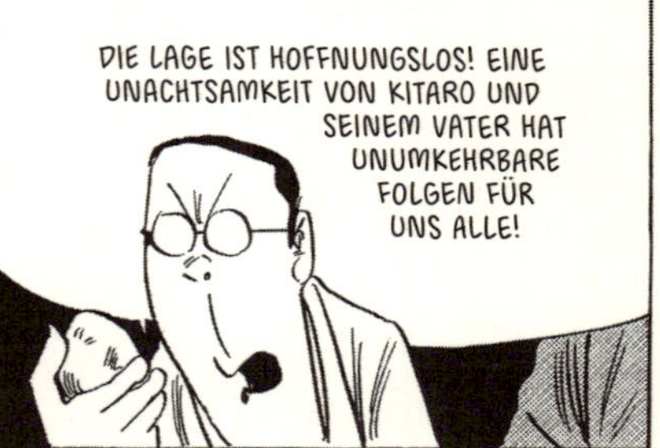

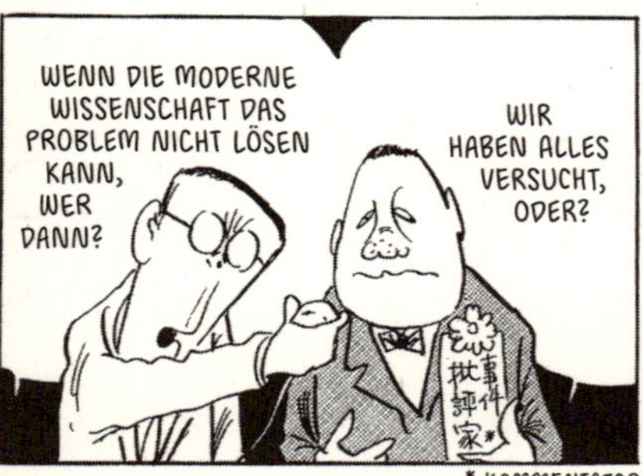

* KOMMENTATOR

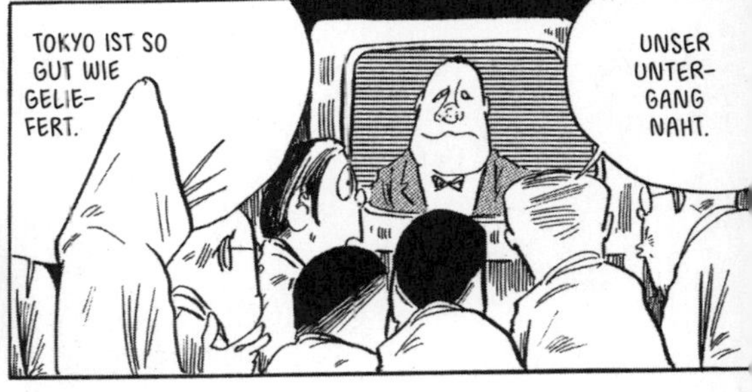

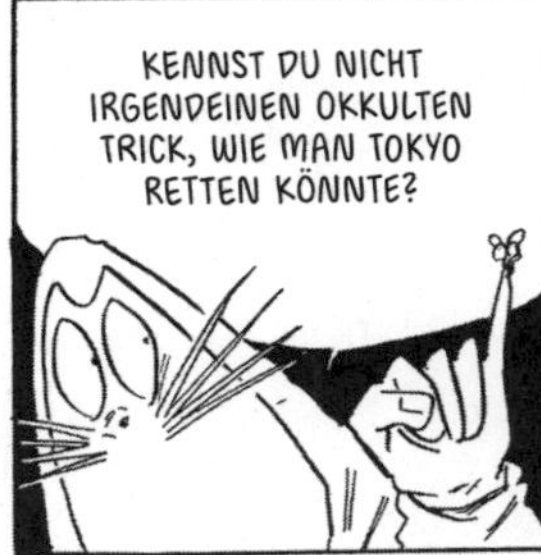

MAN KÖNNTE DEM SCHMUTZSCHLECKER EINEN SAMEN DER URZEITPFLANZE EINPFLANZEN. DIESE WÜRDE IHM SÄMTLICHE NÄHRSTOFFE RAUBEN, BIS ER IRGENDWANN STIRBT.

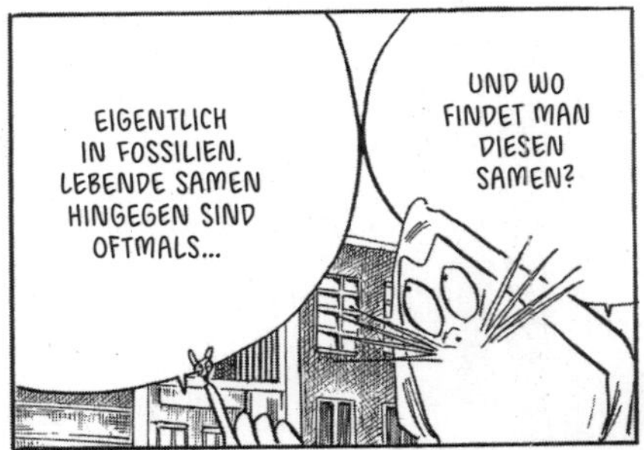

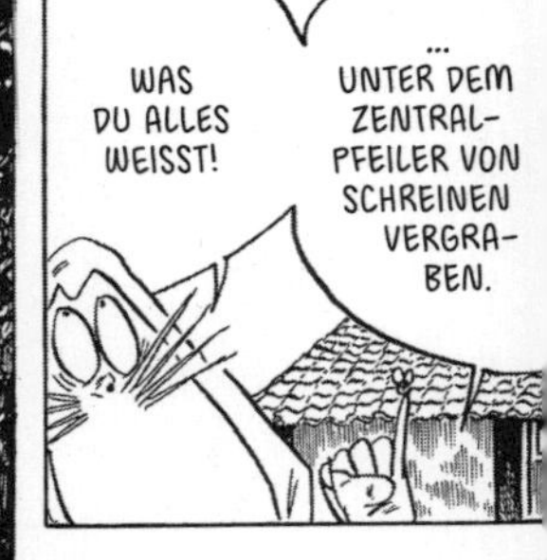

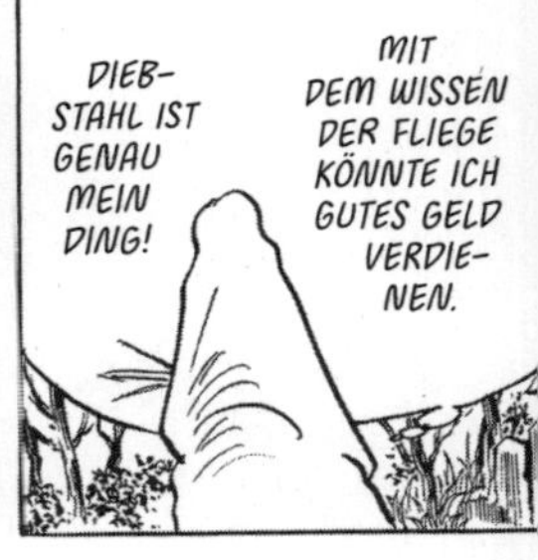

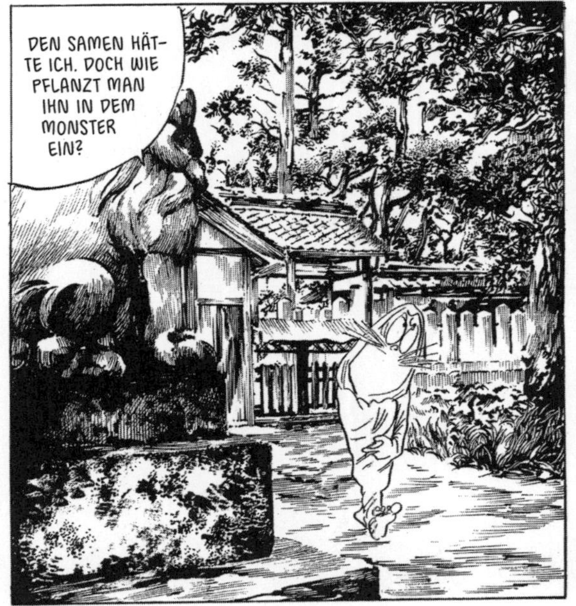

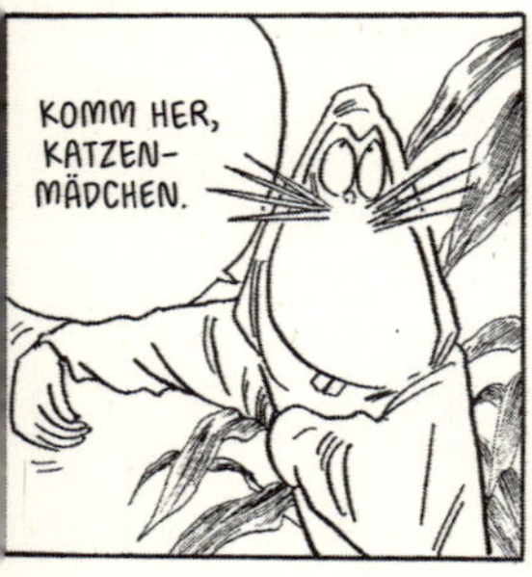
KOMM HER, KATZENMÄDCHEN.

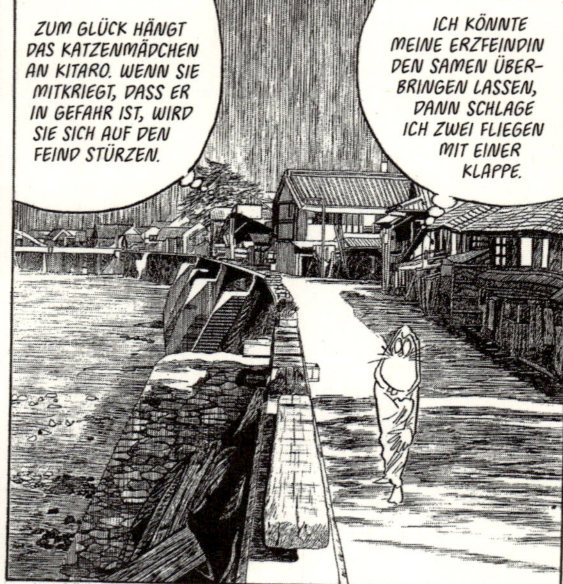
ZUM GLÜCK HÄNGT DAS KATZENMÄDCHEN AN KITARO. WENN SIE MITKRIEGT, DASS ER IN GEFAHR IST, WIRD SIE SICH AUF DEN FEIND STÜRZEN.
ICH KÖNNTE MEINE ERZFEINDIN DEN SAMEN ÜBERBRINGEN LASSEN, DANN SCHLAGE ICH ZWEI FLIEGEN MIT EINER KLAPPE.

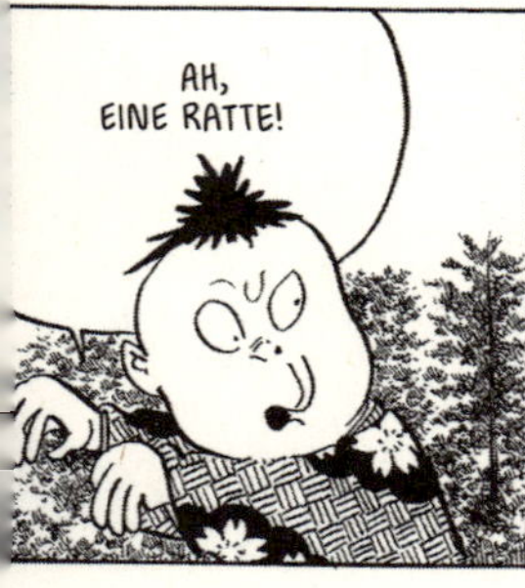
AH, EINE RATTE!

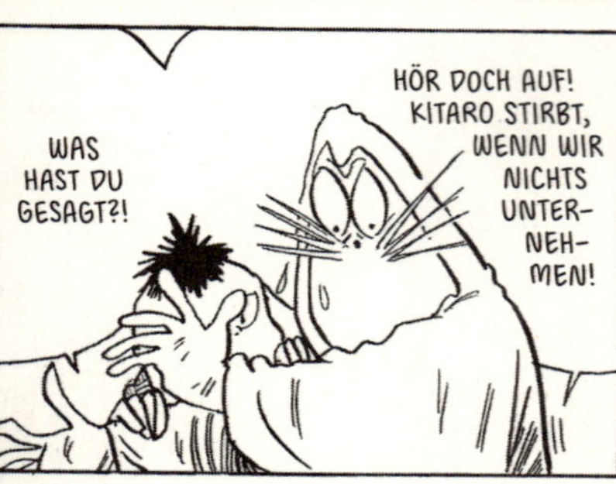
WAS HAST DU GESAGT?!
HÖR DOCH AUF! KITARO STIRBT, WENN WIR NICHTS UNTERNEHMEN!

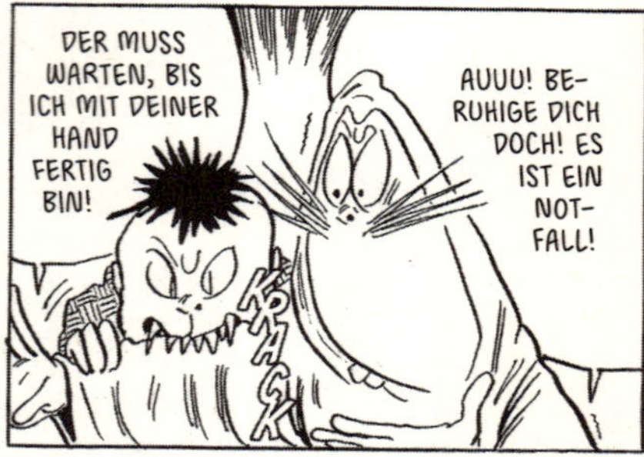
DER MUSS WARTEN, BIS ICH MIT DEINER HAND FERTIG BIN!
KRACK
AUUU! BERUHIGE DICH DOCH! ES IST EIN NOTFALL!

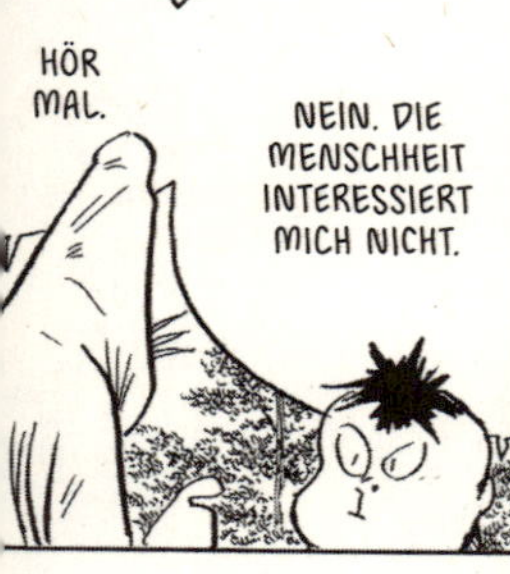
HÖR MAL.
NEIN. DIE MENSCHHEIT INTERESSIERT MICH NICHT.

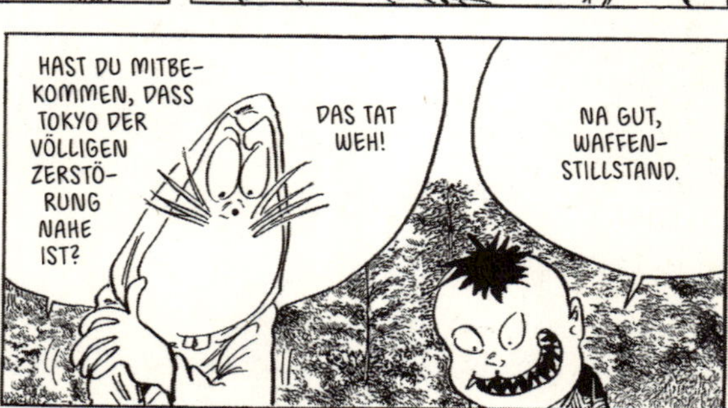
HAST DU MITBEKOMMEN, DASS TOKYO DER VÖLLIGEN ZERSTÖRUNG NAHE IST?
DAS TAT WEH!
NA GUT, WAFFENSTILLSTAND.

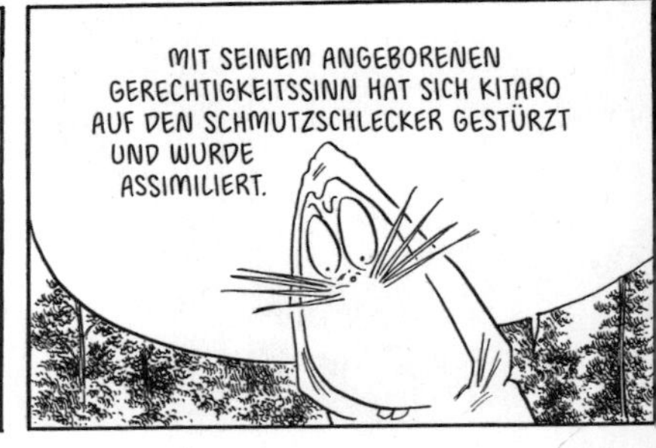
MIT SEINEM ANGEBORENEN GERECHTIGKEITSSINN HAT SICH KITARO AUF DEN SCHMUTZSCHLECKER GESTÜRZT UND WURDE ASSIMILIERT.

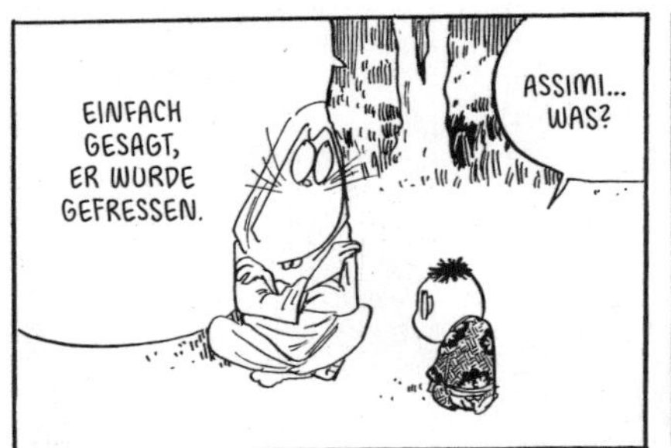
ASSIMI... WAS?
EINFACH GESAGT, ER WURDE GEFRESSEN.

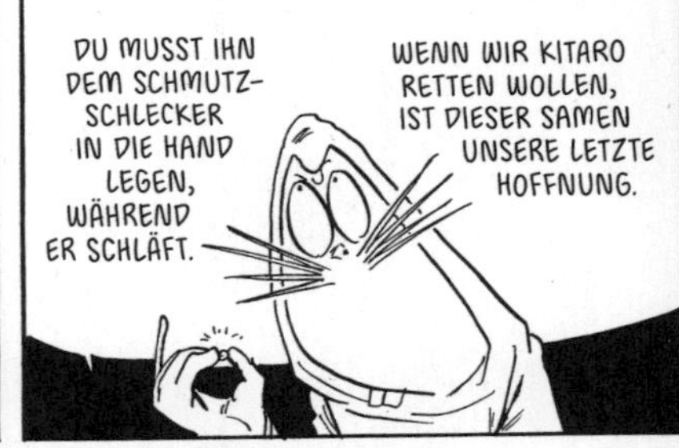
WENN WIR KITARO RETTEN WOLLEN, IST DIESER SAMEN UNSERE LETZTE HOFFNUNG.
DU MUSST IHN DEM SCHMUTZ-SCHLECKER IN DIE HAND LEGEN, WÄHREND ER SCHLÄFT.

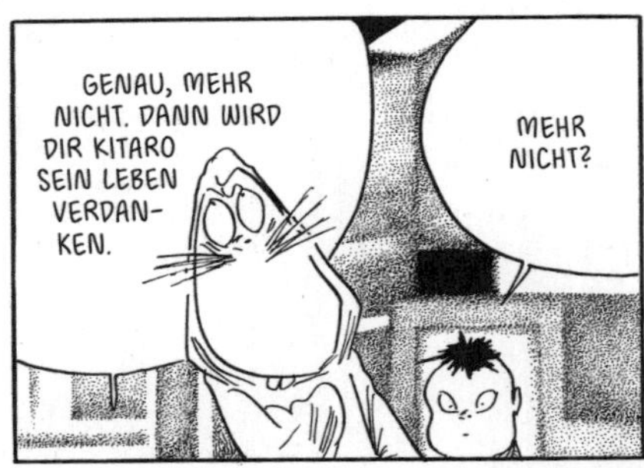
MEHR NICHT?
GENAU, MEHR NICHT. DANN WIRD DIR KITARO SEIN LEBEN VERDAN-KEN.

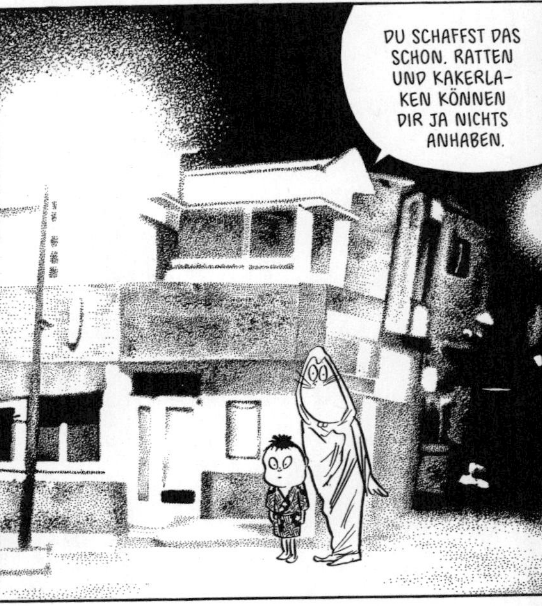
DU SCHAFFST DAS SCHON. RATTEN UND KAKERLA-KEN KÖNNEN DIR JA NICHTS ANHABEN.

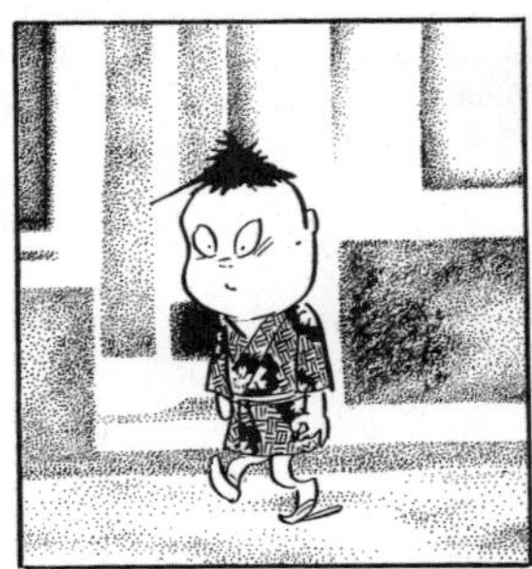

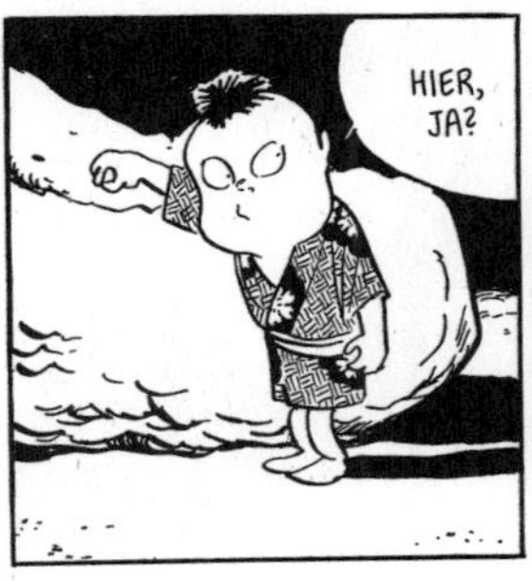
HIER, JA?

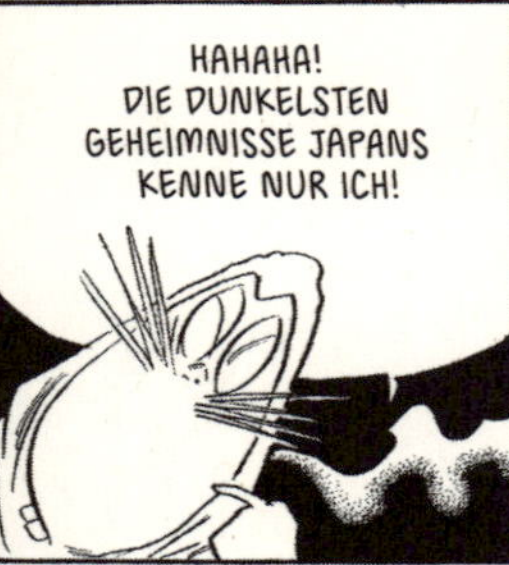
HAHAHA!
DIE DUNKELSTEN
GEHEIMNISSE JAPANS
KENNE NUR ICH!

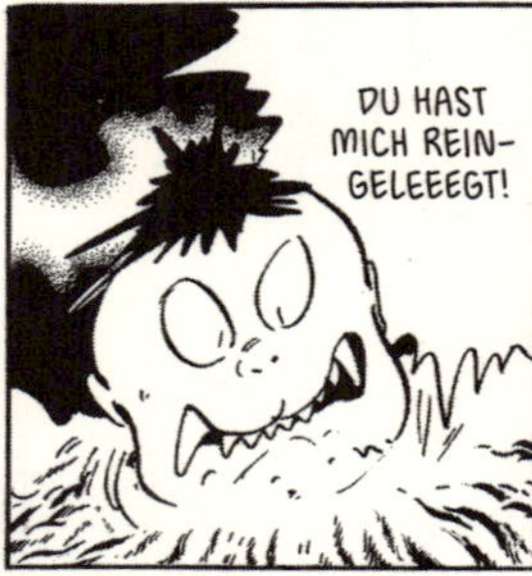
DU HAST
MICH REIN-
GELEEEGT!

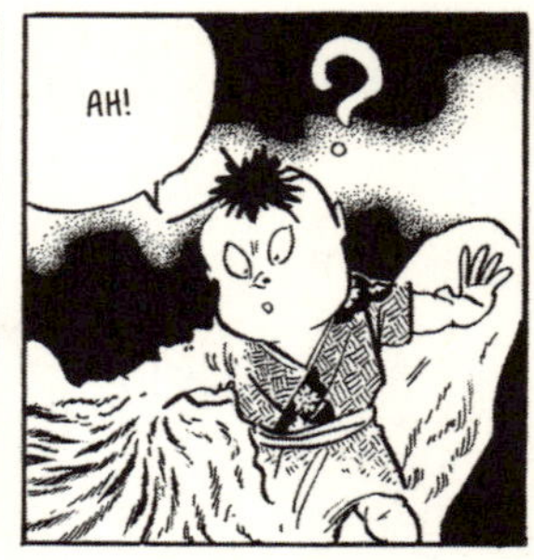
AH!
?

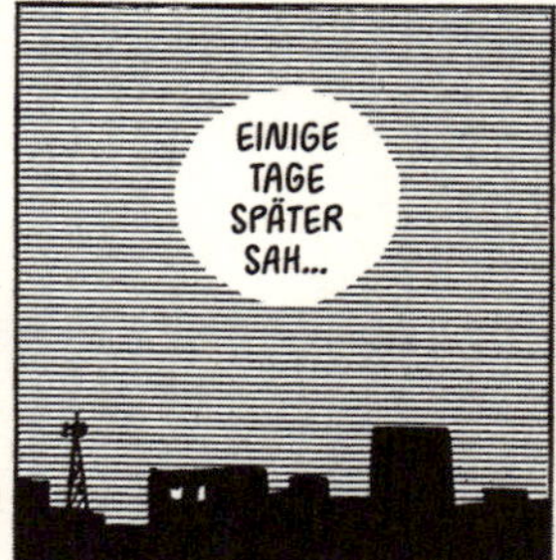
EINIGE
TAGE
SPÄTER
SAH...

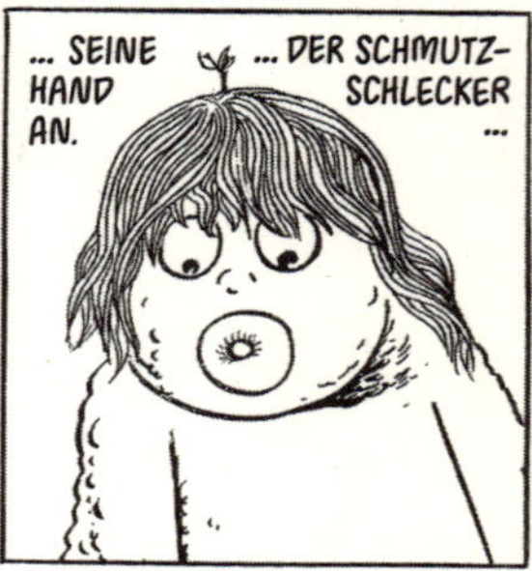
... DER SCHMUTZ-
SCHLECKER
...
... SEINE
HAND
AN.

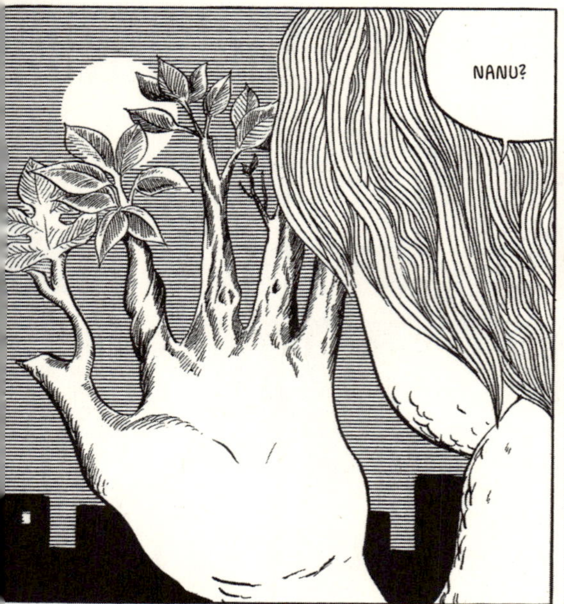
NANU?

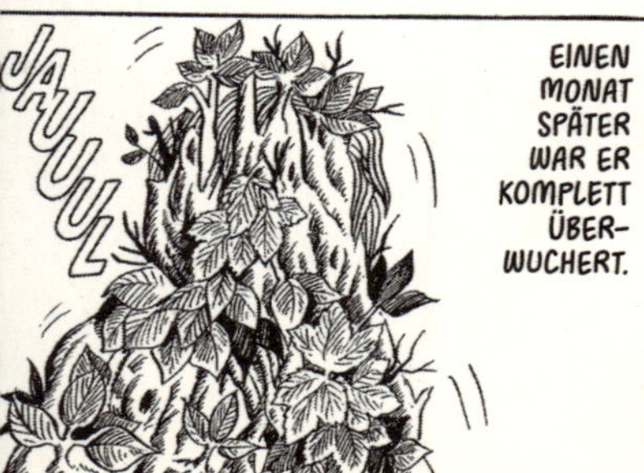
EINEN
MONAT
SPÄTER
WAR ER
KOMPLETT
ÜBER-
WUCHERT.
JAUUL

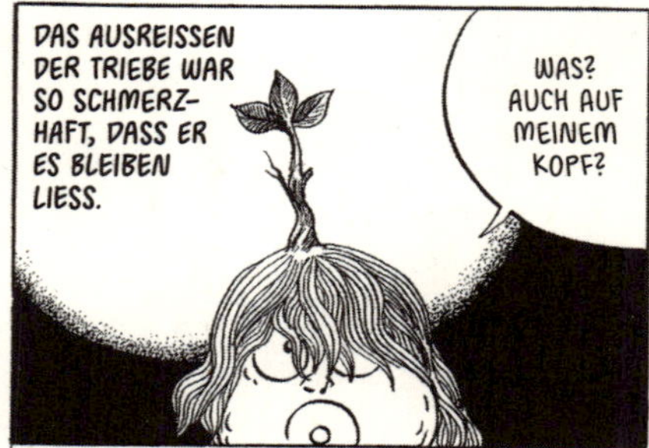
DAS AUSREISSEN
DER TRIEBE WAR
SO SCHMERZ-
HAFT, DASS ER
ES BLEIBEN
LIESS.
WAS?
AUCH AUF
MEINEM
KOPF?

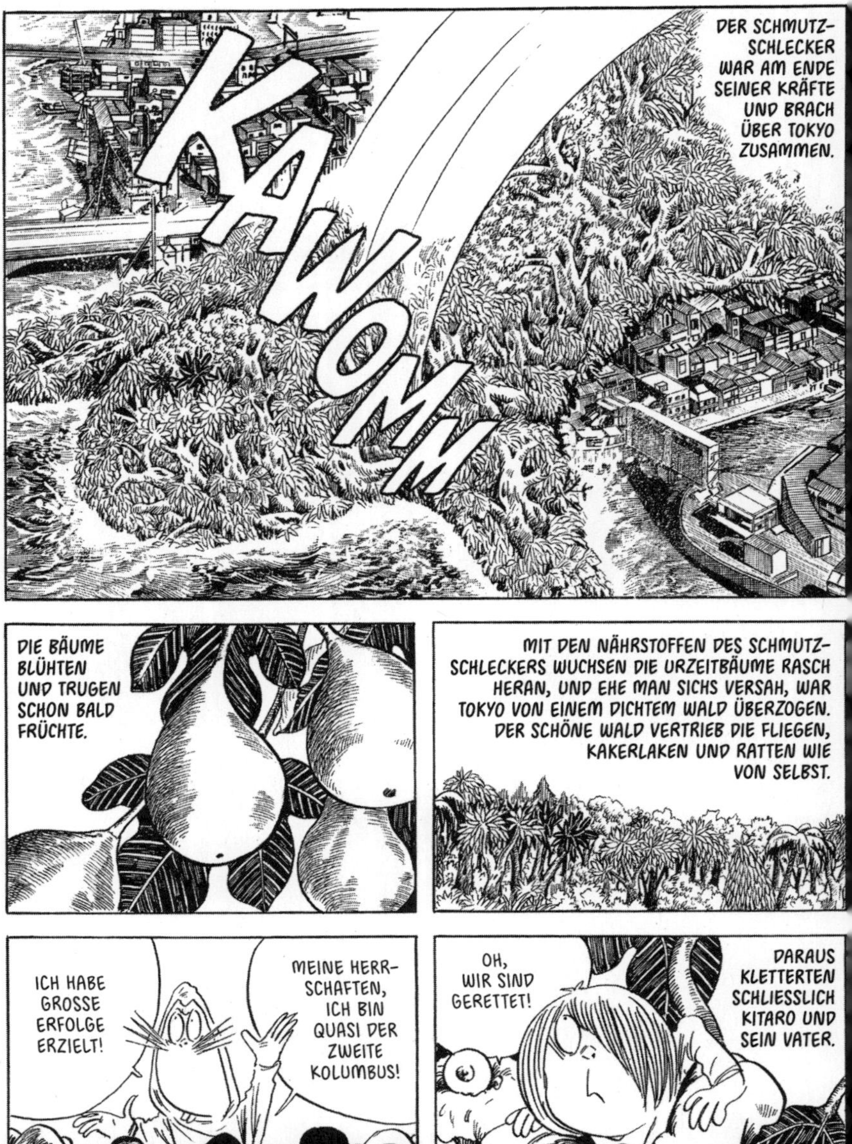

KAWOMM

DER SCHMUTZ-SCHLECKER WAR AM ENDE SEINER KRÄFTE UND BRACH ÜBER TOKYO ZUSAMMEN.

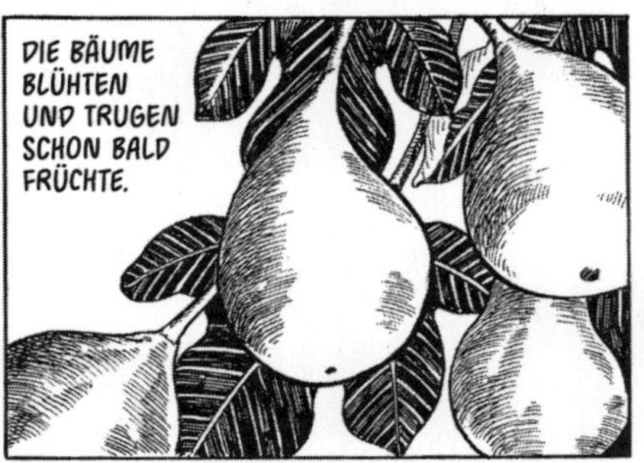

MIT DEN NÄHRSTOFFEN DES SCHMUTZ-SCHLECKERS WUCHSEN DIE URZEITBÄUME RASCH HERAN, UND EHE MAN SICHS VERSAH, WAR TOKYO VON EINEM DICHTEM WALD ÜBERZOGEN. DER SCHÖNE WALD VERTRIEB DIE FLIEGEN, KAKERLAKEN UND RATTEN WIE VON SELBST.

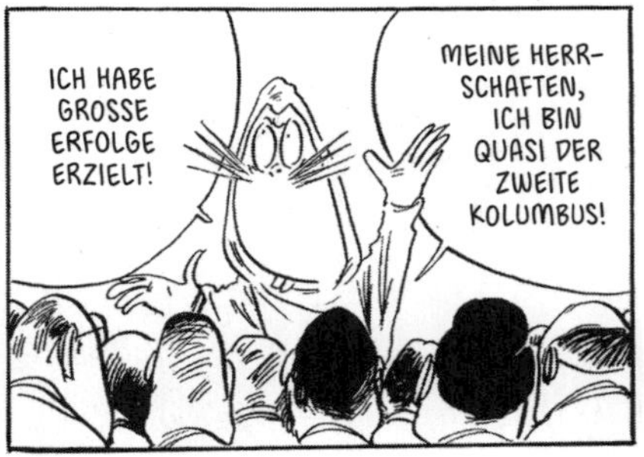

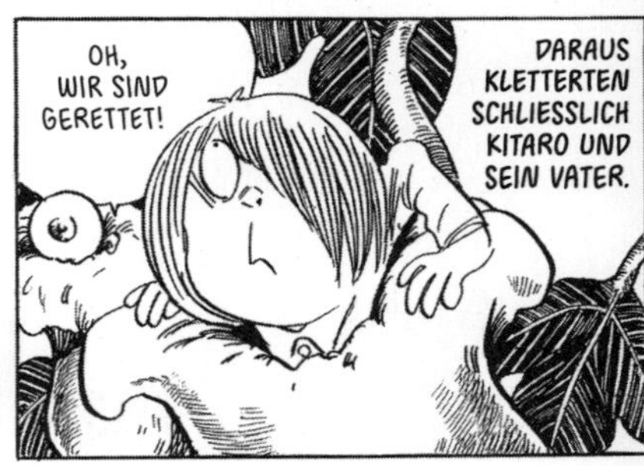

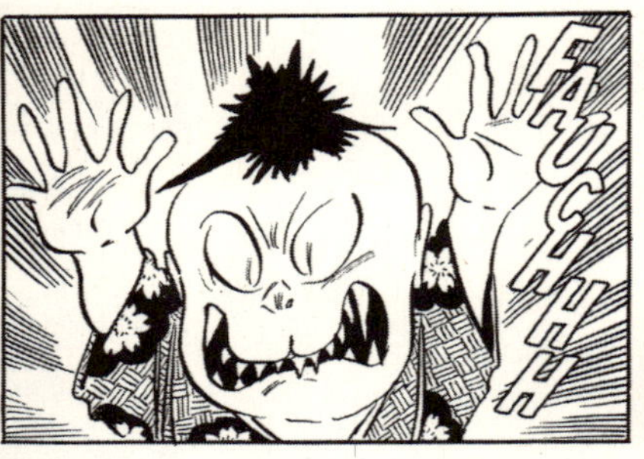

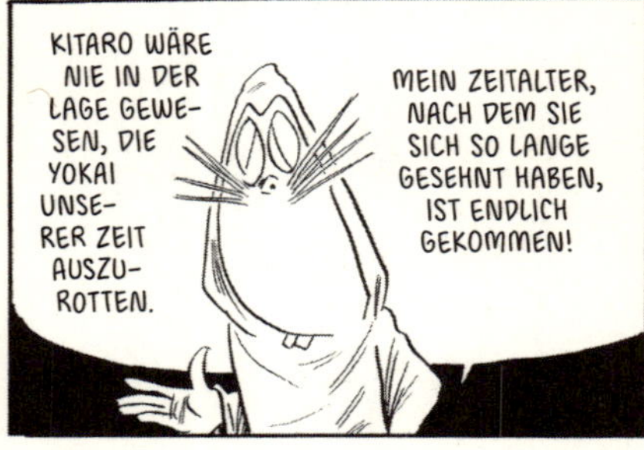

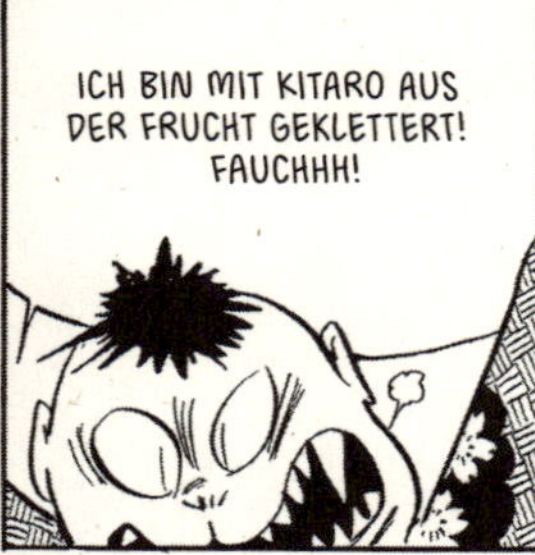

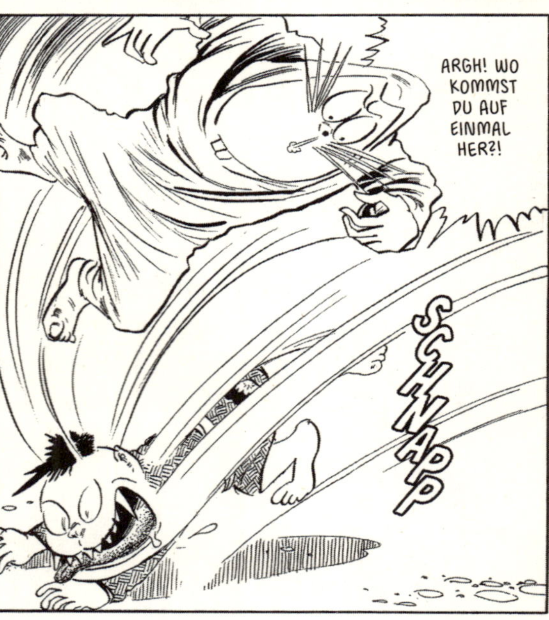

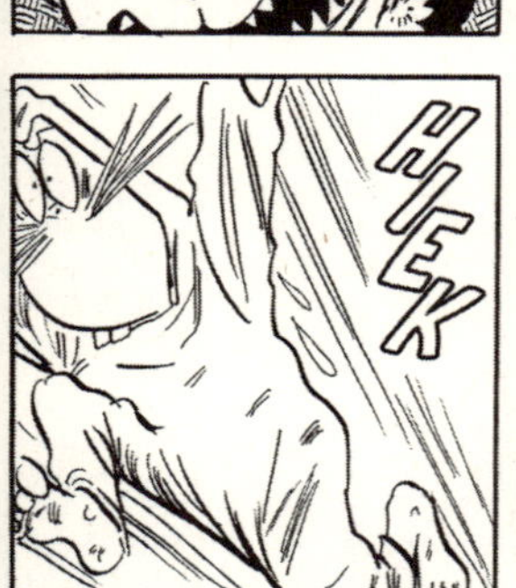

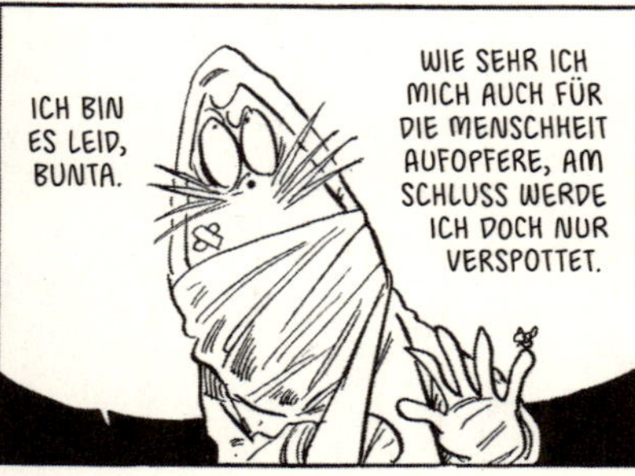

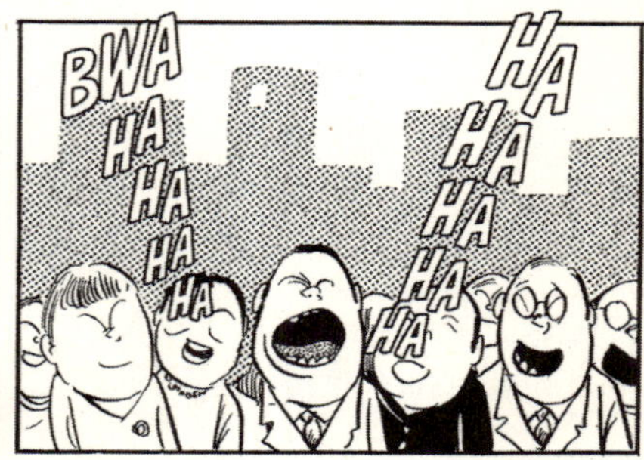

Schmutzschlecker – Ende

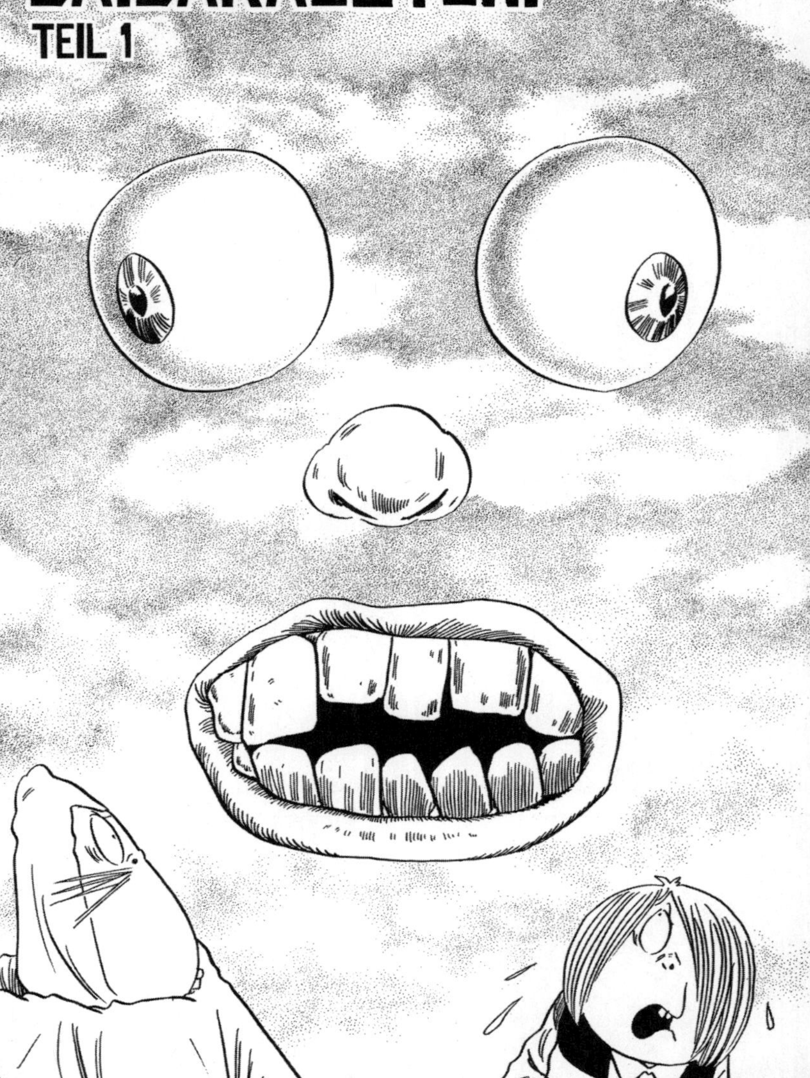
DAIDARABOTCHI
TEIL 1

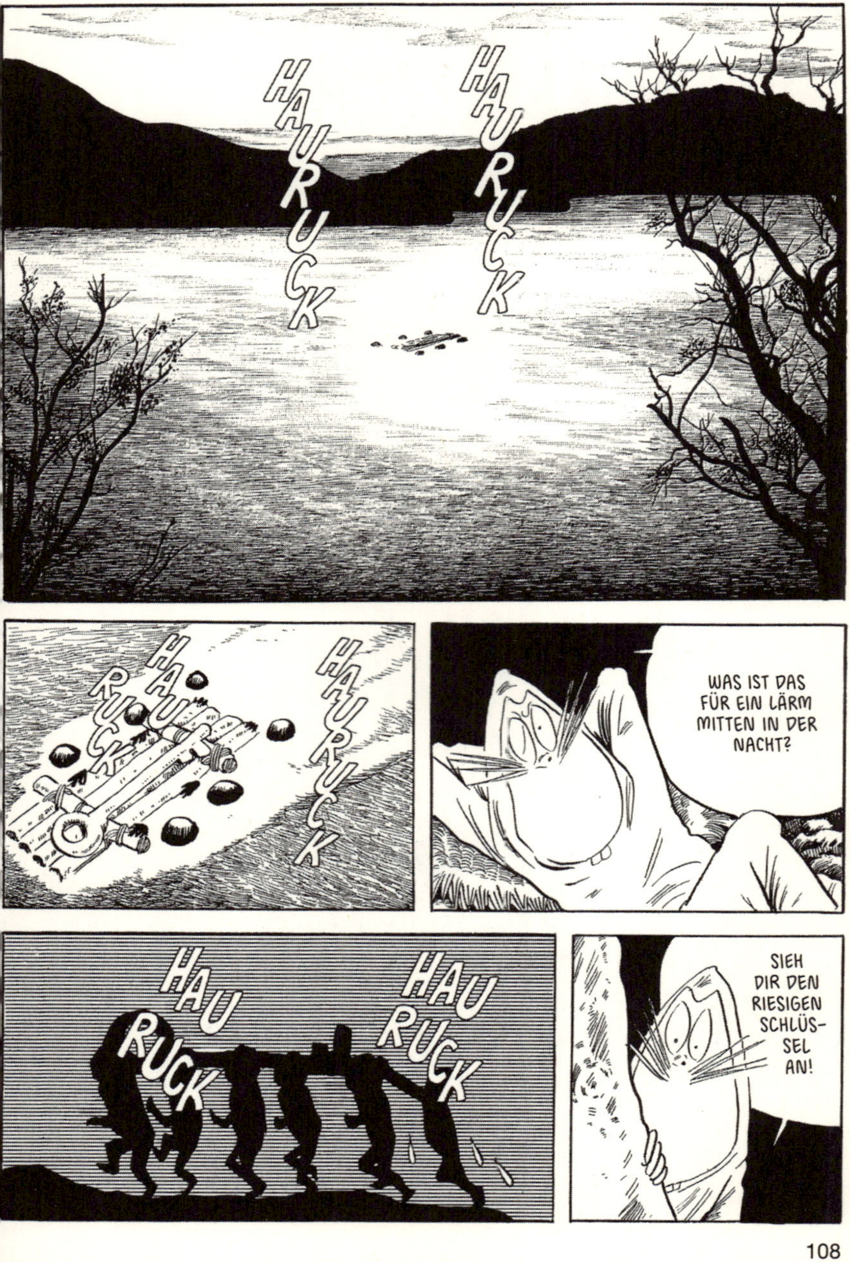

HAURUCK
HAURUCK

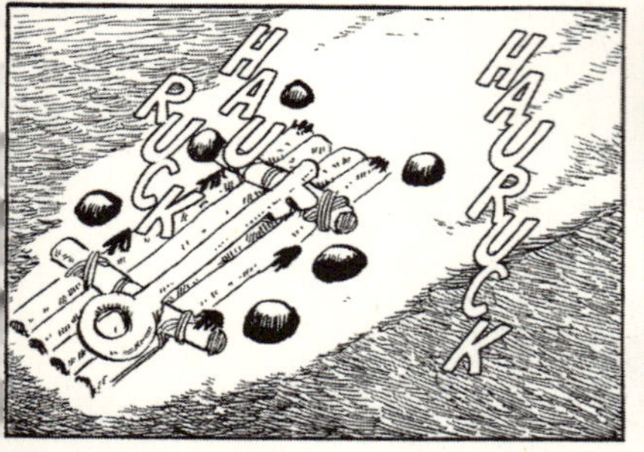
HAURUCK
HAURUCK

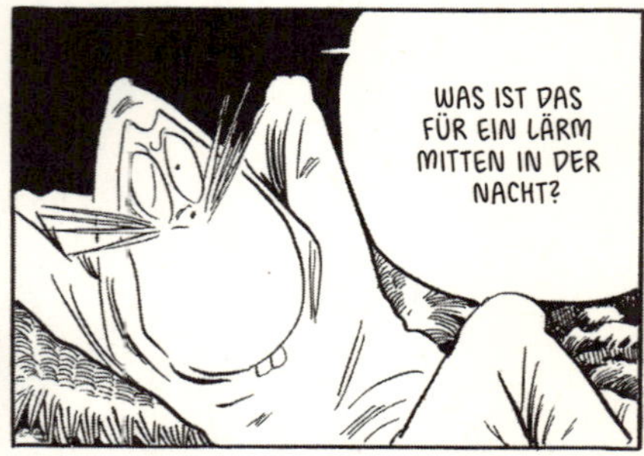
WAS IST DAS FÜR EIN LÄRM MITTEN IN DER NACHT?

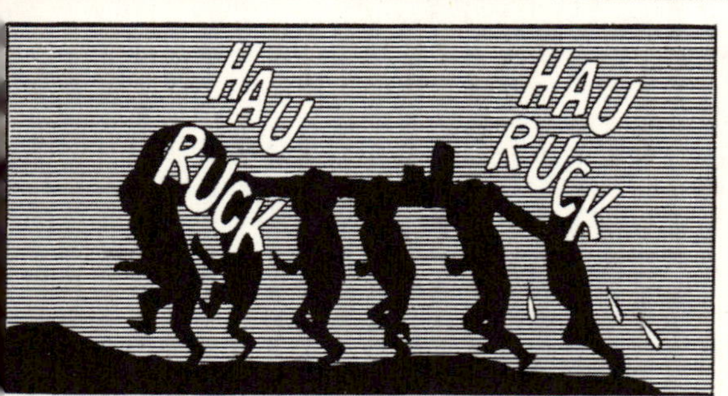
HAU RUCK
HAU RUCK

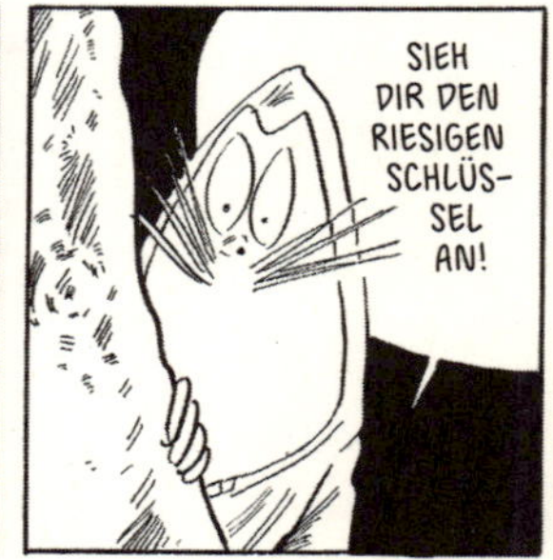
SIEH DIR DEN RIESIGEN SCHLÜS-SEL AN!

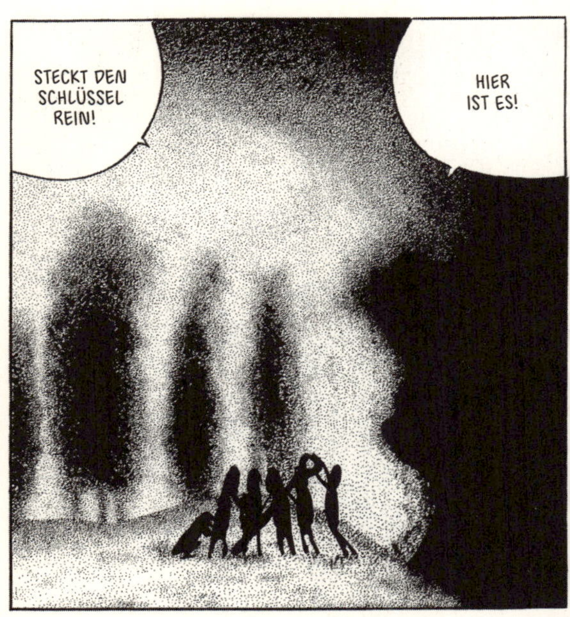
STECKT DEN SCHLÜSSEL REIN!
HIER IST ES!

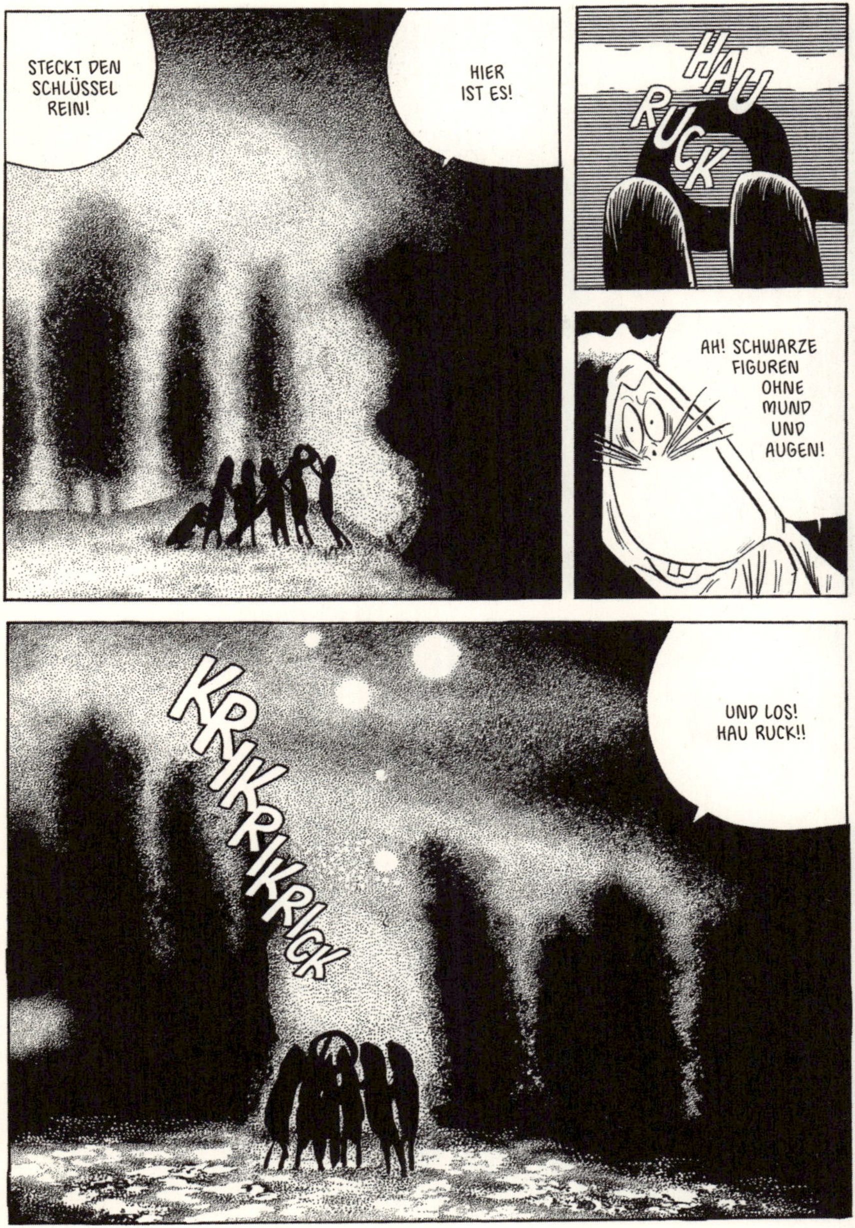

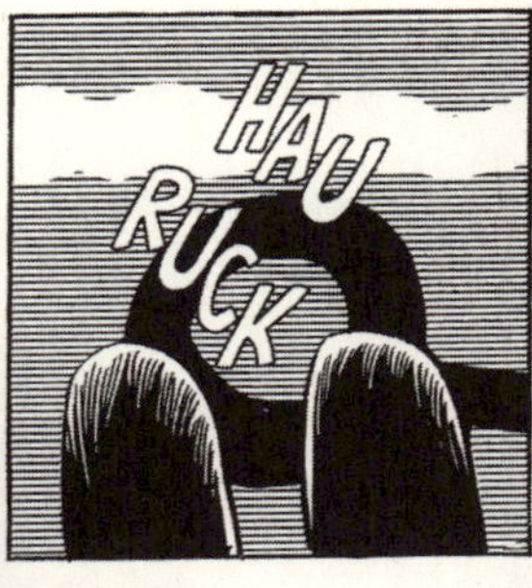
HAU RUCK

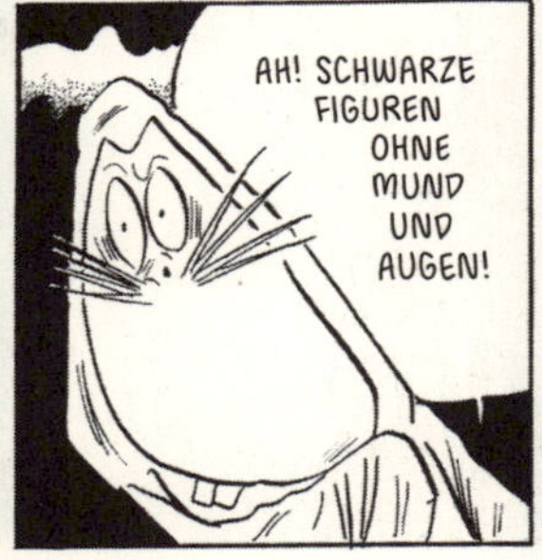
AH! SCHWARZE FIGUREN OHNE MUND UND AUGEN!

UND LOS! HAU RUCK!!
KRIKRIKRICK

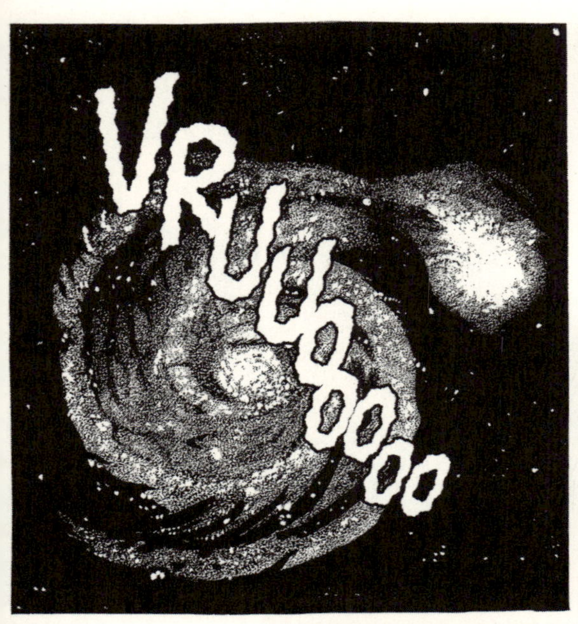
VRUUOOOOOO
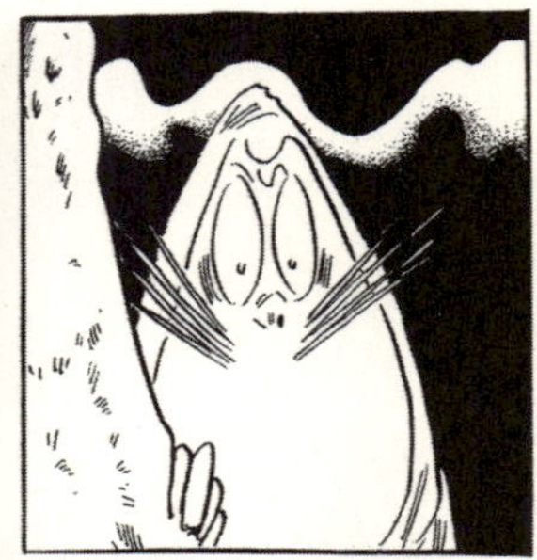
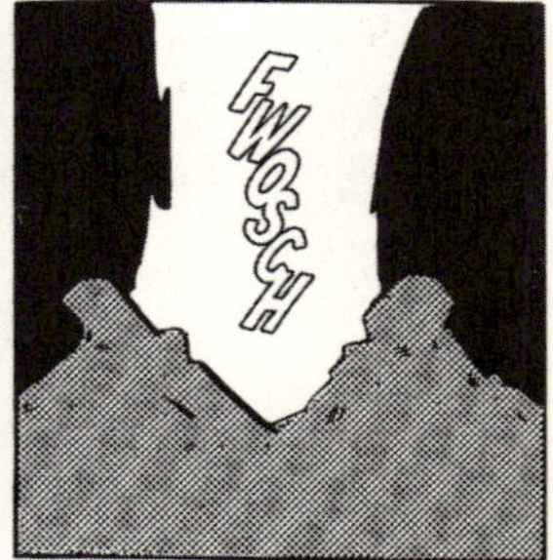
FWOSCH
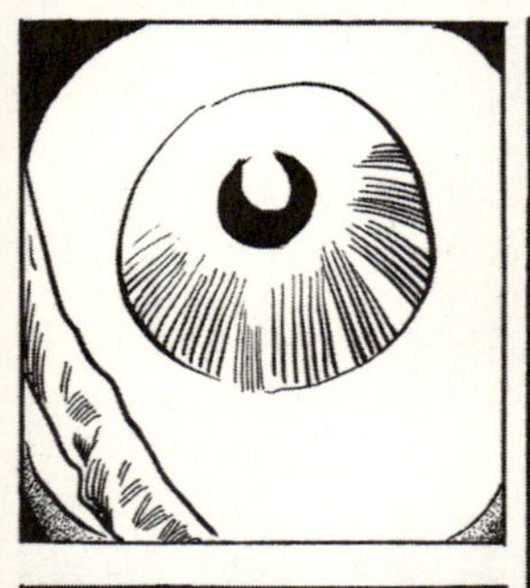
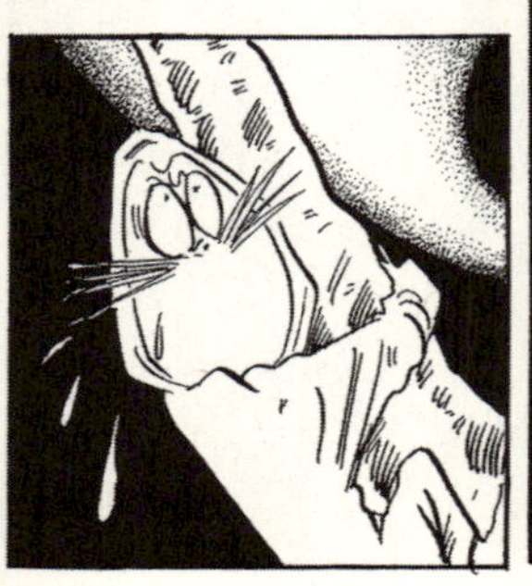
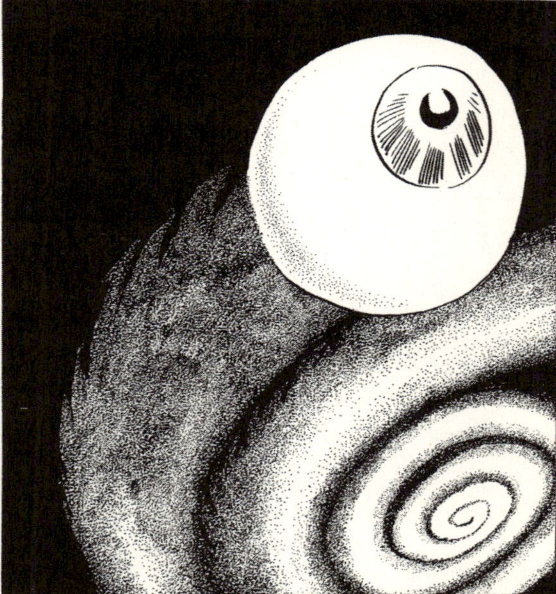

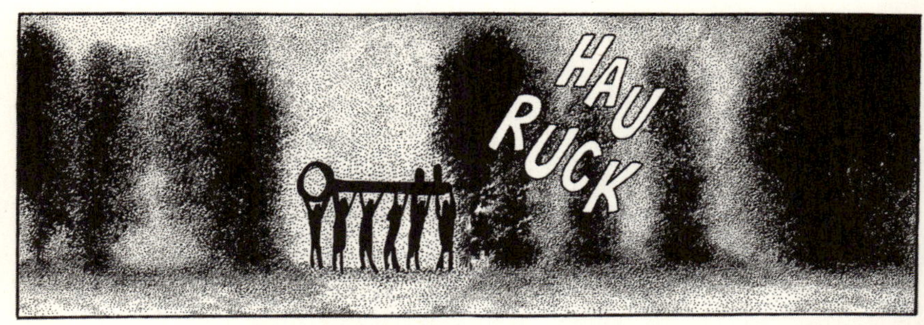

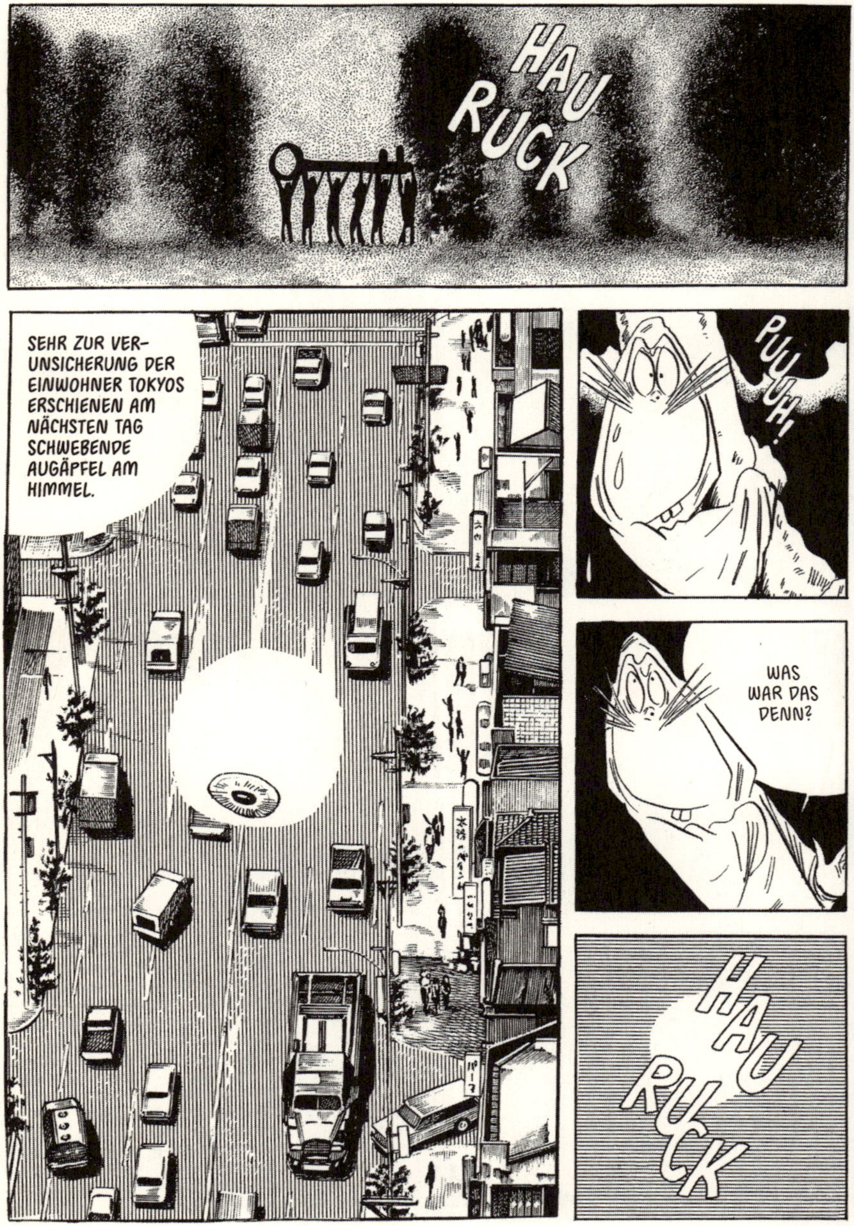

SEHR ZUR VERUNSICHERUNG DER EINWOHNER TOKYOS ERSCHIENEN AM NÄCHSTEN TAG SCHWEBENDE AUGÄPFEL AM HIMMEL.

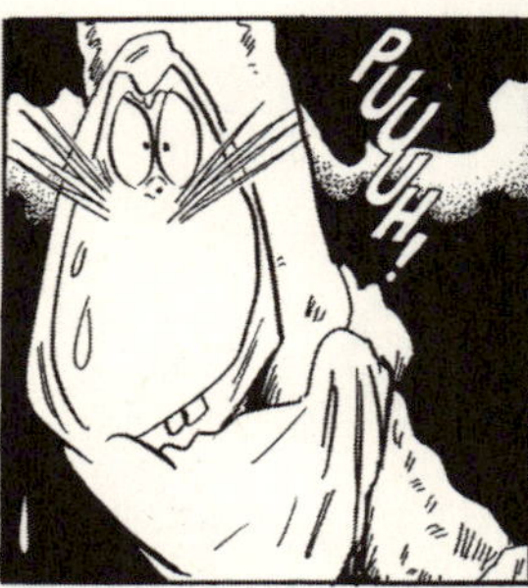

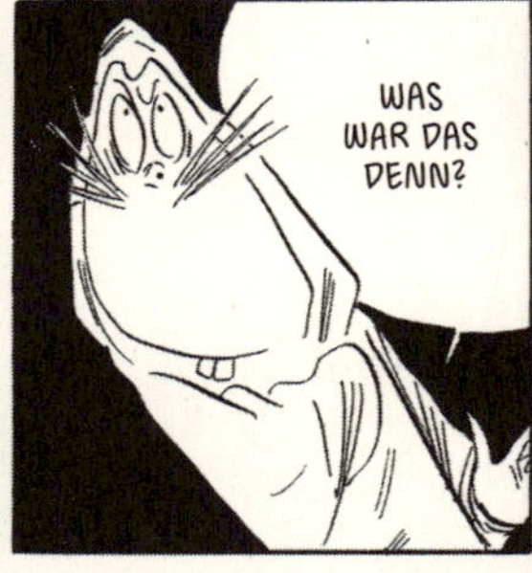

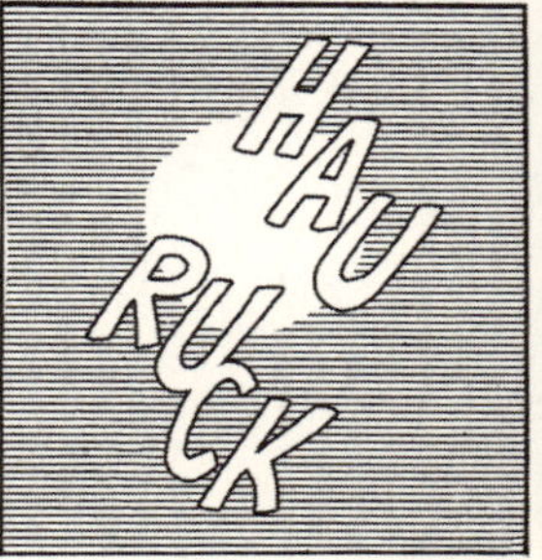

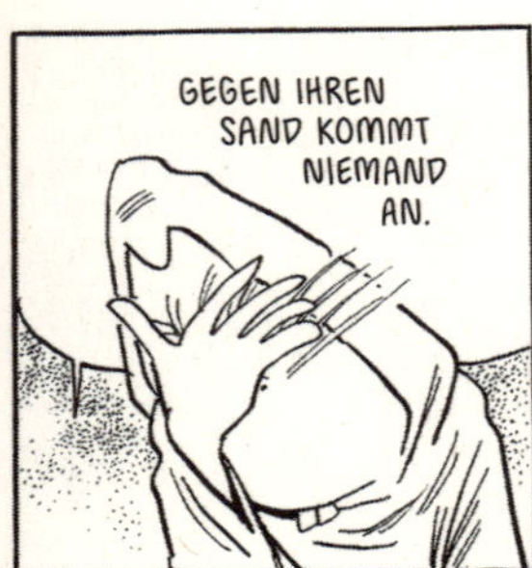
GEGEN IHREN SAND KOMMT NIEMAND AN.

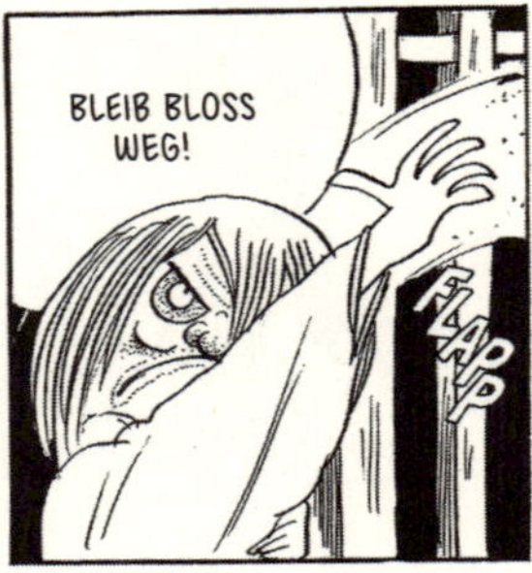
BLEIB BLOSS WEG!
FLAPP

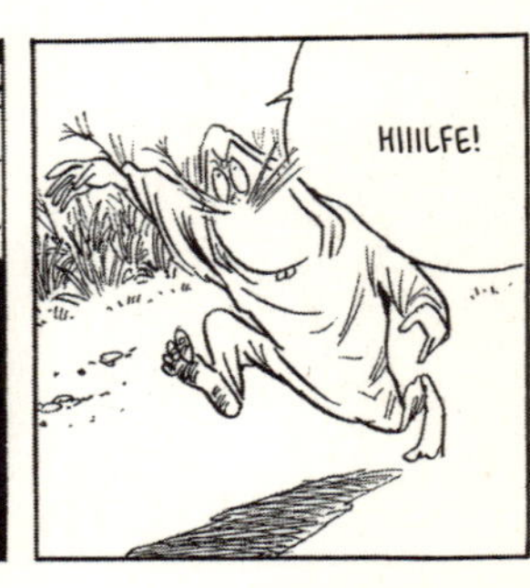
HIIILFE!

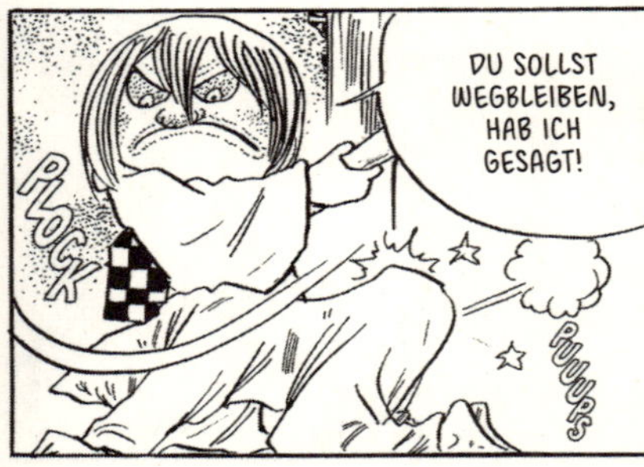
DU SOLLST WEGBLEIBEN, HAB ICH GESAGT!
PLOCK
PUUUPS

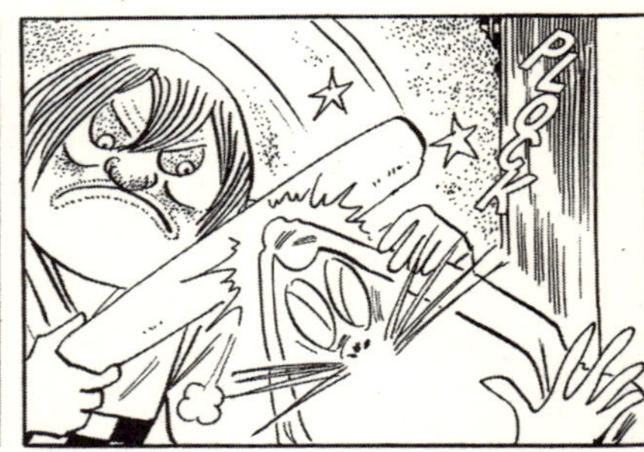
PLOCK

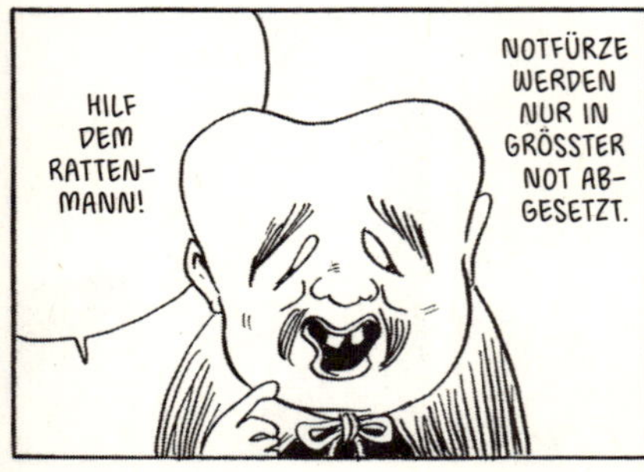
NOTFÜRZE WERDEN NUR IN GRÖSSTER NOT ABGESETZT.
HILF DEM RATTENMANN!

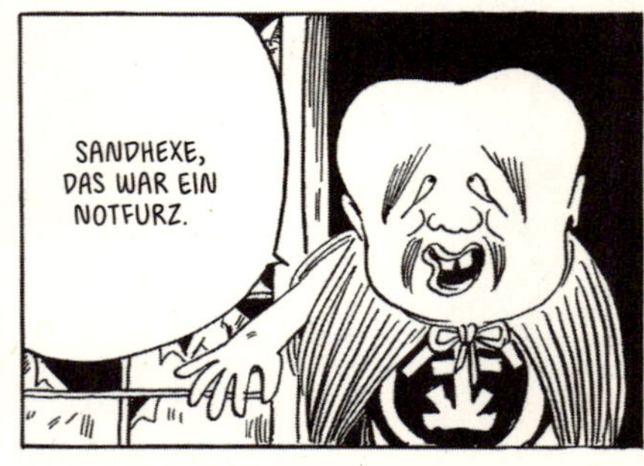
SANDHEXE, DAS WAR EIN NOTFURZ.

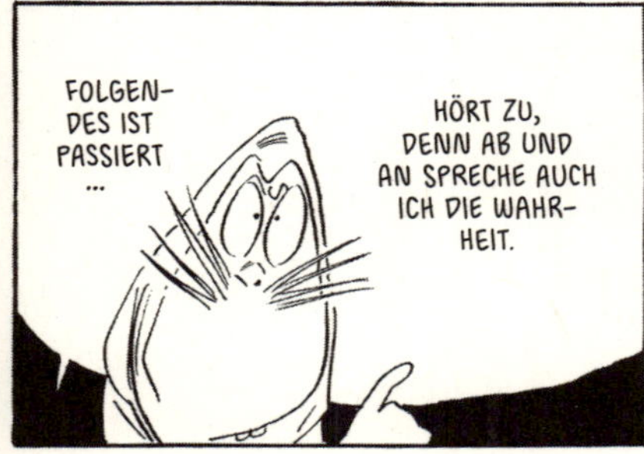
HÖRT ZU, DENN AB UND AN SPRECHE AUCH ICH DIE WAHRHEIT.
FOLGENDES IST PASSIERT ...

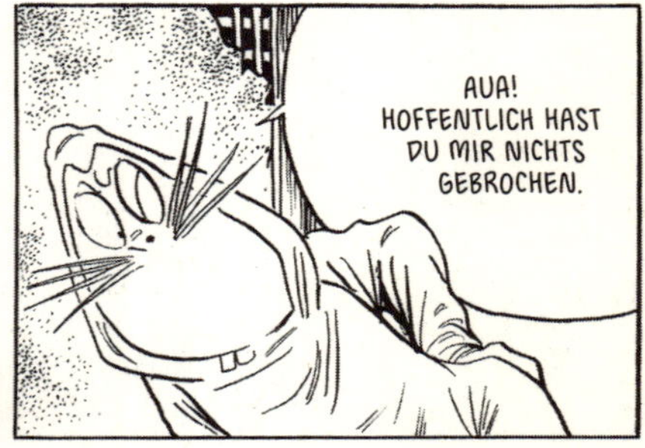
AUA! HOFFENTLICH HAST DU MIR NICHTS GEBROCHEN.

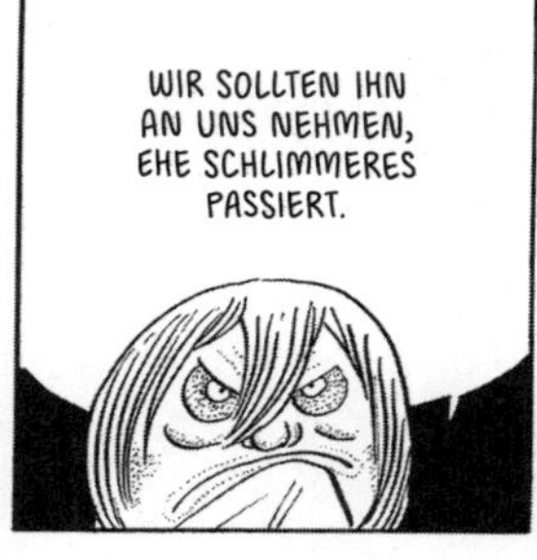
WIR SOLLTEN IHN AN UNS NEHMEN, EHE SCHLIMMERES PASSIERT.

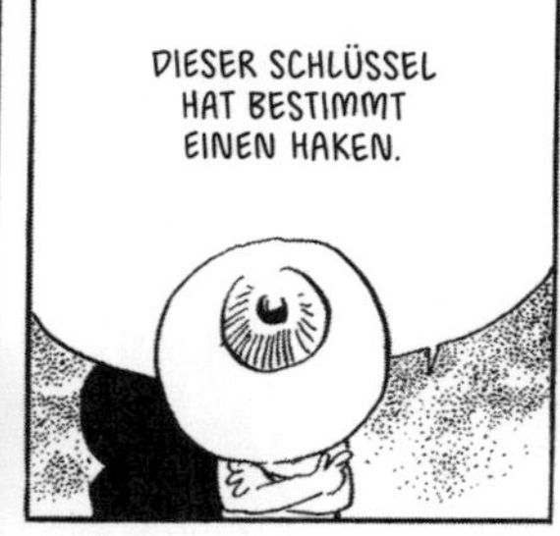
DIESER SCHLÜSSEL HAT BESTIMMT EINEN HAKEN.

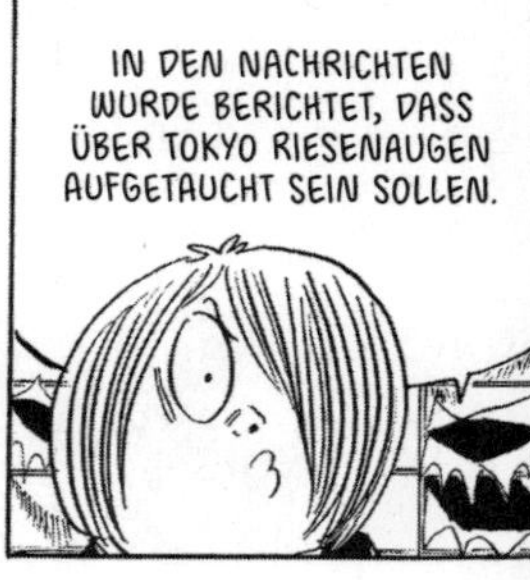
IN DEN NACHRICHTEN WURDE BERICHTET, DASS ÜBER TOKYO RIESENAUGEN AUFGETAUCHT SEIN SOLLEN.

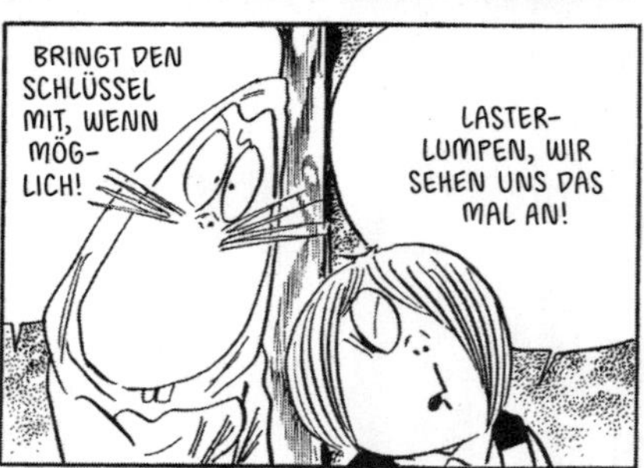
BRINGT DEN SCHLÜSSEL MIT, WENN MÖG-LICH!
LASTER-LUMPEN, WIR SEHEN UNS DAS MAL AN!

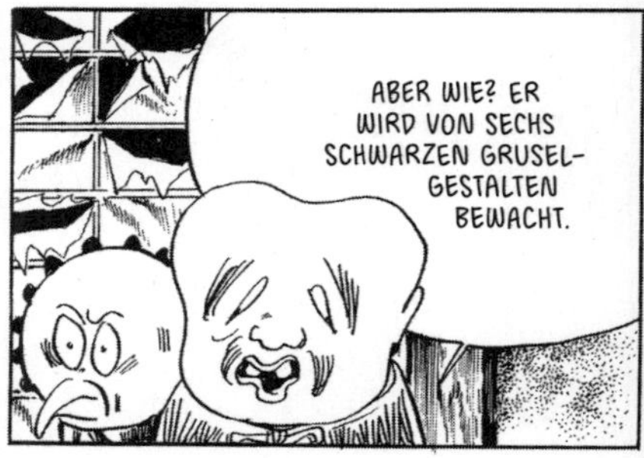
ABER WIE? ER WIRD VON SECHS SCHWARZEN GRUSEL-GESTALTEN BEWACHT.

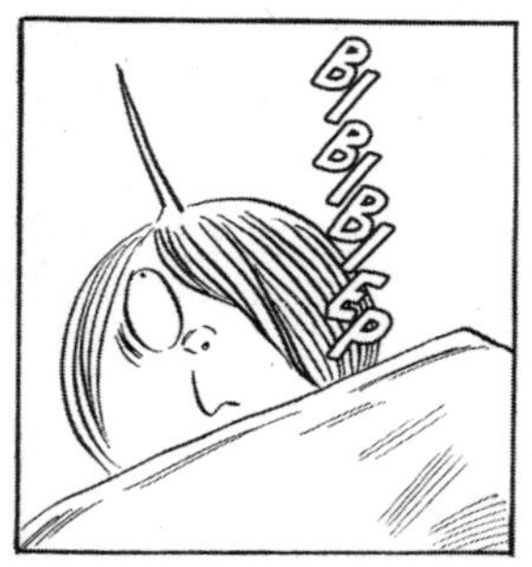
BIBIBIEP

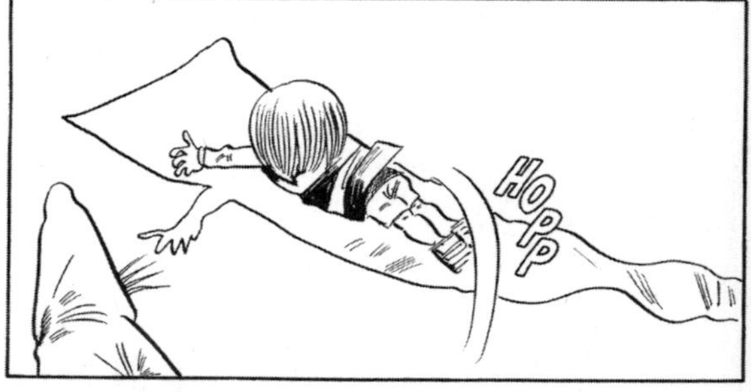
HOPP

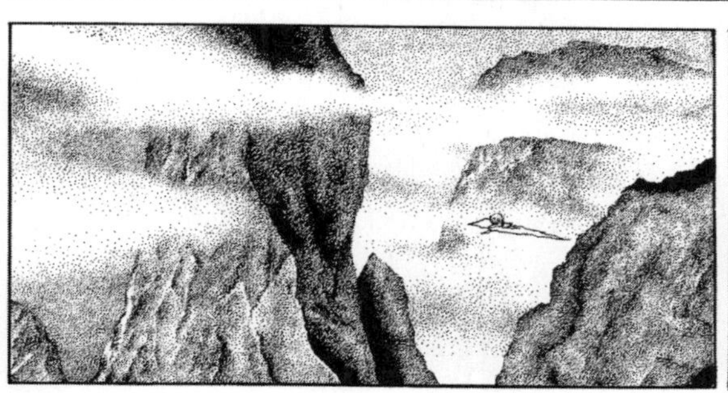

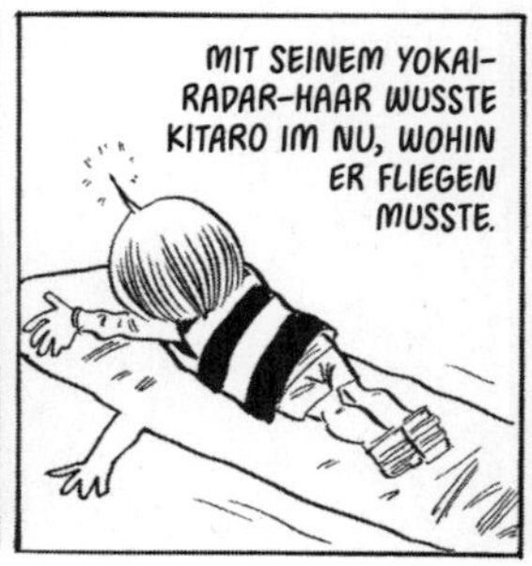
MIT SEINEM YOKAI-RADAR-HAAR WUSSTE KITARO IM NU, WOHIN ER FLIEGEN MUSSTE.

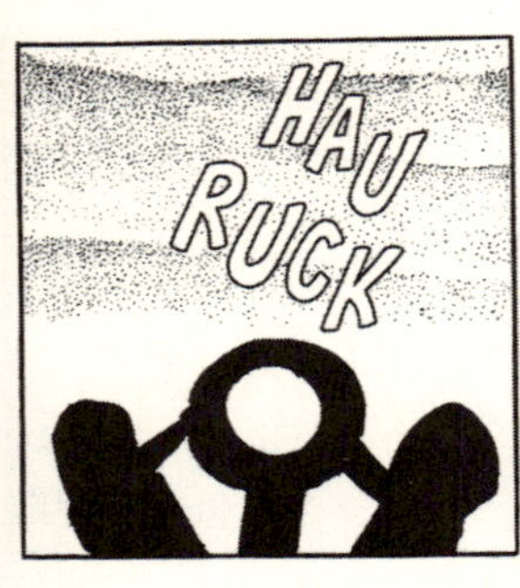

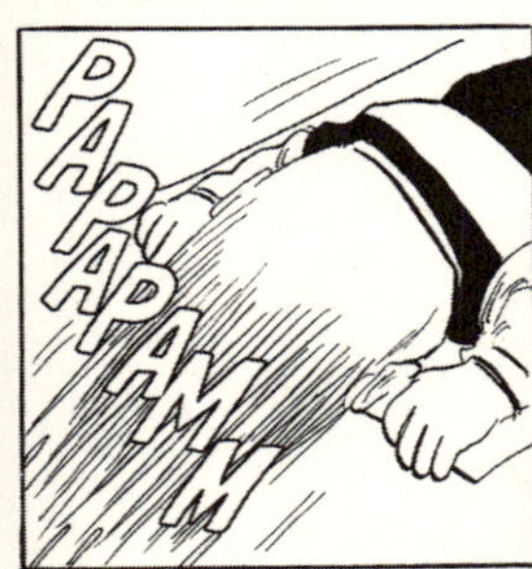

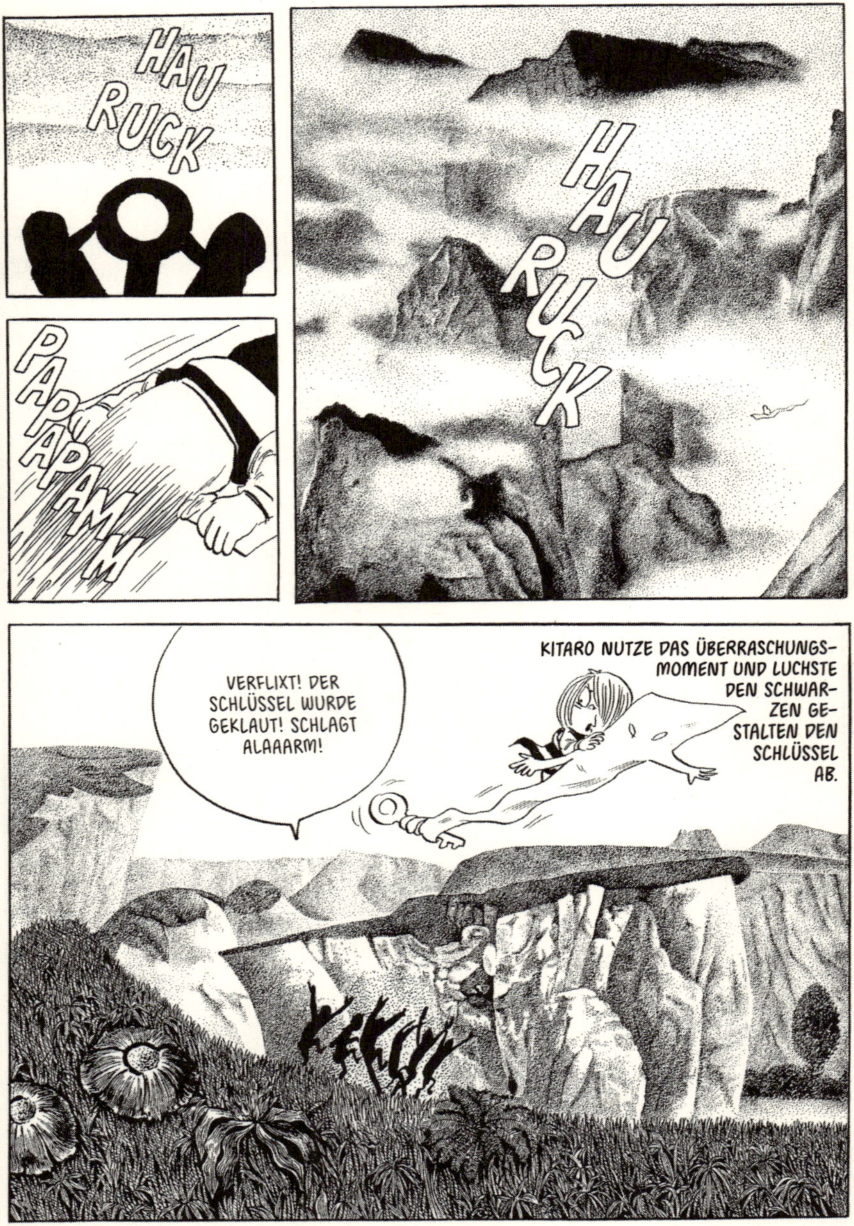

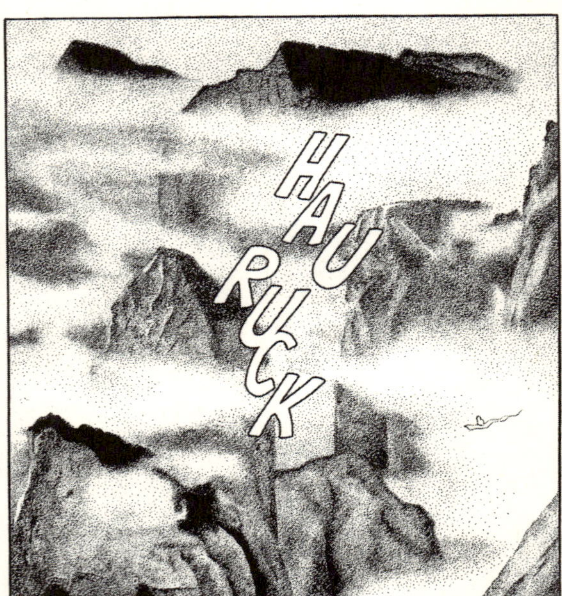

VERFLIXT! DER SCHLÜSSEL WURDE GEKLAUT! SCHLAGT ALAAARM!

KITARO NUTZE DAS ÜBERRASCHUNGSMOMENT UND LUCHSTE DEN SCHWARZEN GESTALTEN DEN SCHLÜSSEL AB.

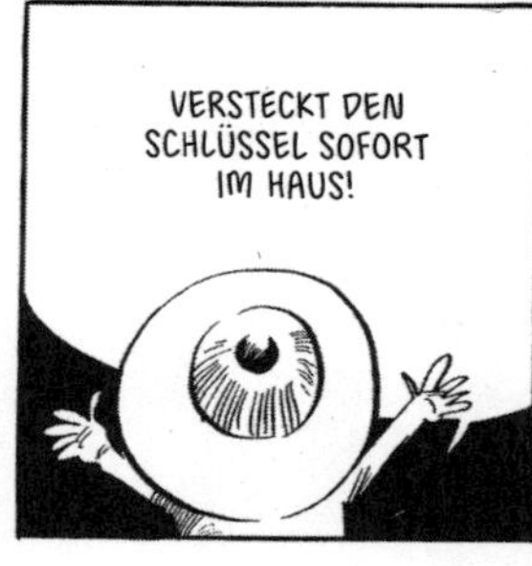
VERSTECKT DEN SCHLÜSSEL SOFORT IM HAUS!

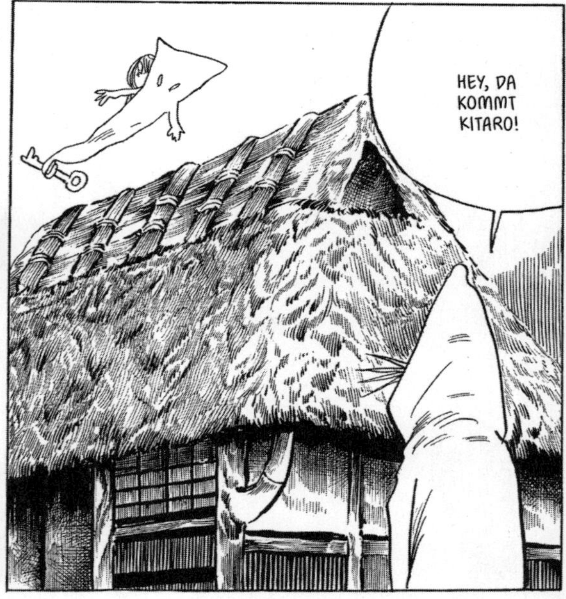
HEY, DA KOMMT KITARO!

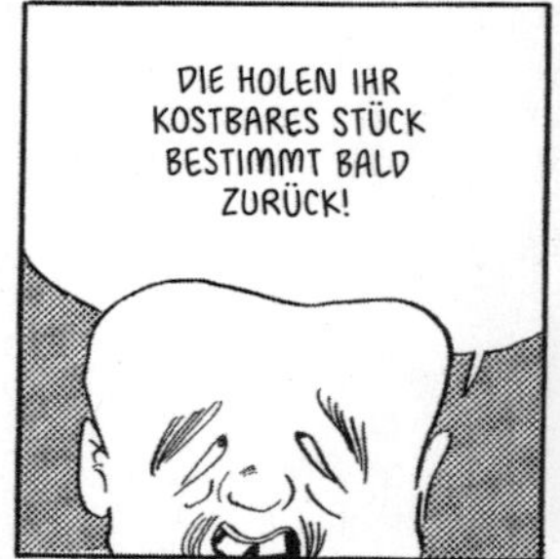
DIE HOLEN IHR KOSTBARES STÜCK BESTIMMT BALD ZURÜCK!

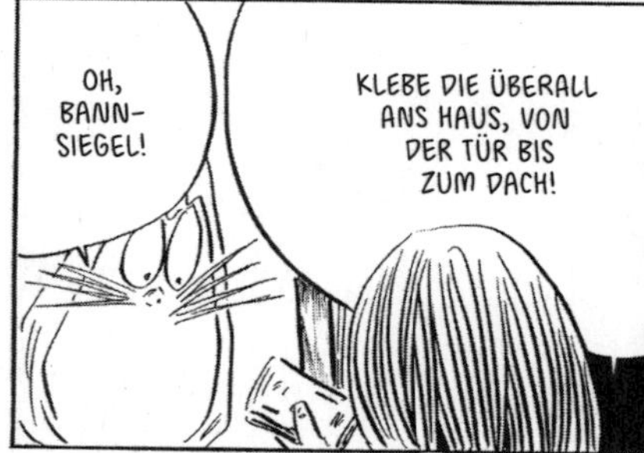
OH, BANN-SIEGEL!
KLEBE DIE ÜBERALL ANS HAUS, VON DER TÜR BIS ZUM DACH!

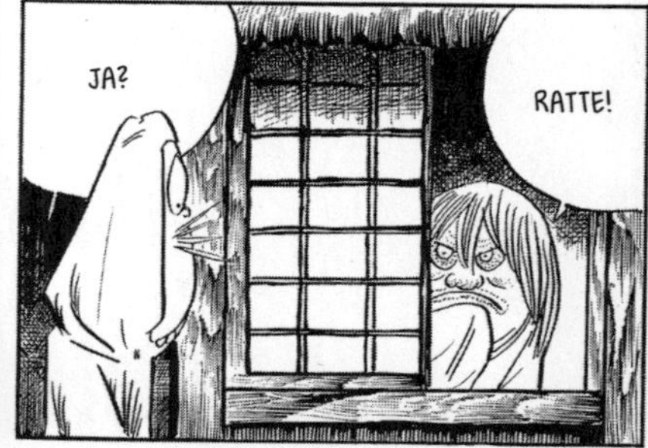
JA?
RATTE!

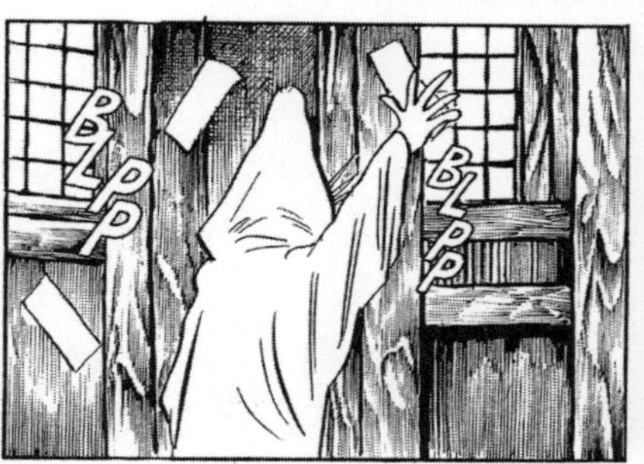
BLPP
BLPP

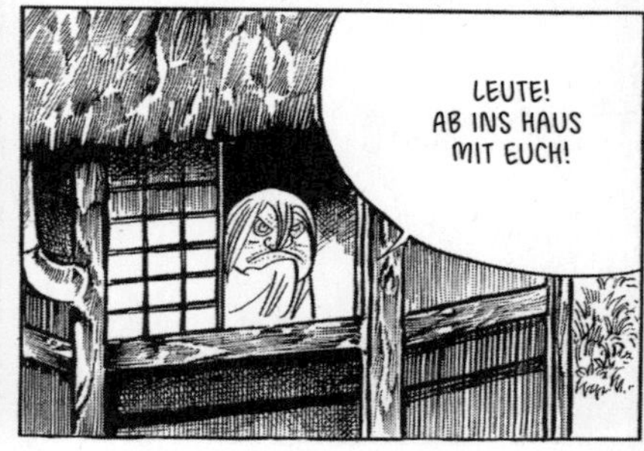
LEUTE! AB INS HAUS MIT EUCH!

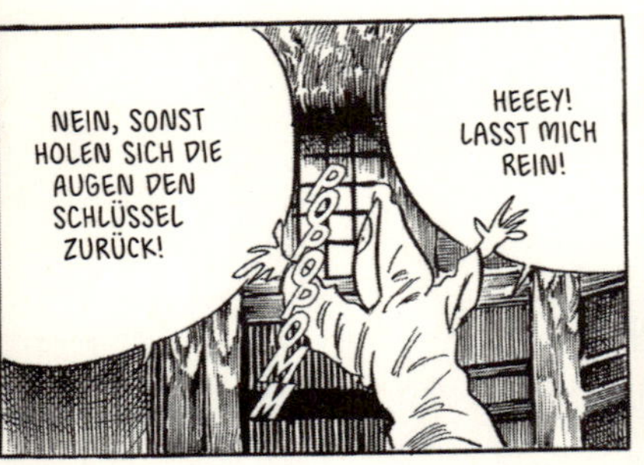
HEEEY! LASST MICH REIN!
NEIN, SONST HOLEN SICH DIE AUGEN DEN SCHLÜSSEL ZURÜCK!
POPOPOMM

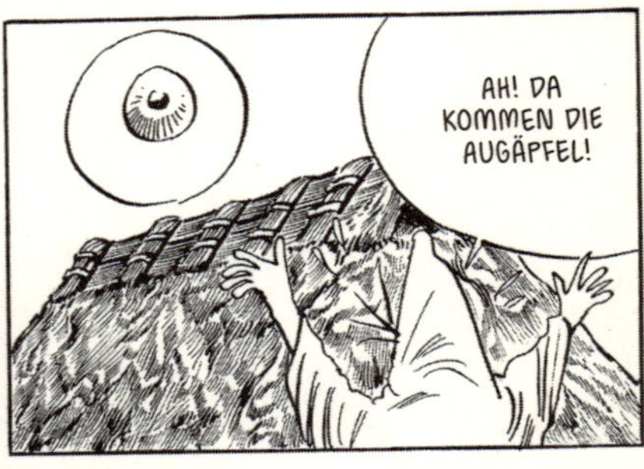
AH! DA KOMMEN DIE AUGÄPFEL!

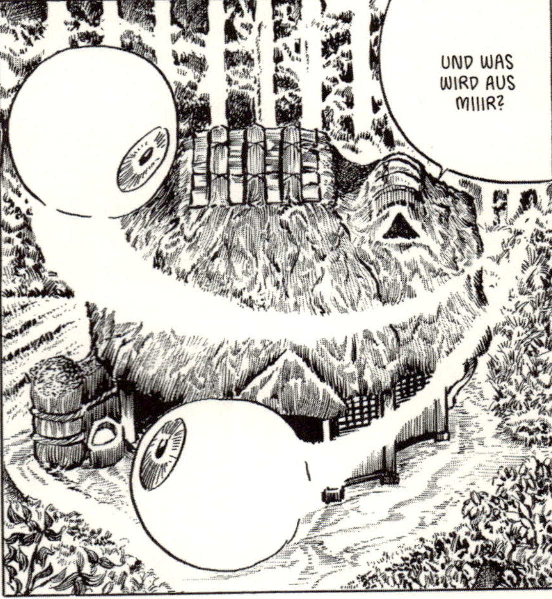
UND WAS WIRD AUS MIIIR?

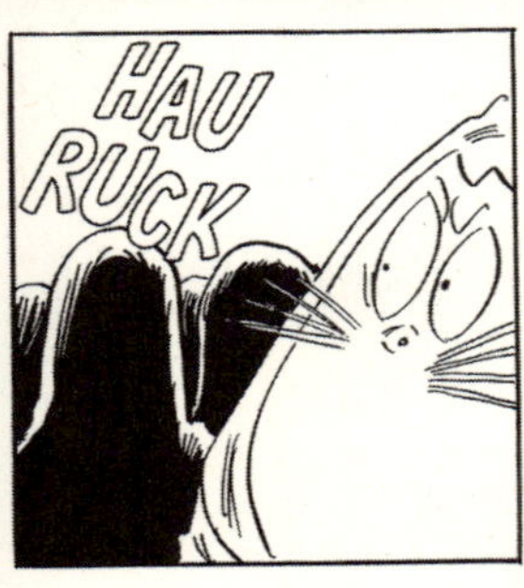
HAU RUCK

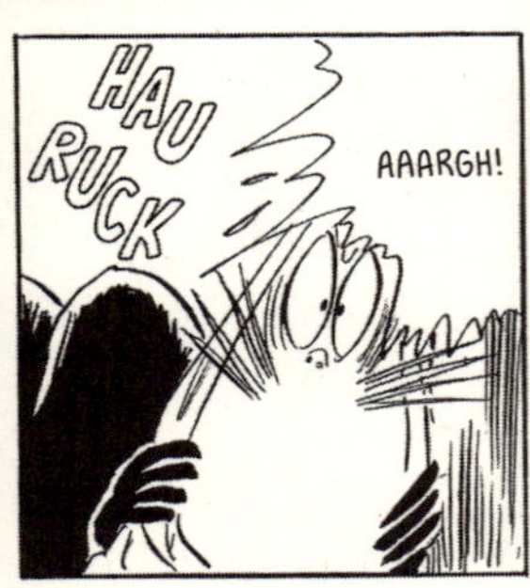
AAARGH!
HAU RUCK

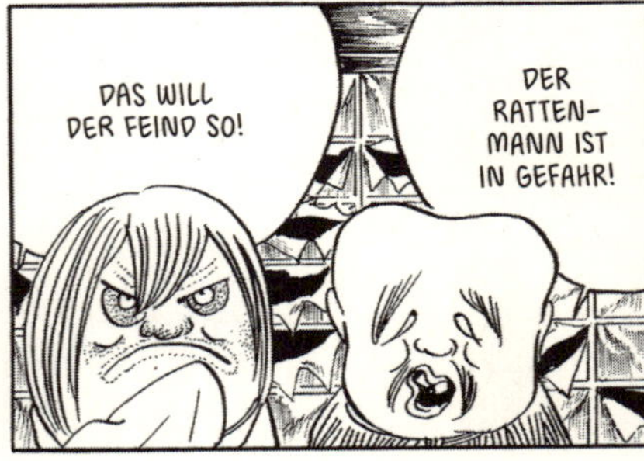
DER RATTEN-MANN IST IN GEFAHR!
DAS WILL DER FEIND SO!

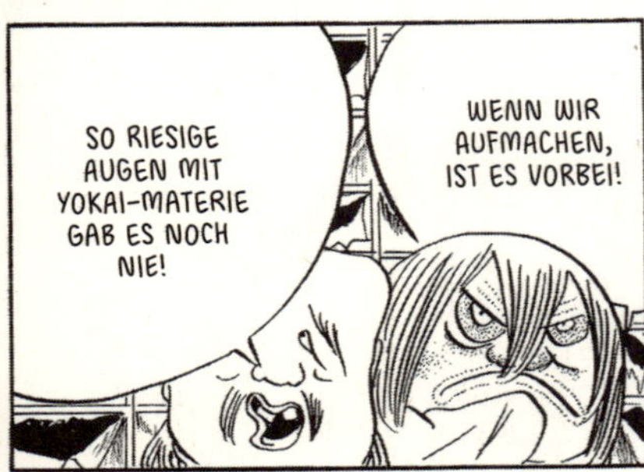
WENN WIR AUFMACHEN, IST ES VORBEI!
SO RIESIGE AUGEN MIT YOKAI-MATERIE GAB ES NOCH NIE!

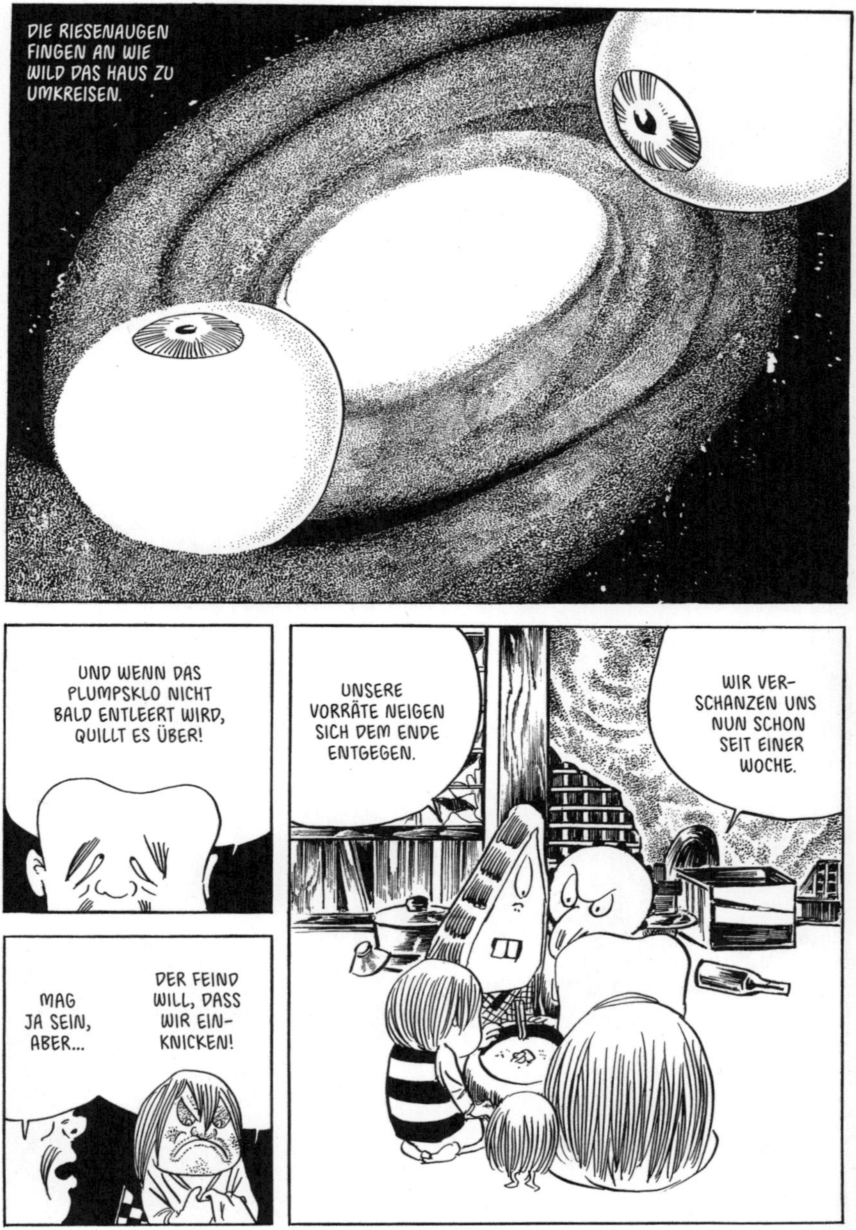

DIE RIESENAUGEN FINGEN AN WIE WILD DAS HAUS ZU UMKREISEN.

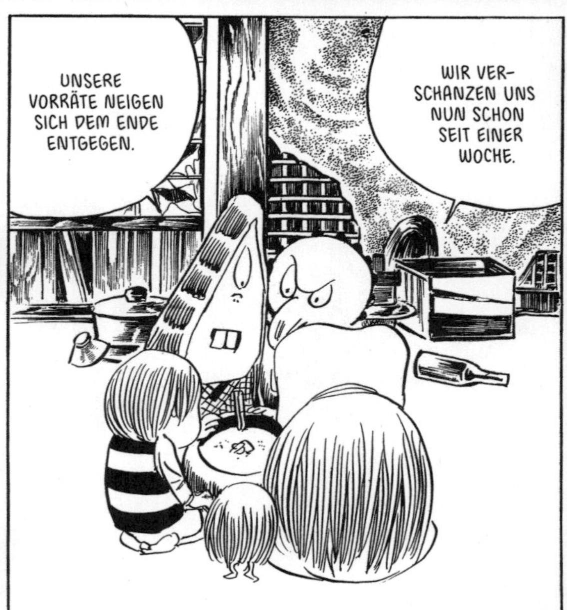

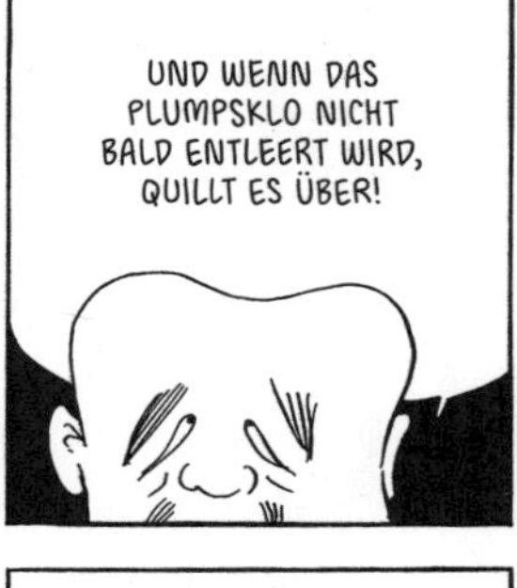

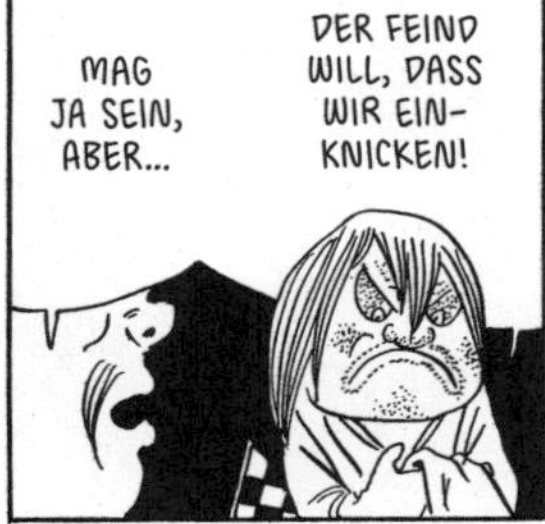

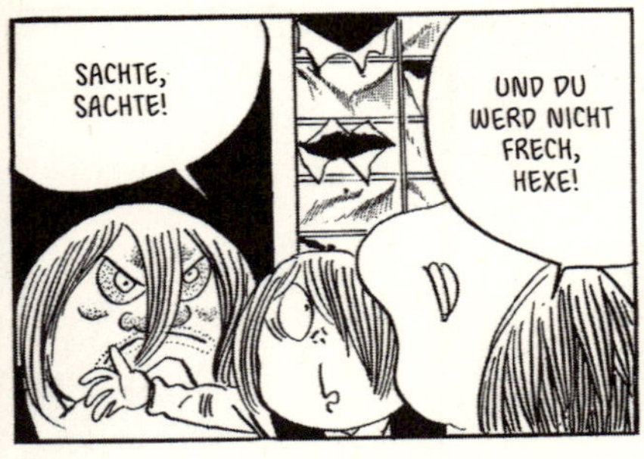
SACHTE, SACHTE!
UND DU WERD NICHT FRECH, HEXE!

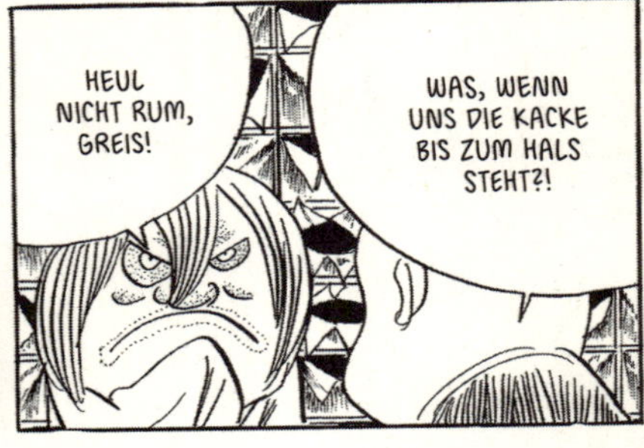
HEUL NICHT RUM, GREIS!
WAS, WENN UNS DIE KACKE BIS ZUM HALS STEHT?!

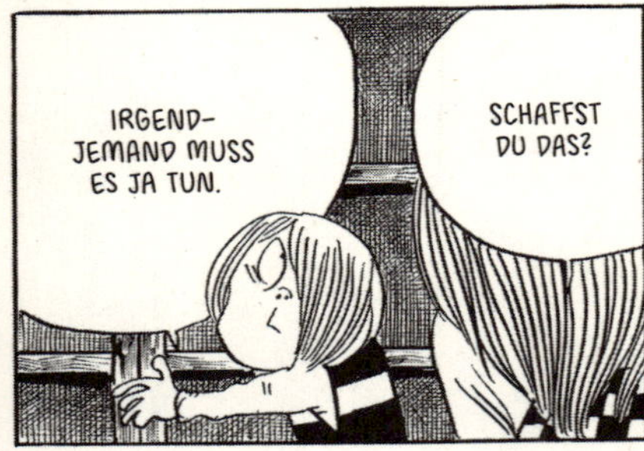
IRGEND-JEMAND MUSS ES JA TUN.
SCHAFFST DU DAS?

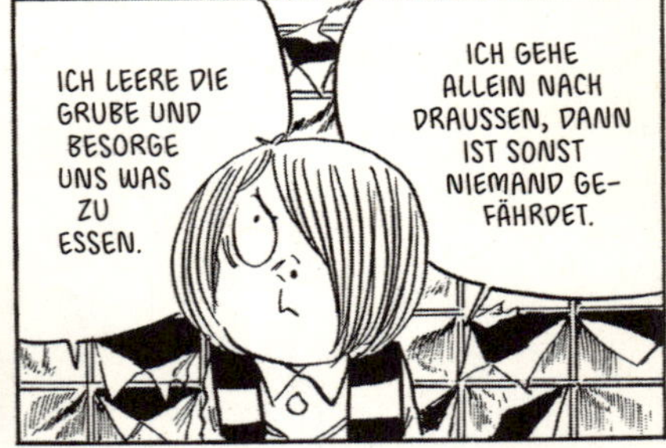
ICH LEERE DIE GRUBE UND BESORGE UNS WAS ZU ESSEN.
ICH GEHE ALLEIN NACH DRAUSSEN, DANN IST SONST NIEMAND GE-FÄHRDET.

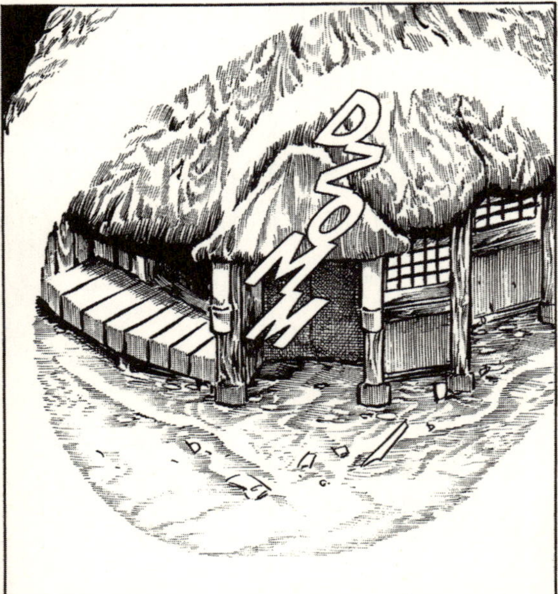
DSOMM

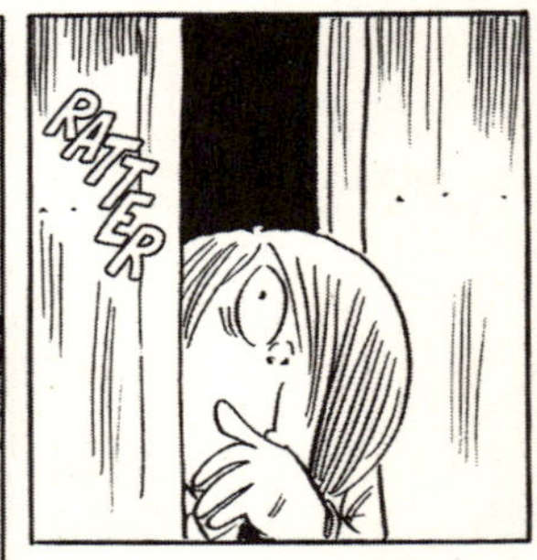
RATTER

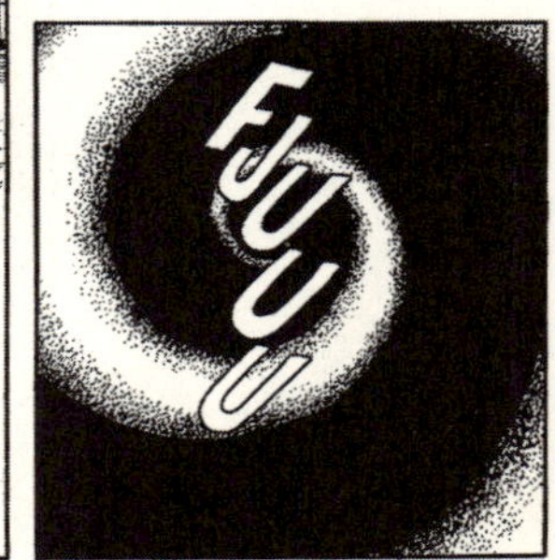
FJUUU

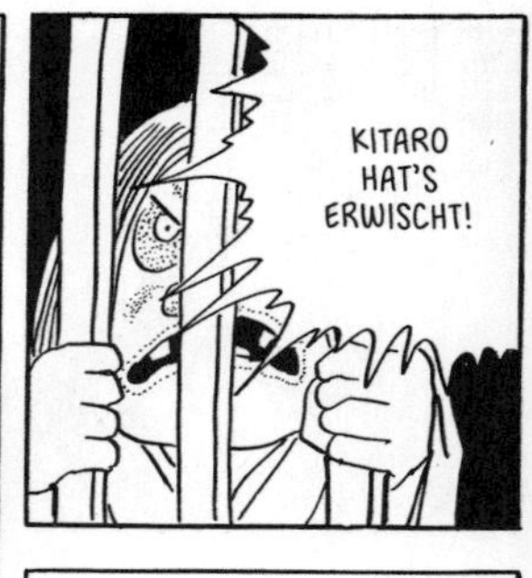
KITARO HAT'S ERWISCHT!

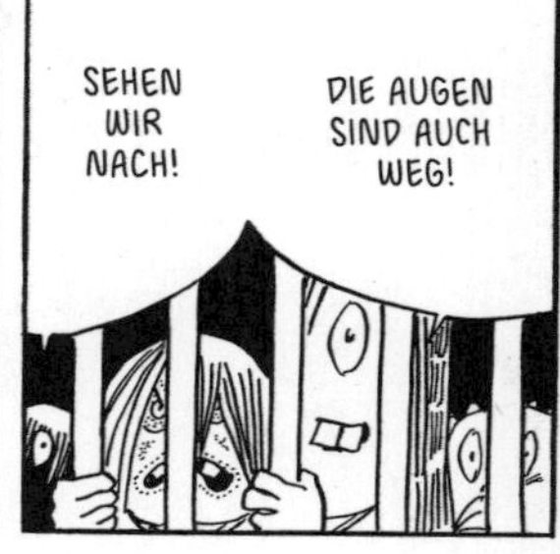
DIE AUGEN SIND AUCH WEG!
SEHEN WIR NACH!

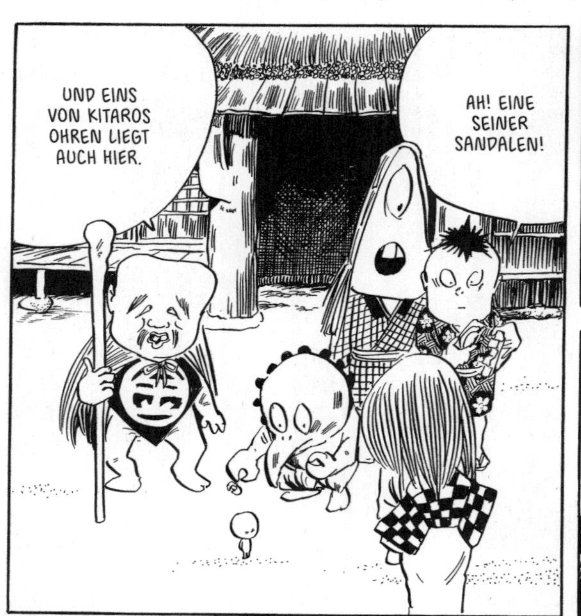
AH! EINE SEINER SANDALEN!
UND EINS VON KITAROS OHREN LIEGT AUCH HIER.

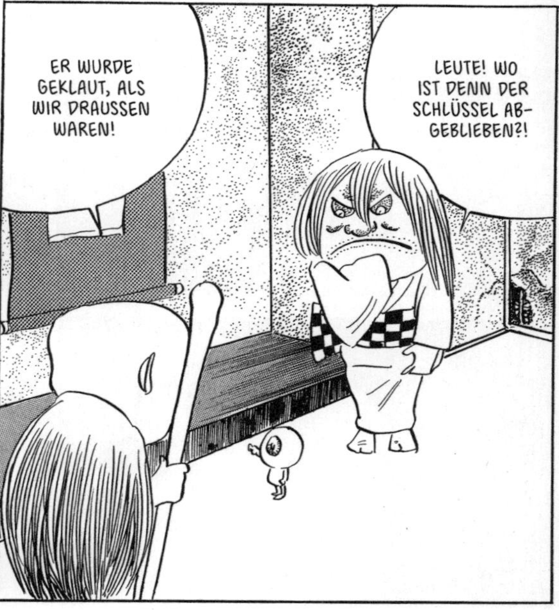
LEUTE! WO IST DENN DER SCHLÜSSEL AB-GEBLIEBEN?!
ER WURDE GEKLAUT, ALS WIR DRAUSSEN WAREN!

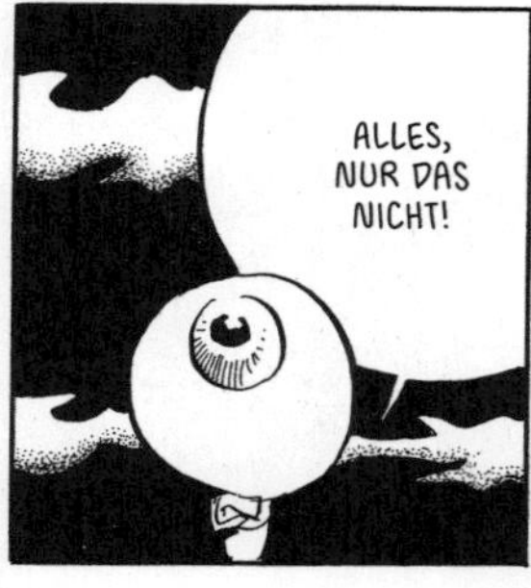
ALLES, NUR DAS NICHT!

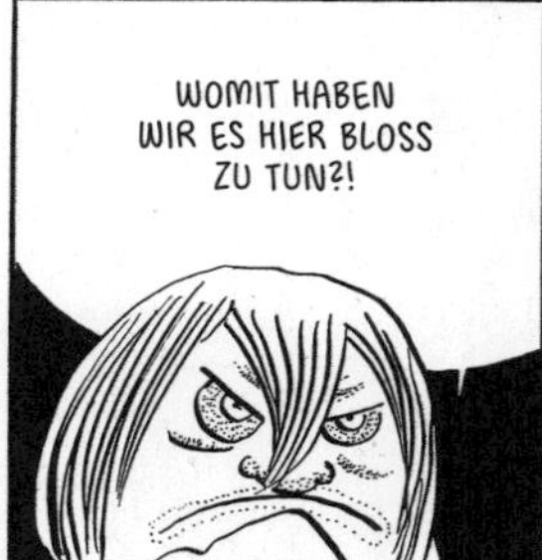
WOMIT HABEN WIR ES HIER BLOSS ZU TUN?!

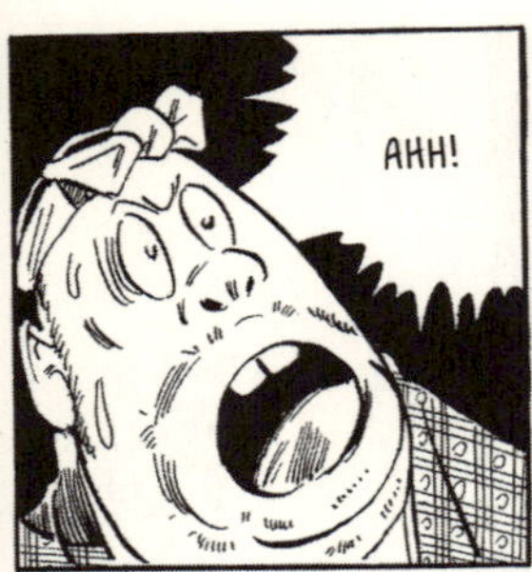

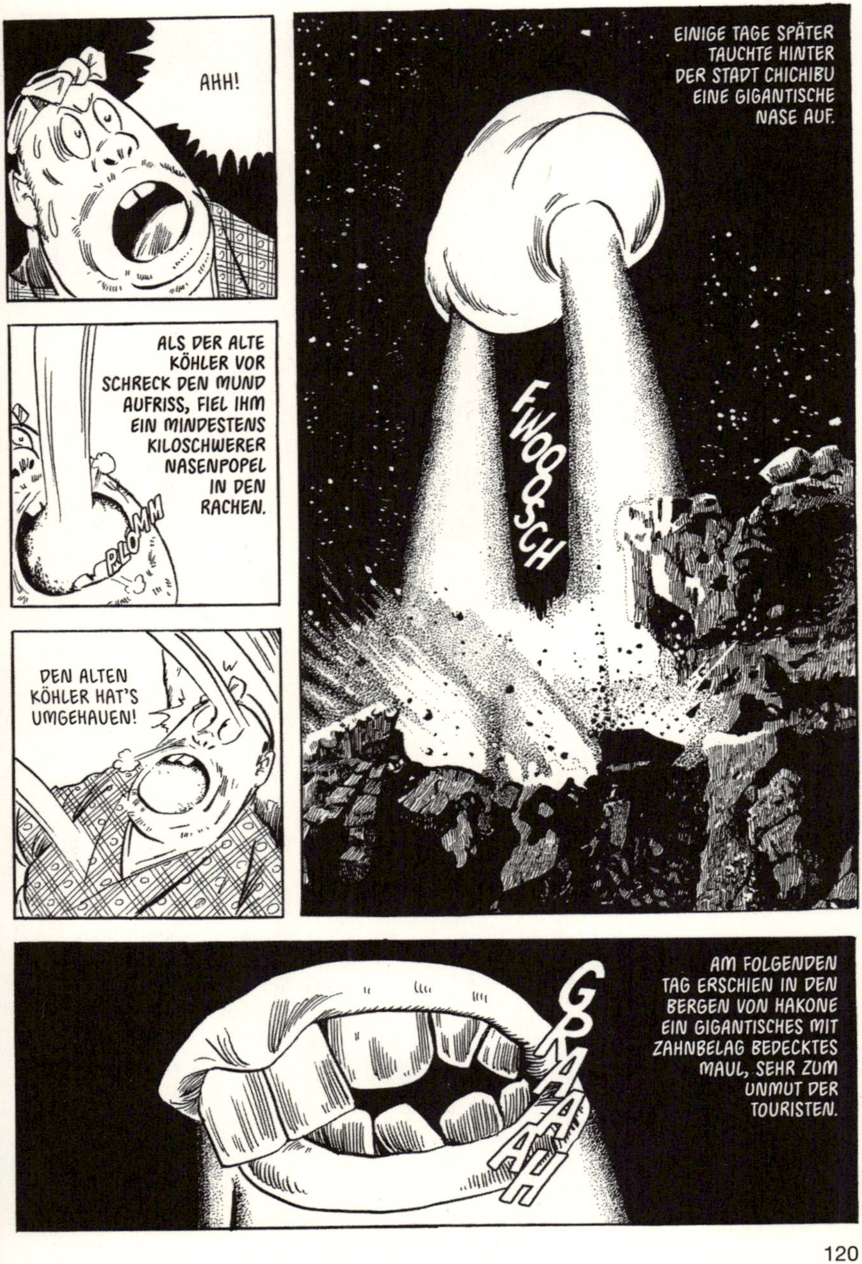

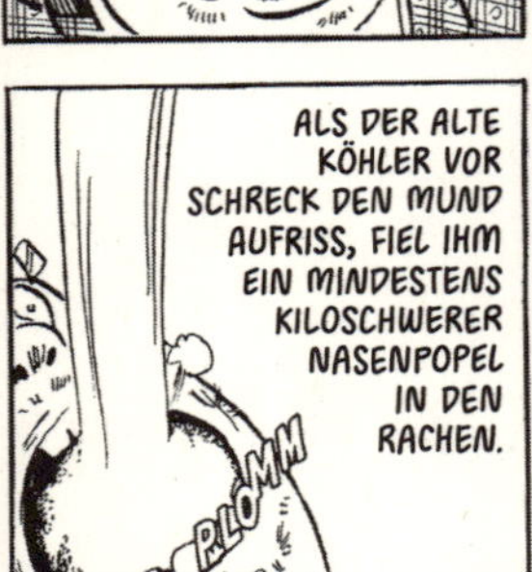

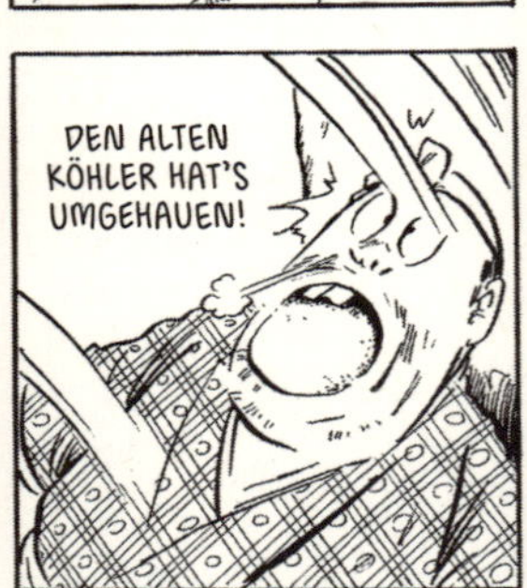

EINIGE TAGE SPÄTER TAUCHTE HINTER DER STADT CHICHIBU EINE GIGANTISCHE NASE AUF.

FWOOOSCH

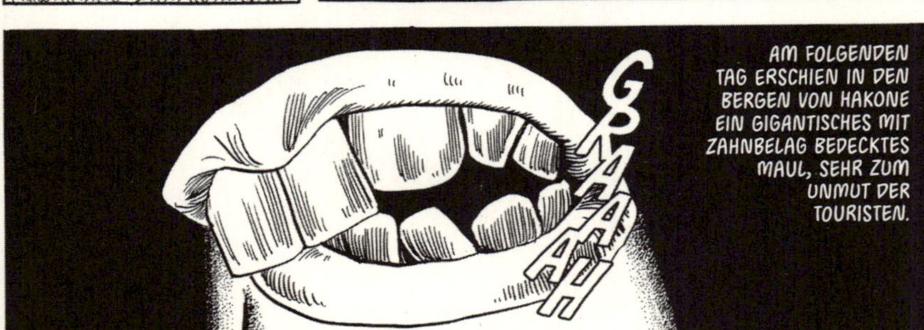

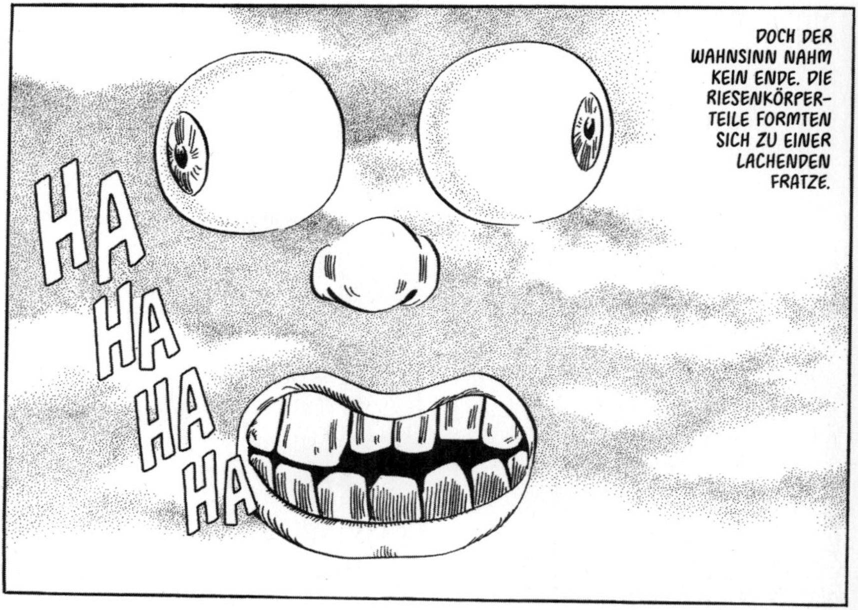

DOCH DER WAHNSINN NAHM KEIN ENDE. DIE RIESENKÖRPERTEILE FORMTEN SICH ZU EINER LACHENDEN FRATZE.

HA HA HA HA

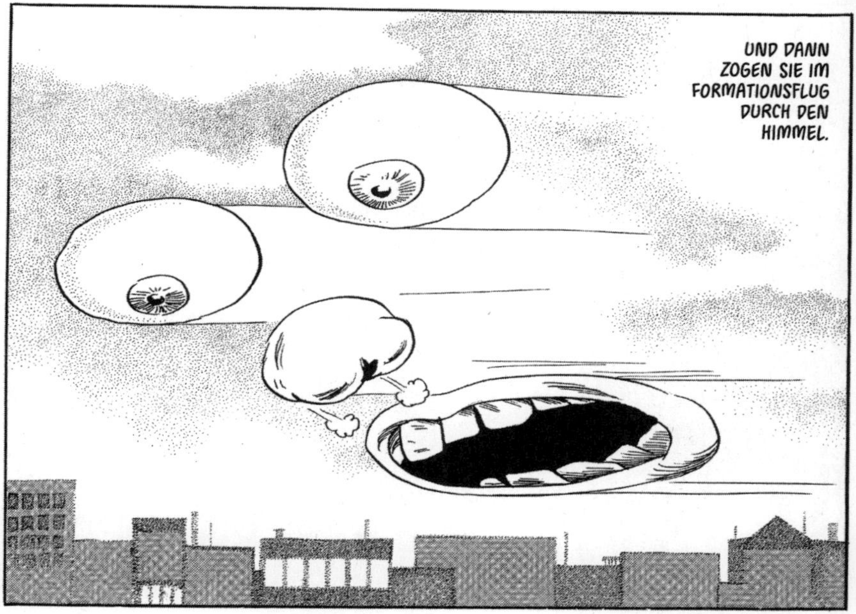

UND DANN ZOGEN SIE IM FORMATIONSFLUG DURCH DEN HIMMEL.

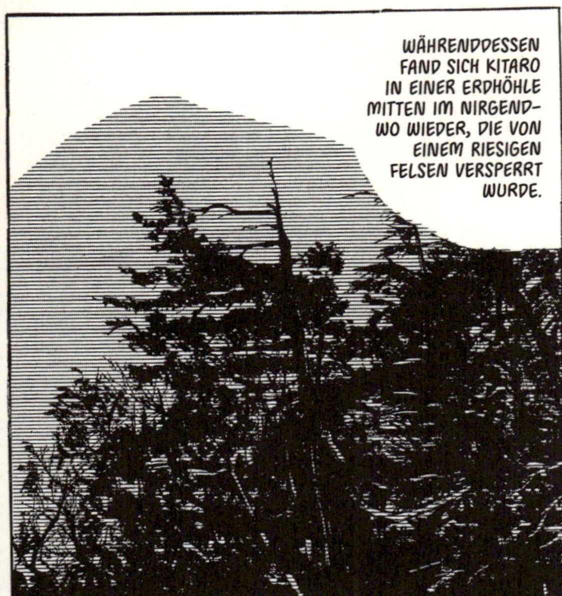

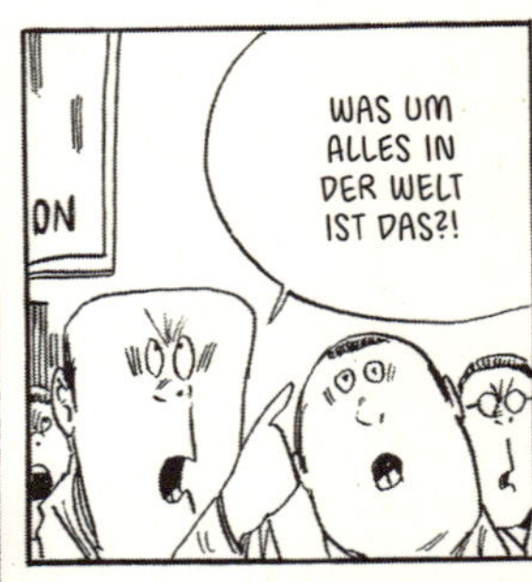

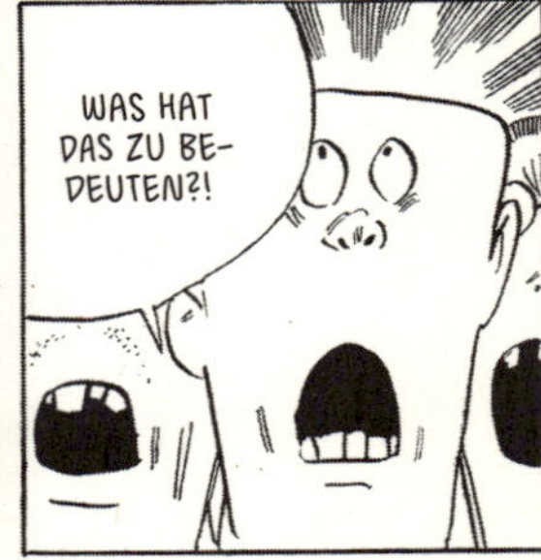

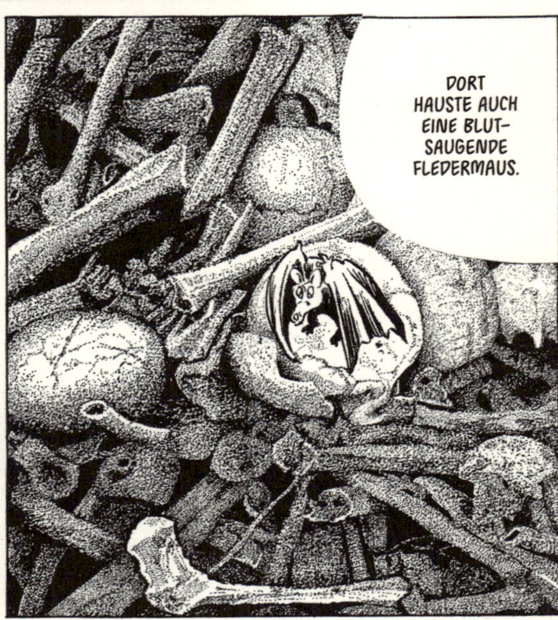

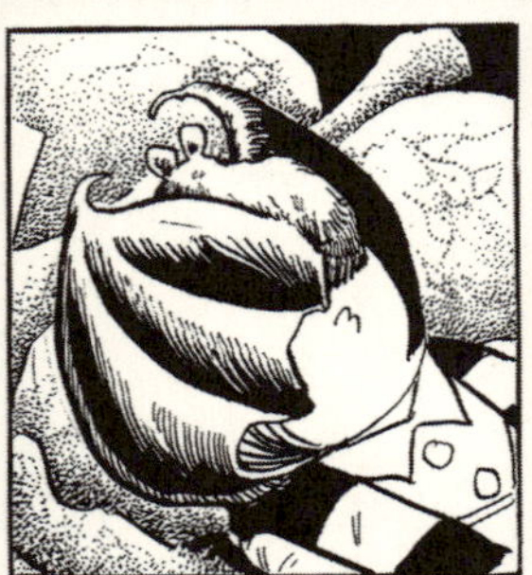

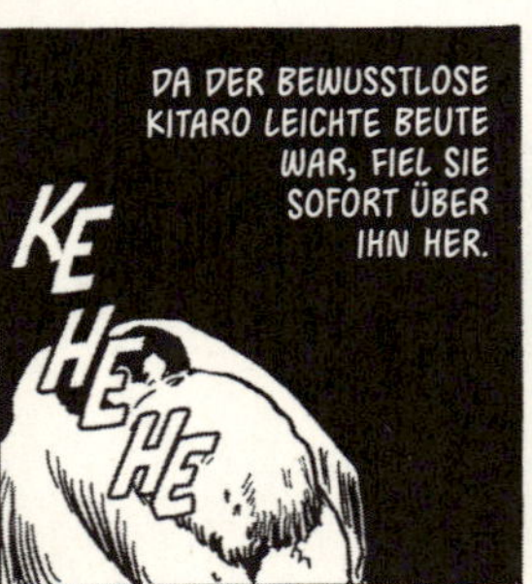

Daidarabotchi, Teil 1 – Ende

DAIDARABOTCHI

TEIL 2

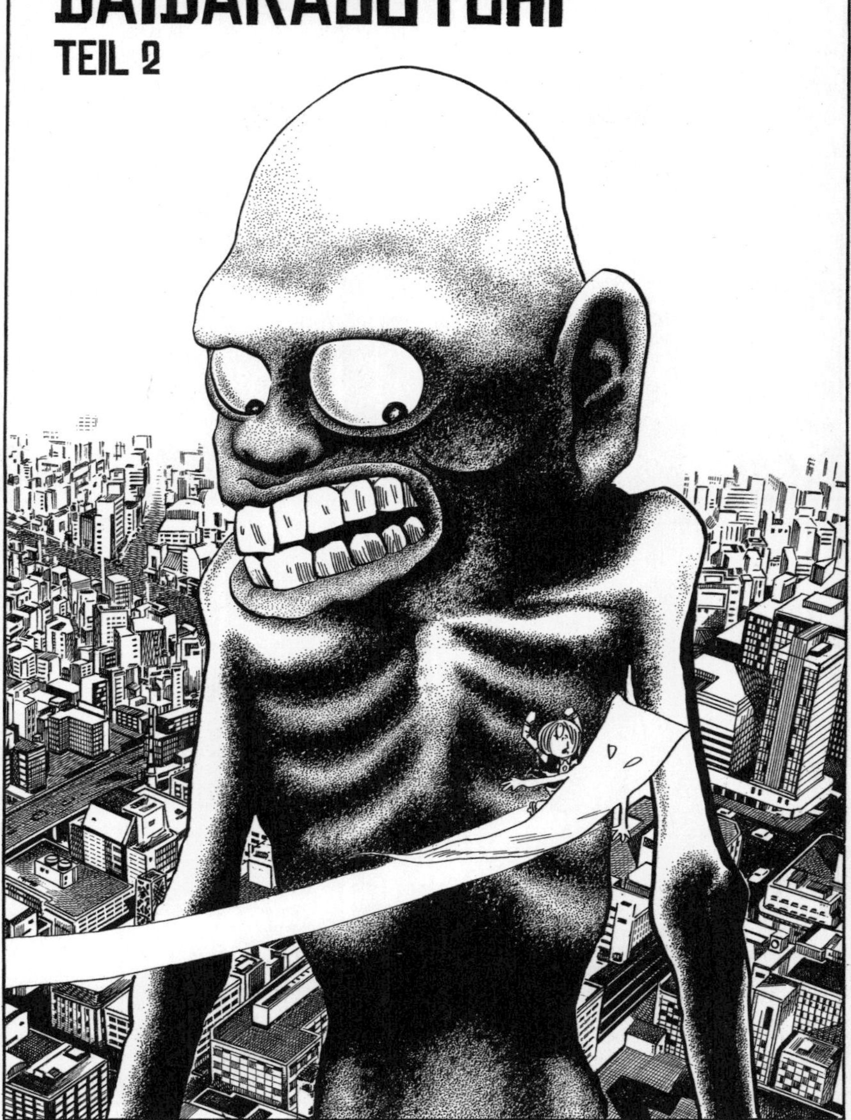

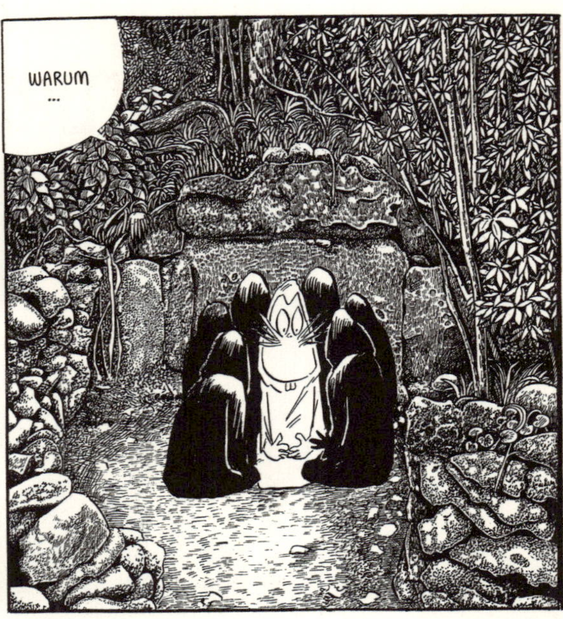

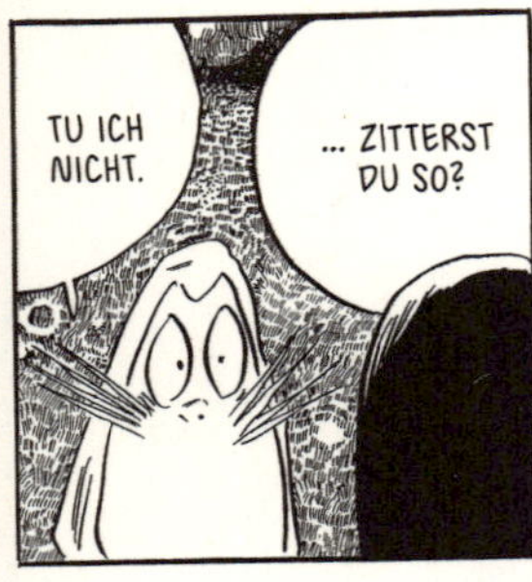

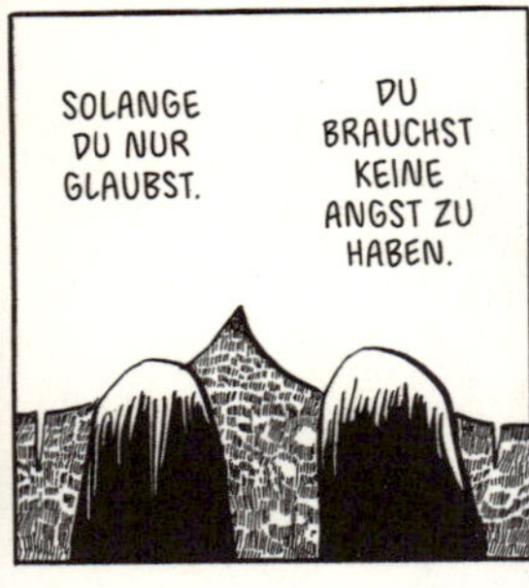

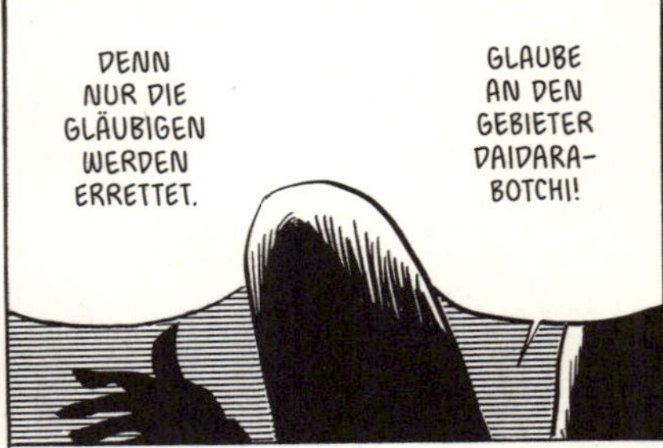

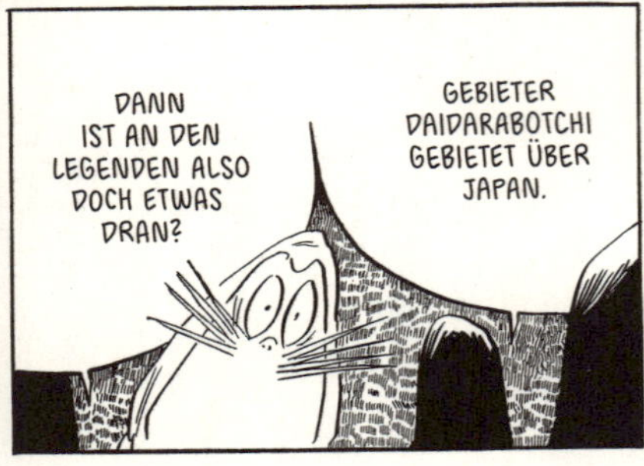

LEGENDEN ÜBER DAIDARABOTCHI

IN DER NÄHE VON KAWAGUCHIMURA IM SELBEN DISTRIKT BEFINDET SICH EINE KLEINE FREI STEHENDE ANHÖHE NAMENS NAGIRE. VOR LANGER ZEIT HATTE DAIDARABOTCHI EINEN BERG AUF DEM RÜCKEN GETRAGEN. ALS IHM DAS SEIL RISS UND DER BERG ZU BODEN FIEL, ENTSTAND DIESE ANHÖHE. DAHER AUCH DER NAME „HÜGEL DES GERISSENEN SEILS".

IN YUIMURA IM DISTRIKT MINAMITAMA GIBT ES EINE BERÜHMTE NIEDERUNG IN DER FORM EINES FUSSABDRUCKS. AUCH DIESE WAR DER LEGENDE NACH EINER VON DAIDARABOTCHIS FUSSSTAPFEN, DIE ER MIT DEM BERG FUJI AUF DEM RÜCKEN HINTERLIESS.

ES LEBTE EINMAL EIN UNGEWÖHNLICH GROSSER MENSCH NAMENS DAIDARABOTCHI. MIT DER ABSICHT, DEN BERG FUJI AUF SEINE SCHULTERN ZU NEHMEN, HATTE ER SICH AUF DIE SUCHE NACH GLYZINIENRANKEN BEGEBEN. WO ER AUCH SUCHTE, ER KONNTE KEINE FINDEN. AUS DEN TRITTSPUREN, DIE ER IM LAND HINTERLIESS, WURDEN SPÄTER DER SHIKA-SUMPF UND DER SHOBU-SUMPF.

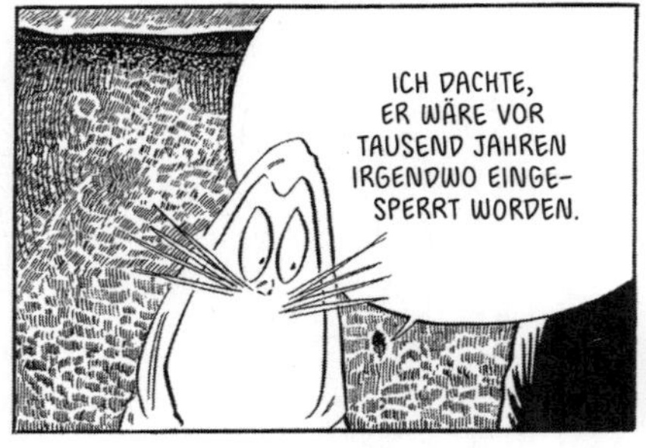
ICH DACHTE, ER WÄRE VOR TAUSEND JAHREN IRGENDWO EINGE- SPERRT WORDEN.

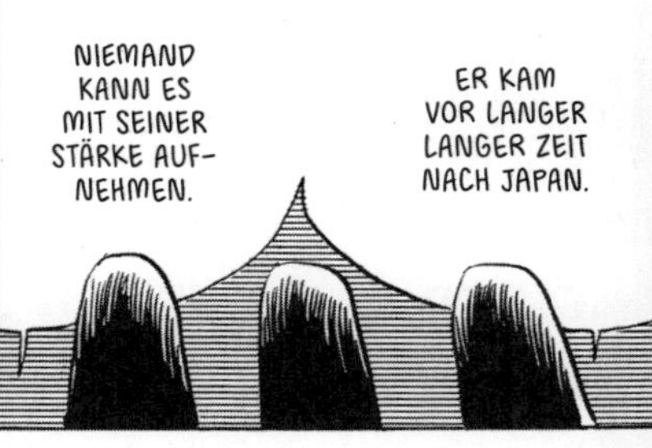
ER KAM VOR LANGER LANGER ZEIT NACH JAPAN.
NIEMAND KANN ES MIT SEINER STÄRKE AUF- NEHMEN.

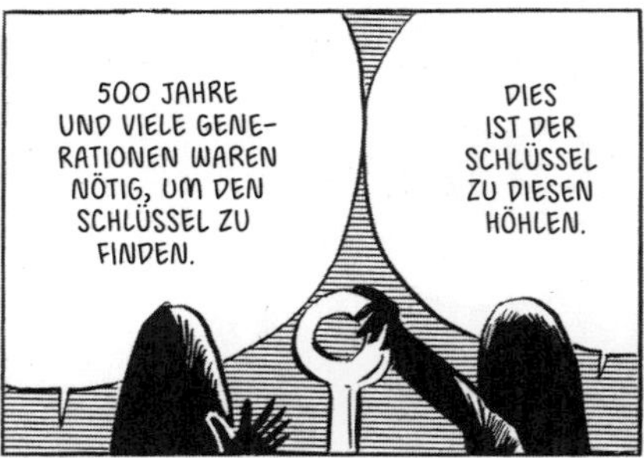
DIES IST DER SCHLÜSSEL ZU DIESEN HÖHLEN.
500 JAHRE UND VIELE GENE- RATIONEN WAREN NÖTIG, UM DEN SCHLÜSSEL ZU FINDEN.

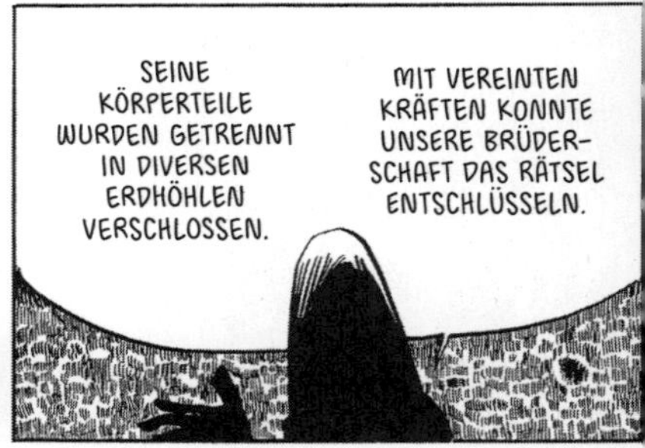
MIT VEREINTEN KRÄFTEN KONNTE UNSERE BRÜDER- SCHAFT DAS RÄTSEL ENTSCHLÜSSELN.
SEINE KÖRPERTEILE WURDEN GETRENNT IN DIVERSEN ERDHÖHLEN VERSCHLOSSEN.

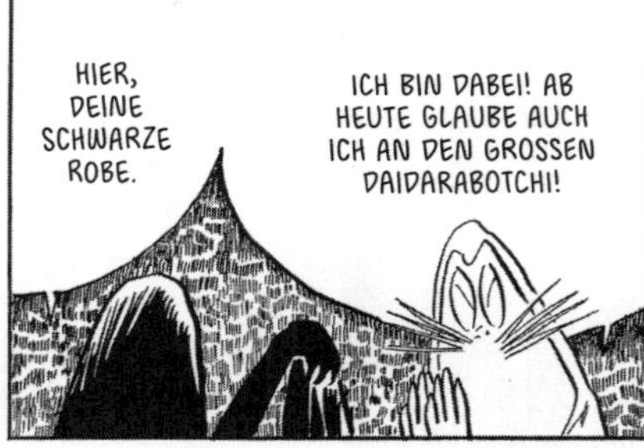
ICH BIN DABEI! AB HEUTE GLAUBE AUCH ICH AN DEN GROSSEN DAIDARABOTCHI!
HIER, DEINE SCHWARZE ROBE.

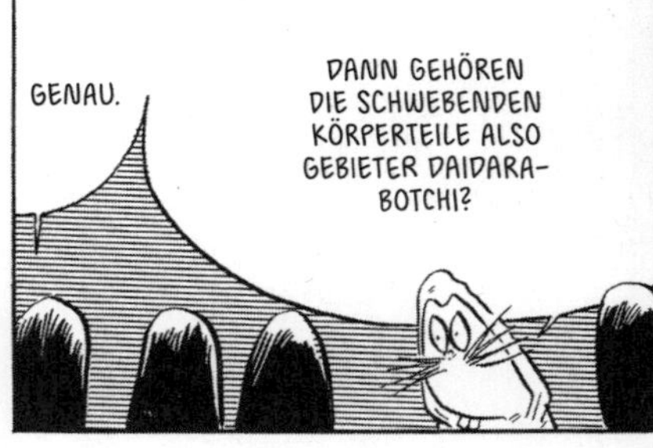
DANN GEHÖREN DIE SCHWEBENDEN KÖRPERTEILE ALSO GEBIETER DAIDARA- BOTCHI?
GENAU.

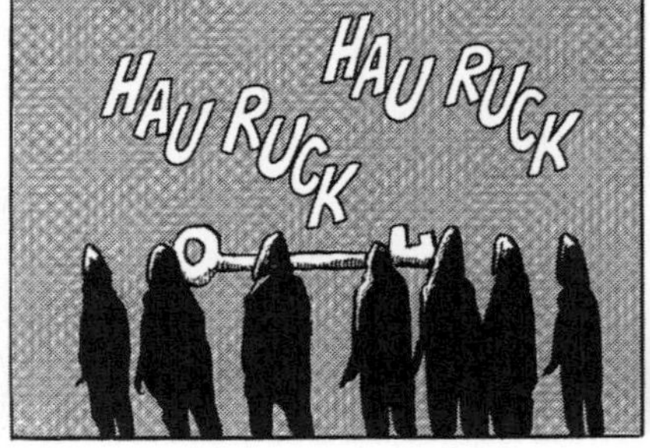
HAU RUCK
HAU RUCK

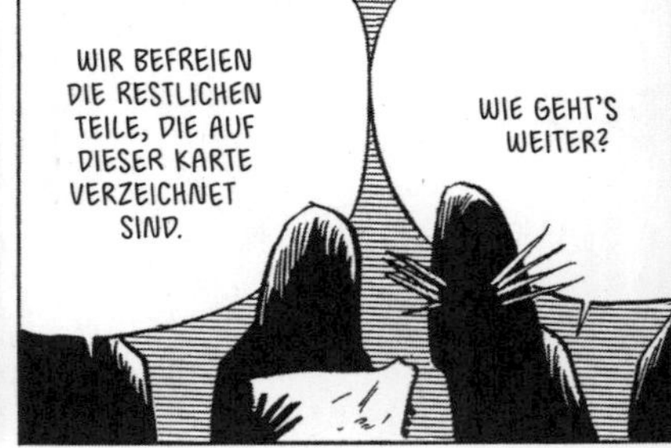
WIE GEHT'S WEITER?
WIR BEFREIEN DIE RESTLICHEN TEILE, DIE AUF DIESER KARTE VERZEICHNET SIND.

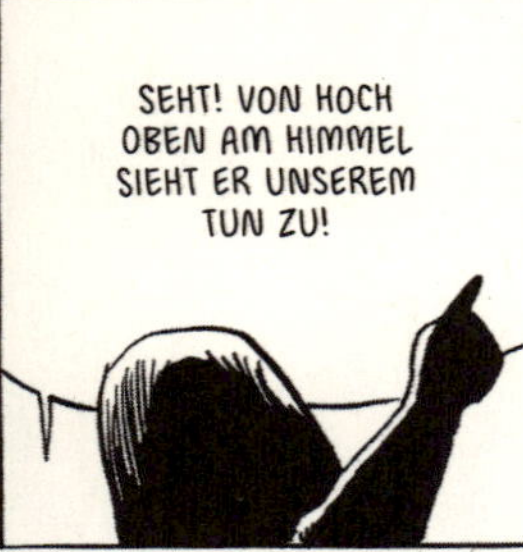
SEHT! VON HOCH OBEN AM HIMMEL SIEHT ER UNSEREM TUN ZU!

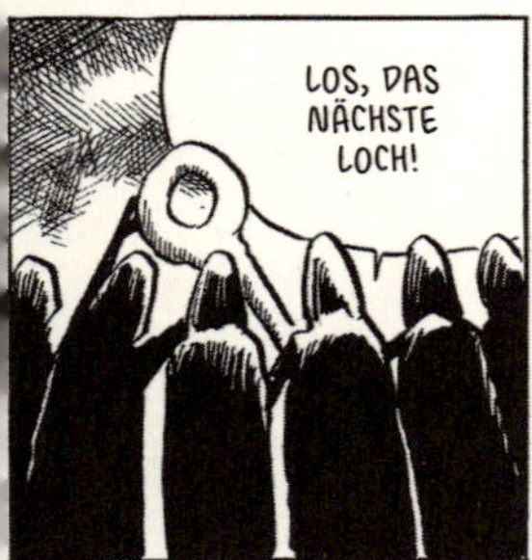
LOS, DAS NÄCHSTE LOCH!

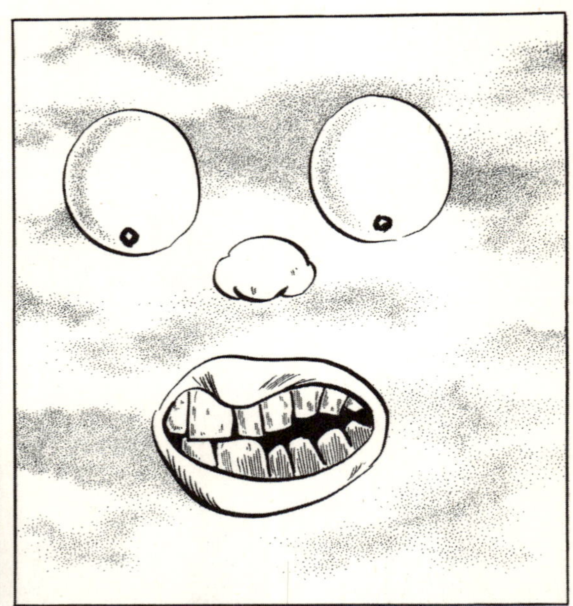

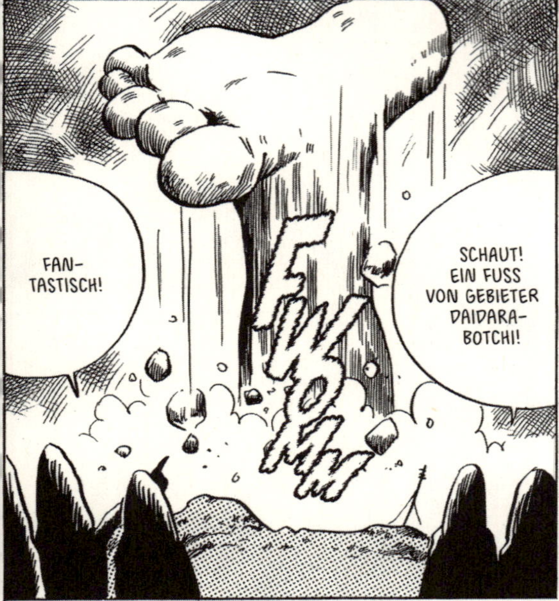
SCHAUT! EIN FUSS VON GEBIETER DAIDARA-BOTCHI!
FWOMM
FAN-TASTISCH!

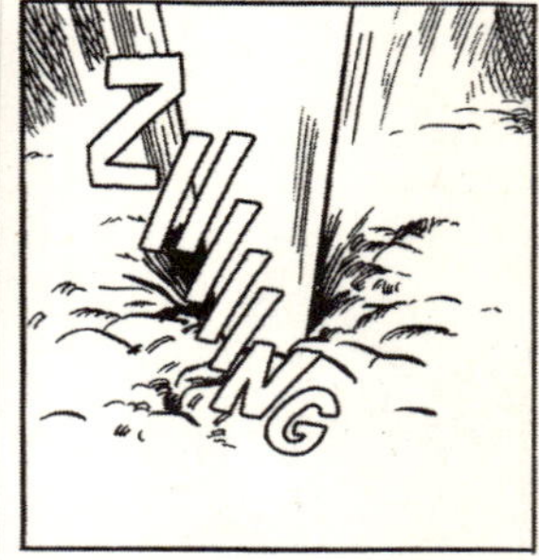
ZIIIING

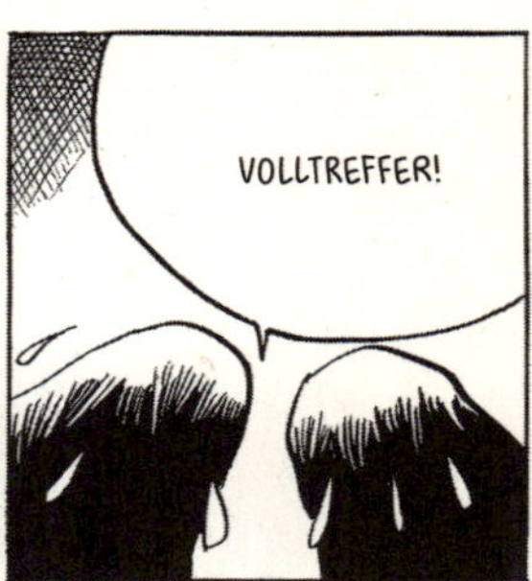
VOLLTREFFER!

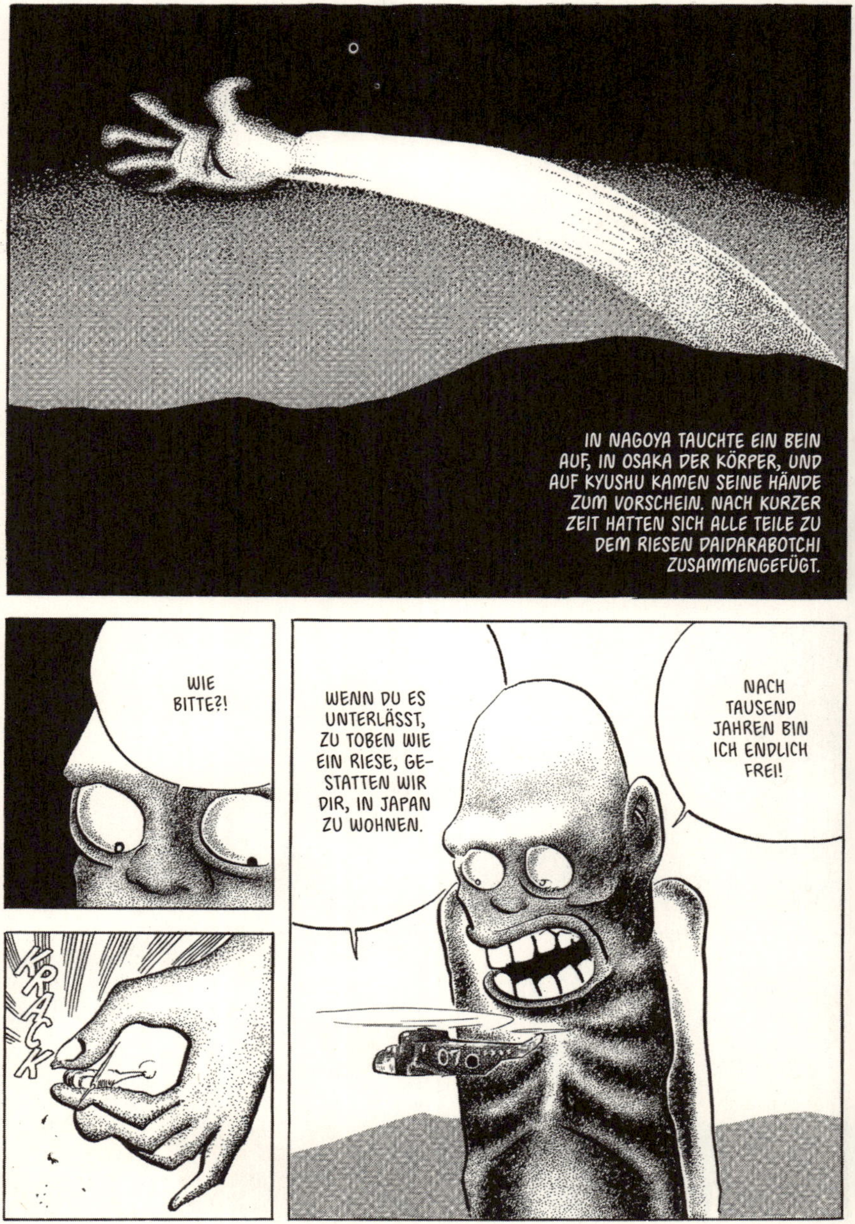

IN NAGOYA TAUCHTE EIN BEIN AUF, IN OSAKA DER KÖRPER, UND AUF KYUSHU KAMEN SEINE HÄNDE ZUM VORSCHEIN. NACH KURZER ZEIT HATTEN SICH ALLE TEILE ZU DEM RIESEN DAIDARABOTCHI ZUSAMMENGEFÜGT.

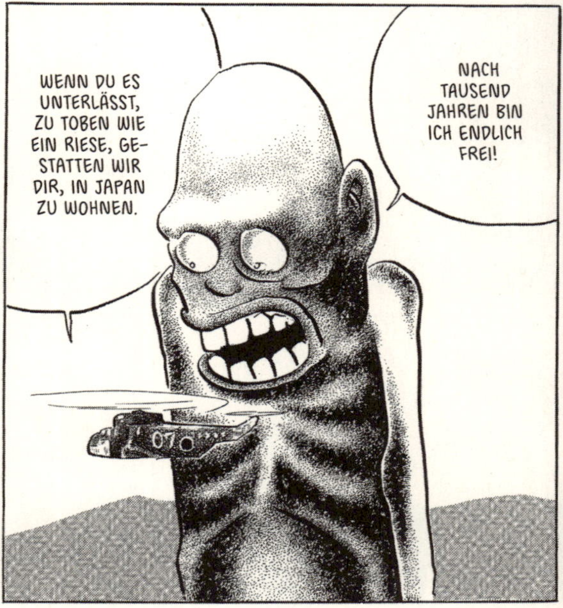

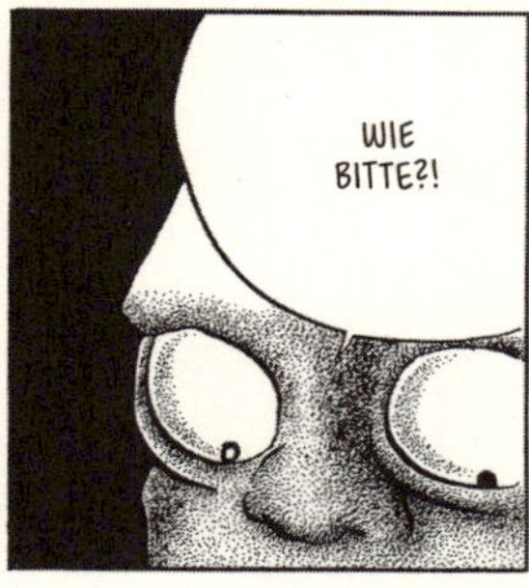

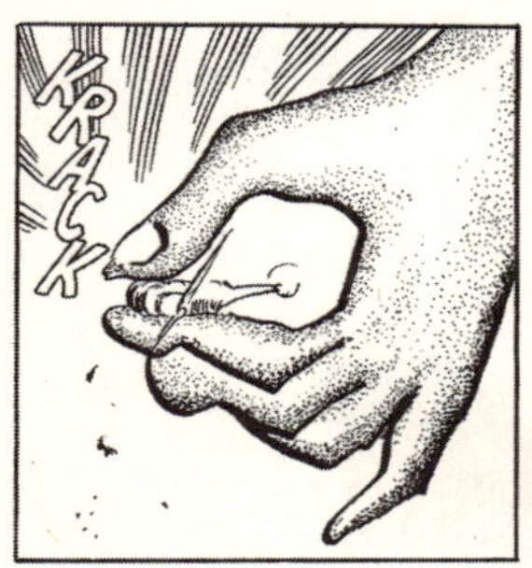

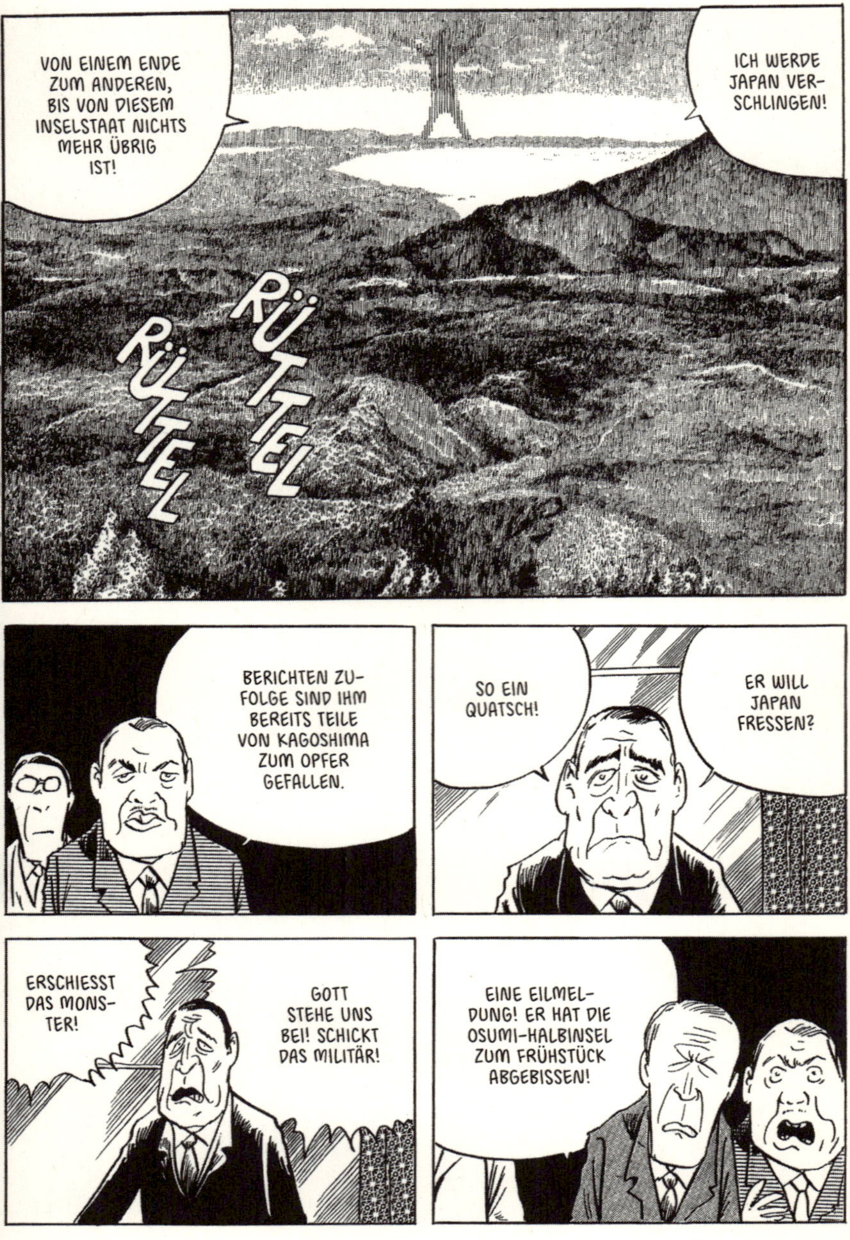

ICH WERDE JAPAN VERSCHLINGEN!
VON EINEM ENDE ZUM ANDEREN, BIS VON DIESEM INSELSTAAT NICHTS MEHR ÜBRIG IST!
RÜTTEL RÜTTEL

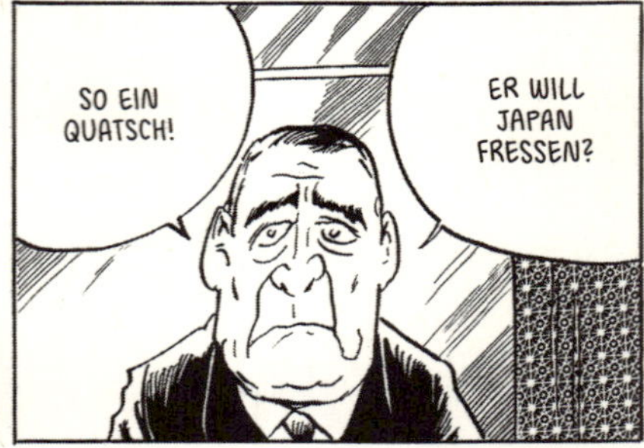
ER WILL JAPAN FRESSEN?
SO EIN QUATSCH!

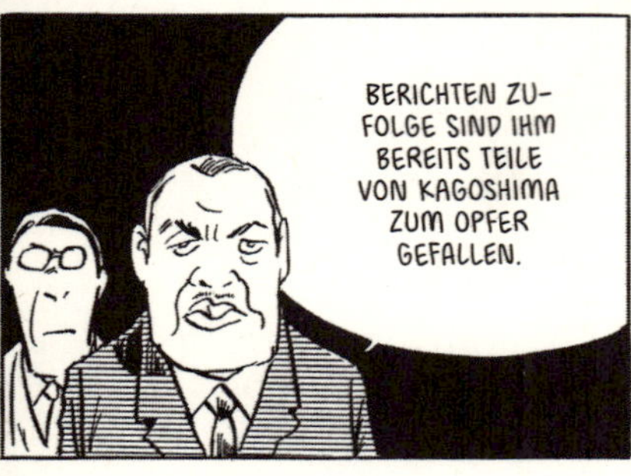
BERICHTEN ZUFOLGE SIND IHM BEREITS TEILE VON KAGOSHIMA ZUM OPFER GEFALLEN.

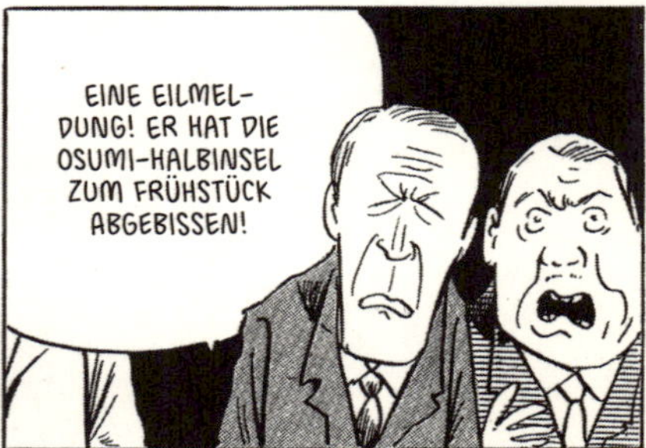
EINE EILMELDUNG! ER HAT DIE OSUMI-HALBINSEL ZUM FRÜHSTÜCK ABGEBISSEN!

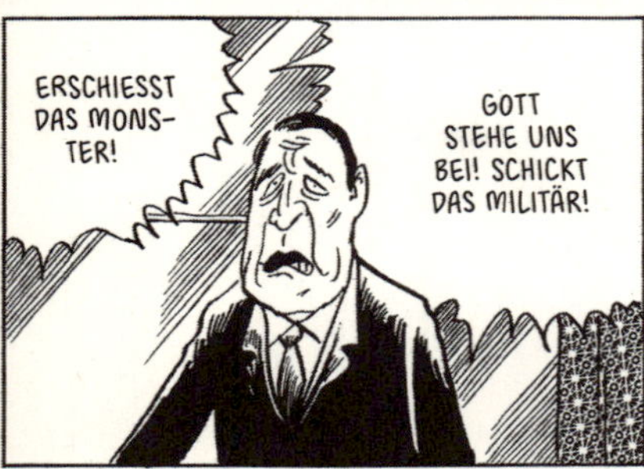
GOTT STEHE UNS BEI! SCHICKT DAS MILITÄR!
ERSCHIESST DAS MONSTER!

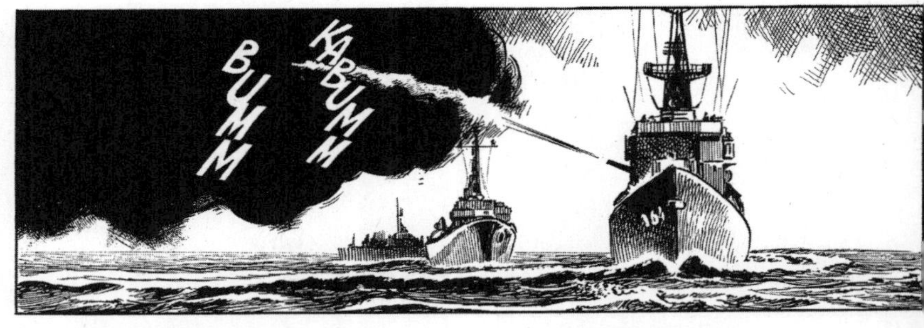
KABUMM
BUMM

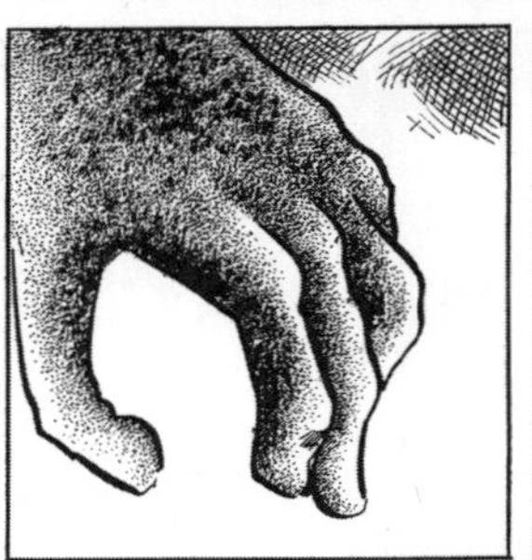

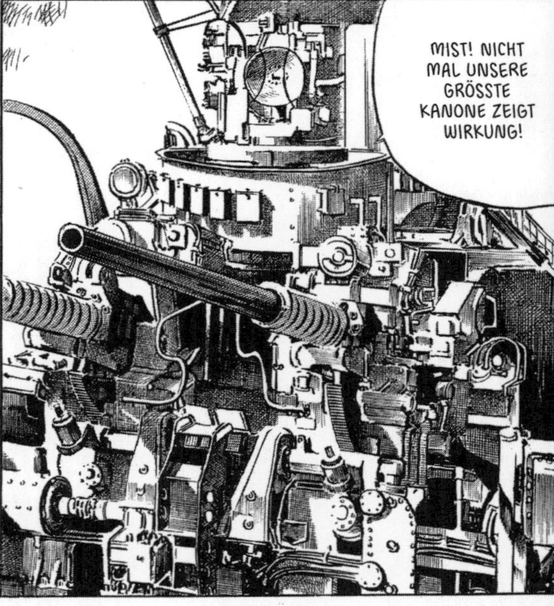
MIST! NICHT MAL UNSERE GRÖSSTE KANONE ZEIGT WIRKUNG!

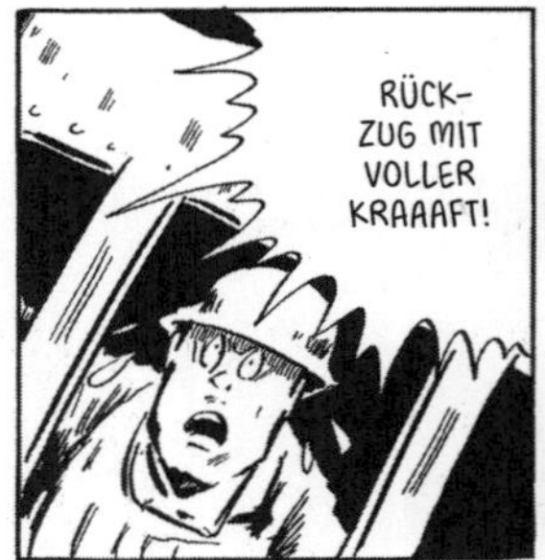
RÜCK-ZUG MIT VOLLER KRAAAFT!

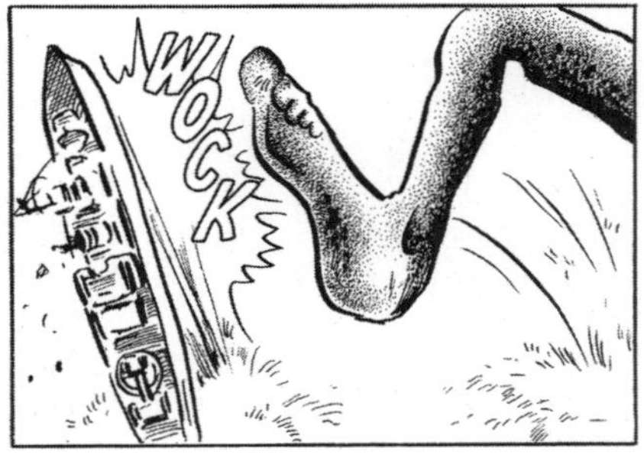
WOCK

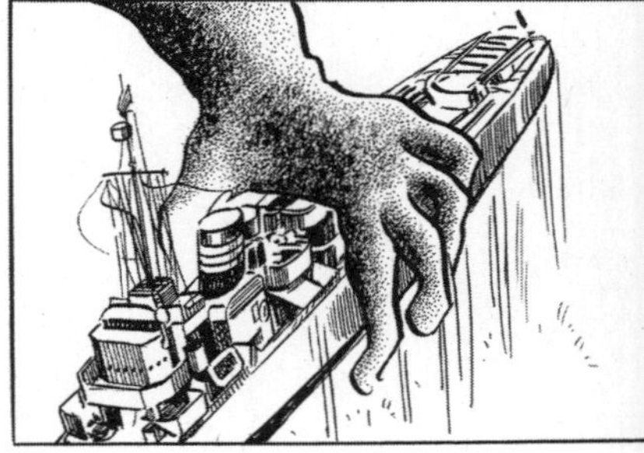

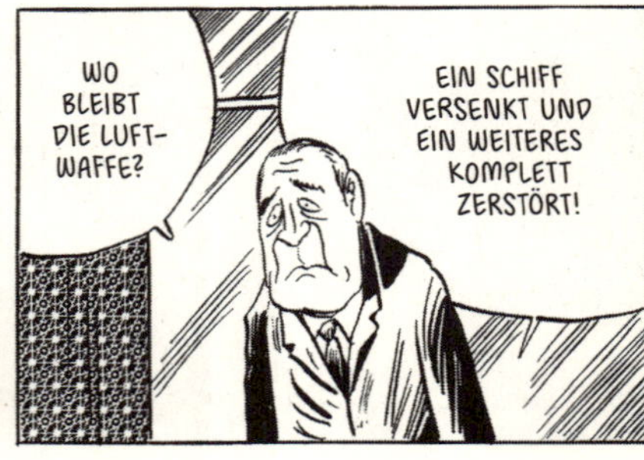
EIN SCHIFF VERSENKT UND EIN WEITERES KOMPLETT ZERSTÖRT!
WO BLEIBT DIE LUFTWAFFE?

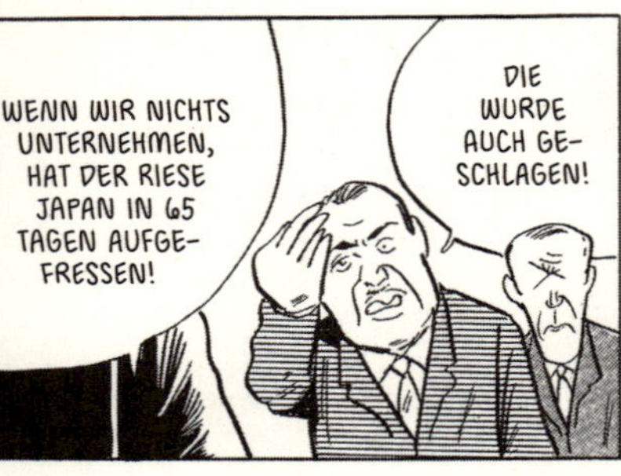
DIE WURDE AUCH GESCHLAGEN!
WENN WIR NICHTS UNTERNEHMEN, HAT DER RIESE JAPAN IN 65 TAGEN AUFGEFRESSEN!

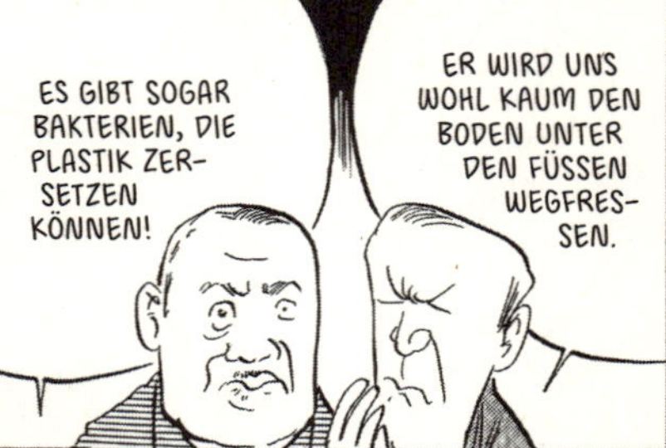
ER WIRD UNS WOHL KAUM DEN BODEN UNTER DEN FÜSSEN WEGFRESSEN.
ES GIBT SOGAR BAKTERIEN, DIE PLASTIK ZERSETZEN KÖNNEN!

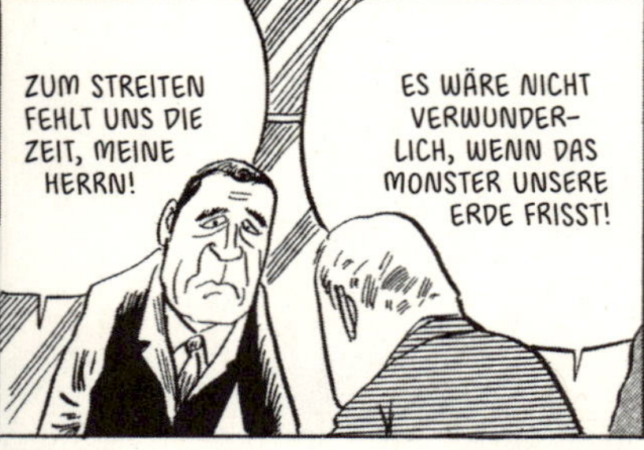
ES WÄRE NICHT VERWUNDERLICH, WENN DAS MONSTER UNSERE ERDE FRISST!
ZUM STREITEN FEHLT UNS DIE ZEIT, MEINE HERRN!

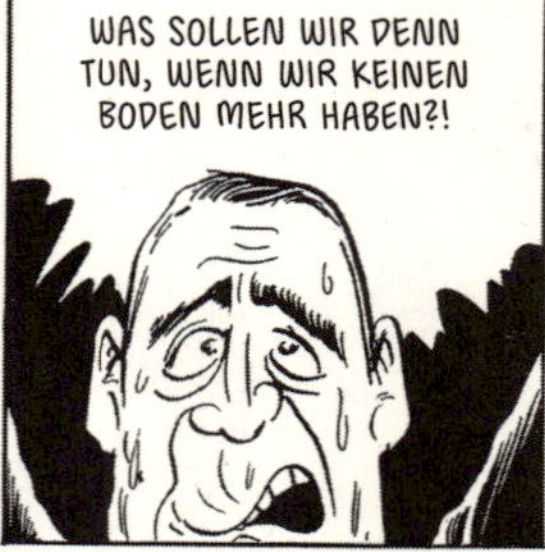
WAS SOLLEN WIR DENN TUN, WENN WIR KEINEN BODEN MEHR HABEN?!

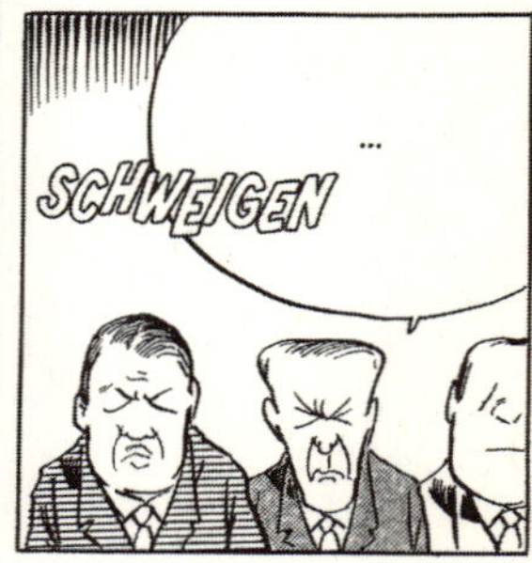
...
SCHWEIGEN

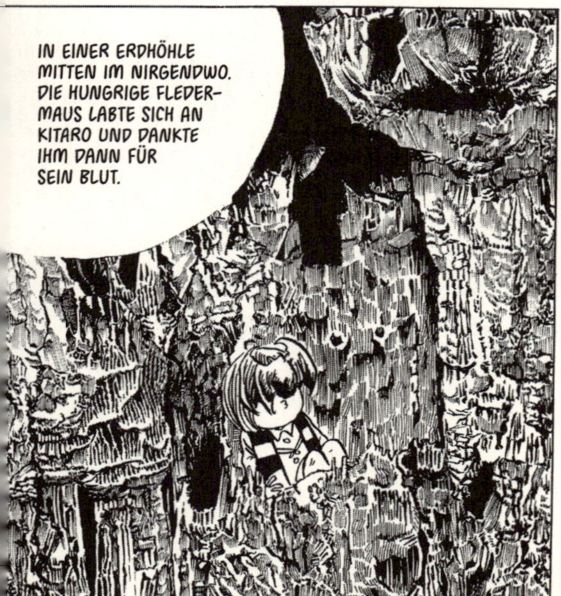
IN EINER ERDHÖHLE MITTEN IM NIRGENDWO. DIE HUNGRIGE FLEDERMAUS LABTE SICH AN KITARO UND DANKTE IHM DANN FÜR SEIN BLUT.

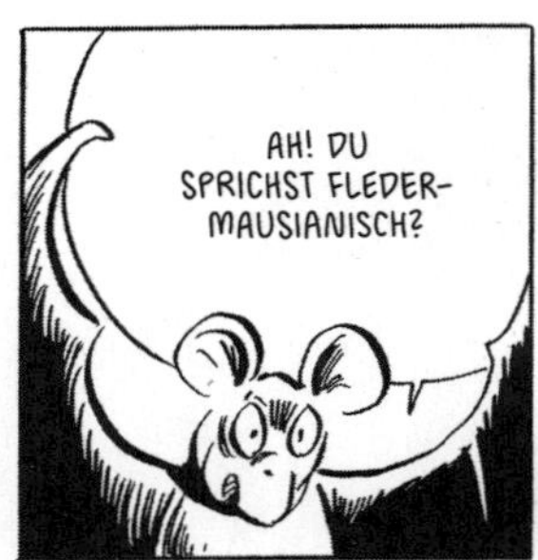
AH! DU SPRICHST FLEDER-MAUSIANISCH?

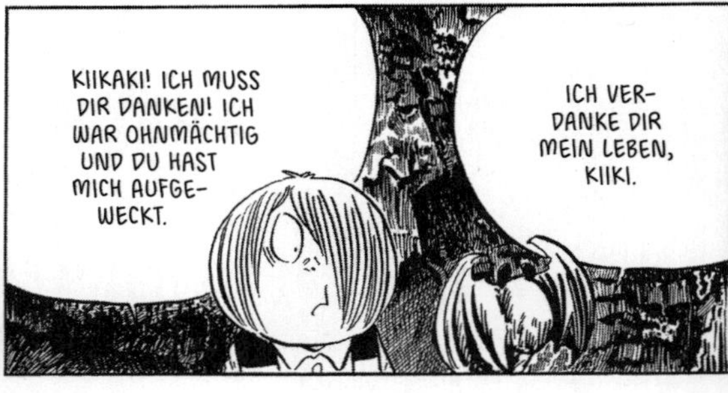
KIIKAKI! ICH MUSS DIR DANKEN! ICH WAR OHNMÄCHTIG UND DU HAST MICH AUFGE-WECKT.
ICH VER-DANKE DIR MEIN LEBEN, KIIKI.

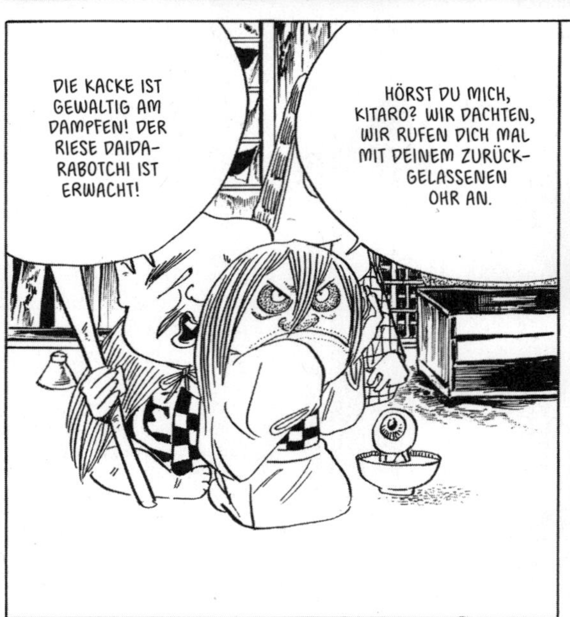
DIE KACKE IST GEWALTIG AM DAMPFEN! DER RIESE DAIDA-RABOTCHI IST ERWACHT!
HÖRST DU MICH, KITARO? WIR DACHTEN, WIR RUFEN DICH MAL MIT DEINEM ZURÜCK-GELASSENEN OHR AN.

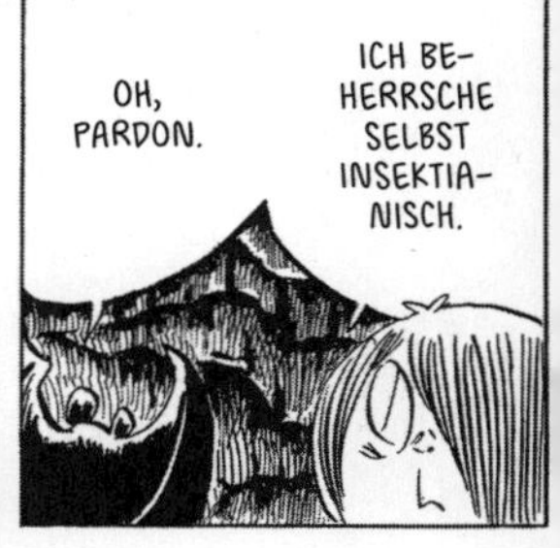
OH, PARDON.
ICH BE-HERRSCHE SELBST INSEKTIA-NISCH.

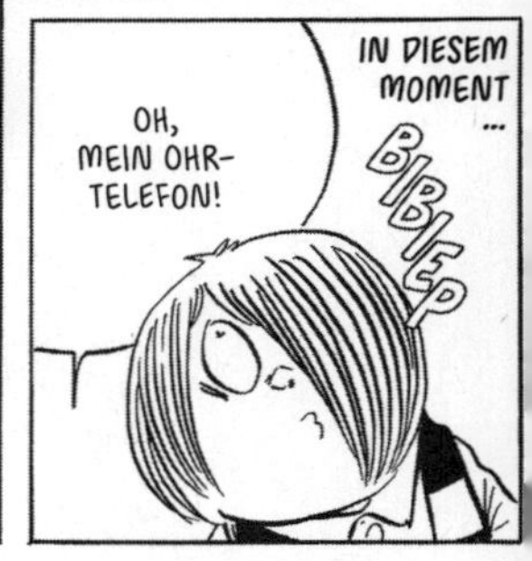
OH, MEIN OHR-TELEFON!
IN DIESEM MOMENT ...
BIBIEP

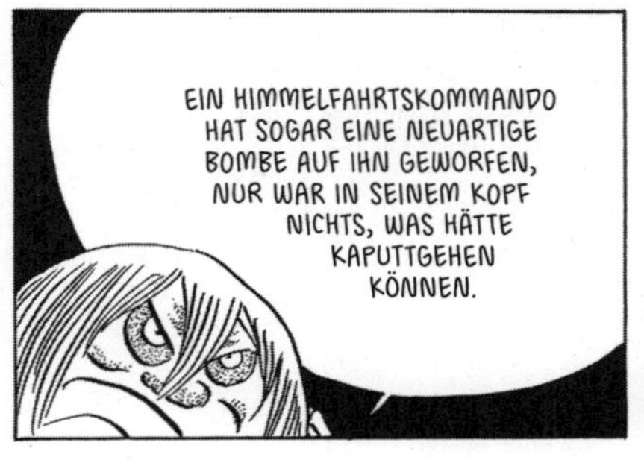
EIN HIMMELFAHRTSKOMMANDO HAT SOGAR EINE NEUARTIGE BOMBE AUF IHN GEWORFEN, NUR WAR IN SEINEM KOPF NICHTS, WAS HÄTTE KAPUTTGEHEN KÖNNEN.

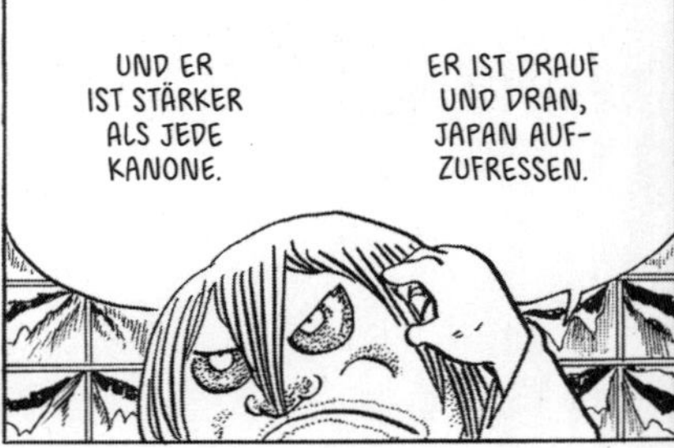
UND ER IST STÄRKER ALS JEDE KANONE.
ER IST DRAUF UND DRAN, JAPAN AUF-ZUFRESSEN.

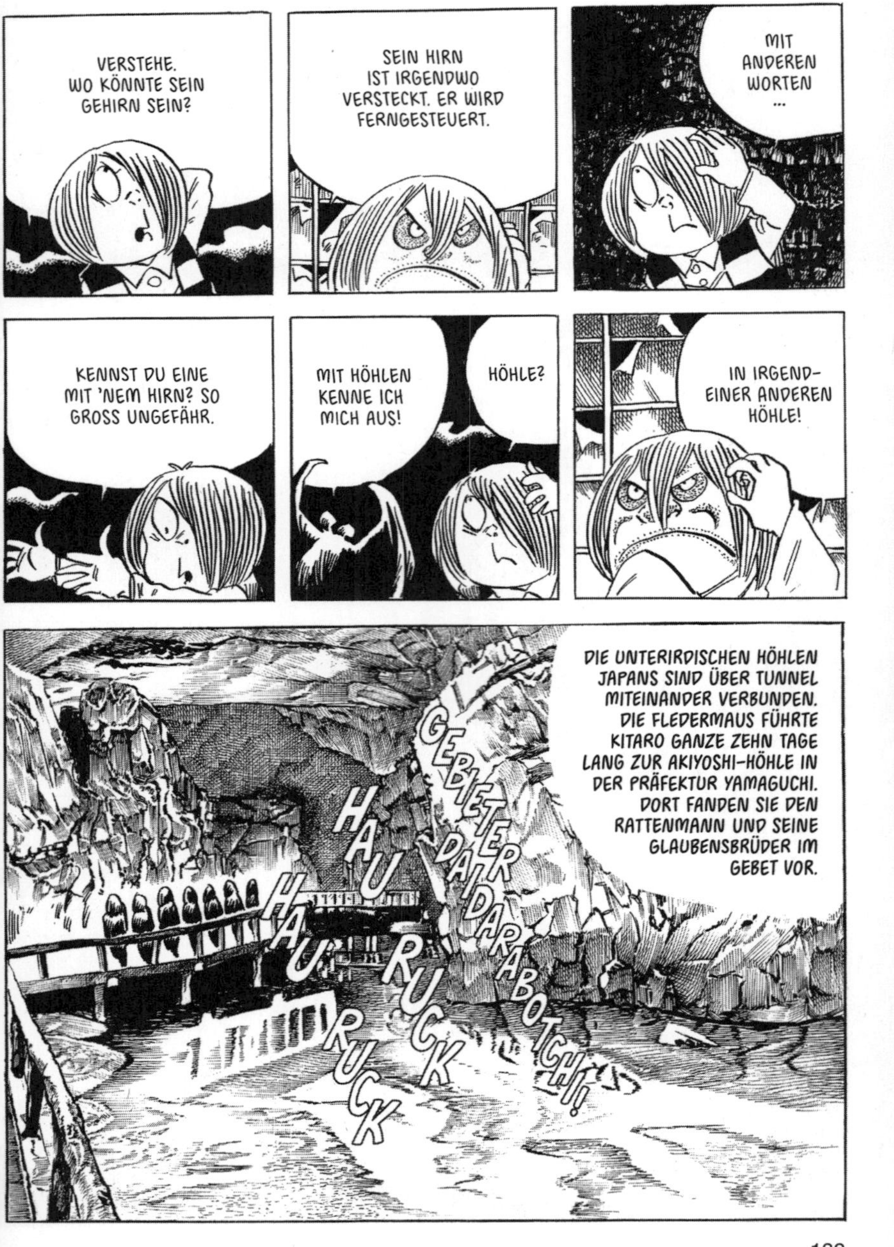

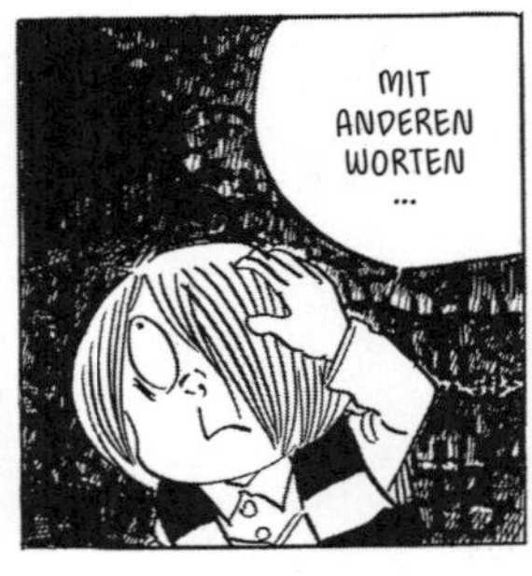

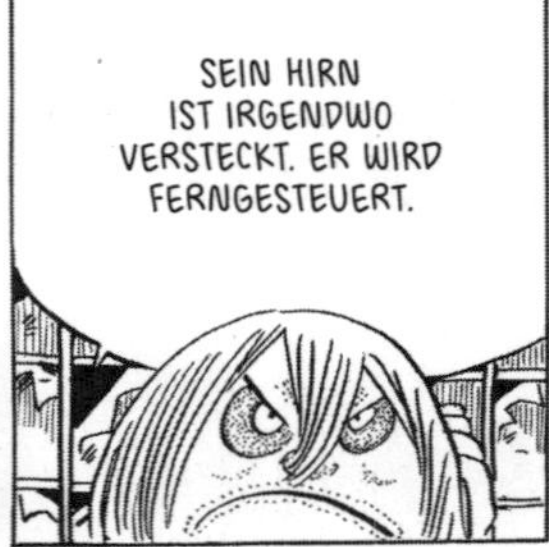

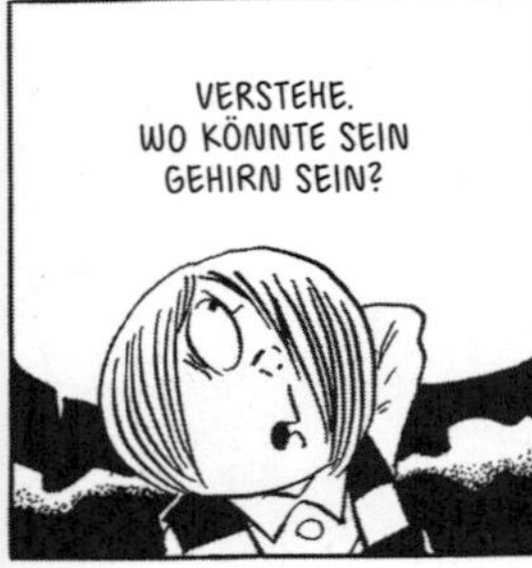

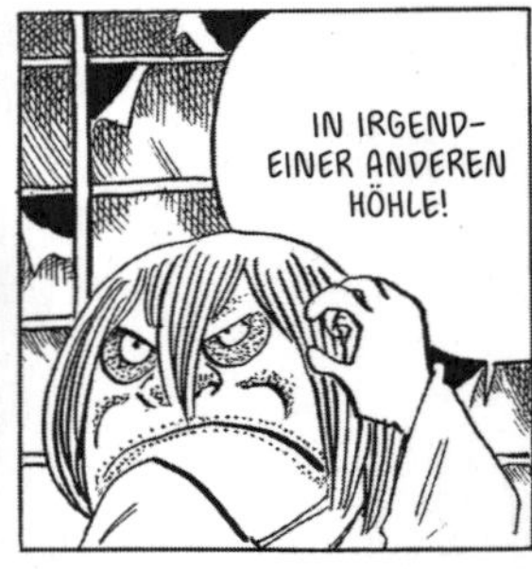

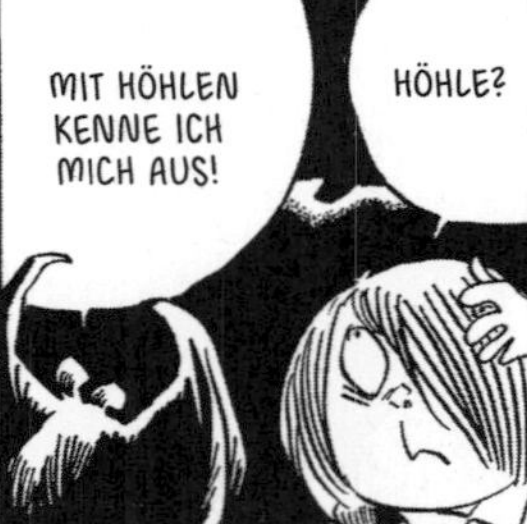

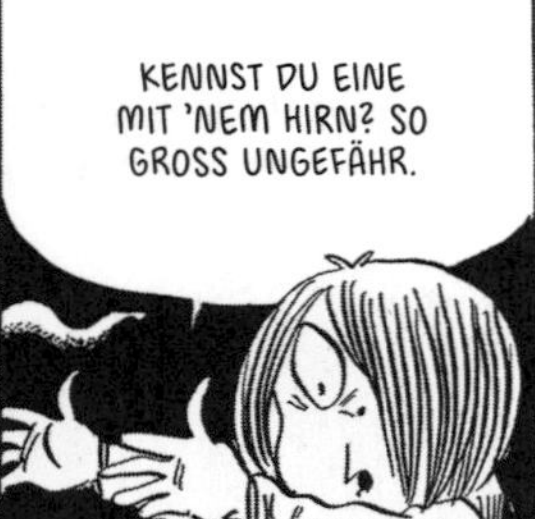

DIE UNTERIRDISCHEN HÖHLEN JAPANS SIND ÜBER TUNNEL MITEINANDER VERBUNDEN. DIE FLEDERMAUS FÜHRTE KITARO GANZE ZEHN TAGE LANG ZUR AKIYOSHI-HÖHLE IN DER PRÄFEKTUR YAMAGUCHI. DORT FANDEN SIE DEN RATTENMANN UND SEINE GLAUBENSBRÜDER IM GEBET VOR.

GEBIETER DAIDARABOTCHI!

HAU RUCK

HAU RUCK

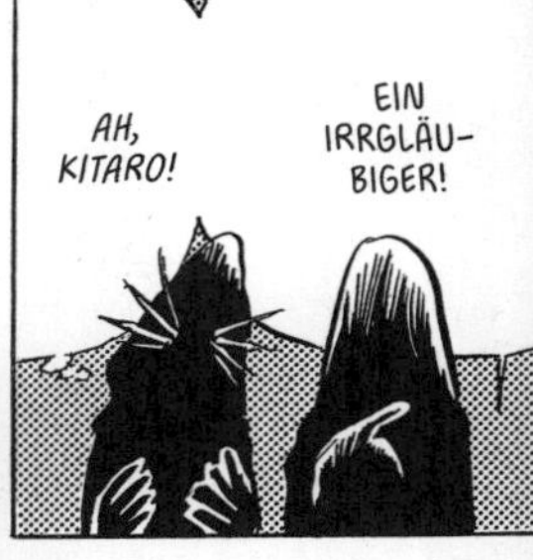
EIN IRRGLÄUBIGER!
AH, KITARO!

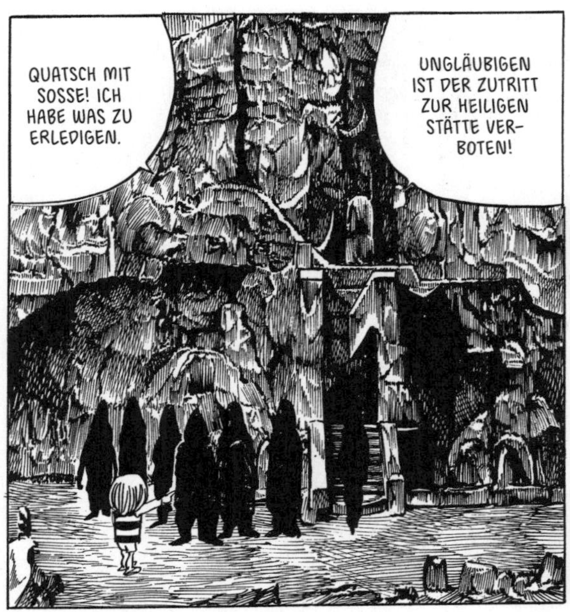
UNGLÄUBIGEN IST DER ZUTRITT ZUR HEILIGEN STÄTTE VERBOTEN!
QUATSCH MIT SOSSE! ICH HABE WAS ZU ERLEDIGEN.

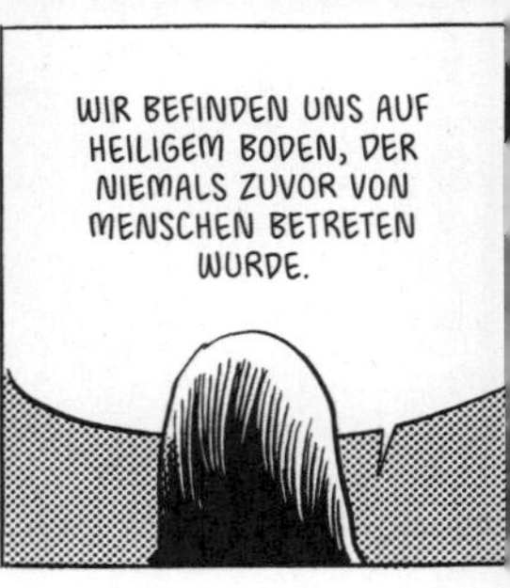
WIR BEFINDEN UNS AUF HEILIGEM BODEN, DER NIEMALS ZUVOR VON MENSCHEN BETRETEN WURDE.

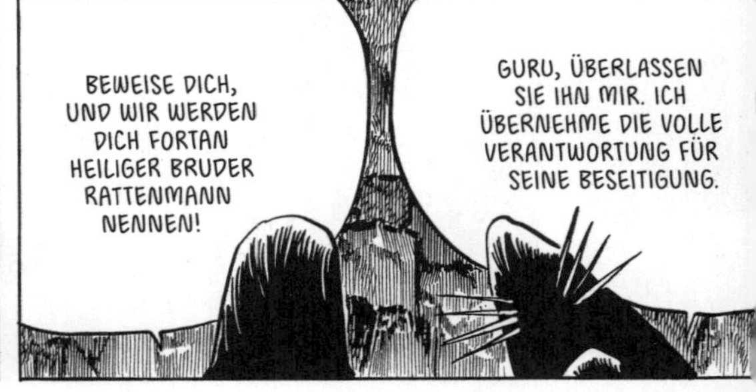
GURU, ÜBERLASSEN SIE IHN MIR. ICH ÜBERNEHME DIE VOLLE VERANTWORTUNG FÜR SEINE BESEITIGUNG.
BEWEISE DICH, UND WIR WERDEN DICH FORTAN HEILIGER BRUDER RATTENMANN NENNEN!

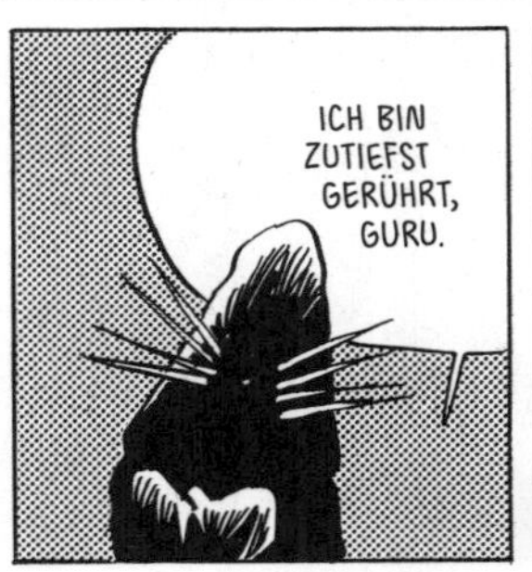
ICH BIN ZUTIEFST GERÜHRT, GURU.

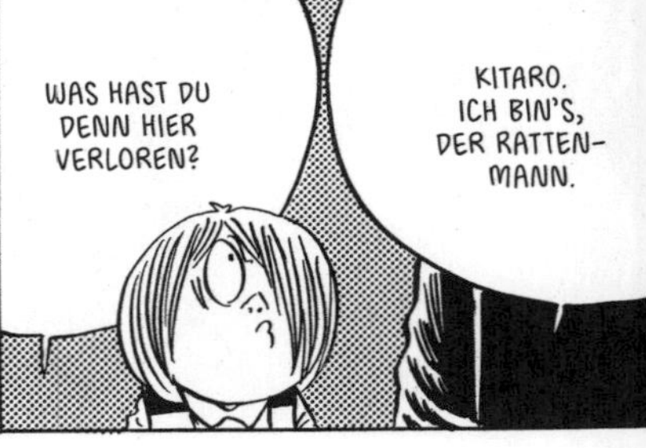
KITARO. ICH BIN'S, DER RATTENMANN.
WAS HAST DU DENN HIER VERLOREN?

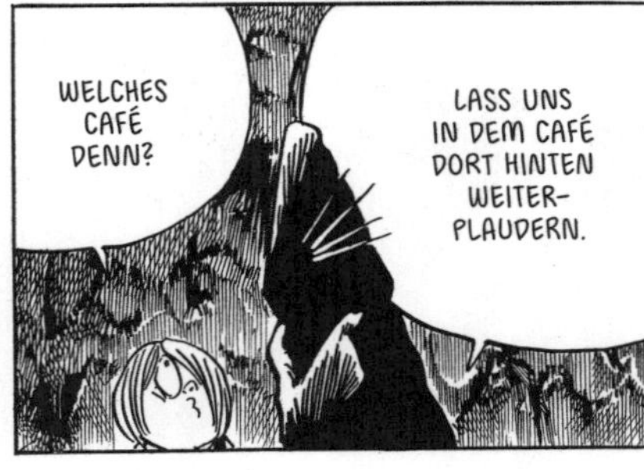
LASS UNS IN DEM CAFÉ DORT HINTEN WEITERPLAUDERN.
WELCHES CAFÉ DENN?

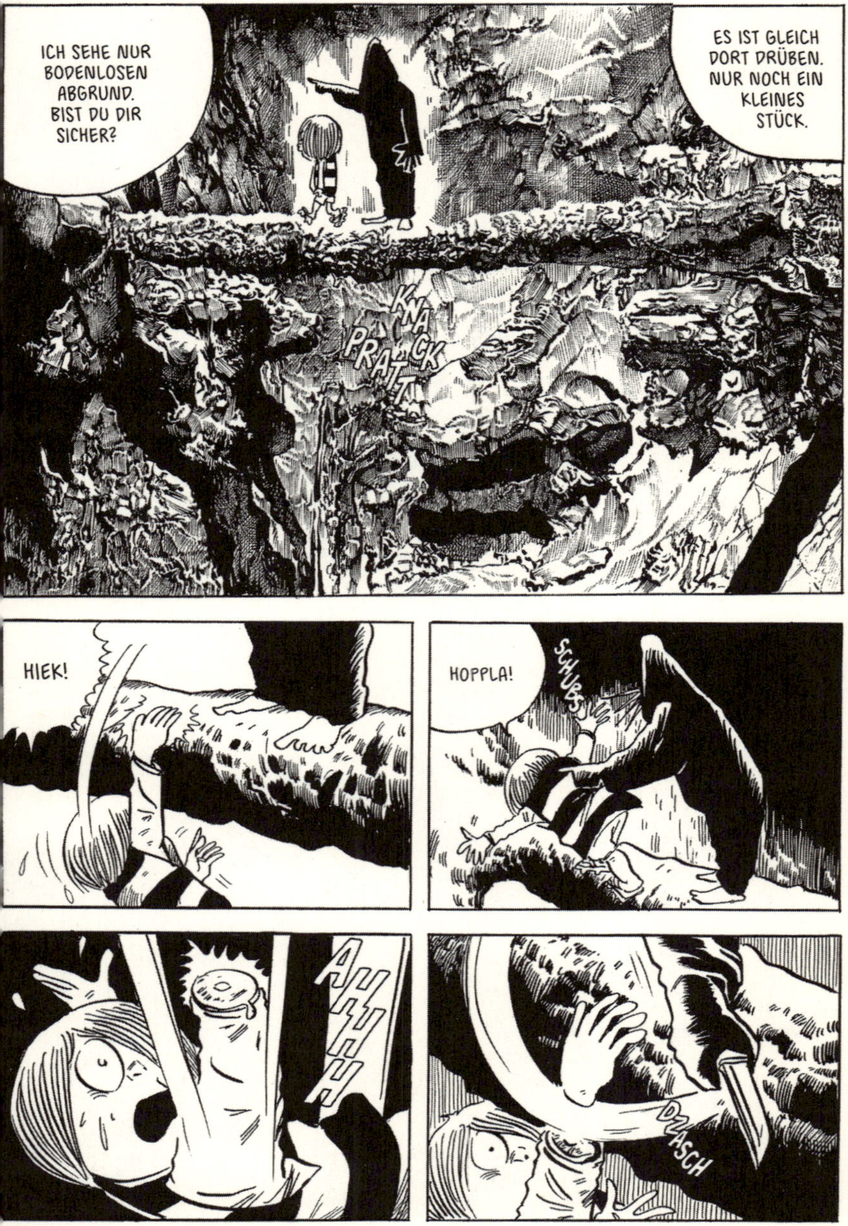

ICH SEHE NUR BODENLOSEN ABGRUND. BIST DU DIR SICHER?
ES IST GLEICH DORT DRÜBEN. NUR NOCH EIN KLEINES STÜCK.
KNACK
PRATT

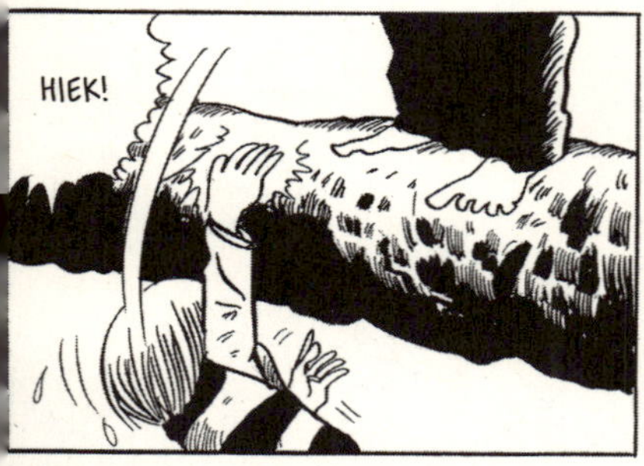

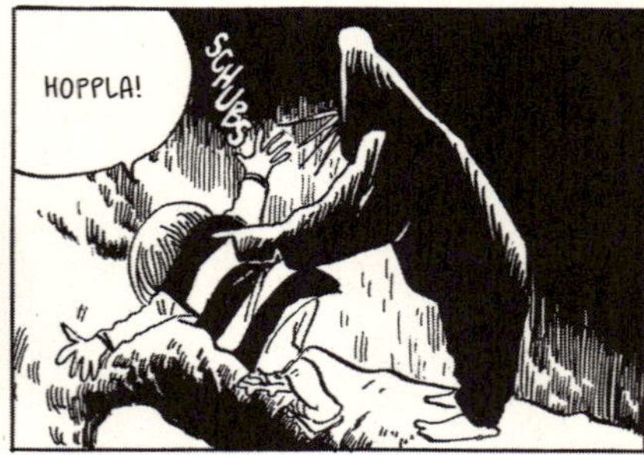

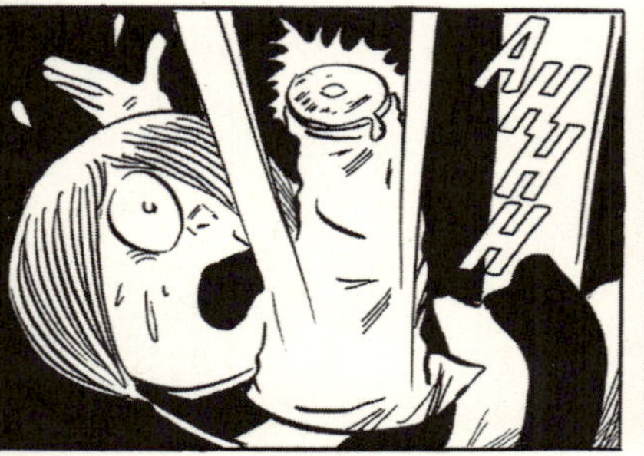

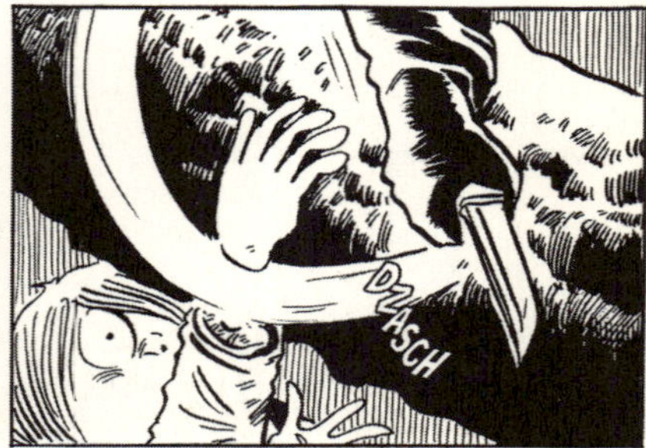

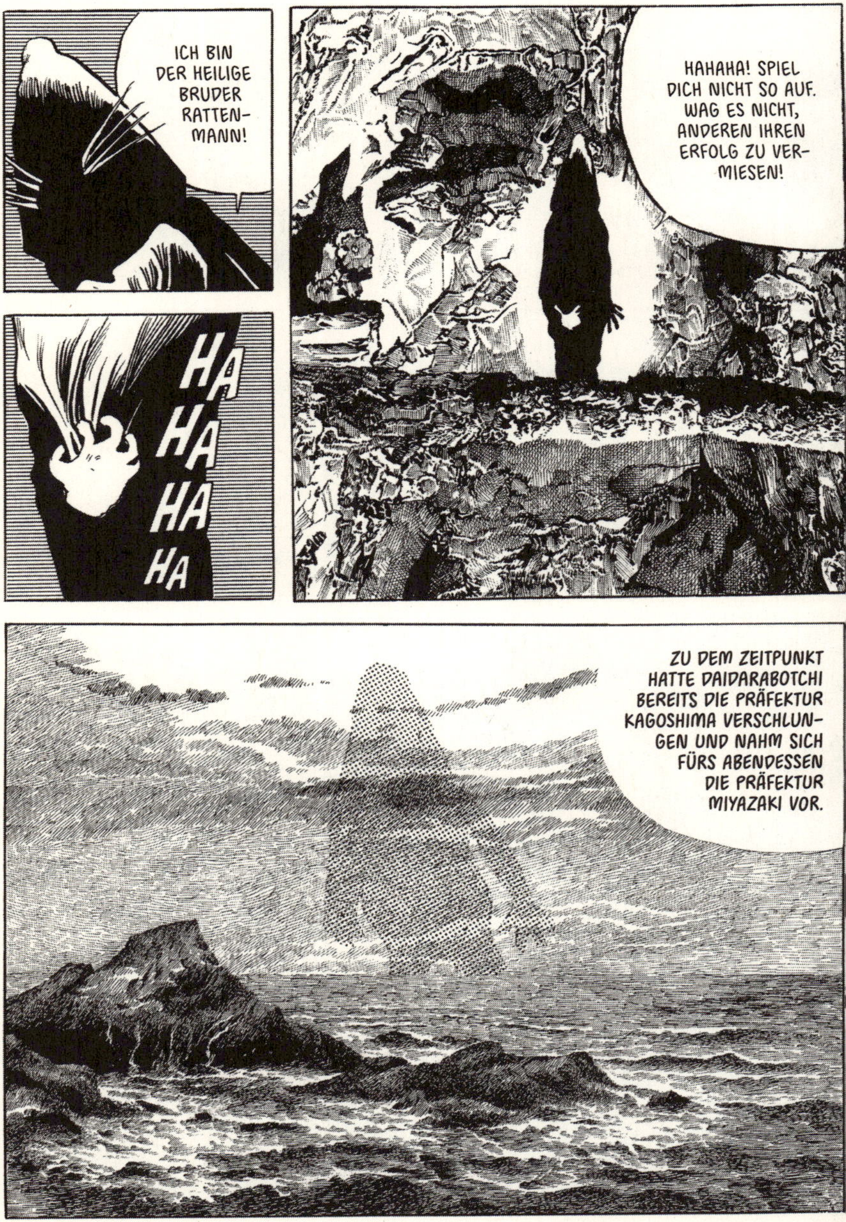

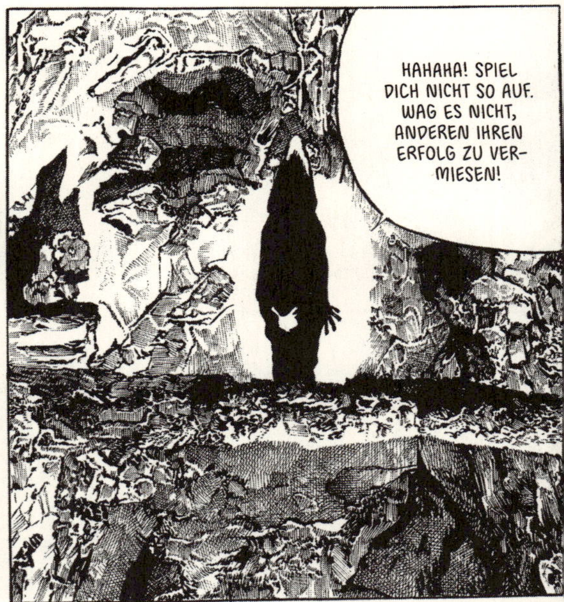

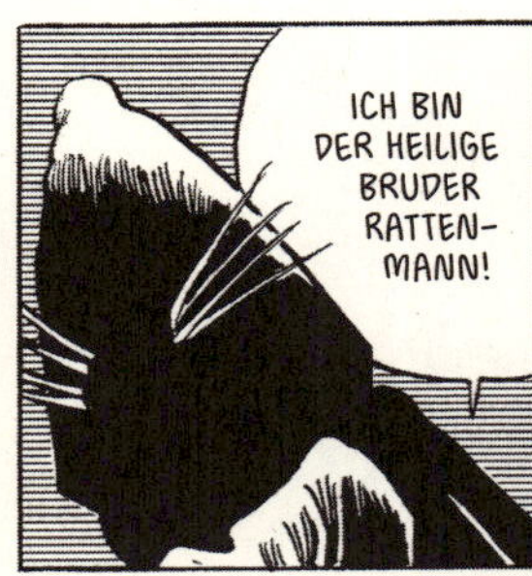

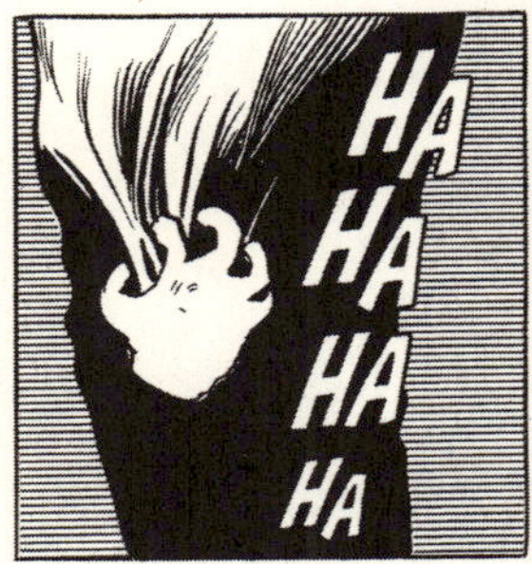

ZU DEM ZEITPUNKT HATTE DAIDARABOTCHI BEREITS DIE PRÄFEKTUR KAGOSHIMA VERSCHLUNGEN UND NAHM SICH FÜRS ABENDESSEN DIE PRÄFEKTUR MIYAZAKI VOR.

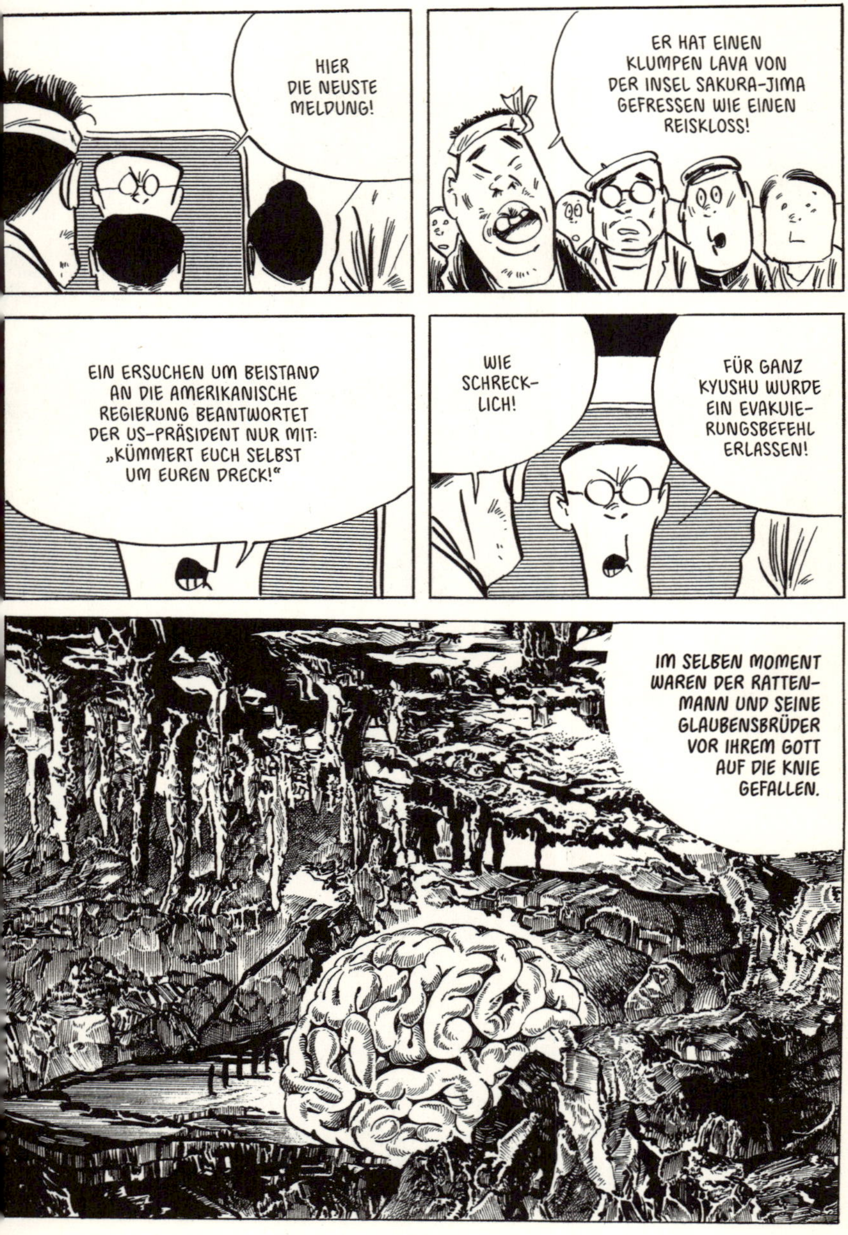

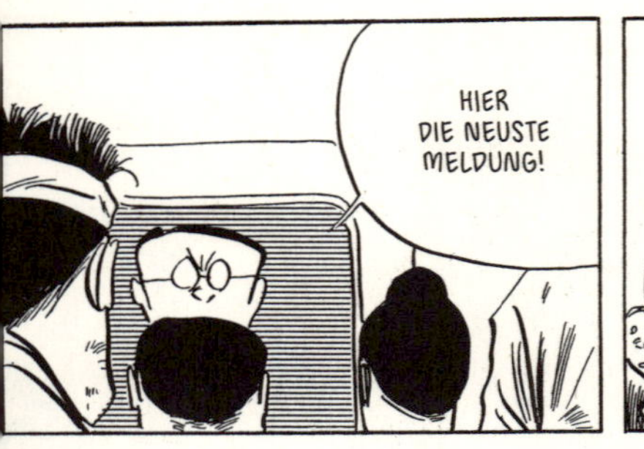
HIER DIE NEUSTE MELDUNG!

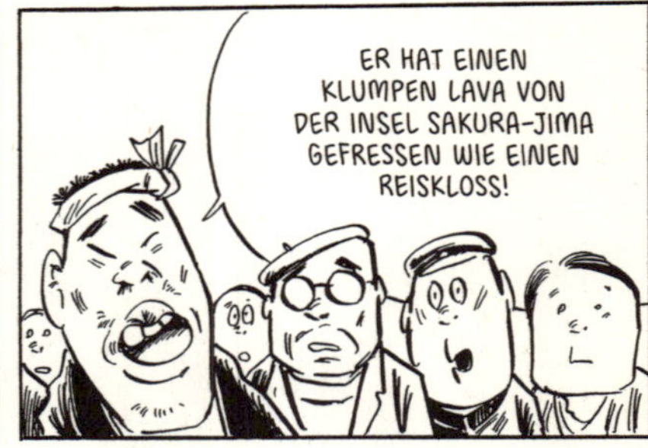
ER HAT EINEN KLUMPEN LAVA VON DER INSEL SAKURA-JIMA GEFRESSEN WIE EINEN REISKLOSS!

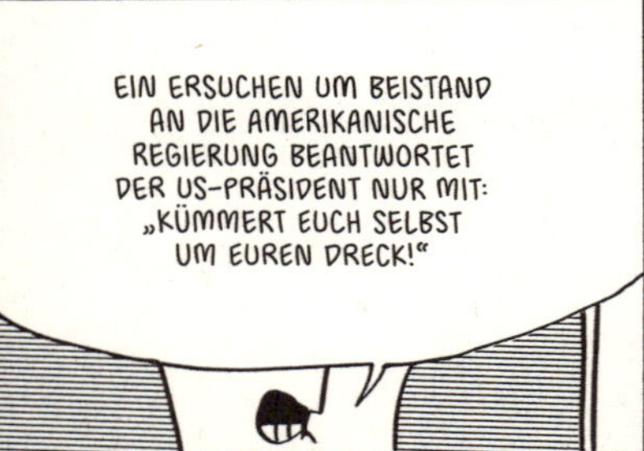
EIN ERSUCHEN UM BEISTAND AN DIE AMERIKANISCHE REGIERUNG BEANTWORTET DER US-PRÄSIDENT NUR MIT: „KÜMMERT EUCH SELBST UM EUREN DRECK!“

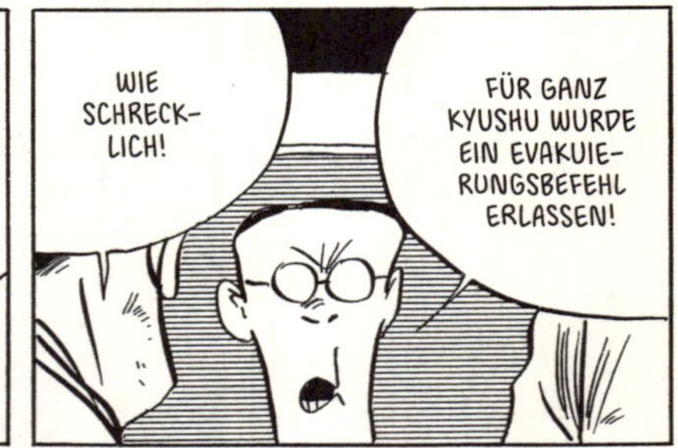
WIE SCHRECK-LICH!
FÜR GANZ KYUSHU WURDE EIN EVAKUIE-RUNGSBEFEHL ERLASSEN!

IM SELBEN MOMENT WAREN DER RATTEN-MANN UND SEINE GLAUBENSBRÜDER VOR IHREM GOTT AUF DIE KNIE GEFALLEN.

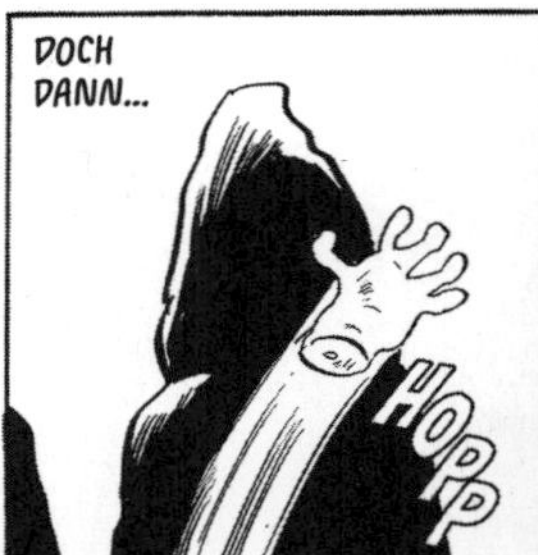
DOCH DANN...
HOPP

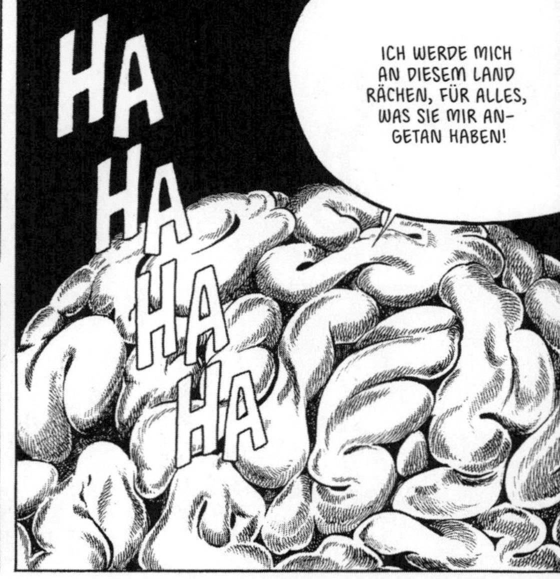
ICH WERDE MICH AN DIESEM LAND RÄCHEN, FÜR ALLES, WAS SIE MIR ANGETAN HABEN!
HA HA HA HA HA HA

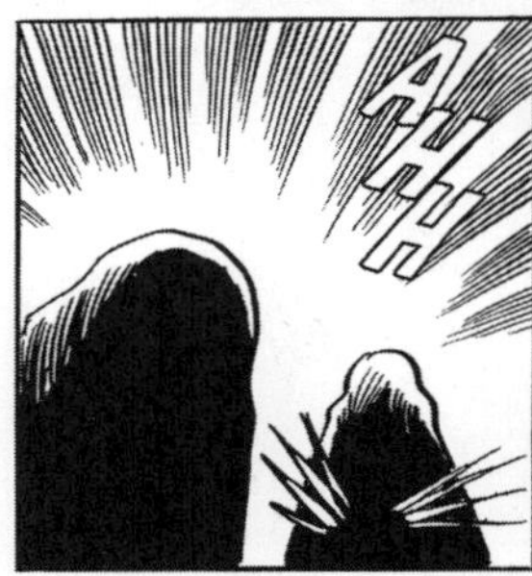
AHHH

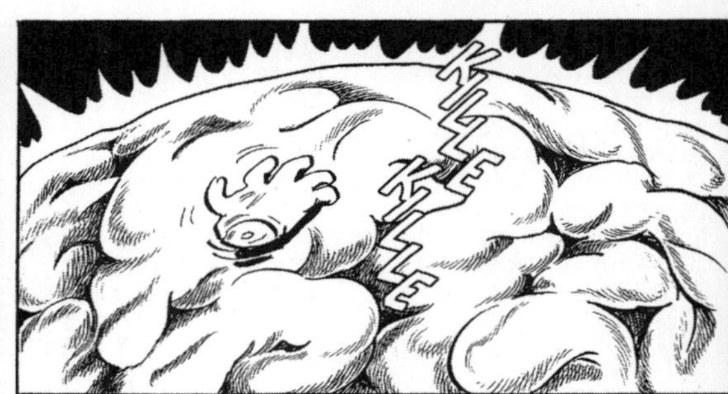
KILLE KILLE

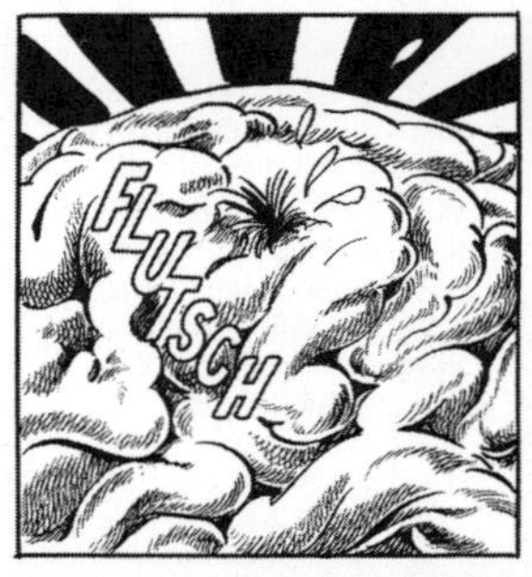
FLUTSCH

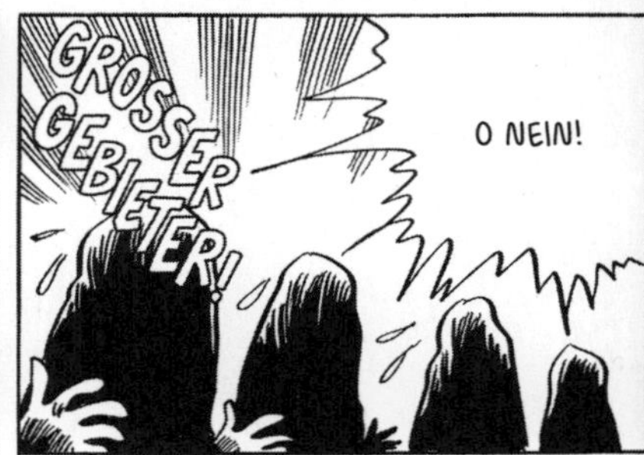
O NEIN!
GROSSER GEBIETER!

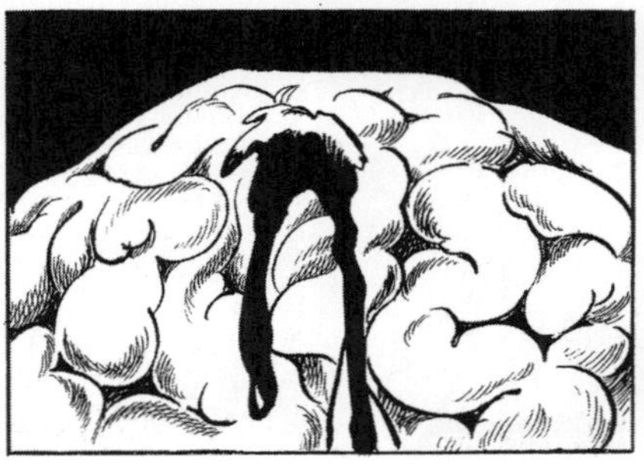

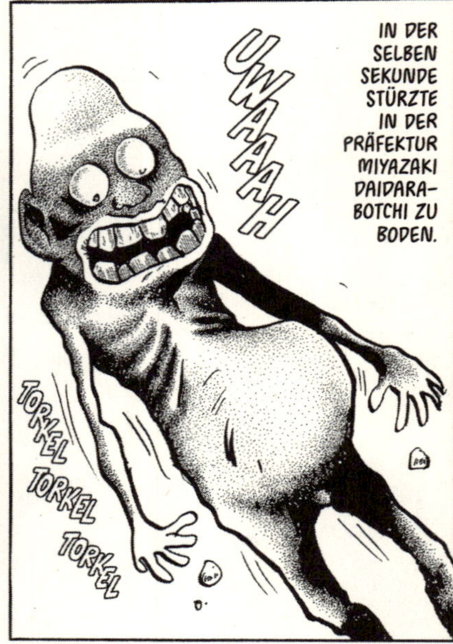

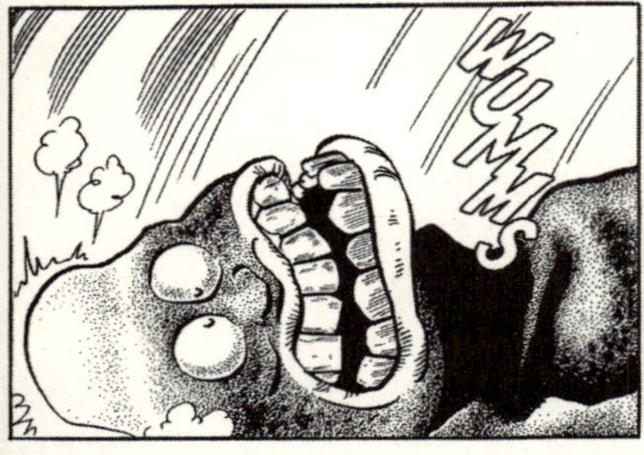

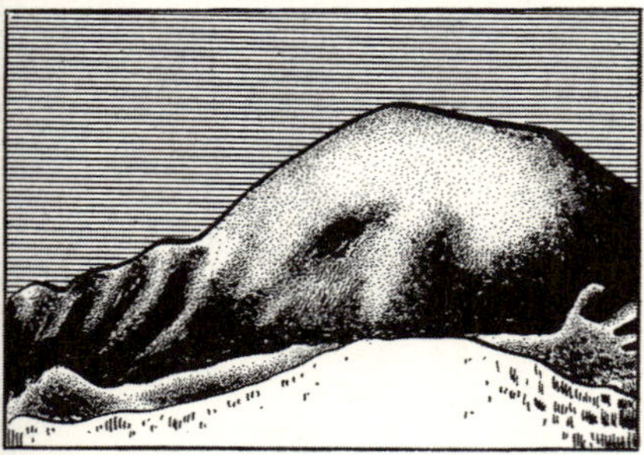

KITAROS HAND HATTE DAS GIGANTISCHE GEHIRN ZUM ERLIEGEN GEBRACHT, WAS DEN FERNGESTEUERTEN RIESEN IN SICH ZUSAMMEN-SACKEN LIESS WIE EINEN ROBOTER. DAIDARABOTCHI VERWANDELTE SICH IN EINEN HAUFEN ERDE.

KITARO WURDE VON EINEM SCHWARM BLUTSAUGENDER FLEDERMÄUSE AUS DER HÖHLE GETRAGEN UND SEINE FERNGESTEUERTE HAND FAND VON ALLEIN ZURÜCK ZU SEINEM HAND-GELENK. WENIG SPÄTER VERBREITETE SICH DIE NACHRICHT VON KITAROS ERFOLG IM GANZEN LAND.

DER RATTENMANN WURDE EINMAL MEHR FÜR SEINE TATEN VERACHTET, UND AUS DEM „HEILIGEN BRUDER RATTENMANN“ WAR SCHNELL WIEDER DER „RÄUBERISCHE RATTEN-MANN“ GEWORDEN. DIE POLIZEI SUCHT NOCH IMMER NACH IHM...

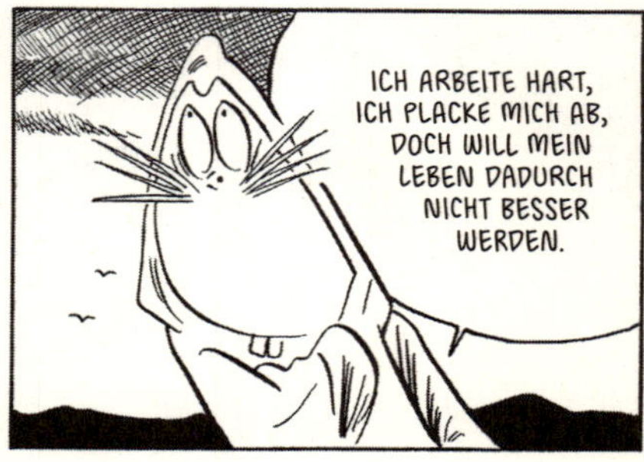

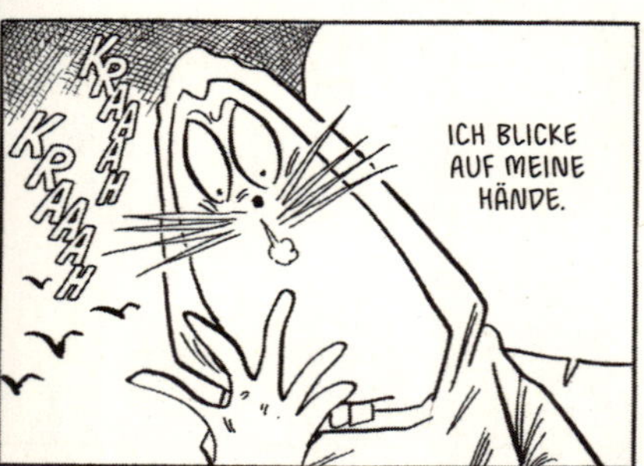

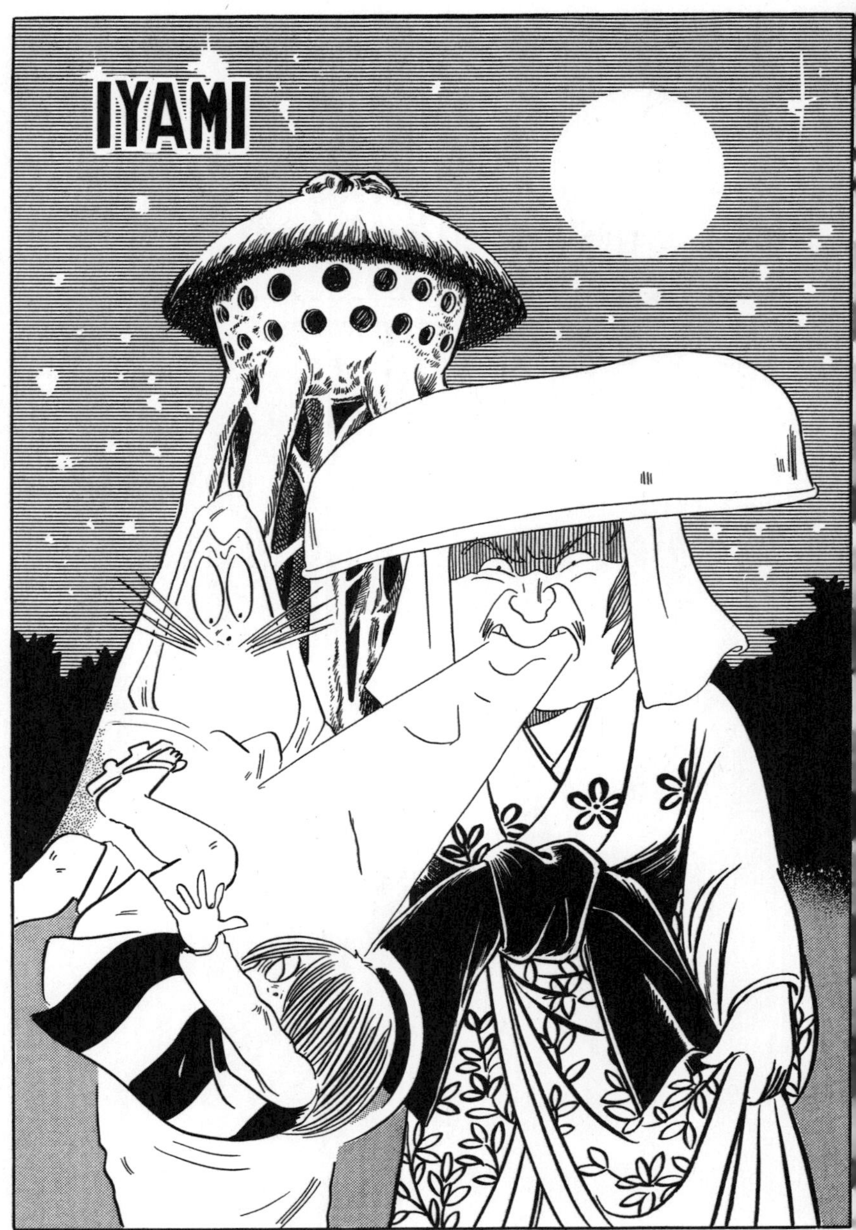
IYAMI

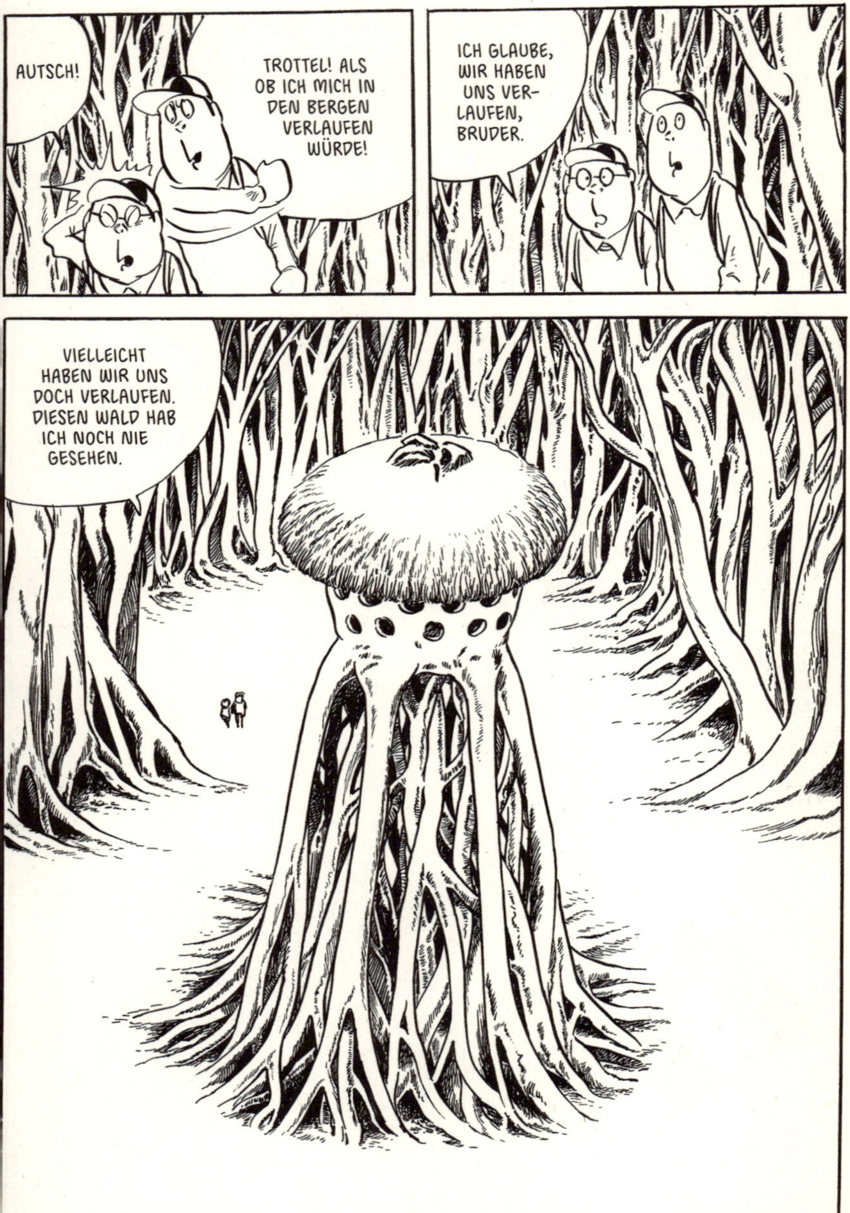

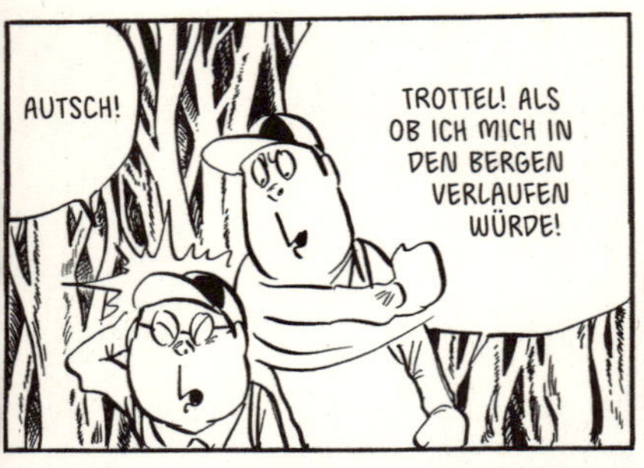

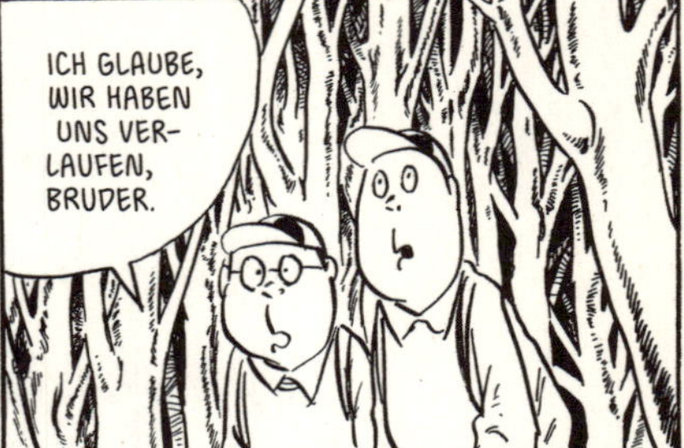

VIELLEICHT HABEN WIR UNS DOCH VERLAUFEN. DIESEN WALD HAB ICH NOCH NIE GESEHEN.

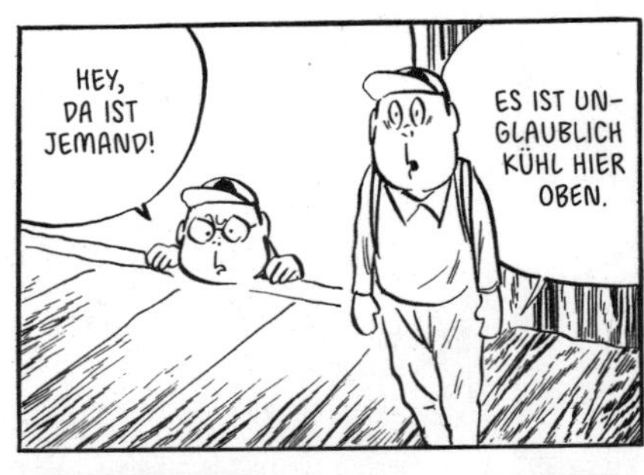
ES IST UN-
GLAUBLICH
KÜHL HIER
OBEN.
HEY,
DA IST
JEMAND!

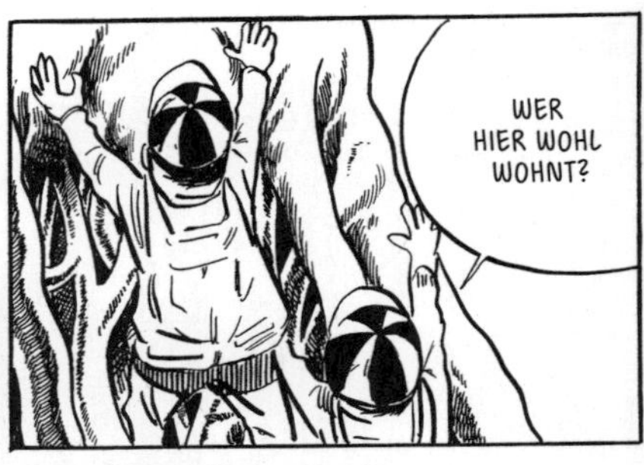
WER
HIER WOHL
WOHNT?

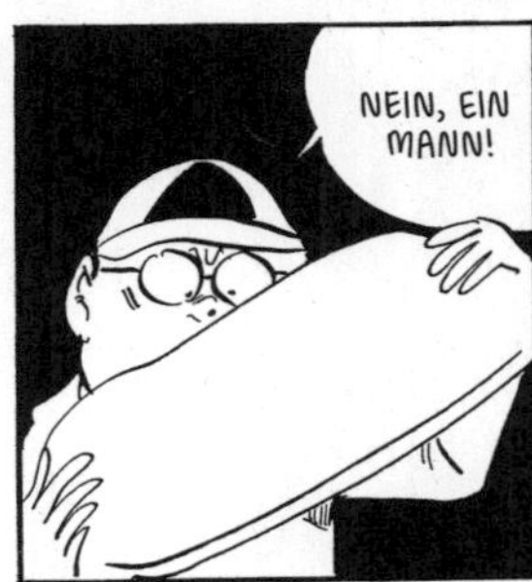
NEIN, EIN
MANN!

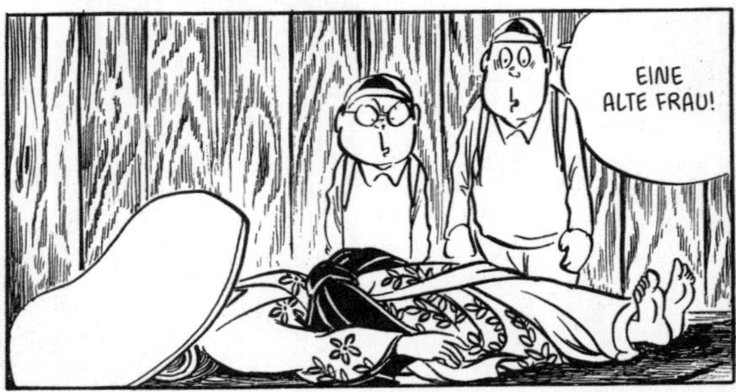
EINE
ALTE FRAU!

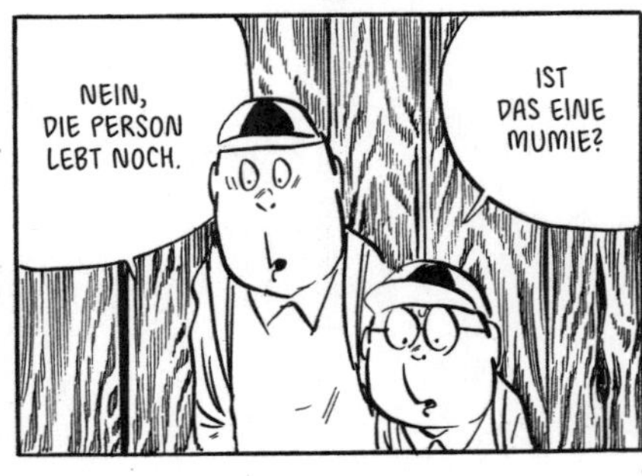
IST
DAS EINE
MUMIE?
NEIN,
DIE PERSON
LEBT NOCH.

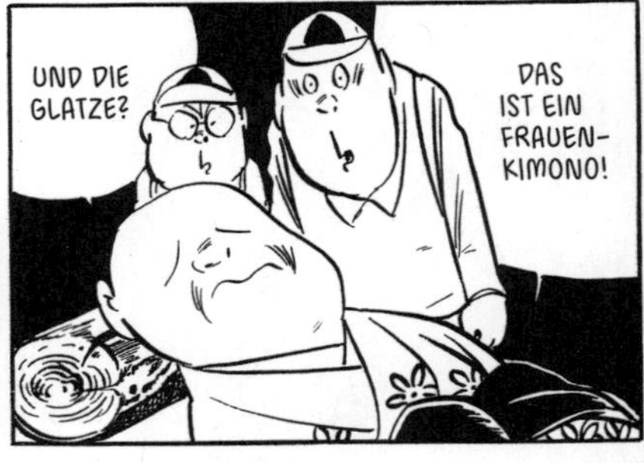
DAS
IST EIN
FRAUEN-
KIMONO!
UND DIE
GLATZE?

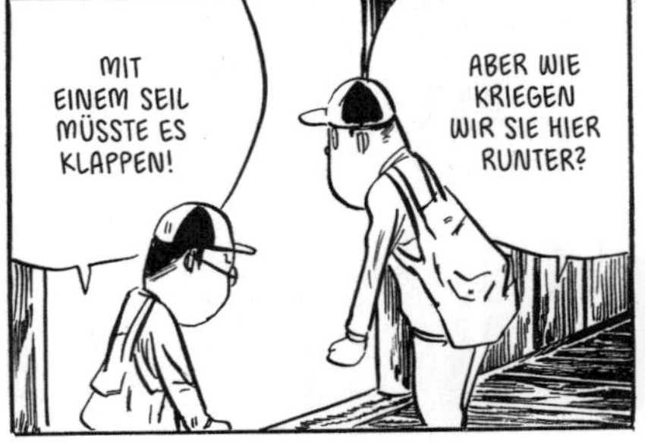
ABER WIE
KRIEGEN
WIR SIE HIER
RUNTER?
MIT
EINEM SEIL
MÜSSTE ES
KLAPPEN!

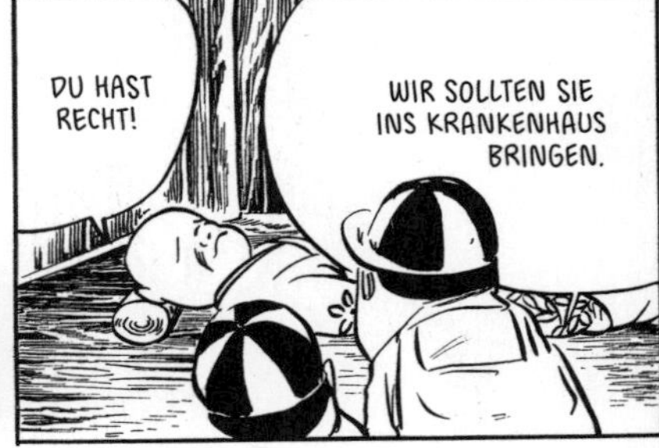
WIR SOLLTEN SIE
INS KRANKENHAUS
BRINGEN.
DU HAST
RECHT!

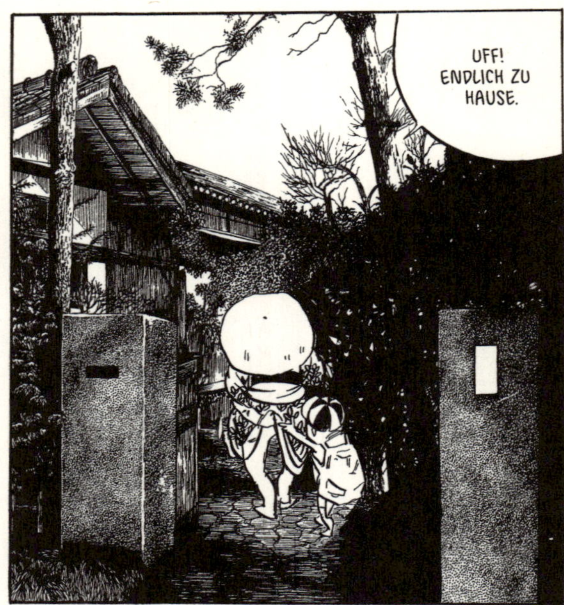
UFF! ENDLICH ZU HAUSE.

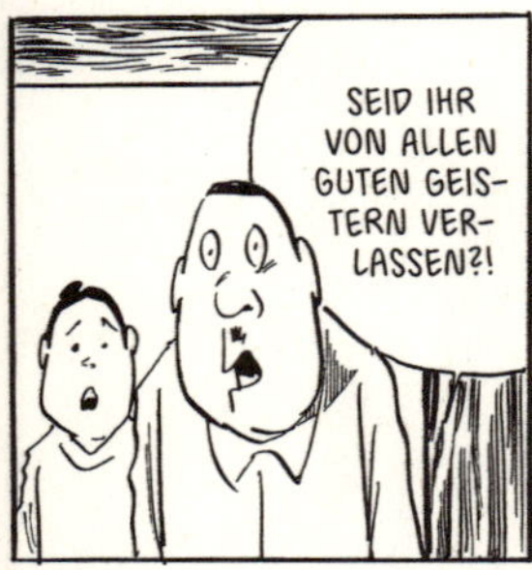
SEID IHR VON ALLEN GUTEN GEIS-TERN VER-LASSEN?!

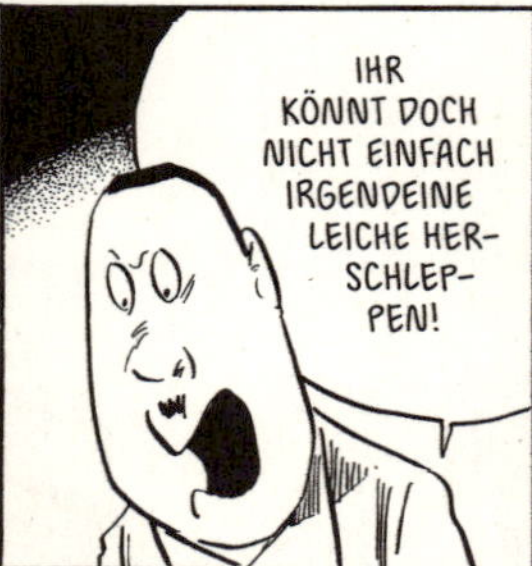
IHR KÖNNT DOCH NICHT EINFACH IRGENDEINE LEICHE HER-SCHLEP-PEN!

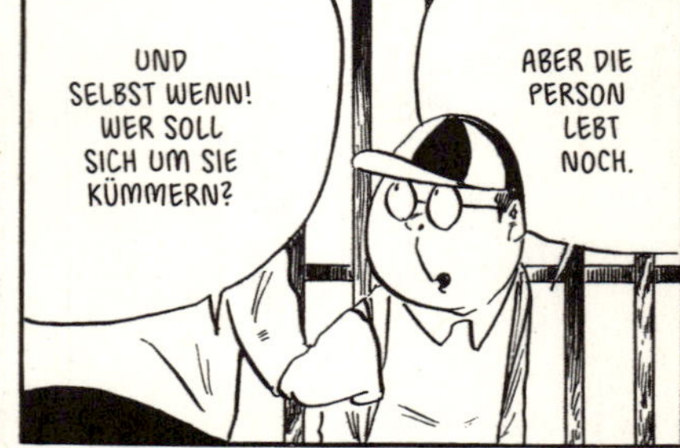
ABER DIE PERSON LEBT NOCH.
UND SELBST WENN! WER SOLL SICH UM SIE KÜMMERN?

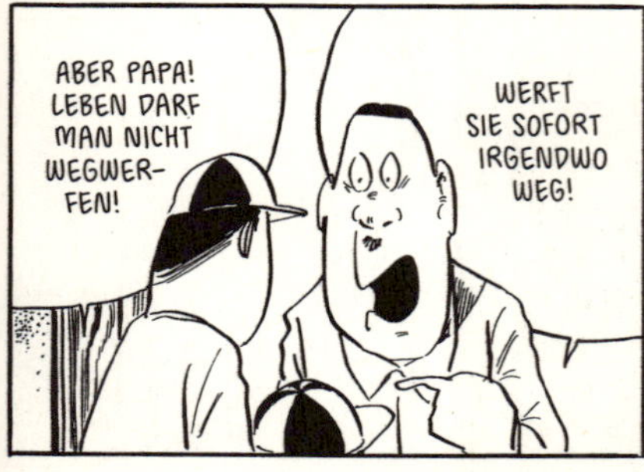
WERFT SIE SOFORT IRGENDWO WEG!
ABER PAPA! LEBEN DARF MAN NICHT WEGWER-FEN!

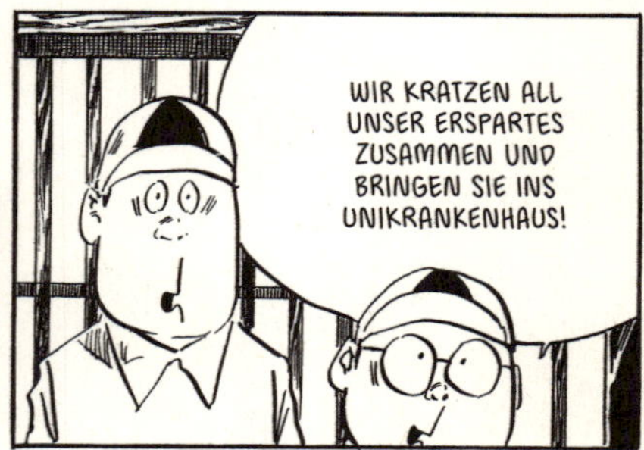
WIR KRATZEN ALL UNSER ERSPARTES ZUSAMMEN UND BRINGEN SIE INS UNIKRANKENHAUS!

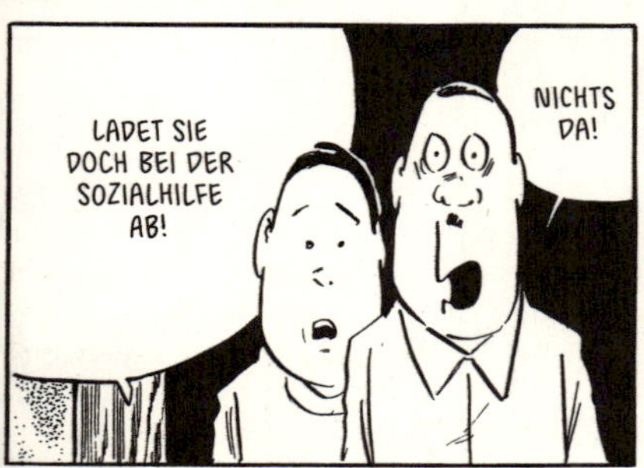
NICHTS DA!
LADET SIE DOCH BEI DER SOZIALHILFE AB!

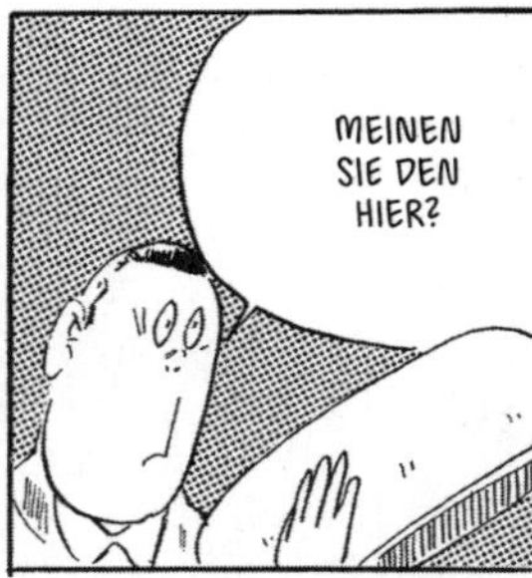
MEINEN SIE DEN HIER?

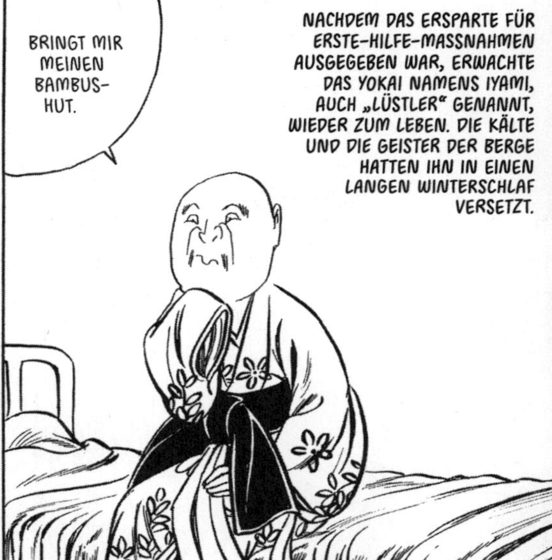
NACHDEM DAS ERSPARTE FÜR ERSTE-HILFE-MASSNAHMEN AUSGEGEBEN WAR, ERWACHTE DAS YOKAI NAMENS IYAMI, AUCH „LÜSTLER" GENANNT, WIEDER ZUM LEBEN. DIE KÄLTE UND DIE GEISTER DER BERGE HATTEN IHN IN EINEN LANGEN WINTERSCHLAF VERSETZT.
BRINGT MIR MEINEN BAMBUS-HUT.

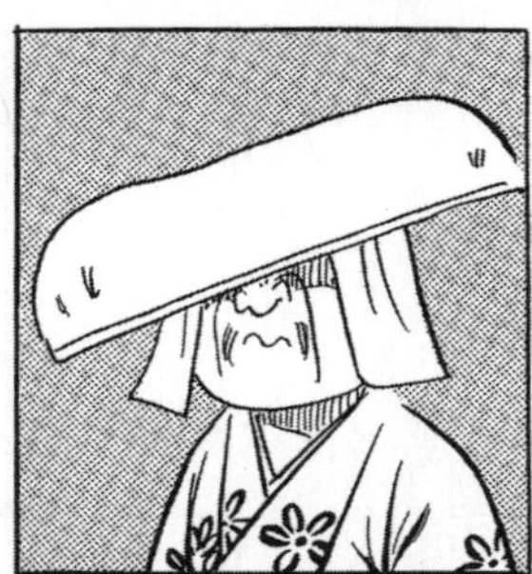

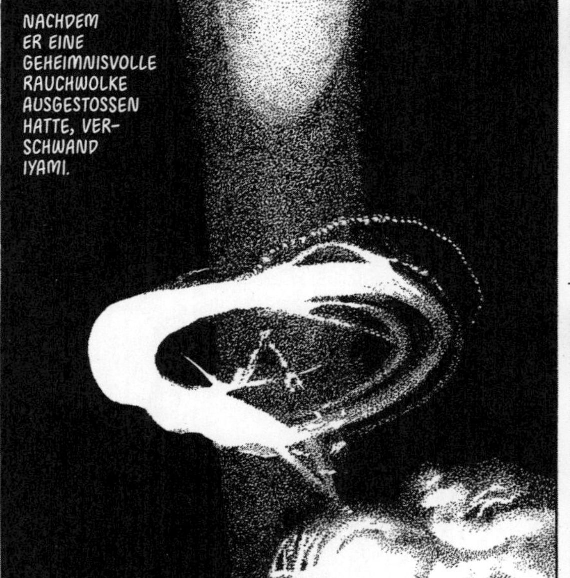
NACHDEM ER EINE GEHEIMNISVOLLE RAUCHWOLKE AUSGESTOSSEN HATTE, VER-SCHWAND IYAMI.

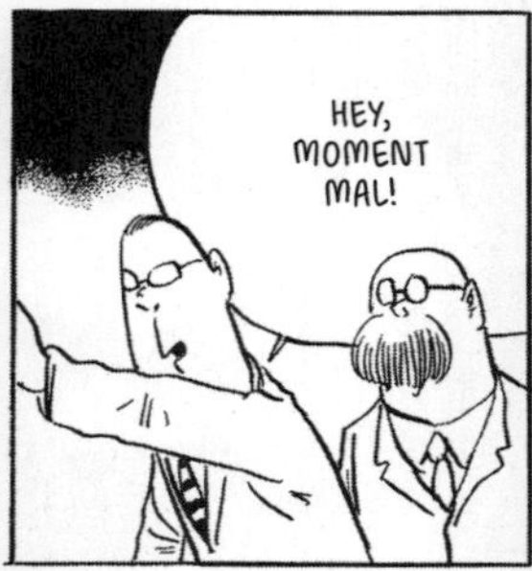
HEY, MOMENT MAL!

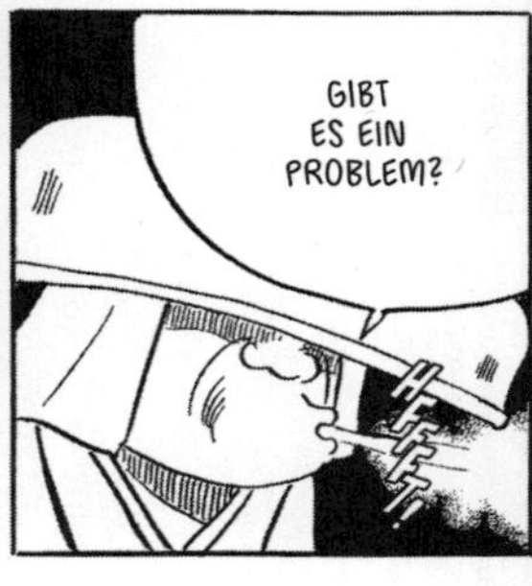
GIBT ES EIN PROBLEM?

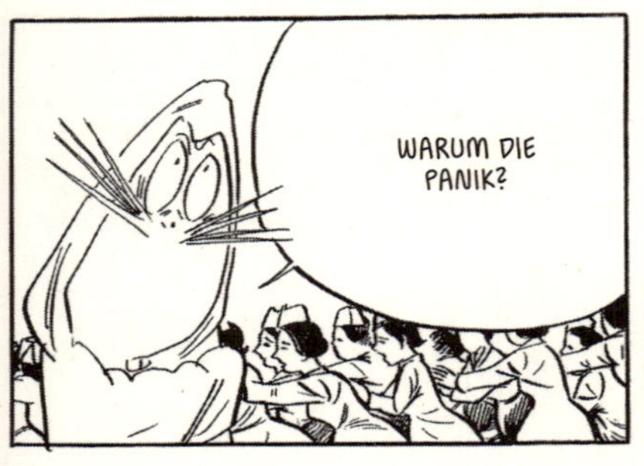
WARUM DIE PANIK?
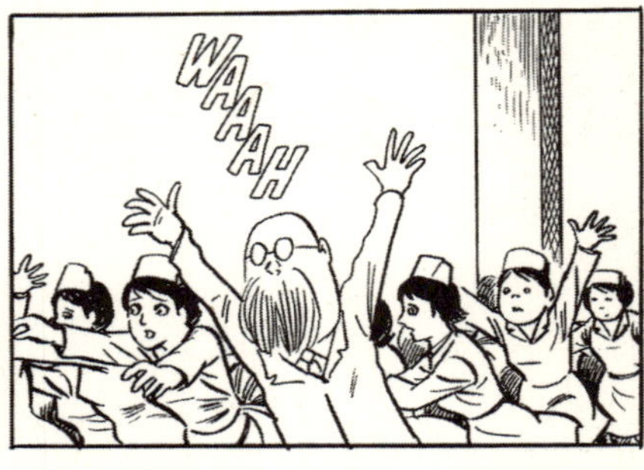
WAAAH
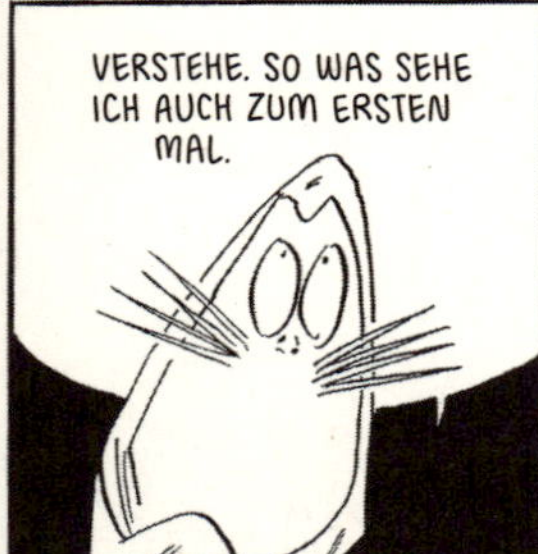
VERSTEHE. SO WAS SEHE ICH AUCH ZUM ERSTEN MAL.
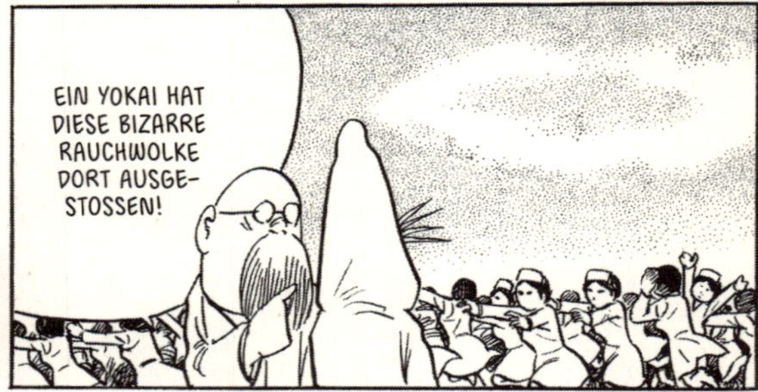
EIN YOKAI HAT DIESE BIZARRE RAUCHWOLKE DORT AUSGE-STOSSEN!
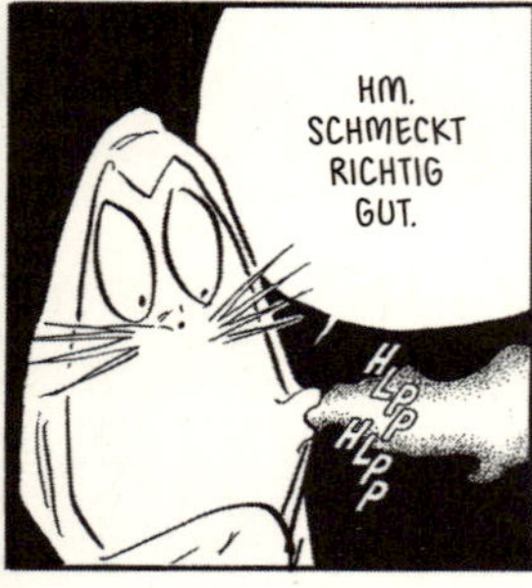
HM. SCHMECKT RICHTIG GUT.
HLPP HLPP
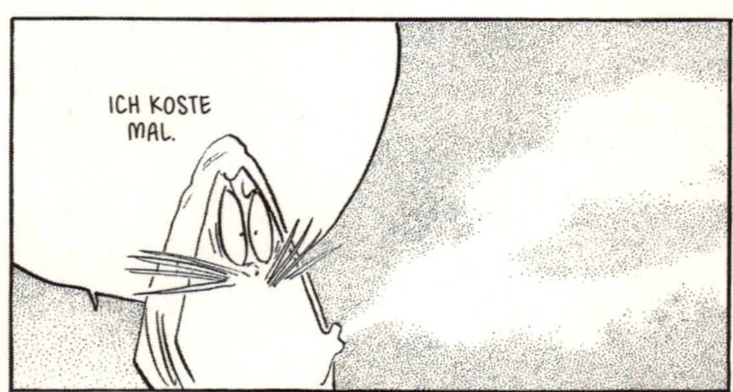
ICH KOSTE MAL.
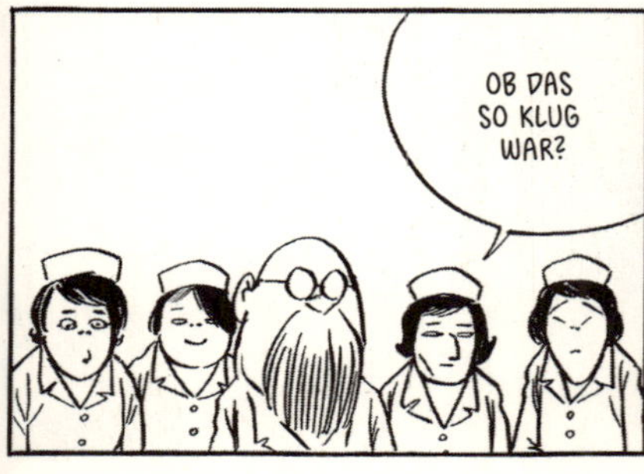
OB DAS SO KLUG WAR?
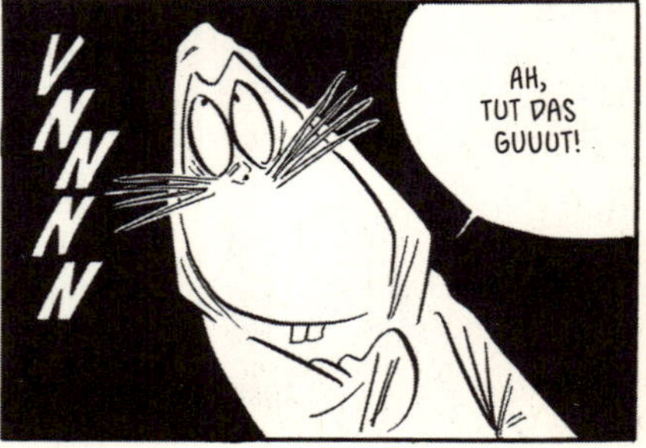
VNNNN
AH, TUT DAS GUUUT!

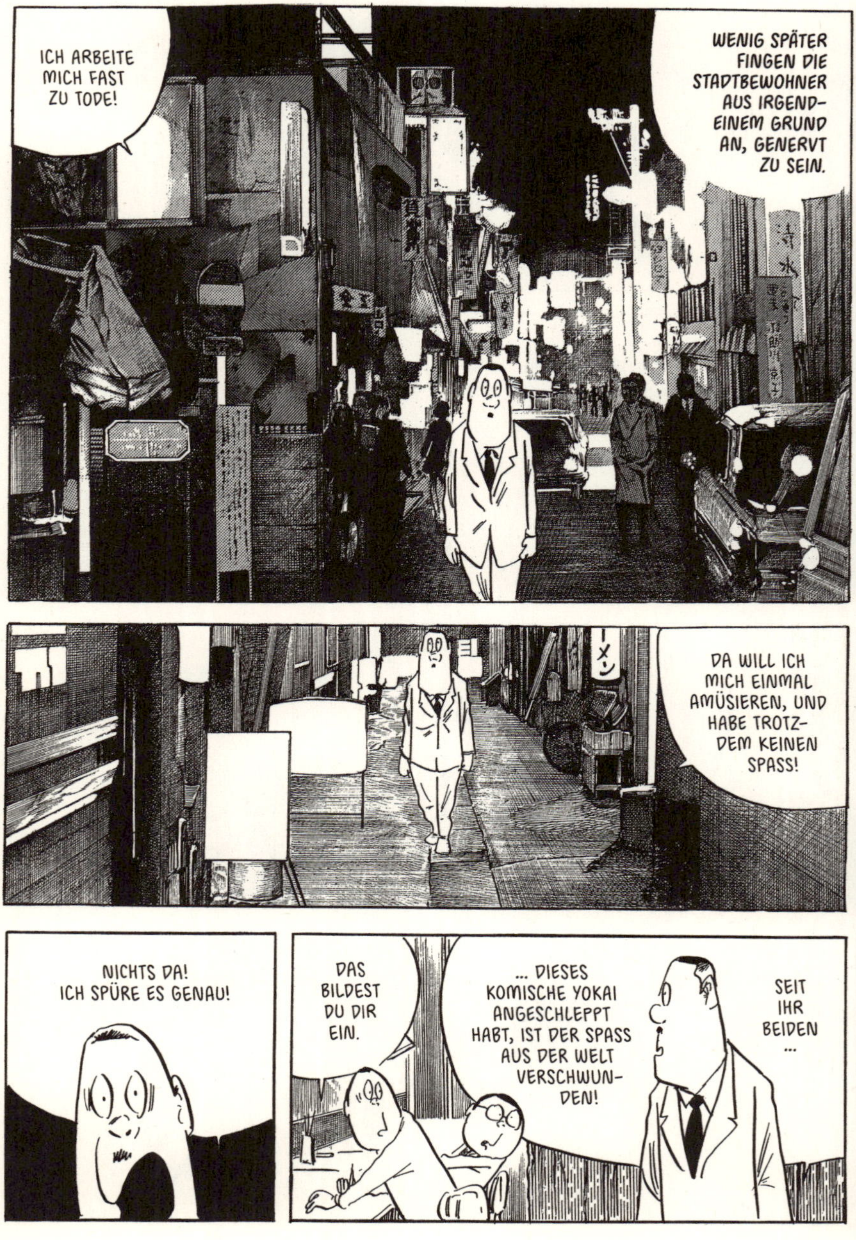

WENIG SPÄTER FINGEN DIE STADTBEWOHNER AUS IRGEND-EINEM GRUND AN, GENERVT ZU SEIN.

ICH ARBEITE MICH FAST ZU TODE!

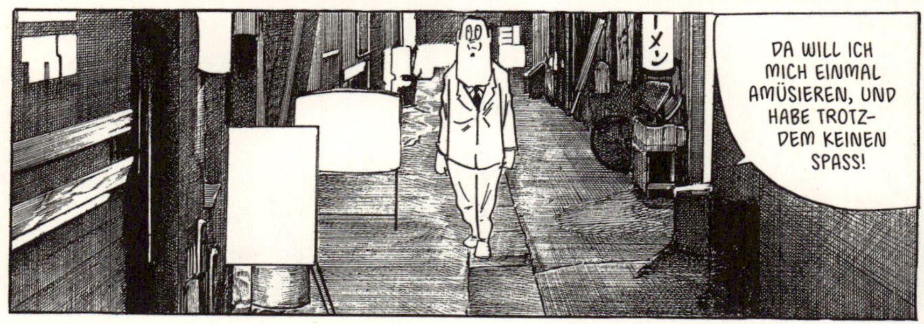

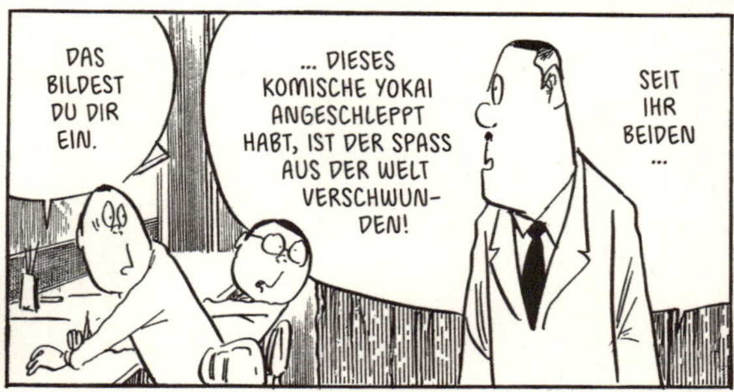

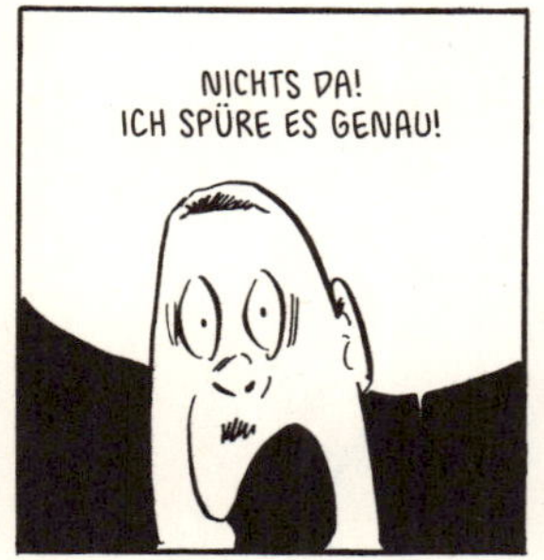

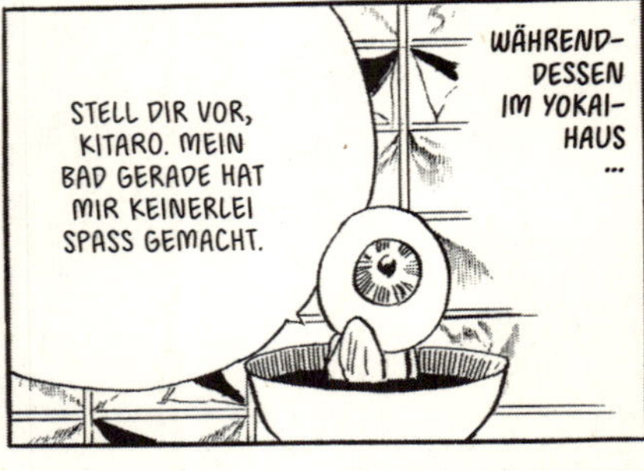
WÄHREND-DESSEN IM YOKAI-HAUS ...
STELL DIR VOR, KITARO. MEIN BAD GERADE HAT MIR KEINERLEI SPASS GEMACHT.

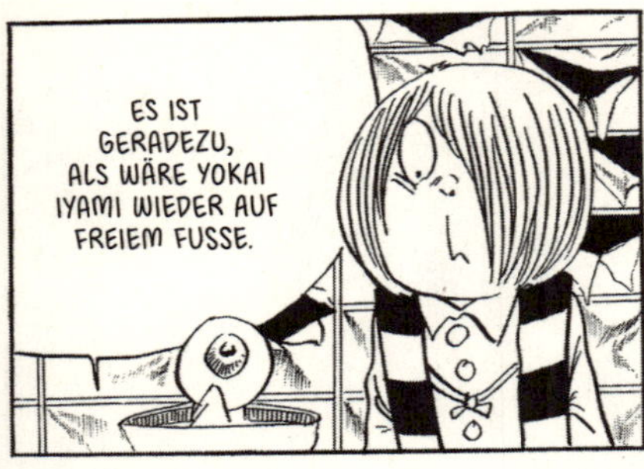
ES IST GERADEZU, ALS WÄRE YOKAI IYAMI WIEDER AUF FREIEM FUSSE.

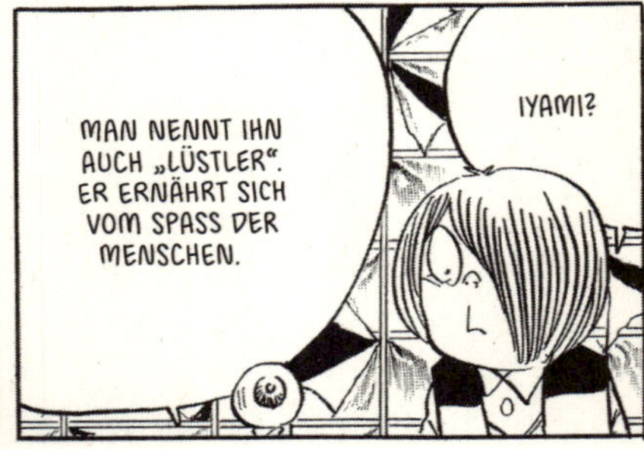
IYAMI?
MAN NENNT IHN AUCH „LÜSTLER". ER ERNÄHRT SICH VOM SPASS DER MENSCHEN.

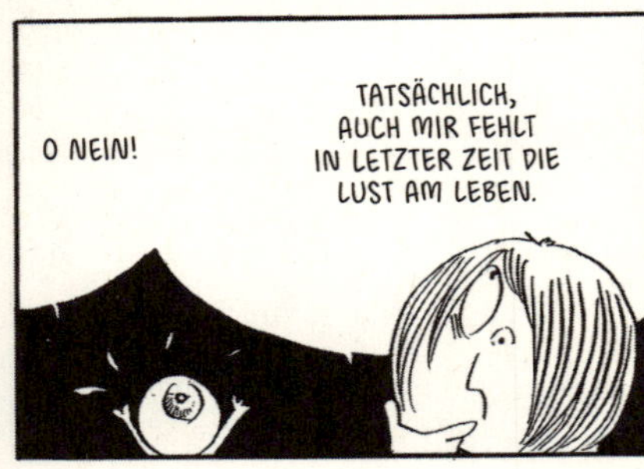
TATSÄCHLICH, AUCH MIR FEHLT IN LETZTER ZEIT DIE LUST AM LEBEN.
O NEIN!

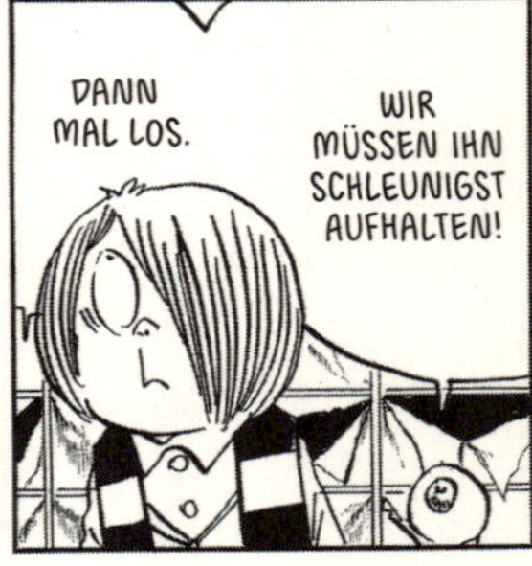
WIR MÜSSEN IHN SCHLEUNIGST AUFHALTEN!
DANN MAL LOS.

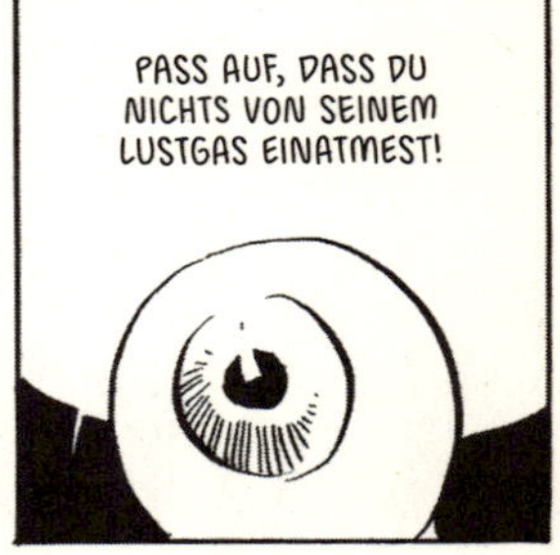
PASS AUF, DASS DU NICHTS VON SEINEM LUSTGAS EINATMEST!

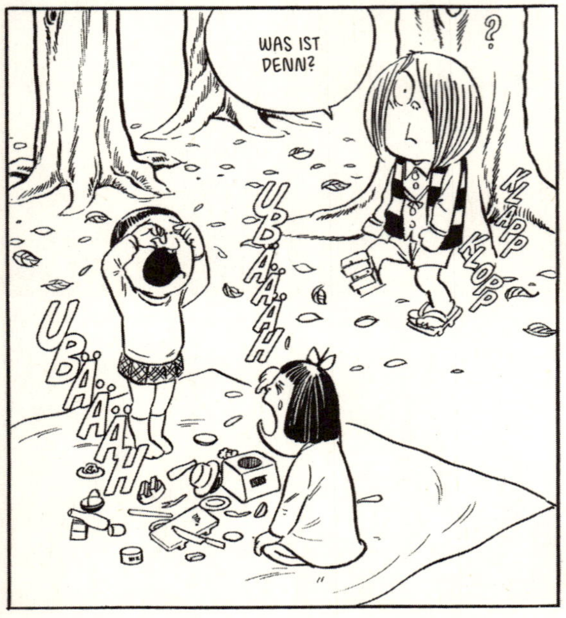
?
WAS IST DENN?
KLAPP
KLOPP
UBÄÄÄH
UBÄÄÄÄH

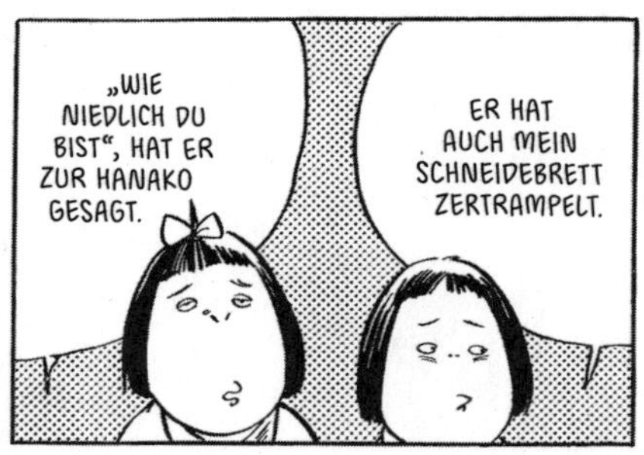
„WIE NIEDLICH DU BIST", HAT ER ZUR HANAKO GESAGT.
ER HAT AUCH MEIN SCHNEIDEBRETT ZERTRAMPELT.

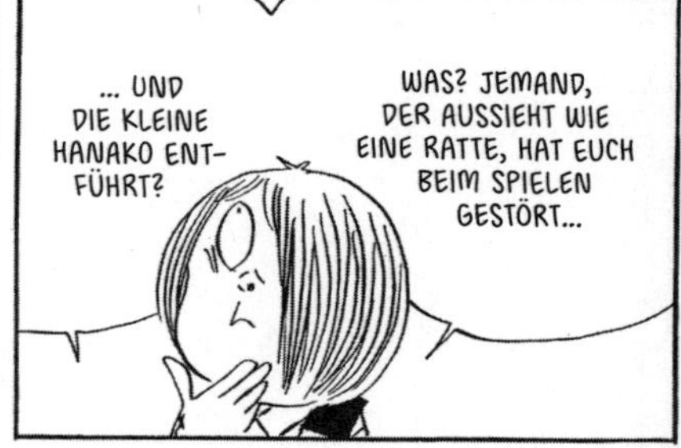
WAS? JEMAND, DER AUSSIEHT WIE EINE RATTE, HAT EUCH BEIM SPIELEN GESTÖRT...
... UND DIE KLEINE HANAKO ENTFÜHRT?

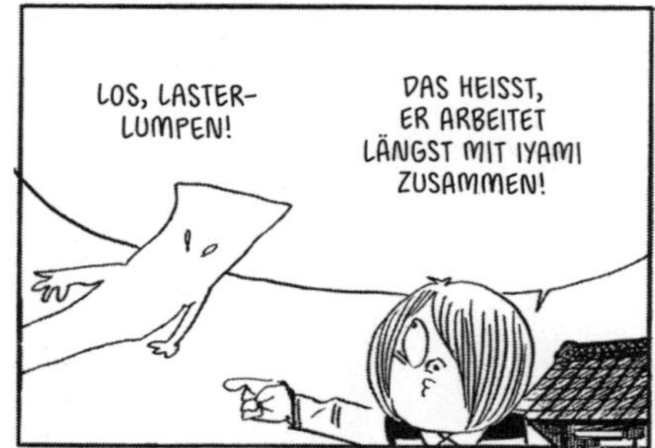
DAS HEISST, ER ARBEITET LÄNGST MIT IYAMI ZUSAMMEN!
LOS, LASTERLUMPEN!

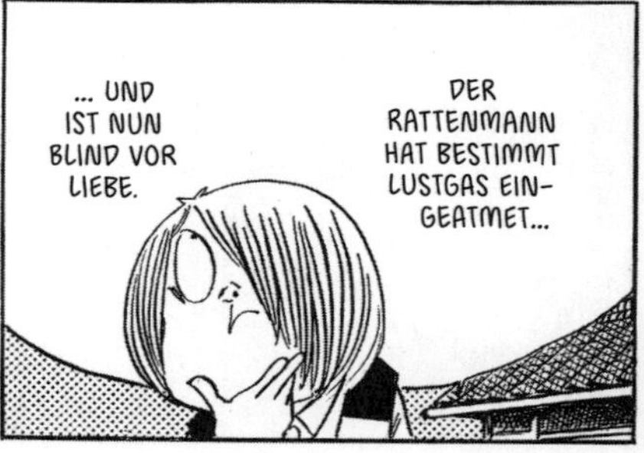
DER RATTENMANN HAT BESTIMMT LUSTGAS EINGEATMET...
... UND IST NUN BLIND VOR LIEBE.

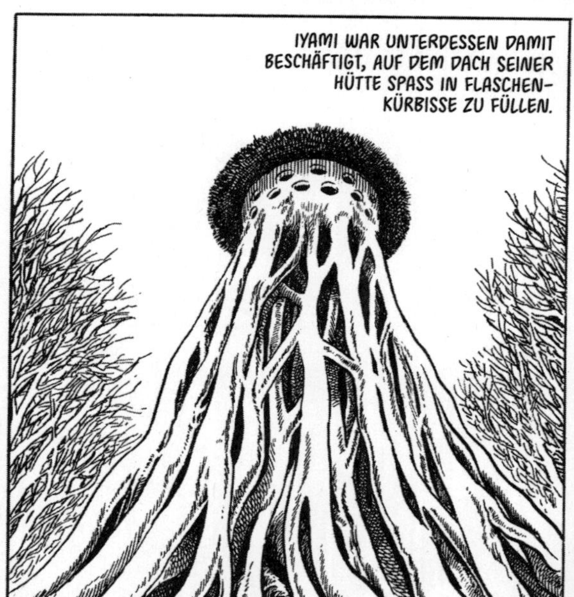
IYAMI WAR UNTERDESSEN DAMIT BESCHÄFTIGT, AUF DEM DACH SEINER HÜTTE SPASS IN FLASCHENKÜRBISSE ZU FÜLLEN.

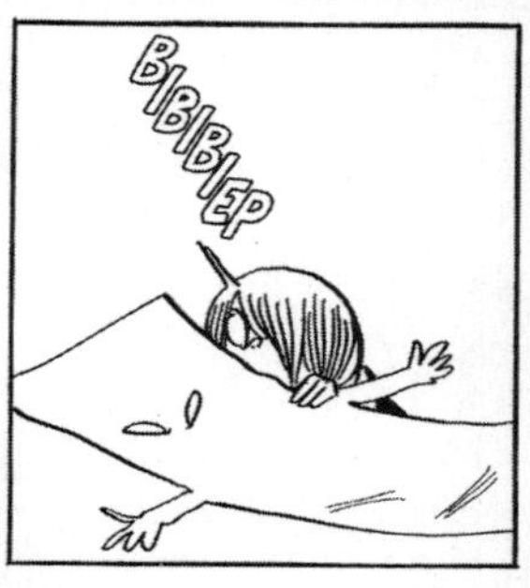
BIBIBIEP

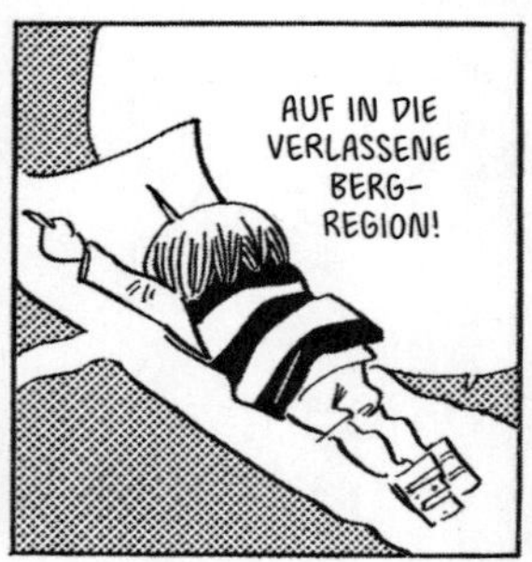
AUF IN DIE VERLASSENE BERGREGION!

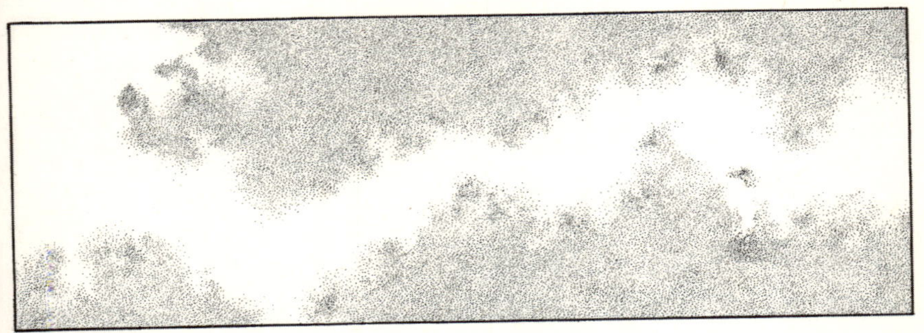

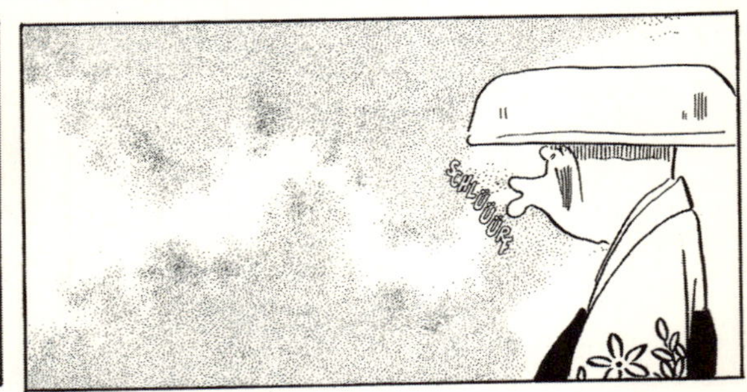

SCHLÜÜÜRF

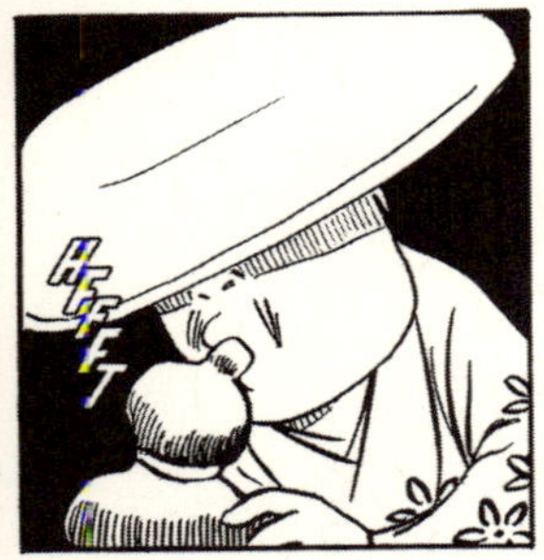

HEFFT

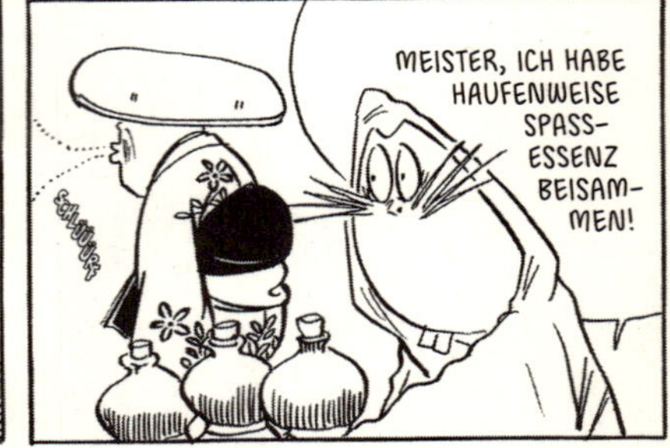

MEISTER, ICH HABE HAUFENWEISE SPASS-ESSENZ BEISAMMEN!
SCHLÜÜÜRF

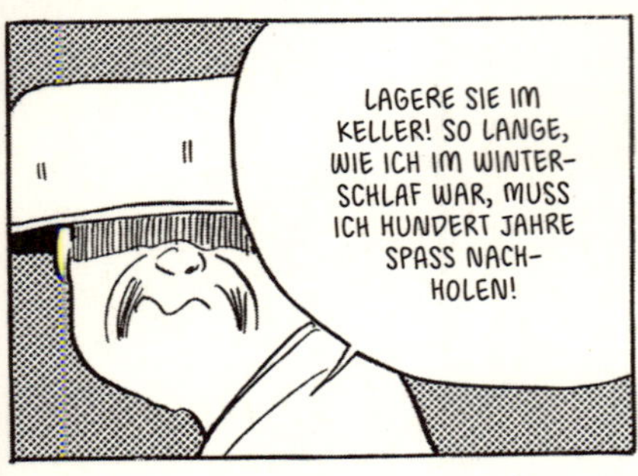

LAGERE SIE IM KELLER! SO LANGE, WIE ICH IM WINTERSCHLAF WAR, MUSS ICH HUNDERT JAHRE SPASS NACHHOLEN!

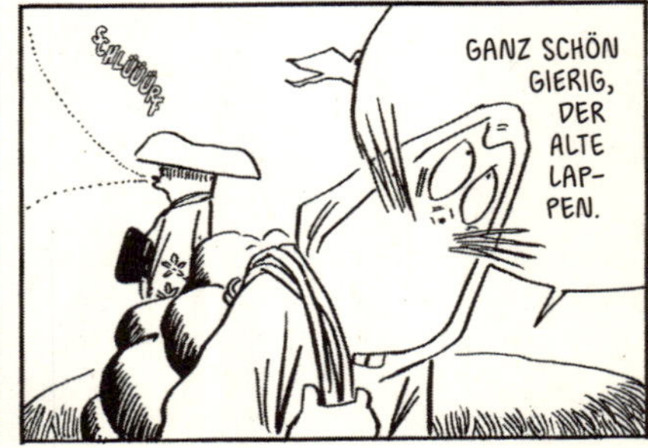

SCHLÜÜÜRF
GANZ SCHÖN GIERIG, DER ALTE LAPPEN.

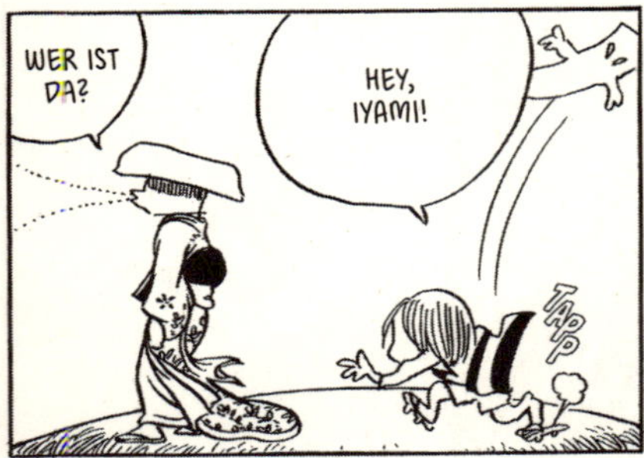

HEY, IYAMI!
WER IST DA?
TAPP

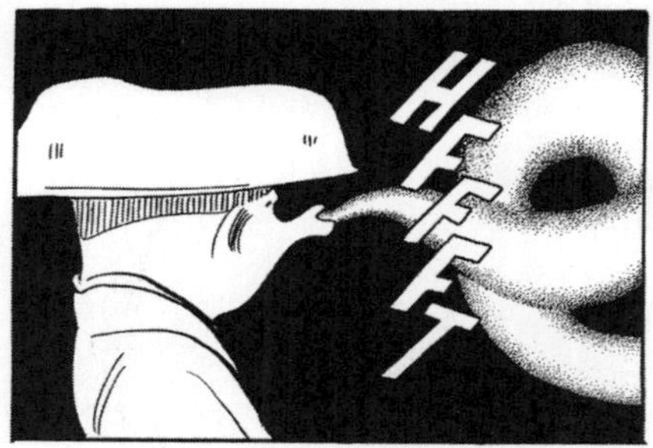
HFFFFT

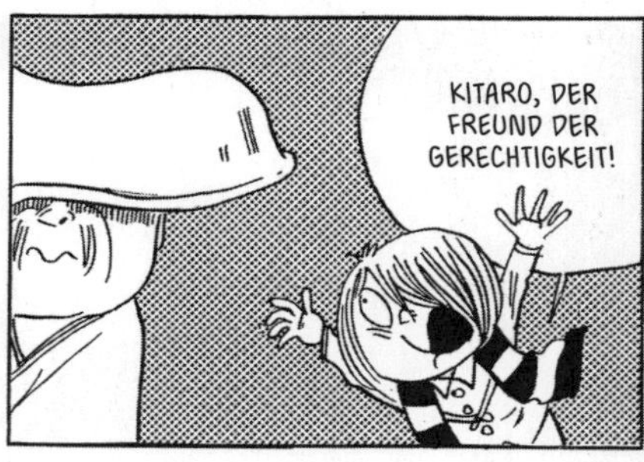
KITARO, DER FREUND DER GERECHTIGKEIT!

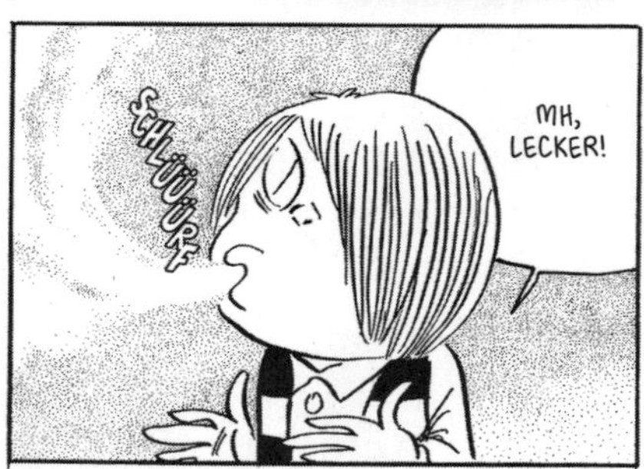
SCHLÜÜRF
MH, LECKER!

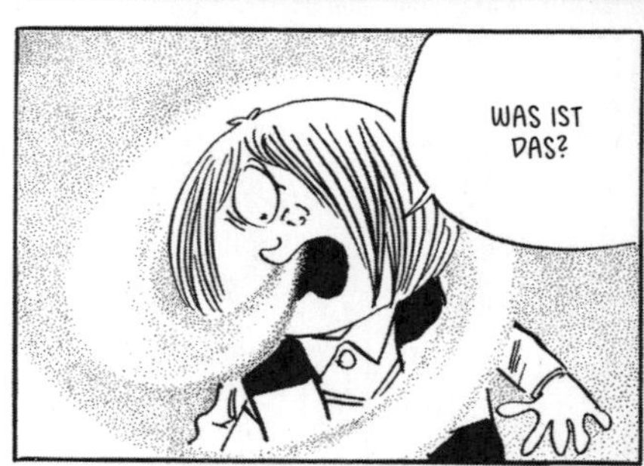
WAS IST DAS?

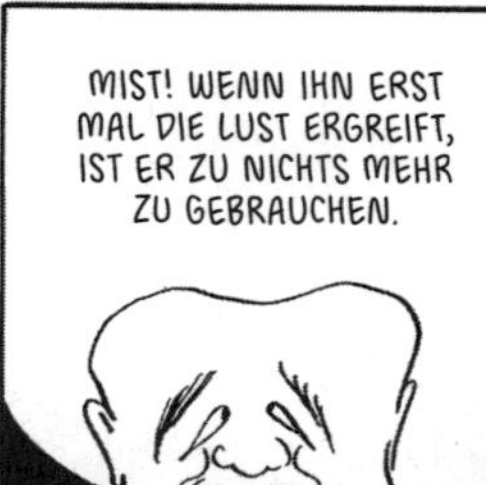
MIST! WENN IHN ERST MAL DIE LUST ERGREIFT, IST ER ZU NICHTS MEHR ZU GEBRAUCHEN.

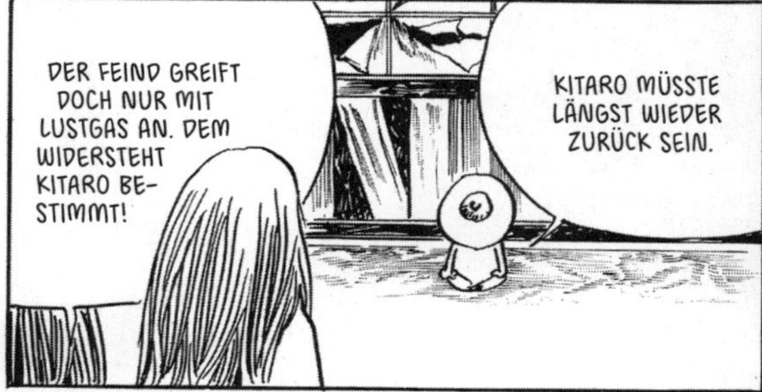
KITARO MÜSSTE LÄNGST WIEDER ZURÜCK SEIN.
DER FEIND GREIFT DOCH NUR MIT LUSTGAS AN. DEM WIDERSTEHT KITARO BESTIMMT!

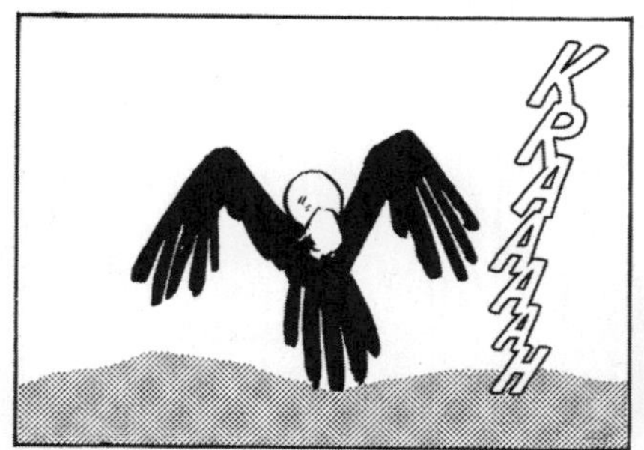
KRAAAAAAH

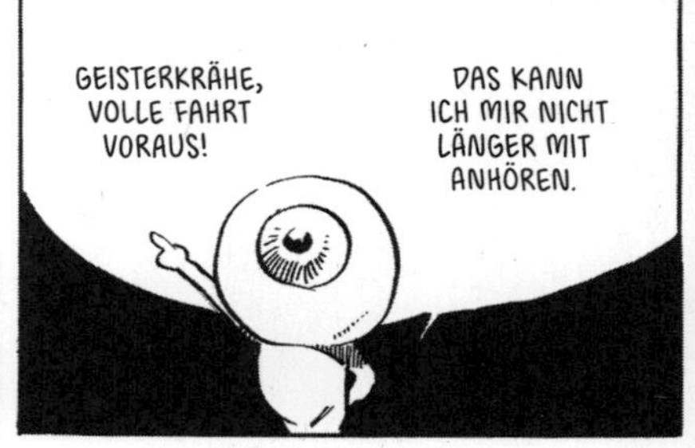
DAS KANN ICH MIR NICHT LÄNGER MIT ANHÖREN.
GEISTERKRÄHE, VOLLE FAHRT VORAUS!

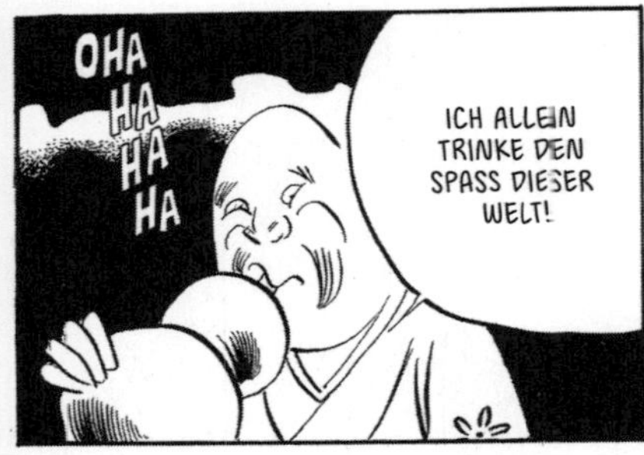
OHA HA HA HA HA
ICH ALLEIN TRINKE DEN SPASS DIESER WELT!

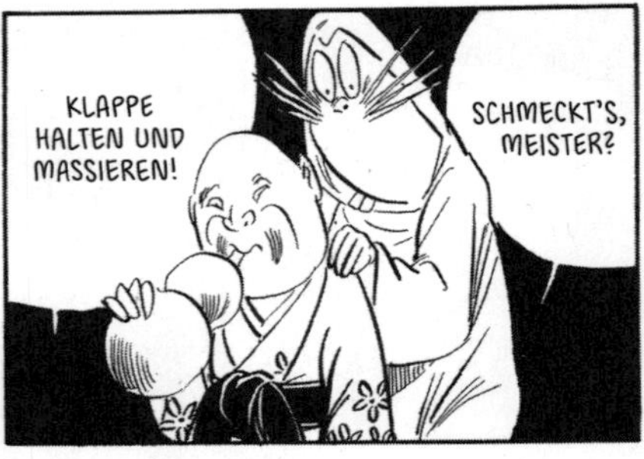
SCHMECKT'S, MEISTER?
KLAPPE HALTEN UND MASSIEREN!

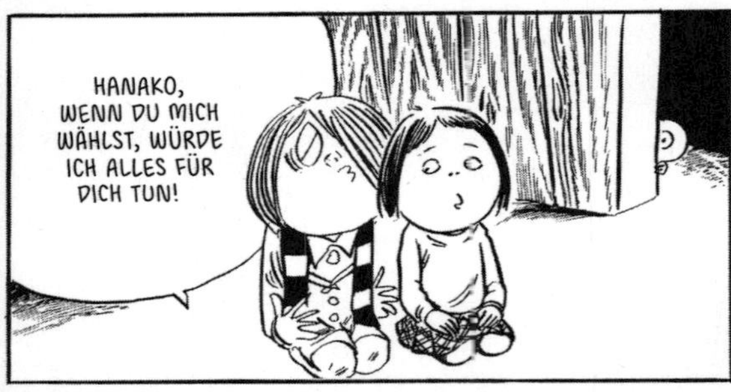
HANAKO, WENN DU MICH WÄHLST, WÜRDE ICH ALLES FÜR DICH TUN!

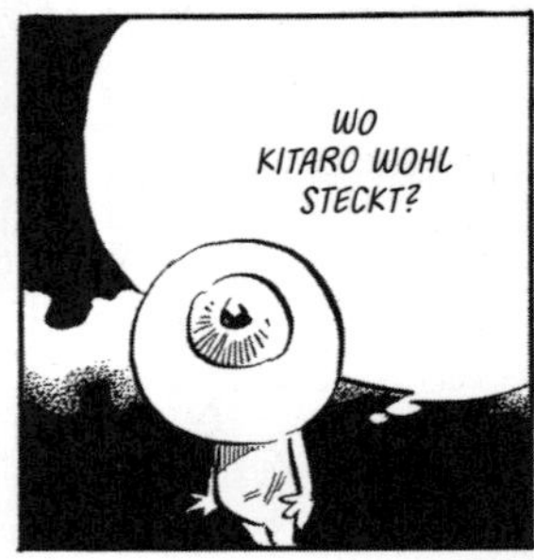
WO KITARO WOHL STECKT?

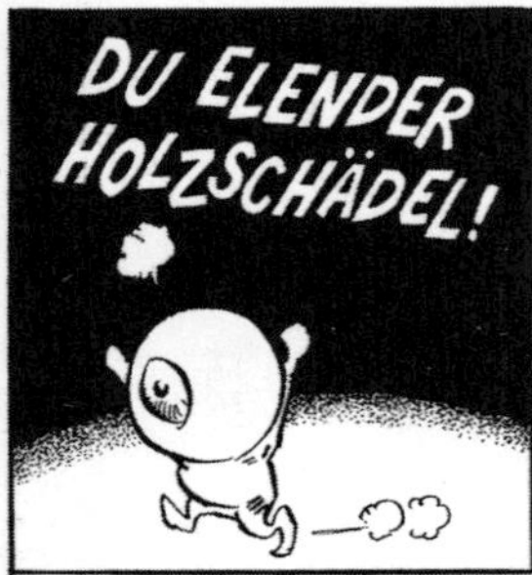
DU ELENDER HOLZSCHÄDEL!

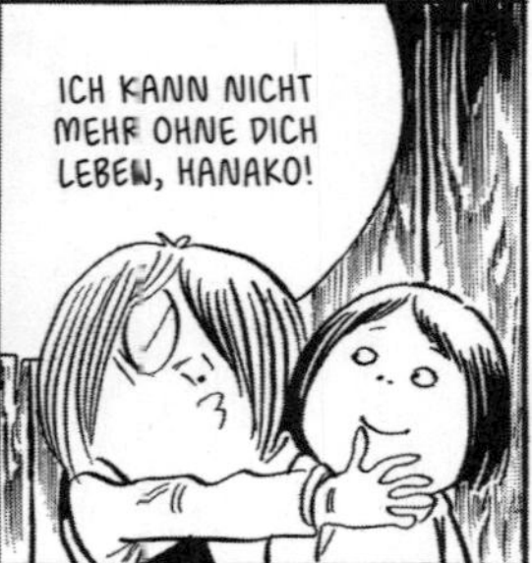
ICH KANN NICHT MEHR OHNE DICH LEBEN, HANAKO!

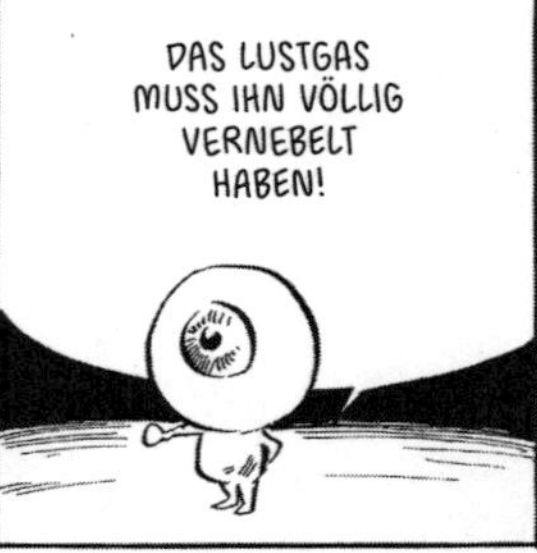
DAS LUSTGAS MUSS IHN VÖLLIG VERNEBELT HABEN!

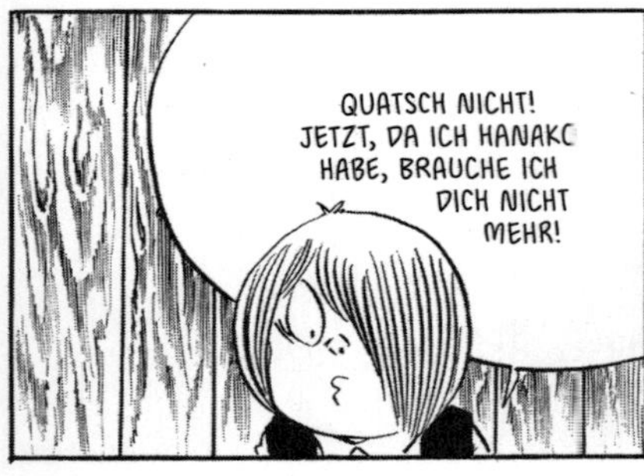
QUATSCH NICHT! JETZT, DA ICH HANAKO HABE, BRAUCHE ICH DICH NICHT MEHR!

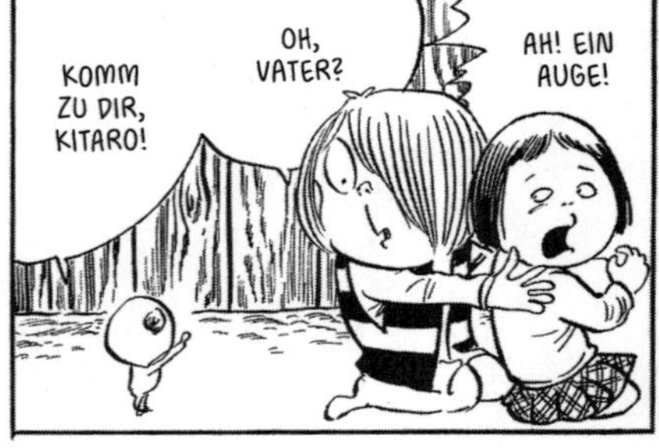
KOMM ZU DIR, KITARO!
OH, VATER?
AH! EIN AUGE!

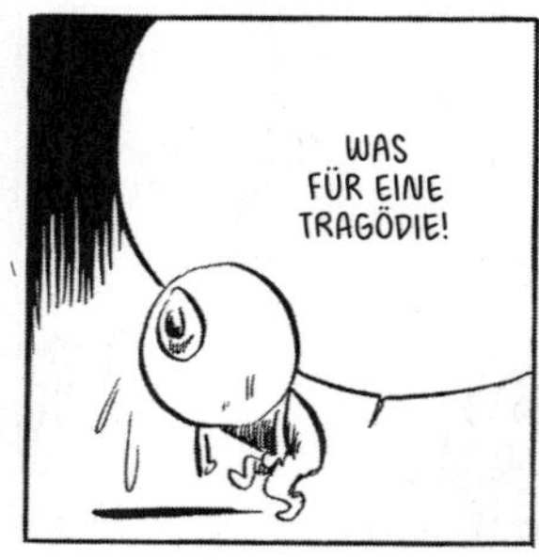
WAS FÜR EINE TRAGÖDIE!

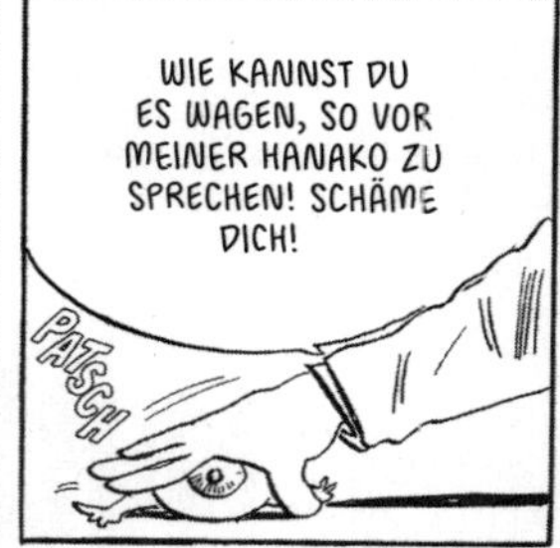
WIE KANNST DU ES WAGEN, SO VOR MEINER HANAKO ZU SPRECHEN! SCHÄME DICH!
PATSCH

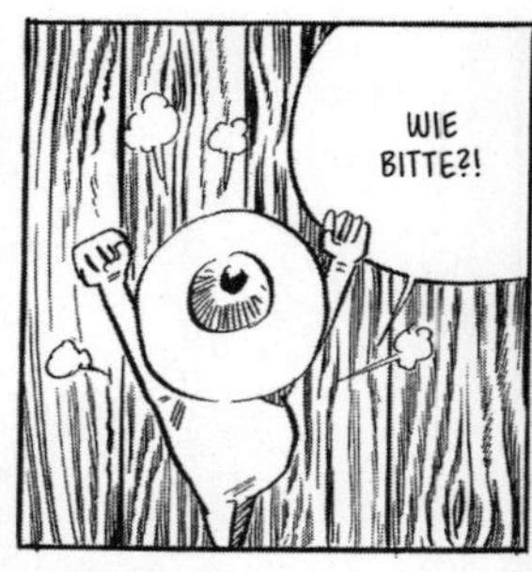
WIE BITTE?!

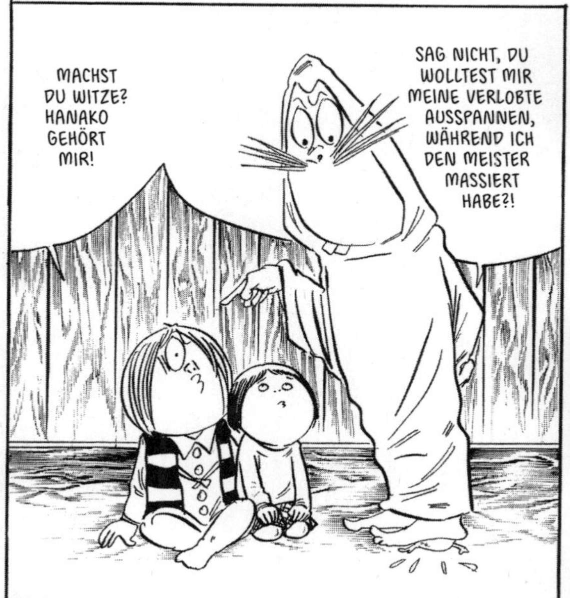
SAG NICHT, DU WOLLTEST MIR MEINE VERLOBTE AUSSPANNEN, WÄHREND ICH DEN MEISTER MASSIERT HABE?!
MACHST DU WITZE? HANAKO GEHÖRT MIR!

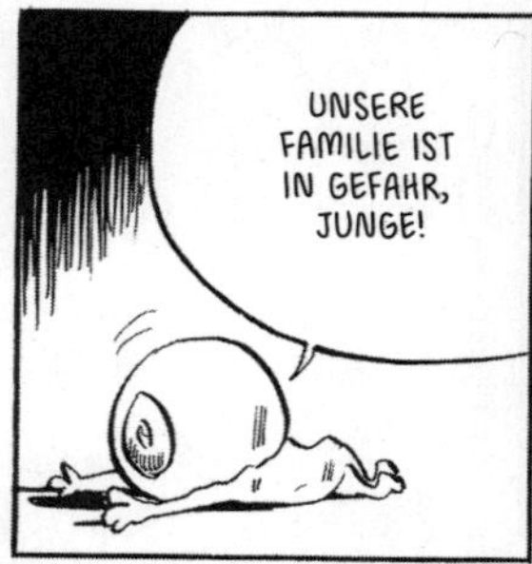
UNSERE FAMILIE IST IN GEFAHR, JUNGE!

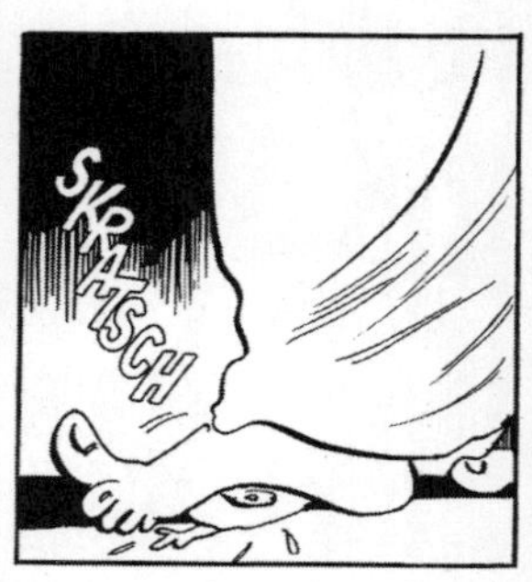
SKRATSCH

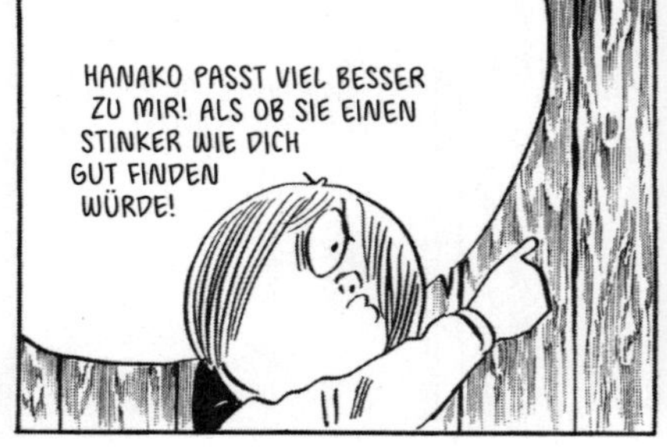
HANAKO PASST VIEL BESSER ZU MIR! ALS OB SIE EINEN STINKER WIE DICH GUT FINDEN WÜRDE!

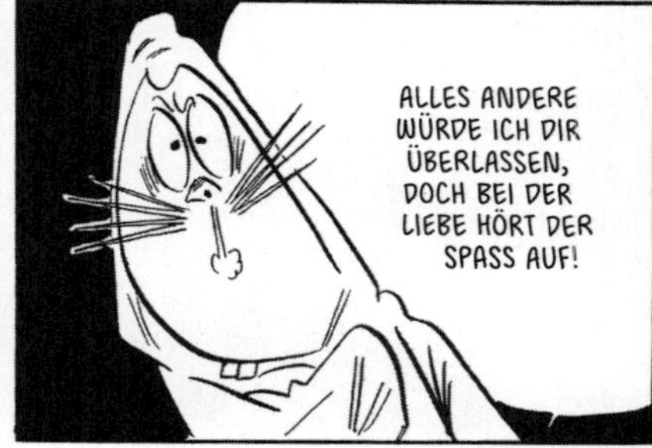
ALLES ANDERE WÜRDE ICH DIR ÜBERLASSEN, DOCH BEI DER LIEBE HÖRT DER SPASS AUF!

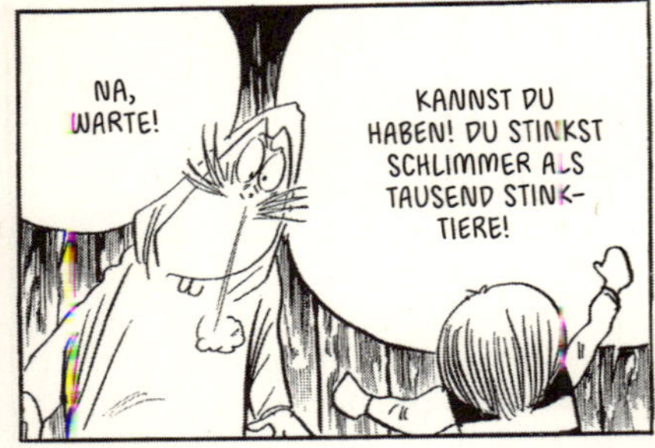
NA, WARTE!
KANNST DU HABEN! DU STINKST SCHLIMMER ALS TAUSEND STINK-TIERE!

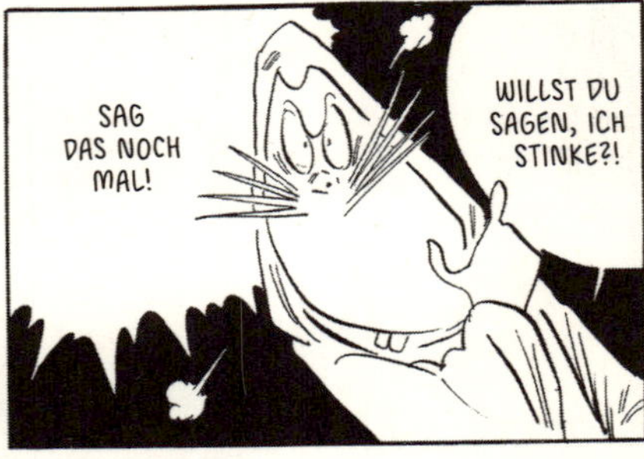
SAG DAS NOCH MAL!
WILLST DU SAGEN, ICH STINKE?!

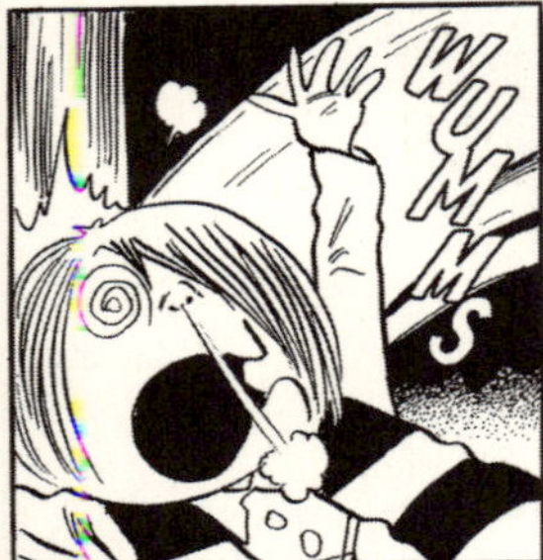
WUMMS

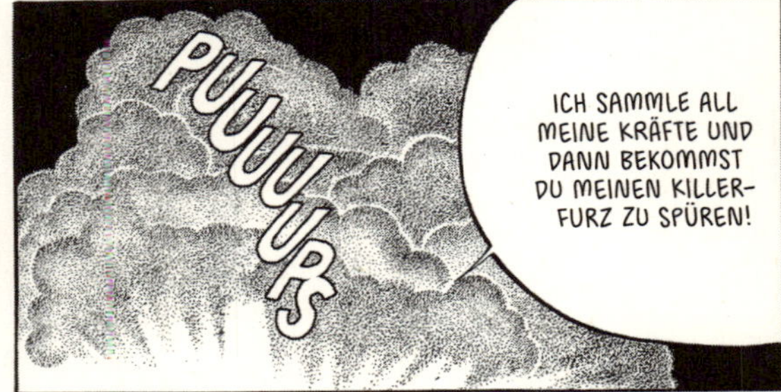
PUUUURPS
ICH SAMMLE ALL MEINE KRÄFTE UND DANN BEKOMMST DU MEINEN KILLER-FURZ ZU SPÜREN!

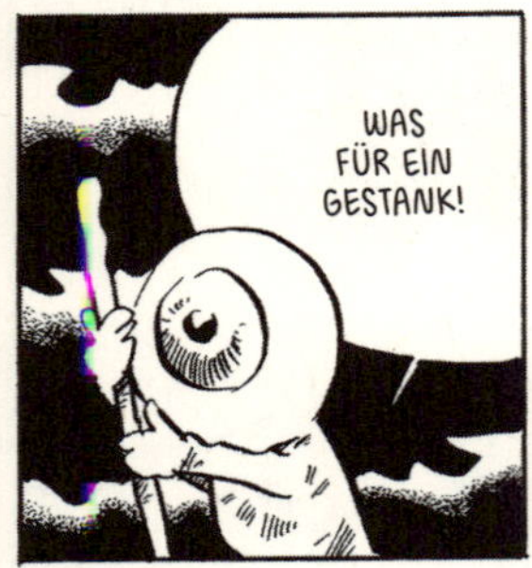
WAS FÜR EIN GESTANK!

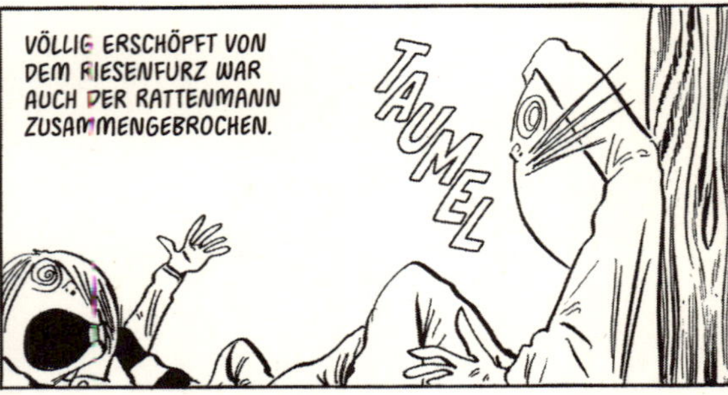
VÖLLIG ERSCHÖPFT VON DEM RIESENFURZ WAR AUCH DER RATTENMANN ZUSAMMENGEBROCHEN.
TAUMEL

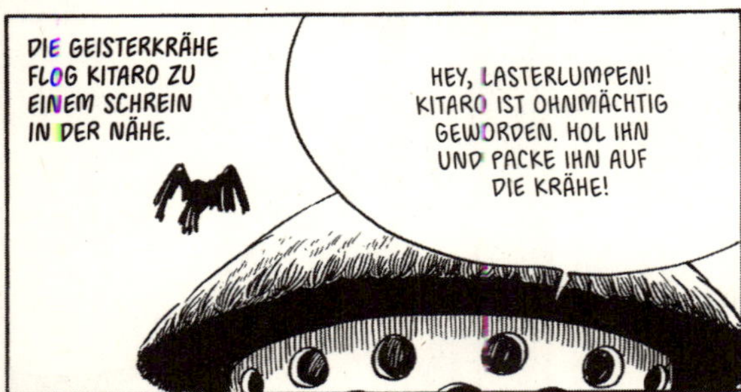
DIE GEISTERKRÄHE FLOG KITARO ZU EINEM SCHREIN IN DER NÄHE.
HEY, LASTERLUMPEN! KITARO IST OHNMÄCHTIG GEWORDEN. HOL IHN UND PACKE IHN AUF DIE KRÄHE!

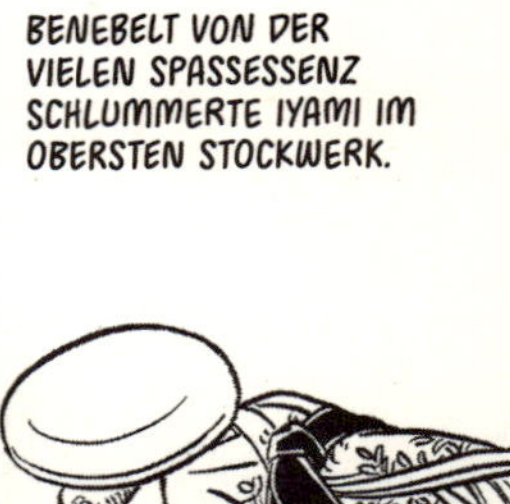
BENEBELT VON DER VIELEN SPASSESSENZ SCHLUMMERTE IYAMI IM OBERSTEN STOCKWERK.

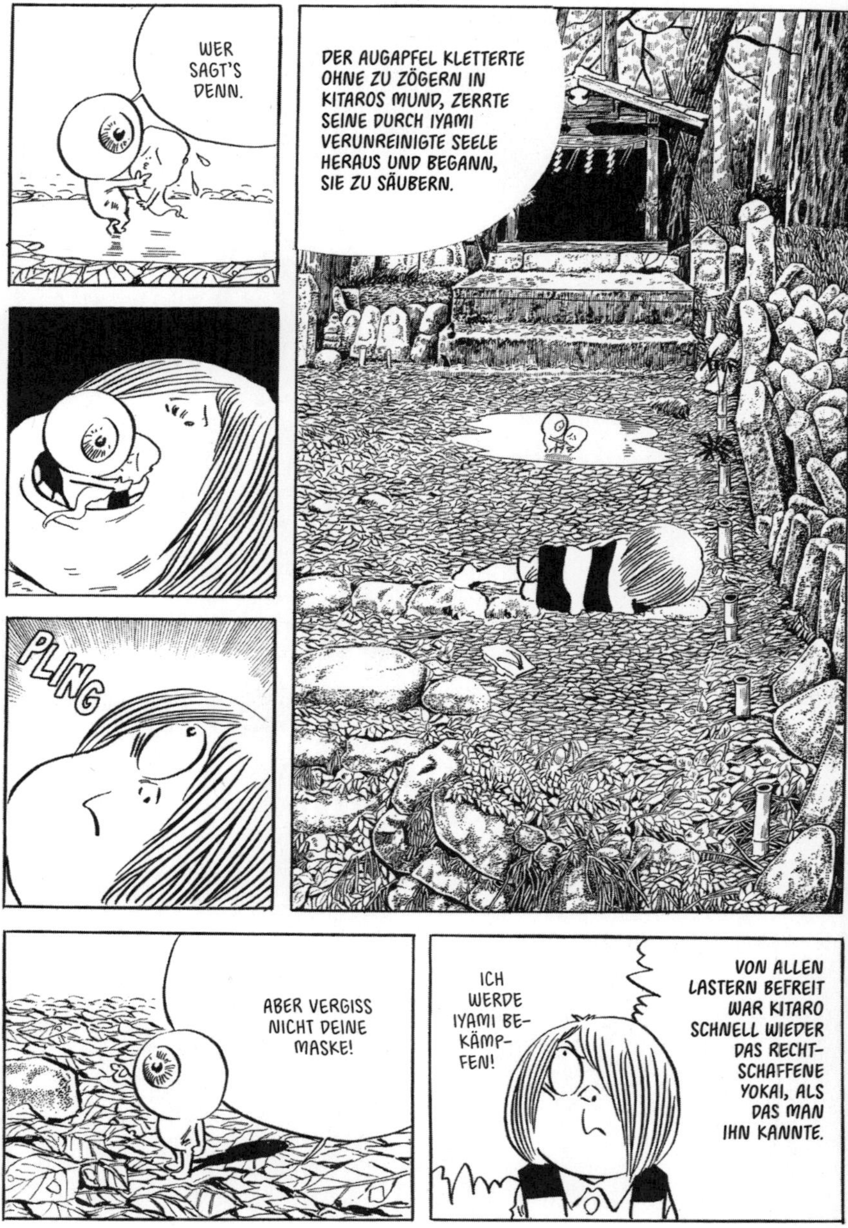

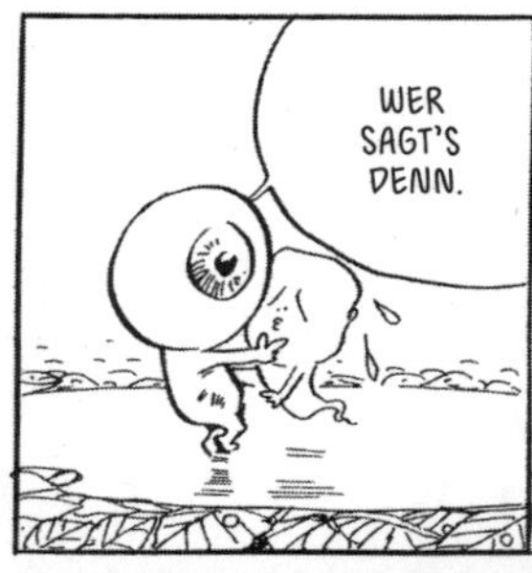

DER AUGAPFEL KLETTERTE OHNE ZU ZÖGERN IN KITAROS MUND, ZERRTE SEINE DURCH IYAMI VERUNREINIGTE SEELE HERAUS UND BEGANN, SIE ZU SÄUBERN.

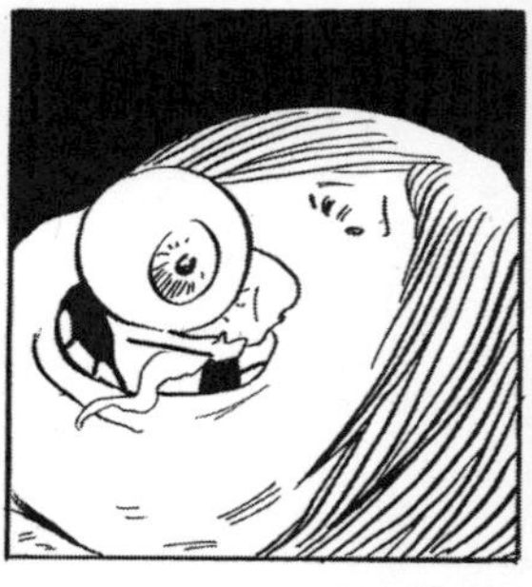

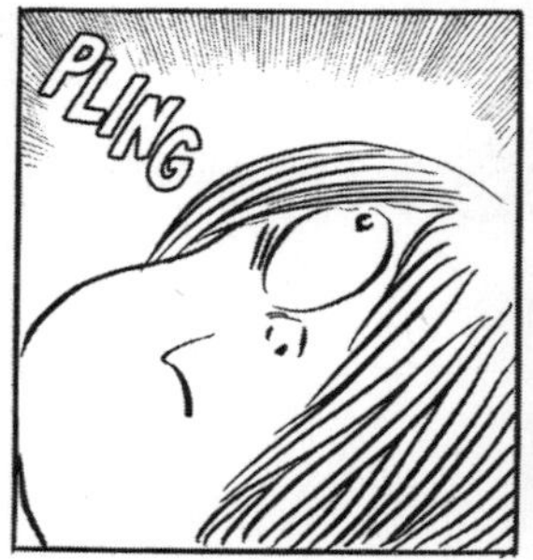

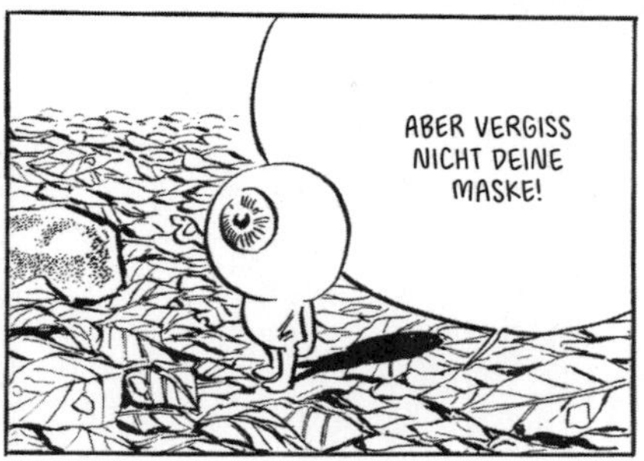

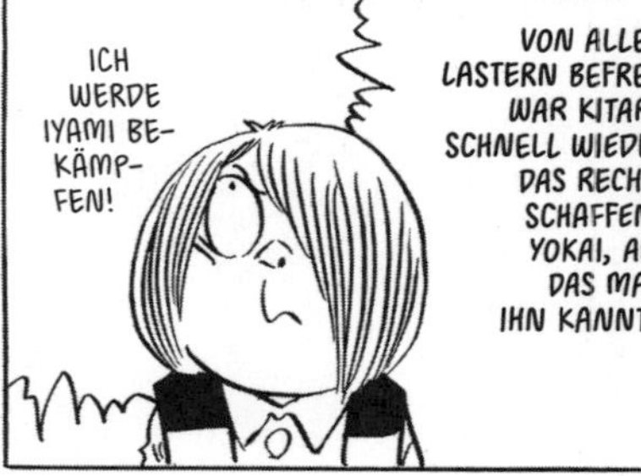

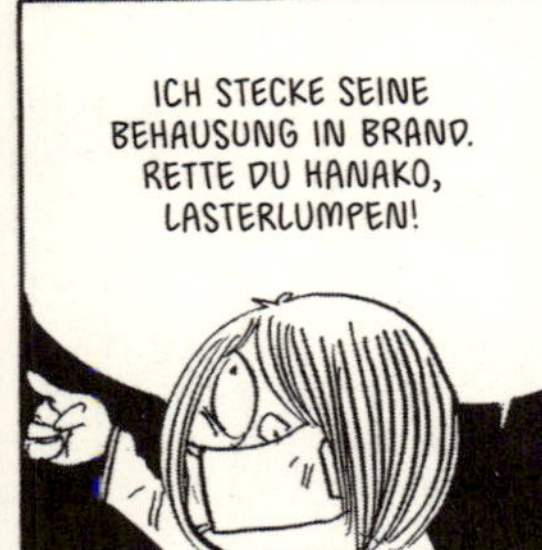
ICH STECKE SEINE BEHAUSUNG IN BRAND. RETTE DU HANAKO, LASTERLUMPEN!

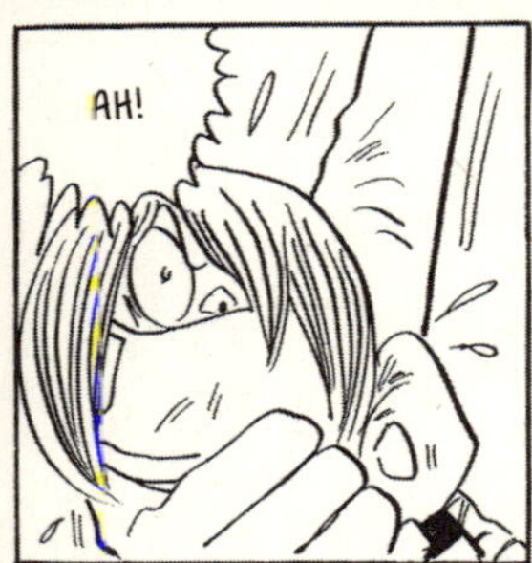
AH!

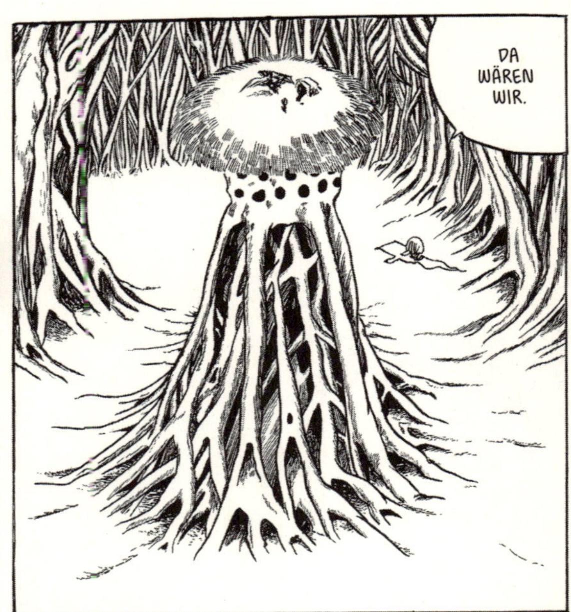
DA WÄREN WIR.

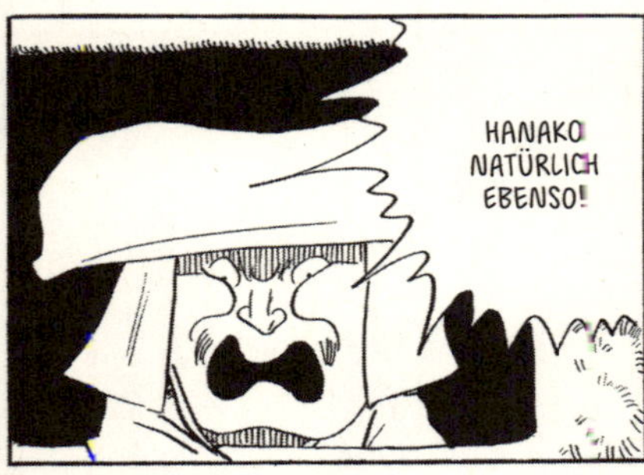
HANAKO NATÜRLICH EBENSO!

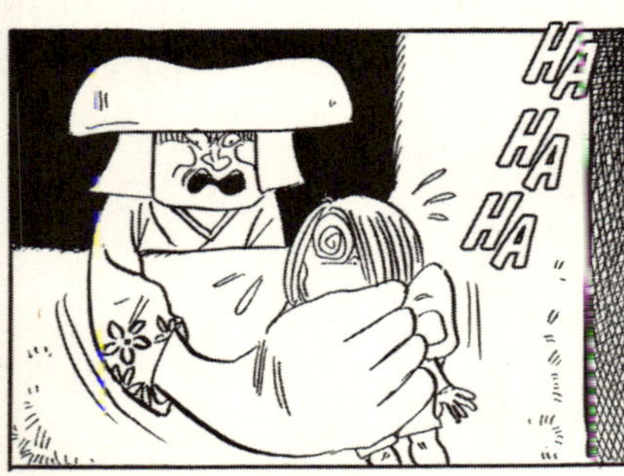
HA HA HA HA

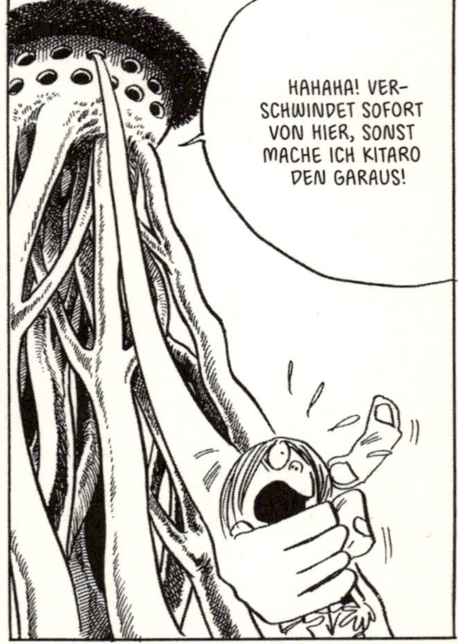
HAHAHA! VERSCHWINDET SOFORT VON HIER, SONST MACHE ICH KITARO DEN GARAUS!

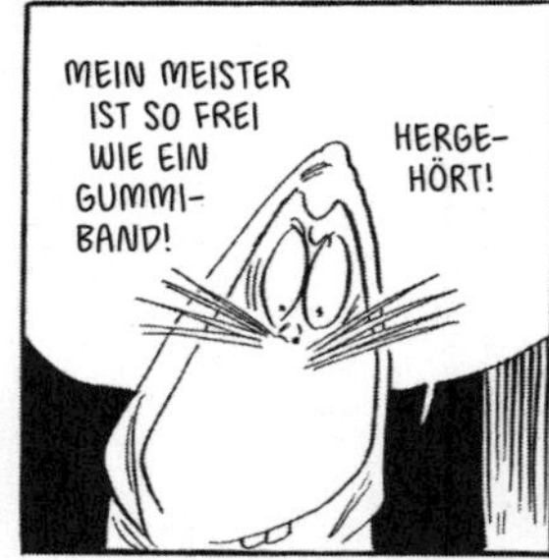
MEIN MEISTER IST SO FREI WIE EIN GUMMI-BAND!
HERGE-HÖRT!

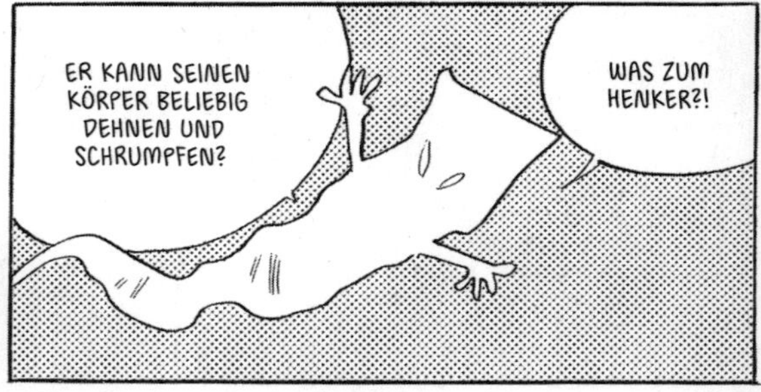
ER KANN SEINEN KÖRPER BELIEBIG DEHNEN UND SCHRUMPFEN?
WAS ZUM HENKER?!

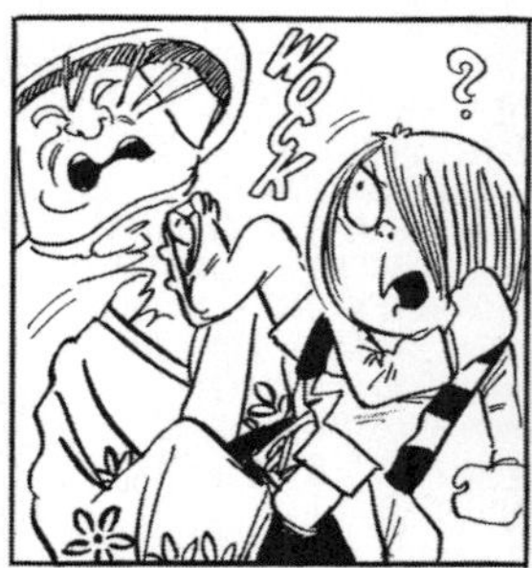
WOCK
?

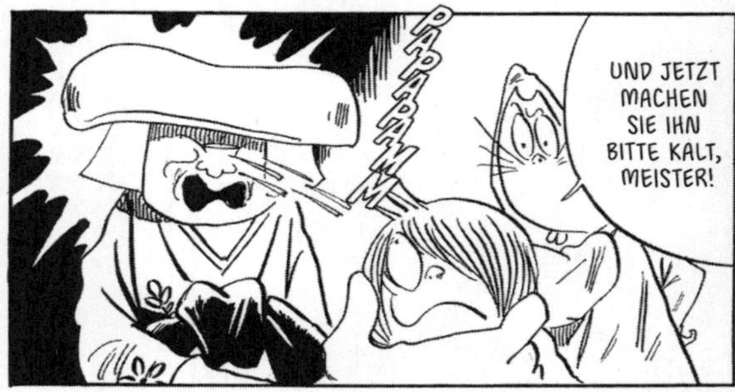
PAPAPAMM
UND JETZT MACHEN SIE IHN BITTE KALT, MEISTER!

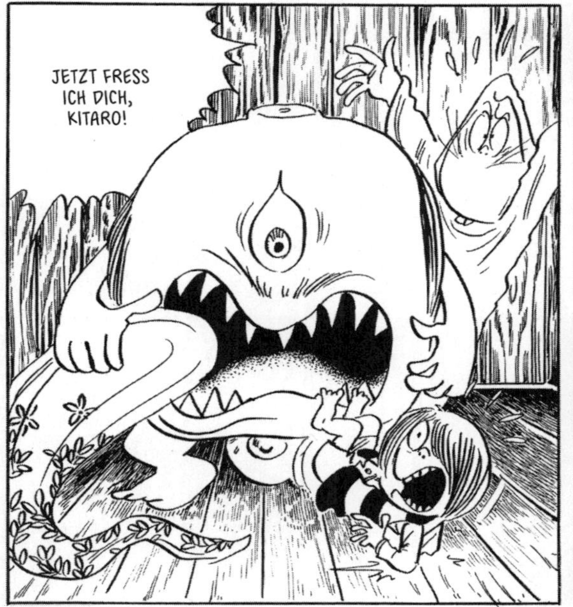
JETZT FRESS ICH DICH, KITARO!

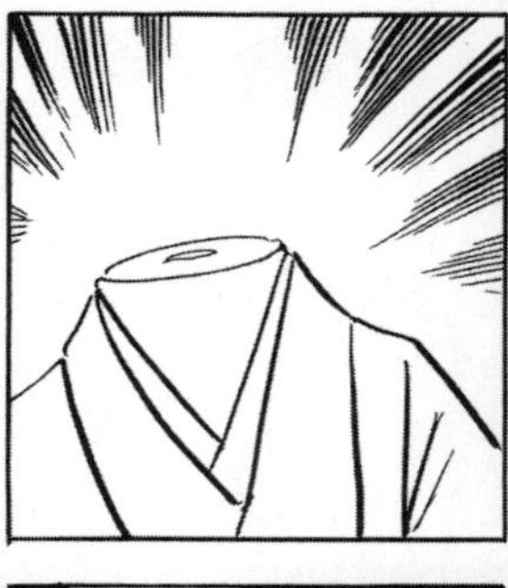

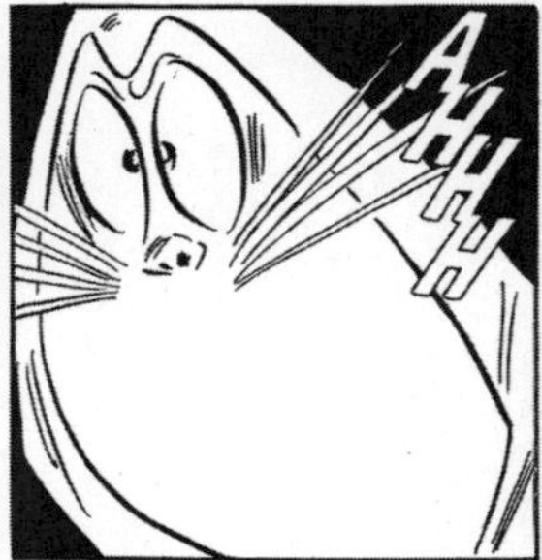
AHHH

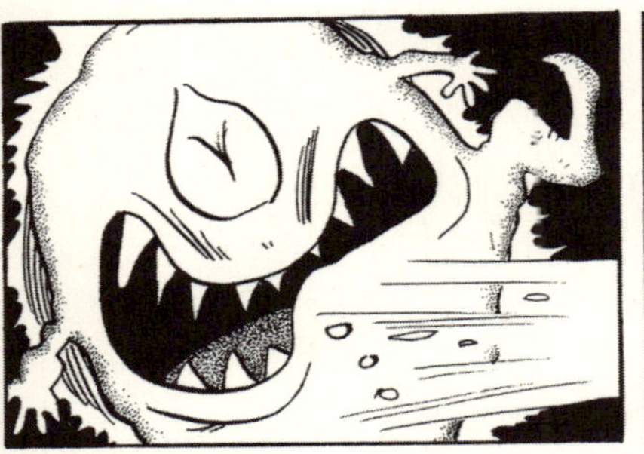

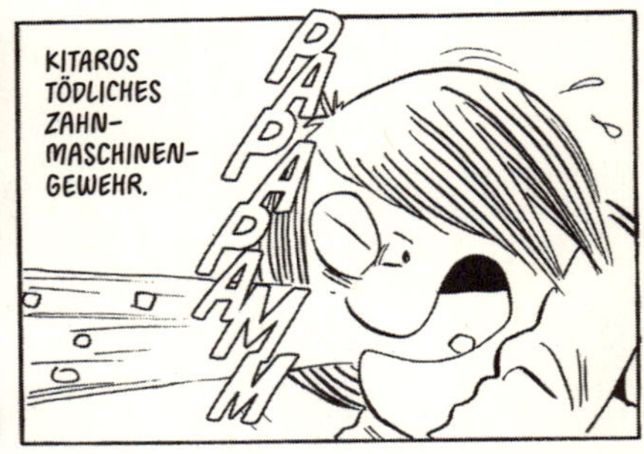

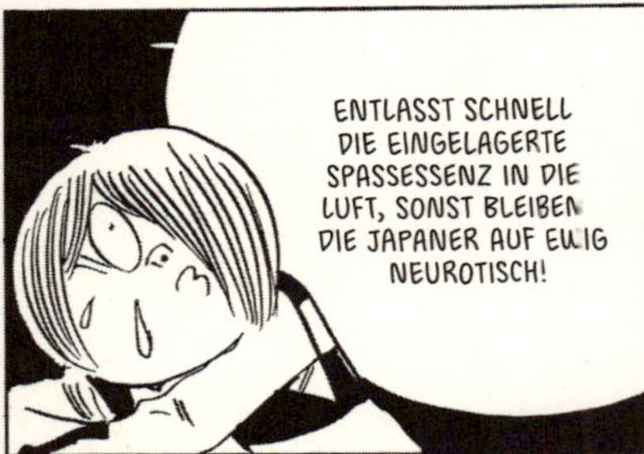

MITTEN AUF DIE KRONJUWELEN GETROFFEN SCHRIE IYAMI, DER LÜSTLER, WIE AM SPIESS. ALL SEINE ENERGIE BEZOG ER VON SEINEN RIESIGEN TESTIKELN UND NACHDEM ER VERLOREN HATTE, WAS MAN BEINAHE EIN ATOMKRAFTWERK NENNEN KONNTE, WINSELTE IYAMI UM SEIN LEBEN. SCHLIESSLICH WURDE ER AN SEINER URSPRÜNGLICHEN RUHESTÄTTE ERNEUT IN EINEN EISIGEN WINTERSCHLAF VERSETZT.

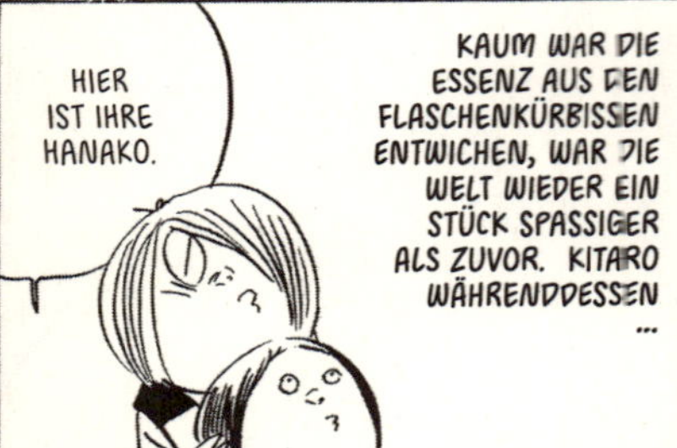

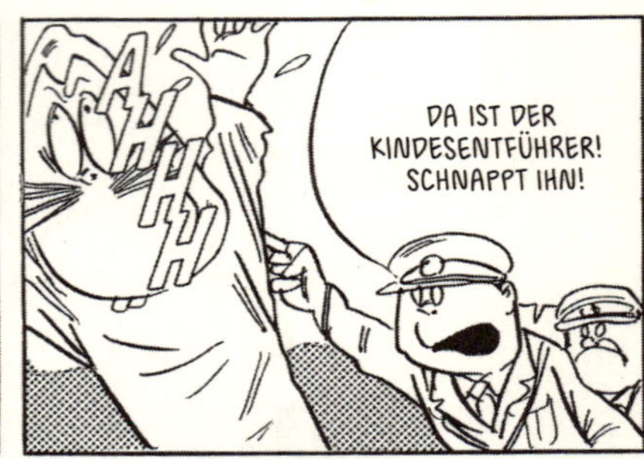

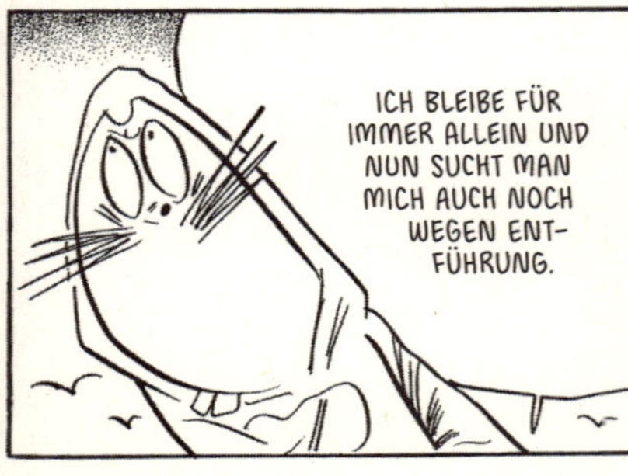

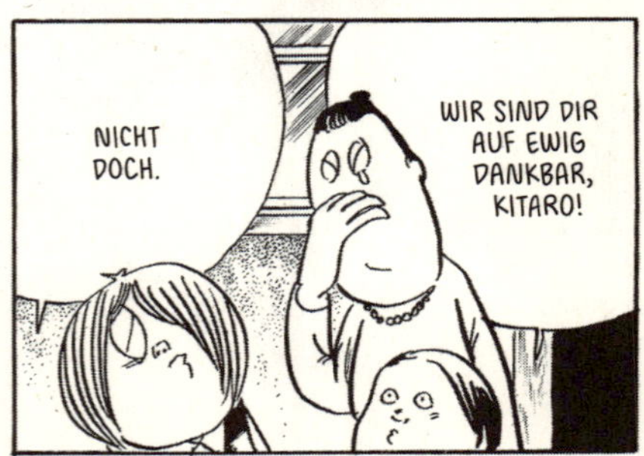

DAS TAUSENDAUGE

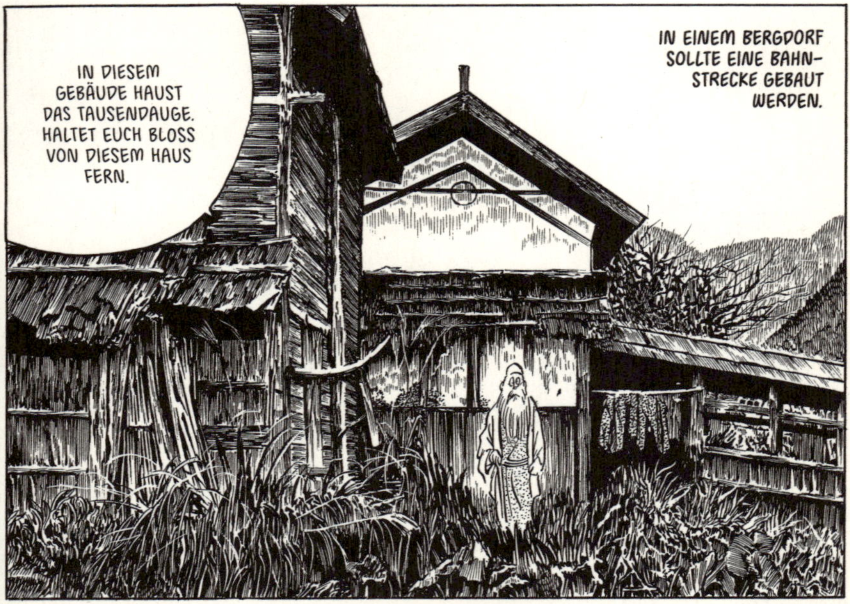

IN EINEM BERGDORF SOLLTE EINE BAHN-STRECKE GEBAUT WERDEN.

IN DIESEM GEBÄUDE HAUST DAS TAUSENDAUGE. HALTET EUCH BLOSS VON DIESEM HAUS FERN.

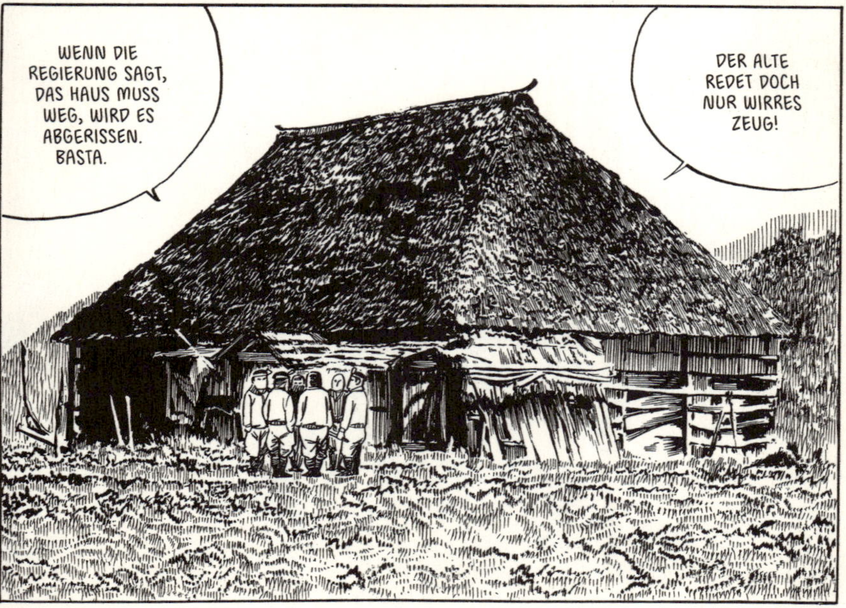

DER ALTE REDET DOCH NUR WIRRES ZEUG!

WENN DIE REGIERUNG SAGT, DAS HAUS MUSS WEG, WIRD ES ABGERISSEN. BASTA.

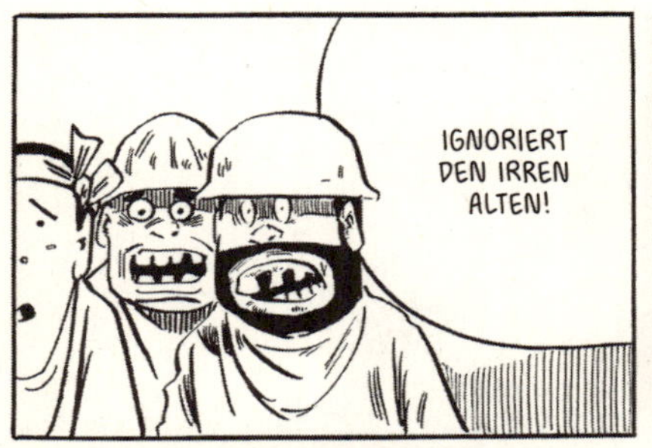
IGNORIERT DEN IRREN ALTEN!

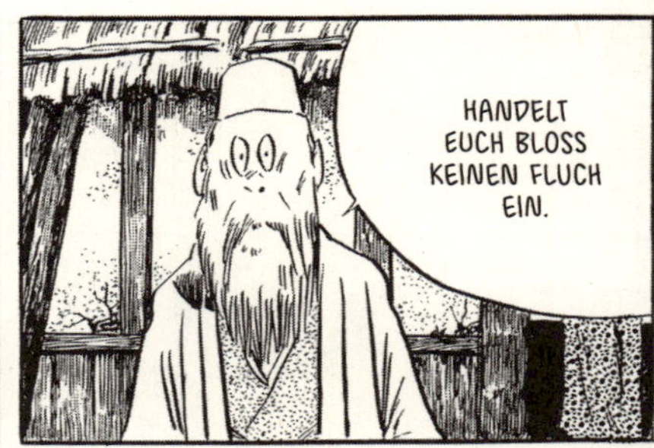
HANDELT EUCH BLOSS KEINEN FLUCH EIN.

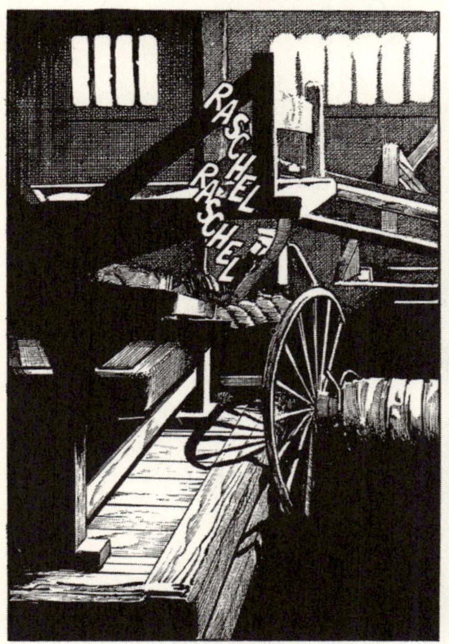
RASCHEL
RASCHEL

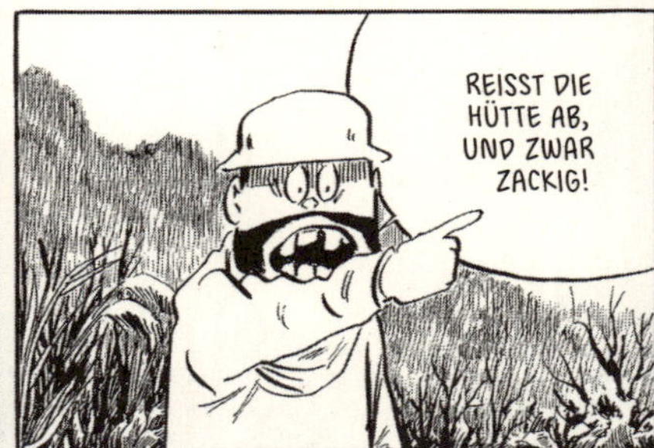
REISST DIE HÜTTE AB, UND ZWAR ZACKIG!

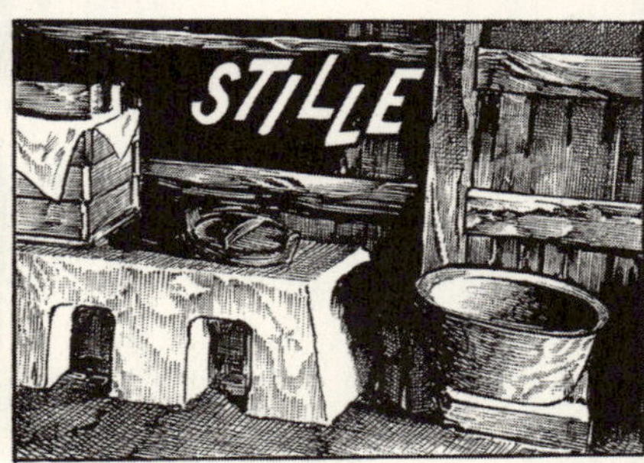
STILLE

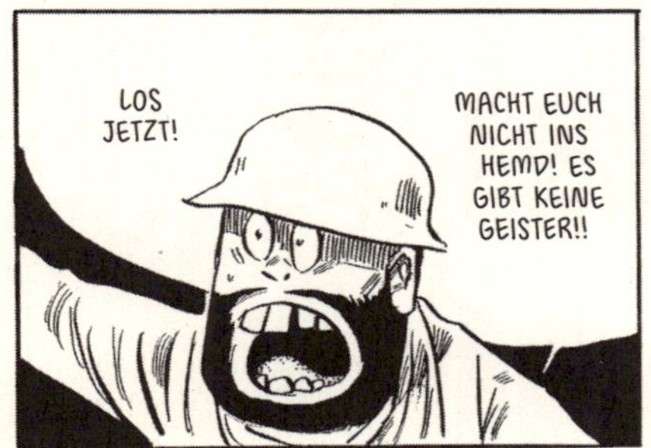
LOS JETZT!
MACHT EUCH NICHT INS HEMD! ES GIBT KEINE GEISTER!!

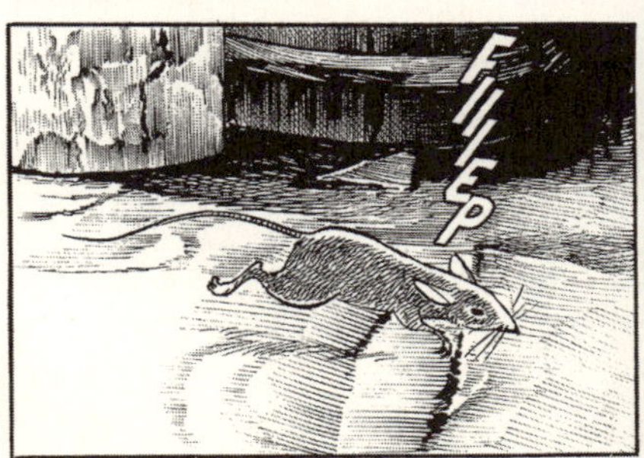
FIIIEP

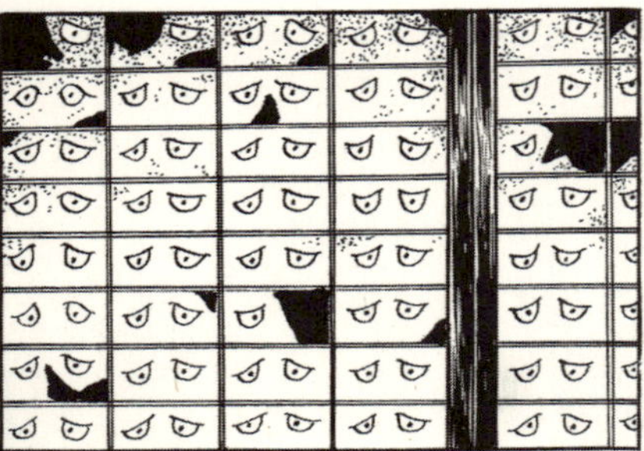

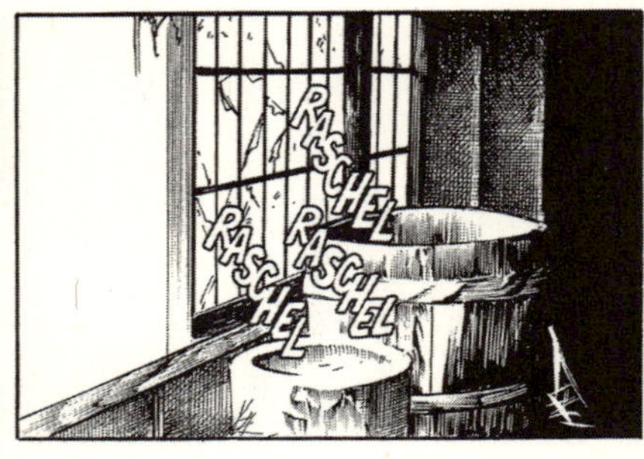

RASCHEL
RASCHEL
RASCHEL

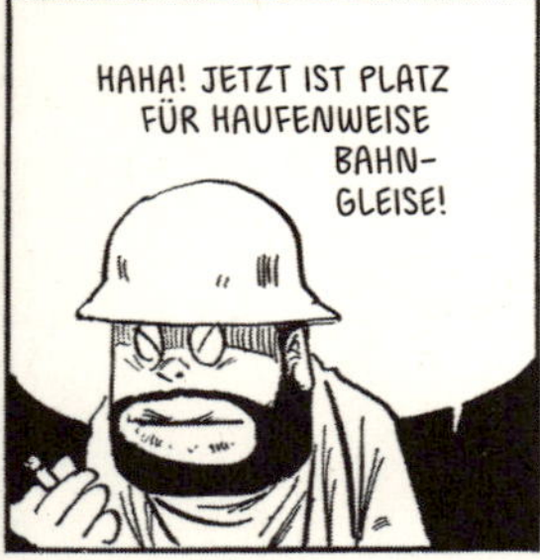

HAHA! JETZT IST PLATZ FÜR HAUFENWEISE BAHN-GLEISE!

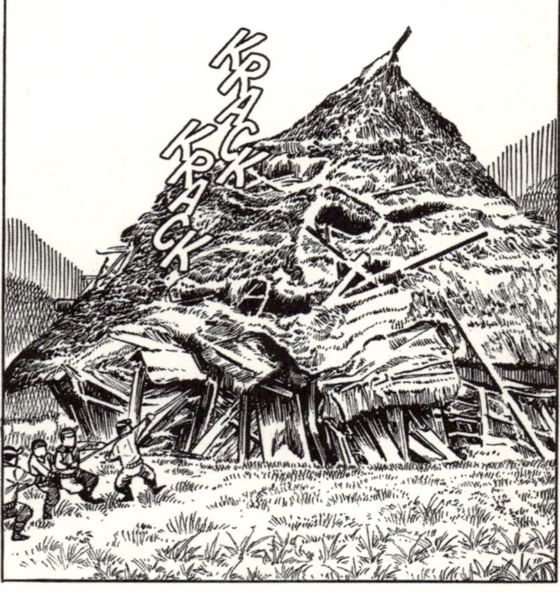

KRACK
KRACK

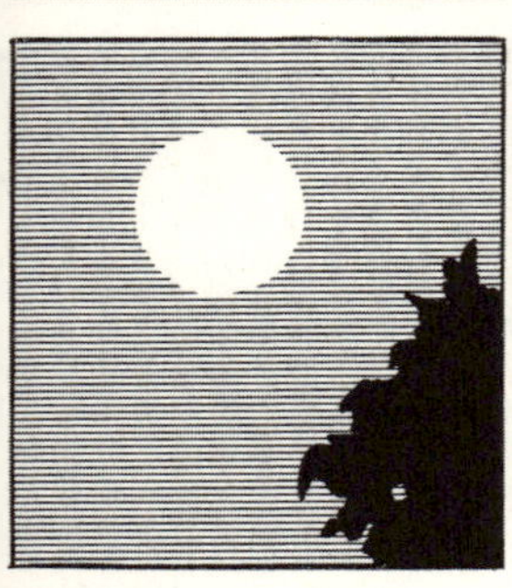

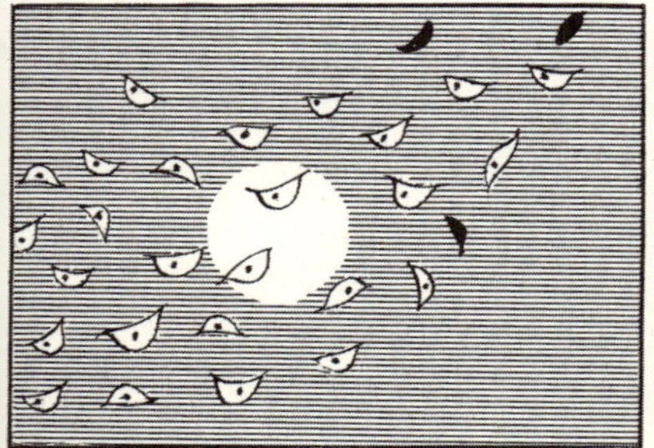

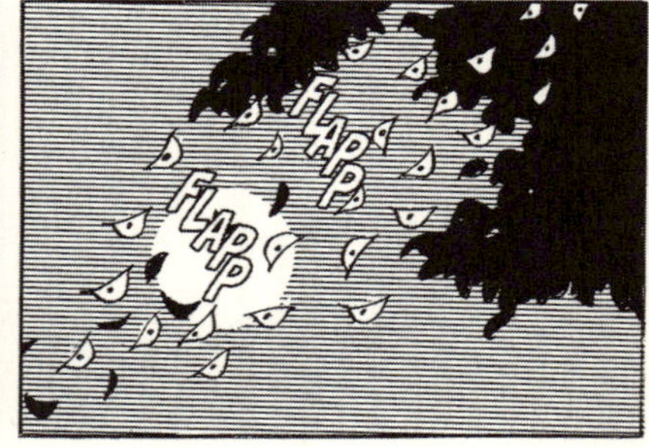

FLAPP
FLAPP

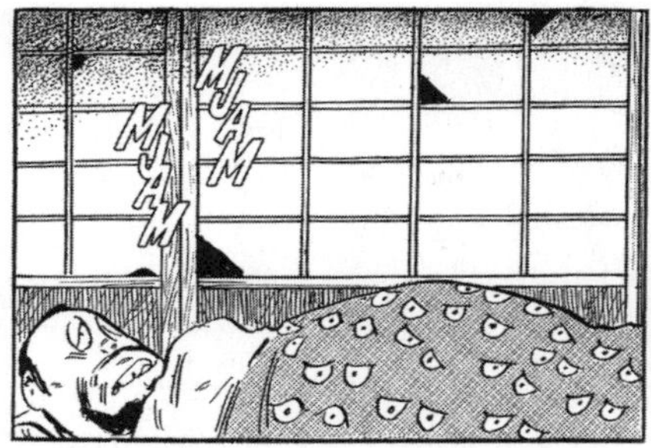
MJAM
MJAM
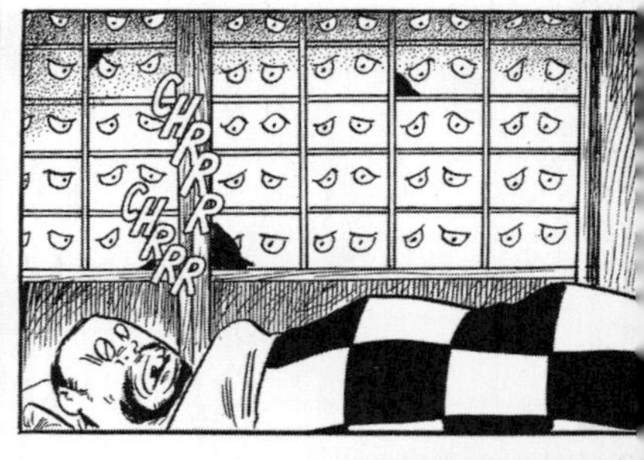
CHRRR
CHRRR
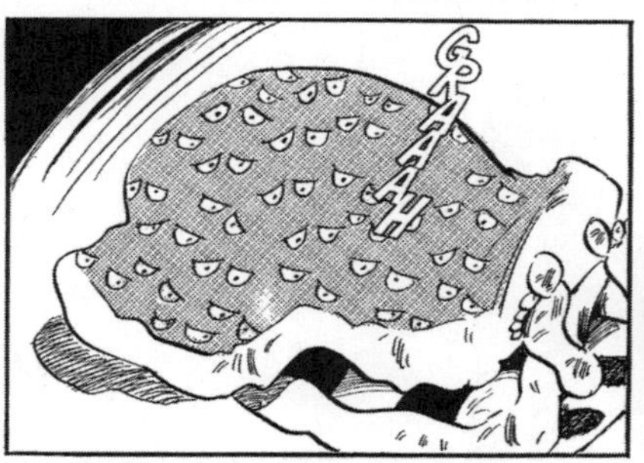
GRAAAAH
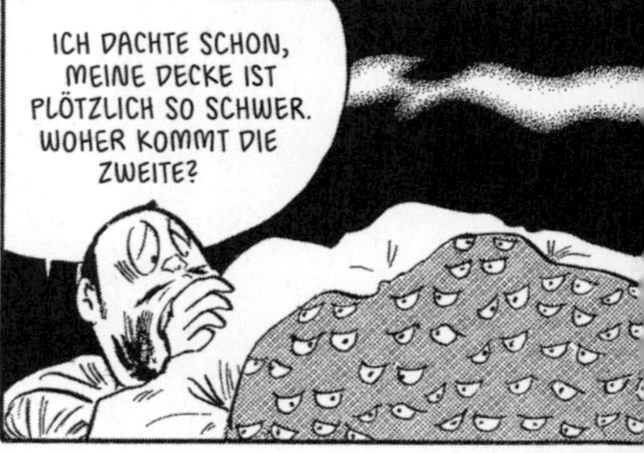
ICH DACHTE SCHON, MEINE DECKE IST PLÖTZLICH SO SCHWER. WOHER KOMMT DIE ZWEITE?
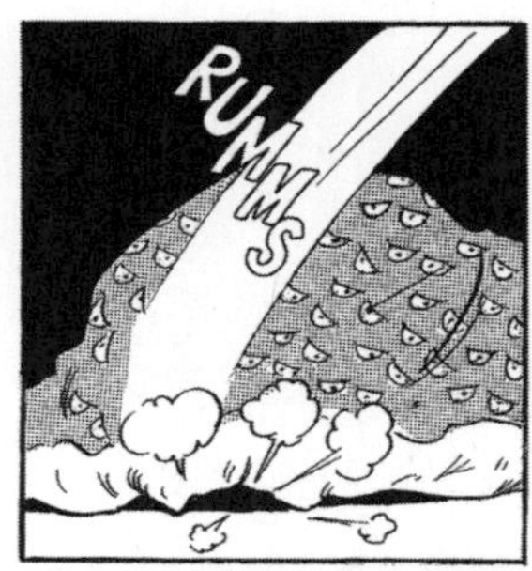
RUMMS
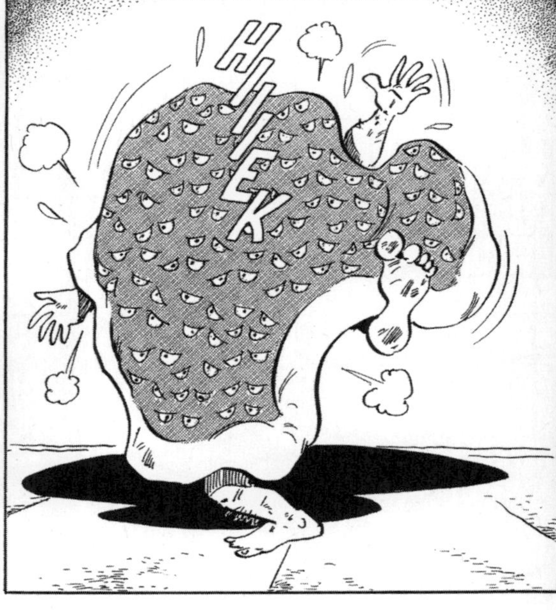
HIIEK
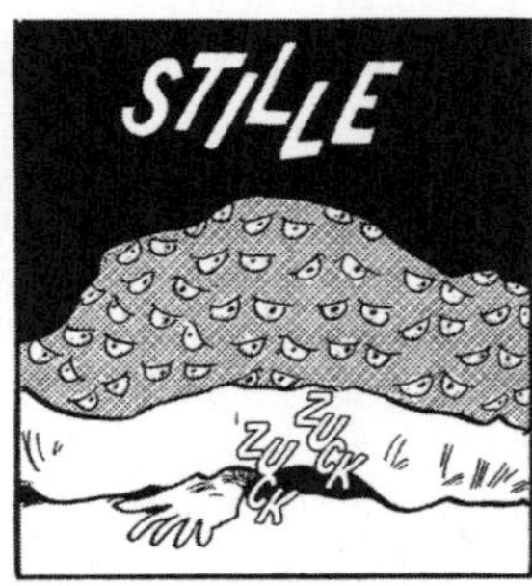
STILLE
ZUCK
ZUCK

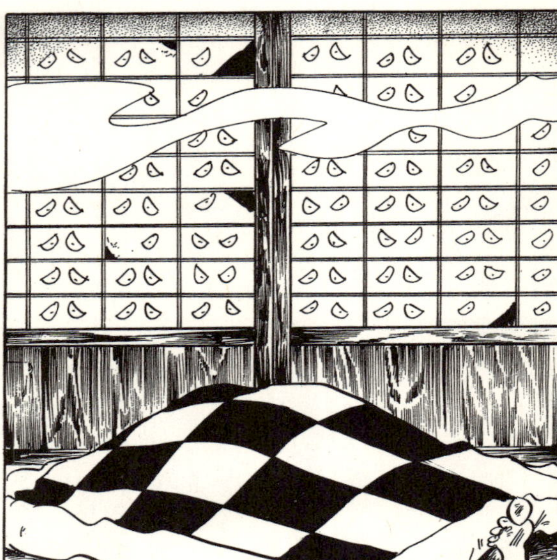

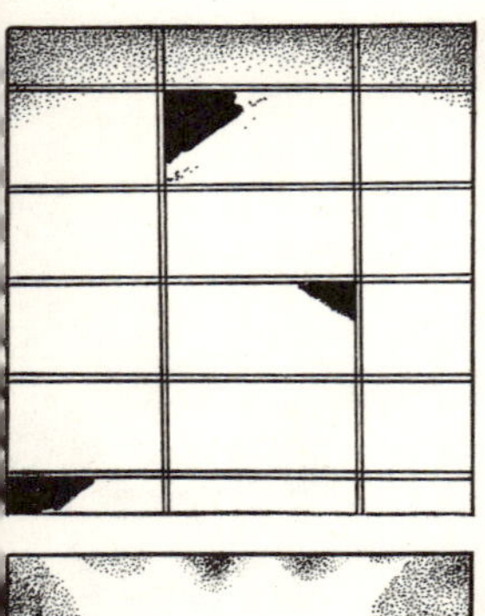

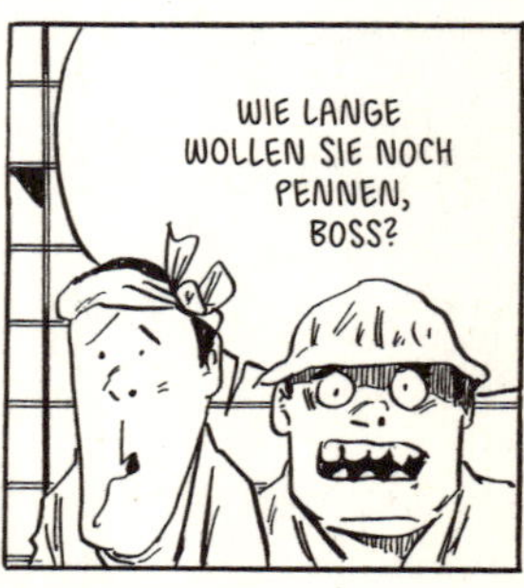

WIE LANGE WOLLEN SIE NOCH PENNEN, BOSS?

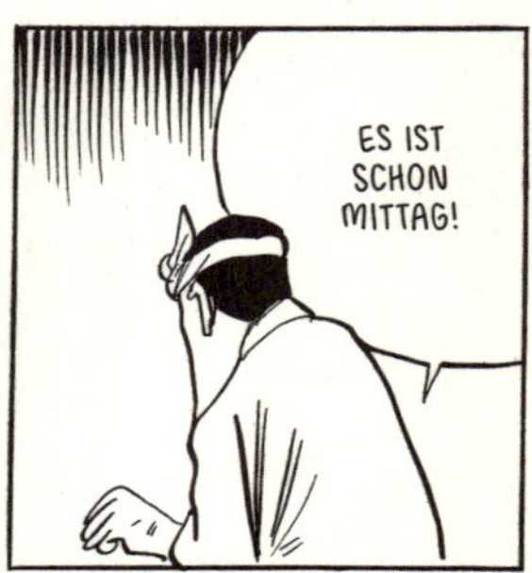

ES IST SCHON MITTAG!

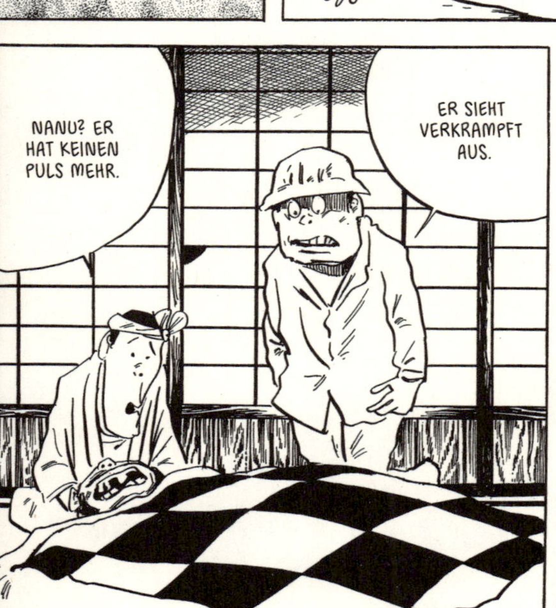

ER SIEHT VERKRAMPFT AUS.
NANU? ER HAT KEINEN PULS MEHR.

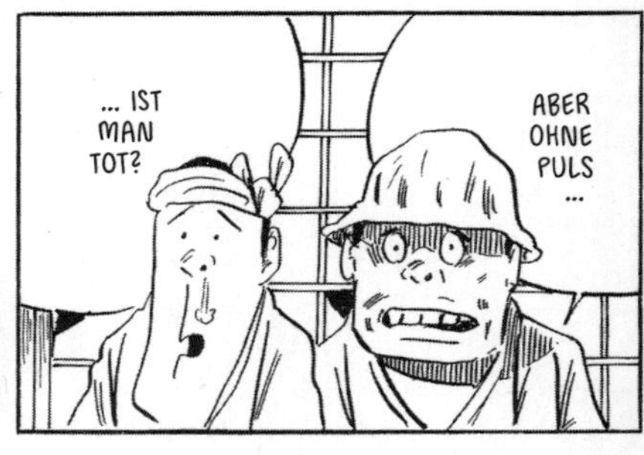
ABER OHNE PULS ...
... IST MAN TOT?

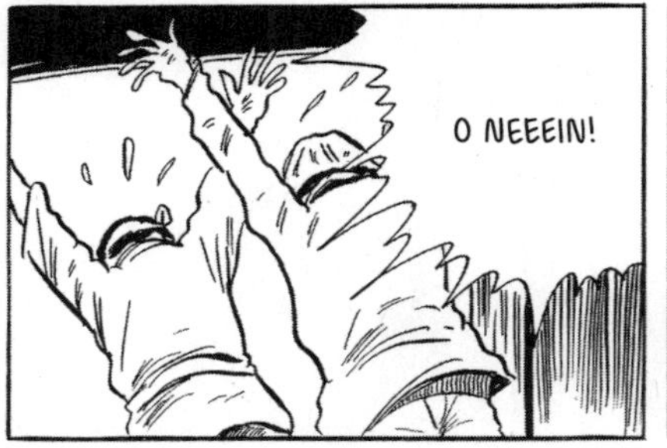
O NEEEIN!

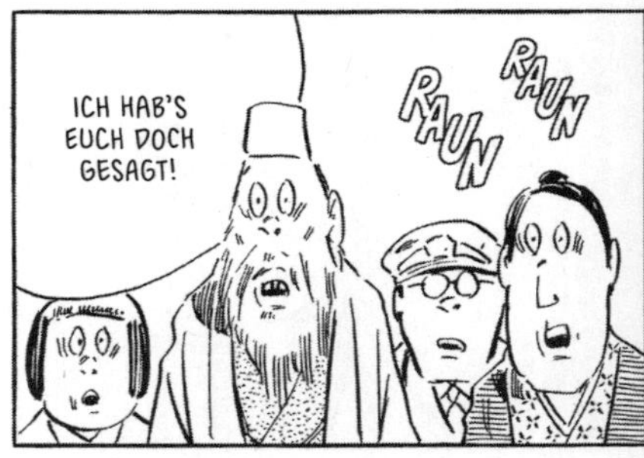
RAUN RAUN
ICH HAB'S EUCH DOCH GESAGT!

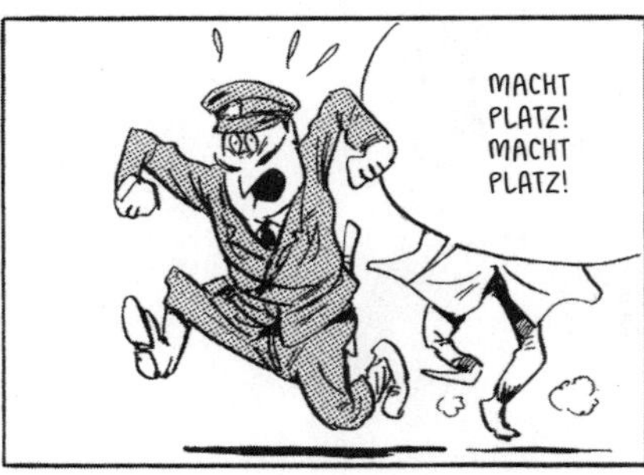
MACHT PLATZ! MACHT PLATZ!

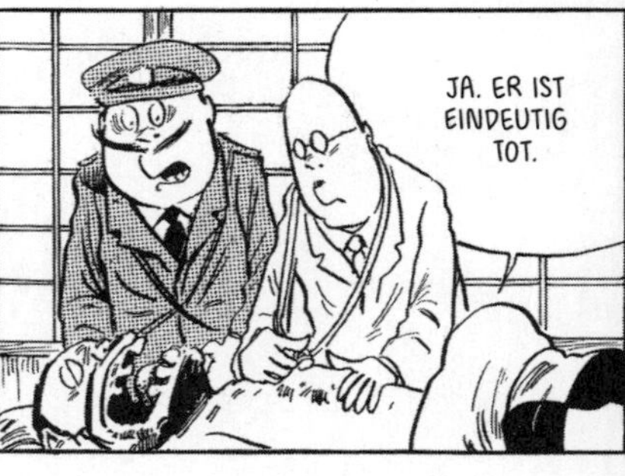
JA. ER IST EINDEUTIG TOT.

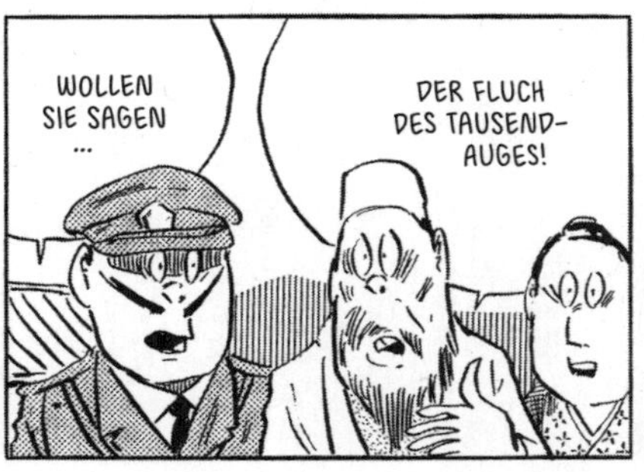
DER FLUCH DES TAUSEND-AUGES!
WOLLEN SIE SAGEN ...

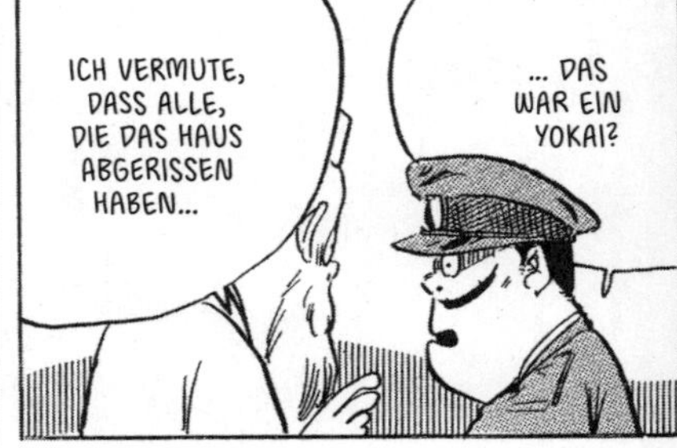
... DAS WAR EIN YOKAI?
ICH VERMUTE, DASS ALLE, DIE DAS HAUS ABGERISSEN HABEN...

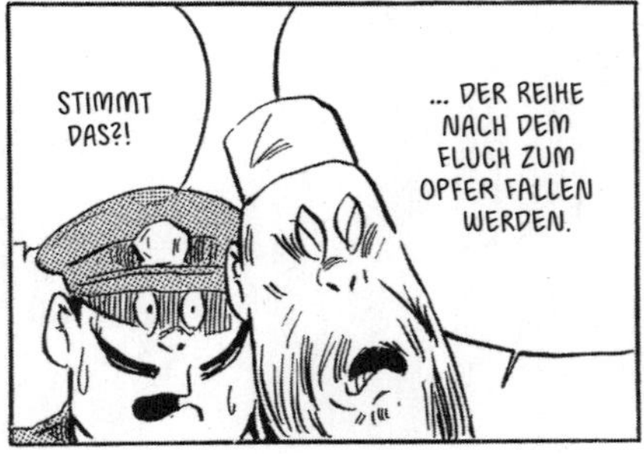
... DER REIHE NACH DEM FLUCH ZUM OPFER FALLEN WERDEN.
STIMMT DAS?!

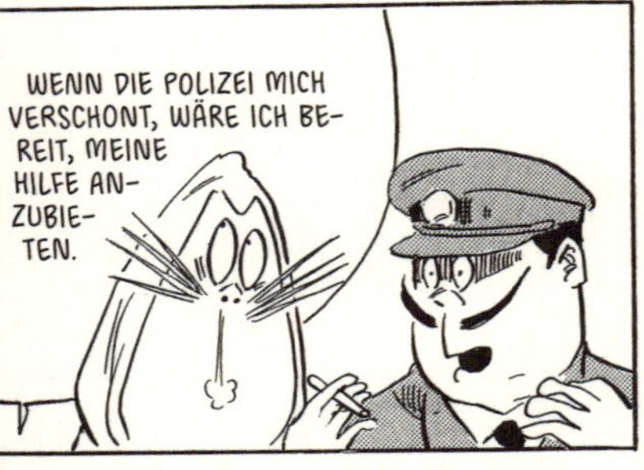
WENN DIE POLIZEI MICH VERSCHONT, WÄRE ICH BEREIT, MEINE HILFE ANZUBIETEN.

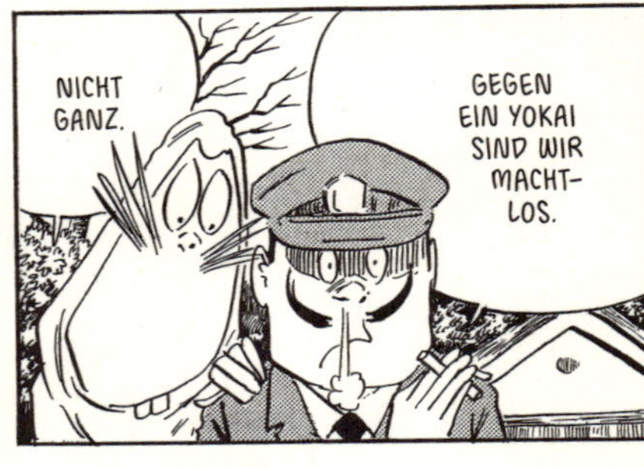
GEGEN EIN YOKAI SIND WIR MACHTLOS.
NICHT GANZ.

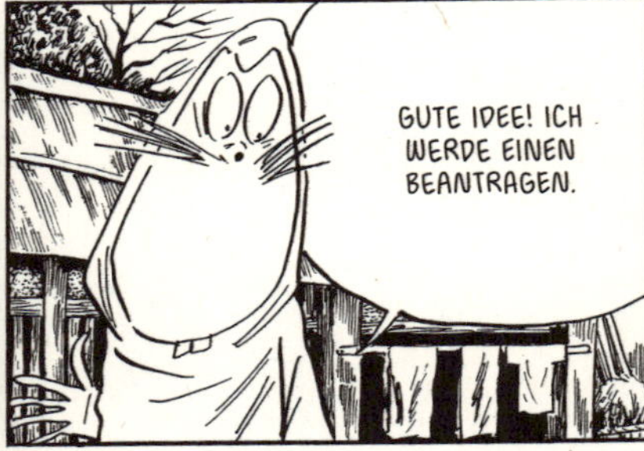
GUTE IDEE! ICH WERDE EINEN BEANTRAGEN.

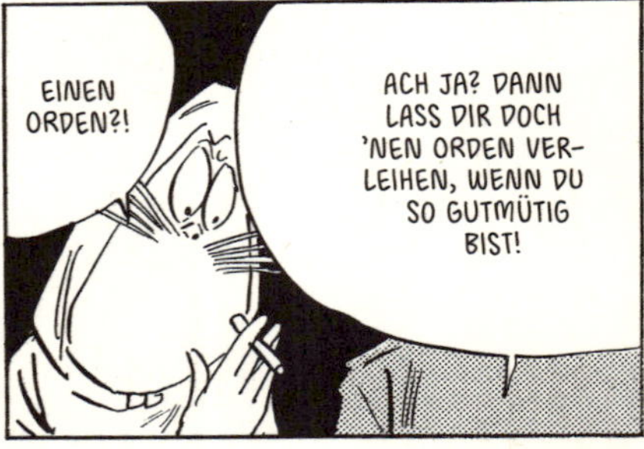
ACH JA? DANN LASS DIR DOCH 'NEN ORDEN VERLEIHEN, WENN DU SO GUTMÜTIG BIST!
EINEN ORDEN?!

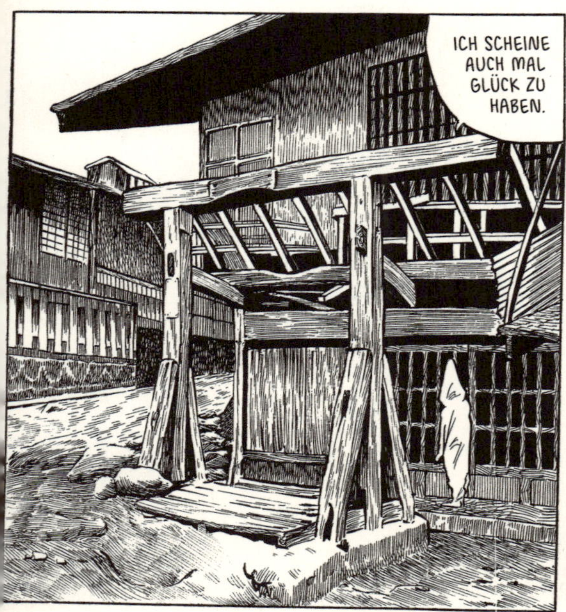
ICH SCHEINE AUCH MAL GLÜCK ZU HABEN.

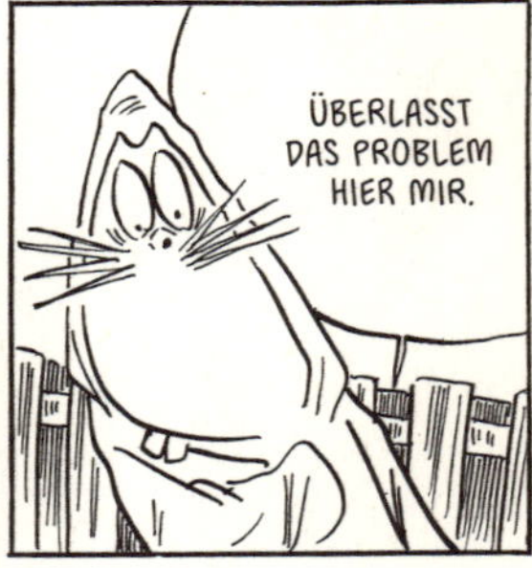
ÜBERLASST DAS PROBLEM HIER MIR.

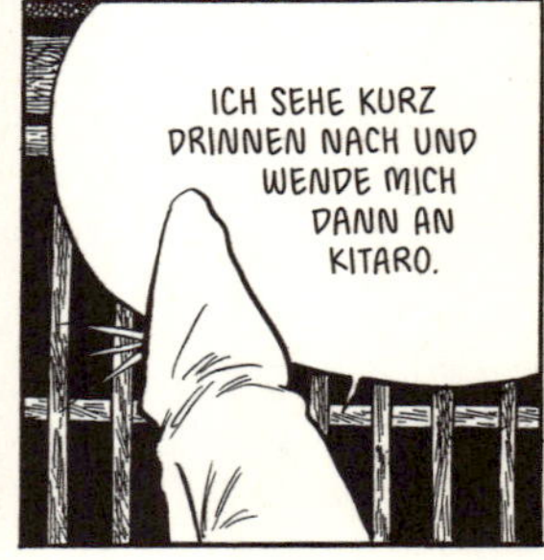
ICH SEHE KURZ DRINNEN NACH UND WENDE MICH DANN AN KITARO.

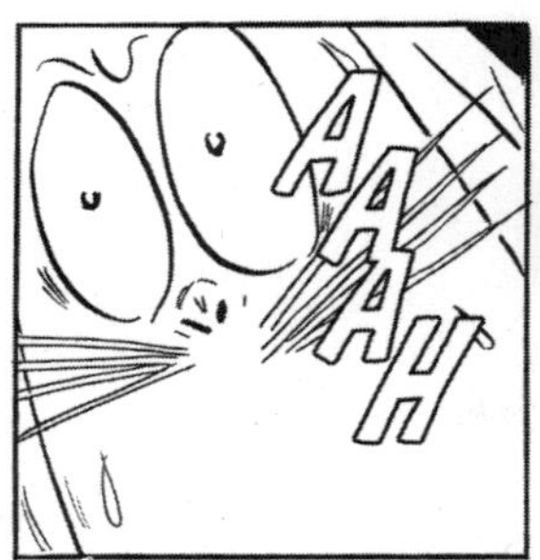
AAAAAH

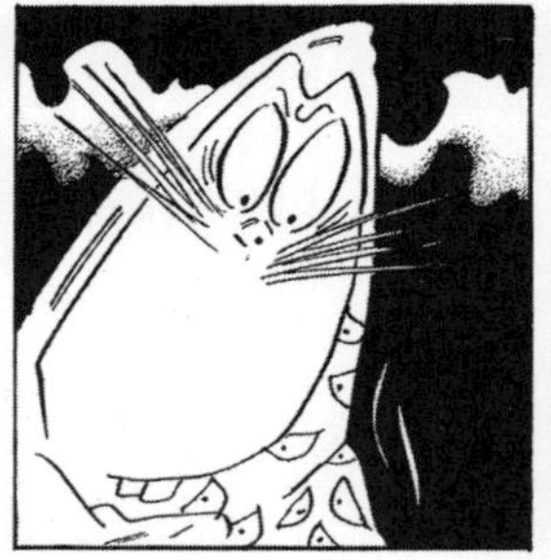

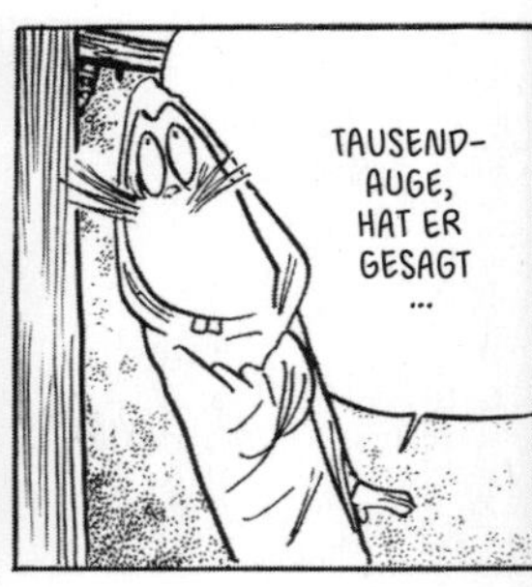
TAUSEND-
AUGE,
HAT ER
GESAGT
...

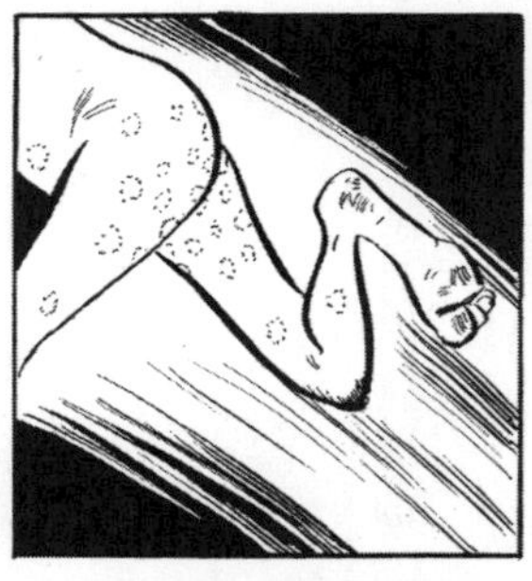

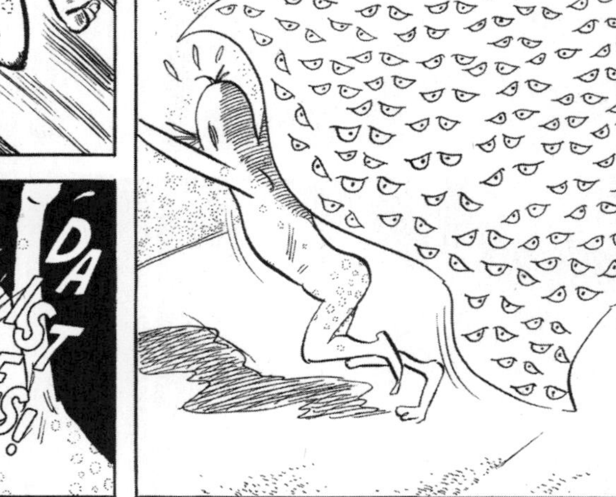

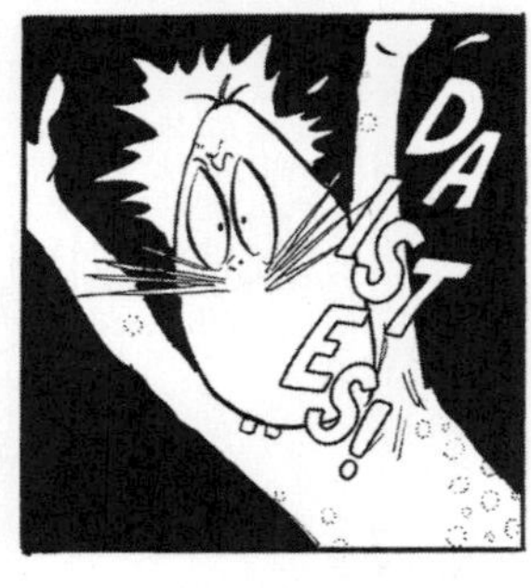
DA
IST
ES!

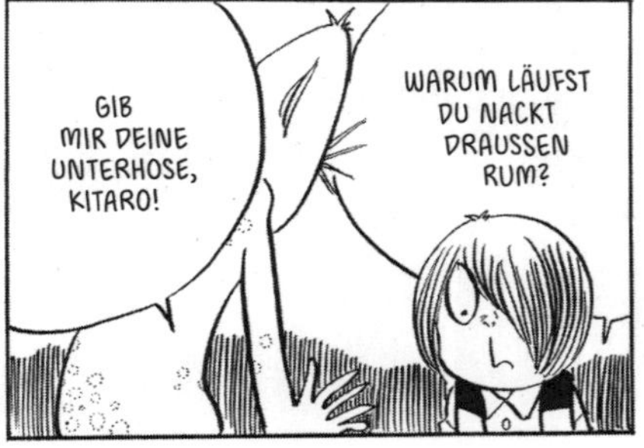
WARUM LÄUFST DU NACKT DRAUSSEN RUM?
GIB MIR DEINE UNTERHOSE, KITARO!

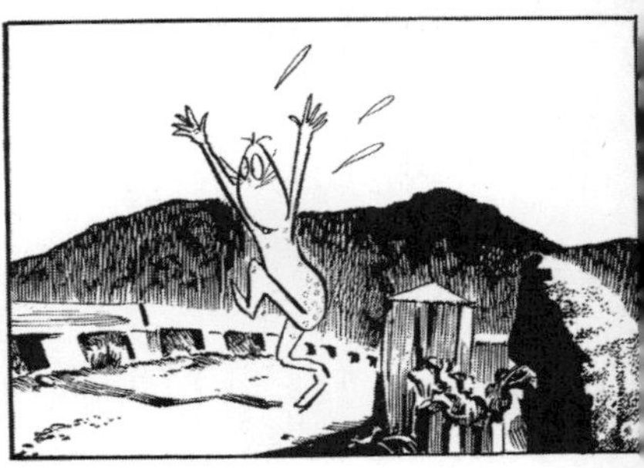

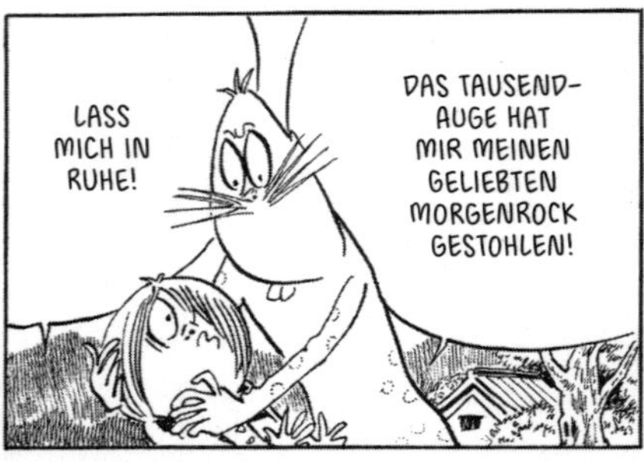
DAS TAUSEND-AUGE HAT MIR MEINEN GELIEBTEN MORGENROCK GESTOHLEN!
LASS MICH IN RUHE!

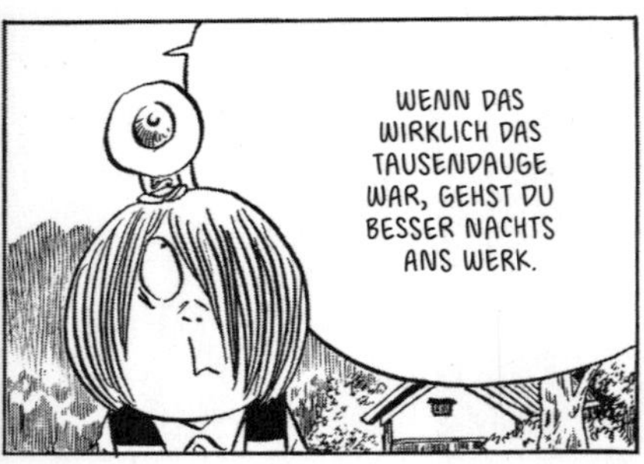
WENN DAS WIRKLICH DAS TAUSENDAUGE WAR, GEHST DU BESSER NACHTS ANS WERK.

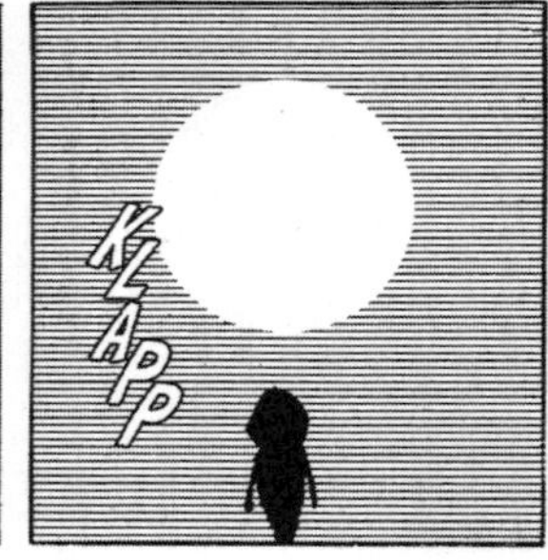
KLAPP

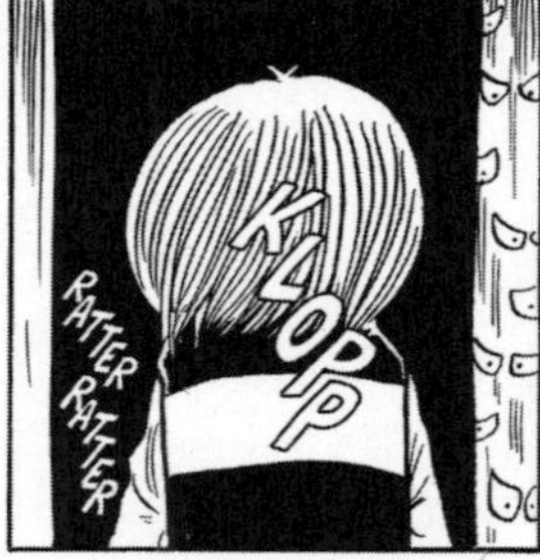
KLOPP
RATTER RATTER

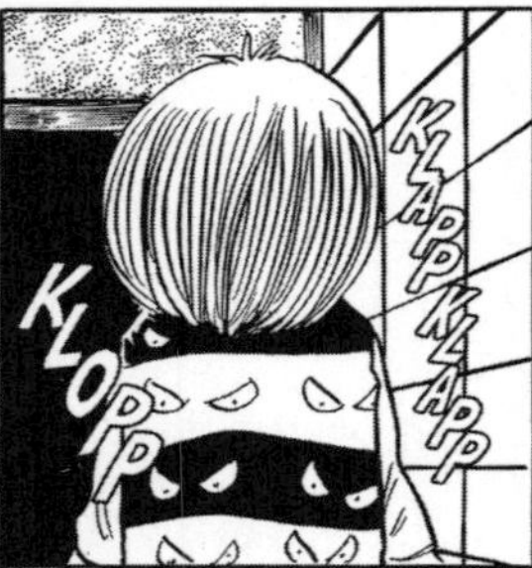
KLAPP KLAPP
KLOPP

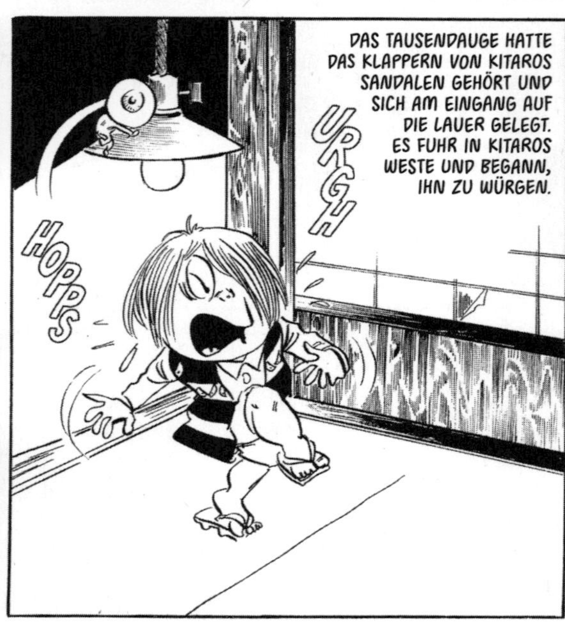
DAS TAUSENDAUGE HATTE DAS KLAPPERN VON KITAROS SANDALEN GEHÖRT UND SICH AM EINGANG AUF DIE LAUER GELEGT. ES FUHR IN KITAROS WESTE UND BEGANN, IHN ZU WÜRGEN.
URGH
HOPPS

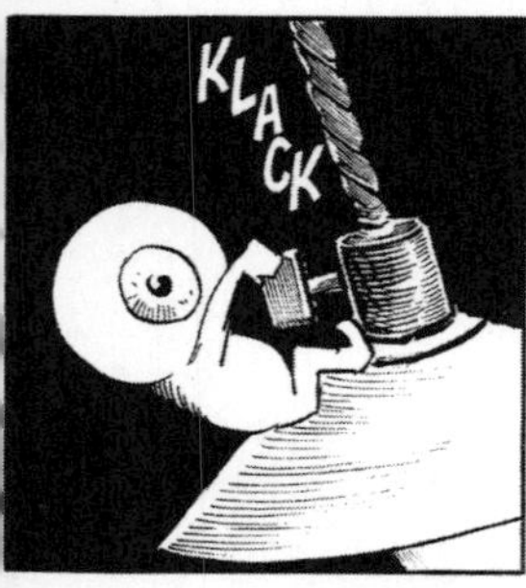
KLACK

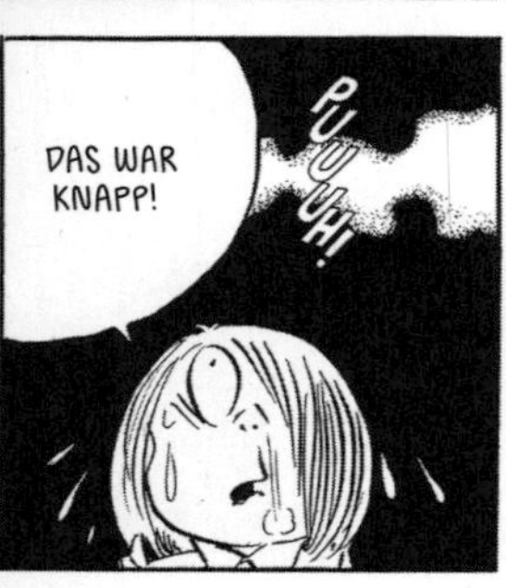
PUUUH!
DAS WAR KNAPP!

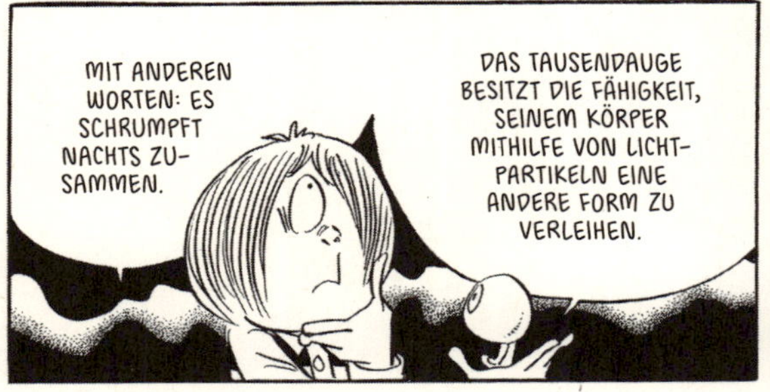

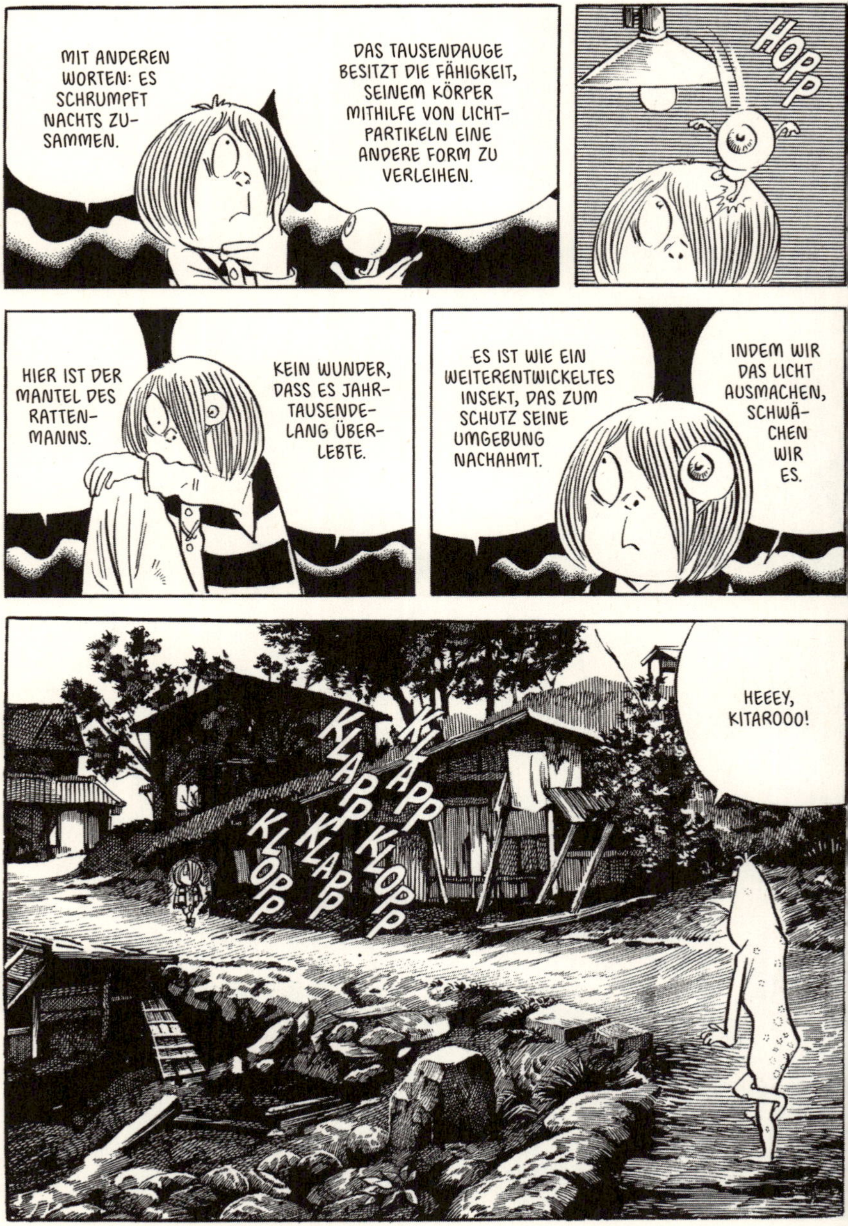

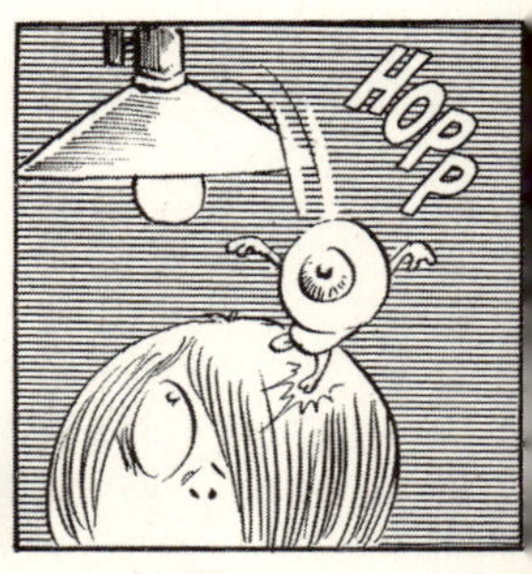

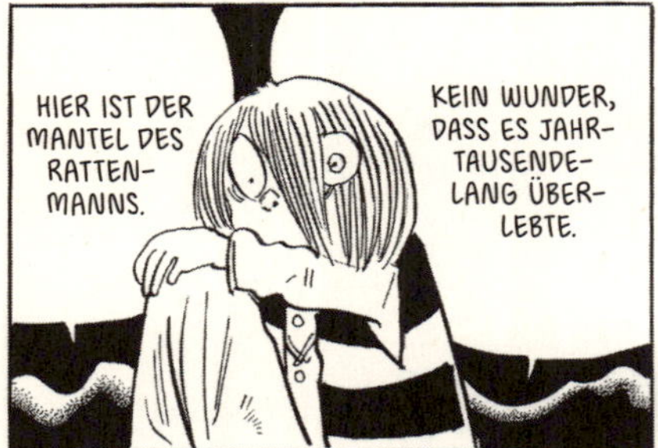

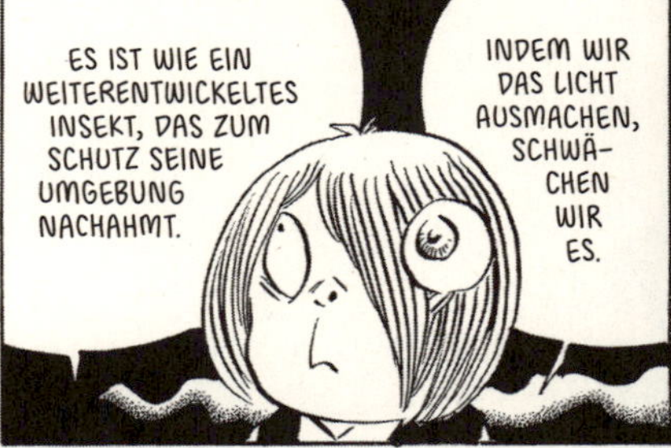

HEEEY, KITAROOO!

KLAPP KLOPP KLAPP KLOPP KLAPP KLOPP

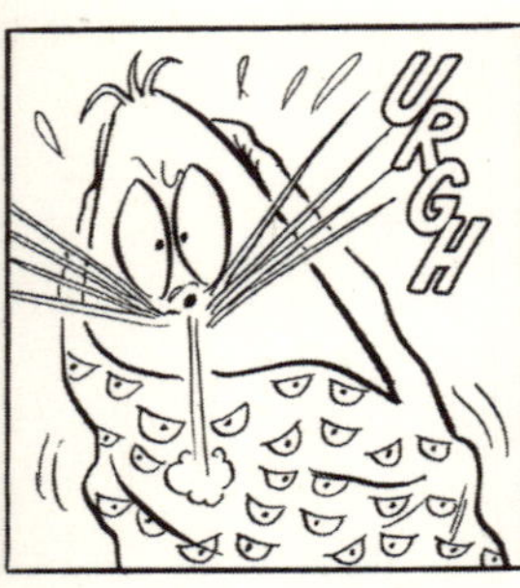
URGH

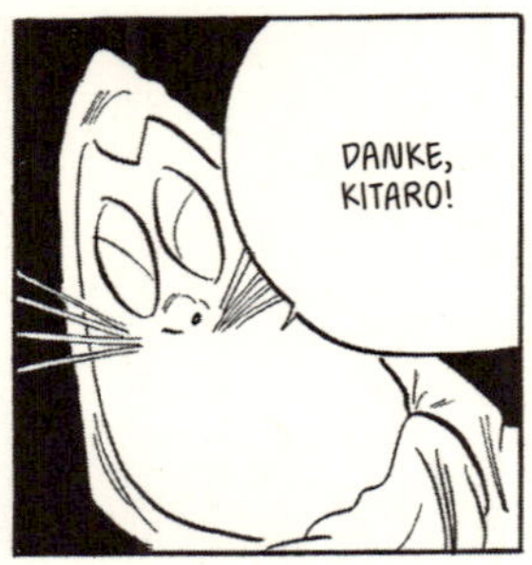
DANKE, KITARO!

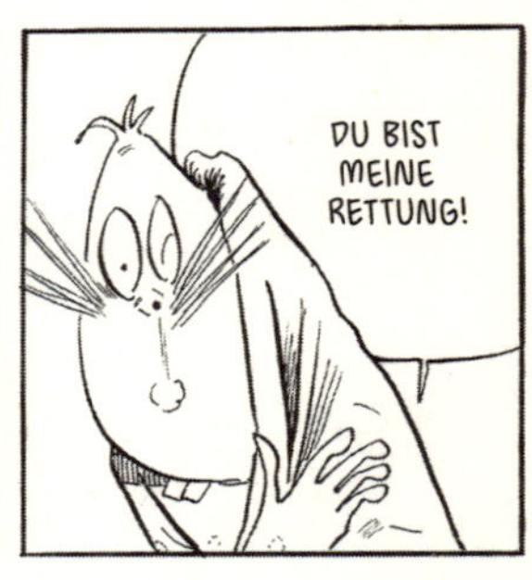
DU BIST MEINE RETTUNG!

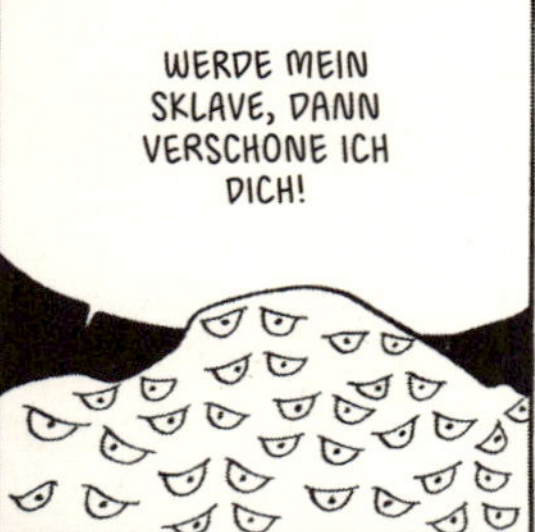
WERDE MEIN SKLAVE, DANN VERSCHONE ICH DICH!

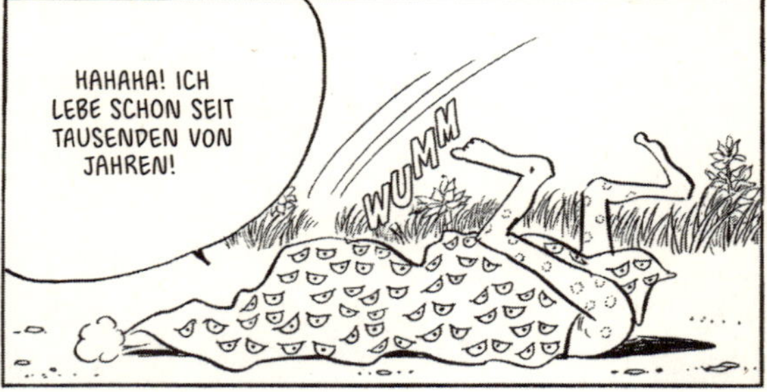
HAHAHA! ICH LEBE SCHON SEIT TAUSENDEN VON JAHREN!
WUMM

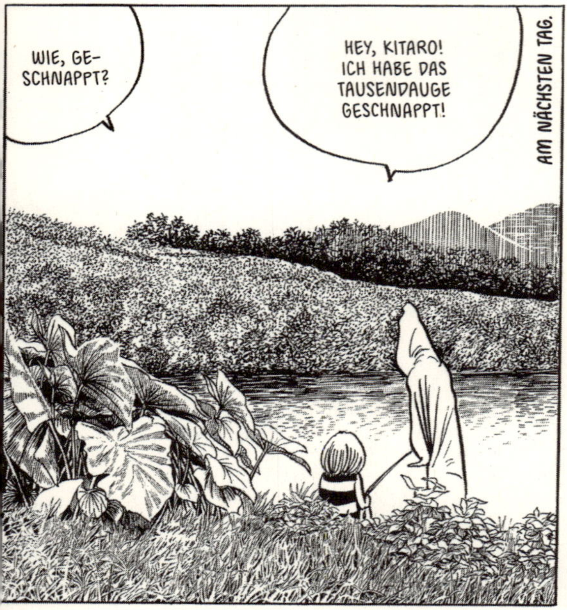
AM NÄCHSTEN TAG.
HEY, KITARO! ICH HABE DAS TAUSENDAUGE GESCHNAPPT!
WIE, GE-SCHNAPPT?

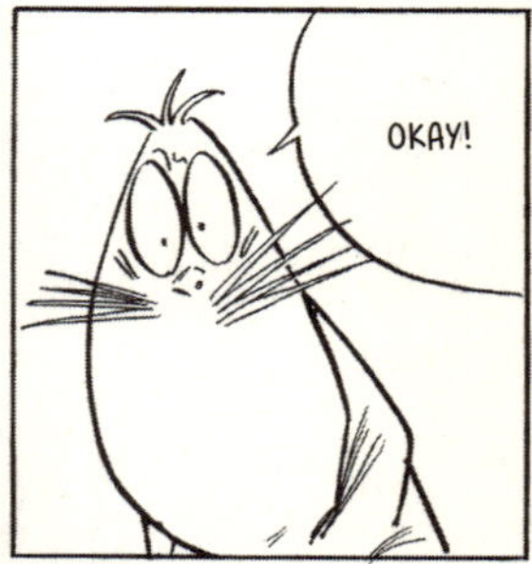
OKAY!

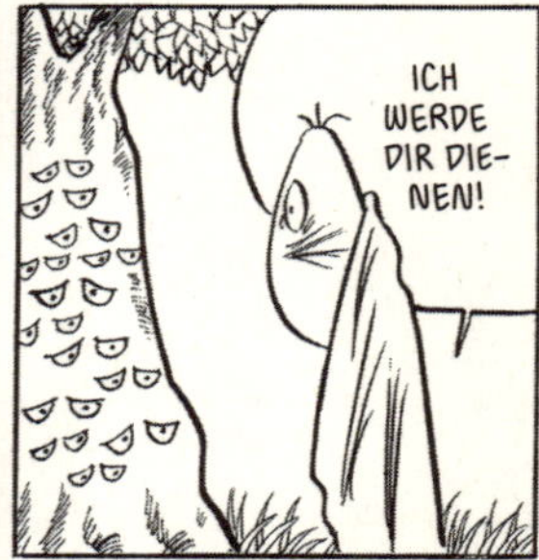
ICH WERDE DIR DIE-NEN!

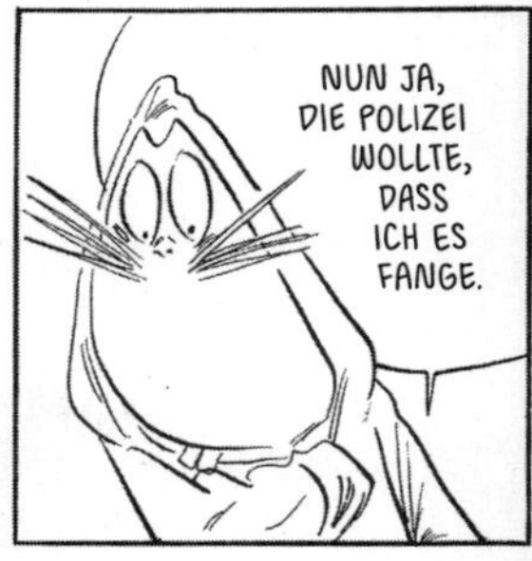
NUN JA, DIE POLIZEI WOLLTE, DASS ICH ES FANGE.

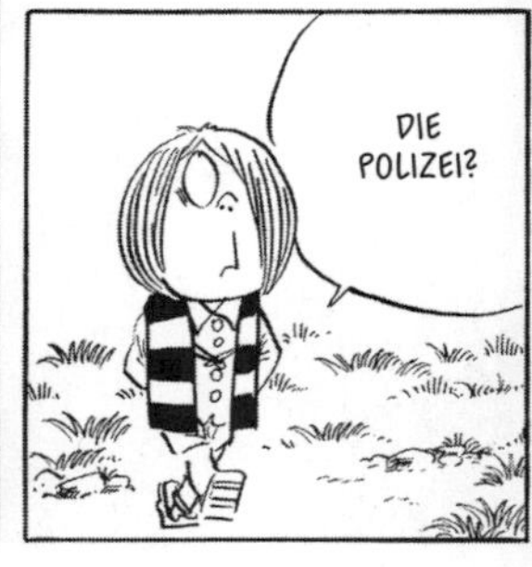
DIE POLIZEI?

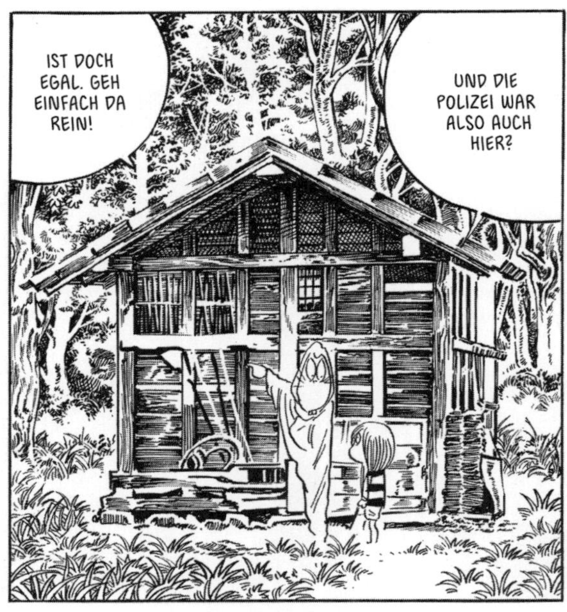
UND DIE POLIZEI WAR ALSO AUCH HIER?
IST DOCH EGAL. GEH EINFACH DA REIN!

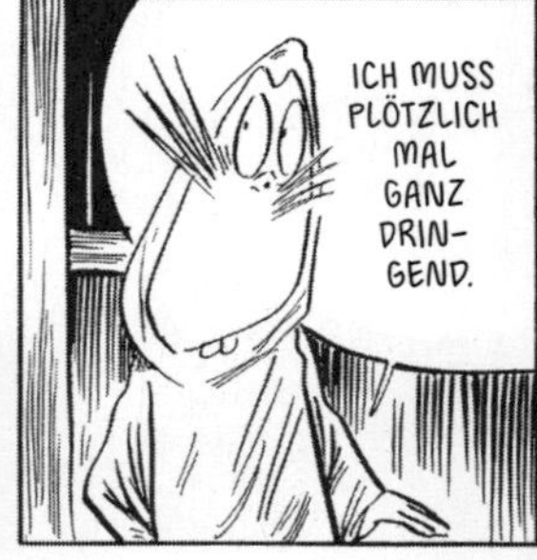
ICH MUSS PLÖTZLICH MAL GANZ DRINGEND.

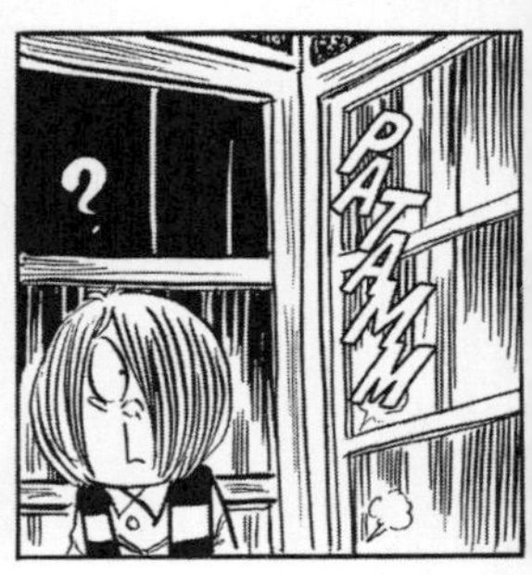
?
PATAMM

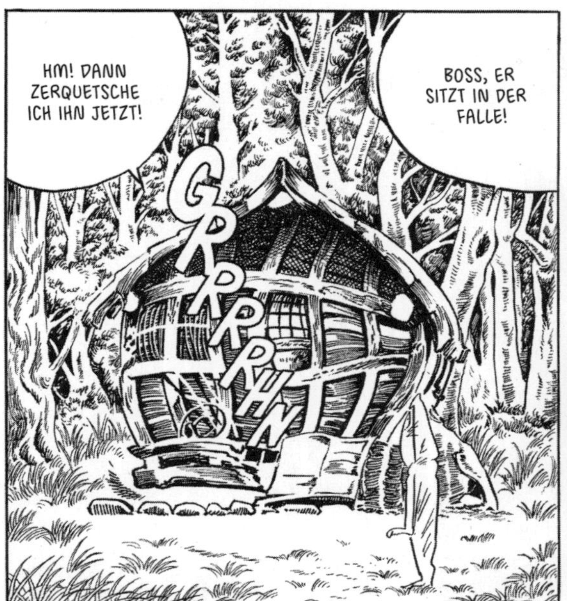
BOSS, ER SITZT IN DER FALLE!
HM! DANN ZERQUETSCHE ICH IHN JETZT!
GRRRÜHN

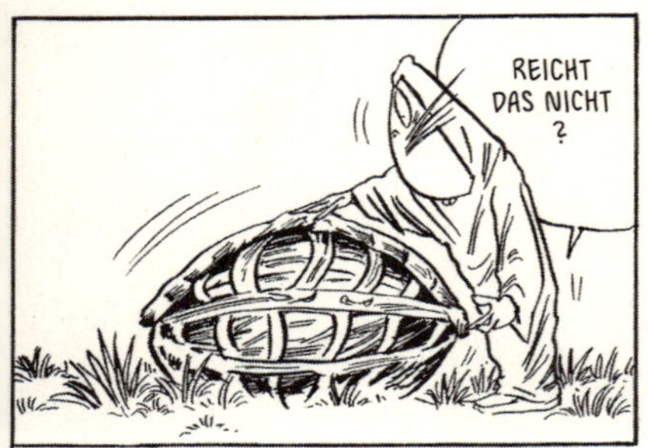
REICHT DAS NICHT ?

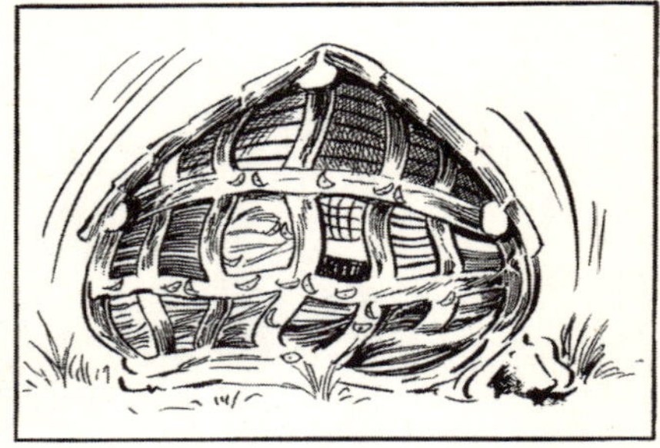

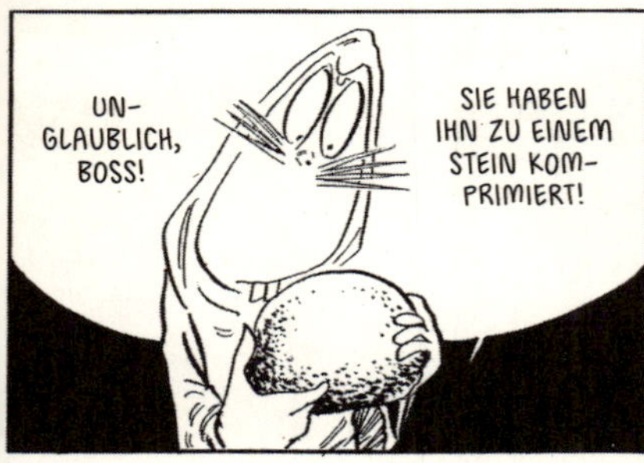
SIE HABEN IHN ZU EINEM STEIN KOM-PRIMIERT!
UN-GLAUBLICH, BOSS!

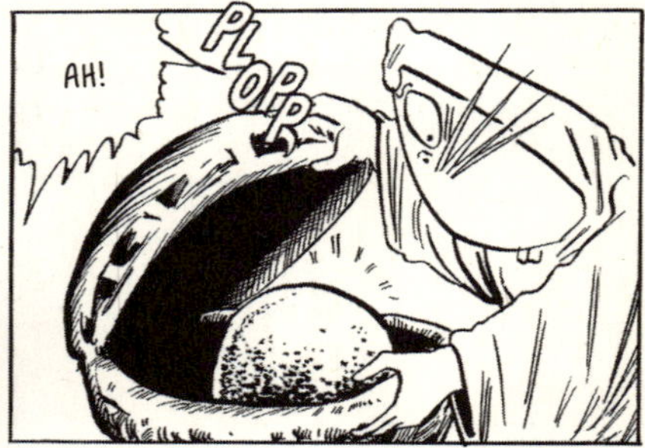
PLOPP
AH!

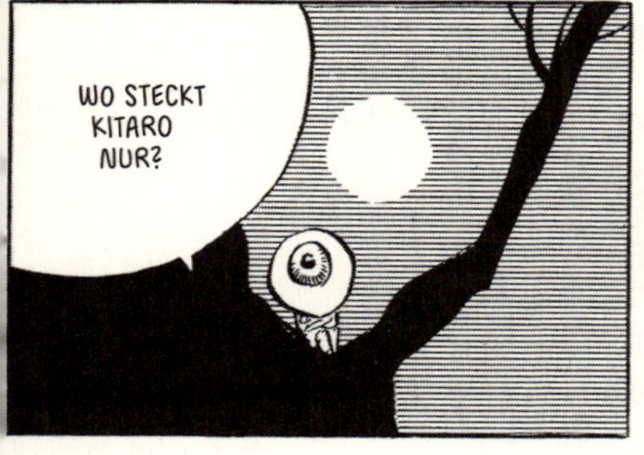
WO STECKT KITARO NUR?

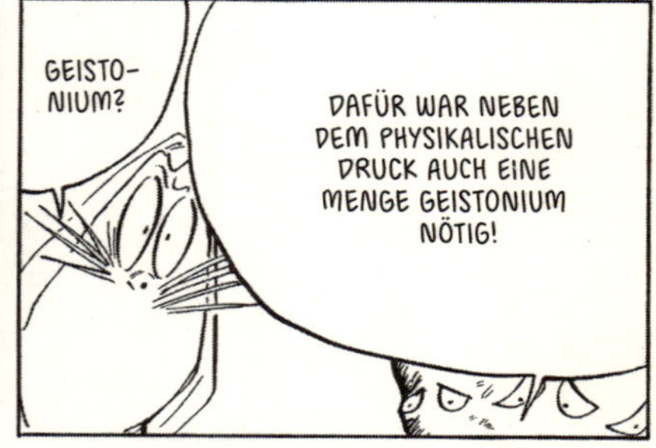
DAFÜR WAR NEBEN DEM PHYSIKALISCHEN DRUCK AUCH EINE MENGE GEISTONIUM NÖTIG!
GEISTO-NIUM?

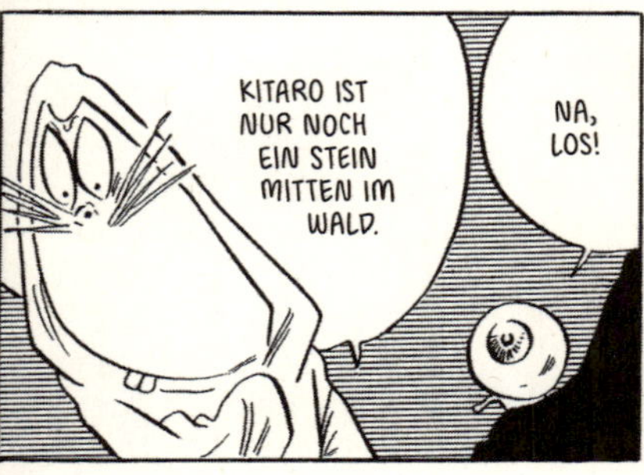
NA, LOS!
KITARO IST NUR NOCH EIN STEIN MITTEN IM WALD.

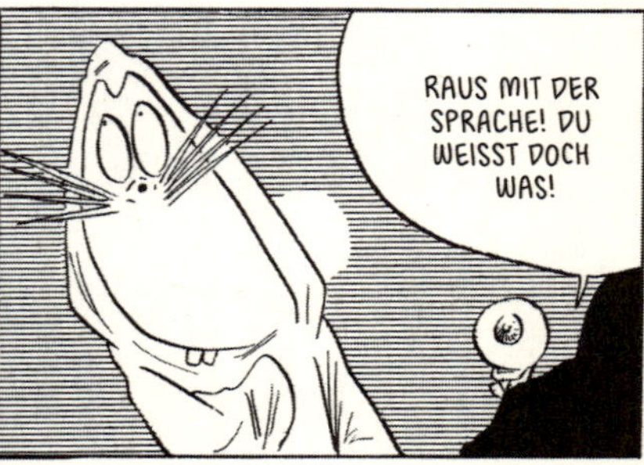
RAUS MIT DER SPRACHE! DU WEISST DOCH WAS!

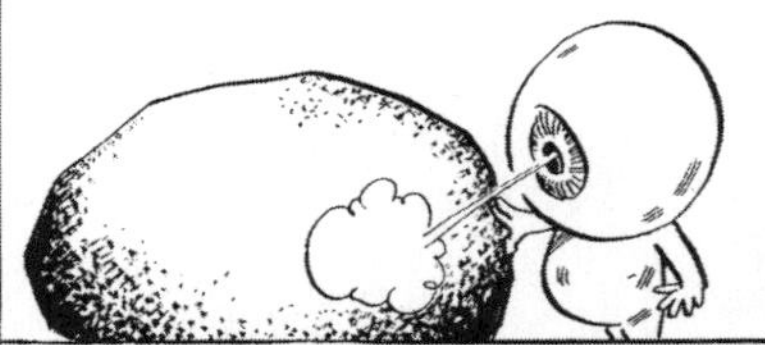
VERZWEIFELT STIESS KITAROS VATER ALLES GEISTONIUM AUS, WAS IHM SEINE VORFAHREN MITGEGEBEN HATTEN.

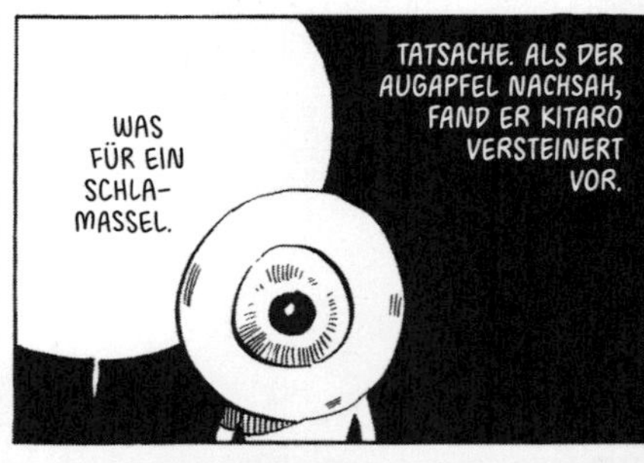
TATSACHE. ALS DER AUGAPFEL NACHSAH, FAND ER KITARO VERSTEINERT VOR.
WAS FÜR EIN SCHLA-MASSEL.

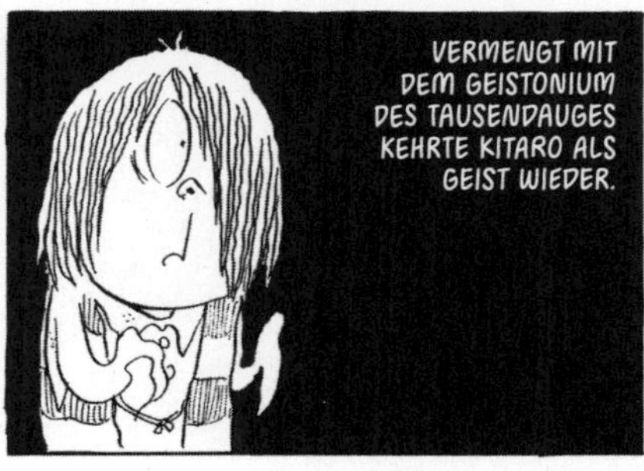
VERMENGT MIT DEM GEISTONIUM DES TAUSENDAUGES KEHRTE KITARO ALS GEIST WIEDER.

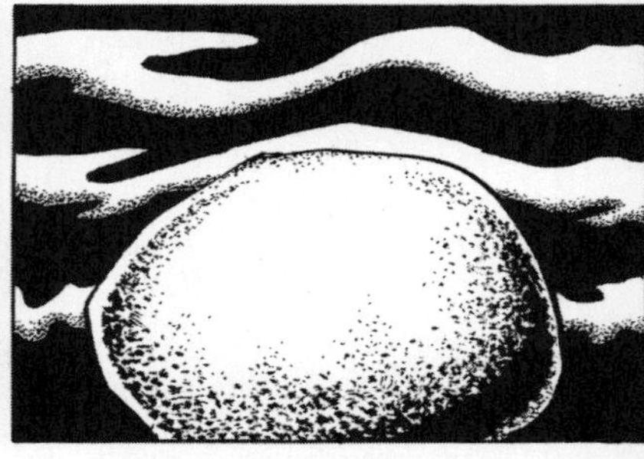

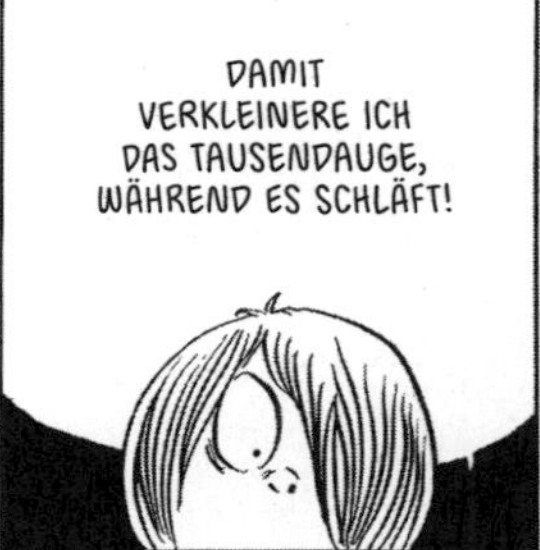
DAMIT VERKLEINERE ICH DAS TAUSENDAUGE, WÄHREND ES SCHLÄFT!

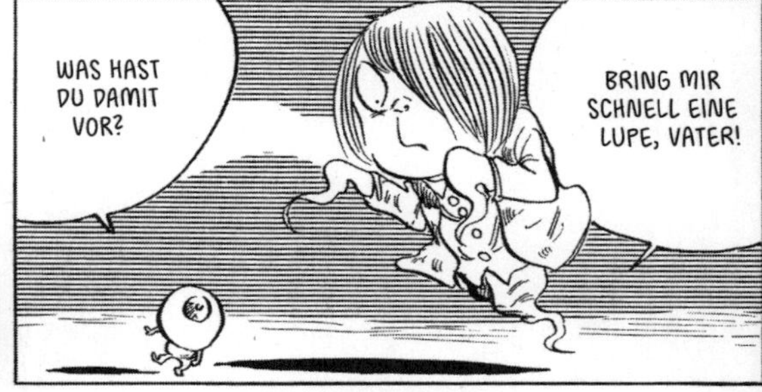
BRING MIR SCHNELL EINE LUPE, VATER!
WAS HAST DU DAMIT VOR?

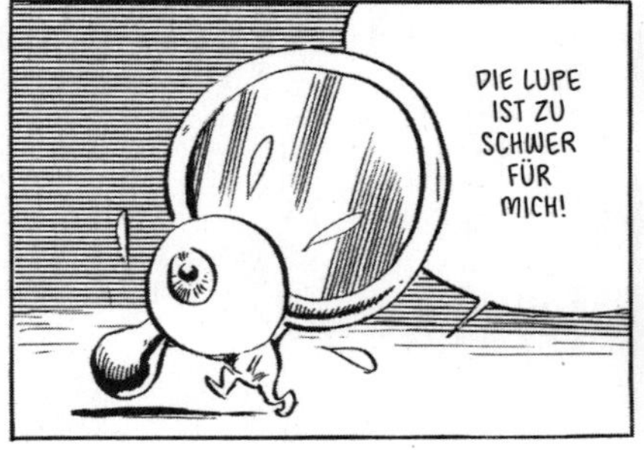
DIE LUPE IST ZU SCHWER FÜR MICH!

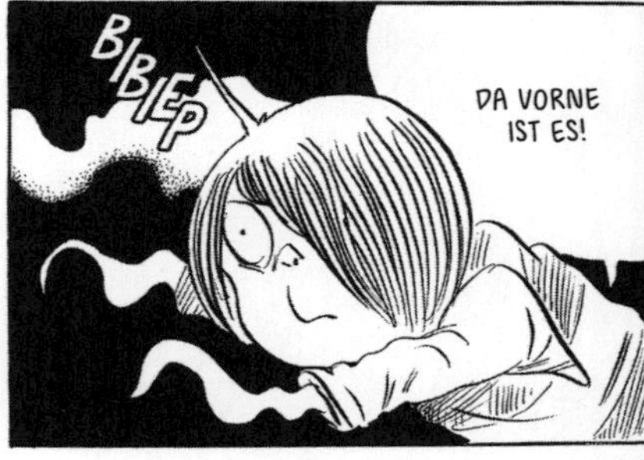
BIBIEP
DA VORNE IST ES!

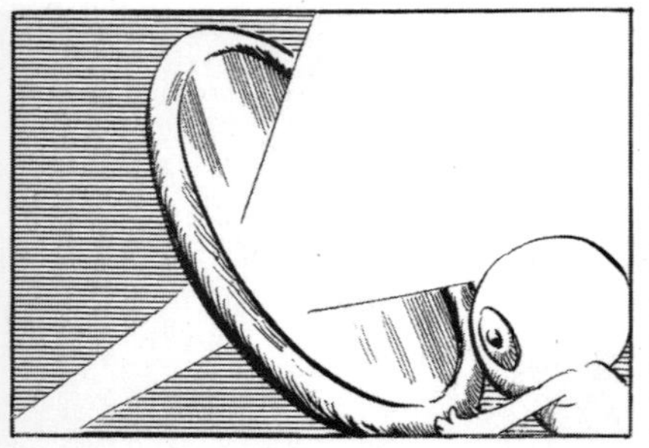

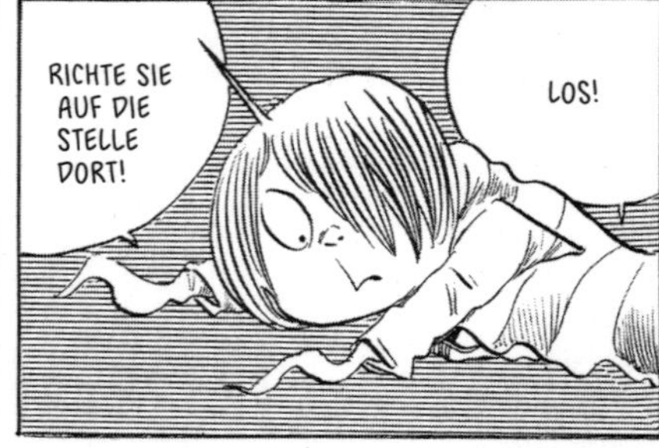

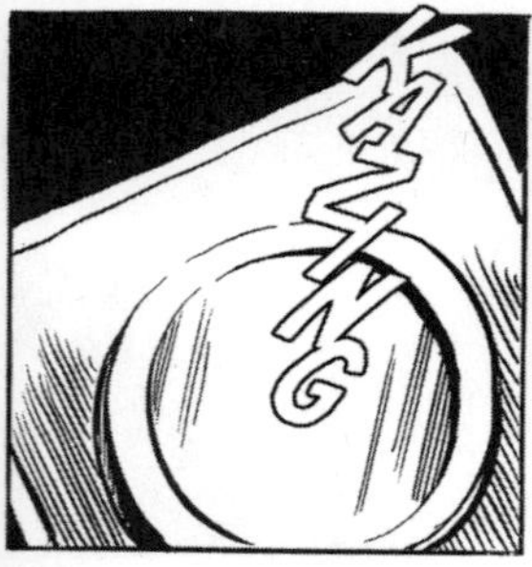

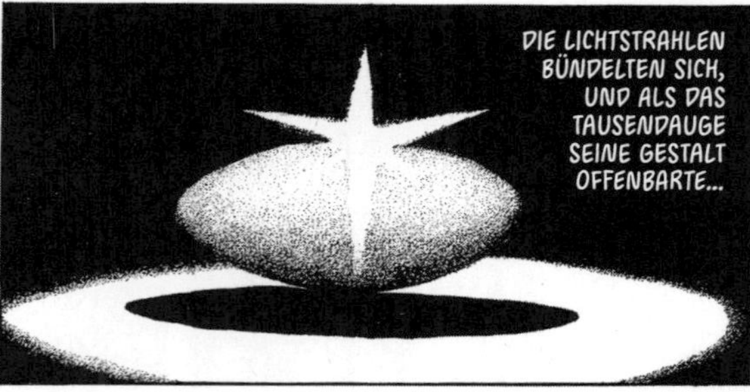

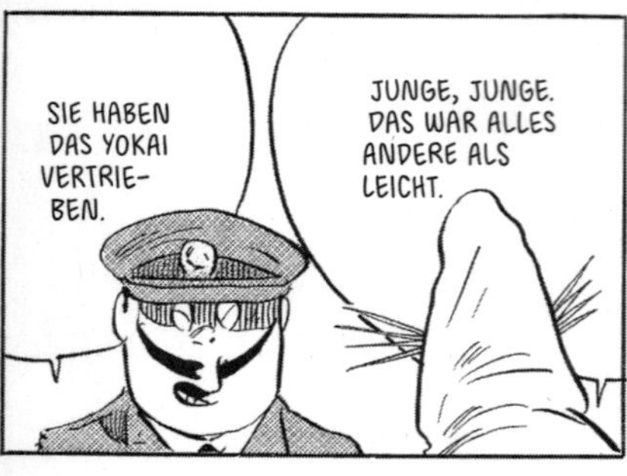

... WURDE ES IN EINEM YOKAI-FOTOAPPARAT GEFANGEN UND DURCH KITARO IN EINER FATA MORGANA WIEDER ENTSORGT. IM KRANKENHAUS UNTER DEM SCHRECKENSBERG UNTERZOG SICH KITARO SCHLIESSLICH EINER LANGEN OPERATION ZUR WIEDERVEREINIGUNG MIT SEINEM PHYSISCHEN KÖRPER. DER RATTENMANN WUSSTE DIE ABWESENHEIT VON KITARO UND SEINEM VATER ZU NUTZEN...

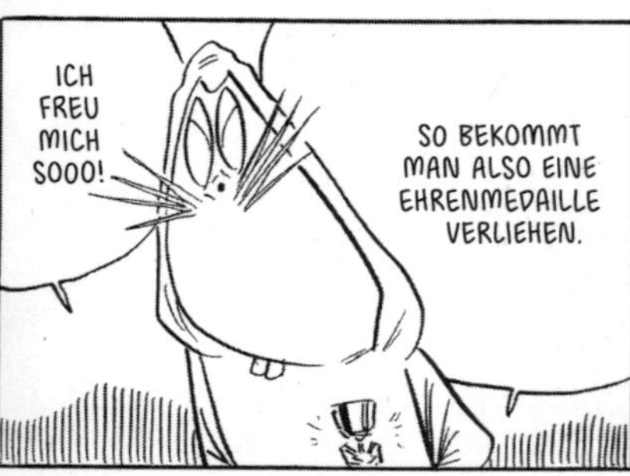

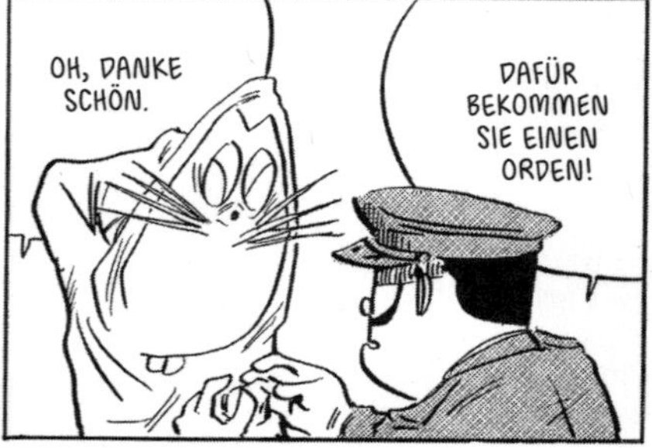

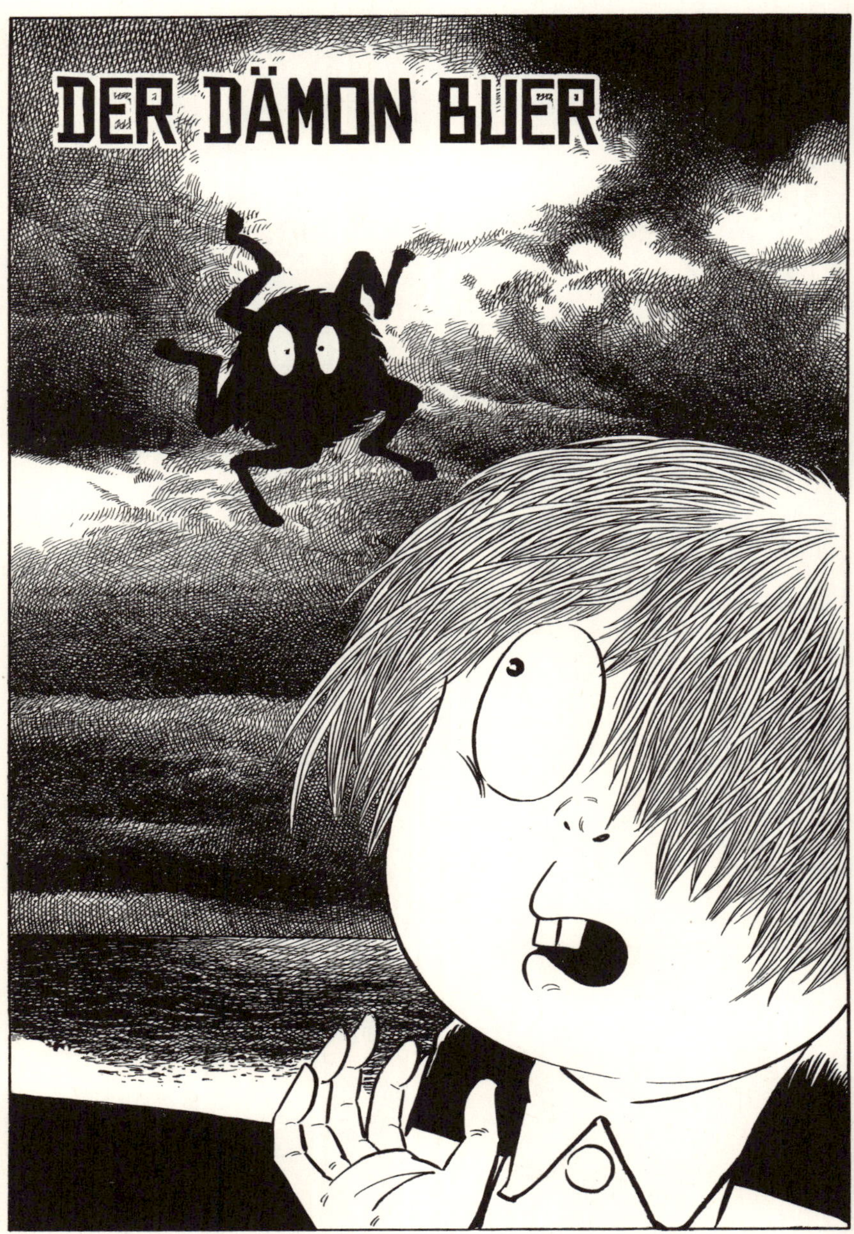
DER DÄMON BUER

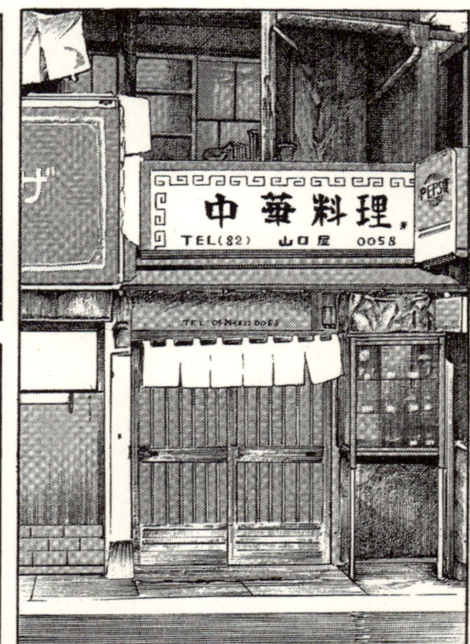

* CHINARESTAURANT

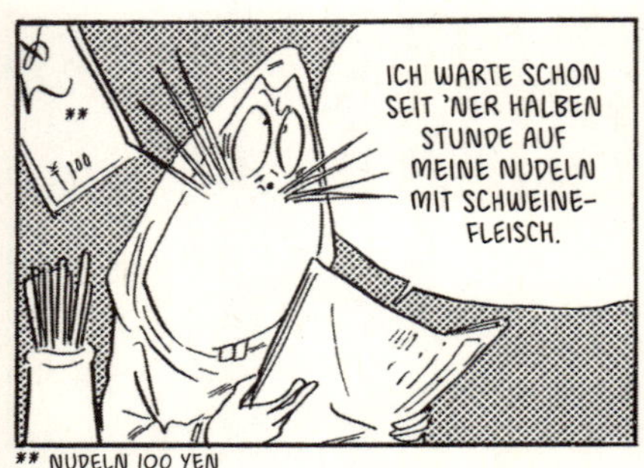

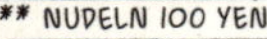
** NUDELN 100 YEN

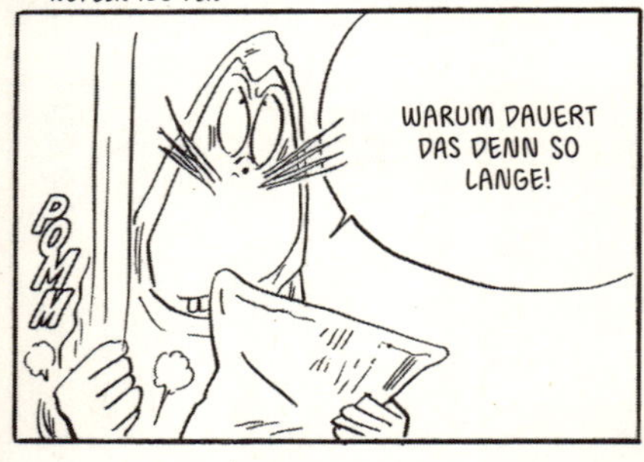

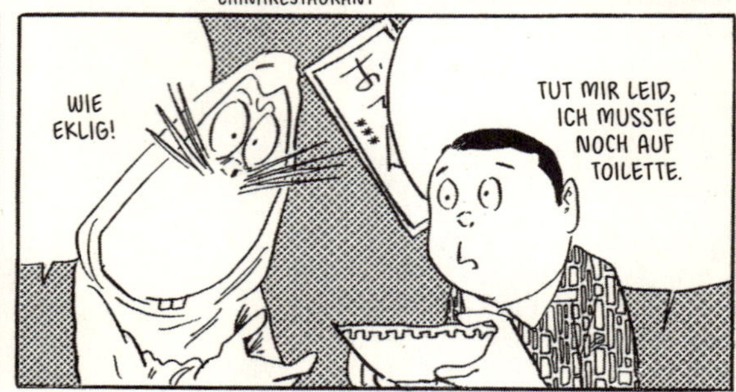

*** EINTOPF

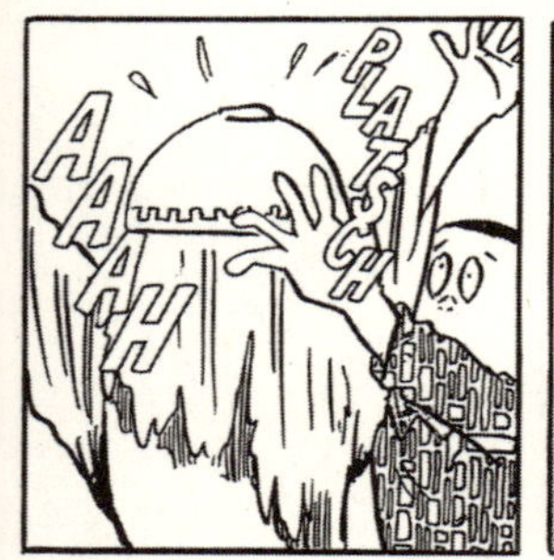

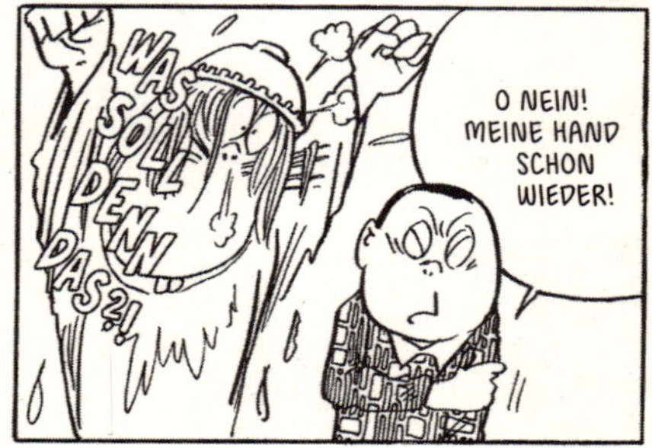

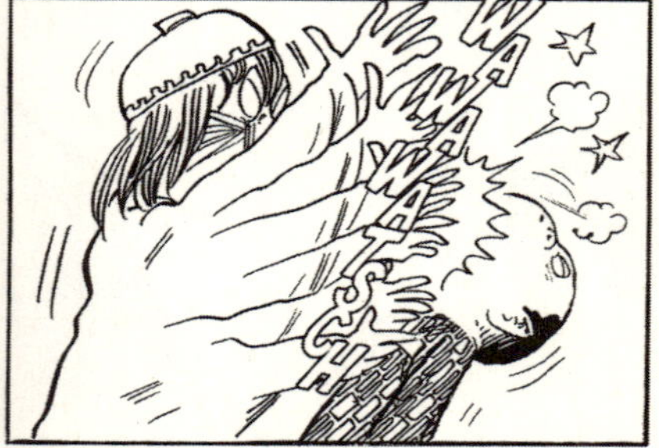

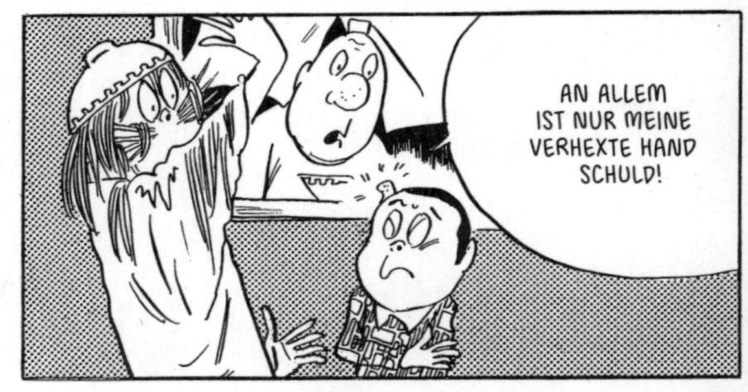
AN ALLEM IST NUR MEINE VERHEXTE HAND SCHULD!

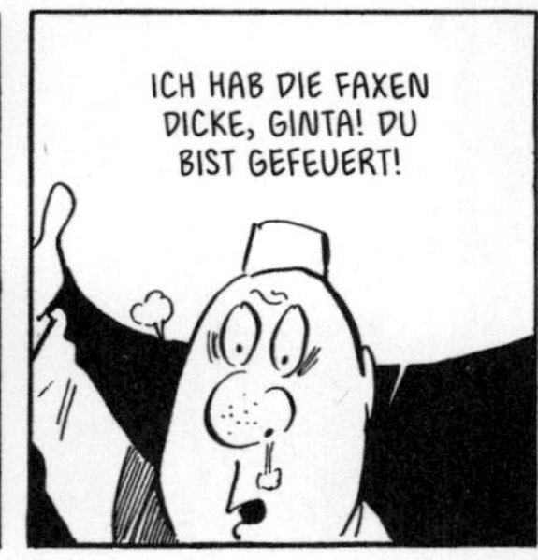
ICH HAB DIE FAXEN DICKE, GINTA! DU BIST GEFEUERT!

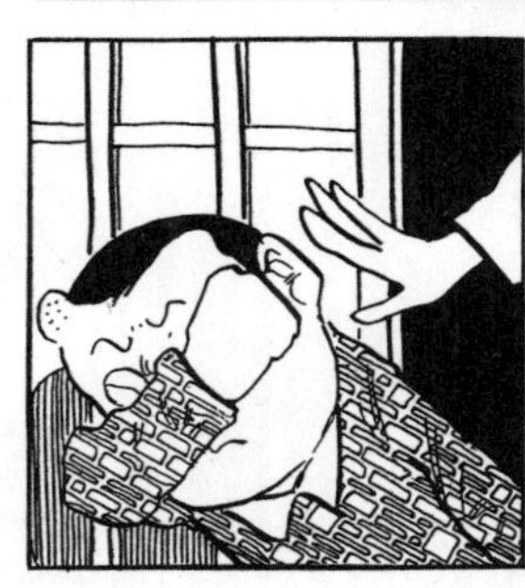

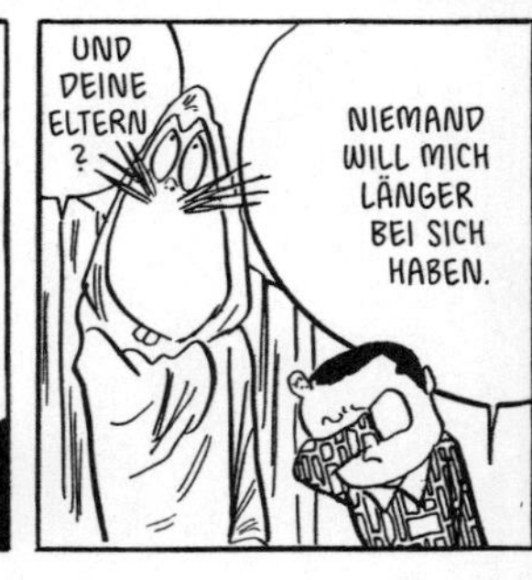
NIEMAND WILL MICH LÄNGER BEI SICH HABEN.
UND DEINE ELTERN?

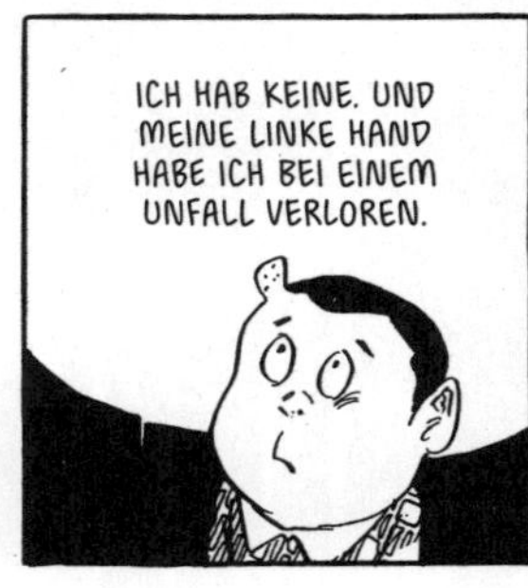
ICH HAB KEINE. UND MEINE LINKE HAND HABE ICH BEI EINEM UNFALL VERLOREN.

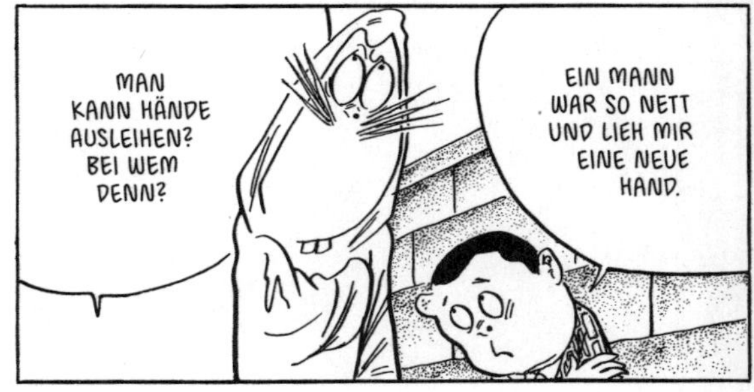
EIN MANN WAR SO NETT UND LIEH MIR EINE NEUE HAND.
MAN KANN HÄNDE AUSLEIHEN? BEI WEM DENN?

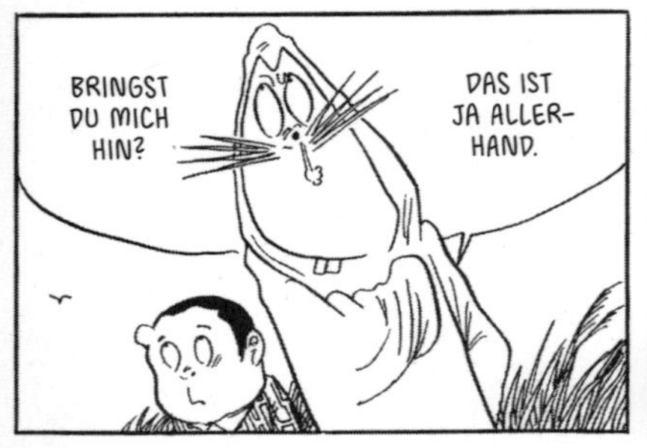
BRINGST DU MICH HIN?
DAS IST JA ALLER-HAND.

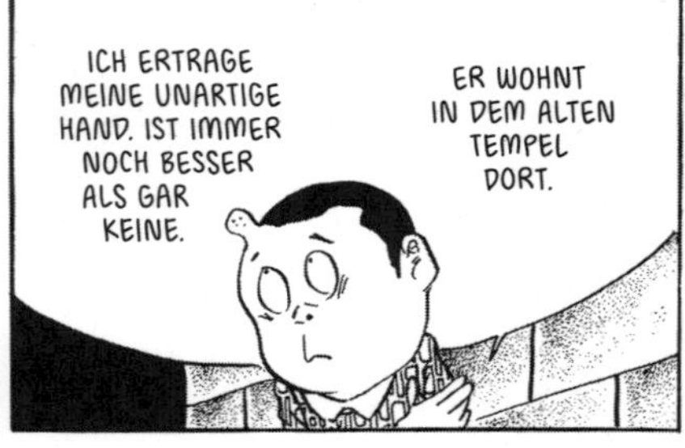
ICH ERTRAGE MEINE UNARTIGE HAND. IST IMMER NOCH BESSER ALS GAR KEINE.
ER WOHNT IN DEM ALTEN TEMPEL DORT.

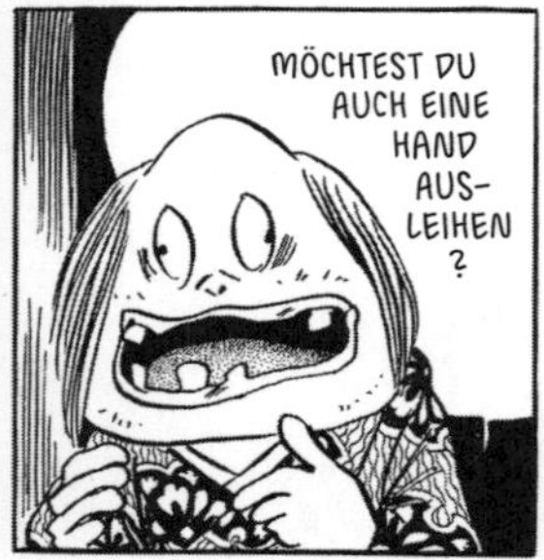
MÖCHTEST DU AUCH EINE HAND AUS-LEIHEN ?

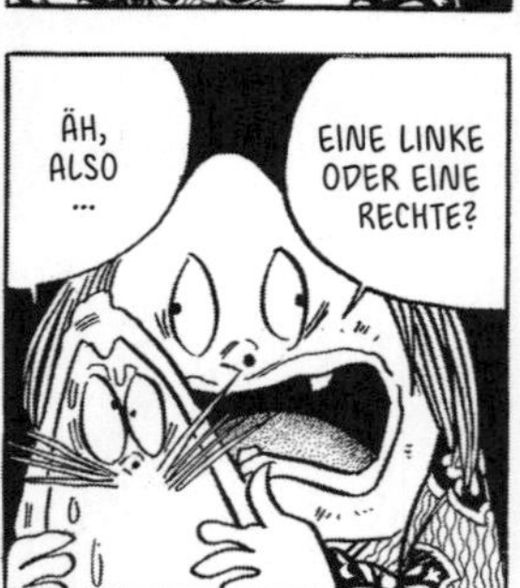
ÄH, ALSO ...
EINE LINKE ODER EINE RECHTE?

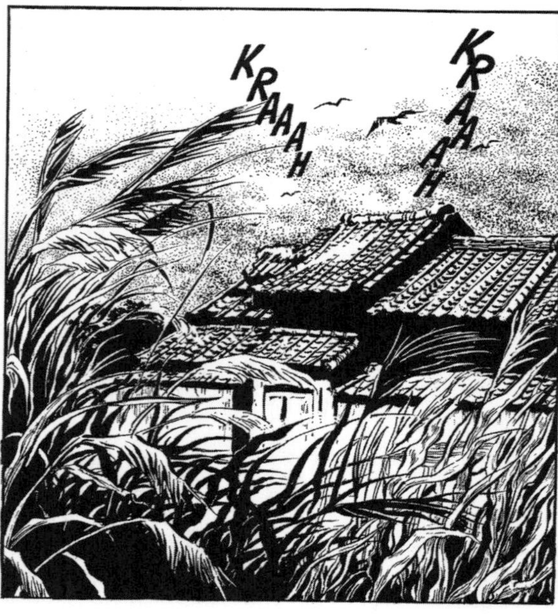
KRAAAH
KRAAAH

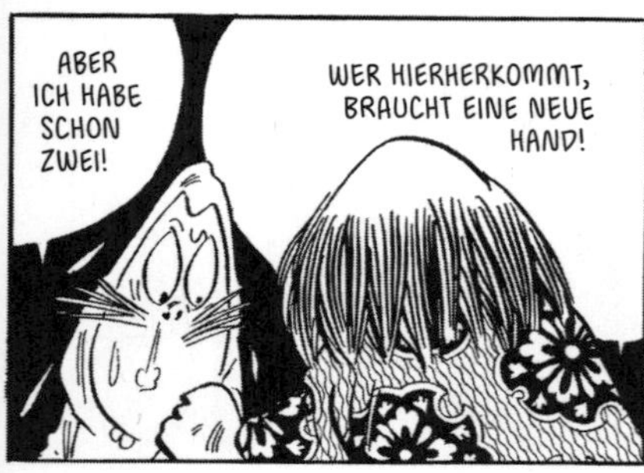
ABER ICH HABE SCHON ZWEI!
WER HIERHERKOMMT, BRAUCHT EINE NEUE HAND!

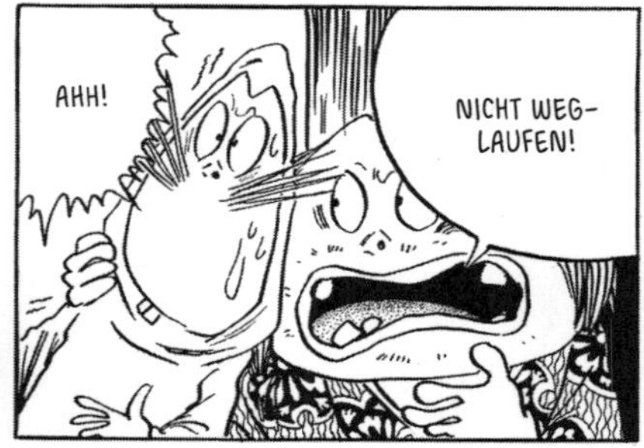
AHH!
NICHT WEG-LAUFEN!

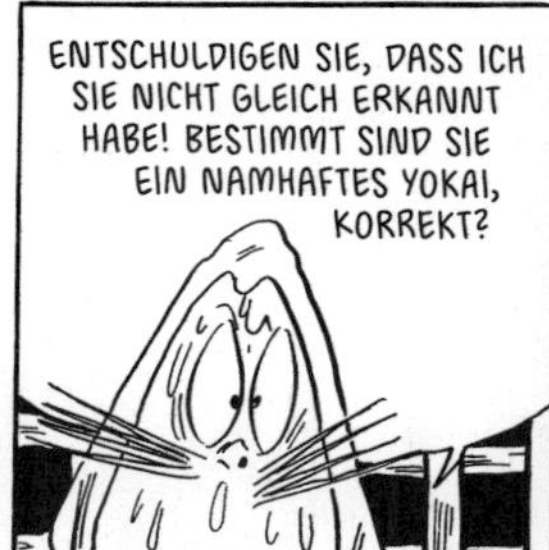
ENTSCHULDIGEN SIE, DASS ICH SIE NICHT GLEICH ERKANNT HABE! BESTIMMT SIND SIE EIN NAMHAFTES YOKAI, KORREKT?
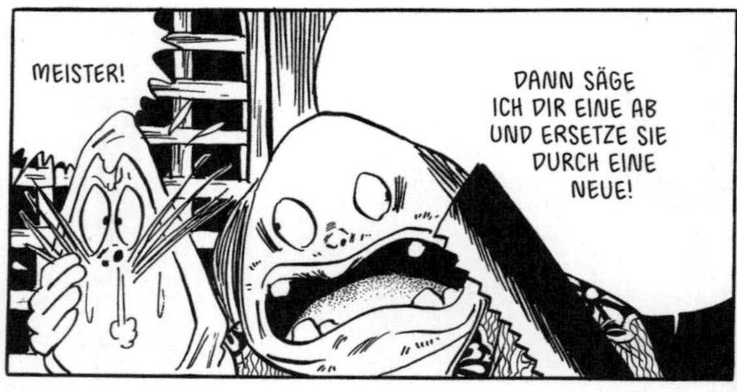
MEISTER!
DANN SÄGE ICH DIR EINE AB UND ERSETZE SIE DURCH EINE NEUE!
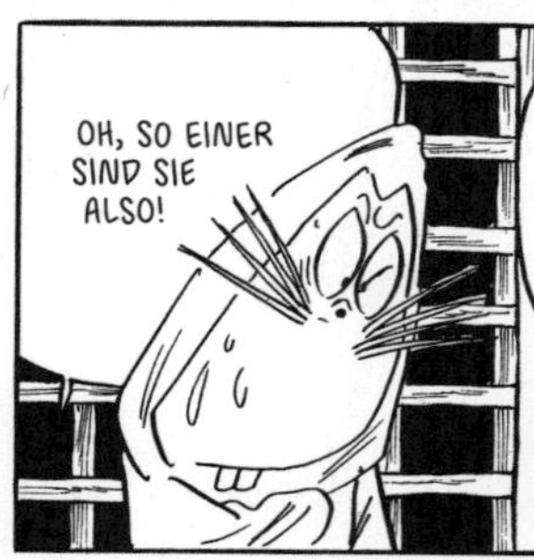
OH, SO EINER SIND SIE ALSO!
ICH BIN DER DÄMON BUER, OBER-BEFEHLSHABER VON 50 LEGIONEN VON DÄMONEN!
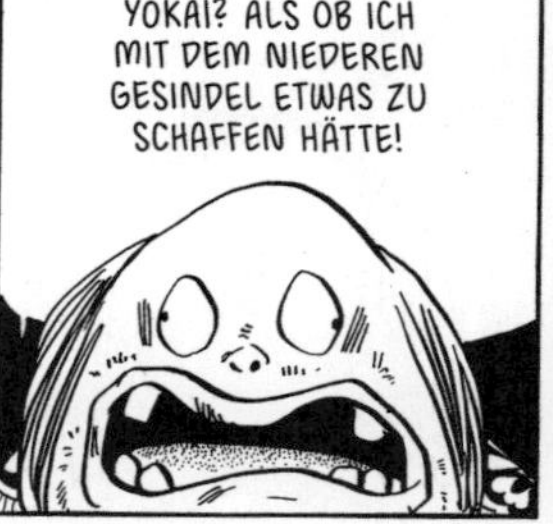
YOKAI? ALS OB ICH MIT DEM NIEDEREN GESINDEL ETWAS ZU SCHAFFEN HÄTTE!
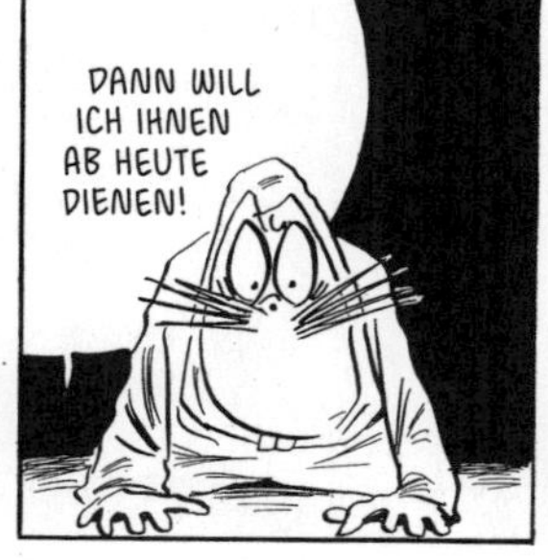
DANN WILL ICH IHNEN AB HEUTE DIENEN!
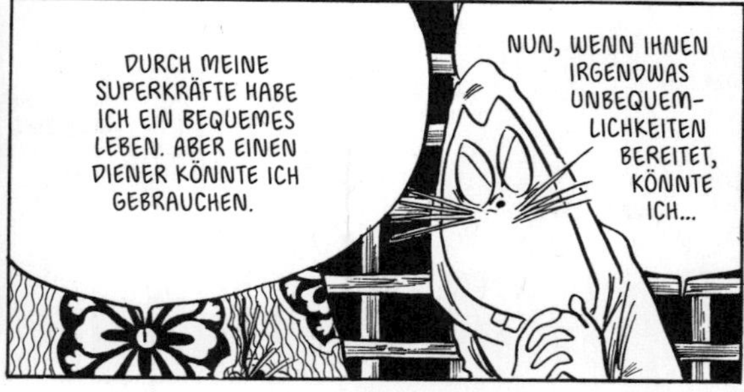
DURCH MEINE SUPERKRÄFTE HABE ICH EIN BEQUEMES LEBEN. ABER EINEN DIENER KÖNNTE ICH GEBRAUCHEN.
NUN, WENN IHNEN IRGENDWAS UNBEQUEM-LICHKEITEN BEREITET, KÖNNTE ICH...
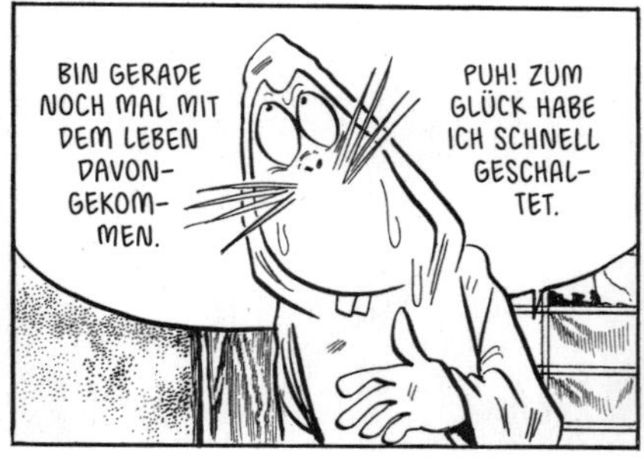
BIN GERADE NOCH MAL MIT DEM LEBEN DAVON-GEKOM-MEN.
PUH! ZUM GLÜCK HABE ICH SCHNELL GESCHAL-TET.
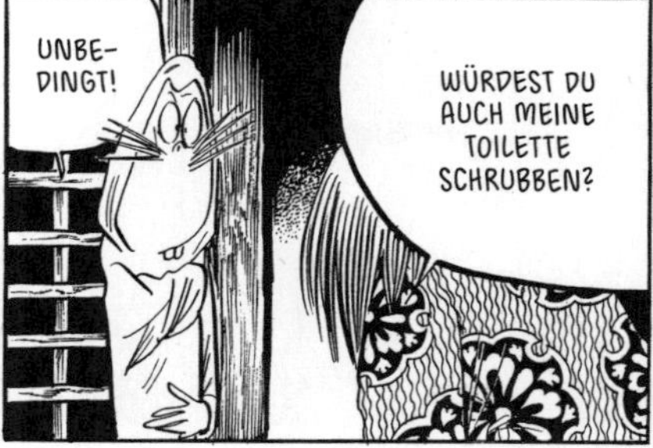
UNBE-DINGT!
WÜRDEST DU AUCH MEINE TOILETTE SCHRUBBEN?

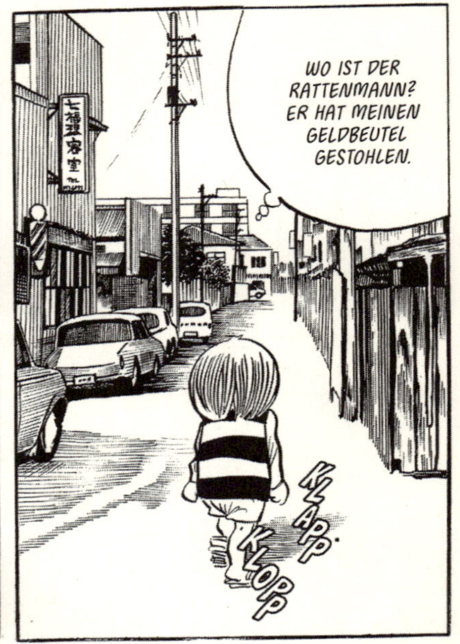
WO IST DER RATTENMANN? ER HAT MEINEN GELDBEUTEL GESTOHLEN.
KLAPP
KLOPP

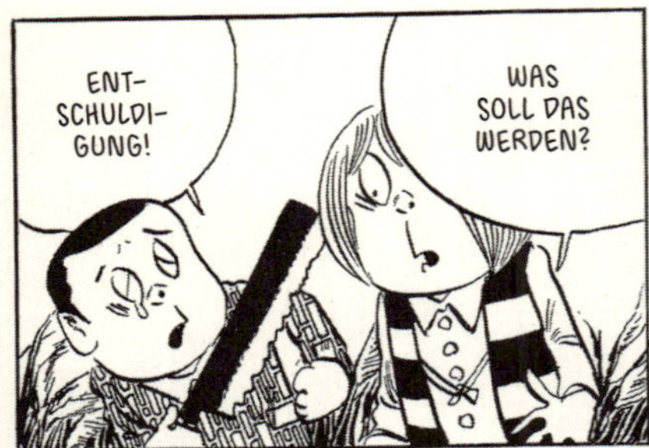
WAS SOLL DAS WERDEN?
ENT-SCHULDI-GUNG!

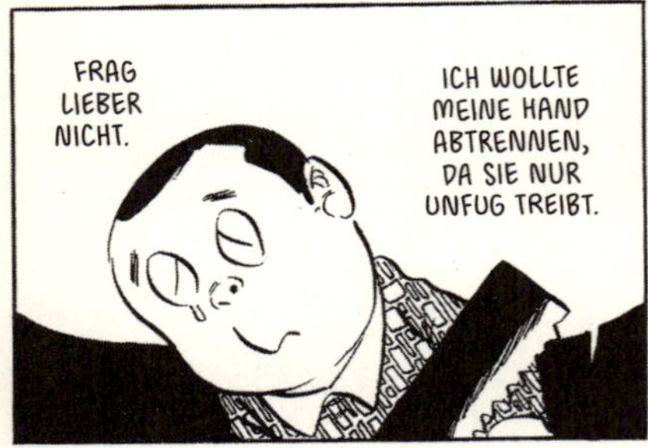
ICH WOLLTE MEINE HAND ABTRENNEN, DA SIE NUR UNFUG TREIBT.
FRAG LIEBER NICHT.

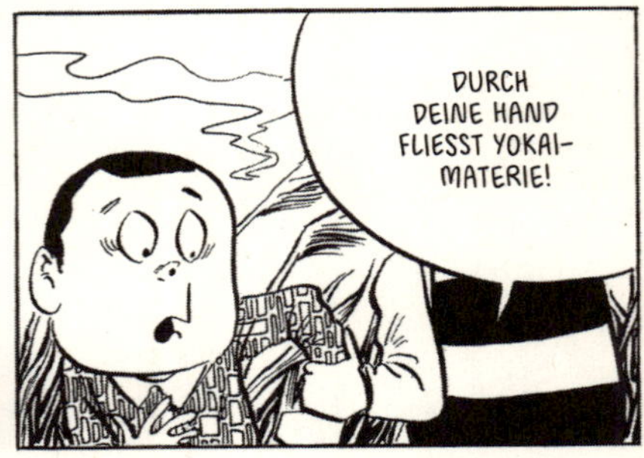
DURCH DEINE HAND FLIESST YOKAI-MATERIE!

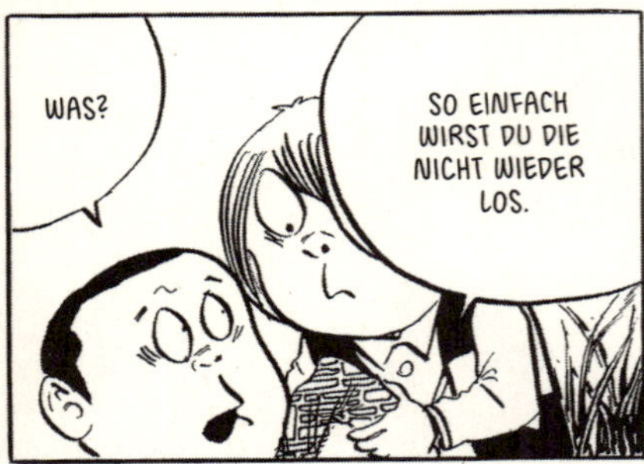
SO EINFACH WIRST DU DIE NICHT WIEDER LOS.
WAS?

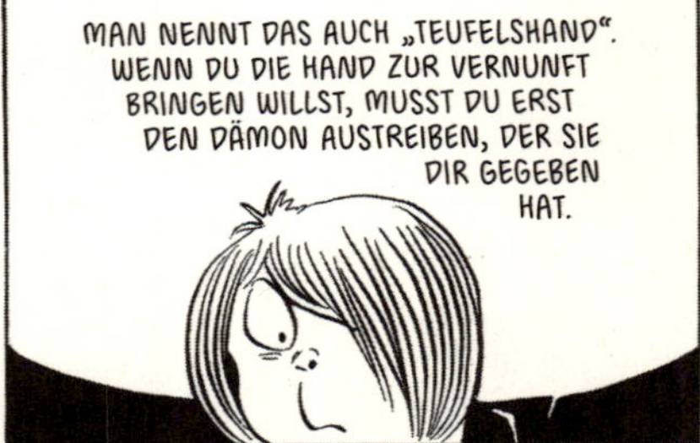
MAN NENNT DAS AUCH „TEUFELSHAND“. WENN DU DIE HAND ZUR VERNUNFT BRINGEN WILLST, MUSST DU ERST DEN DÄMON AUSTREIBEN, DER SIE DIR GEGEBEN HAT.

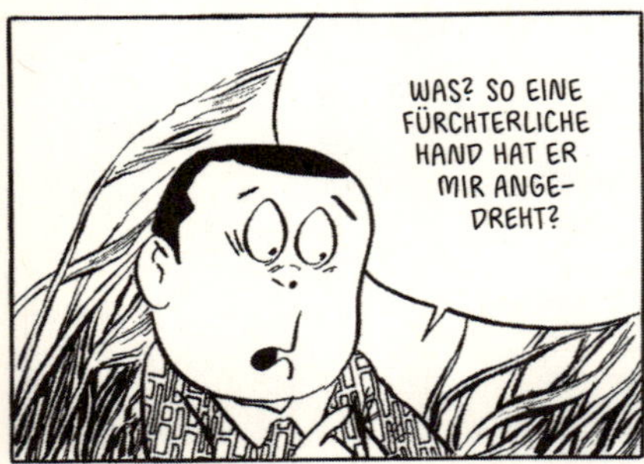
WAS? SO EINE FÜRCHTERLICHE HAND HAT ER MIR ANGE-DREHT?

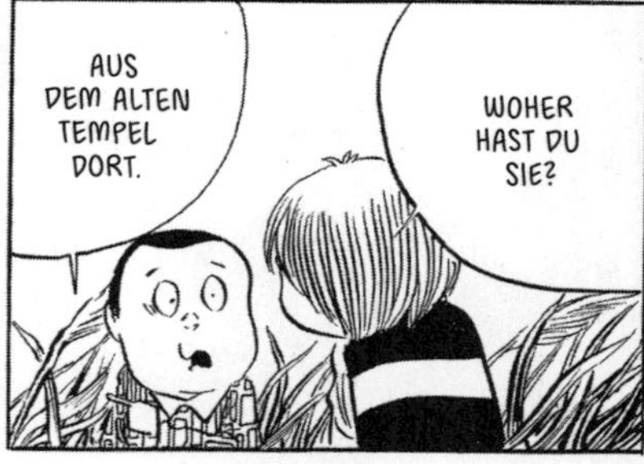
WOHER HAST DU SIE?
AUS DEM ALTEN TEMPEL DORT.

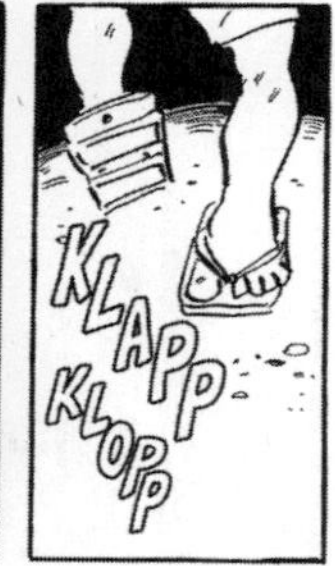
KLAPP
KLOPP

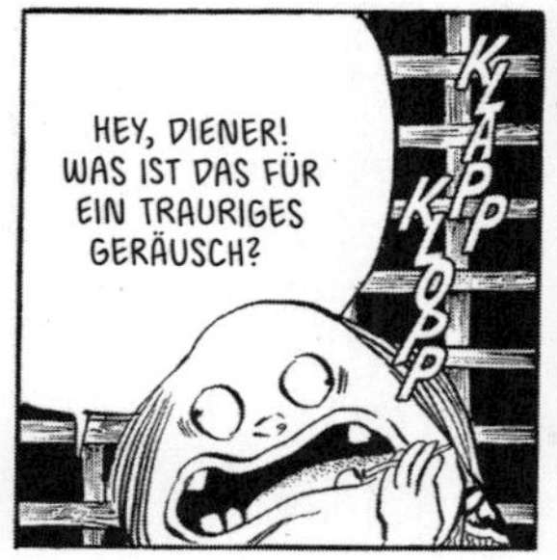
HEY, DIENER! WAS IST DAS FÜR EIN TRAURIGES GERÄUSCH?
KLAPP
KLOPP

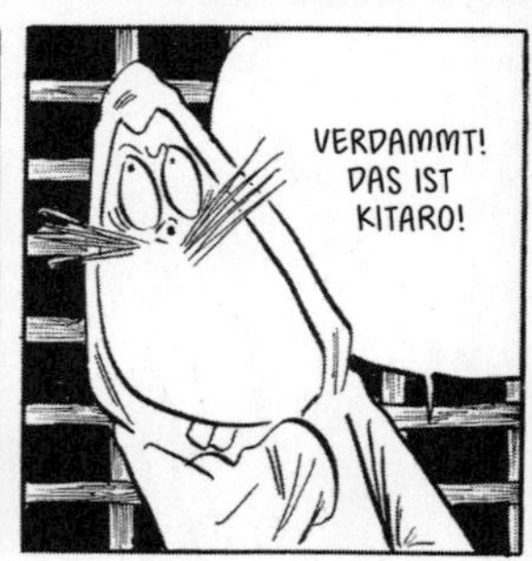
VERDAMMT! DAS IST KITARO!

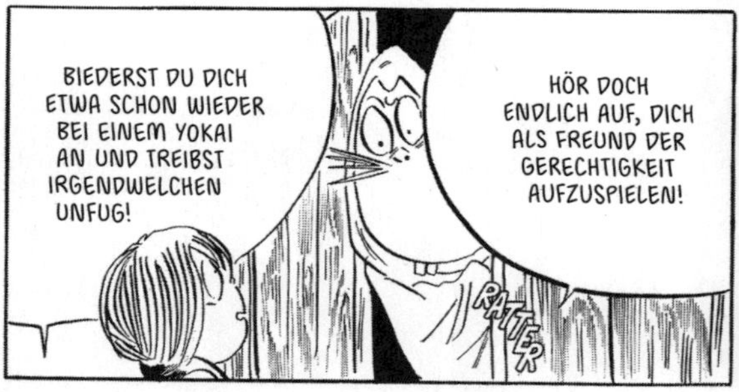
HÖR DOCH ENDLICH AUF, DICH ALS FREUND DER GERECHTIGKEIT AUFZUSPIELEN!
RATTER
BIEDERST DU DICH ETWA SCHON WIEDER BEI EINEM YOKAI AN UND TREIBST IRGENDWELCHEN UNFUG!

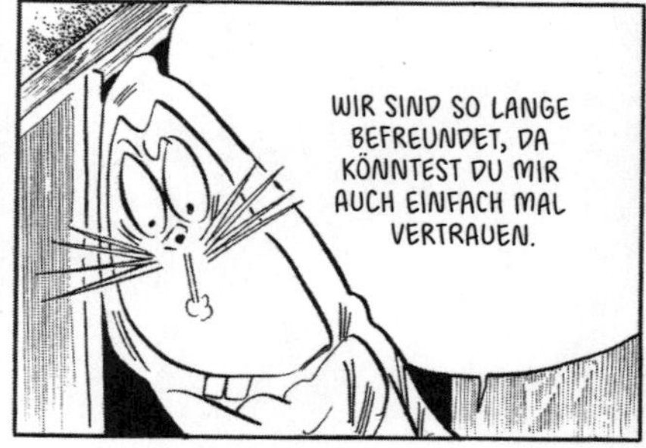
WIR SIND SO LANGE BEFREUNDET, DA KÖNNTEST DU MIR AUCH EINFACH MAL VERTRAUEN.

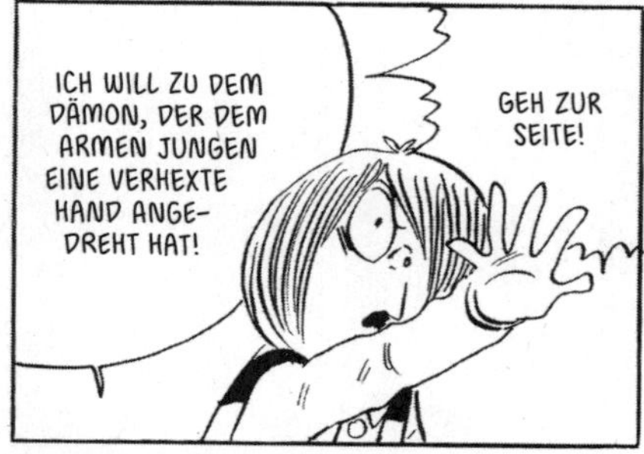
GEH ZUR SEITE!
ICH WILL ZU DEM DÄMON, DER DEM ARMEN JUNGEN EINE VERHEXTE HAND ANGE-DREHT HAT!

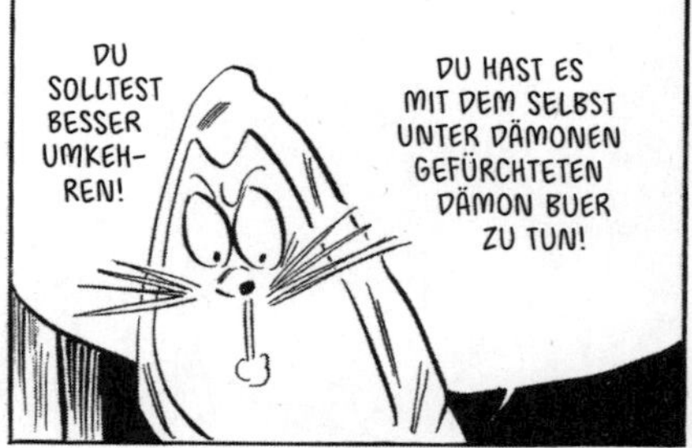
DU HAST ES MIT DEM SELBST UNTER DÄMONEN GEFÜRCHTETEN DÄMON BUER ZU TUN!
DU SOLLTEST BESSER UMKEH-REN!

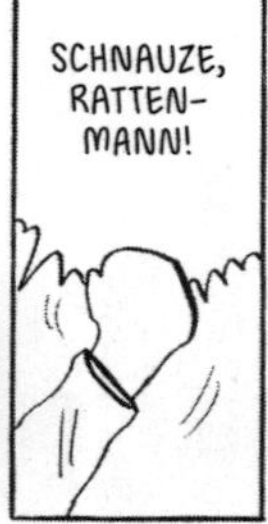
SCHNAUZE, RATTEN-MANN!

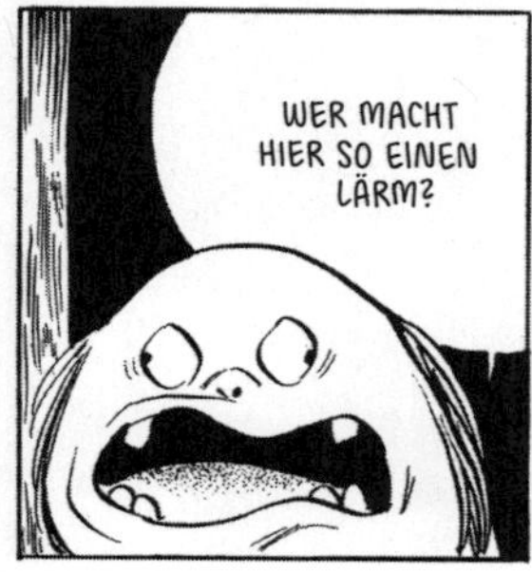
WER MACHT HIER SO EINEN LÄRM?

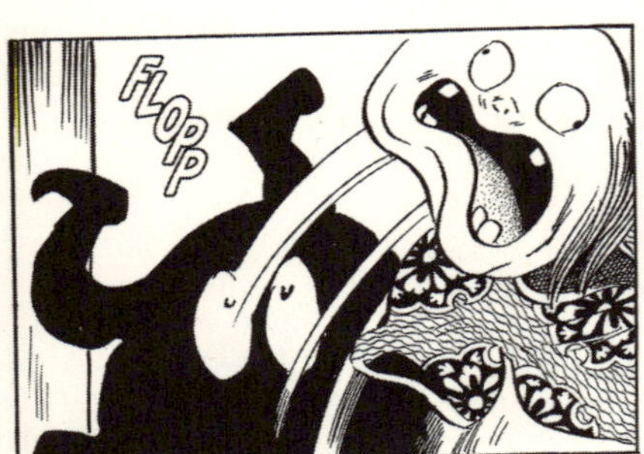

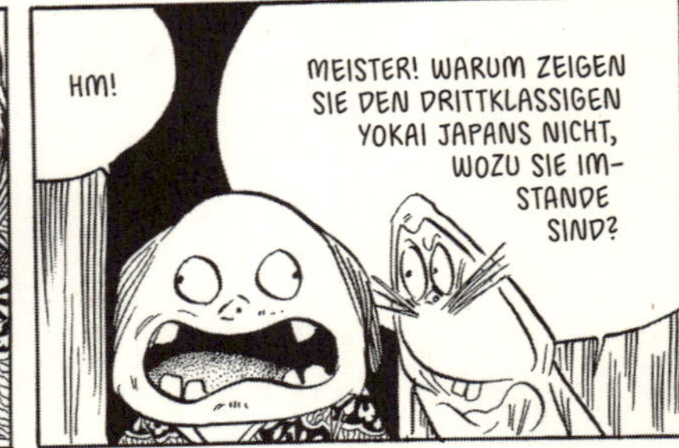

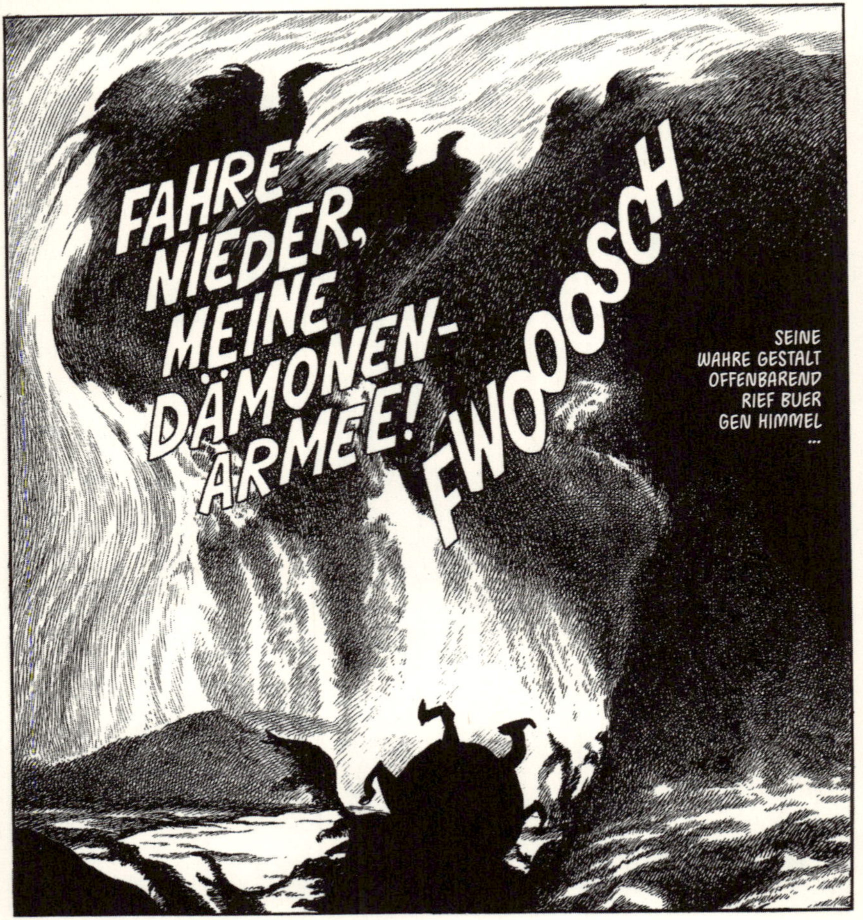

FAHRE NIEDER, MEINE DÄMONEN-ARMEE!

FWOOOSCH

SEINE WAHRE GESTALT OFFENBAREND RIEF BUER GEN HIMMEL …

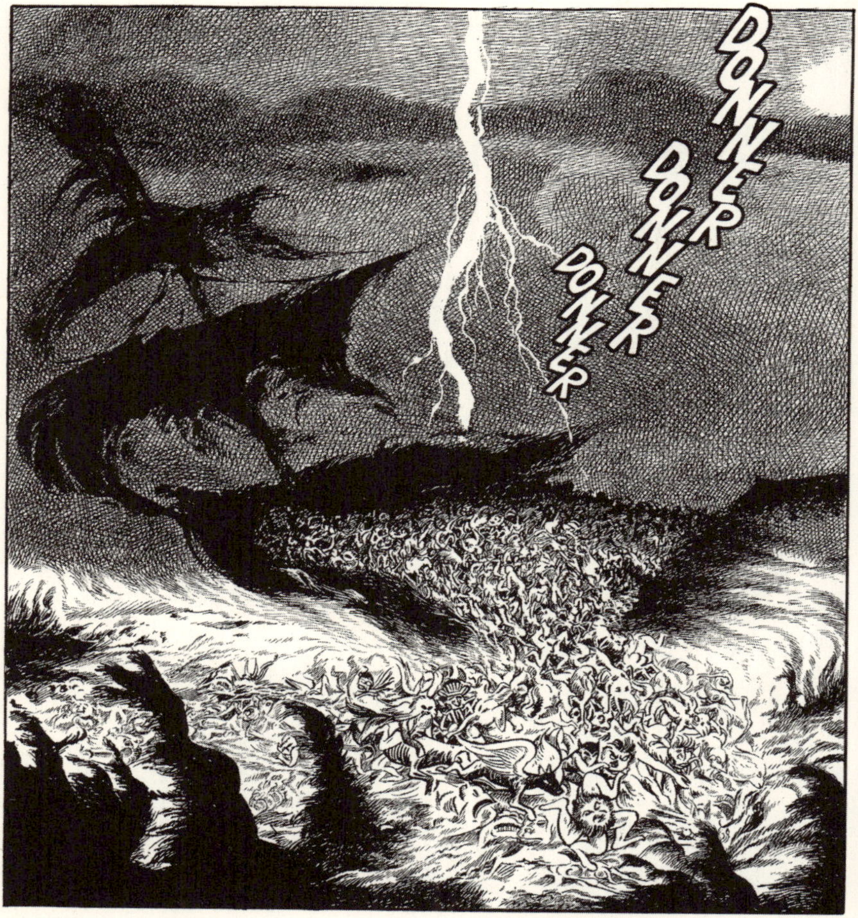

DONNER
DONNER
DONNER

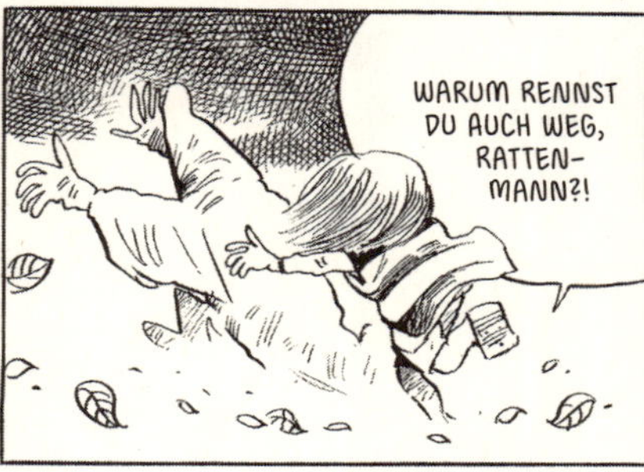
WARUM RENNST DU AUCH WEG, RATTEN-MANN?!

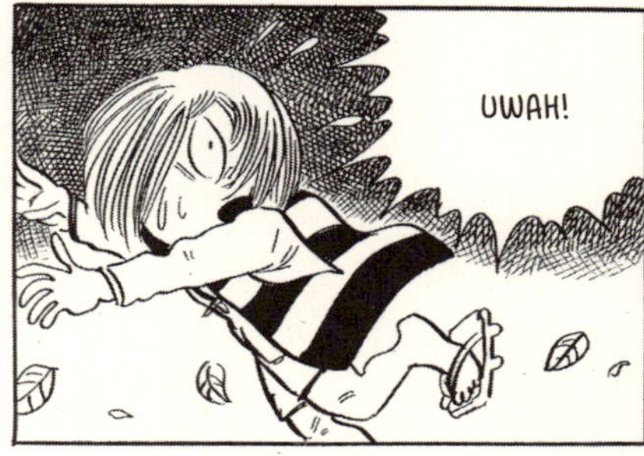
UWAH!

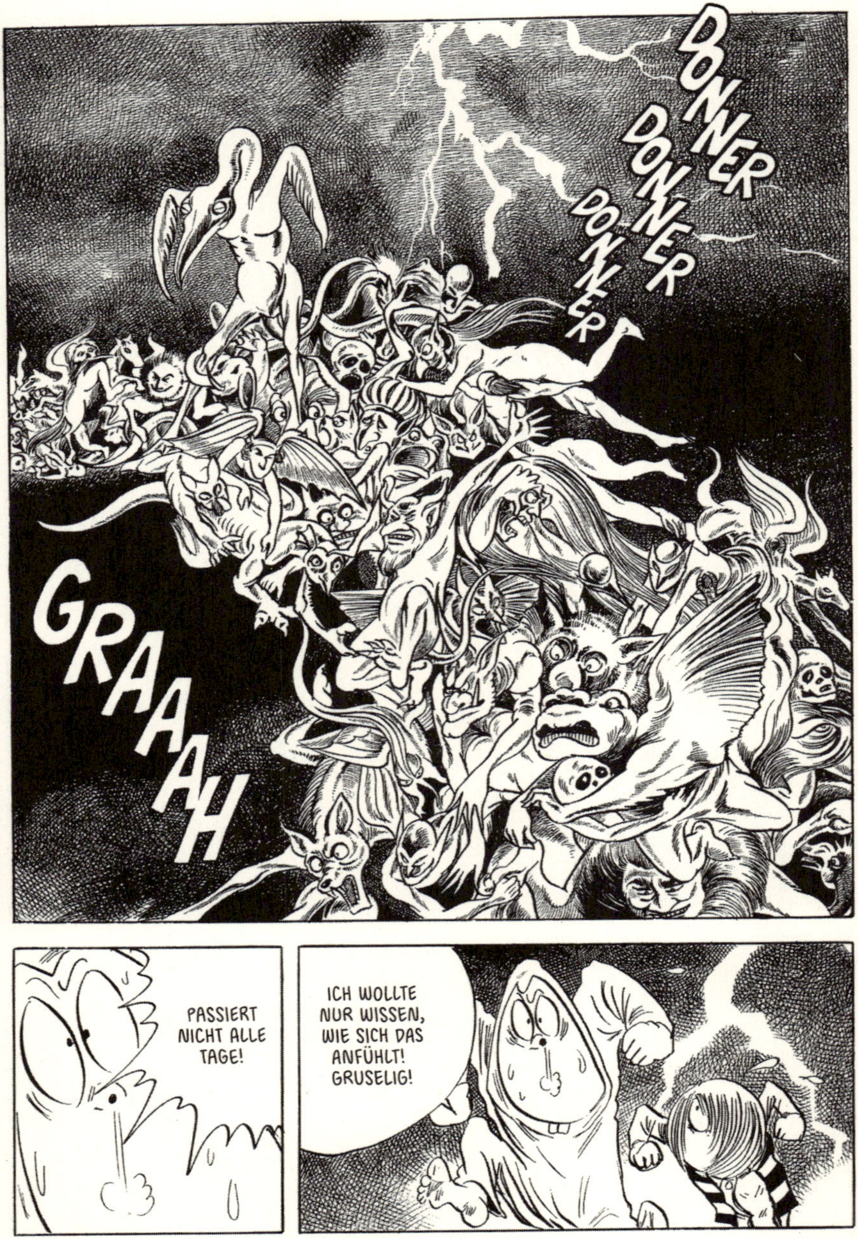

DONNER
DONNER
DONNER
GRAAAAH

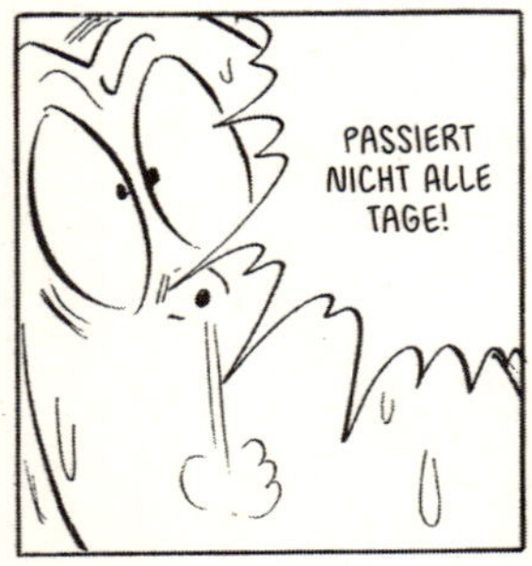
PASSIERT NICHT ALLE TAGE!

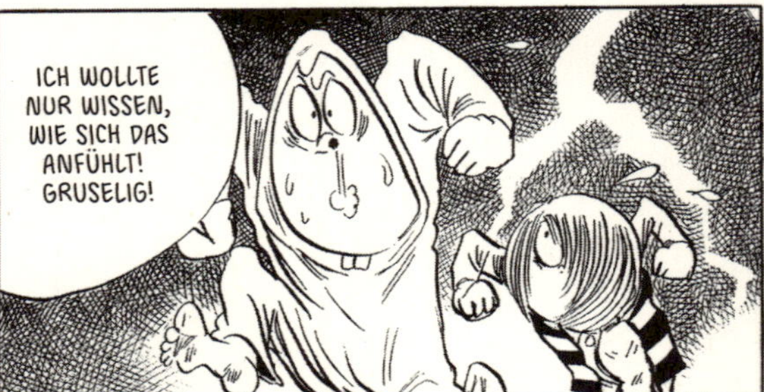
ICH WOLLTE NUR WISSEN, WIE SICH DAS ANFÜHLT! GRUSELIG!

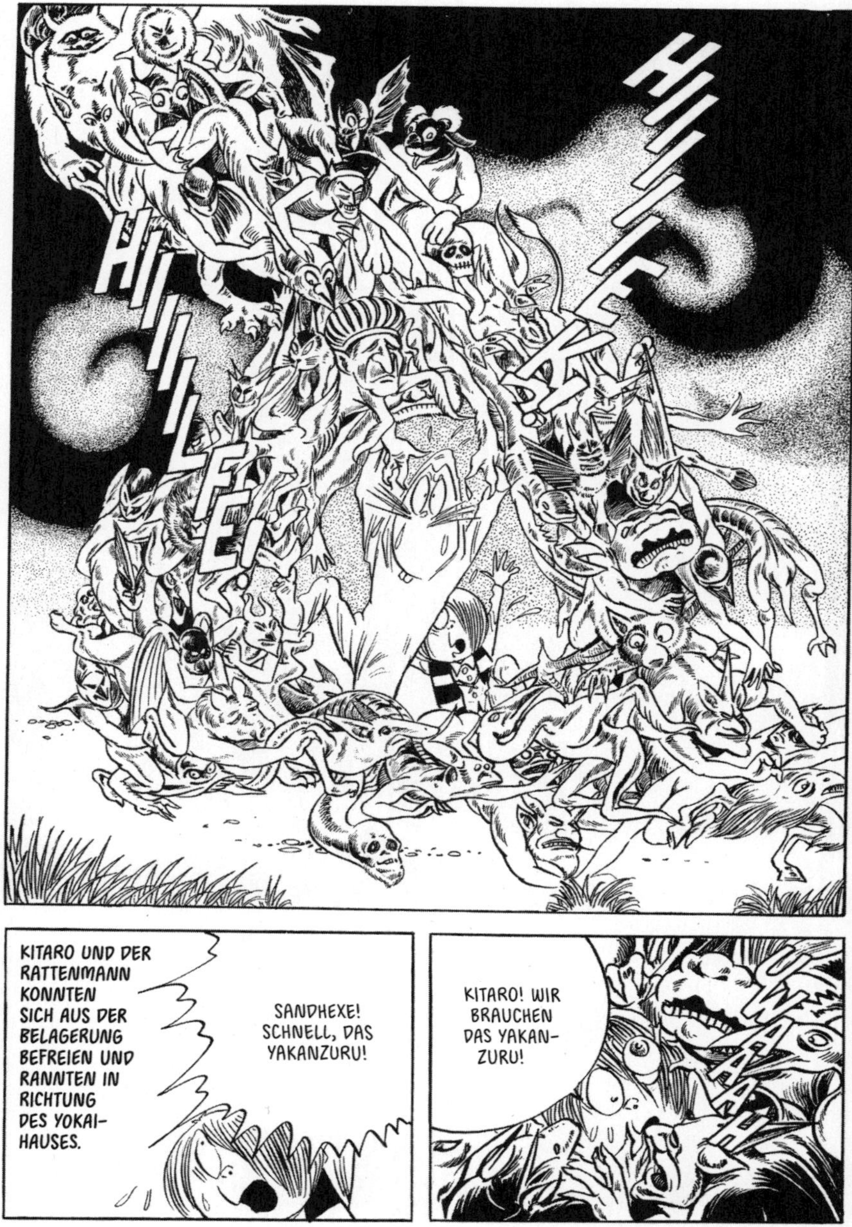

HIIIIIEKK!

HIIIILFE!

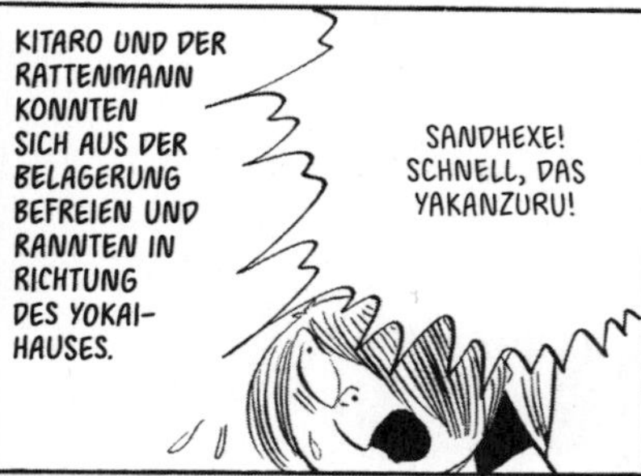

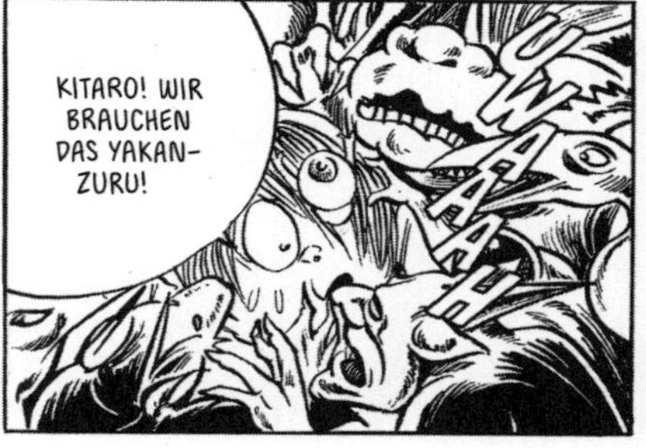

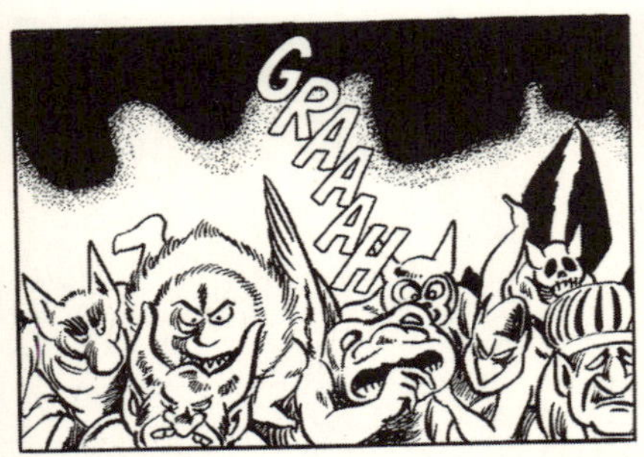
GRAAAAH

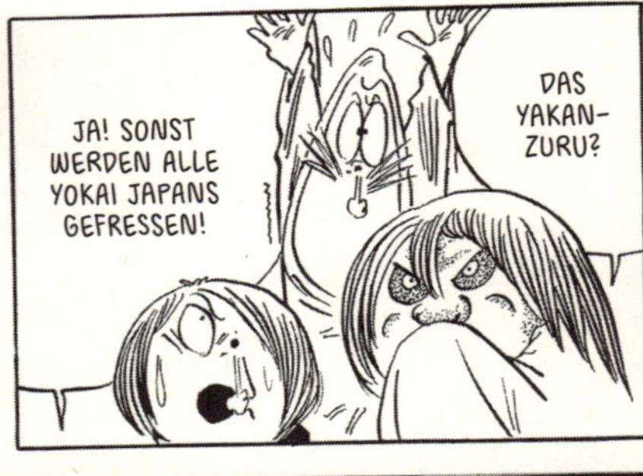
DAS YAKAN-ZURU?
JA! SONST WERDEN ALLE YOKAI JAPANS GEFRESSEN!

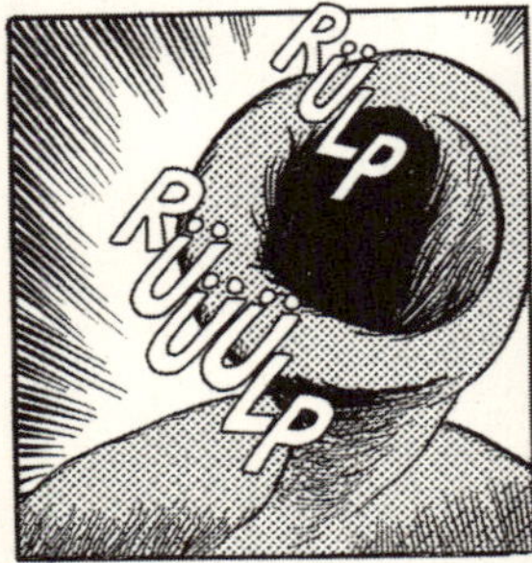
RÜLP
RÜÜÜLP

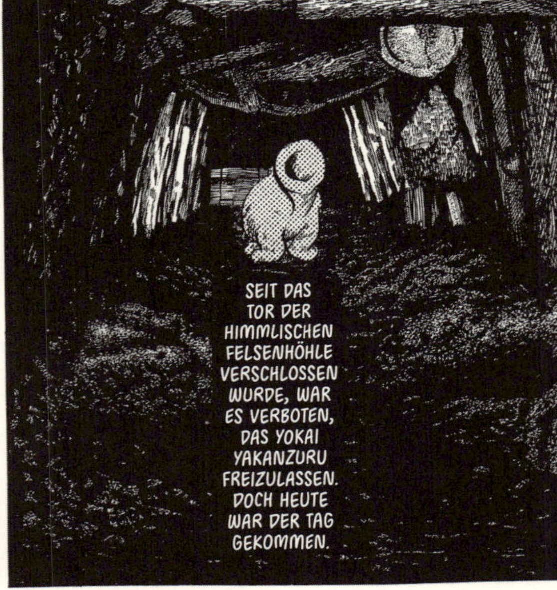
SEIT DAS TOR DER HIMMLISCHEN FELSENHÖHLE VERSCHLOSSEN WURDE, WAR ES VERBOTEN, DAS YOKAI YAKANZURU FREIZULASSEN. DOCH HEUTE WAR DER TAG GEKOMMEN.

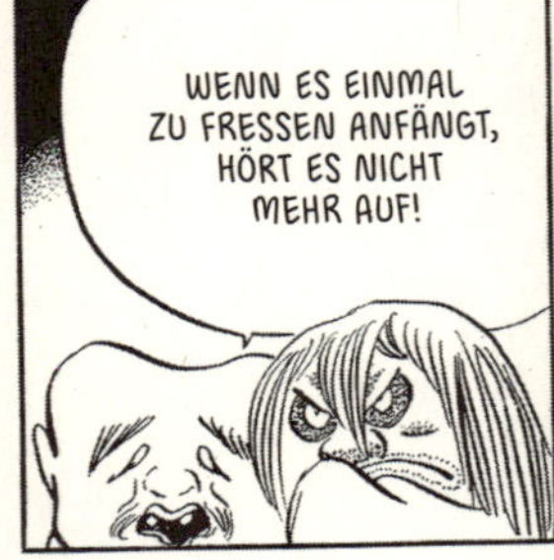
WENN ES EINMAL ZU FRESSEN ANFÄNGT, HÖRT ES NICHT MEHR AUF!

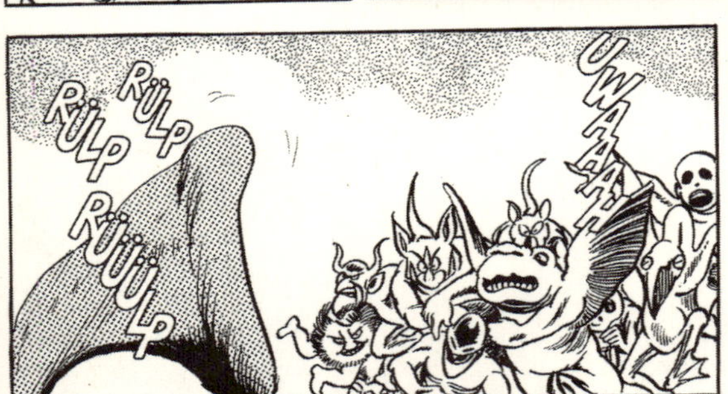
UWAAAAH
RÜLP
RÜLP
RÜÜÜLP

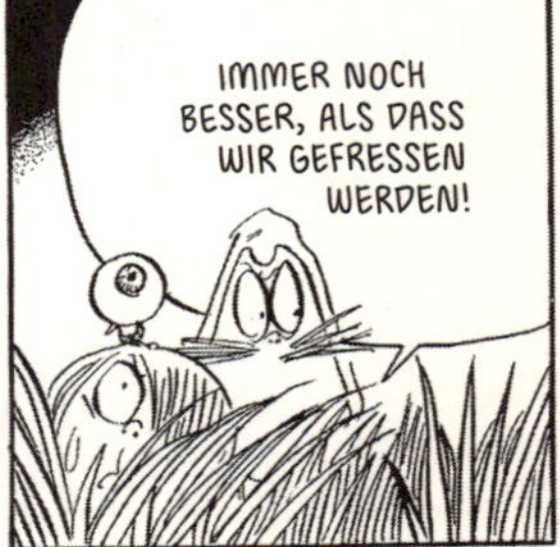
IMMER NOCH BESSER, ALS DASS WIR GEFRESSEN WERDEN!

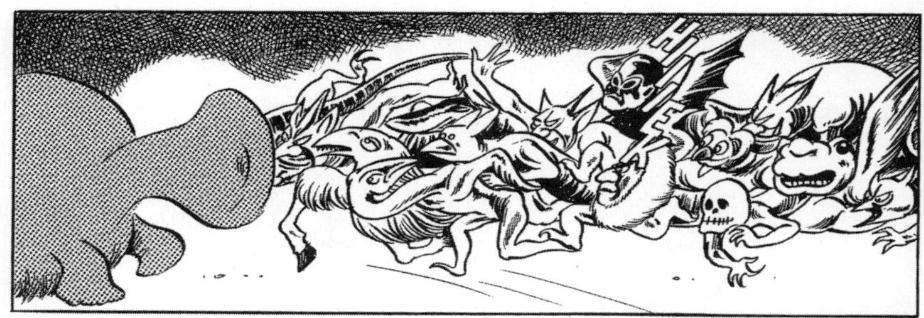

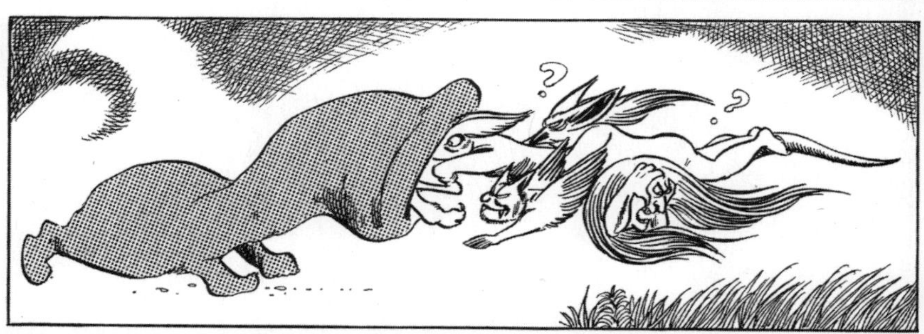

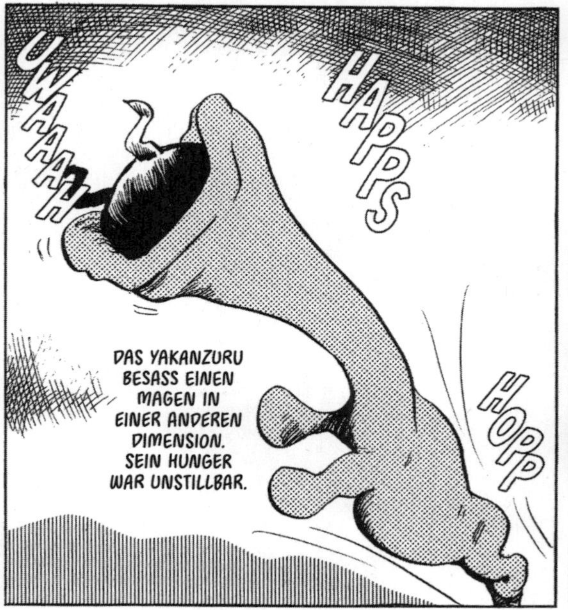
UWAAAH
HAPPS
DAS YAKANZURU BESASS EINEN MAGEN IN EINER ANDEREN DIMENSION. SEIN HUNGER WAR UNSTILLBAR.
HOPP

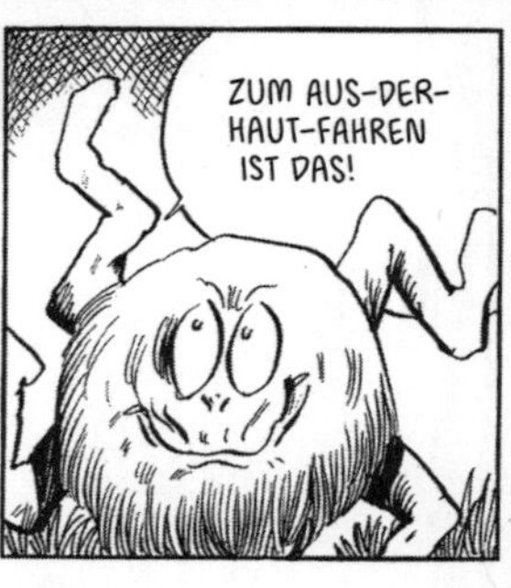
ZUM AUS-DER-HAUT-FAHREN IST DAS!

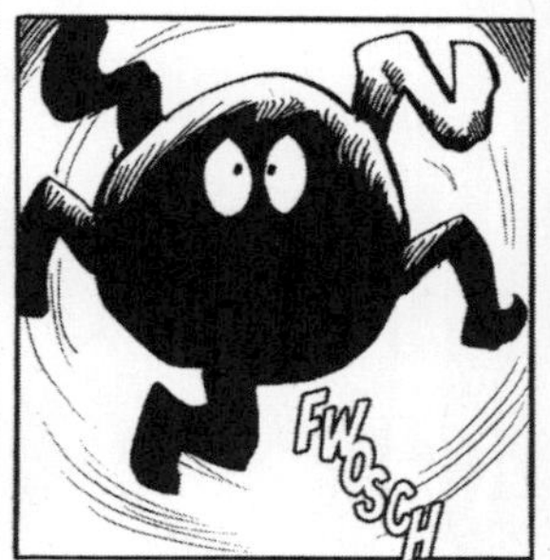
FWOSCH

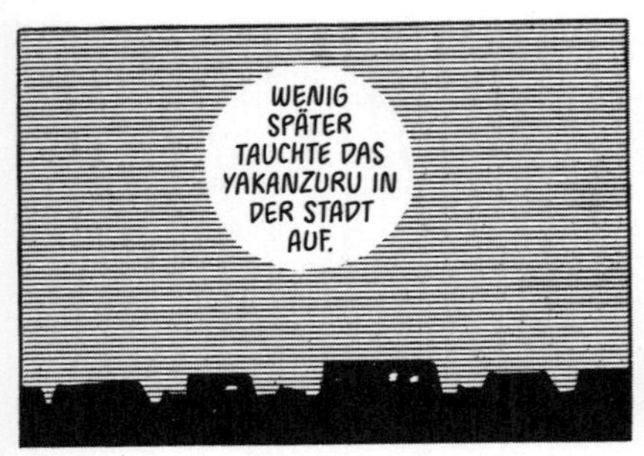
WENIG SPÄTER TAUCHTE DAS YAKANZURU IN DER STADT AUF.

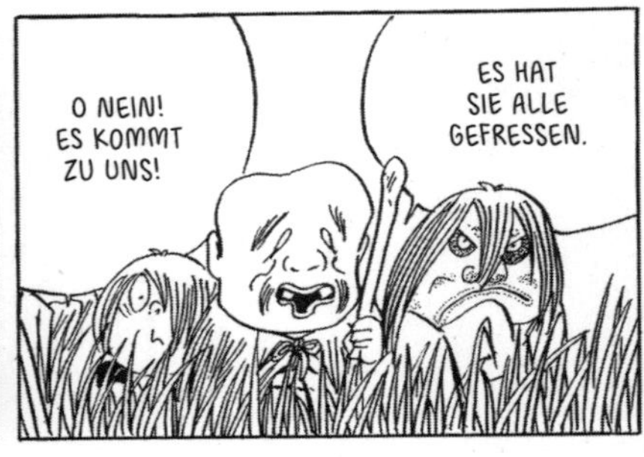
ES HAT SIE ALLE GEFRESSEN.
O NEIN! ES KOMMT ZU UNS!

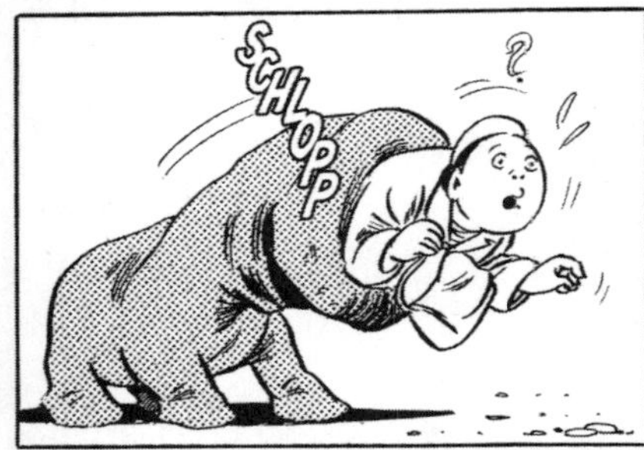
SCHLOPP
?

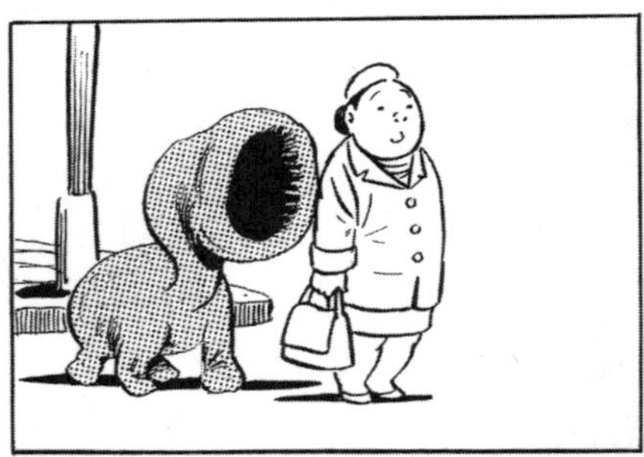

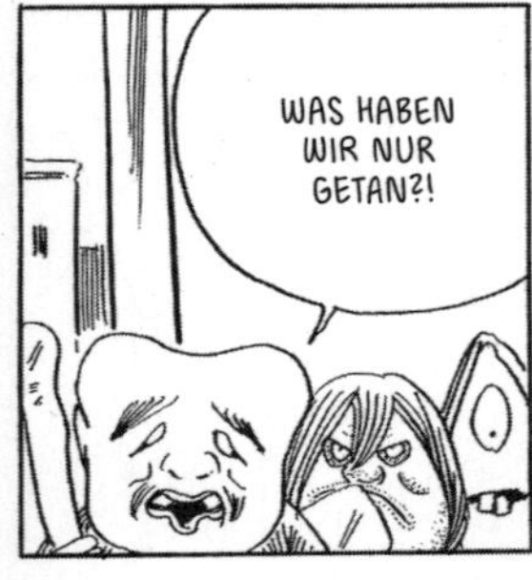
WAS HABEN WIR NUR GETAN?!

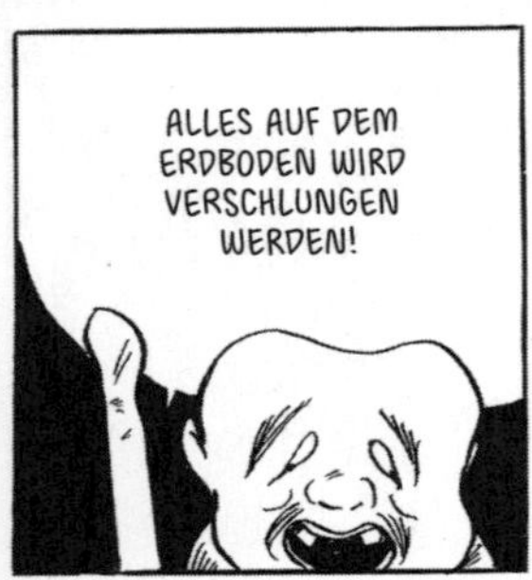
ALLES AUF DEM ERDBODEN WIRD VERSCHLUNGEN WERDEN!

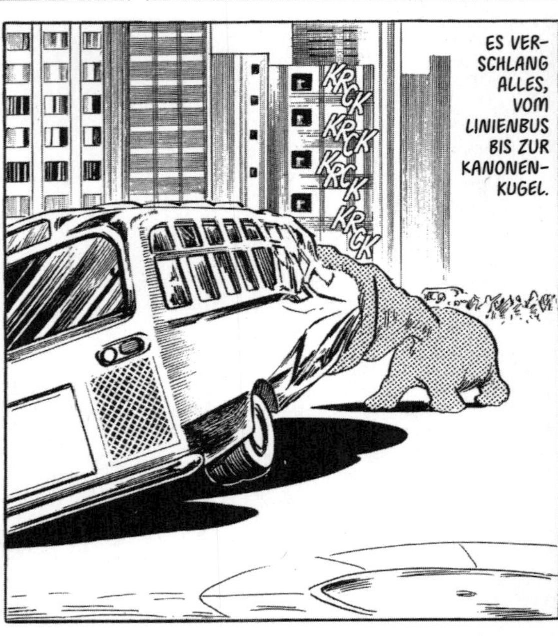
ES VERSCHLANG ALLES, VOM LINIENBUS BIS ZUR KANONENKUGEL.
KRCK KRCK KRCK KRCK

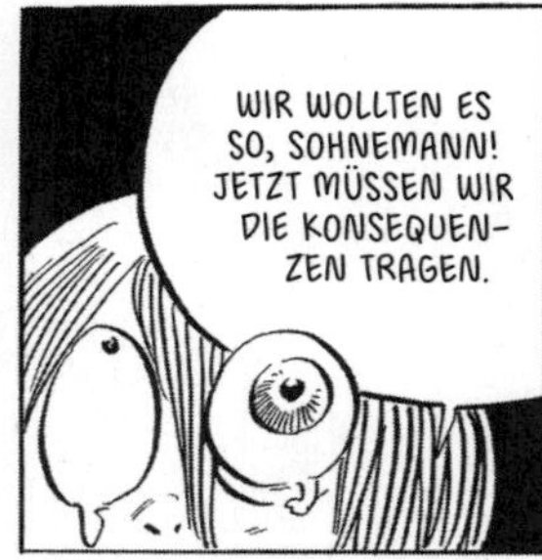
WIR WOLLTEN ES SO, SOHNEMANN! JETZT MÜSSEN WIR DIE KONSEQUEN-ZEN TRAGEN.

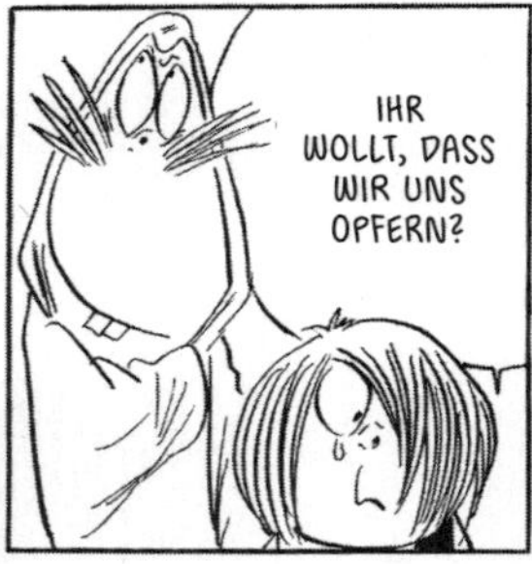
IHR WOLLT, DASS WIR UNS OPFERN?

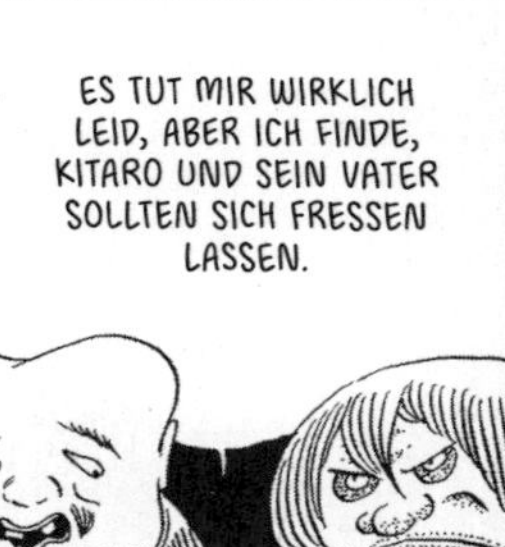
ES TUT MIR WIRKLICH LEID, ABER ICH FINDE, KITARO UND SEIN VATER SOLLTEN SICH FRESSEN LASSEN.

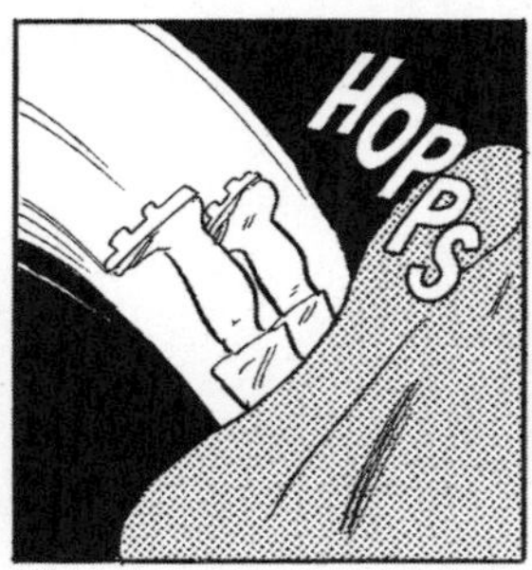
HOPPS

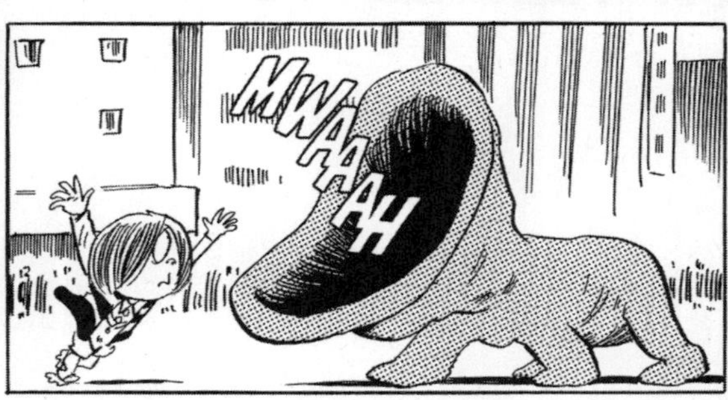
MWAAAAH

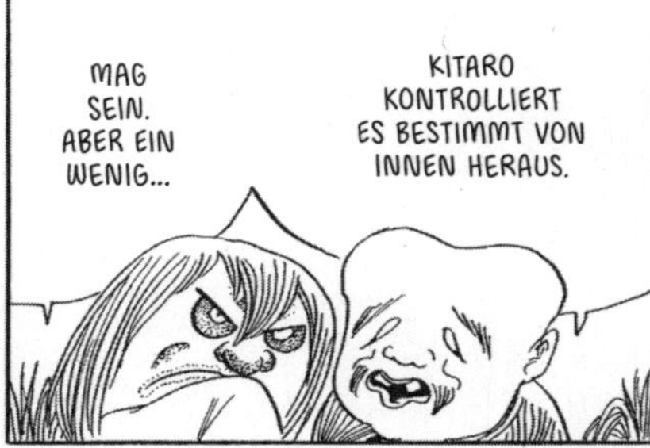
KITARO KONTROLLIERT ES BESTIMMT VON INNEN HERAUS.
MAG SEIN. ABER EIN WENIG...

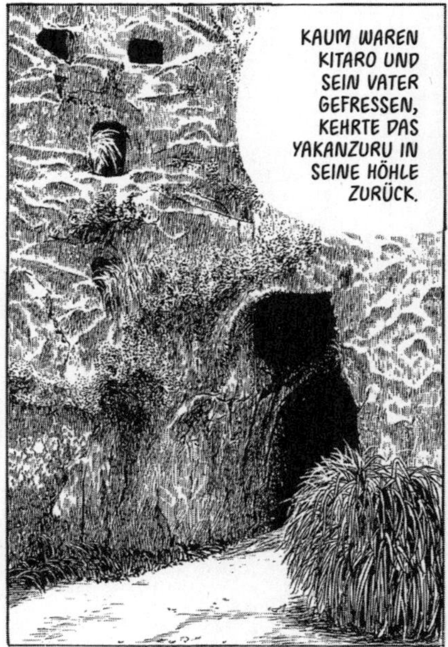
KAUM WAREN KITARO UND SEIN VATER GEFRESSEN, KEHRTE DAS YAKANZURU IN SEINE HÖHLE ZURÜCK.

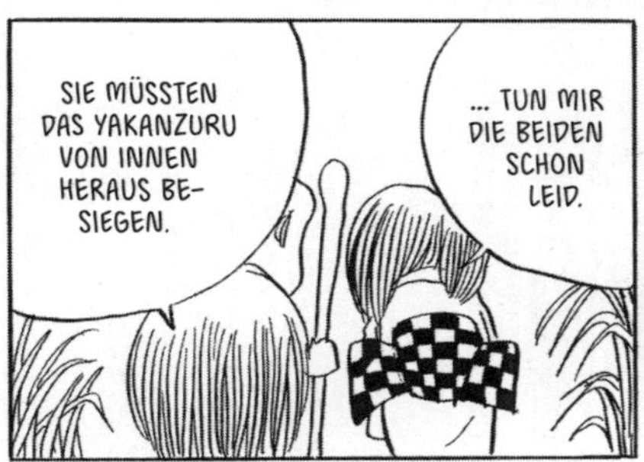
SIE MÜSSTEN DAS YAKANZURU VON INNEN HERAUS BE-SIEGEN.
... TUN MIR DIE BEIDEN SCHON LEID.

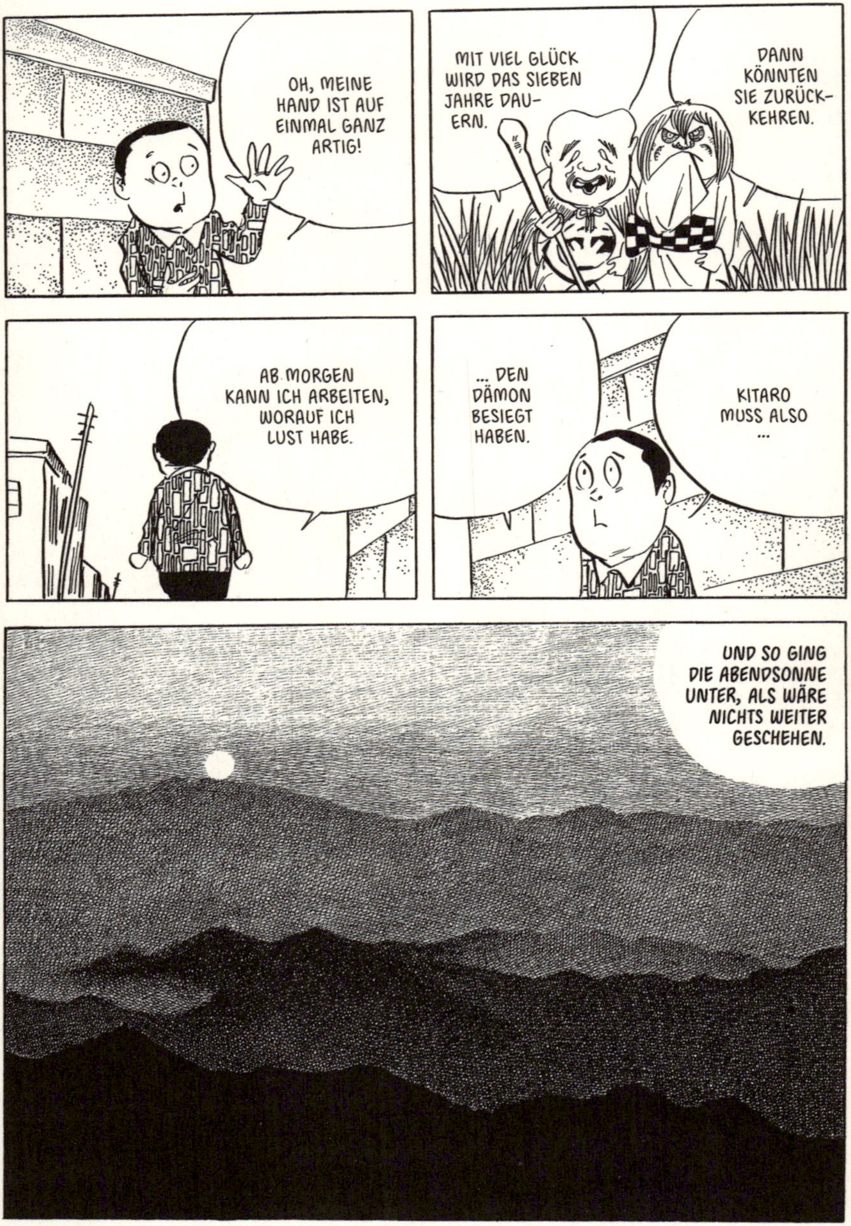

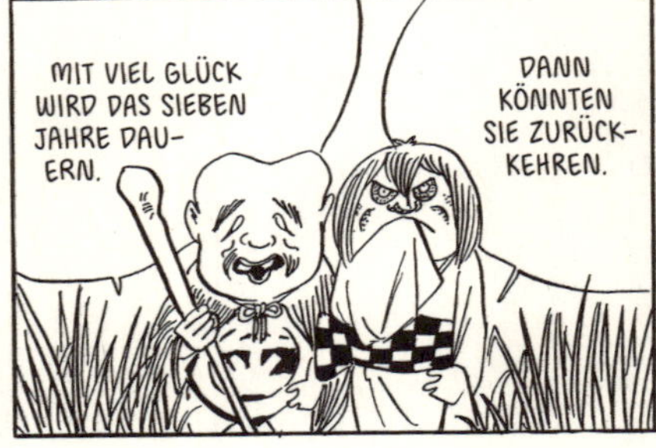

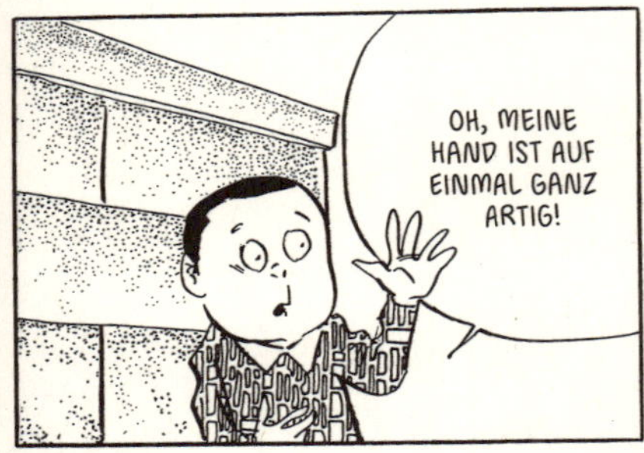

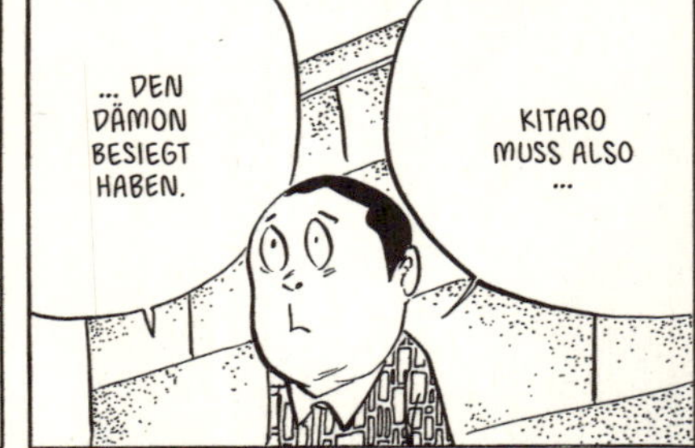

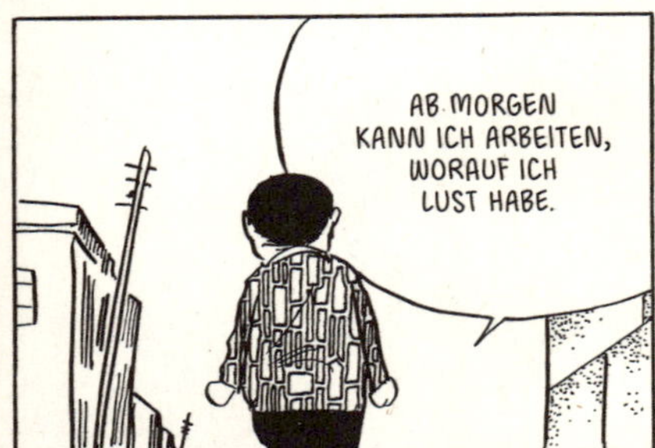

UND SO GING DIE ABENDSONNE UNTER, ALS WÄRE NICHTS WEITER GESCHEHEN.

Kitaro Band 13 – Ende

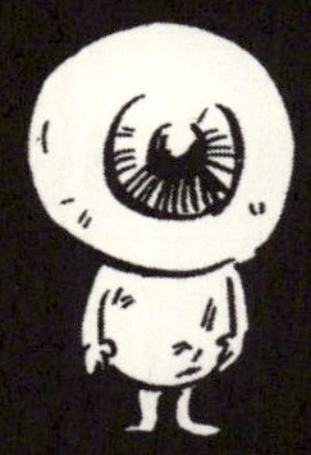

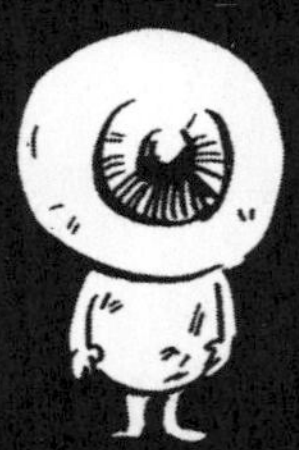